Todos los libros de Linkgua Ediciones cuentan con modelos de Inteligencia Artificial entrenados por hispanistas. Pregúntale al chat de tu libro lo que desees acerca de la obra o su autor/a.

Para ebooks: Accede a nuestro modelo de IA a través de este enlace.

Para libros impresos: Escanea el código QR de la portada con tu dispositivo móvil.

Obtén análisis detallados de nuestros libros, resúmenes, respuestas a tus preguntas y accede a nuestras ediciones críticas generativas para una experiencia de lectura más enriquecedora.
La transparencia y el respeto hacia la autoría de las fuentes utilizadas son distintivos básicos de nuestro proyecto. Por ello, las respuestas ofrecen, mediante un sistema de citas, las fuentes con las que han sido elaboradas.

Autores varios

Costumbristas cubanos del siglo XIX

Edición de Salvador Bueno

Barcelona 2024
Linkgua-ediciones.com

Créditos

Título original: Costumbristas cubanos del siglo XIX.

e-mail: info@linkgua.com

Diseño de cubierta: Michel Mallard.

ISBN rústica: 978-84-9007-130-4.
ISBN ebook: 978-84-9007-415-2.

Sumario

Brevísima presentación

Los costumbristas cubanos escribieron bajo la influencia de Mariano José de Larra y Ramón de Mesonero y Romanos. Sus obras estuvieron entre las primeras expresiones nacionales de la isla. Aunque el costumbrismo tuvo signos variados y opuestos: progresista o conservador, irónico y sarcástico, incluso amable, sus rasgos distintivos son la crítica de las costumbres, el afán moralizador, y el humorismo.

Esta antología de costumbristas cubanos recoge textos publicados en la prensa cubana del XIX por los siguientes autores:

Buenaventura Pascual Ferrer
Gaspar Betancourt Cisneros
José María Cárdenas y Rodríguez
Antonio Bachiller y Morales
Francisco Baralt
José Joaquín Hernández
Cirilo Villaverde
Manuel Costales
Licenciado Vidrieras
José Victoriano Betancourt
Anselmo Suárez Romero
Luis Victoriano Betancourt
Enrique Fernández Carrillo
José Agustín Millán
Carlos Noreña
José Quintín Suzarte
José Eustaquio Triay
Francisco Valerio
Francisco de Paula Gelabert
Julián del Casal
Ramón Meza

Prólogo

El costumbrismo constituye una peculiar manifestación literaria que resalta en las letras españolas e hispanoamericanas del siglo XIX. Los cuadros de costumbres que a lo largo de dicha centuria aparecen en periódicos, revistas, folletos y libros de los países de lengua castellana, expresan los modos de vida y la psicología social de estos pueblos. Resulta una modalidad que no se caracteriza por sus sobresalientes méritos estilísticos, por su cabal calidad literaria, aunque posee suficiente atracción por su abundante y pintoresca muestra de tipos y costumbres propias de cada una de las naciones hispanohablantes.

«Aún en los críticos reina extraña confusión sobre la índole y límites de este modo de escribir [el género de costumbres], relativamente moderno»,[1] explicaba Menéndez Pelayo. Desde que el maestro español expusiera este criterio algo hemos progresado en la tarea de definir dicha modalidad literaria. Porque resulta necesario delimitar las fronteras epocales y los rasgos característicos del género. Dentro del costumbrismo, en su más lato sentido, sería posible incluir casi toda la literatura satírica y social. Hasta las comedias griegas de Aristófanes y Menandro podríamos remontarnos. Si consideramos costumbrismo cualquier reflejo de las costumbres en una obra de arte, literaria o no, sería extremadamente caudalosa esta corriente. Estarían dentro de ella lo mismo un poema épico, una pieza dramática o una novela, hasta algunas creaciones plásticas. Por lo tanto, es imprescindible acotar más ceñidamente su estricta especificidad y sus límites cronológicos.

Todos los intentos destinados a definir la literatura de costumbres están abocados al fracaso si no tienen en cuenta, como observara Menéndez Pelayo, su modernidad, así como el hecho definitorio de que es un género autónomo, independiente de otras funciones literarias. Precisamente el cuadro de costumbres surge en forma autónoma en relación directa con el desarrollo de las publicaciones periódicas en el siglo XVIII. La creciente edición de periódicos y revistas permitió la publicación —de breves trabajos, en prosa casi siempre, que en forma concisa y con intención satírica, o meramente recreativa, describían usos, hábitos, costumbres, tipos característicos y representativos de una

1 Marcelino Menéndez Pelayo. *Estudios de crítica literaria* (Quinta serie), Madrid, 1908, pág. 383.

sociedad determinada—. Su proyección era predominantemente de crítica social y de carácter reformador.

De acuerdo con estos planteamientos, no parece erróneo estimar como iniciadores de esta modalidad literaria a los ingleses Richard Steele (1672-1729) y Joseph Addison (1672-1719), quienes en *The Tatler* dieron origen a estos breves bocetos de costumbres. La corriente pasaría más tarde a Francia con autores como Víctor-Joseph Etienne (1764-1846), más conocido como De Jouy, su lugar de nacimiento. En *La Gazette de France* comenzó a publicar des de 1811 una serie de escenas costumbristas firmadas con el seudónimo *L'Hermite de la Chaussée d'Antin* que reuniría en forma de libro en 1812-1814. La difusión de este género pasó a otros países. Washington Irving (1783-1859) daba a conocer sus ensayos de costumbres en *The Sketch Book of Geoffrey Crayon Gen* (1820). Jouy influiría directamente en los *Costumbristas españoles* como Mariano José de Larra (1809-1837) que hizo famosos sus seudónimos «Fígaro» y «El Pobrecito Hablador», Serafín Estévanez Calderón (1799-1867) y Ramón de Mesonero Romanos (1803-1862).

En su copiosa colección de *Costumbristas españoles* (Madrid, 1950-1951, dos tomos), Evaristo Correa Calderón ofrece la siguiente definición: «literatura menor de breve extensión, que prescinde del desarrollo de la acción, o ésta es muy rudimentaria, limitándose a pintar un pequeño cuadro colorista, en que refleja con donaire y soltura el modo de vida de una época, una costumbre popular o un tipo genérico representativo».[2] Otros señalan que tiene «jurisdicción independiente de la novela», que «la acción es poca o nula», «no más que la suficiente para mover a los personajes» y donde «la descripción de tipos y escenas es el fin primordial».[3]

Este género independiente brota en la etapa en que la burguesía fortalece su poderío. Como clase hegemónica trata de fijar sus normas, señalar las pautas sociales que regirán sus actividades. De esa manera intenta enmarcar y ajustar a sus propios moldes figuras y costumbres, usos sociales y tipos característicos. Como modalidad que emerge en los tiempos aurorales del romanticismo, estos cuadros costumbristas muestran un afincado color local, atienden a lo pintoresco de esos hábitos sociales y modos peculiares de vida. Frente a las

2 Evaristo Correa Calderón. Introducción a *Costumbristas españoles*, Madrid (1950-1951), tomo 1, pág. XI.

3 M. Ucelay da Cal. *Los españoles pintados por sí mismos*, México, 1951, pág. 17.

vaguedades y subjetividades de los románticos, los costumbristas ubican sus enfoques en lo cotidiano, con ciertos acentos realistas que no van más allá de lo superficial y epidérmico, con un tono prosaico que solo algunos pocos de estos escritores lograron traspasar.

Dentro de la literatura cubana colonial podríamos remontarnos hasta el primer poema épico escrito en la Isla que conservamos, *Espejo de paciencia* (1608) del escribano canario Silvestre de Balboa, para encontrar en sus octavas algunas de las costumbres de la época. Esas descripciones de costumbres pueden hallarse, igualmente, en crónicas de Indias, como en la *Verdadera historia de la conquista de la Nueva España*, en la que su autor, Bernal Díaz del Castillo, narra sucesos ocurridos en Santiago de Cuba con agudo gracejo. Por ese camino podríamos referirnos a la obra del regidor habanero José Martín Félix de Arrate (1701-1764) titulada *Llave del Nuevo Mundo. Antemural de las Indias Occidentales*, concluida hacia 1761, cuyo capítulo XIX habla «Del aseo y porte de los vecinos, buena disposición y habilidad de los naturales del país y nobleza propagada en él y en la Isla», en la que presenta las costumbres y las modas que imperaban por esos años no solo entre los descendientes de los españoles sino también entre «los pardos y negros».

La literatura de costumbres mediante artículos sobre tipos y hábitos sociales emerge en Cuba según se desarrolla la prensa periódica. El historiador Jacobo de la Pezuela, según recordaba Emilio Roig de Leuchsenring, exponía que «Cuba, como España y México, tuvo también su *Pensador*, que redactaron los abogados Santa Cruz y Urrutia»[4] a mediados del siglo XVIII. Pero al no conservar ejemplares de dicha publicación, no podemos confirmar que, como su homónima que fundó en Madrid José del Clavija, incluyera en sus páginas cuadros de costumbres.

Por lo tanto, el *Papel Periódico de la Havana* (sic), cuyo primer número apareció el domingo 24 de octubre de 1790, constituye —mientras no se demuestre lo contrario— la primera publicación en Cuba que dio a conocer escenas costumbristas. Desde sus inicios tuvo el *Papel Periódico* propósitos de incluir trabajos literarios, según se expone en el prospecto que apareció junto con el número inicial: «A imitación de otros que se publican en la Europa comenzarán

4 Emilio Roig de Leuchsenring. *La literatura costumbrista cubana de los siglos XVIII y XIX*, La Habana, 1962 (4 tomos).

también nuestros papeles con algunos retazos de literatura, que procuraremos escoger con el mayor esmero».[5]

Muy pronto incluyeron la primera colaboración sobre costumbres. Es un artículo, anónimo y sin título, que puede leerse en el número 9 del 19 de diciembre del mismo año. Nuevos trabajos sobre tipos y costumbres hallamos en papeles posteriores hasta que esta modalidad se convierte en uno de los propósitos centrales del periódico, según leemos en el número 11 del domingo 5 de febrero de 1792:

> Atacar los usos y costumbres que son perjudiciales en común y en particular; corregir los vicios pintándolos con sus propios colores, para que mirados con horror se detesten, y retratar en contraposición el apreciable atractivo de las virtudes, serían en mi concepto unos asuntos muy adecuados al objeto del Periódico.[6]

La fundación del *Papel Periódico de la Havana* respondía a la política del «despotismo ilustrado» puesta en práctica por el capitán general Luis de las Casas al iniciar su gobierno en julio de 1790. Indudablemente, el siglo XIX empieza en Cuba a partir de esta fecha. De una factoría de vida monótona y opaca, apenas un lugar de tránsito hacia los territorios más ricos de la Nueva España y el Perú, se transforma en una floreciente colonia de plantación, gran productora de azúcar para bien de los intereses de los hacendados criollos, quienes emprenden campañas para obtener de la metrópoli reformas que permitan incrementar sus exportaciones. La ascendente oligarquía habanera refleja veladamente postulados iluministas. Identifican al país con sus propios intereses económicos. Buscan resaltar los valores locales, lo que conduce a algunos de sus intelectuales hacia el desarrollo de una literatura criollista y de costumbres que se recoge en las páginas del *Papel.*

Los temas de los artículos costumbristas que hallamos en este periódico demuestran dichos propósitos fundamentales: sobre la educación y el amor, censuras a los bailes, el juego y las modas extravagantes, satíricos ataques contra el afeminamiento y la equivocada instrucción de los niños. Y también, la

5 El sesquicentenario del *Papel Periódico de la Havana*, La Habana, 1941, pág. 22.

6 Ibídem.

temática, cada vez más candente, de la esclavitud. Tras una elogiosa introducción dedicada a los «cosecheros de azúcar», un artículo firmado por «El amigo de los esclavos» (número 36 del 5 de mayo de 1791) plantea la necesidad de un mejor tratamiento a los siervos, solicita la supresión de los calabozos con cepos, aclarando que «ya muchos amos de ingenio, *de éstos que leen libros franceses* (la cursiva es mía, S. B.), no fabrican calabozos», para evitar que los esclavos mueran en esos locales cerrados.

Seudónimos y anagramas variados suscriben estos artículos. Muy pocos han sido identificados. Entre éstos se encuentran los del poeta Manuel de Zequeira (1764-1846), que utilizó los anagramas «Izmael Raquenue» y «Ezequiel Armuna» entre otros, y también el seudónimo «El Observador de la Havana». Zequeira es uno de los precursores del costumbrismo cubano. Sus trabajos en prosa y en verso ofrecen una curiosa estampa de la ciudad cuando comienza el siglo XIX. Antonio Bachiller y Morales (1812-1889) señalaba cómo abría el paso a la:

> Colección de tipos cubanos, desde los negros que conducían al amanecer los cuadrúpedos al baño de mar, atropellando cuanto encontraban; desde los arrieros que esperaban el cañonazo del Ave María en las puertas de la ciudad para penetrar en la plaza del mercado, desde las damas en sus retirados aposentos, cubriéndose el rostro con albayalde y cascarilla, desde los ricos en la holganza y en el juego, hasta los laboriosos artesanos en sus talleres, y todos los demás tipos sociales.[7]

El otro precursor del costumbrismo en los albores del nuevo siglo fue Buenaventura Pascual Ferrer (1772-1851). De existencia ambulante y pugnaz, este habanero inauguró con su periódico *El Regañón* (1800) la crítica literaria más acerba e insolente y la crítica de costumbres más inquisitorial. Por haber sido designado Zequeira redactor del *Papel Periódico* y no él, emprendió contra dicha publicación y dicho poeta una tenaz campaña resentida. Poseía indudablemente talento y agudeza, pero se erigió en policía de las letras y de las costumbres. Como él mismo dice cuando se despidió del público en abril de 1802: «empezó a repartir garrotazos a derecha e izquierda contra los escri-

7 Antonio Bachiller y Morales. Introducción a *Tipos y costumbres de la isla de Cuba*, La Habana, 1881.

tores ridículos, desenvainó la espada contra los abusos y malas costumbres...»[8] Contra la publicación rival disparó agudos ataques, como éste: «Se suplica a los Subscriptores del *Papel Periódico* que no se borren tan aprisa de él, porque todavía no se ha acabado, aunque le falta muy poco». Sus rígidos criterios se explayan en las dos etapas de *El Regañón de la Havana* (1800-1801 y 1801-1802) e influyen en *El Sustituto del Regañón* que dirigió José Antonio de la Ossa y en *El Nuevo Regañón* (1830-1831) que fundó su hijo Antonio Carlos Ferrer y en el que colaboraba el anciano Regañón. Con sus agudos ataques contra las costumbres malsanas, contra los mentirosos, los bailes, las fiestas pascuales, etc., etc., Ferrer revelaba cuánto se apartaba de aquella población donde había nacido. Porque, como afirmaba José Lezama Lima: «*El Regañón* solo se apegaba a las costumbres por la reacción que en él engendraban, un alegre mezclarse con el pueblo en sus sanas algazaras le era coléricamente desconocido».[9]

Según transcurren las primeras décadas del siglo XIX acrecienta sus fuerzas la burguesía criolla. Una breve etapa de carácter independentista, entre 1820 y 1830, muestra los moderados esfuerzos por emanciparse de la monarquía española de una clase acomodada criolla que no se lanza a la revolución política por temor a perder sus esclavos, por miedo a estimular una rebelión que, como la de Haití, hiciera desaparecer a los colonos blancos. Pero se va acentuando la noción aún vaga de una nacionalidad. Los intelectuales criollos de 1830 no se llaman, como había hecho el ideólogo por excelencia de los hacendados a fines del XVIII, Francisco Arango y Parreño, «españoles de ultramar»: se llaman ya «cubanos». Aun en las sucesivas etapas reformistas se observa el sordo resuello de unos intelectuales que demuestran sus discrepancias, aunque tímidas, con el régimen colonial.

Precisamente en la década entre 1830 a 1840 sobreviene el verdadero despliegue del costumbrismo literario cubano. Los periódicos y revistas llenan sus páginas con escenas, cuadros y tipos costumbristas. Entregan un fresco animadísimo de la vida colonial. Percibimos entre líneas la existencia de aquellos criollos acomodados en las amplias casonas de antaño, sus paseos en quitrines y volantas por las calzadas y alamedas, asistimos a sus festejos, sus ingenuas reuniones de familia, recorremos las calles soleadas de las viejas ciudades, los

---

8 *El Regañón* y el *Nuevo Regañón*, La Habana, 1965, pág. 406.

9 José Lezama Lima. Prólogo a *El Regañón* y el *Nuevo Regañón*, pág. 24.

campos donde los guajiros laboran en vegas y caseríos. Y chocamos con el espectáculo indignante de una sociedad apoyada en el trabajo esclavo, en los sufrimientos y humillaciones de miles de hombres.

Si revisamos esas colecciones de periódicos y revistas –*El Faro Industrial, El Álbum, El Aguinaldo Habanero, El Siglo*–, advertimos cómo por debajo de esta mera descripción de hábitos populares, de figuras pintorescas, como trasfondo de este panorama colorido de la época palpita y hierve una protesta, se levanta una acusación, aunque tangencial y simulada las más de las veces, contra el régimen colonial español imperante en Cuba hasta los finales de la centuria. Muchos tienen como objetivo un mero entretenimiento, pero otros revelan su inconformidad. Todas las zonas del país, los más diversos segmentos de la sociedad colonial, las profesiones y los oficios, las costumbres urbanas y rurales, los personajes más curiosos, acumulan su anacrónica estampa en estos cuadros y bocetos. En la diversidad de estos enfoques hallamos una clara división: los que centran sus temas en la vida del campo y los que se interesan por la vida de la ciudad.

Algunos de estos escritores de costumbres estaban conscientes de sus objetivos políticos. Para ellos las burlas y sátiras a unas costumbres eran un pretexto para el ataque a la realidad política colonial. En la imposibilidad de enfrentar directamente al gobierno colonialista, ya que la censura imponía férrea mordaza imposible de quebrantar, los costumbristas encontraban en su práctica literaria un vehículo adecuado para la diatriba, la denuncia solapada. En el prólogo que escribió Cirilo Villaverde (1812-1894) a los *Artículos satíricos y de costumbres* de José María Cárdenas y Rodríguez percibe el lazo que vincula estos trabajos con el régimen político en que se producen:

> El asunto de las costumbres se roza con todos los que rigen la sociedad y no siéndole dado entrar en muchos de ellos, se nota a veces que sus cuadros no son tan completos como deberían serlo en caso que el autor no hubiera tenido que usar de reticencias o meterse en las regiones de la alegoría para expresar su pensamiento.[10]

10 Cirilo Villaverde. Prólogo a *Colección de Artículos satíricos y de costumbres* de José María Cárdenas y Rodríguez, La Habana, 1847.

No es de extrañar, pues, que otro costumbrista posterior, Luis Victoriano Betancourt (1843-1885), al hablar y censurar la inocente moda del «tupé» y otras no menos ingenuas, incluya este párrafo de vibrante sentido revolucionario:

> El despotismo, encarnado en un dictador o en un rey absoluto y arrancado al pueblo los poderes que constituyen su personalidad política, puede echar abajo las tribunas, suprimir los periódicos, cerrar las escuelas, robar las riquezas, multiplicar los presidios y asesinar a los ciudadanos, pero no podrá jamás impedir que algunos encuentren en extrañas tierras, como los judíos y los moriscos, la libertad y la paz que en la propia se les niega: ni que otros suban al patíbulo, como los girondinos, entonando himnos de gloria, ni que todos, en fin, con tal que no sean traidores, tengan derecho al respeto y a la simpatía que siempre merece la desgracia.[11]

Estos mismos cuadros de costumbres sirven como núcleo y eficaces testimonios a otras funciones literarias, como el teatro y la novelística. Francisco Covarrubias (1775-1850), actor y autor teatral, al que se considera como creador del género chico cubano, ofrece piezas que revelan su perfil costumbrista:

«El peón de tierra adentro», «La valla de gallos», «Las tertulias de La Habana» (1814), «Los velorios de La Habana» (1818). No se conservan ninguna de estas obras. Cuando a fines de la década de 1830-1840 empieza el desarrollo de la narrativa, muchas obras se caracterizan por su óptica costumbrista como «El cólera en La Habana» y «Una pascua en San Marcos», relatos breves de Ramón de Palma (1812-1860) publicados en la revista *El Álbum* en 1838. Las novelas de costumbres cubanas abundan en nuestras letras a lo largo del siglo, desde *Francisco* (escrita en 1838-1839) de Anselmo Suárez y Romero (1818-1878), hasta las que se dan a conocer en la segunda mitad de la centuria como *Mi tío el empleado* (1886) de Ramón Meza (1861-1911).

No es posible discernir quién inicia esta nutrida legión de articulistas de costumbres porque varios de ellos publican sus artículos a finales de la década de 1830-1840 en diversos periódicos y revistas de la capital y de otras ciudades. Debemos comenzar por el de mayor edad entre ellos: Gaspar Betancourt

11 Luis Victoriano Betancourt. *Artículos de costumbres*, La Habana, 1929.

Cisneros (1803-1866), conocido también por su seudónimo El Lugareño con el que firmaba artículos y cartas. Tenía veinte años cuando formó parte de la comisión de cubanos que se entrevistaron con Simón Bolívar para recabar su apoyo a la independencia de la isla nativa. Más tarde puso todos sus esfuerzos en mejorar las condiciones de vida de su Camagüey natal. Planeaba ferrocarriles, fundaba escuelas, proyectaba puentes, ofrecía lecciones a los campesinos de sus tierras. Chocó con el régimen colonial y asumió durante unos años la posición anexionista, aunque al advertir la solapada política de los gobernantes norteamericanos se identificó ya definitivamente con la causa de la independencia.

Hombre de tan impulsivo afán, de responsabilidades con su colectividad, poseía un temperamento de zumba y gracia, de donosura criolla. Sus cartas personales a su amigo José Antonio Saco (1797-1879), con quien chocó sobre la cuestión anexionista, están firmadas por el seudónimo. «Narizotas». Su temperamento socarrón vuelca sus risas y sus sátiras en una serie de artículos, *Escenas cotidianas*, publicada en *La Gaceta de Puerto Príncipe* entre 1838 y 1840. Solo fue editada en forma de libro más de un siglo después.[12] Las ideas que impulsan estos trabajos están determinadas por el afán de mejorar costumbres y modos de vida de su ciudad que los conquistadores bautizaron Santa María del Puerto del Príncipe, hasta que recobró su nombre indígena de Camagüey.

Contra las costumbres estratificadas, contra la rutina hecha norma de vida, levanta sus críticas «El Lugareño». Ama como el que más a su terruño. Le dedica los apelativos más fervorosos. Tiene, como casi todos los escritores de costumbres, una actitud ambivalente ya que ama esos hábitos tradicionales y al mismo tiempo trata de superarlos, de suprimirlos. El espíritu de rutina es, para este hombre, «esclavitud del pensamiento, cárcel de la voluntad, salvo conducto de la ignorancia, polilla y carcoma de una sociedad».[13] Enfila, por lo tanto, sus armas contra los conceptos tradicionales acerca de la educación de la mujer, contra la idea del trabajo manual como actividad deprimente y rebajadora, se indigna por el bajo nivel de la instrucción pública en Puerto Príncipe. Visita los bailes, concurre a fiestas populares, asiste a exámenes públicos. En todas partes es una pupila hecha vigilancia. Acota, señala, apunta las quiebras y fallas de aquella

12 Gaspar Betancourt Cisneros. *Escenas cotidianas*, La Habana, 1950.
13 Ibídem, pág. 31.

existencia opaca y rutinaria. Indica cuáles son los caminos superadores para remediar las dolencias de su querida región.

Si la mayoría de los articulistas de costumbres presenta una imagen policromada de lo más externo y superficial, Gaspar Betancourt Cisneros se distingue por su afán de ir a lo sustancial, a la raíz de los hábitos y de los usos tradicionales de su heredad camagüeyana. Pocas veces describe, pocas, pinta morosamente una costumbre con sus colores vivos o anodinos. Quizás al tratar de las fiestas de San Juan o de Corpus, de algunos bailes, su pluma se regodea en la pintura, pero a él le interesa predicar reformas y aquilatar su contorno. Sería de tal modo extremadamente monótona, aburrida, la lectura de sus artículos, pero no sucede así, ya que el poder de su estilo evade esos peligros, atrae la atención por su expresión desenvuelta, desenfadada, viva.

Lo que cautiva en estas *Escenas cotidianas* no es qué describe o relata su autor, sino el modo, entre coloquial y castizo, con que nos va expresando sus reflexiones, sus observaciones. Prosa llena de movimiento, muy española, pero también muy criolla en sus giros, se halla siempre atenta a sus circunstancias, de ahí esos cubanismos que dan personalidad a su estilo. Escritor de pocas, pero seguras y claras ideas, la trama del estilo bulle merced a su instinto del idioma, a su facultad dinámicamente expresiva.

Mientras iba publicando sus *Escenas* pudo constatar cómo lo cáustico de su critica había producido los efectos deseados. Habían menguado los usos bárbaros de las fiestas del Corpus y de San Juan, fundado un seminario para niñas, los jóvenes melancólicos y tétricos al uso del romanticismo de moda se incorporaban a las fiestas gracias a una burla oportuna de «El Lugareño». Y el propio autor recibía, por supuesto, ataques y malquerencias por sus campañas, lo que le llevaría a explicar:

> Como yo no escribo con las miras de halagar preocupaciones vetustas, ni adular clases, ni celebrar o vituperar sistemas antiguos o modernos, sino solamente a sostener los buenos principios, las convenciones generales y los verdaderos intereses de esta Patria querida, tal vez habré dicho verdades amargas. Las digo, sin embargo, sin pasión ni encono.[14]

---

14 Ibídem, pág. 84.

En el panorama del costumbrismo literario cubano, la figura de Betancourt Cisneros se distingue por su humor espontáneo, por los giros dinámicos de su prosa, por el matiz criollo de su estilo. Y como esencia de todos estos rasgos, el deseo de rectificación y de mejoramiento de su tierra que impele la redacción de sus *Escenas cotidianas*.

Si Betancourt Cisneros no pudo ver sus artículos editados en forma de libro, a José María Cárdenas y Rodríguez le cupo la satisfacción de publicar la primera recopilación hecha en Cuba, *Colección de Artículos satíricos y de costumbres* (1847), a la cual ya nos hemos referido. Adoptó como seudónimo el anagrama «Jeremías de Docaransa». Observamos de inmediato en este volumen el cuidado de su prosa de índole castiza. La lectura de sus artículos revela en él a un cuidadoso lector de los clásicos españoles, con sus citas de Cervantes, Gracián, Saavedra Fajardo, Moratín, Ramón de la Cruz, etc. En el prólogo ya mencionado de Villaverde, éste señala con agudeza los antecedentes literarios del autor cubano, «el género satírico del señor Cárdenas participa más del carácter festivo e irónico del de Cervantes, a quien sin duda se ha propuesto como modelo, que del mordaz y contundente del de Larra».[15] Efectivamente, estos cuadros costumbristas de Cárdenas no llegan nunca a la ironía cáustica ni al ataque enérgico, sino que con suave mano va destacando los aspectos ridículos o humorísticos de escenas y personas. Como en Cervantes, entrevemos a través de sus páginas una sonrisa leve que nunca se trueca en mueca sarcástica ni en ademán iracundo.

Cárdenas y Rodríguez pertenecía a una familia de escritores. Su hermano Nicolás escribió también artículos de costumbres. Viajó por Canadá y Estados Unidos. Publicó dos comedias en verso: *No siempre el que escoge aciert*» y *Un tío sordo*, además de fábulas y epigramas. Sus artículos fueron reproducidos por revistas españolas y francesas. Se le llamó «el Mesonero Romanos de Cuba» y es verdad que su proyección en el género está más cerca del autor de *Escenas matritenses* que del genio más angustiado y pugnaz de Larra.

Los retratos de figuras ridículas, de caracteres humanos nunca Cárdenas los individualiza, sino que los amplia, les da toques de universalidad. Es por eso que toma como modelo de sus esbozos la obra famosa de La Bruyere, y afirma:

---

15 Cirilo Villaverde. Prólogo a *Colección de Artículos satíricos y de costumbres*.

La sociedad me presta sus cuadros, y yo se los devuelvo a la sociedad, pero si de aquí tomo un rasgo y otro de allá para completar mi pintura, no voy luego con ella y digo a la sociedad: «aquí tienes el retrato de uno de tus miembros», sino «aquí ves ridiculizado tal o cual vicio, tal o cual extravagancia de muchos individuos de los que te componen».[16]

Se ha dicho que Cárdenas entronca directamente con el costumbrismo español, pero que es menos imaginativo, menos poético que otros articulistas de su época. No lo creemos así. Estimaba que los tipos, hábitos y vicios no deben ser trasladados directamente a la literatura, sino que han de tener una elaboración artística para que el individuo retratado no se reconozca en la imagen transformada que ofrece el escritor. «Elegida la víctima —dice en un artículo—, debe uno vestirla y disfrazarla de tal manera y con tal arte, que ella se desconozca enteramente y la reconozcan los demás, y ya se ve si para esto se requiere cacumen y meollo.»[17] Y tiene el rasgo ingenioso de incluirse a sí mismo, con burla sutil, entre los diversos retratos que tituló «Originales», en los que agrupa distintos tipos con ciertas peculiaridades de carácter.

Entre los artículos costumbristas de Cárdenas algunos enfocan la temática campesina, como «Fisiología del administrador de ingenio», donde toma este vocablo «fisiología» en la forma que puso de moda Balzac. Otras escenas acogen momentos típicos de la vida literaria y periodística, cuando no se refiere a las curiosas costumbres de los velorios y entierros en su tiempo, material tan aprovechado por los costumbristas. A la costumbre muy arraigada en la burguesía criolla de su tiempo, y de tiempos posteriores, como era la obtención de alguna dignidad nobiliaria, dedica su artículo «¡Un título!». A la educación de los niños y jóvenes presta atención en «Mis hijos», «Educado fuera» y «Los niños». El artículo que dedica a zaherir las gestiones de los padres para «colocar al niño» posee un humor de la mejor ley. Lástima que concluya con un párrafo asaz didáctico —defecto tan frecuente en este género— en el que aconseja a los padres ofrecer a sus hijos conocimientos prácticos, no superfluos.

José Victoriano Betancourt (1813-1875), nacido en Guanajay, al occidente de la Isla, fue uno de los costumbristas más elogiados. De su patriotismo dio

16 José María Cárdenas y Rodríguez. *Colección de Artículos satíricos y de costumbres*, La Habana, 1847.

17 Ibídem.

pruebas a través de su vida. Al empezar la primera guerra de independencia partió al destierro. Murió en tierras mexicanas mientras que en la Isla dos de sus hijos luchaban contra el colonialismo español.

José Victoriano Betancourt comenzó a publicar sus artículos desde 1838 en la revista *La Cartera Cubana*. En ellos percibimos la mezcla de las dos finalidades del género: amenizar y moralizar. Afortunadamente en este autor existe un equilibrio entre ambos elementos. El goce que proporciona la lectura de sus artículos no está disminuido por el lastre didáctico. En uno de ellos incluye una adecuada definición de sus propósitos, que revela estaba muy consciente de su tarea: «Las costumbres —dice— forman la fisonomía moral de los pueblos» y añade, «resulta útil a todas luces investigar las costumbres populares cuando el observador tiene por objeto influir en la mejora del pueblo cuya índole caracteriza». El dualismo indicado más arriba se ofrece con estas palabras: «Muy humilde es mi pretensión: pintar, aunque con tosco pincel y apagados colores, algunas costumbres, bien rústicas, bien urbanas, a veces con el deseo de indicar una reforma, a veces con el de amenizar».[18]

Muchas de las costumbres que ya desaparecían en su época las describe con ágil pluma como la de «Velar el mondongo», como «Las tortillas de San Rafael», con motivo de las ferias que se organizaban el día de este patrón. Pero conquista sus mejores pasajes cuando capta algunos tipos universales. Cual discípulo de Quevedo, la emprende con figuras como «el picapleito», «el médico pedante», «las viejas curanderas», «las solteronas», «el usurero». Aquí se vuelca en una multitud de epítetos que permiten conocer su dominio del idioma y la facundia de su inventiva. Como su maestro Quevedo, acumula rasgos ridículos hasta dejar trazada una grotesca caricatura.

De tal modo este costumbrista bosqueja con espíritu burlón tipos de varia catadura como «Don Tragalón», «Don Crispín, el gran guagüero», «Chucho Malatobo», «mataperro, jugador y holgazán profesional». Muy valiosa es su estampa de «Los curros del Manglar», gentes maleantes de origen africano, negros y mulatos, libres o cimarrones, de extravagante vestimenta, que ya en su época estaban desapareciendo. Eran imágenes insólitas dentro de la turbia realidad de aquella sociedad esclavista. Por eso Antonio Bachiller y Morales (1812-1889) observaba: «En las obras de Betancourt "El Día de Reyes", "Un

18 José Victoriano Betancourt. *Artículos de costumbres*, La Habana, 1941.

velorio en Jesús María", "Los ñáñigos", en fin, no podía dejar de encontrarse en la narración los escollos de unas materias tan escabrosas para el estilo y para la lengua».[19] No eran obstáculos para José Victoriano, que evidencia en sus artículos ciertos descuidos estilísticos que mucho lo diferencian del pulcro y castizo Cárdenas y Rodríguez.

Muy abundante fue la producción costumbrista de José Victoriano Betancourt. En muchos periódicos y revistas están dispersos sus artículos. Solo en 1941 fue reunida una breve selección de ellos en un *Cuaderno de Cultura*, con prólogo de Mario Sánchez Roig y Mario Cabrera Saqui. Por su humor y su donoso gracejo era llamado por Francisco Calcagno «el primer costumbrista de su tiempo». Además, fue de los primeros en enfocar sectores tan marginados en el régimen colonial como eran los «curros» y los ñáñigos.

Sacudido profundamente por la suerte de su patria irredenta, Anselmo Suárez y Romero, notable narrador y costumbrista, escribió al margen de uno de sus manuscritos: «¡Oh, Cuba mía! ¿Bajaré a la tumba sin verte libre?». En 1878 murió sin haber visto a su patria independiente. Había nacido en 1818. Participó muy joven en las tertulias de Domingo Del Monte (1804-1853).

A solicitud de este animador de la cultura, escribió *Francisco*, novela a la que su amigo quiso dar el más sarcástico título de *El ingenio o las delicias del campo*. Nunca pudo ver editada esta obra ya que la censura colonial lo impidió. Pero en 1859 publicó su *Colección de artículos*, muchos de ellos de carácter costumbrista.

Como escritor de costumbres, Suárez enfoca diversas facetas de la vida rural cubana. Describió con poético estilo los paisajes cubanos, algo idealizados, con una prosa suavemente musical como en «Palmares». En su celebrada novela resultan valiosas sus descripciones de la vida de los esclavos en los ingenios de azúcar, sus horas de trabajo, sus bailes y cantos traídos de África. Esos cuadros costumbristas poseen el valor de recoger ricas informaciones sobre el régimen esclavista, base económica de los productores de azúcar. En la sección «Costumbres del campo» de su *Colección de artículos* también esboza los hábitos de vida de los campesinos y de los esclavos rurales que pudo observar directamente durante sus estancias en el ingenio Surinam.

---

19 Antonio Bachiller y Morales. Introducción a Tipos y costumbres ...

Las pinturas de la vida de los guajiros en sus insalubres bohíos resultan benignas al lado de los sufrimientos de los esclavos sometidos a terribles condiciones de trabajo. Entre los artículos incorporados a esa edición de 1859 resalta «El guardiero», que inspiró un dibujo al pintor Juan José Peoli reproducido por la *Revista de la Habana*. Más sombrío es el artículo «El cementerio del ingenio» que publicó en 1864, documento antiesclavista tan denunciador como las páginas más crudas de su novela *Francisco*.

La ideología reformista de Suárez está marcada por una evidente señal filantrópica, cargada de paternalismo. Sus artículos costumbristas transmiten la propia personalidad de su autor. Las sentimentales páginas que escribió evocan melancólicamente los dolores de campesinos y esclavos. Dichos cuadros de costumbres rurales forman su mejor contribución a la literatura costumbrista cubana. Menos valiosos son algunos de sus bocetos de costumbres urbanas que se encuentran en diversas revistas de la primera mitad del siglo.

No queda reducida la producción de artículos costumbristas a los escritores establecidos en la capital de la colonia. Si Gaspar Betancourt Cisneros recogió las costumbres camagüeyanas de su región natal, un poco más tarde otros autores atenderán a las de la región más oriental de Cuba. Tres jóvenes escritores, Pedro Santacilia, Francisco Baralt y José Joaquín Hernández agavillaron sus trabajos primigenios en un tomo único, *Ensayos literarios* (Santiago de Cuba, 1846). Francisco Baralt (nacido en Cataluña en fecha ignorada y muerto en La Habana en 1890), en la introducción a dicho volumen, reflexiona sobre la escasa actividad literaria en la zona oriental frente a la floreciente producción de la parte occidental de la Isla, no obstante encontrar en aquélla materiales suficientes para originar obras narrativas y, sobre todo, cuadros costumbristas:

> Para los escritos de costumbres, ningún teatro más amplio, ningún venero más fecundo. La gravedad inglesa se halla al lado de la amable liviandad francesa, y el noble orgullo y desdén castellano junto a la perezosa voluptuosidad indiana. Porque a los indios del Ciboney se mezclaron los proseguidores de Colón, conservando, estinguida (sic) ya la malhadada raza, algunas de las costumbres suyas de molicie i blandura...[20]

20 Francisco Baralt, José J. Hernández, Pedro Santacilia. *Ensayos literarios*, Santiago de Cuba, 1846, pág. 11.

Al pueblo que habita esta tierra, «le llamaríamos un pueblo iris», escribe Baralt, en el que se mezclan y confunden costumbres procedentes de muy varios lugares. En correspondencia con este planteamiento, escribe una «Escena campestre» sobre «Baile de los negros» presentando «la tumba» que los esclavos que arribaron a Santiago con los colonos franceses huyendo de la insurrección haitiana difundieron por los campos de Cuba. Sobre las escenas de este baile, apunta el autor: «Yo me avergonzaría de pintarlas con sus colores naturales: la descripción que de ellas hago llega hasta donde la decencia lo permita...». Menos atractivo posee otro artículo de Baralt: «La anciana y la vieja».

En el mismo volumen aparecen artículos de costumbres de José Joaquín Hernández, que murió en Santiago en abril de 1870. Bosqueja algunos hábitos de la época: sobre «La cascarilla», con que las damas cubrían su cutis; sobre «La jaqueca» como pretexto para eludir compromisos, pero es más llamativo «El mataperros», dedicado a los niños callejeros, que fue reproducido por otras publicaciones posteriores. Las colaboraciones de Santacilia a estos *Ensayos literarios* no incluyen cuadros costumbristas.

La fascinación que causaban estos artículos sobre los lectores fue aprovechada por algunos editores para publicar antologías del género de moda. La primera que se editó en Cuba fue *Los cubanos pintados por sí mismos* (La Habana, 1852) con ilustraciones y viñetas de Víctor Patricio de Landaluce y grabados de José Robles. El título es eco de otros similares como *Los españoles pintados por sí mismos* (Madrid, 1843-1844), que a su vez continuaba la huella abierta por colecciones europeas como *Head of the People: or Portraits of the English* (Londres, 1840-1841) y *Les Français peints par eux mémes* (París, 1842). Ya en La Habana había aparecido *Las habaneras pintadas por sí mismas en miniatura* (1847) de Bartolomé José Crespo (1811-1871), más conocido por su seudónimo «Creto Gangá». Esta colección, escrita solo por Crespo, no está compuesta por artículos costumbristas, sino por composiciones poéticas dedicadas a diversos tipos femeninos con intención de elogio y no para descripción de costumbres. Entre otras mencionemos «La maestra», «La poetisa», «La filarmónica», «La joven casadera», «La tejedora de yarey» y «La mulata».

Los cubanos pintados por sí mismos fue la primera antología del género aparecida en la América hispánica. Poco después fue editada *Los mexicanos pintados por sí mismos. Tipos y costumbres nacionales por varios autores* (México, 1854). La colección cubana incluye treinta y ocho tipos, precedidos por una introducción firmada por Bias San Millán, escritor español, quien declara que no se incluye entre los autores de los artículos, «pues de lo contrario sería una contradicción el título de la obra». Menciona las colecciones europeas anteriores y explica:

> Los cubanos han querido también pintarse a sí mismos, y sin duda por los mismos motivos que han impulsado a franceses y españoles [...] su intento no es formar caricaturas, sino retratos de tipos dados y exactos, no individualidades, sino tipos generales de la población y sus costumbres en cada clase; esto les hará tropezar a veces con las ridiculeces: y ¿en dónde no abundan? Pero delineados los unos, los rasgos característicos, las profesiones, todas las maneras de vivir a que nos sujetan las condiciones precisas de cuanto nos rodea, con mano ligera y con una candidez franca a quien no ruboriza ni el elogio ni el vituperio propios cuando son verdaderos, se tendrá un cuadro agradable, un espejo sincero en que nos miremos y por el que podemos rehacer algún rizo que se desbarate del peinado o estirar alguna arruga de la corbata?[21]

San Millán indica que «los defectos o las genialidades [...] han de ser peculiaridades del país», pero este propósito no se cumple cabalmente, ya que más abundan en la colección los tipos universales y no los vernáculos. En la antología están incluidos veintitrés autores, entre los que se cuentan algunos de los examinados con anterioridad. Con perspicacia, San Millán advertía:

> Los cubanos tienen que conocerse para pintarse con verdad, tienen que estimarse en lo que son y por lo que son; no aspirarían a la empresa de trazar tales cuadros si hubieran de retratar unos originales sin fisonomía propia que los distinguiera de lo extraño [...] bajo este concepto la obra que presentan es de mucho más trascendencia de lo que parece a primera vista, y su desempeño un verdadero servicio al país y las letras.[22]

---

21 Bias San Millán. Prólogo a *Los cubanos pintados por sí mismos*, La Habana, 1852.

22 Ibídem, pág. 5.

Este primer balance de la producción costumbrista cubana ofrece la oportunidad de prestar atención a otros autores de una labor más restringida. Manuel Costales (1815-1866) contribuyó al género con cuadros relacionados con las actividades jurídicas que conoció directamente como abogado y magistrado, trazando tipos tal «El oficial de causas», «Testigos de estuche» y otros que publicó en *La siempreviva*, *El artista* y otras revistas de mediados de siglo hasta sus contribuciones en verso y prosa al tomo *Aguinaldo Habanero*, editado en 1866, año en que falleció. Por los mismos años daba a la publicidad cuadros de costumbres Cirilo Villaverde (1812-1894) enmarcados en las zonas rurales de la zona occidental que visitaba, como haría con su *Excursión a Vuelta Abajo* (1838 y 1842). Las novelas de Villaverde acogen muchas escenas costumbristas como su más famosa creación *Cecilia Valdés o la Loma del Ángel* (primera edición, 1839; versión definitiva, Nueva York, 1882), que se subtitula significativamente «Novela de costumbres cubanas».

José Antonio Portuondo señala una tendencia del costumbrismo cubano en la que puede observarse cierta actitud científica o erudita. Antonio Bachiller y Morales, historiador, crítico, investigador, cultivó también el artículo costumbrista. Según Portuondo: «No es propiamente un costumbrista, como "Jeremías de Docaransa", como "El Lugareño" [...] que son gentes que gozaron la pintura de las costumbres y los tipos locales. Aparece ya el erudito, el científico, el hombre que trata de encontrar, detrás de la apariencia, la esencia de las cosas».[23] Son, añade, «científicos preocupados por lo que hay detrás del tipo pintoresco». Menciona a continuación a Felipe Poey (1799-1891), el más eminente científico cubano de la segunda mitad del siglo XIX, quien contribuye con bosquejos llenos de humor al género, como hizo en su conferencia «Algo del Hombre y de la Mujer, y más del Mono y de la Mona», pronunciada en el Nuevo Liceo de La Habana en 1885.

Llegaban ya, en el andar de la historia, años decisivos para el pueblo cubano. El 10 de octubre de 1868, Carlos Manuel de Céspedes (1819-1874) inició la larga lucha para conquistar la independencia cubana. Nada se podía esperar ya de los lejanos gobiernos de la metrópoli española. Solo quedaba el camino de las armas. Las posiciones reformistas no habían hecho más que dilatar el

23 José Antonio Portuondo. «Landaluze y el costumbrismo en Cuba» en *Revista de la Biblioteca Nacional José Martí*, núm. 1, enero-abril de 1972.

dominio colonialista. Cuando Céspedes inicia la guerra independentista y da la libertad a sus esclavos abría una nueva etapa a la historia cubana que duraría una centuria hasta conquistar la plena soberanía nacional y la justicia social.

Es de comprender, con estas condiciones históricas, que el articulismo de costumbres que se practica en los años próximos al estallido bélico de 1868 debía acentuar sus matices polémicos, sus pinceladas patrióticas, su repulsa del régimen colonial. Figura que representa dignamente esta segunda etapa del costumbrismo cubano del siglo XIX es la de Luis Victoriano Betancourt, hijo de José Victoriano. Por eso, en sus artículos, aunque crece el humorismo y la risa brota con facilidad, aumenta también el afán moralizante, la protesta y la recia censura a una sociedad marcada por la esclavitud y el coloniaje. Bajo el artículo costumbrista de Luis Victoriano se adivina al futuro luchador por la independencia. Quedan atrás las hasta entonces predominantes actitudes reformistas que percibe el lector en los autores anteriores.

Luis Victoriano Betancourt nació en La Habana, en 1843. Murió en la misma ciudad, en 1885. Graduado de abogado, poeta amoroso y civil, partió con su hermano Federico hacia los campos en que se combatía por Cuba Libre. Alcanzó nombradía como orador en la Asamblea de Guáimaro (1869), que dio una constitución a la República de Cuba en Armas. Después que cesaron las hostilidades en 1878, volvió a La Habana, hizo vida literaria y murió, firme en sus ideales, con la mirada puesta en el porvenir de su patria.

En el artículo que tituló «Gente ordinaria» daba su propia definición del género costumbrista:

> El que se propone estudiar las costumbres para intentar corregirlas, buscarlas debe dondequiera que se encuentren, ya en los misteriosos y dorados salones de la opulencia, ya en la modesta morada de los pobres; ora en los actos y en las conversaciones de las personas mal educadas, ora en el buen comportamiento de las gentes de instrucción, y en todas partes debe penetrar la investigadora mirada del escritor de costumbres para hacer salir de todas partes el gusano de la mala educación...[24]

24 Luis Victoriano Betancourt. *Artículos de costumbres*, La Habana, 1929.

En la serie de sus artículos que empezó a publicar desde 1863 en el periódico *El Siglo*, Luis Victoriano ataca al baile, las modas y los aderezos complicados, el tupé engañador, las canciones populares, el juego, los velorios, etc. Mas, como decíamos, la situación histórica le preocupa y en ocasiones revela su atención hacia los problemas colectivos, los problemas de la patria. En el artículo «Una rumba» presenta los devaneos y la indiferencia de los jóvenes que solo se ocupan de bailes y diversiones, y con amargas palabras dice:

> La ciencia es larga; la vida es corta, la patria, ¿quién se ocupa de ella? Si nacemos hoy para morir mañana, ¿por qué tanto afán en estudiar y trabajar para el porvenir? El porvenir... quién sabe. Gocemos ahora, que más vale pájaro en mano que ciento en el aire, y cada uno se ocupa de lo que le da la gana. Entretanto, ¡diviértase también la patria![25]

Tema que reitera Luis Victoriano con frecuencia y que apenas aparece en los costumbristas anteriores es el relacionado con la defensa de la mujer. El derecho de la mujer a la educación, a la libre elección matrimonial, los postulados esgrimidos por los movimientos feministas de fin de siglo tienen un paladín en este costumbrista. Tres artículos, «El matrimonio», «El diablo y la mujer» y «Consejos del diablo» están dedicados, entre reflexiones graves y pinceladas humorísticas, a estas cuestiones.

Pinta con gracejo Luis Victoriano las figuras de «Los primos», los observa maliciosamente en sus tratos y juegos con sus primas; escoge igualmente como objetivo de su humor a «Los pollos», en el que identifica las muchachas y muchachos con las aves encontrando graciosas e imprevistas comparaciones. Pero donde halla ocasión de desatar su censura burlona es en la pasión inveterada de los cubanos por el baile. Qué sarcasmos, qué ironía, qué derroche de ingenio para zaherir esta pasión tan extendida. Sabe crear curiosas denominaciones. En su frecuente referencia a los bailes habla de la existencia de «institutos médico ortopédico gimnástico coreográficos»; cuando enfila sus burlas contra cierto género novelístico escoge una obra que califica de «novela romántico fantástico-caballeresca»; al considerar la preponderancia de ciertas

---

25 Ibídem.

modas inverosímiles remonta su memoria hasta el momento en que «Adán y Eva inventaron la moda del delantal verde».

Luis Victoriano aborda en cierto artículo una descripción panorámica de La Habana, visión cómica de pasajes de la ciudad; nos lleva a un salón donde las muchachas entonan cantares populares que sirve para que el costumbrista descubra los muchos versos chabacanos e incoherentes que contienen. No menos gracia se advierte en su artículo ya mencionado «Gente ordinaria» y en otro sobre «La Habana de 1830 a 1840», que no conoció directamente, y se asoma al costumbrismo rural cuando narra la estancia de «Un estudiante en el campo». En las vísperas de la guerra, Luis Victoriano reunió algunas de sus composiciones en prosa y verso bajo el título *Artículos de costumbres y poesías* (1867). Todavía en 1881, en el texto de un artículo costumbrista reiteraba su posición política frente al despotismo, que citamos anteriormente.

Sigue abundando la veta meramente entretenida en diversos articulistas contemporáneos de Luis Victoriano. Entre ellos debemos citar a Juan Francisco Valerio (1829-1878) y Francisco de Paula Gelabert (1834-1894). El primero reunió sus artículos en *Cuadros sociales*, del que salieron tres ediciones en 1865, 1876 y 1883. La primera incluía un prólogo de José de Armas y Céspedes (1834-1900), no reproducido después, en el que encomia sus méritos:

«Valerio, con su estilo semicervantesco, si puede así decirse, tendrá algunos defectos de locución, será más de una vez incorrecto, pero la chispa, la gracia, la viveza de los colores resaltan siempre en sus cuadros.» Nunca trasciende esa descripción amena, aunque se permite la burla incisiva contra la vestimenta ridícula de los empleados de funerarias, llamados «Zacatecas»; la inveterada costumbre de «guardar el luto» y la inclinación fanática a las peleas de gallos que eran tan frecuentes en las zonas rurales del país. La temática costumbrista la extiende a sus piezas teatrales, como «Perro huevero aunque le quemen el hocico» (1868), que dio motivo a una manifestación de solidaridad con la revolución iniciada por Céspedes, causando la represalia de los «Voluntarios» españoles en el habanero teatro Villanueva, que Martí recuerda en sus *Versos sencillos*.

Francisco de Paula Gelabert fue escritor prolífico. Comenzó como poeta y derivó hacia la narrativa publicando novelas y artículos de costumbres, así como el relato *Mi viaje a España* en 1867, que se editó muchos años después de su muerte en la revista *Cuba contemporánea* (1915). En el prólogo a sus *Cuadros de costumbres cubanas* (La Habana, 1875), el escritor satírico español Juan Martínez Villergas afirma que, conociendo ya sus trabajos aparecidos en *La Tertulia*, lo invitó a colaborar en su revista *El Moro Muza* (última serie). Martínez Villergas (de quien no podemos olvidar sus campañas virulentas contra los patriotas cubanos) subraya los valores de Gelabert «no solo por la verdad fotográfica de los cuadros y caracteres en ellos dibujados, sino también por el gracejo de los diálogos y por el extraordinario conocimiento de las palabras y los modismos de convención local que el autor revelaba».[26] Gelabert pinta hábitos sociales que ya habían atraído a otros, como los relacionados con los bautizos, los velorios, las fiestas de Pascuas, las temporadas, etc. Acierta Villergas cuando señala el empleo de locuciones populares propias de las gentes habaneras. Cuando años después fue editada la antología *Tipos y costumbres de la isla de Cuba* (1881), incluyeron nuevos cuadros de Gelabert.

Tipos y costumbres de la isla de Cuba, editada en formato mayor, con ilustraciones de Víctor Patricio de Landaluze, se considera como «el canto del cisne» del costumbrismo cubano del siglo XIX. Se reproducen en sus páginas artículos que ya fueron incorporados, casi treinta años antes, a *Los cubanos pintados por sí mismos*, pero se añaden muchos más que entregan un amplio panorama del género a lo largo de todo el siglo. Incluye dieciocho autores, diez de ellos con una sola colaboración, entre ellos Manuel de Zequeira con su soneto «El petimetre». También aparecen siete composiciones líricas de Juan Cristóbal Nápoles Fajardo (1829-1852?), el más afamado poeta nativista que utilizó el seudónimo «El Cucalambé».

La introducción a esta obra fue confiada al prestigioso Antonio Bachiller y Morales, del que reproducen también cuatro artículos. En su introducción, Bachiller menciona los antecedentes del género: *El Espectador*, de Addison; *El Pensador*, de Clavijo, y *El Pensador Mexicano*, de José Joaquín Fernández de Lizardi (1777-1832). Considera que: «Los artículos de costumbres tienen que ser auxiliares de la historia...»,[27] recalca el incremento de las publicaciones periódicas durante los años posteriores a 1830 y en ellas los articulistas cubanos

26 Juan Martínez Villergas. Prólogo a Cuadros de costumbres cubanas de Francisco de Paula Gelabert, La Habana, 1875.

27 Antonio Bachiller y Morales. Introducción a *Tipos y costumbres de la isla de Cuba*, La Habana, 1881.

que siguieron las huellas de Larra y Mesonero Romanos, más del segundo que del primero. Desde las primeras contribuciones al género en la Isla, Bachiller señala que sus objetivos fueron: «la pintura de tipos sociales, la censura de los vicios, el retrato social, la historia contemporánea».[28] Si el prologuista recuerda los peculiares propósitos moralizantes del costumbrismo, también reflexiona sobre los cambios históricos, deseando, de acuerdo con criterios más recientes, que la historia «no sea, como antes, la ciencia de los príncipes, sino la de los ciudadanos», según oportuna cita que incluye al final de su análisis con clara alusión a la monarquía española.

La amplia representación que ofrece *Tipos y costumbres* incorpora los más célebres cultivadores del género entre nosotros —cuyas obras hemos estudiado—, así como otros de larga trayectoria, entre ellos José Quintín Suzarte (1819-1888), así como los más jóvenes a los que se les encargaron algunos temas. Varias de las colaboraciones están firmadas con seudónimos: «Doctor Canta Claro» y «Licenciado Vidriera». Algunos de los tipos incluidos, como «El ñáñigo» de Enrique Fernández Carrillo, «Los negros curros» de Carlos Noreña y «El calesero» de José Eustaquio Triay, revelan interés hacia el folclor, con cierto sentido científico, verdaderos antecedentes de la línea investigadora que emprende, ya en nuestro siglo, Fernando Ortiz (1881-1969).

En las dos décadas finales del siglo XIX, tanto Ramón Meza (1861-1911) como Julián del Casal (1863-1893) publican artículos que traspasan los límites del costumbrismo tradicional. Meza no es un satírico, sino un observador cabal de la sociedad colonial, aunque su novela más celebrada *Mi tío el empleado* (1887) constituye una incisiva imagen de los estertores del régimen colonialista. Costumbres como «La verbena de San Juan», que se celebraba en la corta extensión del Malecón habanero de esa época, y algunos tipos populares como «El pescador», «El carbonero», «El lechero» y esa inolvidable figura de «José el de las suertes», son algunas de sus contribuciones al género. Roig de Leuchsenring elogia su artículo «La primera piedra» en el que zahiere el hábito en los años del coloniaje, que prosiguió en los de la república neocolonial, de inaugurar la construcción de edificios y monumentos con la colocación de su «primera piedra», aunque nunca después se vieran ni la segunda ni la tercera. Meza resulta un escritor objetivo que no se permite traducir su pensamiento

28 Antonio Bachiller y Morales. Ibídem.

con alguna expresión dura o sarcástica frente a las costumbres o tipos que presenta.

Casal tuvo que dedicar muchas horas a la actividad periodística para subsistir en aquel régimen que lo nauseaba. Entre sus artículos de carácter costumbrista hallamos algunos que bosquejan ciertos lugares habaneros: «El Matadero» y «Un café». La serie de crónicas que tituló «La sociedad de La Habana», iniciada con la dedicada al capitán general Sabas Marín y su familia, le costó el modesto empleo que ocupaba en el Departamento de Hacienda. La crónica social dedicada a los personajes oficiales y a la alta burguesía peninsular y criolla, con sus fiestas y reuniones, se convierte a veces en la pluma de Casal en una sátira implacable. A la pieza caricaturesca del gobernante español siguieron otras sobre la antigua nobleza en las que ridiculizaba sobre todo a los aristócratas más reaccionarios y españolizantes. Solo excluye a aquellos miembros de la nobleza que se identificaron con la causa cubana, como el patriota Salvador Cisneros Betancourt, marqués de Santa Lucía. Cuando habla de la prensa aprovecha para anotar: «A pesar de las persecuciones que sufren los periodistas, la prensa habla diariamente de los sucesos ocurridos, ya en forma clara y terminante, si el hecho es del dominio público, ya en forma novelesca, si se trata de encumbradas personalidades».[29]

Este derrotero por la literatura costumbrista cubana del siglo XIX ratifica la importancia de dicho género en nuestras letras coloniales. Estos articulistas intentaron descubrir las señales sobresalientes de una identidad colectiva, satirizaron tipos y hábitos sociales que desvirtuaban los modelos que ellos preferían para su colectividad en conformación. Es cierto que las imágenes que entregan a los lectores son en la mayoría de las ocasiones asaz epidérmicas y primarias. Por eso prevalece en ellos una posición reformista que coincide con la que adoptan ante la problemática cubana de su tiempo, aunque hemos de considerar que tal actitud se encuentra en la raíz de este género que trata de mejorar las costumbres y modos de vida sin escrutar en las raíces de esos males sociales.

Manifestación literaria de un determinado tiempo histórico, resulta testimonio de una modalidad que muy modestamente, sin grandilocuencia, proyectó imágenes impregnadas de contingencia. Gravada por lastres didácticos y

---

29 Julián del Casal. *Prosas*, La Habana, 1963, tomo I, pág. 146,

moralizantes, «dócil molde para insulseces cotidianas [...] exponente perfecto del prosaísmo burgués»,[30] como motejaba Pedro Salinas al costumbrismo español, legaba una multifacética recolección de estampas populares, de figuras pintorescas, muy propias de la pasada centuria. No obstante sus limitaciones estilísticas e ideológicas, el costumbrismo literario cubano se asoma a la descripción de ciertas contradicciones sociales sin que pudiera, por su desconocimiento de ciertas leyes —imposible en la Cuba de entonces— profundizar en aquellos defectos y vicios que documentaban las tensiones existentes en el seno de la sociedad colonial y esclavista, cuando ya la nacionalidad cubana estaba presta a convertirse en nación con la experiencia definitiva de las guerras de liberación nacional.

La Habana, junio, 1983.
Salvador Bueno

30 Pedro Salinas. Literatura española del siglo XX, México, 1949.

Buenaventura Pascual Ferrer

Sobre embustes

Mixtaque cum ueris passim commenta nagantur Millia rumorum...
Hi narrata ferunt alio: mensuraque ficti Crescit; et auditis aliquid nouus adiicit auctor.
Ov., Metam., XII

Mil rumores inciertos corren de boca en boca mezclados con la verdad: con esto la mentira se divulga: y cada cual que cuenta algún pasaje le añade de su casa algo de nuevo.

Señor público

Como me he propuesto hablar contra ciertos vicios que reinan en la sociedad humana, voy a tratar en este discurso de uno de los más extendidos que es la inmensa multitud que hay de embustes. Si se observa con cuidado el trato de las gentes, se hallará que es muy pequeño el número de hombres constantemente veraces en todas materias. No comprendo aquí a aquellos embusteros de profesión, en quienes la costumbre llegó a ser naturaleza, que mienten sin fin, sin causa ni motivo y únicamente por mentir; hablo de aquellos en quienes algún interés se opone a su sinceridad. Por ex. ¿Cuántos sujetos hay encargados de negocios ajenos que refieren pasos que no han dado, diligencias que no han practicado y regalos que no han hecho? ¿Cuántos vestidos, zapatos y otros muebles no fingen los artesanos que se les ha dado a hacer para disculparse de no haber concluido los que tienen entre mano? ¿Cuántas pérdidas no sufren los mercaderes en cuanto venden? ¿Qué de cosas no hacen y qué de estorbos no tienen que vencer toda suerte de valedores por sujetos de quienes no se acuerdan sino cuando los ven? ¿Cuántos vicios y cuántos defectos no tienen los de una misma carrera en boca de sus mismos compañeros? Con todo, seríamos felices si el interés fuese solamente el poderoso para hacer embusteros a la mayor parte de los hombres; pero hay otras causas a cada una de las cuales son muy pocos los que resisten. ¿Quién había de pensar que este deseo de adquirirse la estimación de los demás que tan útil podía ser al género humano, si empleásemos los medios verdaderos para conseguirla, fuese al contrario el origen de una multitud de embustes los más perjudiciales de todos? Sin embargo ello es así.

Para procurarnos esta estimación y distinguirnos de los demás nos parece medio más fácil deprimir el mérito ajeno que hacer esfuerzos para aumentar el nuestro con el cultivo mayor de nuestros talentos y con el más exacto cumplimiento de nuestras obligaciones; y de aquí nace el gran número de calumnias y falsos testimonios con que nos despedazamos unos a otros. Agrégase que como ninguno hay que no se crea interesado en la depresión de otro, cuanto cede en vituperio del próximo es recibido con ansia; y así es que al paso que todos convienen en abominar la maledicencia y en mirar con horror a los maldicientes, son muy raros los que poco o mucho no están inficionados de este vicio y más raros aún los que o lo promuevan por la atención que prestan a estos hombres y por lo que celebran sus dichos que solo suelen ser agudos porque son malignos.

Esta atención y esta celebridad tiene tal influjo que hay sujetos a quienes grandes intereses los obligarán a decir una cosa por otra, y que no solo no se resisten a esta tentación, sino que sacrificarán sus mayores amigos y sus propias conveniencias al gusto de hacerse pendiente de su labio a toda una tertulia; y si a esto se agrega la vanidad de pasar por hombre instruido en los secretos de las familias y de ser tenido por sujeto de penetración y de buenas noticias, son dos incentivos a que apenas hay uno entre millares que no ceda; y al cual deben el nacimiento tanta multitud de historietas falsas que se esparcen y todos los casos prodigiosos que andan en boca del vulgo.

Hay también otros a quienes ni la vanidad ni el interés ni la malignidad hacen embusteros, sino una vergüenza mal entendida. Cuanto oyen, otro tanto creen de ligero y lo refieren después como cierto. Si alguno se lo pone en duda, ellos mismos lo vieron por sus ojos, o lo oyeron a personas fidedignas. Si se les hace conocer la inverosimilitud, o la imposibilidad del hecho, lo visten luego de mil circunstancias de su invención que lo hacen más creíble; y todo no con otro fin que por no reconocer su ligereza ni confesar su ridícula credulidad. Pero lo más admirable en esta materia es que apenas hay hombre que sin mentir, no sea autor de mil mentiras. Las pasiones de un partido, de un cuerpo de su patria, de sus amigos, hacen ver los objetos de otro modo de lo que ellos son. Aun sin esto hay muchos que lo ven y lo oyen todo al revés. La significación de cada palabra varía según el tono con que es pronunciada, según el aire del semblante, según el gesto y la acción que le acompaña. Los más no reparan en estas menudencias, y así es que no hay suceso que en llegado a la tercera boca no haya recibido una considerable alteración.

La experiencia que de esto tengo es causa de que no atienda jamás a ninguno de los cuentos, noticias y sucesos que se refieren ordinariamente. Me he habituado de tal modo con estos habladores que son tan comunes, que cuando más atento me creen, ni una palabra sé de lo que están hablando y no estoy ocupado sino de mis propias ideas, con lo cual me he libertado de un gran número de errores. Pero tengo un amigo que sabe sacar mejor partido, usando del remedio que da un célebre autor francés. Como conoce que no hay un adarme de verdad en mucho de lo que se habla, le ha valido y le vale este conocimiento una multitud de dinero, haciendo de las mentiras públicas un ramo de industria para enriquecerse. Cuando oye a alguno que habla mal de otro, o que critica alguna acción suya, al instante toma su defensa procurando darle alguna interpretación favorable o disculpar su intención por algún medio que su imaginación le sugiere. Rara vez sucede que el otro no se enardezca y que para sostener su dicho no cite luego una multitud de ruindades y acciones semejantes que le atribuye y que prueba con testimonios irrefragables. Luego que tiene a su antagonista en este estado, apuesta mi amigo a que padece engaño; y jamás se verifica que pierda.

Es increíble la ganancia que le ha dado la guerra presente y se puede asegurar que a pocos corsarios le ha valido tanto. No corre bola en La Habana que no sea para él de un gran producto, interesándose aun en las mismas noticias que salen ciertas, porque posee el secreto de enardecer a un hombre en medio de su conversación; de manera que mezcle en ella mil circunstancias que desfiguren el suceso enteramente y éste es el momento que escoge para sus apuestas. De esta suerte ha sido tan feliz que ha ganado algunas, aun a aquellos que hacen vanidad de tener buenas correspondencias y de saber todo lo que pasa primero que los demás.

Si se examinan los disgustos, penas y desazones que llenan la vida de amargura, se hallará que la mayor parte no tiene otro origen que estas calumnias que sembramos unos contra otros. Aun aquellas mentiras que en el concepto común no pasan por perjudiciales y que le dan el nombre de jocosas, son causa, si hemos de creer al P. Feijoo, de innumerables perjuicios que le hacen desear que hubiese un freno que reprimiese esta propensión que tenemos de engañarnos mutuamente. ¿Y qué freno más a propósito que el miedo de una apuesta que no solo descubra el embuste, sino que también haga sufrir la pena en el bolsillo? Las mismas leyes civiles, cuando se debieran mezclar en este asunto, ¿podrían imaginar otro arbitrio de tanta eficacia? Sin embargo, los que quieran usar de él deberán proceder con mucha circunspección, no sea que la ansia de enriquecerse los precipite en algunos lances pesados y que resuciten la antigua usanza de terminar iguales disputas. En las apuestas debe entrar cuanto oro y plata se quiera; pero se debe cuidar mucho de que no entre la menor dosis de acero.

El Regañón de La Habana, noviembre 14 de 1800.

Sobre los bautizos

O viril ad vos clamito.
Proverb., cap. VIII

Padres de familia, con vosotros hablo.
Señor público

No puedo dar un paso sin encontrar un motivo para ejercitar mi empleo. ¿Cómo, pues, he de mirar con indiferencia más de cuatro cosas que suceden en esta ciudad que por más que sean comunes no pueden ser dispensadas ni aun por el hombre más insensible? Una de ellas es lo que sucede en los bautismos con los muchachos. ¿Quién había de creer si no la viera, que es tanto el desorden en las costumbres de éstos que no se puede ser padrino en La Habana sin exponerse a los mayores bochornos? Yo tuve el dolor de presenciar un acto de éstos y no pude menos de llenarme de indignación al ver lo que pasó en él. Con motivo de asistir a un entierro, concurrí a una de las parroquias de esta ciudad al tiempo que se bautizaba a un párvulo. Luego que se acabaron las ceremonias de este sacramento rodearon al padrino como una docena de muchachos y aun de hombres de todos colores, pidiéndole el medio con el pretexto, uno, de haberle tenido el sombrero, otro, el bastón, otro, la vela, otro, el salero, otro, el paño, etc. Viéndose aquel buen hombre acometido de una turba de perillanes tan diforme, demostró un movimiento de cólera que tuvo que reprimir por respeto sin duda al santuario y al fin cedió a las importunidades de tanto perdulario, abriendo el bolsillo y contentándolos a todos.

No paró aquí la insolencia porque así que salió a la calle y se entró en su volante, la cercaron hasta veinticinco o treinta de estos muchachos que llaman *mataperros*, como negritos, mulaticos y aun blanquitos, los cuales no cesaron de importunarle con las mayores voces a que les tirase un puñado de monedas como se acostumbra, según parece, en estas ocasiones. Ya se había concluido el entierro y quise tener la humorada de disfrutar de esta escena, tanto por ver en lo que paraba, como porque era camino para mi casa. A pesar de haber arrojado el padrino una porción de medios y de haberse entretenido los muchachos en cogerlos por medio de muchos estrujones, patadas y porrazos que se dieron, alcanzaron la volante que ya iba algo lejos y prosiguieron su petitorio. Viendo éstos que el padrino se hacía el desentendido a este nuevo asalto, entonaron una especie de canción en la cual uno decía: *Higos*. Y todos repetían a gritos unas veces *Higos quiero yo*, y otras *Higos me llamo yo*, con tal compás que no parece sino que todos habían aprendido la solfa, pues no desmentían un punto de él y con un alboroto tan grande que todo el mundo salía a las puertas y ventanas para ver lo que sucedía. Cansados ya de este estribillo y sin sacar fruto alguno, lo mudaron en otro casi del mismo tenor y con el mismo compás, cuya letra es la siguiente: Uno decía Carabalí papá. *Todos respondían*. Jejele.

Uno-Saca manteca no más. *Todos*-Jelele.

Esta música fue intermediada con algunos sostenidos que ocupaban en arrojarle a la volante y al padrino algunas piedras no pequeñas ni pocas, que si le hubieran acertado con alguna en la cabeza o en el cuerpo, desde luego hubiera tenido que rascar por buenos días. Finalmente fue tanta la multitud de muchachos, que cargó detrás de la volante y tanto el esfuerzo que hizo el calesero por librarse de ellos, apresurando la mula, que se rompió el eje por una punta y saliéndose el clavo que sujetaba la rueda, cayó ésta de un lado. Con este acontecimiento pensará cualquiera que cesarían los muchachos en sus importunaciones; pero no fue así porque las redoblaron y aun menudearon más las piedras, tanto que le fue preciso al padrino el entrarse en una casa, donde permaneció hasta la noche porque la volante con sumo trabajo pudo llegar a su casa.

En vista de esta relación me parece que no se puede dar una cosa más soez y bárbara que semejante costumbre; y que ésta dimana de la educación, siendo los padres de familia los únicos que la pueden desterrar sin intervenir otra autoridad pública. Porque si aquéllos sembrasen en el corazón de sus hijos y de sus criados las verdaderas máximas de la sociedad y los corrigiesen y aun castigasen sí fuese necesario cuando se separasen de ellas, no sucederían estos y otros abusos que se notan en los muchachos. Pero si lejos de hacer esto vemos que le dan pábulo a sus travesuras, permitiéndoles salir libremente a la calle y acompañarse de otros de su misma edad y de perversas costumbres, es preciso conocer que ellos y no otros son la causa de que haya un cúmulo de maldades que aumentándose progresivamente, como es natural, con la dispensación de las primeras llegarán a hacerse de tal modo insufribles que se verá precisado el gobierno a hacer un ejemplar castigo que baste a cortarlas. Éste, pues, será el único partido que podrá tomar, el cual, aunque duro por la poca capacidad del sujeto en quien recaiga, vendrá a ser indispensable si van adelante, como es de presumir, los desórdenes y abusos que se notan.

Parece cosa cansada el repetir las máximas principales de educación por suponerse ya sabidas, pero en el poco uso que de ellas se hace nos vemos obligados a creer o que no se han sabido nunca o que ya están del todo olvidadas. El padre de familia debe tener a sus hijos y esclavos siempre a su vista en aquella edad en que se forma su razón y en que se le graban las impresiones indelebles que han de ser la causa de su felicidad o de su desdicha. El permitirles que anden libremente por la calle, lejos de serles provechoso ni a su salud ni a sus placeres racionales, no sirve más que para hacerles olvidar cualquier principio de educación que se les haya dado y para que contraigan todos los vicios que resultan de las malas compañías; vicios que por más frecuentes que sean, no dejarán jamás de horrorizar la misma naturaleza, resultando de los que se adquieren en esta edad todos los delitos que se cometen en las posteriores por la mala inclinación que los ha dirigido desde pequeños.

Débense pues desterrar de la juventud los juegos pesados, las burlas, las importunaciones y las malas compañías, no permitiéndoles a los muchachos: aun aquellos juegos indiferentes, sino con la más grande moderación y como por un ligero recreo; de no hacerlo así se acostumbrará el niño a no pensar en otra cosa que en la diversión; y es lástima no aprovechar el tiempo de esta edad, que es el más oportuno, en instruirlo en las verdaderas máximas que lo han de hacer feliz en todas las demás edades y cuyo abandono él mismo reprobará cuando llegue a tener un verdadero conocimiento de lo bueno y lo malo y conozca la crianza que se le ha dado.

Mucho pudiera decir sobre este particular tan interesante y no dejaré de hacerlo cuantas veces pueda, porque yo estoy persuadido y con mucho fundamento, a que la felicidad o la desgracia de un pueblo, de una ciudad, de un reino y aun del mundo todo, no consiste más que en la educación que se le da particularmente a sus individuos.

El Regañón de La Habana, martes 2 de diciembre de 1800.

Sobre representaciones escolares

Sume superbiam
Quaesitam meritis.
Hor., Carm. III, Od. XXX

Razón es revestirse
de una satisfacción tan bien fundada.
Trad. de don Luis Ca.

Señor público

Por esta semana no tiene vuesamerced que esperar regaño alguno, pues he presenciado dos actos que me han llenado del mayor júbilo y satisfacción por considerar el ramo de educación y de instrucción como el más interesante en la sociedad humana. El primero ha sido la función que llaman el *Imperio* entre los muchachos de la escuela de Belén, ejecutado el día 1.º de este mes. Imaginarán sin duda algunos hombres tétricos que ésta se reducirá cuando más a un juguete de niños, en donde a uno se le pone una corona y un manto de emperador, a otro la insignia de capitán general, a otros las de cónsules y así a los demás, toca la música, cantan cuatro coplillas, recitan cuatro versos a modo de comedia y vayan ustedes con Dios. De manera que si la tal función se observa por este punto de vista y por la realidad que en sí contiene, no es más que un *Reinazgo* de Carnestolendas. Pero el hombre que se ponga a reflexionar un poco haciéndose cargo del influjo que tienen sobre el espíritu de los jóvenes estas pequeñeces, conocerá evidentemente que nada hay más propio para estimularlos a que amen el trabajo y la instrucción. La acción del hombre es movida siempre por alguna causa, reduciéndose ésta por lo general al interés, al honor, al temor al castigo, o a la gloria de mostrarse superior a los demás. Las dos primeras de estas causas no son conocidas regularmente en la edad pueril y así nada pueden obrar; la tercera tiene muchos inconvenientes, y por lo tanto está abolido en muchas partes su uso, con que hemos de recurrir a poner en práctica la cuarta como la más segura para influir en los muchachos el honor y el estímulo en las ciencias, la constancia y el trabajo en adquirirlas y las semillas de la buena educación. Infeliz de aquel en quien no influya esta causa, porque de nada le aprovecharán las demás, aunque se use con él de toda la violencia del castigo, el cual no le servirá sino para depravarlo más y hacerle perder la vergüenza, único resto que en llegándose a abandonar se frustraron todas las esperanzas de que se aproveche la sociedad humana de aquel individuo.

Hecha pues esta indispensable digresión, pasemos al modo con que se ejecutó este acto. Mucho tiempo hace que es costumbre en la escuela de los religiosos Belemitas el hacer estos Imperios cuyo lujo se ha ido aumentando progresivamente. La manera de hacerlo cuando yo era niño, era sumamente sencilla. Sobre un pequeño tablado y debajo de un dosel colocaban al muchacho más adelantado de la forma de escribir, sin más arengas ni ceremonias; le ponían una corona, manto y cetro, adornaban al mismo tiempo a los demás niños sobresalientes con varias insignias, los paseaban por el claustro y cate usted acabado el Imperio. En el presente año ha tenido esta función un aspecto más serio y regular. Sobre un tablado espacioso y decente se presentaron varios jóvenes a dar muestras de su habilidad e instrucción en la ortografía castellana, en la doctrina y en la aritmética, las cuales fueron muy felices; figuróse la justicia simbolizada en una dama, la cual le dio el Imperio a uno de los atletas y a los demás varios honores, haciendo de todo esto una especie de coloquio en versos regulares a pesar de no ser del mejor gusto, pues se emplearon en su composición mil retruecanillos, sonsonetes y paranomasias; calidades mandadas desterrar de la poesía por ímprobas y pueriles.

Fue lástima seguramente que el mal tiempo y aun la hora extraviada hubiesen impedido la asistencia de los principales jefes de La Habana a esta escena que les hubiera agradado mucho. Por ella conocerían el esmero que se pone en este convento para la enseñanza de las primeras letras y frutos que sacan en sus discípulos, siendo de notar que en la serie de maestros de escuela que ha habido en Belén, no se cuenta uno que no haya tenido la más constante aplicación y el más grande empeño en instruir a los niños que han estado a su cargo.

El segundo acto que presencié fue el examen público de las niñas educadas en la Casa de Beneficencia. No tengo el menor rubor de confesar que cuando vi este espectáculo se me llenaron los ojos de lágrimas y no dejé en mi interior de hacer un elogio a la memoria de su Exc. fundador y de su Ilmo. ex director, perpetuada eternamente en La Habana con esta fundación. Almas sensibles y amantes de la humanidad, venid conmigo a gozar el placer más puro de la naturaleza. En este recinto veréis que se os presenta una larga mesa cubierta de obras excelentes en el bordado, en el dibujo y en la pasamanería; botones bien acabados, planas perfectamente escritas, flores bien imitadas y otra multitud de manufacturas que solo viéndolas se pueden admirar, todas trabajadas por individuos del bello sexo que se mantienen en esta casa de piedad y que se han extraído de la miseria y del abandono en que hubieran yacido precisamente, siendo víctimas quizás de todos los vicios. Aquí tienen un asilo contra todas estas plagas; aquí le rinden a la sociedad humana sus inagotables recursos y sus verdaderas utilidades; aquí finalmente, por medio de la educación que se les da, logran estas jóvenes un establecimiento que las debe hacer felices en el resto de sus vidas.

¡Ah compatriotas amados! Perpetuad con vuestros socorros este establecimiento el más útil de la humanidad, que solo tiene su existencia en la caridad de vosotros. No abandonéis jamás esta empresa, sino fomentadla y hacedla que llegue a todo aquel grado de perfección y grandeza de que es susceptible; con eso gozaréis del placer más verdadero y sólido que es el hacer bien al verdadero indigente; y los anales mismos de esta Isla se apresurarán a citar vuestros nombres con el mayor elogio y a describir por menor esta obra vuestra, cuya existencia llenará de honor siempre a nuestra patria, y sería muy afrentoso para nosotros el que quedase abandonada por falta de subsidios. Cualquiera pues que conozca el carácter generoso de los habaneros, convendrá conmigo en que es una paradoja ridícula el pensar que pudiese jamás suceder esto último; al contrario debemos esperar que aun en caso de no ser suficientes los recursos que actualmente trata la Ilustre Sociedad Patriótica de proponer a S.

M. para concluir del todo este establecimiento y darle una existencia perpetua, los mismos patricios acaudalados tomen prenda en este particular y a costa de algunas cantidades que no les harán falta seguramente, le den el último punto de perfección, haciendo en ello una obra de caridad más grata a Dios y a los hombres que otras muchas que cada día se hacen, inventadas más bien para hacer florecer la mendicidad y haraganería, para conseguir una fama y una alabanza estéril, o para lograr un gusto pasajero e infructuoso.

A pesar pues de los cortos recursos que ahora obtiene este hospicio, se han repartido este día a proporción cuantiosos premios entre las educandas que más han sobresalido en las diferentes clases de obras que se han presentado al público. En suma, por las excelentes obras que se han presentado en este día y por la instrucción que han demostrado las educandas en la lectura y en la doctrina cristiana, deben pues los individuos que dirigen esta casa de piedad revestirse de una satisfacción tanto más benemérita y bien fundada cuanto en ella se obsequia y sirve a Dios, a la Patria y a la humanidad misma. No quedarán sin recompensa los que hayan contribuido a un acto de caridad tan meritorio como es este establecimiento y su conservación, pues la manos de tantas vírgenes escapadas del precipicio y de tantas indigentes extraídas de la miseria, se levantan hasta el cielo para implorar a la Divina Providencia toda suerte de dones sobre aquellos que las han protegido. El Exc. fundador, cuya muerte ha sido tan sentida en el recinto de esta obra suya, recibirá en ella los honores del apoteosis, haciéndose su inhumación no con ceremonias exteriores y gastos frívolos como se acostumbraba entre los antiguos Césares de Roma, sino con los más tiernos afectos y eterno agradecimiento de las almas castas que habitan este domicilio. Un placer tan puro y tan lisonjero como este de recibir de la posteridad el premio de la beneficencia, solo pueden gustarlo las almas sensibles y generosas. Tales son las que no contentándose con proveer continuamente con excesivas cantidades para el socorro de las necesidades de esta casa, han recompensado en este día con varias gratificaciones a las educandas que merecieron el *accessit* en los distintos ramos. Mucho pudiera y quisiera hablar en elogio de estos individuos, pero a más de no tener tiempo, su modestia me pone un gran óbice. La fama, pues, inmortalizará en los fastos de esta ciudad los nombres de los sujetos que más han contribuido y contribuyen al fomento y perpetuidad de esta obra caritativa, colocando en el lugar preferente a nuestro actual gobernador y capitán general marqués de Someruelos, quien no perdona fatiga, cuidado ni esmero en proporcionar a estas infelices los mayores alivios presentes y afianzarles su existencia futura. El mérito de este señor, la dulzura de su gobierno, el acierto de sus disposiciones, sus virtudes características, y la felicidad que le proporciona a esta ciudad, haciendo florecer en ella la literatura, el comercio, las artes y la industria; todo esto está reservado para que lo explique otra pluma mejor cortada que la mía y menos apasionada, porque la benevolencia con que me distingue pondría a mi gratitud en la confusión mayor por no encontrar voces capaces de explicar todos estos particulares con aquella brillantez que en él relucen.

El Regañón de La Habana, martes 16 de diciembre de 1800.

Sobre las Pascuas...

Ridiculum acri
Fortius, et melius magnas plerumque secat res.
Hor., Lib. I, Sat. X

Con más acierto y vigor
que la severa invectiva,
una crítica festiva
corta el abuso mayor.
D. T. Iriarte

Señor público

No sé de qué modo referir a vuesacé la multitud de cosas que he visto estas Pascuas con mi anteojito mágico. Es imponderable lo de todo cuanto pasa sin necesidad de ahondar las calles, ni de trasnocharme, ni de alquilar volantes numerarias, ni de levantarle un chichón a mis amigos pidiéndoles prestadas las suyas, ni de tomar sofocaciones, ni de volverme lazarillo, sufriendo por fuerza a ciertos elementos con figura de hombres, capaces de darle un tabardillo al mismo dios Neptuno que está en una fuente de la Alameda a pesar de ser de piedra. Aquí encerradito, como digo, desempeño las funciones del empleo que obtengo en el día que es de *Vista de la Ciudad*, pues con el auxilio de tal vidrio la recorro casi toda, observando todas sus mutaciones, habiéndome dejado algunas cosas que he visto esta Pascua con una boca tan abierta que se me podían ver muy bien las asaduras.

No volvía a paraje alguno el anteojo que no viese bailes, bromas, bullangas y fiestas, reparando en ellas una multitud de copias de aquellos mocitos que retraté en mi número IV, con la particularidad que ahora me han parecido más veloces, pues no había diversión de éstas en que no se encontrasen unos mismos, infiriendo de esto que andaban casi tanto como mi anteojo, que es buen andar. Según lo que les oí decir a estos jóvenes modistas, son más introducidos que el flato y más pegajosos que una chinche. No hay función en que ellos no se hallen, y son tan adelantados que cuando se trata en algún baile de contradanza, ya ellos han recorrido toda la sala buscando pareja, de tal suerte que la suelen tener pedida hasta para bailar la contradanza veinticinco si pudiera llegar este caso, siendo de notar que entre las mujeres es tan sagrada santa palabra que dan, que jamás faltan a ella como si fuera escritura cuarentigia. En tratándose de cena o cosa que lo valga, ellos son los primeros y con pretexto de hacer plato a alguna señora se engullen lo mejorcito de la mesa, desluciéndola enteramente, llenándose el vientre y aun las faltriqueras.

En muchas casas he visto Nacimientos que así llaman a algunos altarcitos donde se ponen imágenes que representan la Natividad de Nuestro Señor Jesucristo, y muchas figuras impertinentes para divertir a cuantos van a verlos. Con este motivo concurre mucha gente, no para adorar este misterio, sino para reírse unos con las representaciones ridículas que se ponen en ellos, en que se remedan a algunos sujetos conocidos, otros para tener dónde menear la lengua... y ver los sujetos que concurren, otros para zancajear las calles con este pretexto y otros con diversos fines, y ninguno de devoción. He visto algunas comedias particulares de aficionados donde había algunos papeles muy buenos y que a pesar de tener algunos defectos en general se hicieron mucho mejor que las que se representan en el circo teatril. He oído por las noches algunas músicas no muy buenas de aguinaldos que se daban por las casas, pegándoles este petardo a sus dueños, quieran o no quieran sufrirlo, pues los perillanes que se ocupan en esto, como a la cuenta no tienen otro oficio que el de vivir a costa del prójimo, no dejan lugar a la excusa.

He visto en algunas volantes muchos señoritos que se tenían ellos mismos por lindos, que iban más soplados con sus vestidos nuevos que una vejiga;

y algunas señoritas más tiesas y finchadas que parece que habían comido portugueses o asadores. He oído tanta copia de matracas, fotutos y otros de estos instrumentos rústicos, que nadie podía sufrirlos, bien que ahora es nada en comparación a los años antiguos que en los días antes de Pascua todo el género humano de esta ciudad tenía forzosamente que dejar el sueño desde mucho antes del día, porque la bulla de las matracas y de la gente que andaba alborotando la calle se lo impedía poderlo conciliar, llegando este abuso a tal grado que en el mismo templo se ejecutaba este desorden con el mayor escándalo antes de acabarse la misa que llamaban de aguinaldo.

Pero sobre todo lo que me ha incomodado más de cuanto he visto con el anteojo, ha sido la libertad con que se entonan por esas calles y en muchas casas una porción de cantares donde se ultraja la inocencia, se ofende la moral y se violan las leyes religiosas y civiles por muchos individuos no solo de la más baja extracción, sino también por algunos en quienes se debía suponer una buena crianza. La poesía, pues, que se emplea en las canciones de esta especie, acompañada de un tono fastidioso, a pesar de ser la más soez, insolente y sin gracia alguna, sirve de diversión a muchos y muchas aun las muy honradas que la oyen con indecible gusto y sin el menor escrúpulo de conciencia. Es incalculable lo que cunden estos cantares que no tienen más mérito ni aliciente que el de las indecencias en que van envueltos, y éste jamás podrá serlo sino para las almas enteramente corrompidas y entregadas al vicio y al abandono de todo pudor.

¿Cómo es posible que haya quien guste de oír cantar la *Morena*, que es la canción menos mala quizás de cuantas corren por ahí en boca del vulgo? Ni a la más baja plebe puede causar placer el contenido de sus versos que es una insulsa y chabacana producción, ni menos la música que es una grandísima friolera sin estilo ni gracia alguna. ¿Qué diré pues de un desgraciadísimo Cachirulo donde se oyen unas coplas del *Padre Pando*, de la Beata y otras llenas de las mayores obscenidades? ¿Qué diré de la *Guavina*, que en la boca de los que la cantan sabe a cuantas cosas puercas, indecentes y majaderas se pueda pensar? ¿Qué diré de la *Matraca*, del *Cuando*, de la *Cucaracha* y últimamente del *Que toquen la zarambandina*, donde en nombre de *Fr. Juan de la gorda manzana* se refieren y pintan las cosas más deshonestas y escandalosas del mundo? No se necesita más que oír todas estas tonadas y sus versos para encontrar en ellas la obscenidad más torpe y la invención más propia para provocar al desenfreno y la prostitución, las pasiones que bien regidas harían la dicha de la sociedad.[31]

¡Ah! Yo me estremezco cada vez que veo el mal estado de la educación y que la sana moral y hasta la religión van a ser públicamente desmentidas en los mismos niños por estos y otros abusos tan comunes. ¿De qué servirá el fervor del celo paternal cuando los males generales atacan las costumbres, haciendo que la misma virtud forme de la moral un sistema de pura especulación, en vez de ser una serie continuada de prácticas útiles al individuo y a la sociedad? ¿Qué vendrán a ser aquellos ínfimos afectos que constituyen la felicidad de las familias cuando la seducción tiene ganados todos los caminos, espiando el momento en que ha de triunfar del pudor y de la inocencia? ¿Qué habrá pues que admirar de que la disolución envanece los placeres sociales, de que el amor no sea más que una cadena de perfidias y de celos y de que el escándalo venga por fin a consumar la total ruina de la buena fe y de las costumbres? Cuando se oye a la tierna infancia repetir estas inmodestas canciones y anticipar el impulso del vicio en la naturaleza misma, ¿qué recurso le quedará al hombre de bien que quiera imprimir sus costumbres en sus descendientes, sino el de echar mano de una vulgar educación negativa, sin poderla justificar casi nunca con la comprobación del buen ejemplo? Nunca será demasiado todo el celo del Gobierno, y de los ministros del altar, cuyos altos destinos tienen por objeto la virtud pública, para exterminar ese formidable monstruo de iniquidad que se burla de las leyes del recato y de la modestia; que hace ilusorias las máximas más virtuosas y que opone su potestad infame a la autoridad legítima y al dulce imperio de la razón.

Yo espero que estas consideraciones dictadas por el más ardiente deseo del bien, lleguen a noticia de personas que conservando el amor a la virtud esfuercen conmigo sus discursos para extirpar semejantes ofensas públicas hechas a la inocencia y para que se salve a ésta del abismo en que peligra. Yo quisiera que no solo se extinguiesen las tales canciones de los oídos del

---

31 Pero a pesar de las críticas ya en 1867 se publicaba un librito con las guarachas más conocidas, publicada su segunda edición «corregida y aumentada con veinte guarachas de las más recientes». Se trata de *Guarachas cubanas*, curiosa recopilación desde las más antiguas hasta las más modernas, recopilación sin autor publicada por la Librería La Principal, Plaza del Vapor, La Habana 1882. Aunque en el libro aparecen 95 guarachas, no se consignan *La morena* ni *La Guabina* y otras criticadas por el *Regañón*.

Bufo y nación: interpelaciones desde el presente, selección y prólogo, Inés María Martiatu. (N. del E.)

público, sino que se opusiese para siempre una barrera a los demás acometimientos del desorden; yo quisiera ver un establecimiento que tuviera precisamente la censura de las costumbres públicas, con la autoridad necesaria y cuya severa inspección privase al vicio de todos sus recursos, dejándolo desterrado a los tristes y oscuros retiros de la prostitución; y que en público no hubiese cosa que contribuyese a alterar el progreso del buen orden. Estos deseos son los de todo hombre de bien que vive en la sociedad humana.

Con este anteojito pienso examinar todavía otras casillas que pasan en esta ciudad y que claman por reforma.

El Regañón de La Habana, martes 20 de enero de 1801.

Sobre educación doméstica

No permitiste a su edad
las distracciones primeras,
que debe observar un padre
para dirigir por ellas
la educación: este grave
cargo, esta difícil ciencia,
que hay tantos que la practiquen
y tan pocos que la sepan.
D. L. Moratín

Señor público

Soy incansable cuando trato de educación y aunque se hayan dicho sobre este particular cosas muy excelentes, nunca está de más el inculcar y aun repetir de nuevo las buenas máximas para grabarlas más profundamente en los corazones. Por más que en estos últimos tiempos se haya escrito tanto sobre esta materia, me atrevo también a echar mi cuarto a espadas, presentando a mis lectores algunas reflexiones que si acaso se han dicho ya anteriormente de mil modos, jamás dejarán de ser interesantes y oportunas. Una de las cosas más esenciales para que se consiga una buena educación doméstica es precisamente hacer ver a los padres que no solo deben estar exentos de los vicios comunes que degradan a los hombres, sino que su potestad es de tal condición que no debe servir para afligir y aterrar a los hijos, sino para conducirlos por medios suaves y propios para ganar el corazón a la práctica de las virtudes. El imperio absoluto y tiránico de que muchos se creen revestidos y la autoridad suficiente que juzgan pertenecerles para arreglar todas las acciones de la vida de sus hijos y hacer que sean conformes a sus caprichos y a sus manías, es ocasión de tan enormes daños, que de ello precisamente resulta que los muchachos se abandonan a todo género de disipación y de vicios en el instante mismo que no están bajo de la mano pesada y despótica de sus padres. Como no se les gana el corazón y como los medios que se adoptan comúnmente son los de atemorizar a los jóvenes y hacer que se estremezcan a la vista sola de sus padres, son necesariamente hipócritas, embusteros y nada les importa cometer los mayores desórdenes cuando están seguros que no han de llegar a noticia de aquéllos.

Padres conozco yo que como si estuviesen vaciados en el mismo molde que los Calígulas y Nerones, tienen una complacencia bárbara cuando ven temblar a sus hijos en presencia suya y que se prestan con una timidez servil a todos sus antojos. ¿Cómo han de tener un ánimo varonil y fuerte los que se crían oprimidos y esclavizados? ¿Cómo han de tener un corazón sensible y humano los que no han conocido ni experimentado otra cosa que la aspereza, los malos tratamientos y el rigor? ¿Cómo han de ser virtuosos aquellos a quienes no se les ha enseñado a practicar la virtud por principios: que no saben en qué consiste y las cualidades preciosas que la hacen amable? ¿Qué entereza ha de haber en los magistrados, qué valor en los militares, qué buena fe en los comerciantes, qué verdad en los artesanos, cuando los mismos que han de entrar en estas profesiones no han conocido otra cosa en su niñez que el miedo y el terror, la hipocresía y la mentira: vicios indispensables bajo la conducta de un padre en extremo severo?

Esto no es decir que alabe ni apruebe jamás la conducta de aquellos hombres indolentes que abandonan la educación de sus hijos y que miran la primera y la más esencial de sus obligaciones con la mayor indiferencia y frialdad. No señor: yo quiero que los hijos tengan una libertad justa, que sus padres les ganen el corazón, que sean sus amigos, y que por este manejo haya entre ellos la confianza y la franqueza que prescriben los mismos vínculos naturales que los ligan; hacerles amar la virtud; detestar el vicio; ser su consejero, su director, no su tirano; distinguir ya pueden los hombres conducirse por sí mismos para arreglar sus oficios conforme a estos principios: tal es la conducta que yo exijo de los padres.

Es un dolor ver el modo con que se decide de la carrera que han de seguir los muchachos en lo sucesivo. A éste se le destina a clérigo, al otro a fraile, a aquél a médico, al primero al comercio, al segundo a la milicia; y de este modo, sin consultar sus inclinaciones, sin examinar sus talentos, sin averiguar la disposición que para ello tienen, arbitran sus padres y los hacen un juguete desdichado de sus caprichos y de sus conveniencias respectivas. Cada momento hacen sentir su autoridad despótica e ilimitada y llega algunas veces al caso de obligarlos a ver con horror al autor de sus días y a hacerles desear o la muerte del que causa sus males o la del mismo que los sufre, y que no encuentra otro término a su padecer. Tales daños solo puede remediarlos la buena educación: el padre de familia debe ser como el buen médico que le precisa observar los diversos síntomas que muestra el enfermo para aplicarle con oportunidad la medicina; lo mismo un padre debe espiar las inclinaciones de sus hijos y por medio de la prudencia dirigirlas y rectificarlas. El demasiado castigo y la excesiva condescendencia son extremos que debe evitar todo el que tiene a su cargo una educación; y los medios suaves prueban mejor que los duros y violentos. Si desde el principio se observasen las inclinaciones de los niños y se les corrigiese con dulzura, rara vez llegaría un padre al caso de recurrir a castigos ásperos, puesto que combatiendo uno a uno sus vicios, a medida que se iban descubriendo, se les podría desarraigar con facilidad, de modo que no les quedase señal alguna de ellos. Pero si los dejan crecer hasta ser excesivos; si han despreciado impunemente el respeto debido a sus padres, y si esta costumbre ha llegado a ser un vicio de la voluntad, ¿qué hay que extrañar que toda la fuerza y toda la diligencia posibles basten apenas para limpiar este campo inculto de las malas semillas que brotan a un tiempo por tantas partes?

Padres de familia: si vuestros hijos no corresponden a vuestras intenciones y se hacen incorregibles, no los culpéis a ellos, culpaos a vosotros mismos que no los habéis sabido dirigir. Si por un amor indiscreto o una condescendencia fuera de propósito les habéis dado todos sus gustos cuando pequeñitos y los habéis acostumbrado a la desobediencia, no extrañéis que se hagan vuestros superiores y que vengan a ser incorregibles. Y ya que habéis causado este daño, ¿por qué queréis corregirle, de repente y a fuerza de golpes? ¿A qué efecto castigar con tanta severidad a vuestros hijos porque hacen lo que tantas veces han hecho anteriormente y se lo habéis permitido? No es éste el camino que enseña la naturaleza y la razón. Constancia, firmeza y observación deben ser los principales caracteres de los padres. No dejéis ninguna falta a los niños, ni permitáis que pierdan el respeto que os es debido: pues éste es el principal resorte que habéis de manejar en el curso de su educación. Si mandáis una cosa aunque sea poco importante, haced que os obedezcan luego, porque si una vez llegáis a disputar sobre quién de los dos ha de vencer y no tomáis la resolución de someterlos a vuestra voluntad, estad seguros de que viviréis pendientes de vuestros hijos y que os darán la ley en todas ocasiones.

Pero no seáis jamás indiscretos ni interpongáis vuestra autoridad sino en casos necesarios, porque si los oprimís con una infinidad de datos; si les prohibís aquellas cosas inocentes en sí; y en fin, si les obligáis a hacer algo cuando conocéis que no están de humor de hacerlo, os exponéis a que desprecien vuestras órdenes a lo menos en su interior y las miren como una carga intolerable. Usad siempre de dulzura y moderación: convencedlos y persuadidlos con razones, pues los niños no las dejan de comprender luego que entienden la lengua materna, como aquéllas sean conformes a su corta capacidad; y en cuanto les digáis, hacedles conocer que nada ejecutáis que no sea racional y justo y que no tenga por objeto su felicidad; que no los mandáis ni reprendéis por capricho ni por pasión, sino porque es bueno y a ellos les conviene hacerlo. Éste es quizá uno de los mejores medios de que abracen la virtud y de que huyan del vicio; y si a esto se junta la lectura de los buenos libros, no dudo que se conseguirá el fin. Pero es indispensable que el ejemplo de los padres sea una lección continua para los hijos: deben tener aquéllos un gran cuidado de no desmentir con su conducta los preceptos que dan, pues en vano predicarán la necesidad de vencer las pasiones si ellos se dejan arrastrar de las que les dominan.

Conducida de este modo la educación, pocos niños se hallarían de tal calidad que fuese preciso estar siempre con el azote levantado para obligarlos a obrar bien. Y si acaso todavía se hallase alguno que rebelde a las reprensiones, a las amenazas y a los castigos ligeros se obstinase en el mal y no mudase de inclinaciones, en este caso se podrá usar de rigor y severidad; pero de modo que no vea en el que le castiga un enemigo lleno de rabia y furor sino un amigo tierno que castiga por fuerza y que está pronto a desarmar su brazo siempre que advierta algunas señales de arrepentimiento.

¡Desdichado el padre a quien le tocare en suerte un hijo tan depravado que no le bastan para su enmienda todos estos medios! Pero en todo caso no debe arreglarse por aquí el modo general de educar a los niños, pues porque haya uno que merezca ser así tratado, no hemos de usar del mismo rigor con los demás que siendo de mejor índole pueden gobernarse mucho mejor.

El Regañón de La Habana, martes 5 de febrero de 1801.

Sobre visitas

Quid quid agunt homines, votum, timar, ira, voluptas.
Gaudia, discursus, nostri est farrago libelli.
Juven., Sat. I

Cuanto hacen los hombres, sus deseos, sus temores,
iras, deleites, gustos, movimientos y caprichos:
todo le da asunto a mis censuras.

Señor público

No he cesado en estos días pasados de estar observando con mi anteojito mágico diversas cosas que me han llamado la atención. En unas calles veía multitud de muchachos y aun hombres jugando los papalotes, con cuyo motivo no faltaban muy buenas pedradas de cuando en cuando; en otras, muchas, negras con fuentes de dulce y otras chucherías, cada una con su décima que iban para *Comadrazgos*. Éstos son unos petardos honrados con los cuales por medio de una friolera que remiten, obligan a cualquiera a corresponder profusamente, so pena de ser tenidos por ridículos y miserables. Ejemplo de esto ha sido un amigo mío a quien sacaron con una fuente llena de flores, cuatro o seis alcorcitas, media docena de higos y un *boliche de la guavina*. Todo este aparato iba explicado en una décima que se llama así porque tenía diez renglones mal escritos y que no decían en sustancia ni una palabra siquiera. Lo cierto es que la correspondencia de esta majadería no le estuvo muy barato al tal amigo por querer quedar bien en un lance de tanto honor.

También dirigí el anteojo hacia la Villa de Guanabacoa, donde con motivo de las fiestas de Candelaria han concurrido innumerables personas. En el dicho pueblo vi mucha gente que había ido muy afanada a divertirse y que no hacía más que dar vueltas en una calle por entre infinitas masas de dulce, regalando la vista y no otra cosa, con mirar a las demás que habían ido con el mismo fin y que no lograban otra diversión. Luego que se cansaban de recibir empujones y de tropezar continuamente, se iban unos a algún baile a tomar una sofocación voluntaria; otros se entraban en una fonda a ponerle un puntal a la vida; otros a la Ópera francesa cuya compañía ha pasado a representar allá en estos días; y otros en fin se volvían a Marimelena, bien en volante, o a caballo, o matando hormigas con las plantas de los pies, muy satisfechos y contentos de haber estado en las fiestas de Guanabacoa.

Cansado ya de ver estas y otras cosas más vituperables, dejé el anteojo y me fui a hacer algunas visitas con un amigo que me había venido a buscar para este efecto. Yo acepté su convite por distraerme un poco y así fuimos en casa de unas señoras que habían ya salido de visita a darle los días de su santo a una conocida suya, pero encontramos al dueño en conversación con tres amigos. Nos incluimos en ella y luego reparé que uno de los concurrentes, que por desgracia estaba a mi lado, no cesaba de sacar la caja de polvos no solo para darse él mismo una torta de rapé en los conductos de la nariz, sino también para que los demás se la dieran; de tal suerte que casi de por fuerza les obligaba a tomar un polvo aun a aquellos que no tenían semejante vicio. Por fortuna estuvimos poco tiempo, gracias a mi amigo que se despidió pronto, pero no tanto que me hubiese visto obligado a tomar dos o tres polvos solo por hacer la ceremonia y no sufrir las importunaciones del referido señor. Luego que puse mi figura en la calle no tardé en decirle a mi amigo estas palabras: «Si hubiera estado en esta casa un cuarto de hora más me hubiera dado un tabardillo indispensablemente a causa de aquel sujeto que se había empeñado en proveernos de tabaco. Si el polvo de esta planta les es útil a algunos individuos que lo usan, no hay razón alguna para que nos hagan pagar a los que no lo tomamos las ventajas que de él sacan; y si les es perjudicial, tampoco es justo que se venguen en nosotros del daño que les hace. ¿En qué ley cabe que un hombre nos haya de estar moliendo el alma sobre que tome un polvo de su caja obligándome a ello unas veces por política, otras por librarme de la pesadez con que exagera la excelencia de su tabaco, ya porque viéndome afligido dice que es bueno *para quitar penas*, ya porque pierdo al juego y *a mal dar tomar tabaco*, ya porque descarga la cabeza, ya porque adelgaza el discurso, y ya por otros mil motivos de que se valen estos perturbadores de narices ajenas».

«Si yo fuera jefe del establecimiento que anuncio en mi número XVII, donde se censurasen las costumbres públicas con la autoridad necesaria para corregirlas, tomaría las más serias providencias sobre este particular. Ordenaría bajo de las penas que me pareciesen proporcionadas, que los tomadores de polvos en lo sucesivo no hostiguen, imiten, violenten, ni fuercen a persona alguna a que tomen tabaco, ni aun con la condición de tirarlo al punto: condenaría a perdimiento de caja, lo menos a los que de propósito usasen semejante violencia, o soplasen el tabaco antes de tomarlo. Además mandaría que los referidos polvistas tuviesen cuidado de sonarse las narices muy a menudo para que su puerca destilación no se asomase a ellas con detrimento de los estómagos de los circunstantes; que no diesen las manos a nadie sin lavárselas antes muy bien; que cuando tomen el polvo no sorbiesen desconcertadamente y con extraordinario afán, levantándose las narices, metiendo los dedos hasta el interior de ellas y estregándolas luego con una fuerza que da compasión. Por último, como muchos están en la preocupación de que un polvo infunde autoridad y respeto, y de que serán tenidos por sabios y doctos si tienen las narices y aun el pecho cubierto de tabaco, declararía formalmente para desengañar a todos estos mentecatos que todo el tabaco que se fabrica en la factoría de esta ciudad no es capaz de darle a alma viviente un adarme de sabiduría ni de atribuirle respeto ni autoridad alguna. Todo esto y mucho más haría si yo tuviese el tal empleo.»

Concluido este razonamiento en que fue mi amigo voto de amén, llegamos a la casa donde estaban de visita las señoras que habíamos ido a ver. Pasados aquellos cumplimientos indispensables me arrimé a conversar con una señorita que me pareció la más bonita de la concurrencia, porque yo eso bueno tengo, que siempre me inclino a lo que me parece mejor y por eso algunos me llaman tonto; sin embargo, no he dejado de llevarme muy buenos chascos. Después de haber hablado largo rato sobre el tiempo que hacía y de haberme dicho que ya sabía que yo era el Regañón, me declaró sencillamente que era natural de un pequeño pueblo algo distante de esta ciudad, que hacía poco tiempo que estaba en ella, que sus padres que disfrutaban algunas comodidades se habían venido a establecer aquí con el objeto de colocarla decentemente y de darle carrera a dos hermanitos más pequeños que andaban en gramática, con cuyo motivo concurrían a su casa varios sujetos todas las noches; y otras muchas cosas que no me acuerdo.

Pero lo que me dio más gusto fue la inocencia y sencillez con que explicó las lisonjas que le hacían. Díjome, pues, hablando del modo con que la habían tratado en el poco tiempo que estaba en esta ciudad: «¿No me dirá usted, señor Regañón, qué puede haber en mí que me haga la irrisión de cuantos van a mi casa? Yo no soy coja, ni tuerta, ni contrahecha, tengo ya más de quince años para que no me traten como a inocente y me parece que nada tengo de tonta. Pues ha de saber usted que como si fuera un disparate cuanto sale de mí boca, lo mismo es articular una palabra que celebrarla con unos elogios y unas admiraciones que yo conozco que son una verdadera burla; porque reflexionando en lo que acabo de decir, veo que cualquiera diría otro tanto. Cuanto hago, todo es divino y admirable; si se me cae el abanico, cuantos hay en la sala se levantan apresurados a cogerlo como si yo fuese tullida o manca; si voy a subir o bajar alguna escalera, todos a competencia me ofrecen su mano y como yo no suelo admitirla porque soy ágil y no necesito arrimarme a nadie, se fingen tan tristes y me dan unas quejas tan sentidas como si les hubiera hecho un gran desprecio. Cuando pregunto alguna cosa que me causa novedad, en vez de contestarme, uno me dice que tengo *unos ojos muy asesinos*, otro que *no hay una muchacha en La Habana más bonita que yo*; y a este tenor una multitud de simplezas que dan vergüenza. Yo no sé verdaderamente en qué concepto me tienen; sin duda creerán que soy estatua porque si no ¿cómo se habían de persuadir a que puedo yo creer unas cosas tan absurdas y fuera de camino? Según lo que ellos dicen soy tan terrible que nadie me ve que no pierda al momento su libertad; y soy tan malvada que en poco más de un mes que estoy en esta ciudad pasan ya de veinte las muertes que tengo hechas. Por Dios, señor Regañón, escriba usted algo contra el modo de tratar a una pobre niña que con nadie se mete, que no es acreedora a que se burlen de ella con tal descaro y que por forastera merece ser instruida. Yo había pensado escribirle a usted una carta refiriéndole estas mismas cosas pero me contuvo el haberme dicho un caballero que era hacerle a usted el hombre más dichoso del mundo y que sería mal visto, pero ahora que no hay esos inconvenientes espero que no se olvide de hablar en su periódico de esta conducta que observo y que me tiene tan disgustada».

Confieso ingenuamente que el resentimiento que manifestó esta señorita es más justo aún de lo que ella misma piensa, porque todas las lisonjas de que se queja, si no son burlas, son otra cosa mucho peor que las burlas; y no hará mal en considerarlos como otros tantos asaltos que se dan a su modestia e inocencia. Muy bueno sería que conservase siempre la opinión que ahora tiene de ella; y si en esto la imitasen muchas harían mil veces mejor.

Al cabo de mucho rato que allí estuvimos nos retiramos mi amigo y yo cada uno a su casa, en donde me di prisa (por tener bien presente las especies de lo que me había pasado) a poner en el papel lo que han visto los lectores en este discurso.

El Regañón de La Habana, martes 17 de febrero de 1801.

Gaspar Betancourt Cisneros

Escenas cotidianas

4

Y en efecto, quedéme dormido, lector o curiosísima lectora; no empero en tu regazo, ni en él de ninguna otra, sino en el profundo, dilatado y oscilante seno de una hamaca que para eso me ha costado mi dinero.

Y el ruido delicioso que me adormeció era el sutil y flotante ropaje de la Crítica que venía de viaje desde la serranía pintoresca de Sajaná, y hallándome dormido, cubrióme con él para que no me picasen los mosquitos y moscardones que germinan en esta tierra, como en otras muchas.

Era completa mi dicha, porque la calumniada peregrina del Helicón vino tan cariñosa como toda una mujer que desea contentar a un amante, después de darle un *plantón* como el pasado; y en esto deben estar acordes las mozas del Camagüey con las del Parnaso. Por sutil y raro que os figuréis el manto con que me cubrió, me habría dado calor en esta terrible estación; y para evitarme esta incomodidad me bañaba el rostro con su aliento de anonas, como si la inmortal las hubiese comido al pasar por mi potrero de La Fusión.

Y yo dormía, y dormido gozaba de un placer vehemente, afanoso, semejante al del entusiasmo; pero tan tierno y patético que no podré describirle. Era un placer semejante al que debéis suponer en un abogado impertérrito que defiende a un inocente; o al de un militar patriota que acude al peligro en que ve sumergida a la patria.

Y la diosa me tocó los ojos: mis párpados se entreabrieron y vi un coro de ángeles en forma de semicírculo... Eran las preciosas niñas de una escuela que al momento de mi visión articulaban cantando las palabras de misericordia: «enseñar al que no sabe»; y mis ojos se humedecieron de ternura.

Rezaron cantando la doctrina cristiana. Yo les di dos besos en las sienes, y no se sonrojaron porque mis besos eran tan inocentes como sus almas.

Y la Crítica me dijo: repara y examina las mujeres en que se funda la felicidad futura de tu patria. Ésas han de ser madres: ellas son el punto de partida de los pueblos: de ellas salen los héroes o los tiranos, los sabios o los ignorantes, los patriotas o los traidores, los filósofos o los libertinos... Examina, examina y no te dejes llevar de la primera impresión.

Nada tengo que examinar, dije acá en mis adentros: la base de la felicidad de un pueblo está echada... Ellas saben el Decálogo y las obras de misericordia... La Crítica penetró en mi pensamiento, y para atizar mi débil deseo de examinar me dijo: La base de la felicidad de un pueblo está echada, pero la base no es el edificio regular, ni perfecto... Examina te digo.

Y entonces se me presentaron al vivo los horrores de la Inquisición y los asesinatos de Irlanda, la San Bartolomé y la conquista de América, y deduje de allí que el hombre imperfecto podía asentar sobre la *base de toda perfección*, la pira de fuego y la horca, la rueda de tormento y la guillotina.

Resuelto ya el examen, tomé de la mano a la mayorcita, que tendría once años, y poniéndola en la puerta le pedí un saludo como si entrase de la calle. Cortóse, sonrojóse y disimuló su encogimiento con una sonrisa involuntaria. Conocí que en aquella escuela no se enseñaban los buenos modales, que tanto contribuyen a suavizar las costumbres y habituarnos al trato con los demás hombres.

Entonces fue que paré las mientes y vi a una con el pelo desgreñado afanada en echarle atrás de la oreja, otra que se comía las uñas de las manos; cuál se prendía el pañuelo por el pecho, cuál se ataba el túnico a la carrera; aquélla se calzaba los zapatos, ésta se encogía como un gusano para que las faldas del túnico tocasen al suelo y le tapasen las desnudas piernecitas... ¿Qué es esto, Dios mío? ¡Qué!, ¿estas niñas serán huérfanas...?

Veamos si saben leer. Puse a leer a una como de ocho años, y leyó con cierto monótono sonsonete, y tan marcado que no podía tomársele sentido a lo que leía; otra y otra y otra leyeron lo mismo.

Pedí las planas, y diéronme cinco o seis llenas de garabatos tan deformes que no parecían letras. Ni rectas, ni curvas, ni perfiles; ni era posible que les diesen unas plumas a manera de brochas de encaladores, y unos tinteros que más eran de lodo que de tinta. Malo, dije: los padres de estas niñas no han calculado el valor del tiempo: éstas pierden cuatro años en aprender mal lo que en seis meses se aprende bien.

Pregunté cuántas eran nueve veces ocho, y ninguna me respondió. Peor, dije: aquí no saben que la aritmética es para el entendimiento lo que el aplomo para los edificios.

Pregunté si sabían en qué parte del mundo habitaban, y no hubo quién respondiera.

Pregunté cuántos años había de la venida de Jesucristo al mundo: silencio general.

Pregunté qué cosa era gramática: silencio general.

Pedí los trabajos de aguja, y solo me presentaron algunos muy comunes y ordinarios: las marcas estaban regulares; pero nada de bordados, ni de tejidos de ninguna clase, ni obras de pelo ni de flores, ni dorado, ni dibujo, ni pintura, ni música, ni baile, ni nada de lo que deben saber las mujeres decentes y bien educadas.

De todo esto saqué por consecuencia que en las escuelas de niñas no se enseña más que el catecismo, como a cotorras, sin emplear jamás el método explicativo; leer mal, escribir peor, hablar pésimamente, y modales Dios las dé. A las ocho de la mañana viene la niña a pie o en volanta, acompañada de una negra que trata y habla con quien le da su gana a presencia del angelito...

vuelve por ella a las doce, y así sucesivamente.

Pues aún es peor, me dijo la Crítica, la indiferencia con que esto se mira. Fórmanse reuniones de señoras en todas las ferias que tenéis, que son muchas, para concertar paseos a tal o cual barrio: no se ve otra cosa que reuniones de alegrísimas tertulias, partidas de tresillo y lotería; pero jamás veréis que circule la palabra de invitación para formar juntas o acuerdos cuyo objeto sea la educación del bello sexo. La segunda población de la Isla, con trescientos veinticuatro años de fundación, no tiene un solo seminario de niñas, pues tal nombre no debe dársele al recluso monasterio de Ursulinas, y con todo que es lo mejor que hay en punto a educación, no pasan de veinte las educandas... ¡Veinte niñas tal cual educadas en Puerto Príncipe![32]

32 Se habla en este sentido con respecto a la educación pública metodizada, uniforme, bajo la dirección de profesores pagos para cada ramo, etc. Pero en honor de la verdad debe decirse que la educación doméstica o aislada que reciben las niñas de sus propios padres es mejor que lo que generalmente se cree, a lo menos en las dos clases de ricos y acomodados, siendo muy raro que en ellas se encuentren señoritas de diez a veinte años que no sepan leer, escribir y numerar. En el proyecto de seminario de niñas ampliaremos esta materia, y vindicaremos la opinión desfavorable que se habrá formado del príncipe

Si todos los males que afligen a los pueblos provienen de la ignorancia y de la ociosidad, disminuir el número de los ignorantes y ociosos es disminuir la propensión al crimen y el horror de los castigos. Obsérvese el número de presos de todas las cárceles del mundo: contado será el hombre de buena educación e industrioso que se encontrará en ellas. Porque la educación corrige las malas inclinaciones y perfecciona las buenas: la educación pone en manos del hombre los medios legítimos de subsistir, dándole el dominio de las cosas por medio de su inteligencia: de donde resulta que en cualquiera circunstancia tiene abierto el camino de la fortuna y se halla en actitud de formar una familia, y fijarse en una patria. Siendo pues la mujer, como antes se ha dicho, el punto de partida de la educación de los hombres y de sus primeros sentimientos e impresiones morales, es preciso convenir en que mujeres ignorantes, ociosas y corrompidas no producirán hombres sabios, laboriosos y morigerados.

Un dolor profundo atosigaba mi corazón... La cabeza se me cayó sobre el pecho... quise hablar y un hondo suspiro ahogó en mis labios la palabra...

No te aflijas, me dijo la benigna Crítica: trabaja un proyecto y reglamento para un seminario de educación para las niñas de tu país. Dedícaselo a las madres de familia: no temas decirles la verdad desnuda. Si te oyen, habrás hecho un bien cumpliendo un deber; si te desprecian, sacude el polvo de tus zapatos y sigue trabajando más adelante o por diversos medios.

Y me propuse escribir, y escribiré.

7

Ésta sí que es *Escena* camagüeyana, *Escena* de Lugarón, *Escena* de Lugareño. De salir en ella solo se escapan los niños de pecho, y eso porque no encuentro modo de meterlos y los dejo como en el limbo sin pena ni gloria; pero como es *Escena* pública y privada, general y particular, diurna y nocturna, hemos de vernos en ella todos los rangos, todas las clases y todos los sexos.

Pues, así como así, lectora queridísima que me diste el tema de esta *Escena* y me encargaste que fuese pintor leal, no he podido exprimir de mi caletre un nombre con que bautizarla, digo, un título que la caracterice completamente. ¡Pobre ingenio mío! ¡Qué esterilidad!... Aquí no me queda otro recurso que

---

quien solo le juzgue por las tablas estadísticas de educación últimamente publicados. (N. del A.)

suplir la falta de cacumen con la abundancia de corazón... como hizo el grande Alejandro para dejarnos el ejemplo práctico de que en lances apretados lo mismo viene a ser cortar que desatar. Llamo, pues, a ésta, *Escena de lenguas.*

Y lo mismo también es, para el caso, una digresión que veinte. Gran chasco se llevará el lector que piense tomar en esta *Escena* lecciones de lenguas antiguas y modernas, porque de idiomas apenas sé lo que basta del castellano para cacarear la verdad.

No son, pues, estas lenguas el objeto de esta Escena ni las de cíbolo,[33] ovejas y otras alimañas; ni las de bacalao y otros peces; ni las de pavo real que tanto le agradaban a un glotón famoso; ni las de flamenco, que la mayor parte de los lectores no sabrá que si las pusiéramos en latitas y se las enviásemos a la reina de Inglaterra, nos daría muchas esterlinas si una vez las catase. Las lenguas de que voy a tratar son lenguas humanas que los poetas han llamado lenguas de víboras y serpientes, y yo, porque no soy poeta, pero tengo la mía para llamarlas como me diere la gana, las llamaré lenguas de *maya*, lenguas de *zarza*, lenguas de *jía* que a éste enganchan, a aquél rasgan, al otro taladran y le acarrean el pasmo, la punzada y la muerte.

No todos saben, y es preciso que lo sepan, que en nuestro Camagüey es la lengua la parte del cuerpo que más se ejercita. Hay muchos hombres (centenares) que no moverán los brazos así los maten, porque otros los mueven por y para ellos. Hay muchas mujeres (millares) que ni brazos ni piernas moverán, así diste la tinaja ocho pasos de ellas, porque para sacar un jarro de agua llamarán a una criada. Pero la lengua... ijú... u... u... u! Vaya noramala el gas que eleva el globo aerostático, y el vapor que empuja la máquina de Fulton, y el rayo que derriba la ceiba americana.

El ejercicio continuo de la lengua nos da una felicidad inconcebible en el ramo a que la dedicamos. Así, por ejemplo, nadie puede imitar a una de nuestras mujeres *regañonas*. ¡Qué caudal de voces! No las tiene el diccionario de Castilla. ¡Qué chorro! Así fuera el del Hatibonico. ¡Qué ruido! No lo produce igual el tráfico de nuestro comercio. Desde que uno entra en el Camagüey ya le taladran el oído los desentonados gritos de las mujeres regañonas... Sí, de mujeres cuya voz debilitó y endulzó el cielo para que no se oyesen fuera de su aposento. Resuenan y retumban las amenazas, los dicterios, los epítetos humi-

33 Bisonte. (N. del E.)

llantes en labios de carmín y almíbar que Dios formó para proferir palabras de esperanza, de amor y de consuelo. ¡Ah! ¿Quién pudo jamás resistirse a la dulce reconvención, a la sentida queja de una mujer amable?

Regañar entre nuestras mujeres es una costumbre heredada, una rutina de gobierno económico, una manía irresistible. La *camagüeyana regañona* regañará a sus criados, a sus hijos, a su marido, y cuando no tenga a quién regañar, regañará a las gallinas porque sepan los de afuera que tiene a quién regañar. ¿Quién me lo creerá? Regañona he conocido que regañaba a un cadáver porque se dejó matar de un médico... y le regañaba también porque se había muerto cuando empezaba a quererla, y no se murió cuando la dejó abandonada por aquella *fierísima yagua* seca...

Figuraos, jóvenes románticas del sexo amoroso, a una mujer regañando, y tal será vuestro retrato si os hacéis cargo de la herencia: he aquí un ligero bosquejo. La regañona mudará de colores como el *caguayo* (lagarto); sus ojos despiden fuego como los del gato acosado en un cuarto oscuro; su boca se desencaja como la de la rana cuando le echan sal; y engarrotados sus músculos, hinchadas sus venas, encrespadas sus arterias y estirados sus tendones, apenas dejarán ver la hermosísima garganta, como aparece la palma criolla entre los raigones del jagüey que la sofoca.

Otra clase de lengüitas abunda en el Camagüey, que forman una mayoría respetable: la de *murmuradores*. Así como los de casa son víctimas de las regañonas, así los de afuera son la presa en que se ceban los murmuradores. Murmurarán de lo que viste y come y gasta la vecina; murmurarán de la educación que les dé a sus hijos; murmurarán de los que entran y salen y visitan la casa. La lengua murmuradora no perdona las cualidades morales ni físicas: las ideas, los pensamientos, los proyectos más útiles caerán bajo sus tiros, y también los defectos, lesiones, enfermedades que Dios manda. De la baja murmuración vienen los apodos que recaen sobre las familias y sobre los individuos. Y ni aun éstos bastan a saciar la gula de la murmuración: no escaparán el forastero y extranjero que nos honran con su visita. ¿Qué digo? La lengua del murmurador desenterrará al muerto para cortarle nueva mortaja. La murmuración, dicen los moralistas, es hija de una envidia impotente, es el comprobante de la falta de mérito personal, y de caridad cristiana.

Entra ahora otra clase de lenguas: las *chismosas*. Cuidado no confundirlas con las habladoras y mentirosas, que son subdivisiones de la clase-tipo, y se diferencian de un modo preciso e inequivocable. Las lenguas habladoras y mentirosas pican como el mosquito y el jején al descubierto. La lengua chismosa pica como la nigua encubriéndose bajo la epidermis. «Aquí vengo, hija de mi vida, con el Corazón entre dos piedras, porque acabo de *coger un güiro* de vuestro buen marido: he averiguado que va a acomodar a un mayoral que tiene dos hijas preciosas. En la tienda de los loros compró una caja de medias y pañuelos para las mayoralas y así os lo aviso para que con tiempo pongáis remedio, etc.» He aquí cómo se encubren tantos y tantas chismosas que no tienen otro oficio, ni mayor placer, que acechar los pasos de cada persona, introducirse en el santuario del hogar doméstico y traspasar el corazón de una esposa tranquila, o de un padre honrado.

El subgénero de *habladores* y *mentirosos* es más abundante y por lo mismo son más conocidos. El hablador petardista se andará de mesa en mesa, y de tertulia en tertulia, para salir de allí a campanear cuanto sus oídos oyeron, no importa la materia o asuntos de las conversaciones que pasaron, sin respetar aquella *garantía tácita* que debe haber en todo paseo de campo, todo convite, toda reunión de amigos donde se avivan las pasiones, se ensancha el ánimo, se regocija el espíritu, y se explican los concurrentes con más libertad o indiscreción que de ordinario. Este hablador, aunque en efecto no sea un infame espía, sino tal vez un atronado, ejerce el oficio de un espía voluntario. El mentiroso es otro carácter diferente: acecha la venida del correo para explotar la mina de mentiras políticas; se entera de los pleitos para tergiversar los hechos con datos falsos; se entretiene en combinar y zurcir mentiras para alarmar las familias o por el gusto de hacer reír a los *bobos*. Si es mentiroso en grande, aquéllas son su objeto; si es en pequeño, éstos. El hábito de mentir y oír mentiras todos los días, influye poderosamente en nuestro carácter poco sólido, y nada observador. Llega a nosotros una noticia, una idea nueva: nuestro primer juicio es que todo es mentira, y, sin analizar ni escudriñar, se desprecia como tal.

La última clase de lengua es *gemela* o *jimagua*, por lo cual es la menos abundante. Unas veces están pegadas como los plátanos; otras solo unidas como los anoncillos, pero son proles de un mismo parto. Cuando están en el mismo individuo pertenecen a la primera clase; cuando en dos, a la segunda.

De cualquier modo parece que reina entre ambas una antipatía moral por sus opuestas cualidades, pero no es así, ni tampoco sé yo explicar el fenómeno. Se me parecen a estos hombres pródigos de lo suyo y codiciosos de lo ajeno. O como el pirata que echa al agua la carga que ha robado y posee, por alcanzar al buque que divisa a lo lejos, y si no puede alcanzarle, le hace fuego y lo echará a pique aunque se perdiese para todos: tal es la idea que me he formado de los difamadores y calumniadores. El difamador nunca puede ocultar la verdad; el calumniador siempre dice mentira; el uno es verídico de puro osado; el otro es mentiroso de puro cobarde; el primero se empeña en conseguir, por gusto de difamar; el segundo se empeña en calumniar, por la esperanza de conseguir; aquél asesina al rendido; éste asesina al que le resiste.

Será conveniente abalizar los parajes donde se reúnen los difamadores y calumniadores para que desde lejos se preparen las mujeres que, inocentes o culpadas, son las tristes víctimas de estas lenguas. Balizas deben ponerse en todos los lugares de vagancia y ociosidad. Pero cuidado con no entender más de lo que yo digo, pues protesto solemnemente contra los que interpretan a su modo. Digo que los difamadores y calumniadores concurren de preferencia a esos lugares; no que en el hecho de concurrir a ellos se acredita el difamador o calumniador, como en el hecho de navegar en el golfo no se acredita el pirata. Lo más seguro es describir el buque.

¿Veis a un hombre de mañana, de tarde y de noche vagando del billar a la casa de juego, de ésta a la gallería y de aquí a la taberna? ¿O no lo veis ejercitar en una profesión o industria, ni concurrir a la academia de jurisprudencia, o a la de matemáticas, o a la de idiomas, o a una finca rural, o a un taller público a aprender un arte u oficio? ¿O bien no le oís jamas hablar de cosa de sustancia, ni tomar en sus labios la palabra patria, derechos, progresos, escuelas públicas, sino solamente hablaros del peinado y vestido romántico, del velorito de Guasiminí y de las carreras de caballos de la Vigía? Pues si tales cosas viereis o no viereis; si tales cosas oyereis o no oyereis, contad sobre seguro, amiga mía desgraciada, con que una sonrisa de vuestros labios será, para un baladí de esta calaña, una victoria, cuando tal vez no ostente su desprecio a vuestra adelantada cita.

Paréceme que las muchachas me rodean a pedirme remedio contra tantas lenguas... Si que los tengo, para todas: pero no quiero descubrir mi secreto porque con él pienso hacer fortuna en mi pobreza. Por ahora, y por ser lo más urgente, voy a comunicar dos remedios contra *difamadores* y *calumniadores*. Es el primero, muchachas, comportaros de manera que no tengan que difamar de vosotras, no dando lugar ni aun a sospechas: éste es infalible contra *difamadores*. El mismo remedio es utilísimo, pero no eficaz, contra *calumniadores*. El que tengo eficaz, no puedo demostrarlo prácticamente, sin que vosotras consigáis que me ahorquen si lo pongo en planta. Se reduce simplemente a hacer una pailada de *tayuyos* de *sesos* y *lenguas*.

9. Res Miser Sacra

Pobres y mendigos son el objeto de esta *Escena*. No arrojéis la Gaceta, opulento lector que, embriagado con los vapores del nacimiento y la riqueza, llegáis a creer que sois otra especie, cuando no sois más que una clase. La esfera y bienandanza en que hayáis nacido en nada alteran la naturaleza del hombre: como un ser moral sois la obra más noble del Creador; como un ser físico, un poco de tierra y cal; y todo vuestro orgullo no podrá libertaros del picazo de un insecto imperceptible. Y vos, lectora piadosísima a quien dotó el cielo de mayor grado de sensibilidad para consuelo de los desgraciados, no temáis derramar lágrimas de compasión, que para la mujer son de gozo, o como dice un poeta, de *triste placer*.

Algunos articulistas han escrito en estos últimos días sobre nuestra clase pobre. Sus artículos, bien meditados, no son más que declaraciones vagas, sin propósito, sobre la desmoralización y holgazanería de los pobres. Lamentan los efectos, sin desenvolver las causas, o los atribuyen a causas extrañas aunque no del todo inconexas. Las reformas que proponen, si alguna, son, en mi concepto, o inadecuadas, o impracticables, o insuficientes.

Más atinada y filantrópica, la Junta de Caridad se ocupa actualmente de un proyecto para mejorar la condición social y moral de nuestros pobres y mendigos. Tiempo ha que el Muy Ilustre Ayuntamiento fijó la vista sobre esta interesante porción de la sociedad y a fe que nunca más dignamente merecieron el título de padres de la patria. Esperamos que un artículo sobre este asunto se recibirá como una simple cooperación a las grandiosas miras de ambas corporaciones.

Pobres y mendigos van a ocuparnos. Definamos las palabras para que se reconozca la necesidad de deslindar los objetos, y los medios que se escogiten para los fines que se propongan. Pobre es el que carece de lo necesario; mendigo el que pide limosna con necesidad o sin ella.[34] La Junta debe tener presente que socorrer al pobre es proteger la industria y la virtud; socorrer al mendigo puede y suele ser proteger la holgazanería y los vicios. Pobres y mendigos abundan en el país más protegido por la naturaleza; y en el hecho de abundar ofrecen un testimonio irrecusable de la falta de un sistema reparador de esos males, que más bien testifican la mal entendida caridad pública que la caridad cristiana.

Al ver vagando en nuestras calles centenares de pobres de ambos sexos y de todas edades; al ver a los ricos abandonar la esfera de las ciencias, privarse de viajar, esclavizarse al trabajo material del campo, monopolizar casi todos los ramos que constituyen los recursos de los pobres, ¿no es de sospechar que la holgazanería y desmoralización de nuestra clase pobre provienen de la falta de protección en los ricos, y de un sistema filantrópico que mejore la condición social y moral de los pobres? Examinemos lo que arrojan de sí los hechos, aun más que los raciocinios, y empecemos por las mujeres.

Nuestras señoras ricas se quejan de que no encuentran mujeres pobres para amas de leche, camareras, lavanderas, cocineras, costureras, etc.; que prefieren vivir en la miseria a sujetarse a una casa decente, y ponerse a la sombra de la riqueza. Este hecho, desgraciadamente, es ciertísimo, general. Pero escudriñando las causas que en él influyen las encontraremos en las ricas, en sus sistemas errados de economía doméstica que de día en día agravan más los males de unos y otros. Paso a demostrarlo:

La señora rica, arrastrada del torrente de los antiguos hábitos y del sistema doméstico, compra sus negritas para que le críen sus hijos, le laven, cosan y vendan los frutos de sus haciendas. Acaso habrá una en ciento que solicite, por ejemplo, para lavandera a una mujer blanca: y la quiera de balde, porque con trescientos pesos compra una negrita a quien azotar y regañar según le parezca. Andando el tiempo, la negrita se liberta, y aunque se halla en el mundo sin propiedad, lleva un oficio que desde niña aprendió, y libra de él una subsistencia honrosa.

34 Huerta: Sinónimos de la lengua castellana. (N. del A.)

Todavía más. La señora rica tiene sus hijas y esclavas que desempeñan la costura de la ciudad y el campo. La vez que ocurre la necesidad de una costurera, se prefiere a la liberta conocida, hermana de leche o camarada que trabaja por lo que le dan, y a veces de balde por gratitud o amistad. La costurera camagüeyana se halla sin costuras, o las recibe con forzosa, al precio que le imponen, que ni paga el empleo del tiempo ni el trabajo, y de consiguiente no estimula la industria.

Todavía más. Las casas ricas, aun las más ricas, monopolizan los oficios que pudieran hacer las pobres. Aquéllas son revendonas de los frutos que producen por mayor, y le quitan a la camagüeyana pobre la pitanza que pudiera sacar del menudeo. Casas ricas hay donde compran el sebo para fabricar velas y jabón y, con la facilidad que brindan las riquezas, se establece una especie de monopolio industrial que la camagüeyana pobre no puede derrocar por la competencia. Norabuena que la fábrica sea del rico; pero éste jamás emplea mujeres pobres en la elaboración. Esto mismo es aplicable a la harina, al tabaco, al azúcar y otros muchos renglones que pudieran emplear centenares de mujeres pobres. Para colmo de males de la camagüeyana pobre, se ha extendido el derecho de pulperías a los puntos en que las pobres menudeaban los frutos que produce el país, y gravita sobre ellas un impuesto de cuarenta pesos para poder menudear. Los ricos no han representado a la Intendencia, porque ellos pueden vender sin gravamen alguno sus cosechas.

Todavía más. Muchas señoras ricas, es verdad, se hacían cargo de recoger niñas pobres; y muchas madres se las confiarían gustosas. Pero la moral de nuestros hombres no es la más severa (salvo aquellas excepciones honrosas que pueden señalarse con el dedo) y convertirían la hospitalidad generosa en un manantial de inquietudes para una madre de familia.

Todavía más. Los principios y conducta de los ricos influyen en los de los pobres, porque el pobre quiere imitar al rico, como el hijo al padre, el discípulo al maestro. ¿Y cuál es la familia distinguida a quien arruinó la fortuna que diese jamás el honroso ejemplo de servir en las casas pudientes? ¿Cuáles se acomodaron de tenderas, cuáles fundaron seminarios, casas de huéspedes, almacenes de modistas o industrias semejantes? Tampoco tengo noticia de que haya en el país una casa de beneficencia o de corrección, grandes manufacturas o fábricas en que emplear y morigerar a nuestras mujeres pobres.

Monopolizados, por decirlo así, en manos de los ricos, y envilecidos por la opinión los oficios a que pudieran dedicarse las mujeres pobres, veamos de paso si los efectos de primera necesidad están equilibrados con los recursos de los pobres. Un cuarto de la casa del rico vale tres o cuatro pesos de alquiler; una arroba de carne tres pesos; una arroba de azúcar dos pesos; la libra de café dos reales y, finalmente, cuatro plátanos medio real. Sobrecargado el comercio de Puerto Príncipe por un exceso extraordinario de flete por tierra, por la falta de comunicaciones expeditas y baratas, los efectos del extranjero son igualmente caros. De este modo, la camagüeyana pobre encuentra cerrados, o por lo menos obstruidos, los caminos de la fortuna, único estímulo de la industria, y desde el plátano hasta el agua que bebe, desde el techo hasta el jergón que cubre su honestidad, todo le cuesta al más alto precio de la isla de Cuba.

Declamadores injustos, que no tenéis que pensar en lo que comerán mañana vuestros hijos ni qué carrera les daréis, desmentid estos hechos, para descargaros de estas reconvenciones. Pasemos a los hombres.

He dicho y me repito: que los principios y la conducta de los ricos influyen en los de los pobres. Veamos, pues, cómo piensan y obran los ricos. Reinan en todo su vigor las preocupaciones antiguas, las máximas y hábitos de rancia nobleza, los añejos y podridos sistemas de economía doméstica. Nuestro caballero *pobre* desprecia las bellas artes, se deshonra con las profesiones mecánicas; y antes que degradarse con un oficio, prefiere ser un vago caballero, cuando no un *caballero de industria*. A tanto ha llegado la presunción caballeresca y su pernicioso influjo que, a excepción del foro, las armas y la iglesia, todas las otras carreras científicas se tenían en menos, y hasta estos últimos años no han empezado a recobrar su estima y valía la medicina, la farmacia, la cirugía, las matemáticas, etc. Si esto ha pasado con respecto a las ciencias, ¿qué no será con respecto a las artes? Son casi desconocidas la escultura, el grabado, la pintura, la música y hasta el comercio mismo, que es la arteria de la agricultura, todo se ha mirado como derogatorio de la ridícula *sangre azul*. El hecho es incontestable, y si no, que se me señalen los jóvenes nobles que, habiendo empobrecido, se hayan honrado con alguna profesión de estas artes.

Es tan cierto que el pobre no es más que el eco de la voz del rico, que basta un solo hecho para demostrarlo. Nuestro muchacho pobre no se avergüenza de vender, por la calle, maloja, carbón y otras cosas; ni de ser carnicero, arriero, traficante de animales o campesino, porque esto mismo hace el noble rico antes y después que la fortuna le vuelve la espalda. Así las profesiones más bajas, aun en sociedades más democráticas, están más apreciadas aquí que las honrosas. Explicaré el fenómeno.

En tiempos atrás los grandes propietarios dedicaban un esclavo a cada oficio. El señor D. N. tenía un esclavo carpintero, otro albañil, otro zapatero, etc. Los ricos envilecieron con este sistema antieconómico las artes y mecánicas, sin que hayan bastado las reales órdenes más honrosas para los soberanos que las dictaron para restablecer la opinión a su verdadero centro: el honor. Las artes les facilitaron a sus profesores los medios de libertarse, y helas casi todas en poder de los libertos.

Una ley de la naturaleza, un efecto inevitable del interés personal hace que el trabajo del hombre libre sea mejor y más barato que el del esclavo. Provista la demanda por brazos libres, el trabajo del esclavo decae, por precisión, y esto explica la causa por qué no es tan común dedicar los esclavos a las artes. Éstas son verdades tan demostradas que solo las pueden negar los que no tienen ni aun tintura de economía política.

Como no es dado al hombre quebrantar impunemente los males que le vienen de la clase pobre, como lloran los libertinos las dolencias y desgracias que les acarrean las mujeres a quienes ellos mismos corrompieron. Cegando los manantiales de la industria, envileciendo la dignidad del hombre, desquiciando las ideas del honor en las profesiones sociales, tienen ahora que ser esclavos de sus propias riquezas, o que confiarlas a hombres ignorantes y desmoralizados, en cuyas manos permanecen estacionarias o perecen. ¿Qué extraño es que nuestros pobres sean desmoralizados e imperitos, si todo tiende a esos fines? Hay excepciones honrosas entre nuestros pobres; pero lo general es que el camagüeyano pobre sea holgazán, porque cree que solo ha nacido para mandar; es engreído porque la costumbre de mandar le indispone para obedecer; es ignorante porque nadie le enseña sus deberes. La bajeza, no la humildad, es la idea que se tiene de la pobreza; el camagüeyano pobre adula al rico, pero no le sirve. Algunos que quieren conservar la dignidad de hombres creen que consiste en darse mucho tono, hacerse los necesarios, llegando a veces su ignorancia hasta el extremo de querer dictarle leyes al propietario y tomarse fueros que éste no puede renunciar decorosamente. Aumentándose cada día el número de pobres, y con ellos la ignorancia, los vicios y la holgazanería, suben también de punto los males del rico, y no dudo que llegue el caso de que los pobres no encuentren un rico que les abra las puertas ni les confíe sus intereses. Si los pobres no mudan su comportamiento; si no se conforman con la suerte en que Dios los ha colocado; si no sirven al rico con honradez y pericia, su suerte será cada día más miserable, más desesperada. Digan lo que quieran los articulistas, la falta de instrucción intelectual y moral es la causa preponderante de la corrupción de nuestras clases pobres. Examinemos si el acopio de alimento intelectual e industrial está bien surtido en el país.

A excepción de dos escuelas de caridad sostenidas por el Muy Ilustre Ayuntamiento y las personas generosas que han gravado sus bienes a beneficio de la instrucción primaria, no sé yo que haya otro recurso para los niños pobres. Las dos escuelas apenas contarán sesenta niños. Algunos curas verdaderamente cristianos y dignos de amor y respeto suelen enseñar a algunos niños de sus parroquias los rudimentos de la doctrina y las primeras letras. Nuestra Sociedad Patriótica contribuye siempre y de todos modos al progreso de la educación y de la industria; pero sus fondos son tan escasos que inutilizan sus esfuerzos. Y lo son porque los ricos del país, como si temiesen verse comprometidos a tomar parte en sus gloriosos triunfos, o huyen de su seno, o no concurren a sus sesiones. No tengo noticia de grandes fábricas ni talleres en que se reciban niños pobres y se les habitúe al honrado trabajo. Tampoco sé que los ricos paguen algún impuesto o contribución a beneficio de la educación de los pobres. En Inglaterra y los Estados Unidos, a quienes acusamos de haberse separado de los dogmas de la Iglesia Católica, nos dan lecciones, harto vergonzosas para nosotros, de *enseñar al que no sabe*. Así es que en Inglaterra hay un niño en trece que no sepa leer; en los Estados Unidos hay uno en once; y en Puerto Príncipe ¡¡¡noventa en ciento!!! Dejo a los ricos del país y a los articulistas que deduzcan las consecuencias y esperen los resultados de noventa hombres ignorantes en cada ciento.

Como yo no escribo con las miras de halagar preocupaciones vetustas, ni adular clases, ni celebrar o vituperar sistemas antiguos ni modernos, sino solamente para sostener los buenos principios, las conveniencias generales y los verdaderos intereses de esta Patria querida, tal vez habré dicho verdades amargas. Las digo empero sin pasión ni encono, y si los hechos en que apoyo mis asertos no son falsos, de ellos fluyen las deducciones siguientes:

Primera: Que nuestra clase pobre está desmoralizada por la ignorancia y la miseria en que está sumergida.

Segunda: Que sistemáticamente se han envilecido las profesiones industriales en que pudieran morigerarse y prosperar honradamente nuestros pobres.

Tercera: Que ínterin subsistan el sistema y la opinión que las envilece, el país no progresará como debiera, ni en su riqueza, ni en su industria, ni en su población, ni en su moral, ni en los demás progresos intelectuales de sus hijos.

Cuarta: Que los males irán en aumento hasta hacerse insoportables, si no se establece un sistema reparador, que cuando no los desarraigue, a lo menos contenga sus progresos.

Cuál sea este sistema y cuál la cooperación que necesite serán materia para otro artículo. Si la voz de la razón no basta para penetrar por entre las densas nubes del error y de los falsos intereses; si los mismos males que afligen a los ricos no bastan para hacerles volver los ojos sobre la suerte futura de esta patria común, al menos me quedará el consuelo de haberles dado el aviso.

14

Y pues es quien hace iguales
al duque y al ganadero
poderoso caballero
es don Dinero.
Quevedo

En efecto, lectores míos, la cosa se está poniendo en este mundo tan positiva, que de nada se hará caso como no valga o traiga dinero. Abrid bien los ojos y los oídos, para que mi *Escena* positiva no sea, como otras muchas, sermón en desierto y mi habladora lengua no se lamente de haber hablado con los que tenían ojos y no vieron, oídos y no oyeron. Yo sé que mejor me oiríais si os regalase el oído con el sonoro *tin tin* de los doblones: todos acudiríais como gallinas al maíz, pero yo no los tengo; que a tenerlos todos los días habría bautismos, y cada trescientos sesenticinco días sería yo el compadre de trescientos sesenticinco mujeres; y al cabo de pocos años sería el padrino de todos los camagüeyanitos varones, se entiende, pues no contraería parentescos que en ningún tiempo me sirviesen de obstáculos...

Pero os regalaré con *ideas en plata* y *plata en ideas*, que valen más que otras *locuras* de que solemos atestaros las *Gacetas*.

Prestad un poco de paciencia, y dejadme *preambular* antes de entrar en materia. No queráis daros tono conmigo, que yo sé lo acostumbrados que estáis a oír vaciedades y tonterías que ninguna utilidad os traen. Escuchad con atención.

El ilustrado jefe de la Isla ha autorizado una cátedra de economía política para el Camagüey. Esto es como si lloviese sobre nuestro suelo un aguacero de plata pura. Regentea esta cátedra un eminente profesor, y éstos son los relámpagos de la civilización. Esto me ha sugerido la idea de introducir de vez en cuando mi cuchara en la abundante olla de la economía política; no empero como un intruso, sino como escritor de las costumbres de mí país: más claro, solo tomaré aquellas postas que tengan el sabor de las costumbres. Explicaré mis motivos.

El pueblo no lee las obras de los economistas ni concurre a las cátedras. La economía política es la ciencia que trata de las riquezas de los pueblos: el pueblo debe iniciarse a lo menos en los principios que le sirven de base. El *público* asiste a las cátedras y aprende en los libros; el *pueblo* asiste a los talleres y aprende en las *Gacetas*. El catedrático siembra en un jardín abonado; el escritor de costumbres en campo virgen, cual oficioso montero que riega semillas útiles en los *saos* y sabanas para que mejoren de pastos. El profesor aclimatará la canela y el añil; yo multiplicaré la *zúrbana* y el *cañamazo*. Aquél sobre las alas de la ciencia derramará su luz sobre la sociedad; yo, mano a mano con las costumbres ciegas, le pondré al pueblo en camino. El uno hablando el idioma de los sabios y yo el del pueblo, nos encontraremos en el punto convenido, la utilidad general a donde deben dirigirse las grandes masas de la sociedad; porque sea dicho con embozo: sin *público ilustrado* no hay pueblo feliz, y sin un *pueblo sensato* no hay público tranquilo.

Necesito hacer otra declaratoria, no sea que algún embozado me acuse de plagiario. A excepción de lo puramente local y alguna otra cosita que sirvan como de digresión entretenida, todo lo demás es extractado de los mejores autores: con esto me evito cargos y citaciones.

¿Qué cosa es moneda? ¡Anjá! ¡Vaya una pregunta tonta!, dirá el muchachito que salía para la plaza, cuando le dieron la *Gaceta*, a comprar una vela de maíz pelado y un huevo de calabaza. Mire usted, señor Lugareño, una vela de sebo y un huevo de gallina son monedas en el Camagüey. Ciertamente que lo son, muchachito; porque moneda es una *mercancía, un instrumento de cambio*, como cualquiera *mercancía*. No olvidéis esta definición, que algún día os servirá de mucho para el giro de vuestros intereses.

En la infancia de las sociedades servían de moneda el ganado vacuno y lanar. Los griegos usaron del hierro; los romanos del cobre; las naciones más civilizadas del oro, plata, cobre, etc. No hay que apurarse, muchachos, porque yo denuncie que en 1838 se usan en el Camagüey *velas* y *huevos* a guisa de monedas. No ha mucho que en Virginia usaban de tabaco, en Terranova de bacalao y en otras naciones americanas, parientes muy cercanas de nosotros, donde abundan las minas de todos metales, todavía usan el cacao y otras *burundangas* a guisa de monedas.

Como fuese un grande inconveniente permutar una vaca o un cuarto de vaca, por un arado o por piezas de ropa, es natural que les ocurriese a nuestros tatarabuelos, puesto que les ocurrió la idea de una mercancía que pudiese servir de instrumento de cambio por otras o todas las mercancías. Los metales correspondieron al intento por su naturaleza más durable o menos perecedera. Ya empiezan ustedes a descubrir cómo la necesidad junto con la conveniencia les trajo al magín la idea de la moneda metálica.

Pero en los metales se ofrecían dos dificultades. ¿Creen ustedes que la cosa era tan facilita en su principio como la ven ahora? ¿No están creyendo que el camino del hierro es una dificultad insuperable para los camagüeyanos? Pues luego que esté y que los muchachos anden en coche de aquí a Nuevitas y de Nuevitas aquí, verán ustedes cómo se ríen de la ignorancia de los viejos que hicieron el camino, como me río yo ahora de figurarme a un Matusalén de aquellos tiempos trocando pedazos de hierro y cobre por un *corte de ajiaco* o unos zapatos de vaqueta.

El primer inconveniente era el peso, es decir, la dificultad de pesar los trocitos de metal que se trocaban por una vaca. ¿Habían de traer colgado al cuello un pesillo de boticario para pesar los trocitos de metal? En buscar el peso, pedirlo prestado a la vecina, armar el *tarantín*, desarmarlo, volverlo a su casa, había una pérdida de tiempo que es pérdida irreparable en las transacciones mercantiles.

El segundo inconveniente era todavía mayor. ¿Cómo conocer la finura o pureza de los metales sin él ensayo o análisis químico? ¿Habían de ser todos químicos en aquel tiempo, cuando ahora damos gracias de que algo sepan los farmacéuticos y los plateros del Camagüey por el enlace que tiene aquella ciencia con sus profesiones? Era preciso recibir los trocitos a la buena fe, confiar en la probidad de los otros; y ya pueden figurarse ustedes si entonces habría quien diese gato por liebre, cuando ahora vemos los mostradores claveteados de monedas falsas.

Después de muchos años de rutina y de mil quebrantos y errores, les ocurrió subdividir los metales en pequeñas porciones proporcionales, y ponerles una marca, un *sello* del jefe del estado o del poder social. De este modo la moneda que era instrumento privado de cambio, se convirtió en instrumento público, que todos recibimos de buena fe, bajo la garantía del *sello* del soberano. Por esto la acuñación de la moneda es un crimen contra el soberano, pues en ese *sello* descansa toda la fe pública del sistema monetario.

Entre las naciones que han dado algunos pasos en la agricultura y el comercio, la moneda metálica es una *mercancía general*, carácter privilegiado que la distingue de todas las otras mercancías.

En los tiempos del oscurantismo en que la economía política no había desenvuelto sus principios, creyeron algunos gobiernos que les traería cuenta adulterar la moneda haciéndola de un valor nominal mayor que su valor intrínseco. Esto, como todo lo malo, se convirtió al cabo en un mal para los mismos gobiernos. Empero, más ilustrados y morigerados, los gobiernos del día reconocen que la legalidad es la vía más segura de la riqueza y cuidan de que no circule una moneda adulterada cortada o cercenada de cualquier manera; sino que la recogen inmediatamente y la hacen acuñar de nuevo.

Esta prerrogativa del soberano de acuñar él solo la moneda es la más útil a la sociedad, pues por ella se evitan los fraudes. El recargo que tiene la moneda sobre el precio del metal se llama *braceaje*. Una onza de oro acuñada vale más que una onza de oro en pasta de la misma ley. El *braceaje* es el precio que carga el soberano por el servicio que hace en la acuñación de la moneda, y nada es más justo.

La moneda de oro y plata se liga con cobre para darle más dureza. Se llama *ley de la moneda* la proporción del metal ordinario que se liga con el fino. Por la ordenanza dada a las casas de moneda de España en 1730, se fijó la *ley de las monedas* en veintidós quilates la de oro, y once dineros la de plata, lo que quiere decir que a veintidós partes de oro se liguen dos de cobre, y a once partes de plata, una de cobre.

De todas las subdivisiones de la moneda, la de los norteamericanos parece ser la más juiciosa y cómoda. Han adoptado el sistema decimal tan fácil para las cuentas. El peso fuerte americano se divide en dos medios pesos, cuatro pesetas, diez reales, veinte medios y cien centavos o *peniques* de cobre. No he visto ninguna onza de oro americano, pero representa veinte pesos fuertes, porque las medias onzas y las cuartas valen diez, y cinco pesos fuertes.

Éstas se llaman águilas y son muy codiciadas en el comercio. Apenas salen de la casa de moneda cuando los corredores y comerciantes las compran para llevarlas a Inglaterra y creo que a la India. Ésta es la moneda más cómoda que circula en el mundo por su juiciosa división decimal.

La onza española, el peso fuerte y la peseta columnaria, casi han desaparecido del Camagüey. Oigan ustedes la causa de esta desaparición para que vean lo que vale que un pueblo *sepa más que otro*: habiendo dejado alterar en la circulación y el comercio el valor de una moneda, el perjuicio ha recaído sobre nosotros mismos. El Gobierno quiere remediarlo[35] y nosotros persistimos casi por necesidad en nuestro error. Todo el misterio está en la circulación de la *peseta sevillana* de que se ha inundado el pueblo. La tal peseta no vale más que cuatro reales de vellón, y nosotros la hemos recibido *neciamente* por cinco reales, y perdemos de dos modos el veinticinco por ciento. Vean bien cómo es la pérdida. Primero: nosotros vendemos una arroba de cera, que supongo vale cinco pesos fuertes; en lugar de recibir cinco pesetas sevillanas, cogemos las cuatro que nos dan por un peso, y perdemos realmente diez reales en cada arroba de cera y en veinte arrobas que deberían producirnos cien pesos solo recibimos valor en plata de setenta y cinco pesos. Segundo: nosotros vamos a buscar un barril de harina, que también supongo vale cinco pesos; *allá* no nos reciben las pesetas sevillanas por cuatro al peso, sino por lo que realmente

35 Véase el acuerdo y disposiciones de la junta de gobierno, insertos en la gaceta de esta ciudad de 26 de septiembre pasado. (N. del A.)

valen, que es cuatro reales de vellón cada peseta o cinco pesetas al peso. El de *afuera* es el ganador porque recoge todas las pesetas sevillanas que puede, seguro de que trayéndolas al Camagüey gana veinticinco por ciento, porque nosotros se las recibimos por cuatro al peso y recoge todos los fuertes y pesetas columnarias que puede para llevárselas adonde le parece. Sin salir del país no hace mucho que teníamos el desagüe de la onza de oro española.

Ésta corre en La Habana a diecisiete pesos, y aquí corría a dieciséis y medio. El que venía de La Habana no traía ni una onza, porque perdía el tres o el seis por ciento, y se llevaba cuantas podía negociar, porque en ello ganaba otro tanto. Esto no es hablar por hablar; tomen la pluma y saquen la cuenta; apriétense la mollera y verán si es cierto que el que *sabe más engaña al que sabe menos*; y después que lo mediten y calculen bien, hagan lo que les diere la gana, que en el pecado llevarán la penitencia.

La menor moneda que circula en el país es el medio real. El *cuartillo* y el *chico* son imaginarios o se representan por *velas de sebo* y *huevos de gallina*. Esta moneda no es la que mejor anuncia la civilización; pero al cabo es más segura que cierta moneda que se ha solido usar contra todo principio de honradez y conveniencia: hablo de las *señas*, que son unos trocitos de madera u hoja de lata en los cuales hay esta ganguita. Oigan bien cómo hace negocio el avisado a costa de los tontos: el tabernero Pedro corta valor de un peso fuerte en trocitos de hoja de lata; supongo que corta treintidós trocitos y los marca con la letra P u otra cualquiera marca. Viene Juan a comprar aguardiente, bebe valor de un cuartillo, entrega medio real y toma la *seña* para volver por el otro sorbo. Luego que el tabernero ha puesto en circulación las treintidós *señas* del modo explicado dice: me han falseado mi *seña*, mi letra P; y ora sea cierto, ora falso, suspende los pagos de las *señas* y el equivalente de ellas está guardado en plata en el cajón, menos la cantidad de licor que ha permutado. ¿Qué tal? ¿Han entendido el juego de las señas? Pues lo mismo es el de cualquier otra moneda que no esté sellada por el soberano y que la circulen y reciban por más del valor que representa el sello. El pueblo será siempre el perdedor.

¿No han caído ustedes en que he llamado al dinero o moneda metálica *mercancía*? Pues no es a humo de paja. De que sea *mercancía* o que no lo sea, resultan graves daños al giro de vuestros intereses. Por ahora me ceñiré a demostrar que es *mercancía*. Ni su naturaleza metálica, ni su figura redonda o cuadrada, alteran su naturaleza de *mercancía*, pues lo mismo es trocar una vaca por una casaca que por una onza. La onza es preferible o por su naturaleza más duradera o porque yo no necesito hoy de la casaca y la onza no me estorba; día llegará en que trocaré la onza por la casaca, porque necesitaré más de la casaca que de la onza. No olviden nunca esta explicación, que algún día sacaremos las consecuencias.

Omito hablarles del *papel moneda*, porque ya toco los límites prescriptos. Tampoco les daré reglas para *juntar dinero*, por dos motivos. Primero: porque solo he querido darles *ideas* de la moneda. Segundo: porque espero que con estas ideas se les ablanden las cabezas, que tienen, lo mismo que la mía, durísimas, de la *misma casta*, que por más que nos están diciendo desde *ab initio*: trabajen, trabajen; economicen, y guarden sus economías donde no las vean los... y las..., ni trabajamos ni economizamos, y el que acaso economiza algo, *el día menos pensado* lo gasta todo en juego, francachelas, pleitos, títulos y cruces de las cuales, dice un buen cristiano, el diablo no huye porque son suyas.

16. Trabajo

¿No han oído, mis carísimos lectores, hablar de cierto sastre del campillo que cosía de balde y ponía el hilo? Me atrevo a jurar que ese sastre no era camagüeyano, porque los de aquí nunca dieron puntadas de balde, y por eso es que he tomado a aquél por mi modelo, mi héroe-tipo. Sí, señores, yo quiero ser el oficioso, el adelantado, el ponche de leche de nuestros bailes, el *ajiaco* de nuestras mesas, el agua del Hatibonico. Quiero ser los ojos del Camagüey para ver todo lo que le sobra o falta; quiero ser los oídos del Camagüey para estar siempre de escucha; las narices del Camagüey para olfatear todo lo que le pueda servir de alimento o deleite; la lengua del Camagüey para cacarear la verdad y pedir cuanto necesite; las manos del Camagüey para agarrar todo lo que le adorne o derribar lo que le desaire; las piernas del Camagüey para traerle siempre en movimiento, y que no haga, en el centro de Cuba, lo que hace el ombligo en el cuerpo humano. ¿Saben ustedes lo que hace el ombligo? Pues no tengo para qué decírselo. Digo que quiero ser todas estas cosas, por que como no tengo ingenios que cuidar, ni pleitos que agenciar, ni plaga de muchachos que educar, ni ocupaciones malditas que apenas me dejen tres horas de siesta y doce de noche para descansar, juzgo prudente tomar algún entretenimiento para no ser, como los ociosos, la estatua de los billares, el testigo de los trecillos, el consueta de las tertulias, el céfiro de los empleados, el candil de la vida privada, y todo lo demás que es y será todo aquel que no tome algún oficio, aunque sea el de sastre del campillo.

¿Qué dicen ustedes de esta introducción? Lo que quieran. Ahora les encajo una digresión, para que introducción y digresión sirvan como de colgajo o pegote en una lección de economía política, y produzcan el mismo efecto que produciría una porra o verruga en la punta de mis narices. ¿No ven ustedes que mi nariz sin porra es como cualquier nariz, adocenada, nariz clásica, nariz retrógrada, vaciada en el molde que dejó el viejo Adán? Pues de la misma manera un artículo sin colgajos, una lección de economía política a secas, no llamaría la atención, haría bostezar a media escuela, y no tendría yo modo de introducir la fuente de arroz con leche y el humito de tabaco de Yara con que les abro el apetito y les encandilo los ojos a los muchachos.

Alerta, pues, que ya empieza la lección. El que no se aproveche de mi lección, no tema que le regañe, pues en su pecado llevará la penitencia. ¡Oh!, y ¡qué castigo tan severo, tan infalible! Quien no estudie y practique mi lección será víctima del hambre, la desnudez, la deshonra, la cárcel tal vez y todas sus consecuencias. Mi lección recae sobre el *Trabajo*.[36]

El trabajo es la base fundamental de la economía política: sin trabajo no hay riqueza, y la economía política es la ciencia que trata del modo de crear, reproducir y fomentar la riqueza de los pueblos.

Mas como la base de una ciencia debe ser la parte más sólida de ella, es también la más digna de atención y examen. Si ustedes examinan la base de la economía política, hallarán que es una pena impuesta por el mismo Dios hay hombre; oigan bien la sentencia:

«Con el sudor de tu rostro comerás el pan, hasta que vuelvas a la tierra de la que fuiste tomado: porque polvo eras y en polvo te convertirás.»

He aquí la pena impuesta al hombre sin excepción de clases, ni sexos, ni condiciones. Pero como un padre aunque castigue, no pierde el amor de padre,

36 Vuelvo a declarar que escribo para el pueblo, y extracto de los mejores autores de economía política, para que no se me acuse de plagiario. Mi objeto es iniciar al pueblo en los elementos de la ciencia en aquellas bases que ni aun al pueblo le es permitido ignorar, y que le importa mucho saber. Otros explicarán aquellas complicadas cuestiones que nacen de los principios generales de la ciencia. (N. del A.)

quiso Dios que el trabajo se convirtiese en un bien para el hombre; y para más asegurarle este bien, le dictó una ley, *no hurtarás*, que quiere decir, no te aprovecharás del trabajo ajeno contra la voluntad de su dueño. Y en verdad que si hay seres más desgraciados que los que no trabajan, son aquello que se apoderan del trabajo de sus semejantes.

Bendijo Dios el trabajo haciéndolo una fuente inagotable de ventura para sus hijos. El trabajo, en la parte moral, conserva el candor del alma, aguza el entendimiento, perfecciona la sensibilidad, sofoca las pasiones violentas, alegra el espíritu, tranquiliza la conciencia; y en la parte material, robustece los miembros, agiliza sus movimientos, promueve la salud, acarrea las riquezas y con ellas las comodidades domésticas y sociales, y proporciona un sobrante para colmar la dicha del hombre benéfico cuando socorre al menesteroso, o del patriota cuando acude a las exigencias de la patria. El trabajo es la fuente de todos los bienes a que puede aspirar el hombre en la tierra.

De aquí se infiere que honrar el trabajo es honrar a Dios; proteger el trabajo es cooperar a las miras de Dios; asegurar la propiedad del trabajo es obedecer la ley de Dios. Y todo lo contrario a esto es la más escandalosa violación de la voluntad, las miras y las leyes de Dios, sean cuales fueren los motivos que se aleguen. *No hay derecho superior al derecho*, ha dicho muy bien un sabio.

¿Creéis acaso que el gobierno me da el derecho, o sea, la propiedad de mi trabajo? No lo creáis: el poder social asegura mi derecho, protege la propiedad de mi trabajo contra la usurpación del más fuerte, nada más. Mi trabajo es un *deber* enlazado con mi existencia, y la propiedad de mi trabajo es mi derecho natural, derecho de origen divino sobre el cual ningún hombre ni todos los hombres juntos tienen el menor derecho.

Algunos hombres visionarios han soñado con un *estado natural*, en el cual la fuerza constituye el derecho. Para mejor comprobar su delirio nos citan el ejemplo de algunos animales, que el *jíbaro* se come al ternero, el *gavilán* a la tojosa, el *tiburón* a la sardina. Pero tanto el supuesto como las consecuencias son falsos. El *estado natural* del hombre no es el aislamiento, sino la sociedad: bien podrá haber existido un hombre solo, alguna mujer sola en alguna parte; pero luego que el hombre encontró su semejante, llenó los fines para que fue creado: la sociedad. Por otra parte, el hombre está organizado de una parte espiritual y otra material, en las cuales puso el Creador una percepción y sensibilidad tan exquisitas, que en ellas consiste la diferencia que separa al hombre de todo lo creado. No siendo, pues, el hombre ni jíbaro, ni gavilán, ni tiburón, es tan absurdo pretender que él obre por el mismo principio que los animales, como sería pretender que éstos obrasen con reflexión y sujetasen sus acciones a principios morales y religiosos. ¡Absurdo completo! El animal obra por el *instinto* de su conservación, apoyado en la fuerza orgánica; el hombre, apoyado en la *razón*, en el *derecho* a una existencia social y perfectible. El *instinto* enseñará al caballo a comerse una mata de maíz; la *razón* enseñará al hombre a sembrarla, multiplicarla, perfeccionarla y defender como suyo ese trabajo que constituye su derecho legítimo. Si el trabajo no es el que constituye todo el derecho de propiedad, no sabemos, moralmente hablando, sobre qué base apoyar ese derecho.

Se llama trabajo la acción que ejerce el hombre sobre las cosas, el poder inherente a su naturaleza de hacer servir el mundo material e intelectual a su existencia, a su comodidad y a sus placeres.

Cuando el trabajo del hombre recae sobre la tierra, produce la *riqueza agrícola*; cuando se ejerce sobre los frutos de la tierra para acomodarlos a sus necesidades, produce la *riqueza industrial*; cuando se emplea en transportarlos de un punto a otro, produce la *riqueza comercial*. Pedro, que siembra tabaco, es agricultor; Juan, que lo elabora, es fabricante; Diego, que lo compra y transporta, es comerciante. El trabajo de estos tres hombres produce todas las riquezas.

Es tal el poder del trabajo que unos pocos agricultores bastan para mantener triple población; la quincuagésima parte de los fabricantes abastece a las otras, y la centésima parte de los comerciantes basta para surtir y acomodar a las demás clases en sus diversas exigencias.

Todo trabajo requiere para producirse un sitio destinado al efecto: este sitio se llama *taller*, y los talleres son fecundos o infecundos. Se llaman *fecundos* aquellos que trabajan a la par o junto con el hombre en la producción de la riqueza, como la tierra; *infecundos* son los que solo le sirven al hombre de abrigo o comodidad para ejercer su trabajo, como los edificios.

También necesita el trabajador de capitales; éstos son de dos clases: fijos y circulantes. Capitales fijos son los que el hombre emplea en la producción de la riqueza, sin que pierdan su forma, como la tierra, las aguas, etc. Capitales circulantes son los que pasan de unas manos a otras, como el dinero, etc.

El campo, las semillas, los aperos del labrador forman su capital; los edificios, maderas, instrumentos del carpintero constituyen su capital; los buques, carros, animales y dinero del comerciante constituyen su capital.

El trabajo material del hombre va siempre acompañado de trabajo intelectual, a diferencia del trabajo de los brutos. El buey uncido al trapiche ignora si da vueltas a derecha o izquierda y con qué fin las da; pero el hombre *lo sabe* y en ello se propone un fin calculado de antemano por la inteligencia. De aquí se infiere que la inteligencia del hombre es el alma del trabajo; luego, entorpecer la inteligencia del hombre es entorpecer el trabajo y, de consiguiente, la riqueza. Ésta estará siempre en razón directa de la inteligencia que el hombre emplee en el trabajo, y un país será tanto más o menos rico, cuanto mayor o menor sea la inteligencia de los productores de la riqueza. Cierto es que podrá decirse: tal país es muy rico porque la naturaleza ha prodigado sus dones en él; pero esto se entiende con relación a otros países menos privilegiados; mas no con relación al país mismo que pudiera ser millones de veces más rico, si se trabajara con inteligencia. La cuestión no se limita en que el país sea rico, como *diez*; sino en si sería rico como *mil* si se agregase al trabajo material el trabajo de una inteligencia ilustrada, maestra.

Todos los pueblos han sido, en sus primeros años, cazadores y pescadores. Pocas necesidades, poco trabajo, ninguna riqueza. La población se aumenta por la tendencia natural del hombre a reproducirse; la caza se aniquila: la inteligencia le sugiere al hombre y le enseña el arte de domesticar los animales.

He aquí un gran paso, el tránsito de pueblo cazador a pueblo pastor: algo se desarrolla el trabajo y con él la riqueza y las comodidades sociales. Pero un pueblo pastor necesita de una vasta extensión de terrenos para multiplicar sus animales; y las estaciones, los pastos que espontáneamente suministra la naturaleza no bastan para las necesidades: la población crece, y creciendo se desenvuelve la inteligencia y sugiere subdividir los terrenos en pequeñas porciones que, cultivadas por el trabajo del hombre, producen para mantener millares de animales y de hombres. Aquí empieza el escalón de la agricultura: el pueblo pastor tiene un pie en un límite y otro en otro. Ésta es la marcha que ha tenido el Camagüey en la sociedad cubana, con solo la diferencia que aquí ha sido tan lenta, tan llena de obstáculos, que al cabo de tres siglos hemos venido a poner el pie en el primer escalón de la agricultura y tenemos el otro clavado y remachado en el antiguo territorio pastor.

Detengámonos aquí un momento. Todo pueblo pastor es holgazán: la vida del pastor es vagar tras de los animales; sus ojos se fijan en el horizonte; jamás en el fondo de la tierra ni en el cielo. El pastor vive atenido a que la naturaleza trabaje para él; apenas contribuye con una mínima parte de su trabajo físico e intelectual en la reproducción de la riqueza, en domesticar animales. No así el labrador, el hombre de Dios, el que derrama el sudor de su rostro y fecunda la tierra para cumplir con Dios: ése es el hombre sobre quien Dios derrama bendiciones, y renueva el milagro de producir en una caballería de tierra lo que no producen diez holgazanes en muchas leguas. Ése es el hombre que descubre todos los tesoros de la tierra, y cuando ya se cansa de agotarlos, vuelve los ojos al cielo, y bendice a Dios, y defiende un trabajo, una patria que ha conquistado con el sudor de su rostro.

Otro momento, lectores míos, y otra observación sobre el Camagüey. Reflexionad, por Dios, que ésta es una población de setenta mil almas, con más de trescientos años de existencia; y, sin embargo de esto, es tal su miseria, que no digo se deja introducir los productos de la noble agricultura cubana, café, azúcar, cacao, arroz, maíz, sino hasta las producciones de los pueblos pastores, carne, manteca, quesos, mantequilla y otros efectos que ella pudiera llevar a pueblos menos privilegiados. Éste es un hecho que ninguno desmentirá. Pues bien: este hecho tiene algunas causas influyentes, preponderantes que es preciso descubrir, y, descubiertas, destruir. Veremos, pues, en otra ocasión, si descubrimos los obstáculos del trabajo, que produce la riqueza, que trae las comodidades, que proporciona el descanso para cultivar la inteligencia sin la cual no hay buena moral, ni buenas costumbres, ni felicidad social. Ustedes verán, si me leen con atención y meditan sin prevenciones, cómo yo voy a sacar en claro que no hay razón alguna para que pasen otros trescientos años por sobre nosotros como por los paredones de Cubita, y que en nuestras opiniones y en nuestras costumbres están los únicos, los verdaderos obstáculos de la opulencia a que podemos aspirar en la bella Antilla.

Pero ya es preciso concluir por hoy, no sea que algún hermano articulista me ataque por mis propios principios y me diga:

—¡Lugareño, hasta cuándo! Mira que la *Gaceta* no es tuya sola: yo quiero decir cosas más útiles que tus *Escenas*; porque después de tanto charlar, ¿qué sacamos en claro?

—Nada, hermano, entre dos platos: que el trabajo es la fuente de la riqueza; que un pueblo que no trabaja es un pueblo pobre; que donde no se honre el trabajo no se honra a Dios; y otras tonterías de esta calaña que ustedes están oyendo todos los días, pero que se les olvida por la noche y es necesario una trompeta como la mía, un martillo, una campana, setenta lenguas como la mía, que sin cesar les recuerde la especie.

También les digo, y lo digo por última vez y para siempre, que no soy yo de aquellos hombres que aspiran a ganarse la voluntad de los pueblos o de ciertas clases, lisonjeando sus preocupaciones y celebrando sus costumbres. Es en vano todo encono contra el Lugareño: es tiempo perdido en reconvenciones, porque yo he de cantar la verdad pésele al que le pesare, sin dirigirme a determinada persona. Yo no tengo más que una amiga, doña Camagüey; y una querida, la Camagüey; y una madre, mamá Camagüey; y la quiero sabia y virtuosa para mi consuelo, y la quiero lindísima para mis placeres, y la quiero sana y opulenta para que no se muera de consunción.

18. Trabajo: sus obstáculos

—Al orden, muchachos, que hoy es interesante la clase: vamos a continuar la materia del trabajo.

—¡Oh!, señor catedrático del Campillo: otra vez hablar de cosa tan pesada, tan fastidiosa...

—No hay remedio, hijos míos: tenéis que sufrir que os explique los medios de conseguir riquezas: el trabajo es todo el *busilis* de la economía política, y es indispensable que averigüemos cuáles son los obstáculos que se oponen al desarrollo del trabajo, porque ésos son los que se oponen a vuestra riqueza.

—Pero, mire usted, señor maestro, cuéntenos siquiera un cuento que sirva como de introducción, y nos prepare el entendimiento y la voluntad para recibir con gusto sus lecciones.

—¿Un cuento, muchachos? Pues allá va, con tal que atiendan bien la lección. Pues, señores: érase un moro que hacía viajes a España. Contrajo amistad con un buen cura, amiguísimo de comer dátiles. El moro se los traía frescos, de los más exquisitos de Berbería, ya por verdadero cariño, ya por sorberse algunas tazas de chocolate americano con que le obsequiaba el cura, como que lo tenía superior, de aquí del Camagüey, que se lo remitía un sobrino de quien hube yo este cuento. Cobróle el cura tal afición al moro, que se propuso hacerle el mayor bien, convirtiéndole a nuestra santa religión. Con este objeto menudeaban las citas ofreciéndole chocolate y el moro concurría gustoso. En cada sesión explicaba el cura los misterios más sublimes de nuestra religión, las grandes virtudes cristianas, la historia y triunfos de nuestros mártires; y de paso le hacía cargos al moro sobre los errores e imposturas de la religión mahometana, su moral escandalosa, material y sensual. El moro callaba y sorbía chocolate. Al cabo de algún tiempo, y de una familiaridad cariñosa, quiso el cura estrecharle las distancias al moro, y le exigía que se dejase bautizar. El moro callaba y sorbía chocolate. Fervorizóse el cura explicándole la gracia del bautismo, la necesidad absoluta de que se bautizase para bien de su alma, y para conservar aquella tierna amistad que los unía. El moro callaba y sorbía chocolate. Viendo esto la vieja ama de llaves que cuidaba al cura, se levantó furiosa de la poltrona, y en tono inquisitorial le dijo:

—No se canse, padre: moro viejo, mal cristiano; a éstos les entra la doctrina por un oído y les sale por el otro.

—Mientes tú, perra cristiana —contestó el moro—: no puede salirme la doctrina por un oído, *cuando todavía no me ha entrado por el otro.*

Y caten mi cuento acabado...

—¡Anjá, maestrico! Usted cree que nosotros somos mentecatos... ¡Ese cuento lo ha compuesto usted por nosotros!, ¿no es verdad?

—Hijos míos, yo no he compuesto el cuento: es más viejo que pedir prestado; pero si vuestra conciencia os acusa, si vosotros creéis que predicar en el Camagüey es sermón perdido, o, como vosotros decís, *requiebros* y *más requiebros y el Señor Cuero callado*, la culpa no será mía, y en vuestro pecado llevaréis la penitencia. Vamos a la lección.

Examinaremos, por ahora, los obstáculos que oponen al trabajo de la agricultura: las artes y la industria tendrán su lugar. Si yo logro demostrar que nuestras opiniones y costumbres son el mayor obstáculo, fuerza es que ustedes se resuelvan a ser un pueblo pobre y poco adelantado en la civilización; o a dejar las costumbres rutineras y las opiniones retrógradas que entorpecen el trabajo. No ignoro que algunos de ustedes *se lo saben todo*; pero esto no deben decirlo jamás, porque es peor que sabiendo las cosas no las hacen, o hagan lo contrario; más honroso es alegar ignorancia.

Dos grandes obstáculos pueden oponerse al progreso de la agricultura. Uno está en la *naturaleza* del país donde se ha reunido la sociedad. Otro en la *inteligencia* de los agricultores. En el primero se comprenden las causas materiales, climas, terrenos, situación topográfica y geográfica, etc. En el segundo el estado social, las leyes, opiniones, costumbres, sistemas, etc., de los trabajadores.

Es muy digna de examinar la naturaleza de nuestra provincia. Echaremos una ojeada, lo más rápidamente posible. Nuestro Camagüey está situado en el centro de la isla de Cuba; su suelo es fértil; su clima el más benigno y delicioso de la Isla, pues no se experimentan los ardientes calores de Santiago de Cuba, ni los fríos nortes de La Habana. La ciudad-capital tiene por el norte, a diecisiete leguas, el surgidero de Santa Cruz. Conviene que se sepa que todavía no se ha experimentado *un solo caso* de vómito negro, tan común en casi todas las costas de la América tropical. Los extranjeros y aun las guarniciones militares, que no son nada prudentes en sus alimentos y costumbres, no han sufrido jamás esta enfermedad, y nosotros, los de tierra adentro, ni aun la conocemos.

La espaciosa bahía de Nuevitas está situada en la embocadura del Canal de Bahamas, de manera que los buques de travesía entran en ese puerto sin peligro alguno. Desde Europa y los Estados Unidos vienen a reconocer la Punta de Maternillo, y desde allí al oeste o Cabo de San Antonio corren todos los peligros del Canal y Banco de Bahamas. No puede ser más ventajosa la situación de esta bahía; y causa sorpresa ver la indiferencia con que los camagüeyanos han mirado el canal que la naturaleza les ha indicado para la extracción de los productos de su agricultura. Hemos obrado en esto como algunas mujeres hermosas que, atenidas a su belleza, ni cultivan su entendimiento, ni se asean, ni se adornan, y el día que se les presenta un galán a pesar de su desaliño, lo desprecian, pierden su colocación, envejecen, y después viejas, ignorantes y desaliñadas, nadie les hace caso; entretanto que otras muchachas menos privilegiadas por la naturaleza, pero que se adornan, se asean y procuran agradar, se atraen los novios a docenas y no se van con palmas al sepulcro.

En cuanto a los terrenos de la jurisdicción, baste decir que en ellos se da la caña, el café, el cacao, arroz, maíz, tabaco, algodón, etc. Diré más, que aun aquellos terrenos que se consideran aquí como inferiores para algunos de estos frutos, son muy superiores a los de otros países que también los producen. Nueva Orleáns, por ejemplo, no puede producir tanta y tan buena azúcar como los terrenos inferiores que se encuentran entre el Camagüey y sus costas. La Virginia, que produce tabaco, no puede competir con el nuestro de Saramaguacán, Concepción y otras vegas. Y cuenta que el estado de progreso en que se encuentran allá las artes, la maquinaria y los sistemas de cultivo son una ventaja de la mayor consideración; pero la naturaleza ha sido con el Camagüey más pródiga en sus beneficios.

Mas no es ésta la sola ventaja. Nuestra provincia es mejor que las otras dos para la crianza pecuaria. En efecto, bañada por infinidad de riachuelos, o teniendo manantiales tan cerca de la superficie que será muy contado el pozo que pase de veinte a treinta varas, no estamos sujetos a los estragos de la seca; solo lo están aquellas haciendas en que la desidia y laceria de los amos se niegan al sacrificio de unos pocos pesos que les ahorrarían pérdidas graves. Nuestros *potreros* son un testimonio de esta verdad. Ni se crea que hay terrenos tan malos, que no sean buenos para *potreros*. En todas partes se da la caña, la yerba de guinea, el millo y otros pastos que pueden sustentar de veinticinco a treinta animales por caballería, sin necesidad de abono, bastando la sola operación del arado.

Si bien puede considerarse como una desventaja la situación central de la ciudad consumidora de la provincia, otros bienes nos ha prodigado el cielo que nos indemnizan completamente; algo nos había de exigir que hiciésemos, y este *algo* se nos convertiría en un capital de *crédito* y *reputación* moral e industrial entre todos los pueblos de la Isla. Esas diecisiete leguas de camino quedarían reducidas a solo tres horas de viaje. Si se pregunta ¿por qué no está hecho un camino que anuncie un pueblo culto y laborioso?, la respuesta más racional es la pura verdad: *porque nadie se ha puesto a hacerlo*. A propósito de caminos, y ya que tanto gustan ustedes de oír la voz de los viejos, voy a regalarles el oído con las palabras de un cordobés que parece que quería tanto a sus paisanos como yo a ustedes; así les hablaba en 1524: «Si caminos hubiese por do salir los *frutos*, doquiera que sembráseles, os nacería *oro*; y doquiera que plantáseles, el *fruto* sería *riqueza*».

De todo lo dicho podemos concluir que la naturaleza no le niega al Camagüey sus más preciosos dones, antes al contrario: con *poco trabajo* podemos estar seguros de obtener *mayores riquezas* que otros muchos pueblos.

Réstanos examinar cuáles son los primordiales obstáculos que oponen al trabajo la opinión y las costumbres. Es un fenómeno moral, que no os sabré explicar, que la agricultura en el Camagüey no esté *envilecida* por la opinión pública. El caballero de primera clase se destina a cualquiera de sus ramos; un joven de una familia decente se acomoda de mayoral, a salario, a destajo, como quiera, y entra en la ciudad con una piara de animales o una arria de efectos, sin que nadie crea que se *envilece* por esto. No sé yo si me equivocaré afirmando que la opinión de los camagüeyanos en este punto es más sensata que la de otros pueblos de la Isla; y lo digo porque si por mí fuera se le erigirían altares a la opinión de cualquier pueblo donde se honrase la agricultura. En la China no se contentan con honrarla, sino que el emperador en persona se presenta en ciertos días del año a arar un campo. Suponiendo que esto no pase de una ceremonia, el hecho envuelve una idea religiosa, una sumisión respetable al decreto de la providencia, que condenó al hombre a empapar la tierra con el sudor de su rostro.

El espíritu de la agricultura no se empezó a desarrollar en el Camagüey hasta principio de este siglo; a lo menos, puede afirmarse que hemos vivido más de trescientos años bajo el influjo de los hábitos pastoriles, es decir, la rutina, la desidia y la ignorancia de los pueblos pastores.

El sabio reglamento de división de haciendas que hoy rige no ha podido todavía vencer los antiguos hábitos. Nuestros propietarios de tierras son, como todos los monopolistas, adictos al sistema de legislación y costumbres que respetan sus desmedidas pretensiones, y desafectos a los que las restringen. Así vemos en manos de un solo hombre dos o tres mil caballerías de tierra, cuando hay dos mil o tres mil hombres que no poseen una. La ley ha hecho cuanto está a su alcance para promover la división de las haciendas y facilitar el resultado más útil a la sociedad, cual es que todos los miembros de ella sean *propietarios*; ésta es la más segura garantía del orden social. Una sociedad donde haya mil *propietarios* vive más tranquila que otra donde solo hay cien, y novecientos *proletarios*. Las opiniones y costumbres contrarias a la subdivisión de los terrenos es uno de los mayores obstáculos que tiene aquí el trabajo.

No es, pues, de extrañar que los pocos agricultores que todavía tenemos no produzcan los frutos necesarios ni aun para el consumo de la población, y que de otros puntos de la Isla y del extranjero se nos traiga azúcar, café, cacao, arroz, maíz, etc. Lo que es verdaderamente de extrañar es que se nos traigan efectos propios de los pueblos pastores. La manteca aquí no es más abundante ni más barata que en otros pueblos agricultores; la mantequilla no se fabrica; el queso es malísimo; jamón, tocino, chorizos, etc., se nos traen de afuera.

Quien quiera proceder con franqueza habrá de confesar que desde el establecimiento de los *potreros* se han mejorado muchos de estos efectos: la carne es mucho más gorda y sana, la manteca más barata, los quesos se perfeccionan cada año, y si no se come mantequilla fresca, es porque nadie se ha propuesto especular con ese ramo de la industria. Este progreso se debe enteramente al sistema de división de haciendas, o de *potreros*. A medida que el antiguo sistema de crianza se enlaza con el moderno de agricultura, aquél se perfecciona por éste. Para hacer un *potrero* se descuajan los montes, se siembran, se hacen grandes cosechas de granos y frutos, se mejoran los pastos, y los animales engordan y se multiplican. Los *potreros* que se han formado de un *hato* valen hoy diez veces más que valía el *hato* entero; así los grandes propietarios territoriales serían diez o cien veces más ricos si, sacudiendo los antiguos hábitos pastoriles, dividiesen sus haciendas en cortes de *potreros*.

Otro de los grandes obstáculos que paralizan el trabajo es la ignorancia de nuestros agricultores. La inteligencia es el alma del trabajo, y pretender que éste florezca en manos ignorantes, es pretender que un tizón dé tanta luz como una vela de esperma. No quiero decir que nuestros campesinos sean literatos y académicos, sino que se procure cultivar su entendimiento hasta aquel grado de comprensión que basta para darles lo que llamamos *juicio propio*. Todo hombre que sepa leer, escribir, contar y la doctrina cristiana tiene en su mano la llave del progreso: puede informarse de los nuevos descubrimientos, máquinas, sistemas, ensayos y resultados que mejoren la agricultura. Ninguno en sano juicio negará que una finca, manejada por diez hombres inteligentes, producirá más que otra por veinte ignorantes; porque un hombre que sabe arar hace más que dos que no sepan; y uno que sepa fabricar el queso y la mantequilla, sacará más utilidad de la leche que dos que no sepan.

He dicho que nuestras opiniones en este particular son un gran obstáculo al trabajo; porque todavía no hemos tratado de difundir los conocimientos, ni aun los primarios, entre todas las clases. Esto podrá alimentar la vanidad de los que algo saben, no lo dudo; pero en sus consecuencias disminuye nuestra riqueza y comodidades. En el Camagüey no hay más que dos escuelas de pobres, y en los partidos o haciendas más pobladas no hay una siquiera. Yo aconsejo a mis lectores que consulten la opinión del inmortal patriota español don Gaspar de Jovellanos, que sobre este punto dice cuanto puede apetecerse en la Ley Agraria.

Pero sobre todos los obstáculos que nuestras opiniones oponen al trabajo y riqueza camagüeyanas, hay uno sobre el cual quiero extenderme, aunque me lleve toda la *Gaceta* y pateen los articulistas, y el censor pierda el tiempo que necesita para sus negocios propios, y a los lectores se les sequen las fauces de leer; particularmente si es algún lechuguino que por su desgracia cayó entre un corrillo de viejas y viejos que le plantan a leer las cosas del Lugareño. La opinión que voy a combatir es la opinión general sobre caminos. Esta opinión es hija legítima del egoísmo y la ignorancia, que contrajeron matrimonio desde que se fundó la primera hacienda del Camagüey. Cada hacendado quiere obrar por sí y ante sí, y para sí; y a todo lo que no es favorable a sí, contrario al bien general, le llama perjuicio.

El hacendado, imbuido en estas ideas y formado en estas costumbres, es el puñal que destruye el *espíritu de asociación*, es el veneno que mata a la *comunidad*, es el cáncer que devora el trabajo y las riquezas. Por esto es tan común, por ejemplo, que en un camino que conduce a un partido rico, no se fabrique un puente, ni se componga una cañada. Un hacendado tiene en su propia puerta un pantano; si convida a sus comarcanos, dicen éstos: «Yo no voy a trabajar para que N. pase cómodamente»; y el convidador dice lo mismo: «Yo no compongo para que mis vecinos se aprovechen de mi trabajo». Así permanecen un río sin puente una cañada sin alcantarilla, años y más años, y *todos* los hacendados de aquella comarca viven privados de una conveniencia social, sufren una pérdida continuada de tiempo en la conducción de sus efectos, y a veces pierden en un río los más caros objetos de su corazón e intereses, un hijo, un amigo, un vecino, un criado, sus animales y frutos. La desunión y mezquindad de los hacendados se convierten en menoscabo de sus propios intereses; la unión y un pequeño sacrificio, una generosidad para consigo mismos, les economizaría el tiempo, les salvaría muchas pesadumbres y les doblaría el valor de sus propiedades.

Tan atrasadas están nuestras ideas en punto a caminos que todavía hay quien dude si será útil uno de hierro del Camagüey a Nuevitas. Otros opinan que primero es tener yo no sé cuántos millones de habitantes, y cuántos ingenios y cafetales para emprender la obra de un camino al puerto más hermoso de la provincia. Éstos han tomado el efecto por la causa, o, como vulgarmente se dice, han cogido la *mona por la cola*. Voy a demostrar con ejemplos materiales el influjo que tienen los caminos en la riqueza pública; después apoyaré mi demostración con textos de grandes economistas nacionales y extranjeros.

Primer ejemplo: supongamos que los hacendados de Tínima o una compañía de comercio construyesen un camino famoso, con buenos desagües, bien nivelado, empedrado, con sus puentes y alcantarillas, etc., de modo que a todas horas y en todas las estaciones se pudiesen conducir los efectos de Tínima al mercado del Camagüey. Pregunto: ¿no es evidente que este camino, por la facilidad de conducir los frutos, el ahorro de tiempo y de trabajo, la economía en las bestias de tiro y carros de conducción, les daría a los propietarios de Tínima una ventaja inmensa sobre los otros, y al mismo tiempo duplicaría el valor de sus fincas? ¿No se cargaría a ese rumbo la población rica, por el afán de adquirir una finca cómoda y productiva? ¿Esto no aumentaría el precio de las caballerías de tierra? ¿No traería mayor número de trabajadores y, por tanto, más riqueza?

Segundo ejemplo: supongamos que una calle de nuestra ciudad, por ejemplo, la que sale de la Iglesia Mayor al Santo Cristo, se nivelase, empedrase, desaguase por una cloaca y tuviese su hermoso alumbrado. Pregunto: ¿no es evidente que un solar de esa calle valdría más que uno de otra? ¿No es cierto que habría un grande interés en conseguir una casita de esa calle para fabricar una hermosa casa? ¿No es cierto que allí concurrirían los traficantes, por la comodidad de conducir sus efectos, con preferencia a otras calles, y que este concurso de población atraería el comercio, la industria, las artes y las riquezas a ese punto de la ciudad? Pues de la misma manera el camino de hierro le traerá al Camagüey todo lo que hoy no tiene, ni tendrá de aquí a otros tres siglos, como no haga el noble sacrificio de construir el camino a Nuevitas.

Hablando el señor Flores Estrada sobre el influjo que tienen las buenas costumbres en el desarrollo del trabajo y las riquezas, dice así: «Creer que progrese la industria de una nación *sin que antes* se hagan o mejoren los caminos, los canales, los puertos de mar y los demás medios de facilitar las comunicaciones, es creer que se puede recoger una abundante cosecha sin haber precedido la sementera». Y más adelante dice: «Por esta misma razón, se puede sentar como *un principio* que la dificultad de las comunicaciones *es un impedimento de la civilización y de la industria*».

El señor Jovellanos, hablando sobre esto, se explica así: «Si la Holanda, cuyas mejores poblaciones están colocadas sobre terrenos que fueron robados al océano, y cuyo suelo, cruzado de innumerables canales, de estéril e ingrato que era, se ha convertido en un jardín continuado, y lleno de amenidad y abundancia, ofrece un grande ejemplo de lo que pueden sobre la naturaleza el arte y el ingenio, otras naciones favorecidas con un clima más benigno y un suelo más pingüe presentan en sus vastos territorios, o inundados, o llenos de bosques y maleza, o reducidos a la esterilidad, otro no menos grande de su indolencia y descuido». ¡Sí hablará con nosotros el señor Jovellanos!

El ilustrado viajero francés Mr. Beaumont, hablando de lo mismo con respecto a los norteamericanos, se expresa en estos términos: «Los americanos no esperan que un país tenga habitantes para hacer caminos en él. Principian por establecer caminos y éstos hacen venir los habitantes».

Me reasumo, lectores; la naturaleza no pone en el Camagüey obstáculos al desarrollo del trabajo; antes bien, ofrece las mayores ventajas y nos brinda tesoros inagotables: nuestra provincia, en algunas particularidades topográficas, es superior a las otras de la Isla; todos los obstáculos que se oponen al trabajo son fáciles de remover; las opiniones y costumbres de los camagüeyanos son contrarias a la inteligencia, que es el alma del trabajo; y si éstas no se reforman, nuestra provincia será el pueblo más pobre de la Isla, y el más atrasado en civilización y cultura. La unión de los camagüeyanos, un esfuerzo generoso, y un poco de valor para sacudir los andrajos del entendimiento y la molicie del cuerpo, bastarán para convertir a nuestra provincia en el jardín de la bella Antilla y la mansión de paz, la abundancia y la civilización. Así Dios me ayude como he dicho la verdad.

José María Cárdenas y Rodríguez

Los niños

E dijeron los sabios, que tales son los mozos para aprender las cosas, mientras son pequeños, como la cera blanda cuando la ponen en el sello: figurado, porque deja en él su señal...

—Mas si jélas quisiessen mostrar cuando fuessen mayores, e comenzassen ya a entrar en mancebía, non lo podrían fazer tan de ligero.

Leyes de Partida

Sucede que un hombre que posee un capital y que ha vivido siempre en posada o con alguna familia, despierta una mañana con el pensamiento de invertir su dinero en una casa y transformarse en propietario. Mientras tal idea no le vino a las mientes, paseábase tranquilo por esas calles de Dios, viendo en ellas lo que más hay que ver; esto es, casas y más casas, en las que tanto paraba su atención como en las estrellas que lucen en el cielo. Pero quiso su buena o mala ventura que pensase en fabricar, y he aquí que uno que ahora viese a nuestro hombre, dijera que se le había escapado el juicio.

En efecto, se le encuentra a menudo de pie e inmóvil como una estatua, delante de una casa, contemplándola con el mayor cuidado. Ora se le ve frente a la fachada de alguna iglesia, describiendo con el bastón círculos y triángulos en el aire; ora agarrado a las rejas de un jardín registrando todo su interior y las fábricas adyacentes; ya en una visita levantarse de buenas a primeras, y cuando todos creen que va a despedirse, no hace sino pegarse de espaldas contra una de las paredes del salón, y desde allí marchar con pasos mesurados hasta dar con la opuesta, contándolos con gravedad, y luego volverse a sentar sumergido en una meditación digna de mejor asunto. O bien entra de sopetón, como suele decirse, en el palacio de un grande o de un ricacho, y a pesar de la oposición y gritos del portero que sin duda lo toma por lo que parece, penetra hasta donde le da su gana, cuenta escalones, mide aposentos, toma dimensiones de ventanas y puertas, calcula el costo de todo el edificio, y deja estupefacto al dueño de él, asustada a la señora, y gritando a los niños que tales gestos y maneras ven en aquel hombre que tan inopinadamente allí se les aparece. Gran cosa es asentar casa, digan lo que quieran; bien que yo nada he oído en contrario.

Lo que dirá tal vez algún lector impaciente es que desearía saber lo que hay de común entre asentar casa y los niños. A la verdad, nada: solo que los niños generalmente nacen en las casas; pero no es ahí donde vamos a parar.

Mi amigo don Benigno Buenalma, hacía cosa de cinco años que estaba casado, y aunque en los primeros días de su matrimonio se complacía con la idea de tener un hijo, viendo que pasaban esos días, y luego meses, y luego años, y que su consorte maldita ni se daba por entendida, fue dejando de pensar en ello, y conformándose —pues otra cosa no podía— con su suerte, que era tal como la deseaban unos sobrinos que Dios y su hermano le habían dado. Pero cuando menos se pensaba el bueno de don Benigno, y cuando ya lo hubiera creído absolutamente imposible, salimos con que doña Aniceta Tardía se halla encinta; y no como quiera, sino de cuatro meses, pues la pobre señora nada quiso confiar a su marido cuando los primeros síntomas, temerosa de que resultando un error de su deseo, la embromasen luego don Benigno y las amigas que lo supiesen.

Era de ver el júbilo de aquel excelente sujeto: ¡qué subir y bajar escaleras, sin tener qué buscar arriba ni qué hacer abajo!, ¡qué salir a la calle y volverse a casa antes de andar veinte pasos!, ¡qué mimos, qué agasajos a doña Aniceta!, ¡qué cuidado con su salud! ¡Ni de novia fue tan celebrada, tan acariciada, tan complacida! Pasados estos momentos, don Benigno se puso a reflexionar sobre su futura condición de padre de familia. La educación que debía de dar al hijo que aún no estaba en el mundo, le ocupaba despierto, y era con lo que dormido soñaba. Propúsose por lo tanto observar cuantos padres y tutores educaban hijos suyos o extraños; ya los niños eran una gran cosa a su vista: parábase a oír sus gracias y contemplábalos con la mayor atención para estudiarlos.

Aquí quería yo llegar. Soy amigo de comparaciones, defecto que no puedo remediar, y como viera a don Benigno Buenalma estudiando muchachos, observando los modos de educarlos que cada padre tiene, aprobando este método, desaprobando aquél, apuntando lo que se le antoja bueno, para ponerlo en práctica en llegando el caso que espera de un momento a otro, viniéronseme a la idea los apuros, los pasos, las distracciones y examen de casas de aquel que nunca la ha tenido; pero que trata de tenerla. No faltará quien diga que la comparación no es exacta, y a este tal le responderé: primero, que no estuvo en mí al ver las carreras, oír las observaciones y presenciar el afán de mi amigo don

Benigno sobre cómo había de educar a su hijo, viendo como otros educaban a los suyos, recordar las carreras, observaciones y afán del que quiere fabricar casa examinando las ajenas; segundo, que si la comparación no le pareció tan exacta, basta que a mí me lo pareciera, y hecha ya, no había de perderla, y tercero, que he visto, a Dios gracias, comparar peces con hombres, piedras con ríos, mariposas con palacios, y hasta las estrellas del firmamento con el polvillo del suelo; y todo esto con grandísima aprobación de quien lo leyó u oyó, y mayor gloria de quien lo escribió; y yo no tengo *privilegio exclusivo* para hacer buenas comparaciones, ni otros para no hacerlas; sino que todos tenemos la facultad de escribir nuestras buenas o malas ocurrencias, si hallamos quien nos las imprima; lo cual, bendita sea la virgen, nunca falta.

Hecha ya mi comparación, que tal como ella sea es muy de mi gusto, y defendida como hija de mis entrañas, entraremos en materia. Era pues, un día de invierno, y aún me estaba yo muy arrebujado en la cama, cuando penetró en mi cuarto mi buen amigo don Benigno. Quería que le acompañase a hacer visitas en casas donde hubiese por lo menos y por lo pronto dos o tres chicos. Quería observar, decía el pobre hombre, quería tomar de aquí y allí lo bueno, o lo que le pareciese tal: en fin, su plan de educación había de estar ya formado para cuando su niño naciera, pues de ningún modo había de perder tiempo.

—Según eso —le dije—, ¿vamos a ver niños solamente?

—Sí, don Jeremías —me contestó—; pero vamos a verlos al lado de sus padres y madres, pues las acciones y dichos de los niños en presencia de éstos, me descubrirán el modo con que los educan y las máximas que les inculcan —no pude menos de acceder a la solicitud de mi amigo: las visitas iban a ser curiosas.

Dos puertas más abajo de mi casa está la de una sobrina de un tercer sobrino mío. Tiene una niña como una perla y que apenas ha cumplido un lustro. Parecióme que por ella debíamos empezar, y en efecto ya estamos en su presencia. Después de los cumplidos de ordenanza, la pregunté por Tulita: no fue menester más.

«—¡Jesús!, ¡buena, y tan linda! ¡Ah, lo que ha crecido desde que usted no la ve! (Advierto al lector que tres días antes había estado yo con mi sobrina.) ¡Y tan sabidilla que da gusto oírla! La he de llamar.»

Hízolo, y acudió la niña; mas al ver una persona extraña en casa, detúvose a la puerta de la sala, y de ahí no pasó.

—Ven aquí, niña, que estos caballeros desean oírte.

—¡No quiero!

—¿Por qué, mi vida?

—¡Porque no!

—Ven, ven y verás lo que traen estos señores.

—¡No quiero!

—Vamos, niña —dije yo—, ¿por qué no has de hacer lo que te dice mamá?

—¡Porque no!

Y se mantenía el ángel de Dios contra la puerta, riendo como una idiota y pellizcando su ropita nueva. La mamá, que a la fuerza quería que oyésemos una de las gracias de la niña, aunque no fuese de las más particulares, levantóse de su asiento diciéndole:

—¡Ya verás, bribonzuela, si vienes o no! —la muchacha, tan pronto como notó la acción de la madre, se puso a dar tales gritos, que parecía que a fuego lento la quemaban; mas cuando la vio ya cerca, levantóse el vestido y echó a correr escalera abajo de tan buena gana, que nadie pudiera decir que pertenecía al bello sexo. Ya que estuvo fuera del alcance de su madre, la gritaba:

—¡Me alegro, me alegro, que te incomodaste y no pudiste pillarme!

¿Cómo quedaría la sobrina? —dirá alguna de mis lectoras que no haya tenido hijos. Como si nada le hubiera sucedido: tan acostumbrada estaba a los chascos que la hacía sufrir la graciosa y sabidilla Tulita.

—No está para el paso hoy —dijo con resignación—. ¡Ca!, si los niños son así: están solos y da gusto oírlos; pero llámelos usted, y es como si el diablo los inspirara; sin embargo, si otra vez vuelven ustedes se han de divertir, porque en verdad que esa niña tiene bellísimas ocurrencias.

—No es mala —dije para mi capote— la que ha tenido.

Poco después salimos.

—¿Qué tal, don Benigno?

—Mal principio, don Jeremías.

Pasamos a casa de don Pantaleón Reyerta, a quien encontramos en sociedad con su cara consorte y con su madre, anciana y respetable señora. Presentéles a mi amigo Buenalma, e iba ya a preguntarles por el niño, cuando éste se nos apareció sucio como un carbonero, y tan roto como si de un presidio acabara de escaparse.

—Válgame el gran poder de la Virgen Santísima —exclamó la abuela viendo aquella facha—: ¿cómo te atreves, picarón, a venir de ese modo delante de estos señores? Vaya, retírate y no vuelvas hasta que te hayas bañado y vestido.

—Déjelo usted, madre —dijo don Pantaleón—; bien saben estos caballeros que los niños no son hombres...

—Señora —saltó la madre—, ¿cuándo cesará usted de regañarme a Telesforito? No parece sino que es usted quien le ha parido, y no yo.

—Ya ves, hija —contestó la buena señora—, qué dirán...

—¿Qué han de decir, sino que el pobrecito habrá estado por ahí jugando con otros de su edad?

Ya se deja considerar cómo presenciaríamos esta escena los que de la calle entrábamos. El niño que al oír las primeras palabras de la abuela se había afligido, cobró ánimo al ver la defensa de su papá y mamá. Ésta le llamó, sentólo en su regazo, y entabló con él el siguiente dialoguillo para que admirásemos sin duda alguna las prontas respuestas del chico.

—Dime, Telesforito, ¿qué es abuelita?

—¡Fea!

—¿No más?

—¡Vieja!

—¿No más?

—¡Regañona!

—¡Bien, bien!, y papá, ¿qué es?

—¿Papá?, ¡gordo!

—¿Qué más?

—¡Comilón!

—Todavía.

—¡Calvo!

—¡Perfectísimamente, ocurrencias más chistosas no he oído a otro niño a su edad! (No cumplía, pero tocaba en los nueve años.)

A su vez don Pantaleón, y como para vengarse de su amable consorte, llamó al discreto chico que con tanto primor educaban.

—Telesforito, hijo, ¿qué es mamá?

—Calla, tonto —dijo ésta a su marido, y al niño—: no le respondas, mi vida.

—Yo sí... yo sí le respondo; tú eres... tú eres... ¿se lo digo, papá? Aquello, aquello que tú le sueles decir cuando la riñes.

—¡Muchacho! —gritó la madre poniéndosele el rostro encendido—, ¡muchacho, calla! Te pegaré...

—Y el niño:

—Yo sí lo digo... —y lo dijo efectivamente...

—¿Qué tal, don Benigno?

—Peor, don Jeremías: es cosa terrible ver el modo que tienen ciertas gentes de educar los hijos.

A corta distancia de don Pantaleón, vive don Marcelo Meloso, que tiene en casa una esposa y una tropa de chicuelos para su distracción y pasatiempo. Fuimos a verlo, y siendo nuestro objeto principal examinar niños, le pregunté por los suyos.

—Por ahí andarán en la calle los angelitos —dijo su esposa doña Celestina—: ve por ellos, Marcelo.

Mientras éste buscaba los chicos, nos entretuvo doña Celestina con la relación de sus juegos, gracias y agudezas: nos hizo un grande elogio de Bartolito, que era el segundo; pintónos su carácter serio y reservado, que hacía un maravilloso contraste con el de Andresillo, vivo por demás y pronto en todas sus cosas; celebrónos la penetración y asombrosa memoria de Emilito, que solo había necesitado tres semanas para aprender una fábula de Samaniego, y eso que acababa de cumplir once años. Por lo que hace a Luisita, era un dije: tan linda, tan graciosa; ¡y si la oyeran ustedes hablar!, añadió; cosas dice que no parecen de una niña de su edad, y que me dejan con la boca abierta, sin atinar en qué consiste que hoy sepan tanto los niños, pues aunque no soy tan vieja todavía, en mi tiempo me acuerdo que eran unas maulas. ¡Ya se ve! ¡Nuestros padres nos educaban de un modo!... ¡Aquella seriedad, aquel hablar nada más que lo preciso! Hoy se da más libertad a los niños, y seguramente que nos va muy bien; ahí tienen, si no, a Emilio, que sabe más que un bachiller del tiempo de su abuelo.

Bachillera, y aun más de la cuenta, era la tal doña Celestina, o por lo menos debió parecérselo así a don Benigno, según lo que inferí de sus mal disimulados gestos y continuos movimientos de impaciencia. Temí que ella lo notase; pero afortunadamente entró don Marcelo con dos de los niños que a duras penas pudo entresacar de entre una infinidad que estaban alborotando la calle. Tan pronto como los vio entrar doña Celestina, levantóse de su asiento, y tomando a uno de ellos por la mano, volvió a su puesto sin cesar de hablar:

—Ven, ven, Emilio, dinos tu fabulita, mi vida; vamos, no te asustes, que estos señores son amigos de papá —bajó el niño la cabeza, arrimóse cuanto pudo a su madre, y comenzó muy bajito:

«Cantando la cigarra...»

—Más alto, mi corazón —le dijo doña Celestina—; más alto, para que podamos oírte —levantó Emilito la voz, y empezó nuevamente; pero tan aprisa que no podía entendérsele:

«Cantando la cigarra
pasó el verano entero...»

Y vuelta a interrumpirse y vuelta a animarlo la madre.

—Jesús, Emilito; dirá este caballero (era conmigo) que no sabes tu fábula —y otra vez la graciosa criaturita:

«La cigarra...
pasó el verano... entero... entero...»

Pero ahí quedábase cortado. Yo creí que el niño pasaría lo que nos quedaba del invierno sin salir del *verano entero*; mas no fue esto lo peor, sino que de buenas a primeras echóse a llorar con una angustia y con sollozos tales, que pensé iba a ahogarse.

Mientras esto pasaba conmigo, no yacía Guatimozín en un lecho de rosas; quiero decir, no le iba mejor a don Benigno, a quien don Marcelo había tomado por su cuenta con otro de los muchachos.

—Andresito, mi alma, di al señor cómo hace el gato.

—¡Miau!

—¡Bien! ¡Qué lindo! ¿Y el perro?

—¡Au!

—¡Primorosamente! (Y se lo comía a besos.) ¿Y cómo hace el mulo del quitrín? —con tan descompasado grito rompió Andrés imitando el rebuzno del mulo, que Emilio cesó de llorar, la madre de animarlo y yo de aguardar la conclusión de la fábula: todos paramos la atención en él, que a fe que lo merecía.

—No crean ustedes —saltó doña Celestina con orgullosa satisfacción— que alguno haya enseñado al chico esas gracias: nada de eso, él solo las ha aprendido... Hase puesto a imitar esos animalitos, y no sé si diga que muchas veces los aventaja. Es niño de mucha penetración, aunque lo diga yo que le he parido.

—¿Y conoce ya el silabario, señora? —preguntó don Benigno.

—¡Ca, ángel de Dios, qué ha de conocer todavía, si ahora va a entrar en los diez años! ¡Fuera tiranía enviar una criatura tan tierna a la escuela! —en efecto, dije para mí, más vale que esté midiendo aceras, saltando zanjas y remedando animales.

—¿Qué tal, don Benigno? —preguntéle ya en la puerta de mi casa.

—¡Malísimo, don Jeremías!

—Pero, al fin, ¿habrá tomado algo para su plan de educación?

—Tendré que formarlo sin ayuda de nadie.

—Me alegro, y más me alegrara si se dejase usted de planes y proyectos. Inspire a su hijo sentimientos de virtud y honradez, y cuanto más temprano, mejor... No le haga usted burlarse de su abuela, aunque ésta le regañe; ni de su mamá, aunque ésta le haga decir que papá es calvo comilón; no le permita vivir en la calle y paseos, para que en compañía de otros tunantes no aprenda a perseguir a los locos ni mofarse de los viejos; no le exija que diga sus gracias a las visitas que vienen a ver a usted y no a él; ni que les recite fabulitas, no sea que pase el verano entero con los dos primeros versos; no le ponga a imitar al gato ni al podenco, ni a otro animal alguno por útil y hermoso que sea. Todas estas gracias, después de todo, señor don Benigno, son la delicia de los padres, y es justo y natural que así sea; pero, créame, para una persona extraña es un martirio obligarla a que las escuche y celebre. Sobre todo, no elogie usted al niño cuando él esté presente, porque, o dejará a usted mal, o se pondrá orgulloso y engreído, y no se sacará nada de él, aunque Dios le haya dado talento y penetración.

—Todo es muy cierto, señor don Jeremías; siempre esperaba yo sacar algo con venir adonde usted.

—Por lo menos, consejos le daré cuantos me pida, y tan buenos como Dios me dé a entender.

—Harto es, que no todos los dan buenos y de balde.

1839

El día menos pensado

No sino dormíos, y no tengáis ingenio ni habilidad para disponer de las cosas.

Cervantes, *Don Quijote*

Ha de llegar un día en la vida de cada criatura racional, en que su suerte, si ha sido mala, se convierta en buena; y si buena, se haga mejor. El marinero se encontrará mandando una escuadra; el pobre no sabrá cómo emplear sus riquezas; la joven soltera irá por esas calles dando el brazo a un marido; la casada, encerrada en su aposento, hará una o dos piruetas al verse viuda; y hasta el triste poetilla de circunstancias y de sobremesa concebirá y dará a luz un poema que le traiga más fama que a Homero y Taso los suyos. Este gran día lo descubre el hombre como con telescopio al través de otra multitud de días, ni más ni menos que se descubre una estrella entre otras innumerables que están más cercanas. Según que van pasando días, claro es que se va aproximando el gran día; así como según va recogiendo el muchacho la cuerda de su cometa, va ésta descendiendo hasta ponerse al alcance de sus manos.

¿Y qué día será éste? Cual sea este día, lector discreto, o lectora de mis entrañas, tan bien o mejor que yo lo sabéis vosotros y vosotras. Es *el día menos pensado*: el día que a cada instante nombráis como el que ha de sacaros de vuestras miserias, y subiros a la cumbre de la prosperidad; el que ha de ser el último de vuestros afanes y apuros; el que deseáis con ansiedad, sin acordaros que cada hora que pase para llegar esta de vuestra imaginada ventura os conduce a otro gran día terrible, pero seguro y menos pensado aún, en el cual todas las dichas de este mundo, si las hay, fenecen, como todas las infelicidades.

Gran cosa dicen que es la esperanza, y tal podrá ser que se pierda de vista; pero a nadie sacó ella sola de su estrecha situación para hacerle mover en más ancho campo. Y por grande que sea la esperanza, ¿qué es, sino un consuelo que nos anticipamos nosotros mismos? Preciso es ser desdichado para soñar en la felicidad; y tan de veras lo somos, que ésta jamás pasa de un sueño corto y agradable, o de una dulce ilusión cuya realidad aguardamos siempre.

Por eso es que decimos «*el día menos pensado*», que es un día cualquiera, en el cual cansada la suerte de mostrarnos un rostro severo, nos sonreirá más benigna: a no ser que cansados nosotros de su adusto ceño, creamos asustarla amenazándola con *ese día menos pensado* en que vamos a ser dichosos mal que le pese a ella. Más de una vez nace esta idea en nuestro cerebro, a causa de la muy buena que de nosotros mismos tenemos formada, creyéndonos capaces de llenar huecos de gran consideración. Vislumbramos este día menos pensado, sin que nos pase un momento por la imaginación que quizás otro verdaderamente *no pensado* puede traer acontecimientos que basten a desesperar al mismísimo Job.

«El día menos pensado soy cardenal», dice el triste cura de alguna iglesia auxiliar donde no hay más que un matrimonio al año, diez bautizos y cuatro entierros. «¿Qué inconveniente habrá? ¿No llegó a ser papa un pastor de cerdos? Pues yo, que estudié en la Universidad, que traduzco el latín ahí como Dios me ayuda, probabilidad tengo de ir subiendo; cuanto y más que estoy ya en carrera.» Pero *el día menos pensado* se pegó fuego a la iglesia que era de tablas, y el pueblo no pudo oír misa. Se abre una suscripción para reedificarla: se deposita el dinero en una honradísima persona, y se escribe al obispo. Tarda la respuesta de su excelencia ilustrísima, y *el día menos pensado* muda de domicilio el bueno del depositario sin decir adónde va. En estos conflictos y dilaciones el presunto cardenal, el curita de almas, entrega la suya *el día menos pensado*, y lo entierran sin cantarle un *requiem*, porque no hay en el pueblo quien lo sepa hacer, y además la iglesia se ha quemado.

Nada es que a un hombre que está sentado una semana entera le asalten cavilaciones tan halagüeñas, cuando otro en evidente peligro de perder la vida echa sus cuentas alegres con *el día menos pensado*. Entra un soldado en campaña, y al darse una batalla, en medio de aquella horrible confusión, de aquel estruendo de tiros, de tambores, de relinchos; envuelto en una nube de humo, y sin ver más que la muerte corriendo a su derredor bajo mil formas diversas, dice: «Arrebato una bandera, y me hacen sargento; mato a un coronel, y héte me capitán; disperso una compañía entera, y heme con tres galones; y de hazaña en hazaña, que según la facilidad con que yo las cuento no hay duda que haré muchas, *el día menos pensado* subo a general de briga...». Un pedacito de plomo, tamaño como una avellana, vino a atajar la sílaba *da* que le faltaba para ser general de brigada, y abrió paso al alma del nuevo Roldán.

«*El día menos pensado* se muere mi tío, dice el sobrino de un ricacho enfermizo y sexagenario: mejor es no trabajar.» Y en efecto, murió el tío *el día menos pensado*; pero dejó por su universal heredero a otro sobrinito que a la sazón estudiaba idiomas allá en Hamburgo o Bremen. Aquí estuvo manifiesto el dedo de Dios...

«¡Qué feliz voy a ser con mi Avelina!», exclamaba al retirarse por la noche de la casa de su amada, su tierno amigo. Pero *el día menos pensado*, al saltar del lecho, le desayunan con la indigesta noticia de que la niña se casó. Aquí estuvo manifiesta la constancia de una mujer.

Concluiremos este artículo con una historia que nos probará que aun *el día menos pensado* del hombre que aspira a poco, y que espera tímidamente sin confianza alguna de sí mismo la recompensa de sus afanes y aplicación, no es más que un punto que divisa en el horizonte, y que por más que se encamine hacia él, siempre lo ve a igual distancia. El caso sucedió en La Meca, según autores fidedignos; mas como no dejaron el nombre árabe del héroe, lo bautizo yo con un nombre cristiano, solo por no tomarme el trabajo de buscarle otro en los romances moriscos.

Veintitrés años contaba Carlos cuando aconsejado por sus parientes entró de meritorio en la aduana, con grandísimas esperanzas de que *el día menos pensado* le calzaran un soberbio empleo, pues lo de sueldo veíalo tan cercano que casi se le figuraba estarlo tocando. Y a la verdad que si el mérito fuera siempre el único requisito para ascender en La Meca, no hay duda que Carlos ascendiera, y alto, en breve tiempo; pero el bueno del muchacho carecía de algunas gracias que son muy a propósito para el caso. Eso sí, pocas semanas le bastaron a captarse la voluntad de los jefes: su asiduidad al trabajo, su fácil comprensión, su carácter franco y amable, eran objeto de sus alabanzas; a la vez que asustaban a los inferiores que creían ver *el día menos pensado* pasar a nuestro héroe por sobre ellos y dejarlos santiguándose.

Sin embargo, no duró mucho la temerosa envidia en este estado de ebullición; presto se apaciguó al notar que todo el mérito de Carlos no le valía más que la gran fortuna de oír cómo a derecha e izquierda, a sus barbas y a sus espaldas, todos le colocaban en las nubes; protestando siempre quien hablaba que, después de él, Carlitos era el hombre más cabal y de más provecho que por las puertas de aquel edificio entraba; y que cuando menos debían darle una administración subalterna. Largo tiempo estuvo aguardando el muchacho, si no la administración, el sueldo; al cual, como tenía sus visos de poeta, solía personificar allá en sus momentos de meditación. Figurábaselo un viejecillo decrépito y débil, a quien tenían encerrado la gente de la aduana dentro de una de aquellas cajas de hierro que estaban en los aposentos; e imaginaba que *el día menos pensado* se abriría la caja por sí sola, saldría el viejecito vestido todo de pesos fuertes, descansaría un mes entero sobre la misma caja, y se dirigiría luego con pasos de tortuga hacia quien tantísimo deseaba estrecharlo entre sus brazos.

Mas como pasasen tres años y no se levantase ni por sí sola ni por otro alguno la ponderosa tapa, impacientóse Carlos *el día menos pensado* y quiso no volver a pisar aquellos umbrales donde solo él no veía lo positivo. Ejecutáralo a no oponerse su familia, llamando estupenda e inaudita locura el proyecto, y haciendo ver al meritorio que *el día menos pensado* iba a ser feliz. Al fin *el día menos pensado* se declaró que la ciudad se hallaba invadida de la peste. ¡Linda ocasión se me presentaba de hacer una aterradora pintura de un pueblo apestado! Mas no daré este gusto a mis lectores, y solo diré que pasado el conflicto, echáronse de menos cosa de veinte o treinta individuos de la aduana. A tan triste circunstancia debió Carlos ascender a escribiente, pues su aplicación y su mérito solos, no habrían bastado en La Meca a llevarlo adelante, si no viene a su ayuda una epidemia. Se le señaló, pues, una corta mesada. Anímase, cásase, que habiendo comenzado la suerte a favorecerlo, claro es que no iba a abandonar su obra, y que *el día menos pensado* le regalarían con la administración subalterna de cierto pueblo donde se trataba de formar una aduana, Dios mediante. Pero *el día menos pensado* parió su mujer gemelos: vino la suegra al parto, y se quedó a vivir con él; fue por consiguiente mayor la familia, y el sueldo... *¡in statu quo!* ¡El día menos pensado hay otra epidemia!, decía desesperado el infeliz muchos años después... pero no la hubo, no hubo aumentos sino en los hijos, y *el día menos pensado* llegó a los setenta años de edad y ¡murió con su mezquina mesada! El día menos pensado, dijo la viuda, me vuelvo a casar. Pero no recordaba que era vieja y pobre; y *el día menos pensado* la enterraron.

Al ver pues la esperanza del *día menos pensado* tan pensado y tan traído a todo, y siempre tan lejos, preciso es repetir las palabras de Cervantes que sirven de epígrafe a este articulillo. *¡No sino dormíos, y no tengáis ingenio ni habilidad para disponer de las cosas!* No sino aguardad *el día menos pensado* y contaros he un cuento.

1839

¡Mis hijos!

> Las cosas que están encubiertas y solapadas tienen necesidad de ser tocadas con el toque de la razón, especialmente si se esconden debajo del manto de alguna virtud aparente.
>
> Alejo Venegas, *Diferencia de libros*

No se asuste el lector, que no voy a hablar de los míos. ¡Líbreme Dios! Harto me dan que hacer los angelitos, para que trate ahora de fastidiar a quien se deben tantas consideraciones como a un discreto lector (damos por sentado que lo sea), relatándole las gracias y las chistosas ocurrencias de los chicos, en las que no siempre encuentran los oyentes la oportunidad y agudeza que suponen los padres. Aunque digo mis hijos, quiero hablar de los ajenos; y, si va a tomarse la cosa en rigor, ni de los míos ni de los ajenos; sino de los padres de los segundos; que del padre de los primeros que soy yo, no debo decir una palabra, pues voy a censurar; y como no parece bien que se alabe uno a sí mismo, tampoco es justo que tire contra sí, pues nadie le creería; fuera de que yo acá sospecho que siempre que un hombre hace como que confiesa sus faltas, es cuando con más veras se está prodigando un elogio tan estupendo y disimulado como no lo hiciera el más refinado adulador.

Volviendo a los padres, recuerdo que dijo lord Bacon (y si no lo dijo lo dejó escrito, que tanto o más vale) que quien tiene mujer e hijos ha dado rehenes a la fortuna, porque aquélla y éstos le impiden acometer grandes acciones, sea en beneficio o en daño de sus semejantes.

Verdad es, y a no serlo no me obligaría yo por cierto a contradecir a filósofo tan célebre, y lord por añadidura; pero entiendo que se trata de acciones de marca mayor, como descubrir nuevos mundos, peregrinar a remotas regiones, y otras cosas que ahora no tengo tiempo ni humor de enumerar. Pero si no salimos del círculo doméstico, hallaremos que la proposición *baconiana* (y de paso doy gracias a Dios por habérseme presentado ocasión de usar tan sonoro adjetivo sin pasar por pedante), la proposición baconiana, digo, muda enteramente de especie. Si el hombre con familia está como amarrado para dar vuelo al genio y emprender acciones que acaben haciéndolo famoso por grande, o famoso por tonto, también es verdad que la familia le trae muchas ventajas. Si no se atreve a aquellas colosales acciones al contemplar a la esposa y a los hijos, temeroso del éxito, y de la suerte que espera a aquéllos si él sucumbe, diremos con el noble lord canciller, que en efecto ha dado rehenes a la fortuna. Mas para el hombre que quiere prosperar tranquilamente bajo el techo doméstico, y figurar de cierto modo en la sociedad de que hace parte, la esposa y los hijos se convierten en rehenes que la fortuna le ha dado a él.

Esto se prueba con facilidad; pero si fuera yo a hacerlo ahora, vendría a ser mi artículo satírico, artículo de moral o de economía doméstica, materias secas, áridas y poco divertidas, bien que utilísimas.

Que los padres desean la felicidad de sus hijos, cosa es sabida; y que la mayor parte de ellos procuran aumentar sus bienes de fortuna para dejar a su fallecimiento riquezas, o por lo menos comodidades a los que les deben el ser, es un hecho que por lo común y patente no merece ni ser tocado. Es natural que los padres amen a sus hijos, y consecuencia de este amor, es que se afanen por la dicha de ellos y trabajen para poder bajar al sepulcro con la satisfacción de que nada les faltará en este mundo... sacrificios que desdichadamente no siempre saben agradecer aquellos por quienes se hacen.

Mas, porque hay padres que de buena fe y con el natural amor que sienten por sus hijos, todo lo hacen por ellos, y llenos de vida y vigor aún, prevén la muerte, y guardan para que gocen después que él descanse bajo la losa sepulcral, ¿hemos de contemplar con paciencia y sin decir palabra otros que quieren ocultar o dorar sus inclinaciones, o cualesquiera vicios de su carácter con el achaque del amor a los hijos?

Ahí tenéis a Pandolfo. Siempre le oísteis hablar en contra del prurito de querer figurar, y aun llegó a escribir en malos versos tres sátiras contra tres personajes que nunca lo supieron. Para él no había cosa como la llaneza. Le vi cierta ocasión próximo a morir de un insulto, solo porque pasó cerca de él un gran señor con un gran uniforme y algunas brillantes condecoraciones en el pecho.

«—¿Cómo es posible —dijo Pandolfo exasperado— que ese hombre prefiera llevar un uniforme tan cargado de insignias, a una seria casaca negra o azul, que no llama la atención de alma viviente, y que al cabo ni pesaría tanto, ni provocaría a nadie a pensar cómo la lleva y por qué la lleva? ¡Malhadado empeño de no querer vestir como todos!»

Aquella noche se le aplicaron a Pandolfo sanguijuelas, se le dio un baño de pies, y escapó a milagro. El gran señor no por eso dejó de usar su uniforme cuantas veces le dio la gana, y si a Pandolfo se le subía la sangre a la cabeza siempre que lo columbraba, y repetía ser mejor una casaca negra, otros encontraban el uniforme arrogante y vistosísimo, y de este modo se guardaba el equilibrio social.

Siempre que alguno ascendía a elevado puesto, por su mérito o por mérito ajeno, costábale al buen Pandolfo dos días de enfermedad, porque toda su bilis se trastornaba al considerar que hubiese personas en el mundo que despreciaran los tranquilos goces de su casa y sus fáciles ocupaciones, por entrar en el laberinto de negocios públicos, y en tan dificultoso y delicado manejo.

«—¡Cuánto más valiera que fuesen todos como yo! —exclamaba sin reflexionar que entonces no nos podríamos entender...—. ¡Cuánto más preferible es esta vida pacífica que llevo, esta sencillez de mis costumbres, esta llaneza de mi trato! ¿Cómo es posible que el hombre se busque más trabajo que aquellos a que nace condenado?, ¿ni por qué ha de pretender ser más de lo que es? ¡Maldita propensión de figurar! A lo bueno que no la tengo yo, ¡ni jamás me aquejará ese mal!»

Pues ya veis a ese mismo Pandolfo. A pesar de tan buenos propósitos, cierto año lo sorprendió la municipalidad de su pueblo de buen humor, y me lo convirtió en un síndico hecho y derecho. Tomóle tanto gusto, que expirado el año, ya no se avenía a dejar de ser algo, y tanto hizo por ir subiendo, que no ha parado hasta marqués. Siempre que obtenía algún empleo o alguna distinción, exclamaba:

«—¡Mis hijos! ¡No por mí la he solicitado, bien lo sabe Dios, sino por ellos!» Como si sus hijos hubiesen de crecer más o ponerse más guapos, porque él fuese esto o aquello. Hízose al fin un uniforme igual al del señorón que le causó aquel insulto que por poco no lo mata, y al estrenárselo dijo como resignado:

«—¡Mis hijos! ¡Solo por ellos me pusiera yo este uniforme!» Como si ganaran los hijos el reino de los cielos porque papá vistiera un uniforme nuevo.

«—Es preciso hacer algo por mis hijos», repite, y todo lo hace por él; pero le vienen los hijos muy al caso para disculparse con ellos de su gusto por la ostentación y de la manía de figurar que se apoderó del infeliz.

Don Abraham cojea de otro pie. Su placer es guardar, amontonar; y siempre que sepulta un duro en sus arcas, dice compungido:

—¡Mis hijos! —de modo que no pudiera adivinarse si habla verdaderamente de sus hijos o de los duros. Aquéllos carecen de todo, y en su casa no hay privación que no se sufra, ni hay comodidad de que se goce.

—No quiero dejar pobres a mis hijos —y entretanto ellos nada tienen, ni se presentan en la sociedad, porque no pueden hacerlo como desean, y como debían esperarlo de las facultades de su padre. Si éste enferma, no llama médico, por no robar a aquéllos lo que le pagara por las visitas, y al boticario por las recetas.

Si es todo su afán por los hijos como dice, y desea su felicidad, ¿por qué quiere que esta felicidad no la gocen hasta después que él muera? Al cabo, el avaro cuando amontona y dice:

—Lo hago por mis hijos —sin pensarlo dice la verdad, porque luego vendrán ellos a derrochar lo que tantos sudores le costó; pero es claro que no se acuerda de tales hijos, y que al nombrarlos con tanta frecuencia, solo trata de disfrazar su feo vicio, revistiéndolo con el ropaje de una virtud, cual lo es la de procurar la dicha de aquellos que nos deben la existencia: pues si pudiera Abraham llevarse a la sepultura sus monedas, sin duda lo haría.

Anselmo no puede vivir si no tiene un pleito por lo menos. Le deben doscientos pesos: demanda; y del acto de conciliación consigue salir más furioso y sin haberse avenido con el deudor. Preséntase *por papel sellado*, y siendo el juicio por naturaleza ejecutivo, solo por que dure hace de modo que, exasperado el contrario, le dé (al juicio se entiende) tantas vueltas, que lo convierte en ordinario. Se forman incidentes, e incidentes de incidentes, y se escriben noventa y nueve mil fojas (cosa por otra parte no tan difícil como parece). ¿Y por qué todo esto? Porque Anselmo no quiere que sus hijos pierdan los: doscientos pesos... Verdad es que cada vez que se pagan las costas, desembolsa veinte veces esa suma; pero también exclama con resolución:

«–Mis hijos no han de perder su dinero: vengan tasaciones cuantas quieran; pero no me acusarán mis hijos de que por descuido mío no heredaron doscientos pesos más.» Al fin, Anselmo morirá en un hospital, y sus queridos hijos vivirán en la inopia.

Entrad en cualquiera tertulia, y seguro encontraréis algún hombre que a cada paso saque sus hijos a la palestra. Los comprendidos en la primera de las bienaventuranzas, creen de veras que lo hace por el acendrado amor que les tiene; pero los más advertidos no dejan de notar que hay busilis en este empeño de querer achacar todo al amor paterno. ¡Extraño parece! Pero hasta la incapacidad de hablar sobre ciertas materias, quieren disimularla estos hombres con sus hijos. Trátase por ejemplo de la enfermedad del Preste Juan de Abisinia, y cuando todos aguardan que don Nonato diga lo que piensa, exclama él: «¡Yo de asuntos políticos! ¡No... no! ¿Y mis hijos? ¿Qué será de mis hijos, si emitiendo yo mi opinión llega a oídos del Preste Juan? ¡Nada! Dejemos al Preste y su enfermedad que son delicados asuntos éstos».

Pero obsérvese que estos hijos tan cacareados van creciendo y quizá desarrollando algunos talentos, que bien dirigidos podrían ser luego útiles a la sociedad, y hacer las delicias y el más noble orgullo de los padres, y éstos ni lo notan siquiera: y aquel natural ingenio se pierde como abandonada flor sin riego ni cultivo, o se embota completamente. Llegan pues los hijos a la edad en que el hombre quiere medrar ocupándose en bien de sus semejantes, y no pueden hacerlo porque sus cariñosos padres no pensaron en darles alguna carrera que al mismo tiempo que les proporcionase los medios de conseguir este adelanto, les diese tal cual importancia en el mundo.

A veces estoy tentado a creer que esta especie de hombres son los que menos aman a sus hijos, con ser los que constantemente los tienen en boca; pues es cosa sabida que aquella virtud de que más alarde se hace, es la que menos se posee, y quizás es la que falta del todo. Por eso no hay mayor cobarde que el fanfarrón, ni peor religioso que el hipócrita. Pero ámenlos o no, lo cierto es que los hijos de padres tan prevenidos y cuidadosos, no son en general los que mejor lo pasan; y es preciso que sea así, puesto que todo se les quiere reservar para su futura felicidad, sin calcular que ésta en todo tiempo es apetecible, y que no hay ninguna segura, sino la que de presente se goza.

1844

¡Educado fuera!

Se discute a veces en nuestras tertulias sobre las ventajas e inconvenientes de enviar a educar a extraños países los hijos que en éste quiso darnos la bondad divina o nuestra fatalidad. Como en toda discusión acaece, aquí se exasperan los ánimos y se dividen las opiniones. Quien no mira sino las ventajas, y quien se asusta de los inconvenientes sin pensar en las primeras. Aquél habla de universidades, y éste cita naufragios; uno encarece cuanto sabe un muchacho que llega de Hamburgo o de Gotinga, y otro contesta que todo se reduce a hablar el alemán y a comer mostaza; aquél celebra a uno que aprendió por allá tres idiomas y la aritmética mercantil, y este salta con que olvidó su lengua y perdió el amor a sus padres.

No meteremos nosotros nuestra hoz en esta mies, y dejaremos que diga y aun escriba cada cual lo que mejor le parezca, pues para ello tiene su lengua, y ha comprado su papel y su tinta. Pero el hecho solo de que tal materia se ventile, nos hace de vez en cuando dudar si ofrece ya nuestro país todos los elementos que para dar una completa educación se requieren. Ello es que ni en Francia, ni en Inglaterra, ni en Alemania, y aun pudiéramos añadir, ni en los Estados Unidos, les ocurre a los padres que gozan de algo más que lo preciso para su cómoda subsistencia, enviar fuera a los hijos a que adquieran aquellos conocimientos con que desean verlos adornados. Dirásenos que la moda y la vanidad influyen mucho en esta determinación de los de acá; pero una y otra pudiera satisfacerse haciendo viajar a los jóvenes después que en nuestros colegios hubiesen aprendido cuanto necesitaban, o cuanto se quiso que aprendieran; y esta temporal ausencia de su patria, que sería ya con todas las ventajas que brinda una sólida instrucción, y en una edad en que no puede borrarse el amor a la familia, no traería seguramente las consecuencias que temen algunos.

Pero asunto es éste peliagudo y ajeno de un artículo volantón, por lo cual he resuelto, si Dios me ayuda, y tengo prensas a mi disposición, escribir sobre la materia unos cuantos tomos *in folio*, de los que no dejará de sacar grande provecho y curiosos datos quien pueda comprarlos y se sienta con ánimo de leerlos.

Por lo pronto, no puedo menos de confesar que al ver a mi pariente Esteban, al oírlo hablar, al considerar su conducta, casi que me dan tentaciones de ponerme bajo la bandera de los que declaman contra la educación en el extranjero. ¡Es mucho mi pariente Esteban! Merece ser el original de un articulejo de costumbres, privilegio nada envidiable por cierto, y del cual quizás no gozara, a no haberlo embarcado su señor padre, tenídolo cosa de cinco años en qué sé yo qué universidad alemana, y hécholo viajar después como tres meses por las primeras capitales de la vieja Europa.

Esteban era lo que llamamos un buen muchacho. Laborioso, aplicado, e incapaz de causar el menor motivo de queja ni en casa, ni fuera de casa: todos le querían, y nadie tuvo nunca que murmurar en él algunos de esos arranques de voluntariedad que los padres no consiguen corregir en los hijos a pesar de todos sus esfuerzos. Había cumplido trece años. Sabía de memoria la gramática de Vidal y los elementos de Geografía del mismo autor; por lo cual sostuvo don Genaro, su padre, varias veces, que Esteban era en la primera facultad un Antonio Nebrija, y en la segunda poco menos que Malte-Brun, y aun dice que llegó a probárselo a su esposa doña Mamerta.

Sea de esto lo que se quiera, ello es que don Genaro ya no supo qué pudiera aprender el chico en estos mundos, y determinó enviarlo a mundos extraños. A los dos meses de esta determinación, navegaba Esteban con viento en popa, o no en popa, para uno de los puertos del mar del Norte o germánico.

Esto fue por los fines del año de gracia de 1838, y mis buenos consuelos prodigué entonces a doña Mamerta, que no podía ver sin arrancársela el alma, que así arrebataran de sus brazos y sustrajeran de sus caricias a su querido Esteban, el único varón de sus hijos, la joya de la familia, y su esperanza y orgullo.

—Vendrá como dice su padre —exclamaba la desconsolada señora—, hecho un Séneca u otro sabio de esta calaña, que al muchacho no le falta natural talento, y tiene buena dosis de penetración; pero, ¡ay Dios!, esto no quita que deje yo de verle durante cuatro o cinco años...

Y en efecto, sucedió lo mismo que decía doña Mamerta, que mientras estuvo en Europa Esteban, no le vio ni por asomos como suele decirse; lo cual no crea el lector que menciono como una rara particularidad de esta historia, sino para hacer ver que también prorrumpe en cosas muy lógicas y muy exactas una persona poseída de dolor.

Muy a principios del año pasado, recibí cierto día por la mañana una esquela de doña Mamerta en que me noticiaba haber llegado el hijo de sus entrañas, hablando idiomas desconocidos, lleno de barbas, y con cinco años más de edad; cosas todas que eran para sorprender a cualquiera y volver loca a una tierna madre.

Al anochecer pasé a verla, y ya encontré en la casa varias visitas que, como yo, iban a dar a la familia la enhorabuena por la feliz llegada de Esteban. Aunque no he variado gran cosa en cinco años, éste no me conoció, o hizo como que no me conocía, y fue necesario que don Genaro le dijese mi nombre y apellido.

—*Halo!* —exclamó el recién llegado—, *¿es que* usted es Jeremías? ¡Usted no se ha muerto, pues! ¡Oh! En este país también se llega a viejo, cuando uno no muere joven...

No necesité más para juzgar que el Esteban, de muchacho serio y un sí es no tímido y corto, se había convertido en un fatuo, con sus ribetes de atrevidillo y descarado; y luego no he tenido motivo para arrepentirme de aquel precipitado juicio.

Sus padres no conocieron lo impertinente de sus palabras, ni yo había de hacerlo conocer.

—*Eh bien!* —dijo Esteban luego que nos volvimos a sentar—, *como yo* decía, el *gobernamiento* de aquellos países es... es... ¿Cómo dice usted en castellano, Jeremías, cuando una cosa es así... así...?

—Digo que es así —y me quedé callado.

—Se halla un poco torpe para expresarse —saltó doña Mamerta—: ¡ya se ve!, cinco años sin hablar su lengua...

—¡Oh!, en Alemania todo el mundo no habla *que* alemán... Y luego, yo fui *en* Londres, y yo dije a un amigo cuántos carruajes pasaban en un día por el *Londres-Bridge*; y él a no creer... Y bien, señor, mi joven amigo ha estado en el puente desde las cuatro de la mañana hasta las seis de la tarde, y... ¿cuántos carruajes cree usted que él contó?

—¿Llegarían a mil? —preguntó su padre.

—¡A novecientos noventa y nueve mil! —contestó el hijo con inaudita imperturbabilidad.

Yo no supe qué admirar más en aquella mentira: si el inmenso número de carruajes o la paciencia del *joven amigo* en contarlos.

Doña Mamerta lo escuchaba con la boca abierta y no le quitaba los ojos; don Genaro no cabía en sí; las hermanas no podían disimular la satisfacción que les causaba el tener un hermano *acabadito* de llegar de Europa y que tales y tantas cosas sabía y había visto... Entre las visitas, unas sonreían con disimulo, y otras eran tan cándidas como los miembros de la familia.

—¡Voy a pasar muchos trabajos aquí! —exclamó después de un rato de silencio Esteban—. No hay muchachas de ojos azules... ni blondas... ni... ¡oh, que esto es terrible! Aquí no hay muchachas bonitas... ¡en Europa... en Europa...!

Poco cortés me pareció tan inesperada salida, hablándose delante de mujeres, y muy tonta cuando en la misma sala había algunas señoritas como unos ángeles. Con todo, se le citaron otras; pero no se logró que confesase Esteban que eran hermosas.

—Son *falsas bellezas* —dijo—, aquí no hay gusto, en Europa, ésas son bellezas *campañardes*, campesinas, como dicen ustedes. Aquí no hay un tipo delicado... ¡Facciones toscas *que todo* eso! Una *complexión* morena... *¡oh, que esto es* terrible! Lo mismo que las frutas... En este país no se dan buenas frutas... oh, en Europa... Las *blackberries*, que llaman los ingleses... moras en español... Aquí no hay *nada comparable...*

—¡Hombre! —salté yo—: aquí tenemos muy buenas frutas... la piña por ejemplo... Si tus viajes te han hecho olvidarla...

—¡Oh, *que* la piña! ¡Yo soy por las *blackberries*! Usted se puede comer un plato de ellas, y dos también, y usted no puede acabar una sola piña... ¡oh, *la gran diferencia...*!

—Por lo que es eso, tienes razón... Y yo creía que ese mismo motivo...

—¡Eh, no señor, no señor! Al cabo fueronse retirando las visitas, y yo también salí de la casa compadeciendo en mi interior y de todo corazón al pobre don Genaro, que después de haber hecho el sacrificio de separarse de su hijo, y haber gastado muy buenos pesos en su educación en remotos países, veía entrársele por la puerta un fatuo hecho y derecho, que con seguridad había olvidado lo poco que aquí aprendiera, y que en cambio no había adquirido otros conocimientos que chapurrear el alemán y francés.

Ni don Genaro ni doña Mamerta podían conocer en aquellos primeros instantes todo esto. Entregados al contento de abrazar al hijo que lloraban ausente, de escuchar la voz que por tanto tiempo no resonaba en sus oídos, no era natural que notasen aquel aire de suficiencia propia, que les chocase el modo raro de hablar y tan poco sustancial, ni que echasen de ver tanto descaro y charlatanería en un muchacho que era tan comedido y reservado. Yo predije para mi capote que dentro de dos o tres meses estaría destruido el encanto: que mi pariente Esteban se presentada a los ojos de sus padres tal como era, y que entonces sería grande el desconsuelo de sus padres.

Y así sucedió. Al poco tiempo de la llegada de Esteban vino a verme don Genaro. Su hijo no sabía cosa alguna, y era lo peor que no quería tomarse el trabajo de aprenderla. No atinaba a qué dedicarlo, ni el muchacho parecía dispuesto a dedicarse a cosa alguna. De todo esto se admiraba mucho don Genaro, porque según las cartas de los profesores de *estranjis* y del mismo Esteban, éste así llegara a su patria había de dejar pasmados a cuantos lo viesen y tratasen, y sería en extremo útil a su familia y a toda la sociedad. Ahora resultaba que ni a su familia ni a la sociedad servía de otra cosa que de pena y desconsuelo a la primera y de inocente diversión a la segunda. Además, la infeliz doña Mamerta creía notar cierto despego e indiferencia en su querido Esteban, lo cual la tenía con el corazón partido, y mas cuando antes de su viaje a Europa era el muchacho un hijo cariñoso y atento.

Al salir, me anunció don Genaro que me enviaría a Esteban, para que le diese yo algunos consejos y lo estimulara a ocuparse en alguna cosa.

Al otro día recibí la visita de mi pariente. Estábamos ya en el rigor del verano, y no por eso había abandonado los pantalones de paño. Hícele observar que estaba expuesto a una sofocación que en este clima podría traer malos resultados; pero me contestó que en Europa nadie se sofoca, y que él no sentía calor alguno. Al mismo tiempo se limpiaba el sudor que corría copiosamente por su rostro.

Iba yo a entrar en materia, cuando tomando el asiento junto a una ventana que daba libre entrada a la brisa, y extendiendo los pies, me preguntó de buenas a primeras:

—¿Es que todavía tiene mi hermana mayor pleito con su marido sobre la dote?

—¡Sí! —le contesté.

—¡Oh, esto será concluido ahora mismo! ¡Yo daré un corte...! ¡Sí! *Como a* París... ¡En guardia!, *que le* digo a mi cuñado, y con una pequeña estocada se cobra la dote de la herencia del difunto.

—¡Vas a matar a tu cuñado, hombre de Dios!

—Se debe defender a la hermana.

Hablaba apretando los dientes, casi sin abrir la boca, y afectando un acento gutural de dos mil diablos, lo cual me llegó a fastidiar en tal grado, que estuve tentado de dar punto a la conversación, aunque no le dijera palabra de lo que tanto me había suplicado su padre. Pero él me evitó este trabajo, porque después de repetirme que aquí no había buenas frutas, ni muchachas bonitas, ni calor suficiente para dejar la ropa de paño, y de anunciarme que iba a desafiar a su cuñado, salió como un rayo, sin darme tiempo de decirle nada.

A los dos días supe que había estado a la muerte, a consecuencia de haberse excedido en el uso de nuestras piñas y zapotes, con todo de encontrar esas frutas tan inferiores a las *blackberries*. Al mes, cayó redondo en una de esas calles, por no querer sustituir los pantalones de dril a los de paño, y a milagro escapó de las consecuencias de un ataque cerebral. A los dos meses entró despavorido en su casa, huyendo, según decía, de uno que le amenazó con el bastón, por alguna impertinencia seguramente; lo cual, sabido por el cuñado, se tranquilizó sobre el desafío, y dejó hablar a Esteban. A los cuatro meses se presentó a sus padres pidiéndoles licencia para casarse, y protestando que de no dársela, él se la tomaría. Casóse pues, y resultó ser la mujer una de las trigueñas más oscuras que ha producido esta Antilla; y eso que el bueno del muchacho no estaba bien sino con las blondas, blancas y de ojos azules; pero al cabo, es una excelente niña, que va consiguiendo hacer entrar por la buena senda al marido. Ya hoy no usa este pantalón de paño, sino en invierno; celebra las piñas; no la da de valiente; encuentra algunas muchachas bonitas; abre la boca para hablar, y va mostrándose más cariñoso y amante para con sus padres.

Yo creo que perderá sus otros resabios; y que al fin y a la postre puede llegar a ser un hombre de algún provecho; pero para esto solo, no se necesitaba haber ido a Alemania.

1845

Fisiología del administrador de un ingenio

«E io anche sono pittore.»

Introducción

No sé quién fue el primer escritor de una fisiología que no versare sobre los fenómenos de la vida, o las funciones del cuerpo humano en su estado de salud; pero sé que por habernos regalado Mr. de Balzac con su nunca bien ponderada *Fisiología del matrimonio*, llovieron fisiologías con abundancia tal, que fue una calamidad. Diéronnos separadas fisiologías de los caracteres y estados más supuestos entre sí: las fisiologías del soltero, del casado y del viudo; las fisiologías del paisano y del militar; las fisiologías del médico y del sepulturero; las fisiologías del acreedor y del deudor; las fisiologías del escribano y del hombre de bien. Fue verdaderamente una epidemia fisiológica la que afligió la república literaria; pero pasó como la langosta, y todas ésas y todas las demás fisiologías, comenzando por la del amigo Balzac, cayeron en el profundo abismo donde caen las obras malas, y las obras tontas aunque estén bien escritas.

Y a pesar de tan triste ejemplo, viendo yo sobre mi bufete tan elevado montón de fisiologías, recordé que examinando el Correggio un cuadro de Rafael, exclamó entusiasmado: *E io anche sano pittore*, y agarró la paleta y el pincel, y fue pintor; por lo cual yo exclamé: *E io anche sano fisiologista*, y tomé la pluma y me di a pensar de quién había de ser mi fisiología. En esto vi que bajaba las escaleras uno que había sido administrador de un ingenio, y dije para mi capote: *¡he ahí mi hombre!*

Además, tarde o temprano había yo de dedicar alguna cosa a este personaje, y alégrome que sea una fisiología, porque a la verdad es sujeto de humos, y es cosa segura que había de molestarse viéndose bosquejado en un vulgar artículo de costumbres, como cualquiera tipo de menos valor. El señor administrador de un ingenio quiere que se le distinga en todo, y no ha de ser seguramente un pobre periodista quien pretenda equiparado con los demás hijos de Adán. Que lo hagan otros.

Capítulo I

El origen de los administradores de ingenios no es de los que se pierden en la oscuridad de los tiempos. Descubierta la América y pasados algunos años, sembraron caña en sus islas para elaborar azúcar, y a estos terrenos así cubiertos de caña, con las casas, máquinas, hornos y demás necesario para dicha elaboración, se llamaron y se llaman ingenios...

Aquí es bueno advertir a los que pisen nuestras playas, y pase por digresión, que cuando oigan decir: *Fulano tiene ingenio*, no siempre han de creer se trate de ingenio intelectual, pues es más seguro que sea ingenio terrino lo del Fulano. Regla general: abundan más los que tienen el segundo que los que tienen el primero, con todo de no ser muy extraordinario el número de aquéllos.

Volvamos al origen de los administradores, que no es sino el siguiente: no queriendo el amo del ingenio retirarse a vivir al campo a cuidar de su finca, pone a otro en su lugar para administrarla y adelantarla. Suele administrarla a las mil maravillas; pero tocante a adelantarla, es otro cantar.

Es inútil decir que el amo asigna al administrador un sueldo y que el administrador se asigna otro igual, con cuya feliz combinación, son dos los sueldos del señor administrador. El segundo es el más seguro.

Capítulo II

El señor administrador de un ingenio no está obligado a ser alto o bajo, gordo o flaco, blanco o trigueño. Todas las estaturas, todas las complexiones, todos los colores, tienen franca la puerta para abrazar esta carreta, que lo es como cualquiera otra. Pero ha de saber leer, escribir y las cuatro reglas de la aritmética; aunque ya los he visto yo que ninguna de estas cosas sabían, y no por eso han dejado de salir hombres hechos y derechos de la finca que administraban.

Tampoco las varias profesiones que ejerce el hombre se oponen a que sea administrador de un ingenio. Así es que vemos abogados, médicos, comerciantes, etc., a la cabeza de estas fincas, en calidad de administradores; pero no lo hacen sin renunciar antes a su primera ocupación; y cuando dejan la una por la otra, ya ellos se saben el porqué. Al militar tampoco está vedado examinar este campo, con tal que sea militar retirado, y el motivo es claro.

Ni el de noble nacimiento desdeña ser administrador de un ingenio, ni la plebeya alcurnia es obstáculo para conseguirlo. Sin embargo, un profundo observador de nuestras costumbres, que piensa dar a la prensa cosas muy buenas, ha notado que los miembros de familias donde hay un título de Castilla, no suelen administrar sino el ingenio de algún cercano pariente; pero está claro que no por eso dejan de ser administradores.

Capítulo III

Las facultades de un señor administrador son omnímodas. Da y quita empleos, admite dimisiones, llena vacantes, releva de un destino y agracia con otro, toma residencias, confiere honores, juzga, sentencia y administra justicia; sube y baja salarios que paga otro, envía embajadas secretas, se entiende directamente con el *refaccionista*, lo que es muy bueno para los dos; dispone siembras y arranques, rompe la molienda, y la interrumpe o concluye cuando le parece; y en fin, hace todo aquello que hiciera en su lugar el amo, y mucho más.

También puede ocupar en servicio propio a los operarios artesanos de la finca: por ejemplo, el carpintero que a toda prisa tiene que echar una yanta a la carreta, o una puerta al almacén, lo abandona todo porque el señor administrador necesita una mesa para jugar al tresillo, o un cajón para enviar un regalo de cien panecillos de azúcar a una señora del pueblo. Si es casado el señor administrador, y su mujer cultiva flores, recibe orden el tejero cuando más empeñado está por concluir unos cuantos millares de ladrillos, de dejarlo todo de la mano y proceder a la fabricación de una docena de macetas. Y así con todos los demás.

Puede también comprar aquellos animales que en su concepto hagan falta en el predio y aunque no la hagan; pues como puede comprarlos, dando libranza contra el amo para su pago, está en sus facultades volverlos a vender; presentando luego la cuenta al año, si éste llega a saber la venta.

Capítulo IV

Cuando va el amo a su finca, es en ella el segundo, cuando no el tercer papel del drama. Verdad es que si sale de la *casa-vivienda* y se topa con el *mayoral* u otro operario, éste se quita el sombrero y le da los buenos días o las buenas tardes, según la hora del encuentro. Pero si da orden de hacer alguna cosa, será lo mismo que si la diera desde su aposento al Preste Juan de la Abisinia.

Mientras el señor administrador no mande, excusado es que lo haga el amo.

Al fin éste recurre al señor administrador; pero ha de ser a solas, porque nada se le puede advertir en presencia de otro, y él ofrece al amo que se hará lo que desea. Pero no se hace, y esto por una razón muy sencilla: al señor administrador no le agrada que vea el mayoral que se le ha advertido algo, pues todo ha de salir de su caletre. Y, ¡pobre mayoral!, si el señor administrador considera conveniente cumplir las órdenes del amo: porque se le despide bonitamente, se toma otro y entonces se pone en planta el proyecto, que atribuye el nuevo mayoral a los conocimientos del señor administrador.

Capítulo V

Sin contar con las ventajas reales, positivas y materiales que nacen, por decirlo así, del empleo, tiene otras el señor administrador no despreciables.

Buena cosa es tener ingenio; pero cuesta afanes y dinero: bien que ya hoy apenas cuesta lo segundo, pues tanto se va aguzando el otro ingenio, que casi se ha encontrado el secreto de sembrar muchísima caña y elaborar azúcar sin gastar media docena de pesos. Pero al cabo, el poseer ingenio da cierta importancia al individuo, aunque esto va también teniendo sus modificaciones.

¿Y no es cosa muy bella gozar de esta importancia sin el trabajo de conquistarla a fuerza de gastos y disgustos? Ya se ve que sí... ¿Y quién sino el administrador la goza?

Cualquiera, pues, que le oye hablar, juraría, a no ser hijo o sobrino del amo del fundo, que éste es suyo. No recuerda la historia un solo ejemplo de que haya dicho un administrador:

«—El ingenio tal, que dirijo, hará este año tantas cajas de azúcar.»

Nada: el administrador, usando de una figura de retórica común también entre los marinos, que dicen: «andamos diez millas por hora», para significar que el barco las anda, se explica así:

«—Yo hago este año tres mil cajas de azúcar», queriendo dar a entender que el predio las ha de producir; pero quien le oye asegurar que él obtendrá esa zafra, da por sentado que el ingenio le pertenece, aun cuando rebaje de las tres mil cajas, las mil y quinientas, o las dos mil. Otras veces dice:

«—Mi azúcar se venderá este año a un medio más que la de Fulano», o bien «yo vendo este año a tanto.» El Verdadero dueño de la azúcar vende, es cierto, a real menos; pero quien oyó con qué impavidez y seriedad dijo el administrador «mi azúcar», sin duda alguna se traga que la azúcar es suya y que él la vende.

Si el amo mete fuerza, como decimos acá, al ingenio, el administrador hablando luego sobre el particular dice: «he metido tantos brazos en la finca», y el cristiano o el pagano que tal oye lo cree de buena fe, y forma de él un elevado concepto.

Otra de las inapreciables ventajas del señor administrador de un ingenio, es que encuentra quien le preste dinero, con muchísima más facilidad que el amo mismo del fundo. Por eso es que muy frecuentemente lo busca el amo con la firma del señor administrador.

Capítulo VI

A la vuelta de algunos años, el señor administrador de un ingenio se retira a la ciudad y da dinero a premio; y de nadie exige más seguridades que del dueño del fundo que administró.

O bien en unas caballerías de tierra que al segundo año de su administración compró a corta distancia del ingenio, y que poco a poco fue desmontando con la dotación de éste, empieza las siembras de caña, las fábricas y demás para el fomento de otro ingenio, que podrá llamar suyo con más verdad que el primero.

O bien titula, y pasea por esas calles de Dios convertido en conde o marqués, siendo entonces una persona inofensiva, bien que a veces algo vana.

O bien se casa, si era soltero; y si la suerte le da hijos, los educa, para que a su debido tiempo derrochen aquel caudal que con el sudor de su frente logró juntar.

O bien si se conserva solterón, se le aparecen como bajados del cielo los sobrinos que antes no le buscaron, y hacen lo que debían los hijos.

O bien hace lo que le da la gana, sin que tenga yo que meterme en ello, toda vez que ya no es administrador, y que esta fisiología es de administrador.

Conclusión

En ésta, como en todas las demás carreras, el hombre corre según tiene las piernas. Administradores conozco bajo cuyo gobierno pusiera yo, a tenerlos, tres ingenios, y bien sabe Dios si desearía poderlo hacer como lo digo. Lo malo es que no tengo ni tres ni uno; pero con decirlo, claro está que solemnemente confieso haber administradores a quienes debe pintarse con otra paleta que la que he usado. Hecha esta protesta entrego mi artículo al cajista, previa censura.

Pésames (inédito)

Tiene el dolor grande su natural desahogo en lágrimas abundantes, en gemidos impetuosos, en clamores repetidos... Nada de esto es permitido a quien está recibiendo visitas: ha de estar con mucha compostura, sin más expresión de su dolor que la que hace un farsante en la aventura triste de una comedia...

Feijoo, tomo 8.°, disc. 9, *Verdadera y falsa urbanidad*

—«Señor don Jeremías de Docaransa.

Los que suscriben, padre, hermanos, cuñados, tíos, primos carnales y segundos, tíos segundos y terceros, concuños, deudos y personas de amistad del difunto don Anselmo Fugisterra (q. e. p. D.), suplican a usted se sirva asistir a su entierro, dispuesto para las cinco de la tarde de este día; acompañando el cadáver de la casa mortuoria a la iglesia, y de ahí al cementerio general: a cuyo favor vivirán sempiterna, profunda y religiosamente reconocidos.»

Seguía la fecha y la lista de los convidantes, que eran tantos, que más parecía la esquela el prospecto de una nueva publicación literaria con la nómina de los colaboradores que otra cosa.

No me queda la menor duda, dije luego que la hube leído, que ha muerto don Anselmo; supuesto que convidan a su entierro. Y con esto me vestí deprisa, pues era ya más que pasada la hora, y me dirigí al primer punto designado, la casa mortuoria; pero tuve la desgracia, otros dirían la dicha, de llegar cuando empezaban a volver del cementerio los acompañantes. Mezcléme entre ellos y entré en la sala.

Estaba ésta cubierta de negro, y en el testero había un sofá donde dos o tres parientes del difunto recibían el duelo. Los que entrábamos hacíamos una pequeña inclinación de cabeza a aquellos afligidos, o por lo menos a aquellos serios personajes y tomábamos asiento. Yo tomé el mío y desde él pude hacer mi primera observación, que fue notar el afán con que los dolientes veían entrar a los que concurrieron al entierro, sin duda para cerciorarse de si estuvo o no bastante concurrido.

Iba de esto a sacar extrañas deducciones; pero, ¡ay!, el que nunca ha tenido que llorar la pérdida de alguna prenda querida, de algún pedazo de su corazón, no puede comprender el triste consuelo que trae al ánimo la idea de que había personas que se interesaban por aquella que nos acaba de arrebatar la muerte, y que dan el último testimonio de su afecto, acompañándola hasta verla ocupar el puesto de donde ya no volverá a levantarse, sino cuando resuene la voz del ángel del Señor llamándola para que comparezca al juicio final. ¡Ay, que solo el que ha visto desaparecer de su lado al objeto de su más acendrado cariño y su más tierno amor conoce esa especie de rápida tregua que da el pesar, cuando cree uno que los preciosos restos de quien tantas lágrimas le cuesta van más seguros y defendidos, mientras más sean los que asisten a conducirlos a su última morada!

Estas melancólicas reflexiones me asaltaron en el momento en que comencé yo a notar el cuidado con que observaban los del sofá a los que entraban en la sala, que parecía que los iban contando. Sin embargo, viendo luego que eran lejanos parientes del difunto, no pude menos de mezclar entre aquellas cavilaciones otras de muy distinta especie. Natural es, dije para mí, el deseo que un padre, un esposo, un hijo, tienen de que el inanimado cuerpo de aquel en quien fundaban todas sus esperanzas, que era el objeto de sus caricias o el de su veneración, vaya en medio de los que supieron apreciar sus virtudes en este mundo a ocupar el lugar donde todo se nivela y se confunde; y obra es sin duda de sublime misericordia, contribuir a que el desdichado que lamenta una pérdida irreparable vea cumplido este pobre deseo, que cuando más desgarra el dolor su corazón nace en él, como vemos de súbito aparecer en un voraz incendio una llama que sorprende por su extrañeza, aunque también consume. Pero esto no quita que muchas veces se deje vislumbrar un poco de vanidad en ese mismo deseo, tan tierno por otra parte, y cuyo primer asomo se debe al cariño que se profesaba a la criatura que nos arrebató la muerte; pues no son ya los buenos y constantes amigos del doliente, ni los que lo fueron del difunto, aquellos cuya asistencia se procura en el entierro, y los que solo, poseídos de la natural tristeza que la pérdida de una persona amada inspira, darían al acto cierto solemne aspecto de melancolía y gravedad. No: éstos serían pocos, y los curiosos al ver pasar el fúnebre carro, pudieran observar que es reducido su acompañamiento. Preciso es evitar este mal, enviando esquelas de convite a personas indiferentes y extrañas a la familia; pero que deben quizás alguna consideración a uno u otro de los que las suscriben.

Muy poco después de estar en mi asiento con toda aquella circunspección necesaria, sentáronse a mi derecha dos individuos a quienes por primera vez veía yo en aquella casa.

—¿Cómo así? —dijo el uno al otro *sotto voce*, como pedía la urbanidad—, ¿usted en este entierro y en este duelo?

—¿Qué quiere usted? —convidaba don Fidencio—, y como trato de que me prorrogue aquel pagaré que tuvo usted la bondad de firmar conmigo...

—¡Ah!, ¿vence ahora?

—Muy pronto.

—Pues ha hecho usted muy bien. ¿Y qué tal va de zafra?

—Si continúan las lluvias, haré tres mil y quinientas cajas; pero si tengo la fortuna de que se interrumpan unos días, pasaré de las cuatro mil.

—¡Cáspita!, es una zafra enorme...

—Así valiera la azúcar; pero ya ve usted que está por los suelos.

—Pues, hombre, las noticias recibidas por el último paquete pintan ya más animadito el mercado.

—Crea usted que lo ignoraba, y que le agradezco el aviso; pues ahora mismo en saliendo de aquí, voy a dar orden a mi corredor de que no venda un solo grano, si no lo pagan bien.

—Lo apruebo.

—¡Si no puede uno disponer de un real! Yo, hace cuatro años que estoy por enviar a la corte siquiera por una cruz chica; pero hay ciertos malditos acreedores...

—¡Bah!, escrúpulos de monja...

Aquí bajaron tanto la voz, que no pude oír lo que decían. Miré a mi izquierda y ocupaban los dos asientos inmediatos dos jóvenes de rizada melena, imberbes y con unas caritas de pascuas. Desde luego supe que eran poetas. ¿Y cómo lo supe?: atienda el curioso lector a la plática que tenían.

—Chico, ¿has oído versos más infernales que los leídos por Encinoso en el cementerio?

—¿Conque fue Encinoso el lector? No le conocía... Dicen que ha conquistado el nombre de *vate de las tumbas*: apenas hay difunto que se escape de una elegía, o por lo menos de un soneto suyo, pronunciado junto a la huesa. Ha llegado ese hombre a convertirse en pájaro de mal agüero, y cuando le ven en alguna casa donde hay enfermo, la familia despide al médico, llama al sacerdote y avisa al muñidor que esté listo.

—¡Cosa más rara!

—Es un hecho. Y dime, ¿cómo saliste de la impresión de tus *Adelfas?*

—¿No conoces este país?, ¿hay aquí gusto?, ¿hay empeño en animar a los jóvenes estudiosos? Quinientos ejemplares se tiraron, como es uso y costumbres: pues ahí tienes cuatrocientos noventa y cinco a tu disposición.

—¿Qué me cuentas?, ¿de manera que te has perdido?

—Yo no... el impresor es quien me da lástima, pues ve que soy menor de edad y que...

—¡Infeliz!

—Y luego que salió un maldito crítico, y dijo ahí qué sé yo qué cosas, y por eso creo que no se ha vendido el tomo.

—Pues yo creía que siendo un libro bueno, se vendía aunque lo criticaran.

—Ya ves que no es así. No solo no se despacha, sino que el pobre autor pierde la quietud, y hasta suele incomodarse tanto, que arroja al fuego su biblioteca, si la tiene y se le extingue una chispa que, pasando días se hubiera convertido en llama e iluminaría el lugar de su procedencia; esto es, la cabeza del poeta.

—Sin duda es mucho el daño que hacen los críticos. Ahí tienes tú que yo no me decido a publicar mis versos, y eso que tengo que comprar algunas cosillas y salir de un pícaro sastre...

No quise escuchar más a aquellos vates, por lo que, colocando la barba sobre el puño de mi bastón que con ambas manos sostenía, fijé la vista en la hilera de sillas que me quedaba enfrente. Los que las ocupaban hallábanse más o menos entretenidos en sabrosa plática, siendo algunas de éstas tan alegres según lo demostraban los animados semblantes y las risas contenidas, que no pude menos de hacer nuevas reflexiones de que dispenso al lector, y solo diré que se compadecen mal las tales pláticas extrañas, impropias y no pocas; veces picantes, que se tienen en una sala de donde se acaban de sacar los restos de un semejante nuestro, con el recogimiento que en ella debiera notarse, y con las serias y religiosas meditaciones a que su aspecto lúgubre y triste incitarían sin duda, si en lugar de querer que sean muchos los que vengan al duelo, nos contentáramos con unos pocos y verdaderos amigos, que lamentasen con nosotros nuestra desgracia, y que mezclando con las nuestras sus lágrimas, nos aliviaran y consolaran...

Estando ya ocupadas la mayor parte de las sillas que había en la sala, y habiendo pasado más de diez minutos, uno de los dolientes hizo disimuladamente, a su parecer, cierta señal a un señor sacerdote, amigo sin duda de la familia, que a su lado estaba, y éste se puso en pie imitándolo todos por un movimiento espontáneo. Pronunció la oración que en tales casos se acostumbra, y bendijo a los asistentes; los cuales luego fueron llegándose al sofá, y uno por uno dando un apretón de manos y diciendo alguna frase hueca e insignificante a cada cual de los dolientes, y retirándose.

Quedéme el último, pues deseaba ver al desdichado padre de don Anselmo que se hallaba en un cuarto alto de la casa, adonde me condujo uno de los que habían recibido el duelo. Don Jorge estaba sentado sobre la barra del catre que allí se le había puesto para que descansase: ambos codos los apoyaba sobre los muslos y sostenía la cabeza entre las manos. Estaba inmóvil que parecía una estatua; pero bajando yo la vista al suelo, lo vi empapado con las lágrimas que derramaba aquel infeliz que tan duro golpe acababa de recibir Allí estaban con él dos sujetos para mí desconocidos.

—Ánimo, señor don Jorge —decía el primero, arrojando al mismo tiempo una bocanada de humo de tabaco—; ánimo, y no dejarse abatir por la suerte: ¡qué dianche!, usted es primero que nadie; y el mundo, amigo mío, vale la pena de que se cuide un hombre.

—¡Ay, camarada! —decía el otro—, si se echaran a morir todos los padres que pierden un hijo, diga usted que... ¡Eh!, vamos, pelillos a la mar: hoy por ti y mañana por mí.

Me llegué a don Jorge y le puse una mano sobre el hombro; levantó la cabeza y viéndome se arrojó en mis brazos. Pudo llorar con libertad, y pudo al fin ver que se confundían con sus lágrimas otras lágrimas, y sentir que palpitaba otro corazón contra su corazón. Así estuvimos abrazados un buen espacio de tiempo, y ya algo más tranquilo don Jorge, y más desahogado su pecho a fuerza del mismo llanto que había hasta entonces contenido, separóse de mí diciendo:

—¡Cuántos martirios juntos, mi buen amigo!

Lo comprendí; pero no le contesté nada, y tomando una de sus manos, le hice de nuevo sentar en el catre, colocándome a su lado.

Mientras estábamos así, los dos individuos a quienes probablemente se suplicó que acompañasen y consolasen a don Jorge, habían entablado una discusión sobre la excelencia del tabaco de la *Vuelta Abajo*, y la inferioridad del tabaco de *partido*. Concluida ésta, comenzaron en tono de chacota a echarse pullas uno a otro, y se dijeron varias impertinencias, que sin duda en algún café habrían divertido un rato a los que las hubieran escuchado; pero que allí, dicho sea en honor a la verdad, eran para escandalizar a cualquiera, y para añadir al dolor de aquel pobre padre la hiel de un furor que no debe estallar y que se tiene que contener en el pecho. Al fin, don Jorge, estrechándome fuertemente la mano y mirándome como quien suplica, me hizo entender que sacara yo del cuarto a aquellos hombres indiferentes a su pesar, y que no habiendo tal vez llorado nunca, imaginaban que sería aquel dolor del alma tan pasajero como un vago e insignificante dolor físico, y que se enjugarían aquellas lágrimas como las de un niño, sin más trabajo que distraerlo con algunas felices ocurrencias de la idea que momentáneamente lo aflige.

Hice pues presente a aquellos señores que necesitaba el doliente algún descanso, y con esto salimos del aposento. Al bajar a la sala, uno de los del sofá se acercó a mí diciéndome que deseaba la familia fuese yo uno de los que asistieran a la mesa en los nueve días del duelo.

Otra infernal costumbre, que afortunadamente va desapareciendo de entre nosotros y que ya solo se observa en algunas de esas encumbradas y aristocráticas familias, en quienes parece que los pergaminos y los caudales y la vanidad, hacen que sean las últimas en desprenderse de añejos usos que de sus padres heredaron, y en los cuales imaginan que consisten la esplendidez y el prestigio, y no en hechos que propendan en algún modo, aunque parezca insignificante, al bienestar y alivio del resto de la sociedad, ¡que las observa para imitarlas!

Suelen ser los nueve días de estos duelos, de que todavía se ven ejemplos entre nosotros, nueve días de diversión y broma para todos los que a ellos concurren, y nueve siglos de prolongado martirio para quien, a pocos pasos, quizás con una sola pared de por medio, escucha aquellos brindis, aquellas festivas ocurrencias y destempladas risas en que una buena comida, la profusión de vinos y la compañía hacen prorrumpir al hombre, que naturalmente se deja impresionar por las cosas que de momento le rodean, y que así cree que es eterno el dolor como interminable el contento, cuando uno u otro lo dominan.

Vine pues, como se me había suplicado, al siguiente día, y me acompañó un sobrino que tengo, más alegre que una gaita y más enamorado que lo fue nunca su tío. Eran casi las tres de la tarde cuando llegamos, y se disponían ya los convidados a sentarse a la mesa, y a olvidar en aquella especie de festín las penas propias y las extrañas. Todos habían estado a ver a don Jorge, y no teniendo que cumplir sino con una exigencia de la sociedad, entrarían serios quizá y circunspectos; pero sin dar muestras de que el dolor que afligía al desventurado padre, lo calculaban ellos y lo sabían apreciar. Y tomarían asiento a su lado, y después de decirle una de esas frases que para semejantes casos se tienen aprendidas, le hablarían de negocios, y de ventas, y de entradas de buques, mientras él, haciéndose una sobrenatural violencia, tendría que afectar urbanidad, tendría que responder a preguntas impertinentes y fuera de tiempo, y tendría en fin que reconcentrar en su pecho el dolor que lo devoraba, y esforzarse para que no corriesen por sus mejillas las lágrimas que oscurecían y abrasaban sus pupilas...

Pero volvamos a la sala. Desde que vio mi sobrino que también eran del convite algunas femeninas criaturas, pues había señoras en la casa mortuoria, hizo firme propósito de no faltar en los nueve días del duelo, ni uno solo: luego se incorporó a la sección de damas y se halló en su elemento.

Estando ya cubierta la mesa, el que hacía allí de doliente sentóse a la cabecera, y nos invitó a tomar nuestros puestos. Mi sobrino, que para estos casos vale cualquier cosa, se brindó a colocar en orden a los convidados, e hizo modo que cada señora se hallase entre dos caballeros, con el laudable fin, según dijo, de que fuese asistida y obsequiada como el sexo merecía. Él solo, merced a su estrategia, quedó en medio de dos niñas como dos perlas orientales: representantes de dos opuestos tipos que tienen al otro sexo dividido en dos contrarias facciones, de cada una de las cuales se ven con frecuencia desertores que pasan a la otra. Blanca, rubia y de grandes ojos azules la primera; de tierna mirada y ademanes arrobadores; y morena la otra, con ojos y cabellos de azabache, boca pequeña y lindísima, alegre y picaresco mirar, y conjunto fascinador. Si mi sobrino no perdía la chaveta entre aquellos dos ángeles, quedaba probado que era como una roca para resistir a las tentaciones que traen en pos connubiales lazos. Yo desde luego auguré mal, y lo consideré entre Escila y Caribdis.

Aunque al principio se notó una como forzada seriedad en la mesa, fue poco a poco desapareciendo, y los hombres, incluso el de la cabecera, comenzaron a mostrarse comunicativos y risueños. Ya se hablaba alto, y hablaban varios a un tiempo: las botellas de Burdeos desaparecían como por encanto, y los platos exquisitos pasaban de mano en mano con exageradas recomendaciones. Las señoras fueron objeto de insulsas alabanzas, de impertinentes cumplidos, y de tal cual no muy decorosa chanza, en la que iba envuelto algún claro equívoco: mi sobrino, hombre prevenido y amigo de adelantarse en todo, pedía a la hermosa rubia la primera contradanza del primer baile que hubiese en cualquiera de las sociedades filarmónicas; y a la graciosa trigueña el primer vals. La animación era general cuando llegó la hora de dejar la mesa para cubrirla con los postres. Levantáronse todos y formaron grupos en la sala, en el zaguán y en la puerta de la calle; pero mi sobrino, temeroso de que se le agregara otro galán, quiso formar grupo ambulante, y constituyéndose bracero de sus lindas compañeras, las paseó por el patio, haciéndolas entender que el ejercicio era indispensable para la buena digestión.

Así que la mesa estuvo de nuevo cubierta con los postres, y con el jerez, el madera y el champaña, y que damas y caballeros volvían a ocupar sus asientos, me evadí yo y subí al aposento de mi pobre amigo don Jorge, a quien encontré solo y tan apesadumbrado como el día anterior. Sus ojos estaban encendidos, y bien se echaba de ver en su semblante que él, en aquella casa, era el único que lloraba; que él era el único a quien devoraba un acerbo pesar, y una aguda desesperación; que solo él se acordaba ya de aquel que apenas habría unas veinticuatro horas que fuera conducido a su última mansión. ¡Y los que venían a consolarlo, a hablarle de su infortunio, a hacerle oír los consejos de la religión y a inspirarle una santa conformidad a las disposiciones del Altísimo, se divertían casi a su vista, e insultaban su dolor, y no se curaban de sus sollozos!

Tal es el mundo, dirá el hombre indiferente y frío: el pesar y el contento van siempre juntos... ¡No! ¡El mundo no es así, y el pesar y el contento se esquivan y huyen de encontrarse faz a faz, y se dan tiempo el uno al otro! ¡El hombre que ama a sus semejantes hace más favor al corazón humano, y si ve que hay en la tierra goces y penas, que hay desdicha y prosperidad, por lo común casi dándose las manos, no ve, no concibe que esté el placer donde está la tristeza, ni que se oigan los acentos de la alegría en el mismo lugar donde resuenan los ayes del dolor! Costumbres y prácticas que han perdido de su primitiva sencillez y que debieran desterrarse ya como inútiles, perniciosas y crueles, ocasionan a veces este amalgama extraordinario, y hacen que se note tan extraño contraste que no es natural, puesto que choca y nos disgusta y nos afecta. En la casa del pobre, donde no se pueden satisfacer las exigencias de la vanidad, donde no entran de mala gana ni por ridícula obligación los que vienen a consolarlo en sus adversidades, no se observa seguramente que rían, y brinden y se solacen unos cuantos amigos, mientras él, bajo el mismo techo está entregado a una pena que le desgarra el corazón, empapa con su llanto la almohada donde descansa la abatida cabeza, y pide al cielo que le vuelva el hijo que acaba de arrebatarle... No somos nosotros, no, de los que afectan creer que no hay sensibilidad en el rico y en el grande solo porque lo son; pero sí se nos figura que en la modesta mansión del pobre no varían tanto ciertas tiernas costumbres, que se conviertan al cabo en otras que, bien examinadas, no se encuentran en consonancia con lo que parece natural al corazón, y con lo que obra el hombre cuando obedece a sus propias inspiraciones y no tiene que sujetarse a usos convencionales de la sociedad.

Ya hacía un buen rato que me hallaba con don Jorge, cuando en el aposento donde se escuchaban el ruido de los cubiertos y las copas del convite, y el murmullo de los convidados, resonó una estrepitosa carcajada.

—¡Dios mío! —exclamó aquel triste padre—, ¿es posible que haya en el mundo quien pueda reírse?

Yo le tomé la mano y se la estreché fuertemente sin pronunciar una sola palabra, y a haberla pronunciado, ¿para qué repetirla aquí? El que haya llorado como don Jorge, sabe bien que en los más angustiosos momentos de la vida imaginamos que a todo el mundo tiene abatido nuestro pesar; y al que no ha llorado, es inútil querer hacer que comprenda por qué se engaña así el corazón.

Después de aquella intempestiva risotada, se oyeron otras y otras. Todo era alegría en la sala: y la animación que desde que comienza un banquete se nota en los convidados, había subido de punto: los postres y la diversidad de vinos habían debilitado más de una cabeza y llenado de vapores a todas: las chistosas ocurrencias se sucedían rápidamente y a veces se cruzaban; y quien por la calle pasase pudiera imaginar que se celebraba en aquella casa el nacimiento de un primogénito muchos años deseado, o las bodas de una hija querida; pero no que se lamentase la muerte de un hombre.

Entre aquellas voces y aquellas risas y aquel ruido, oí distintamente esta extrañísima frase: «¡qué falta hace una guitarra!». Quedé estupefacto. Conocí la voz de mi atolondrado sobrino a quien en mala hora hice venir conmigo: ¡una guitarra en un duelo, eterno Dios! Pero ¿era duelo aquello? El duelo estaba arriba, en el aposento de don Jorge, en su corazón... Para él solo era todavía reciente la pérdida de su hijo, para los demás era ya cosa muy lejana, era cosa olvidada. Fijé los ojos en su semblante para ver si había oído lo que yo, y si como yo había conocido al desnaturalizado que tan peregrino deseo manifestaba en semejante ocasión; pero nada pude descubrir. Don Jorge parecía enteramente entregado a sus cavilaciones, y poseído de un éxtasis como esos que sacan de este mundo falso y miserable las almas de algunas criaturas enaltecidas por religiosas ideas, para transportarlas a otro más verdadero y más bello.

Al otro día volví y se me confió reservadamente que la noche anterior, a: una hora bastante avanzada, había don Jorge entrado en un carruaje y trasladádose a casa de uno de sus hermanos, adonde quería que fuese yo a verlo. ¿Cómo había el infeliz de soportar, sobre la pérdida de un hijo querido, ocho días más de duelo como el primero? Éstos concluyeron como habían comenzado, y mi sobrino no faltó a ninguno, porque a ninguno faltaron las dos bellas. De que se ha hecho mención. Estuvo mientras duraron, fluctuante entre la rubia y la morena, pero al cabo, en el noveno y último día, se decidió por la segunda, con quien hoy, pasado ya un año de todas estas cosas que hemos relatado, vive como Dios manda, esto es, en legítimo matrimonio. El tiempo, que poco a poco ha ido trayendo la resignación al alma de don Jorge, y haciéndole más llevadera su pérdida, ha ido mucho a mucho quitando la paciencia a mi sobrino, y haciéndole sentir haber renunciado a su dulce soltería. Pero, ¡cuántas variaciones nos trae un duelo!...

1847

¡Un título!

Detente...

Si no quieres que me cuente

por muerto, la lengua para.
¿Yo señor? ¿Yo caballero?
¿Yo ilustre yerno?
—¡Pues no!
¿Para qué el cielo te dio
tal cantidad de dinero?
Lope de Vega

Escondidos los pies en guapísimas chinelas bordadas de estambre; sujetos a la cintura sin necesidad de tirantes unos plegados y anchos pantalones, y envuelto en una ligera *blusa*, estábase el joven Crescencio echado en su mullida butaca. Descansaba la cabeza en una de sus manos, la cual apoyaba contra el brazo de la silla; en la otra mano tenía un libro cerrado, pero con un dedo metido entre las hojas, como si acabara de dejar la lectura. Esto, y el tener los ojos fijos en las vigas de la techumbre, hubieran hecho imaginar a cualquiera que en el aposento penetrara, que al muchacho le había sumergido en honda cavilación alguna peregrina idea, algún raro pensamiento con que había tropezado en la página marcada. La cosa, por otra parte, bien podía suponerse si se atiende a que era un tomo de poesías, acabadito de salir de las prensas, lo que entre manos tenía mi hombre. Sin embargo, Crescencio, aunque poco leído, conocía muy bien que suelen escribir nuestros poetas cosas que no las entendiera el mismo diablo si para ello solo le permitiese Dios salir del infierno, y así es que no se calentaba el caletre en descifrar lo indescifrable, con perdón sea dicho de los que han dado a luz sus tomitos o sus tomazas, y aun de los que piensen darlos.

Con todo, no estaba en perfecto reposo la mente de don Crescencio: allí se resolvía, subía y bajaba algo... y algo de importancia. No hacía mucho tiempo que se había dado punto a la testamentaría de su padre: hallábase poseedor de una gran fortuna: era dueño de ingenio: iba pronto a dar su mano a una joven tan hermosa y amable como acaudalada; y viérase por donde quiera, presentábale la suerte un semblante tan risueño, que no había más que apetecer, como no fuera... *¡un título!* Y he aquí en lo que pensaba el hombre...

—Con un título —decía a su capote, o para ser más exactos, decía a su blusa—: con un título, ¿adónde íbamos a parar?, ¿quién torcía los ojos delante de mí?, ¿qué demanda no ganaría?, ¿qué deuda habían de cobrarme? ¡Qué de consideraciones se me guardarían, y qué importante figura hiciera yo en esos salones! Hasta mi naturaleza y mi temperamento variarían precisamente; veríame libre de las enfermedades que atacan a la gente del vulgo, no padecería más que la gota, y en caso de morir, sería de apoplejía.

A esta altura llegaban sus pensamientos, cuando vino a interrumpirles el vuelo por un instante la aparición de don Cleto, tío por la materna linea de mi joven amigo. Por un instante dije, porque naturalmente hizo éste recaer la conversación sobre lo mismo que le tenía tan caviloso. Preguntóle el tío qué libro era aquél.

—Las *Flores tétricas*, o sea, *Colección de raptos lúgubres*.

—¡Cáspita el título del libro!, ¿y de qué trata?

—Son versos, querido tío, de uno de nuestros más aventajados jóvenes...

—¡Aventajado joven!... ahí es nada... Y estabas leyendo...

—No; abrí el tomo, y lo primero que se me presentó a la vista fue esta poesía: «Fragmentos de una impresión: al *Excelentísimo señor conde* de la Higuereta».

—¿Y bien?

—Asaltáronme grandes ideas... Ahí tiene usted que si yo fuera conde, sin duda que los poetas me dedicarían algunos fragmentos.

—Ya se ve: ellos siempre dedican... aunque tú les oigas decir...

—¡Toma! Y mi nombre pasaría a la posteridad...

—¡Claro está, encomendado a tan buenas plumas!...

—¿Sabe usted que yo debía haber nacido marqués?

—¡Hombre!, ¿y por qué no titulas?

—Temo la murmuración: las gentes son tan propensas a criticarlo todo, que quizás encontrarían mal que yo aspirase a...

—¡Calla!, ¿qué vas a decir, ni qué viene a ser un título más para que se entretenga la gente en ello? ¿Crees tú que si trajese el viento, y arrojase en la playa un grano de arena, la playa lo echaría de ver?

—¡Si mi padre hubiese titulado! Porque al fin, como que suena mejor el título que se hereda. Da a la nobleza nueva un olorcillo a cosa rancia...

—¡Qué disparate, sobrino! Tanto vale bajado del padre o del abuelo como creado por uno mismo. Y al cabo, tú has de morir aunque titules, y tus hijos heredarán.

—Es verdad; pero me retrae todavía otra consideración. Me estoy devanando los sesos por ver si recuerdo haber prestado a la patria algún servicio, en recompensa del cual me anime a pedir el título que deseo, y lléveme el diablo si he hecho más que capturar un *cimarrón*.

—Vamos, ¡y te parece poco, ni qué necesidad hay de tales servicios! ¿Necesito yo los del mayorcito de mis niños para vestirle una de estas tardes de cosaco o de gendarme?

—Con todo, tío: creo que no estaría de más fundar uno su pretensión en algo que la hiciera aparecer como deuda que se cobra con justa causa.

—Pues ven acá, panarra, alma de cántaro, ven acá: si hubieses hecho por la patria esos señalados servicios que estás ahí diciendo, ¿tendrías que pedirle recompensa alguna? ¿No te la daría ella? ¿Qué gracia sería que te viniese un título de marqués o de conde, una cruz, un escudito, o cosa así, si hubieras ganado un castillo, o alimentado por algún tiempo a un batallón entero, como lo hizo García del Castañar en una comedia que vi representar en mi juventud? ¿Has encontrado tampoco la cuadratura del círculo? ¿Has visto, a no quedarte pizca de duda, paseándose un hombre sobre un camello o cualquiera otra caballería, por las faldas de esas montañas que se divisan en la Luna? Claro está que entonces, sobrino de mis ojos, sin pretenderlo tú, tendrías honores y premios por la gloria que a la patria habrías dado, y por los beneficios que te debiera. Pero si no has hecho ninguna de esas cosas y según veo tampoco estás en ánimo de hacerlas, ¿quién se ha de acordar de ti?, ¿quién sabe allá en la corte que tuvo mi querida hermana tan guapo muchachón?... Y he aquí precisamente, sobrino, la razón por qué tienes que pedir ese titulillo que deseas: el no merecerle; quiero decir, el no haber tenido ocasión de hacer cosa por donde sin pedirle, se te diera: que a haberte señalado de algún modo, títulos tuvieras ya y tratamientos.

—Estoy convencido por esa parte —dijo Crescencio—, y no creo que por lo que respecta a mi familia...

—¡No te figures tú, sobrino de mi alma —interrumpió el tío—, que tu familia sea cualquier cosa. Mira, tú eres de apellido Chamorro, y desciendes por línea recta del abuelo de tu padre, que también fue Chamorro. Este bisabuelo tuyo fue bisnieto de otro hombre que alcanzó tiempos muy atrasados, como puedes considerarlo, y es muy de notar, que mientras más vayas subiendo, más lejos irás encontrando los bisabuelos de tus bisabuelos; pues negar que tu padre desciende de algún hombre que vivió muchísimos siglos hace, fuera sandez inaudita. Por parte de tu madre, es aún más esclarecida tu nobleza, como que fue mi hermana. Para que viniese al mundo, necesario fue que después de formar Dios a Adán y a Eva les dijese: *crescite, et multiplicamini*, sin cuyo acontecimiento y sin cuyo permiso no alcanzo yo cómo hubiera vivido ella en este siglo. El apellido que te legó la difunta es Vázquez y de él, aunque mucho pudiera decirte, me contentaré con que sepas, que así como otros apellidos de cortos se han hecho largos, como Villavicencio, Sotomayor, que salieron de Villa y Soto, el de tu madre y mío por el contrario se ha ido acortando. Vázquez viene de Velázquez, como se prueba suprimiendo de éste las dos segundas letras: Velázquez viene de Vasconcelos, de lo que te cerciorarás quitando de este último apellido todas las letras que no hacen al caso, y añadiendo y combinando las necesarias para formar el otro; todavía Vasconcelos es una corrupción de *Vasconstultuscelos.* Ahora bien, los *Vasconstultuscelos* traen su origen de Vizcaya: todo el mundo sabe que el vascuence fue el idioma en que habló Dios a nuestros primeros padres; por lo tanto, los vizcaínos descienden directísimamente de Adán y Eva: tu madre y yo venimos de Vizcaya, conque, suelta las riendas a tu imaginación, y dime si es o no antigua tu alcurnia por la materna parte.

—¡Válgame la sangre que derramó el Redentor! —exclamó Crescencio levantándose con precipitación y frotándose de contento las manos—. ¡Vaya y si es antigua!

—Ya lo ves... Siguiendo la línea ascendental de padre, a abuelo, a bisabuelo, etc., hallamos en el arca de Noé a un hombre de quien a la fuerza desciende tu padre, y en el Paraíso terrenal a otro de quien desciende tu madre... ¿Puedes o no puedes titular?

—Sí... sí... Seré marqués... Pero me ocurre otra dificultad... ¿Sobre qué he de fundar ese marquesado?

—¡Ah, cabeza de chorlito! ¿No hay praderas, lomas, montañas, ríos, arroyos, lagunas, rocas, costas y playas en la isla? Échate a cuestas cualquiera de estas cosas, añádele su adjetivo, y cátate con un título pintoresco y alegre: Loma-gorda, Río-estrecho, Monte-firme; antepón marqués, y verás qué bien suena.

—Marqués de Loma-gorda, marqués de Río-estrecho, marqués de Montefirme... En efecto, tío; es cosa que encanta... ¡Con qué facilidad se hace uno marqués!...

—Y si no te agradan esos nombres, idea otros: Cascada alta, Hoyo hondo, Hoja verde; o apodérate de cualquier lejana provincia: Capadocia, Monomotapa, Mozambique, son propias para titular, y no vendrán a ponerte pleito sus soberanos ni sus habitantes. A bien que si lo temes, árboles, flores y frutas ofrecen nuestros campos y jardines de qué echar mano: conde de la Palma, marqués del Tornasol, barón de la Guanábana... ¡Por Jesucristo!, tienes a tu disposición los tres reinos, animal, vegetal y mineral, y ¿no encuentras cosa que te cuadre? Están ahí los mapas llenos de provincias, y ¿ha de faltarte una para un marquesado? ¿De qué sirven entonces la zoología, la botánica, la mineralogía, la náutica y la geografía? Para algo se han hecho estas ciencias y trabajan en ellas los pobres.

—Me convence usted, querido tío, y estoy ya determinado a hacerme noble y ser marqués, y pues desciendo como usted acaba de probarme, de padres y abuelos que descendieron de otros padres y abuelos, remontándose así mi origen a época que se sale del cálculo humano, no creo que nadie sea osado a echarme en cara una corta ascendencia. Además, siendo mis apellidos tan buenos como usted dice, sírvanme ellos mismos para el título, y llámeseme «marqués de Casa Chamarra y Vázquez», que así lo han hecho otros beneméritos antes que yo, y no tendremos que tocar a las producciones de la naturaleza, ni invadir territorios de moros e idólatras.

—¡Abrázame, querido sobrino! ¡Abrázame, oh dignísimo hijo de mi difunta hermana! Esa peregrina idea vale más que todas las mías, porque todo el lustre del título viene a reflejar directamente en los apellidos de la familia.

Y diciendo esto el tío, que aún no se ha podido averiguar si tenía más de socarrón que de hombre de buena pasta, abrió sus brazos y recibió en ellos al presunto marqués, el cual casi estuvo a punto de desmayarse. Tal fue el inefable placer que recibió al oír decir que había tenido una idea, y que esta idea era una buena idea.

Esto le hizo creer que no le faltaba más sino cultivar sus naturales talentos y buenas disposiciones, para que el mundo viese que era hombre de provecho, aun cuando alcanzase el marquesado.

—Mientras pides y llega el título —díjole el tío—, cómprate alguna obrita sobre la ciencia del blasón, pues ha de hacernos falta para formar el escudo de armas que debemos plantar en el medio punto del zaguán, o sobre el dintel de tu cuarto escritorio.

—No haya miedo, tío.

—A falta de esos servicios que echabas de menos para titular, tienes cuatro apellidos de qué disponer, de manera que improvisaremos un escudo con sus cuatro cuarteles y además su escusón; y alcanzas así en un día y sin salir de tu aposento, lo que no lograron en los pasados siglos muchos hombres a pesar de todas sus hazañas; pero ésos no tenían más que una espada que no podrías tú levantar del suelo, y acá tenemos ingenios y cafetales. Conque, como iba diciendo —continuó don Cleto con una volubilidad de lengua muy impropia de su edad que rayaba en los cincuenta—, con cuatro apellidos, sale un escudo *cuartelado*, en esta forma: primero, *campo de oro*, y una cabeza de *sable*, que es de Chamorro: segundo, de *sable*, y tres velas de *oro*, que es de Vázquez: tercero de *gules*, y tres cajas de azúcar de *oro*; cuarto y último, de *azur* y seis sacos de café; de *plata*, tres, dos y uno: sobre el *todo*, el *escusón de oro*, y las piezas autos de un concurso, de *gules*, con la bordura de *azur*, *cargada* con quince o veinte cabezas afligidas de *plata*, que indican los acreedores que has de tener...

Atónito quedó Crescendo oyendo esta algarabía de la que no comprendió sino lo del concurso; pero de la que sacó en consecuencia que era gran cosa el hacerse noble una criatura. Al cabo de un momento preguntó al tío:

—Y a propósito de concurso, ¿será necesario presentarse a él antes o después de titular?

—Lo mismo da antes que después; pero lo más elegante es presentarse al día siguiente de recibir el título, para que vea la gente que no se hace porque le falte a uno dinero con que pagar sus deudas.

Con esto concluyó la conversación; volviéronse a abrazar tío y sobrino; salió el primero y quedó el segundo otra vez solo y pensativo... Agarró de nuevo el tomo de poesías, leyó una y la encontró mala, que es cuanto pudiera decirse para encarecer al autor y al libro.

Seis meses después, Crescencio recibió el cumplido de quien había de recibirlo, y las enhorabuenas de sus amigos. Asentóse su nombre en el libro donde debía de asentarse, con el título de «Señor marqués de Casa Chamorro y Vázquez». Hoy le goza en paz y gracia de Dios, con todas aquellas prerrogativas y preeminencias que son consiguientes, y ha tenido la fortuna de que su esposa le diese un hijo tan *bonazo* que difícilmente pudiera encontrarse sujeto más a propósito para heredero de un marquesado.

1843

Un médico de campo

...Yo receto
todo cuanto me da gana.
...
...Es ventaja de un médico ser ligero
de manos, caiga el que caiga:
porque un hombre se acredita,
los parientes no se agravían,
el boticario se alegra,
y el muerto no habla palabra.
Don Ramón de la Cruz

—Don Jeremías.

—Amigo editor.

—¿No cree usted que *saldría* un bonito artículo de un médico de campo? Bonitos artículos salen de los médicos de todas partes; pero hay el inconveniente de que puedo enfermar mañana, y me pongan los médicos, por haber escrito los tales artículos, *in articulo mortis*, lo cual no es muy agradable. Todo lo más que puedo hacer, supuesto que quiere usted tener una idea del que recorre nuestros campos, es darle ciertas apuntaciones, escritas nada menos que por un individuo de la profesión, grande amigo mío, y que con declarar que se llama don Desiderio Tumbavivos, no tengo más que decir para encarecerlo, y para que usted y todos vean si es o no es persona digna de fe. Puede usted disponer de estas apuntaciones como mejor le cuadre; aunque sea poniéndolas en letras de molde; y yo salvo mi responsabilidad, pues si algo hay en ellas que no agrade a un hijo de Esculapio, allá se entienda con otro hijo de Esculapio que las escribió de su puño y letra. Además, si me decido a entregar a usted el manuscrito en cuestión, es porque se deduce de él que un médico de campo es propio para figurar en un artículo de costumbres, no tanto porque él se empeña en ello, cuanto porque a la fuerza hacen que lo parezca las gentes a quienes ha ido a dedicar sus servicios. Y esto es todo lo que diría yo mismo si fuera a disculparme de tomarlo por sujeto de mis pobres observaciones. Así pues, haga usted de los papeles lo que le plazca.

«—Luego que recibí mi título de licenciado y pude parapetado con él salir con mi cara lucia a hacer lo que indica mi apellido Tumbavivos, creí que lloverían los enfermos sobre mí, o con más exactitud, que llovería yo sobre ellos. Pero pasaron días y días sin que un cristiano me llamase, por lo que imaginé dos cosas: o que el pueblo se había asustado con la noticia de haber un médico nuevo, y no enfermaba nadie, temeroso de caer en sus manos, o que mis cofrades más antiguos habían monopolizado todos los faltos de salud; fuese cualquiera de ambas cosas (y yo me inclinaba a adoptar las dos), lo cierto es que por mi casa aún no se habían tañido las campanas, y eso que no me faltaban conocimientos ni práctica de hospitales. Bien es verdad que a los que mueren en éstos no se les dobla.

»Ello, consideraba yo ser muy triste haber pasado parte de mi florida edad yendo diariamente a las aulas a divertirme con mis compañeros, a arrojarles migajones de pan, y a oír lecciones que las más de las veces no comprendía, todo por obtener después de tantos afanes una profesión, y que ésta me viniese a fallar. Conque viendo que la ciudad no era para mí, decidíme yo a ser del campo.

»Salí, pues, un día de mi casa, no a hacer aquella obra que en todos, menos en el médico, es obra de caridad: la de visitar los enfermos. Yo no los tenía, y cuando el médico no tiene enfermos, fuera mucho exigirle que los visitase. Iba a verme con un señor amo de ingenio, gordo y sano, que necesitaba un facultativo en su finca, y a quien se me había recomendado.

»Pocos días después ya estaba yo en el ingenio Concurso, de la propiedad de dos Próspero Débito, y ubicado en uno de los mejores y más ricos partidos de esta jurisdicción. Tuve mi sueldo, la comida y una criada a mi disposición, que era en una pieza lavandera, cocinera, costurera, y cuanto yo más quería.

Dejóseme además en libertad de igualarme en las fincas cercanas, y acudir adonde me llamasen. Instalado en la habitación que se me destinó, lo primero que hice fue colocar contra la pared cuatro o seis listones de tabla a guisa de anaqueles, para plantar en ellos mi biblioteca, compuesta de las pocas, pero clásicas obras que a continuación se expresan. *Patología* de Roche y Sanson,

La Religiosa, *Formulario* de recetas; tomos segundo y cuarto del *Gil Blas de Santillana*, *Fisiología* de Richerand, *Poesías* de Iglesias, y un *Tratado* de botánica aplicada a la medicina. Con ayuda de tan buenos libros, era poco menos que imposible verme perplejo, aun cuando se me presentara un caso de enfermedad más nuevo y extraño que los que se ven en el tomo de cartas inventadas y publicadas por Le Roy, o en los "atestados" donde vienen envueltos los pomos de zarzaparrilla, las cajas de píldoras de Morison o Brandreth, y otros medicamentos.

»Pasaré por alto cómo los primeros días de mi permanencia en la finca, teniendo poco que hacer, me di a coger mariposas, de lo que no me avergüenzo, cuando recuerdo que todo un emperador romano se entretenía en cazar moscas, y eso que no estaría tan desocupado como yo. Tampoco quiero hacer mérito de las terribles exigencias del *mayoral*, quien al anunciarme haber un nuevo enfermo me decía: "Fulano ha caído malo, póngalo usted bueno pronto, que me hace falta", como si estuviese en el médico curar en un tiempo dado, aunque algunos lo han querido hacer creer. O cuando me echaba fuera a los convalecientes, o cuando se tomaba la libertad de aplicar otros medicamentos que los prescritos por mí.

»Cuando vino don Próspero a visitar su finca, preguntó a este mal hombre que tal lo hacía el licenciado Tumbavivos.

—Los *tumba*, señor —respondió él—: este año hemos tenido más muertos que el pasado —afortunadamente, mejor informado el amo, supo que de cinco descendientes de Cham, que habían sido enterrados, los tres debían su muerte a accidentes fortuitos; de modo que a todo tirar, solo dos muertes pudieran achacárseme, lo que en más de cuatro meses, era bien poco para un facultativo que ha tenido tan buenos estudios como yo.

»Detendréme un poco tratando de mis correrías fuera del predio donde estaba asalariado, porque ellas son las que constituyen al verdadero médico de campo. Y debo aquí advertir que no es una regla general que todo facultativo que espolea caballo por esos caminos reales ha de ser médico de una finca. Bien sé que los hay propietarios; pero saliendo de casa, todos son iguales.

»El primer enfermo para quien fui llamado no parecía atacado sino de un fuerte catarro, por lo que me limité a ordenarle un sencillo cocimiento de flor de borrajas y prescribirle que se abrigase. Pero cuando al siguiente día pasé a hacerle mi segunda visita, salió a recibirme uno de la familia, y me participó que habiéndose llamado a otro facultativo, excusara volverme a molestar.

»—¿Pues no había yo de volver? —pregunté.

»—¡Ya!, pero como usted no recetó.

»—¿Y si no era necesario?

»—Siempre es preciso recetar cuando hay enfermo: tome usted —y poniéndome en la mano lo que juzgó deberme pagar, se despidió de mí.

»Dígame si no era muy natural que volviéndome yo medio mohíno a mi casa, hiciese estas reflexiones.

»—La medicina es la que ha de darme a mí lo que busco, y esta gente me indica el camino que debo seguir. Debieran agradecerme que no les hiciese gastar dinero, y que les evitase la incomodidad de correr cuatro leguas y reventar un caballo para ir a la botica en busca de una medicina que en mi concepto no era necesaria; y lejos de eso han atribuido a ignorancia la buena obra de no haber recetado. Pues recetaré siempre, y me daré un aire de importancia de todos los diablos: quieren ser deslumbrados, los deslumbraré; quieren no entender al médico, no me entenderán. Ya dijo Lope de Vega que cuando el vulgo paga justo es complacerlo: yo complaceré a este vulgo del campo, pues él es quien me paga, y si llega a hacerse natural en mí la pedantería a que recurro como medio para medrar, no me culpen, por Dios; sino culpen a estas gentes entre quienes me veo.

»Poco tuve que esperar para poner en planta mi resolución. Algunos días después mi llamado con gran urgencia para asistir a un pobre labrador cargado de años y de familia. Acudí, pues, con la precipitación que demandaba el caso, y al llegar a su habitación, pude ver como diez o doce individuos que me aguardaban con la mayor ansiedad. Todos eran hijos y nietos del enfermo, y en sus semblantes vi pintados el dolor y la consternación. Eché pie a tierra, y entrando en la casa, una mujer anciana, esposa del enfermo, me condujo al aposento de éste. Hecho el correspondiente examen y las preguntas necesarias, conocí no haber más que una violenta indigestión; pero me guardé muy bien de decirlo.

»Salí a la sala, y todos fijaron sus ojos en mí, como si quisieran adivinar lo que pensaba yo del enfermo y la enfermedad. Dirigiéndome a las mujeres, hablé así:

»—Encuentro al paciente bastante abatido: el pulso no está *isócrono*, la lengua se halla *fuliginosa*, la respiración algo luctuosa, hay su calorcillo mordicante en la piel, y hay *tialismo*, o sea salivación: todo lo cual me indica que ese hombre está enfermo, y que por eso me han llamado ustedes. Mas a pesar de los síntomas que se me han presentado, no me aventuro a formar el *diagnóstico*, y no puedo decir si ese señor padece de una *peritonitis* o de una *gastroenteritis*, pues son dos enfermedades éstas que se parecen como dos gotas de agua. Pero traten ustedes de contestar a mis preguntas, y saldremos de la duda.

»—¿Ha tenido calofríos el enfermo?

»—Sí, señor —respondió una de las muchachas que parecía más avisada.

»—¡Bien!, ¿y ha tenido dolor en el *abdomen*?

»—¿En dónde, señor?

»—En el vientre, niña.

»—Ah, sí, señor.

»—Bien: ¿y fue el dolor *lancinante, vivo, pungitivo, ardiente, circunscrito, extenso, fijo, móvil* o *superficial*?

»—Todo puede haber sido; pero el enfermo se quejaba, y eso denota que era fuerte.

»—Bien dicho. Pues, señor, es *gastroenteritis*, y si viene Hipócrates, que no vendrá, y les dice a ustedes que no es *gastroenteritis*, digan ustedes de mi parte a Hipócrates que es *gastroenteritis*, y que se vaya a paseo.

»—Bien, señor: ¿y cómo se cura ese *gato enterito*?

»—Ya veremos. ¿Qué método quieren ustedes que siga con el enfermo? ¿El método debilitante o llámese *antiflogístico*, o el fortificante, o sea *tónico*, o el *contra-estimulante*, o el *revulsivo*? La *terapéutica* no rechaza ninguno, y cada cual tiene por partidarios sapientísimos autores.

»—Lo que nosotros queremos es que el enfermo se ponga bueno.

»—Y es cosa muy natural.

»Figúrese cualquier cristiano amigo de observar contrastes, qué parecería un hombre hablando, como dice Iriarte, en un estilo tan enfático, en la saleta de un miserable *bohío* formado de estacas y embarrado; donde todo demostraba la miseria y la desidia, y donde alternaban las personas con los perros, y los cerdos y las aves domésticas, y cómo sonarían mis técnicas frases en los oídos de una pobre gente, de todo punto ignorantes, y acostumbradas no más que a cavar la tierra y coger su poca o mucha cosecha de maíz o de patatas, o a dirigir una enorme carreta por entre cangilones y lodazales. Pero yo había visto que esta gente no creía en el saber del médico si cuando hablaba lo comprendía, y así es que hablé para que no me comprendiesen, haciendo al mismo tiempo la triste reflexión de si sería cierto que en la ajena ignorancia estriba y está la piedra fundamental de una ciencia tan sublime como la que profeso.

»Prescribí algunos remedios simples; pero recordando que si no recetaba perdía fama y dineros, pedí recado de escribir, que fue necesario corriese un muchacho a escape en el mejor caballo a buscarlo a la taberna, distante de allí un cuarto de legua. He aquí mi receta, y es la misma que usé en todas las ocasiones que consideré no haber necesidad de medicinas, persuadido de que no podía resultar en perjuicio del paciente, como ha de verlo quien lea estas apuntaciones:

Rpe. Sacari albi... unciam.
Aquae distilatae... libras duas.
Misce et addes syrup rosal q. s. ad colorem.
Lic. Tumbavivos

»Póngola en castellano en obsequio de mis colegas que ignoran el latín, que no son pocos.

Receta: *Azúcar blanco... una onza.*
Agua destilada... Dos libras.
Mézclese y agréguese sirope rosado en cantidad suficiente para que tome color.

»—Ésta —dije— es una bebida coloradita y que surte siempre los mejores efectos: se darán al enfermo tres cucharadas cada dos horas; teniendo especial cuidado que se mueva y de hacerla tibiar antes.

»Mi enfermo se restableció, yo quedé acreditado, el boticario viendo que nueva y poco costosa medicina entraba en el reino de la farmacopea, se hizo lenguas de mí y confieso que no poco le debo. Todos quedaron contentos, y más que todos yo, que me propuse continuar por una vía tan fácil.

»De tal manera que habiéndome llamado después un pobre hombre para que viese a su mujer, que a los dos días había de estar buena y sana sin ayuda de médico ni medicinas por no tener más que un simple constipado, tuve con él el siguiente diálogo:

»—No encuentro en la enferma ningún signo *patognomónico*; pero observaré los otros. Antes de todo, dígame usted si tiene *anorexia*.

»—¿Cómo, señor?

»—Quiero decir, si tiene falta de apetito.

»—No, señor.

»—¿Y ha comido colas de pescado?

»—¡Qué pescado del diablo, si nunca lo catamos!

»—Pregúntolo porque habiendo comido colas de pescado, pudiera estar atacada de una *colitis* simple, pero quizás sea su enfermedad una fiebre *gástrica*, o para que usted me comprenda mejor una *gastro duo denitis*; y me lo hace creer la circunstancia de que vivimos en clima cálido; si viviésemos en país frío diría que era una *gastro entero colitis*, o séase fiebre mucosa: aunque debo advertir a usted que no todos los autores convenimos en que la *gástrica* y la *gastro duo denitis*, la mucosa y la *gastro entero colitis*, sean enfermedades idénticas. De todos modos, lo que a usted le importa es que sane su mujer.

»—Sí, señor.

»—Pues vamos a examinarla de nuevo.

»Hécholo así, volvíme al pobre marido que aún no sabía lo que por él pasaba; y que a pesar de ello estaba contentísimo por no haberme comprendido, y le dije:

»—No es más que una *bronquitis*, y ya nos ayudará la patología a echarla fuera. Yo he asistido este invierno a diez individuos atacados de esa *flegmasia* y he tenido la fortuna que solo nueve se me han muerto. El método que sigo en estos casos es infalible.

»Dispuse un buen sudor de violetas para la noche, que era lo que había de curarla; pero dejé mi receta para que diesen a la enferma dos cucharadas de la bebida cada hora, durante el día.

»Una mujer envió por mí, porque habiéndose una niña suya magullado un dedo al cerrarse una puerta le sobrevino un tumor que llegó a tomar un aspecto algo feo.

»—No es nada, señora —la dije—; seis casos he tenido de niñas que se han machacado un dedo, y todos han terminado bien. La causa de este accidente parece provenir de que, teniendo una niña pues la mano en el marco de una puerta, se cierra ésta de golpe y la pilla el dedo. La estación contribuye a hacerlos frecuentes, pues los vientos nortes que reinan tienen las puertas en continuo movimiento si no están bien atrancadas.

»La lanceta libertó a la niña de aquella incomodidad; mas para completar la curación receté mi bebida, con la diferencia que pedí doble dosis, y dispuse la diesen toda una botella de una vez, seguro de que había de agradarla.

»Seis años pasé en el campo, al cabo de los cuales con el buen nombre que había adquirido, y más que todo con algún metálico, pude volver a establecerme en la ciudad, donde, como lo saben todos, soy uno de los más afamados facultativos. ¿Débolo a que he continuado el sistema que adopté en el campo?, ¿débolo a que me hallo en disposición de presentarme con cierto lujo, y sea un hecho que un talento mediocre, si puede ostentar, consigue más que el verdadero sabio a quien tienen arrinconado su pobreza y su timidez? Cuestiones son éstas que no trato por ahora de aclarar, ni quizás trataré de aclararlas nunca.»

—Don Jeremías.

—Amigo editor.

—No veo inconveniente alguno en que publiquemos estas apuntaciones que acabo de leer. Primero, porque es un médico quien habla; segundo, porque al fin y al cabo, la pintura que él hace de sí está muy lejos de convenir a todos los facultativos del campo, y mucho menos a los de la ciudad, siendo cierto que algunos conozco yo, muy dignos del público aprecio; que honran su profesión, se desvelan por aliviar a la humanidad doliente con aquella cristiana caridad que nadie tanto como un médico tiene ocasiones de practicar, y procuran desvanecer los errores del vulgo en vez de hacer que se arraiguen más; y tercero, porque los pocos que se parezcan al licenciado Tumbavivos bien merecen una leccioncilla inocente y festiva.

—Ya he dicho a usted que haga en ello lo que mejor le parezca, y quede usted con Dios.

1845

Colocar al niño

—Juan se luce.

—¿En la escritura?

—No.
—¿En ciencias?
—Es un bolonio.
—¿Se luce en literatura?
—No señor.
—¿En la pintura?
—Menos.
—Pues hombre o demonio,
¿dónde se luce?
...
Villergas

Cuando no tenía yo motivos para dar gracias a la divina misericordia por el don envidiable de la paternidad, o en términos más sencillos y por consiguiente más naturales, cuando no tenía hijos, admirábame el empeño de aquellos que los tenían en querer sacudirse de los infelices como de la polilla. Miraba yo que apenas un niño se entraba por las puertas del segundo lustro, cuando le enviaban a la escuela: que salía de la escuela sabiendo poco más de lo que ignoraba, y los padres se devanaban los sesos (si no carecían de ellos) ideando qué carrera habían de darle, o qué buena colocación le proporcionarían. Si el niño no era sino niña, entonces eran los apuros para buscarla un marido, y tales eran éstos por parte de la mamá, y veía yo que disimulaba tan poco sus deseos, y que tan a las claras descubrí su impaciencia, que se me figuraba que la hija era para ella como libranza contra mal pagador, que se quiere endosar a otro: como acción en empresa arruinada, que procura el accionista enajenar: como huésped importuno, a quien se echan indirectas para que se vaya: como zapato apretado que desea uno quitarse: como moneda falsa, que no sabe un cristiano cómo deshacerse de ella... Así es que también veía yo que por ese mismo empeño de las mamás, y por manifestarlo con tanto ahínco, las muchachas se quedaban solteras las más de las veces, pues sucedía como con la libranza y la acción, que entraba la gente en malicia y decía: «trampa ha de haber aquí, cuando quieren soltarla».

Pero estas madres que ponen en juego los recursos de una estrategia particular para conseguir estado a la niña, merecen artículo aparte, el cual tengo ya en remojo, y ofrezco sorprender con él a mis discretísimos y entendidos lectores el día que menos lo piensen. Hoy no quiero hablar sino de muchachos varones, y si tuviese que sacar a la escena a alguna madre, será con relación a ellos y no a las hijas. Repito, pues, que no cabía en mi imaginación cómo los mismos que dieron el ser a estos muchachos, hiciesen tanto por separarlos luego de su lado: parecíame semejante conducta muy desnaturalizada, y tenía siempre en los labios aquella sin igual y celebérrima exclamación que con respecto a padres, pone Cadalso en boca de Tediato en las *Noches lúgubres*. Pero hoy lo concibo todo muy bien, y veo que hablaba con muchísimo juicio el veneciano Morosini, según consta de una manera auténtica en un drama escrito por el señor Martínez de la Rosa, cuando decía a su hermano que, para comprender ciertos particulares, es indispensable tener hijos.

Téngolos ya, y aseguro al lector que no cuente esta felicidad, pues el que se halle en las circunstancias mías lo sabrá tan bien como yo, que de chicos hacen un ruido de todos los diablos y tanto, que he calculado, y estoy persuadido de haberme aproximado mucho a la verdad, que solo tres niños equivalen, con corta diferencia en contra de ellos, a una suegra regañona; por lo cual se ve uno en la necesidad de enviarlos a la escuela. Luego más grandecitos, si no se la da ocupación, suelen acostumbrarse a la vida holgazana, y ésta trae consigo la pérdida de todo linaje de pudor, trae los vicios, y trae cuanto puede quebrantar el corazón y entristecer el alma de un padre. Y por eso debe éste procurar que su hijo no pase los mejores años de su vida metido en casa y a las faldas de la madre, quien, ciega a veces por el amor que le profesa, no conoce alguna mala inclinación que en él despunta, o mal guiada por su mismo cariño trata de ocultarla al padre, y la deja crecer cuando es el tiempo de combatirla. Sin perderlo de vista, puede alejarse un tanto al hijo, para que acostumbrándose a no ver cumplidos todos sus caprichos sepa sobrellevar las contrariedades de la vida, y para que, poniendo en ejercicio sus facultades físicas e intelectuales, se haga al trabajo y llegue a ser un hombre útil a la sociedad que lo alimenta en su seno.

Todo esto y cosas aún más graves acuden ahora a mi mente. Confieso que juzgando por mí, encuentro ya muy natural el deseo de colocar a los hijos, y lejos de atribuirlo a las malas causas que antes me imaginaba, hallo otras laudables y dignas de encarecimiento. Pero al mismo tiempo, preciso es reconocer que no siempre educamos a nuestros hijos como para que luego les sea fácil abrazar una carrera, o dedicarse a cosa que les traiga ventajas y de algún modo los haga figurar eh la sociedad. Como no se trate de sacar de un muchacho un abogado o un médico, gana es pensar que se le hagan adquirir nociones siquiera de ciencia alguna: si no ha de ser agrimensor público, ¿para qué enseñarle matemáticas?; si no ha de cantar misa, ¿a qué llenarle la cabeza de latín? Y luego queremos colocarlo... y si cuando sale de la escuela nos dice el maestro que sabe leer y escribir, y que con una prontitud asombrosa vuelve en pasiva las oraciones en activa, y que le nombra a usted sin equivocarse las capitales de los reinos de Europa, y le dice qué lenguas se hablan en ellas, figurámonos que ha de servir para todo, y que con abrir la boca no más, vendrán a disputarnos el niño. Si queremos que la educación pase de los límites de primaria, le ponemos maestro de francés, maestro de polca, boleros y contradanzas, y maestro de florete: le abrimos cuenta en una sastrería y le compramos un quitrín: con todo lo cual tenemos por poco menos que imposible que no se le crea, no ya útil, sino indispensable a cualquiera persona que sirve al público, bien profesando ciencias literarias, bien ejerciendo la mercantil, o bien en otra ocupación o carrera.

Y, ¡ay, si al dar el padre los primeros pasos para colocar al niño encuentra que no es tan fácil como imaginó! ¡Ay, si le dicen a la mamá que el muchacho será cosa muy buena; pero que no es propio para lo que ella quería que fuese! ¡Cuántas cosas se echan en rostro al infeliz que no le admitió! ¡Cuántas inculpaciones se le hacen, y cuánto se le dice que va a perder la ocasión de tener en su casa al único joven capaz de dar un giro tal y tan nuevo a sus negocios, que a la vuelta de un año o año y medio, le haga entrar por las puertas las talegas sin cuento y los clientes en batallones! Allí entra aquello de la falta de patriotismo, y lo de si mi hijo fuera dinamarqués o polaco ya se le acogería: allí lo de no hay cuña, etc.: allí lo de yo quise hacer favor, cuando en realidad se viene a pedirlo, y allí tantas y tantas cosas, que ni son para dichas ni cupieran en este artículo. Y entre tantas, no se le ocurre al padre o a la madre que el muchacho no sabe nada, ni que, si sabe alguna cosa no es la que necesita aquel hombre, ni la que se echa de menos en su casa.

Pero yo no he nacido para echar sermones, sin embargo de mi natural seriedad; y pido rendidamente perdón a mis carísimos lectores por haberme dejado arrastrar de la tentación de tratar este asunto con gravedad: arrepiéntome de ello sinceramente, y protesto que en adelante he de ceñirme, no a decir lo que tiene de malo, sino lo que tiene de ridículo aquello sobre que escriba, aunque no sea sino porque juzgo acá en mis adentros que hoy se huye más de lo segundo que de lo primero.

Doña Eduviges de los Ríos se deja caer, como si dijéramos, un día en una de nuestras primeras casas de comercio: interrumpe al socio director y exige una conferencia privada.

—Vengo —dice— a molestar a usted porque deseo colocar a mi niño, y he preferido a usted por la amistad que tuvieron nuestros abuelos, y porque al cabo, aunque carga usted su premio muy regular, le presta dinero a mi marido y *refacciona* su finca.

—Señora —contesta el comerciante—, en el día tenemos más dependientes de los que necesita la casa, y...

—Sí; pero cuando se trata de un muchacho como mi niño —dice la madre—, paréceme que a ojos cerrados debe admitírsele... Aunque me esté mal el decirlo, puedo asegurar a usted que dentro de poco ha de darme las gracias.

—No podemos, señora —replica el comerciante—, aumentar el número de nuestros dependientes, y crea usted que...

—Sí; pero yo quiero colocar al niño —contesta la madre—, y no estoy en el caso de hacer a ninguna otra persona la fineza que he reservado para usted. Además, ¿qué inconveniente habría en que fuese dependiente honorario?

—Entre nosotros, señora —vuelve el comerciante—, no hay esas cosas: aquí todo es positivo y real, y cuando...

—Sí; pero el niño necesita colocación —salta la madre—, pues no es posible que veamos con indiferencia su padre y yo que sus habilidades no tengan un buen empleo. Por lo que respecta a sueldo...

—Señora —interrumpe el comerciante—, me es en extremo sensible decirla que absolutamente podemos complacer a usted... quizás...

—No esperaba yo por cierto —responde la madre— que despreciara usted la ventaja de colocar en su establecimiento a mi niño; pero ya se ve... ése es el modo de proteger a los nuestros... y luego nos quejamos... si mi niño no hubiera nacido aquí...

—Nosotros, señora —dice el comerciante medio amoscado—, no pedimos a nadie su fe de bautismo, sino buenas recomendaciones e instrucción mercantil. ¿Sabe aritmética su niño de usted?

—Verdaderamente, según he oído a su padre, no es en lo que más descuella; pero aquí pudiera ir poco a poco adiestrándose en ella...

—¿Habla siquiera el inglés?

—No; pero estoy persuadida de que oyéndolo hablar aquí, a los cuatro o seis meses ya sabría pedir las cosas de comer por lo menos...

—¿Y tiene buena letra?

—No tan arrogante que digamos; pero usted sabe que ninguna persona decente escribe bien...

—Señora, en el comercio todos somos muy decentes, y no por eso dejamos de tener una buena forma de letra. Y al cabo, el niño, ¿qué dotes tiene?

—El niño tiene ser muy obediente a papá y a mamá, muy cariñoso y calladito, y, o son dotes éstas muy recomendables, o no entiendo yo de dotes.

—Muy buenas cosas son, señora; pero ellas solas no hacen un buen dependiente en una casa de comercio... ¿qué sabe el niño?...

—¿Qué sabe? ¡Jesús, y lo que sabe! ¿Quién sacó el premio grande en los últimos exámenes de...? Él sabe leer y escribir, y otras cosas que yo no sé cómo se llaman... Baila el rigodón, toca la flauta, recorta un figurín y hace de él un autómata; construye una jaula de pájaros como un templo, pinta flores, sabe calar melones, y aun conoce los buenos sin calarlos; y finalmente, en casa él es quien injerta la rosa té en la rosa napoleona, y la de Alejandría en la de Jericó.

Apenas concluye la madre la enumeración de las estupendas habilidades del hijo, se levanta el comerciante, la saluda reverentemente y le ofrece el brazo para acompañarla adonde dejó el carruaje.

No hace muchos días que quien hubiese visto a don Jácome Urrutia por esas calles, hubiéralo tomado por un loco. Iba de carrera, entraba en una casa, salía de ella, volvía a correr y entraba en otra. Yo imaginé que, o buscaba un sacerdote para auxiliar a un enfermo, o un escribano para hacer un testamento. Pues no, señor, supe que buscaba una colocación para Tiburcito su hijo. Habíanle dado la noticia de que pronto estaría vacante la plaza de secretario de no sé qué empresa de minas o de camino de hierro, y que se proveería por votación. Milagrosamente ningún socio estaba aún comprometido, y don Jácome, amigo de casi todos ellos, quiso verlos, hablarles e interesarlos a su favor; y como le diesen esperanzas, tuvo por segura la colocación de Tiburcito.

Pero la junta directiva de la empresa creyó de su deber averiguar si el Tiburcito sería Tiburcio, es decir, si sería hombre capaz de desempeñar el cargo, bien que su padre había asegurado que el muchacho era para todo. Resultó que podía serlo para muchas cosas, pero no para aquella secretaría, pues sin contar que no era su fuerte redactar actas, con ser materia tan fácil, su letra era fatal, y aunque tenía a su favor algún conocimiento sobre las plantas, daba la maldita casualidad de que no era en un jardín botánico donde se le necesitaba. Por lo demás, también bailaba el rigodón, y si no tocaba la flauta, tocaba el violín que requiere mejor oído. Conque, el día de la elección, mientras don Jácome persuadido que Tiburcio saldría secretario, destapaba botellas, partía quesos, rompía galletas y cortaba ruedecitas de salchichón en compañía de varios parientes y amigos a quienes trajo a su casa para celebrar como era justo tan fausto acontecimiento, allá entre los accionistas se nombraba a mayoría de votos a un pobre muchacho que ni bailaba, ni tocaba, ni entendía palabra de botánica; pero sabía gramática, escribía bien, era buen aritmético y tenía en fin los conocimientos y las cualidades que en aquel destino hacían falta y aunque era poeta, ofreció no componer un verso mientras le durase la secretaría. Afortunadamente para los convidados de don Jácome, cuando se supo la noticia, ya no quedaban por destapar sino dos o tres botellas de cerveza, y habían desaparecido las golosinas, por lo cual no se dieron por chasqueados. Don Jácome lo atribuyó todo a que Tiburcito no se había embarcado nunca, y nadie lo contradijo.

Lances de esta naturaleza suceden todos los días, y en vista de ellos, ¿por qué no hemos de hacer que nuestros hijos adquieran algunos conocimientos que nunca serían superfluos, sino que al contrario les pudieran luego ser muy útiles?, ¿y por qué, si no se los hacemos adquirir, extrañamos les sea tan difícil encontrar esas *colocaciones* a que aspiran, y en las cuales el hombre comienza a descubrir su carácter moral, y la sociedad prevé lo que puede deberle con el tiempo? Últimamente, si nada se enseña a los muchachos, si por no enseñarles nada, es materia tan ardua el colocarlos, no cansemos a nadie, por amor de Dios, no vayamos a comprometer al comerciante, ni al empresario, ni al abogado... sino hagamos a nuestros hijos oficiales de causa... y *laus deo!*...

1845

Suposiciones

Las doctrinas son generales; pero si alguno por la semejanza de los vicios entendiere en su persona lo que noto generalmente, o juzgare que se acusa en él lo que se alaba en los demás, no será mía la culpa.

Saavedra, *Empresas políticas*

—Señor don Jeremías, ya se lo tengo pronosticado a usted y ahora de nuevo se lo pronostico. Usted será uno de los poquísimos hombres a quienes no mate un médico.

—Eso, señor don Cándido, quiere decir que *serán luengos mis días, y que cerrarán mis ojos las tiernas y delicadas manos de mis terceros netezuelos.*

—Eso lo que quiere decir, señor don Jeremías, es que morirá usted de un trancazo, que entre todas las muertes es la menos envidiable, por ser muerte de perros. Bueno, es que le digo, que está usted en peligro, y me sale con los terceros netezuelos, que así los verá usted si continúa haciendo retratos, como he de ver yo la venida del Anticristo.

—¿Qué retratos son ésos, señor don Cándido?

—Esos retratos son los articulejos que bajo su nombre han salido en los periódicos, y los que, con ésos, quiere usted regalarnos ahora en cuerpo de libro, o sea en tomo si le parece a usted mejor. Siga mi consejo, y no eche a volar esa cometa, papacote o como se llama.

—No entiendo de qué cometa me habla usted.

—He querido aprovechar la ocasión de lucir una metáfora, y extraño que no lo advirtiese un escritor que siquiera debe haber leído la retórica de Sánchez; digo que no imprima usted ese libro de artículos, donde con achaque de corregir unos cuantos vicios retrata usted a media población. Usted corríjase, y déjese de andar sacando fisonomías de gentes que no se meten con usted, ni le ven ni le entienden, no sea que si tratan de verle resulte en daño de sus costillas.

—Pero ¿yo he sacado fisonomías? Mire usted que ahora lo sé...

—¡Toma! Conque lo juran los mismos retratados y viene usted con... Pues ¡cuando ellos hablan...! ¿No basta que diga un hombre «yo soy» para creerle? ¿Dejará de conocerse cada hijo de Adán más tal vez que quisiera?

—Bien; pero se me hace inconcebible eso que dice usted de haber yo pintado a media población: asegúrole bajo mi palabra de literato que por lo menos es tan buena como la de un sastre, que ningún vecino honrado debe figurarse que por él se escribiera ninguno de mis pobres artículos.

—¡Hola! Y si un artículo coge de medio a medio a un vecino honrado, ¿qué quiere usted que crea?

—Todo, menos que le quise retratar. Verdad es, amigo mío, que quien pinta vicios no inventa, sino copia; pero el pintor debe guardarse y se guarda de colocar delante de sí al vicioso para ir trasladando al papel sus facciones. El que tiene un defecto y en un festivo artículo lo ve ridiculizado y atribuido a un personaje imaginario, cree que él es la víctima, y no se para a considerar que hay otros y otros que también cojean del mismo pie, y a quienes quizás haya ocurrido la misma sospecha de ser los tratados. La razón es, amigo y señor don Cándido, que un vicio cualquiera tiene la rara propiedad de hacer que se parezcan todas aquellas personas a quienes afea; así como un vidrio amarillo o rojo hace que parezcan pálidos o encendidos todos los semblantes que se miran al través de él.

«La sociedad me presta sus cuadros, y yo se los devuelvo a la sociedad»; pero si de aquí tomo un rasgo, y otro de allá para completar mi pintura, no voy luego con ella y digo a la sociedad: «aquí tienes el retrato de uno de tus miembros», sino «aquí ves ridiculizado tal o cual vicio, tal o cual extravagancia de muchos individuos de los que te componen». En esto no hay personalidad, y sería una suposición arriesgada decir que el pobre escritor retrató Juan o a Pedro, cuando su objeto fue solo pintar la fatuidad, por ejemplo, o el egoísmo. Pero, si en la pintura de estos dos vicios creyeron reconocerse Juan o Pedro, échense a sí la culpa y no al escritor que para nada los tuvo presente: corríjanse y rían después como los demás, de una pintura que ya no hablará con ellos.

Tome usted los «Caracteres de La Bruyere» y apostemos, señor don Cándido, a que encuentra en ellos los retratos de algunos de sus apreciables amigos. ¿Dirán que los quiso hacer el bueno del francés? No, que él vivía allá en el siglo XVII, y sus amigos de usted viven todos en este bendito siglo XIX. Pero él pintaba a los hombres, y los hombres son iguales en todas épocas, y sus vicios son los mismos. Si yo hubiera regalado a esos que se quejan de mis pobres cuadros, con la traducción de uno de los inimitables del moralista transpirenaico, ¿levantarían la voz en contra suya, como la levantan en contra mía, según me dan a entender sus palabras de usted? Pues vea que siendo tan de diverso género y tan inferiores los míos a los de La Bruyere, una misma persona pudiera encontrarse retratada por los dos, si aconteciera que ambos acertáramos a bosquejar aquel vicio o defecto que en ella se nota.

Si a un avaro enteramente ignorante en literatura lo llevasen una noche por primera vez al teatro, y viese a Harpagon, ¿no podría entregarse a extrañas cavilaciones y creer que se había querido retratarlo? Difícil sería hacerle entender que Moliere no le conoció, y que en la comedia solo se trata de ridiculizar la avaricia, para que los hombres no caigan en ella como él ha caído. Pues con el mismo fundamento que este buen hombre se quejarían los que en la censura de algún defecto se imaginaran que se les está señalando con el dedo. Nada de eso: el vicio es el que se señala, y se hace abstracción del individuo. Pero tiene la sátira contra las costumbres viciosas cierta semejanza con la lluvia, y perdone usted la comparación, señor don Cándido. Cae la lluvia sobre todo el que no está debajo de techado, como la sátira sobre todo el que no anda derecho; y así como el que se moja no ha de creer que llovió solo porque él se mojara, el que ve en la crítica aquello de que adolece, no debe tampoco creer que se hizo solo por censurarlo a él.

—Todo eso está muy bueno, y será muy lógico y cuanto usted quiera; pero son palabritas, señor don Jeremías, palabritas y nada más con las que quiere usted hacernos digerir sus malhadados retratos. ¡Nada!, usted ha tomado por su cuenta a varios amigos, y los ha puesto como en un retablo de figuras de cera, sin temor de Dios ni de ellos, que es peor. Porque, y dejémonos de frases, si yo me planto delante de un espejo, aquella sombra que veo es la mía, y no me hará creer lo contrario ni mi amor propio que me susurra bajito que miente el espejo y que yo soy mejor mozo. Los que leyeron sus pinturas de usted se han visto en un espejo y se han reconocido.

—Entonces échense ellos la culpa de colocarse delante del espejo, y no a mí, señor don Cándido. Si uno toma de mis cuadros tal rasgo y dice: éste me viene bien; y toma otro y dice, éste es mío, y luego otro y otro, y repite: estoy hablando: ¿retrátolo yo o se retrata él?

Nada, amigo, «yo protesto contra esas quejas; protesto contra esa maliciosa interpretación y esas falsas aplicaciones de mis artículos», y declaro que a ningún bicho viviente quiero pintar en ellos. Si exponiendo a la risa las faltas y las extravagancias de nuestra pobre humanidad como Dios y mi caletre me ayudan, sucede que tropiezo y pego contra algún individuo, sepa que jugué a la gallina ciega, y que lo pillé sin intención; pero ese tal ya que conoce en sí el vicio que se critica, corríjase y calle, que bien pudiera ser que otros no lo hubieran notado y él mismo lo haga público con su enojo.

Además, señor don Cándido, usted sabe que en escritos satíricos, siempre la malicia o la mala fe encuentran alusión. En la pintura de cualquiera humana debilidad hecha con laudable fin, no falta nunca alguno que, al leerla, se sonría y pronuncie un nombre. Y los oyentes se admiran de no haber caído en la cuenta y de no haber conocido el original de un retrato que está hablando. ¿Tiene de esto la culpa el escritor?, ¿podrá evitar que otros hagan suposiciones atrevidas? Y no es lo peor, sino que la persona a quien se ha querido achacar aquella pintura lo sabe, la examina y la encuentra exactísima, aunque no se le parecía. No hay medio de convencerla de que ni aun se tenía noticia de su existencia: algún rasgo hay suyo, y es preciso que el maldito autor haya querido habérselas con ella, insultarla, hacer reír a su costa.

Luego, tiene también el escritor satírico otra desventaja, y es que nos ocupamos aquí mucho de nosotros mismos, lo cual no sé si diga que indica más suficiencia propia de la que fuera necesaria. Muchos aparentarán creer que se les ha querido pintar en un cuadro de costumbres, cuando lo que quieren es llamar la atención sobre sí, hacer ver que poseen aquella virtud que es opuesta al vicio censurado, y tratar que le concedan otros lo que ellos mismos interiormente se niegan. Con este objeto ponderan la injusticia y el desacato del autorzuelo que sin más acá ni más allá, y sin entrar en cuentas consigo mismo, se deslizó no a retratar, sino a calumniar a sujetos de tanta suposición, y cuyas buenas dotes reconocen y encarecen todos.

—Basta, don Jeremías; traza lleva usted, si no le van a la mano, de echar un discurso más largo que el de un orador norteamericano. Ha hablado usted como un libro y se ha lamentado como el profeta cuyo nombre lleva; pero al cabo, medio me ha convencido usted y confieso que aquellas niñas...

—¿Qué niñas de mis culpas, señor don Cándido?

—Ha de saber usted, señor don Jeremías (y no se lo digo para que saque de ello argumento para un artículo), que entrando yo, don Cándido, días pasados en casa de unas niñas a quienes visito hace luengos años...

—Pues no serán tan niñas...

—Solteras quise decir, y bien sabe Dios que no tienen a gran dicha el serlo; pero vamos a que entré y las hallé a todas exasperadas. Unas estaban pálidas, otras con la color encendida; a ésta la temblaban los labios, a aquélla las piernas; cuál arrojaba chispas por los ojos, y cuál echaba espumas por la boca. Todo esto noté, y conocí por ello que una misma pasión de ánimo puede causar tantos diferentes visajes y tan variadas contorsiones de nervios, cuantos son los semblantes humanos: observación de que tomé apunte para comunicarla a un sobrino mío que se ocupa en escribir un tratado sobre psicología. Pero esto no es del caso ahora. Pregunté la causa de aquella general irritación, y supe que la causaba la lectura de algunos de los artículos de usted.

—Señor don Cándido —exclamó una—, ese don Jeremías, o don diablo, ha retratado a toda nuestra familia: todos los personajes que pinta están más o menos ligados a nosotras por los vínculos de la sangre, excepto uno; y aun ése es un amigo antiguo de la casa a quien apreciamos mucho, y con quien una de nosotras estuvo a pique de contraer primeras nupcias.

—Pero —las pregunté yo—, ¿conócelas a ustedes don Jeremías?

—Ni de vista siquiera —respondió una—; pero, ¿qué importa eso? Somos las víctimas de su satírica pluma, y acá tenemos nuestros motivos para creerlo.

—Mire usted —continuó otra—, la Eloísa de los «Varios originales» es nuestra tía Pancracia, por la sencilla razón de que nuestra tía Pancracia es beata y tiene un genio como una pólvora: el poeta es nuestro primo Pepito, que diga don Jeremías lo que quiera, tiene chispa, y algo más que chispa: el «Administrador de Ingenios» es nuestro cuñado Celestino; y el «Médico de campo» nuestro querido hermano.

—Y ha sacado —saltó otra— a nuestra adorada y difunta abuela, y a nosotras, y al amigo antiguo con quien nos íbamos a casar, digo, con quien se iba a casar una de mis hermanas... Jesús, que se dicen una cosas sin pensarlo...

—Y bien, señor don Cándido, ¿no son ésas gratuitas suposiciones en contra del pobre autor? ¿Y no ven esas amigas de usted que ellas mismas atraen la atención sobre los *originales* de su familia, y no mis artículos?

—¿Qué ha de esperarse, decían, del señor Docaranza o como se llame? ¿Qué mucho que nos saque en sus artículos quien se ha atrevido a retratar en ellos a su mismo padre?

—¿Eso dijeron?

—¡Toma, que si dijeron!, y que le había usted pintado con todos sus pelos y señales, que no había que dudar un momento.

—¿Y de dónde sacaron esas almas benditas tan peregrina ocurrencia? ¿Acaso en algunos de mis mal pergeñados artículos he pretendido hacer la pintura del hombre a quien estima y aprecia la sociedad en cuyo seno se mueve? ¿He hablado de quien después de haberse desvelado en obsequio de sus semejantes y servido en cuanto pudo a su país, se retira sin aspirar a recompensa alguna y contento con la secreta y dulce satisfacción de haber obrado como cumple a un buen ciudadano? ¿He dicho nada de quien lejos de pretender distinciones y condecoraciones, supo, cuando las pudo lograr, rehusarlas modesto y agradecido? ¿He celebrado por dicha a quien derramó sus bienes para que se abriesen escuelas para la infancia y un asilo para la indigencia? ¿He encarecido a quien siempre tendió una mano bienhechora a la desgracia, o lloró cuando no le fue dado enjugar las lágrimas del desvalido? No, señor don Cándido; ni en ninguno de mis débiles ensayos he presentado el cuadro de las virtudes domésticas puestas en práctica por quien las abriga todas en su noble corazón: no he pintado al hombre para quien la felicidad de su esposa y de sus hijos sea motivo de constante desvelo y origen de no interrumpidos trabajos; y a quien esa esposa y esos hijos pagan con un acendrado amor, un tierno respeto y una dulce gratitud, que es con cuanto pueden pagarle, aunque saben que esa corta correspondencia, como dimanada del corazón, es acogida con interior regocijo y es el manantial de las delicias de aquel que es objeto de ellas.

Si un carácter semejante no ha sido por mí bosquejado, ¿cómo dicen esas muchachas que he hecho el retrato de que usted habla? Yo, amigo don Cándido, en mis cortas producciones no traté de pintar la virtud, porque la virtud no necesita pinturas ni artículos para ser acatada y reverenciada: ella por sí lo es, y es amable y trae la admiración y la simpatía de todos. En lo que he escrito, sí he llevado, y ojalá hubiesen correspondido mis fuerzas a mis buenos deseos, la benigna intención de corregir añejas costumbres y malos hábitos.

Tengo para mí que con disertaciones de moral nada se consigue, con homilías tampoco, con ejemplos de santos varones *necuacuan*; y que el único medio de tal cual eficacia es presentar el lado ridículo del vicio que se quiere castigar; pues como el hombre a nada huye más que a parecer ridículo a los ojos de sus semejantes, si tiene ese defecto se corrige de él, o lo disimula que no es poco.

¡Ay, amigo!, ¡y cuántos vicios tiene usted en este mundo de Dios, que si no están más generalizados es porque son más ridículos que malos, y por lo tanto al hombre que los posee lo hacen más bien extravagante que perverso! ¿Qué quiere usted? A tal altura hemos llegado que prefiere uno ser tenido por malo a excitar la risa, y por eso trato yo de hallar lo risible de aquello de que quiero separar a mis lectores. Mas, si he satirizado, y no me pesa a fe, ciertos ridículos hábitos que he podido observar, si he escarnecido tal cual moral defecto de que adolecemos, si he procurado hacer reír a costa de las extravagancias de los hombres, nunca, señor don Cándido, tuve presente al individuo, y nunca me vino a las mientes rasguear el perfil siquiera de señalada persona.

—Es verdad, señor don Jeremías; y júrole que de hoy en adelante en ninguno de los cuadros con que usted nos regale trataré de buscar retratos, sino la pintura del vicio que procure usted corregir.

—Gracias, y en prueba de cuánto agradezco esa buena disposición, quiero consultarle sobre el asunto de mi primer artículo. Pretendo hacer la pintura de un hombre que carece de ideas propias, que no mira sino con ojos ajenos, no oye sino con los oídos de otro: hombre que no juzga de cosa alguna si no sabe que ya hay juicio formado sobre ella, para calcar, digamos así, el suyo sobre aquél; y hombre que en medio de dos contrarios pareceres, no se decide por ninguno ni acierta a emitir otro que pueda conciliar ambos extremos. Ya se ve que para este hombre todo se vuelve compromisos en la sociedad, y si acusan en su presencia al amigo ausente de quien él tiene el mejor concepto, no le defiende como debiera; y deja de defenderle no porque sea de ánimo apocado y tímido, sino porque teme ir contra la urbanidad, contrariando al acusador. Este hombre...

—Usted, señor don Jeremías, se guardará muy bien de presentar semejante pintura al público. ¿Cómo es eso? ¿Quiere usted retratarme? ¿Quiere que me señalen con el dedo?

—¿Cómo, señor don Cándido? Yo ignoraba que los rasgos de un personaje que en mi imaginación acabo de concebir, correspondiesen a usted, y...

—Sí que me corresponden, y usted se abstendrá de...

—Protesto...

—No valen protestas.

—Acaba usted de decir que en adelante no buscará en mis artículos retratos de personas, sino la pintura del vicio, y...

—Pues ahí vera usted como son las cosas. En ése me place buscar al individuo y no el vicio.

—Eso consiste, señor don Cándido de mi ánima...

—Yo bien sé lo que consiste, señor don Jeremías, y repito que usted no escribirá ese artículo.

—Entonces, ¡colgaremos la pluma...!

Antonio Bachiller y Morales

Un insolvente en La Habana, o el hombre-macao

La pobreza considerada como temible calamidad, y mayor que todas las plagas de Egipto, pierde mucho de su fealdad y hasta se convierte en un oficio que da pan y dinero en nuestro excepcional país. Decía un célebre escritor moderno que España es el país de los *viceversas*: a vivir en la fértil Cuba, hubiera escrito que tal de sus provincias es el lugar, flor y nata de las *excepciones*. No en balde hay quien le desea la quimera de una literatura excepcional.

La clase de insolventes se divide en varias especies que tienen su tipo especial cada una. Según la especie, son caracteres diferentes los que les distinguen: por lo regular, el insolvente es semejante a nuestro *macao*, no tiene casa, sino que se cuela en las conchas que ve vacías: digo esto porque en mí no corta práctica forense, he notado que son los seres que sufren menos frío que existen en el mundo. Quien vive al *abrigo* de su anciana madre; quien en la casa de su mujer: ¡oh!, esto es rarísimo en el mundo y comunísimo en La Habana. Cuando pregunta el juez que inquiere la solvencia del pleiteante y asegura éste francamente que nada tiene, ni oficio, y que vive en la morada de su esposa, que los muebles son de ésta, etc., que nada posee... me han dado ganas de poner enseguida, *nada posee, ni vergüenza*. Si se exceptúa el insolvente casado que *vive en casa* de su mujer, los demás viven todos al *abrigo* de algún benéfico ser que hace literalmente el papel de cobertor: abríganse pues que es una bendición.

Si pues el *hombre-macao* tiene por carácter general el de no tener casa propia, en cuanto a la forma de los órganos son diversísimos. El *testaferrea* del usurero usa cartera, chupa o paletó de lienzo, sombrero de jipijapa o de paño blanco: es como los cangrejos de Jesús María y el Manglar, de poco cuerpo y mucha boca. Si le quieren conocer ocurran a la Lonja: allí está como en un centro, pues la ejecución judicial que no se pone en su cabeza, él la dirige, eligiendo alguno de su familia, que a veces el *macao* se reproduce como el *pólipo* en una larga generación de primos y parientes de las propias trazas.

Tenía yo amistad con un honrado vizcaíno a quien se enredó en un pleito: en tres floreos se quedó sin blanca y su corta fortuna en otros tiempos, cuando Dios quería, pasó a manos que sé yo de quien: yo oí sus cuitas y quise consolar sus lamentos, proponiéndole que hiciese un informativo de insolvencia. Mi honrado cliente se resistía a que su nombre apareciera en los periódicos, proclamando su pobreza según nuestras disposiciones locales. En vano me esforcé por lograrlo, ¿y qué hacer? El agente de mi procurador travieso en el discurrir y holgazán en el ejecutar, como todos ellos, se movió a lástima y antes de que me ocurriera cosa alguna, dijo:

—¿Por qué no hace el señor don Homobono, así se llamaba el tal, una cesión fingida en don Mauregato Uñilargo, que es insolvente que se ocupa de esas cosas?

—La haría en el mismo diablo, siempre que quede yo seguro.

—Pues yo traeré a don Mauregato mañana a las once.

Concertada así la cita y resuelto don Homobono a entregar su bolsa al mismo Satanás, esperamos la llegada del siguiente día. Luego que apareció éste, vi al agente a quien llaman Anudar sus compañeros, entrar con las partes contratantes.

La faz de Uñilargo no fue cosa que me llamara la atención, quizá por la costumbre de verle en los Portales y la Lonja. Después de las salutaciones y de haber tomado asiento, se trabó el siguiente diálogo:

—Me ha dicho Anudar que es usted de oficio cobrador y que cuando usted cobra, no cobra la justicia y sí cuando cobro yo; si usted es cobrador de confianza yo le doy a usted la tercera del cobro.

Uñilargo no pudo resistir el dialecto en que se expresaba mi cliente enredado en negocio de que jamás entendió, y metiendo mano a la faltriquera, sacó una cartera enorme.

—Ven ustedes esta cartera, pues, vean ustedes, aquí hay seis pagarés, todos en estos términos: «Debo y pagaré a (aquí para, renglón en blanco) seiscientos pesos (no son todos iguales) que he recibido en dinero efectivo por hacerme merced y buena obra, etc.».

—Pues enseguida cada pagaré renuncia esperas, quita y hasta la sepultura en sagrado que antes se condenaba con esa pena a los usureros, y ahora se va cambiando la tortilla... aquí soltó una grandísima carcajada y encendió un inmenso *tabaco*.

—¿Y qué me importan sus pagarés?

—Le importan, y a mí también... mire usted: antes de que viniera Tacón yo era tallador de monte... cayó en desuso este oficio y he de buscar uno análogo: heme usted de *testaferrea*. Yo negocio este dinero ajeno y si no se paga al plazo aquí en el blanco pongo mi nombre, soy insolvente y llama el deudor a *Cachano*... (otra carcajada interrumpió la expresión)... *Cachano* no viene y si el dinero y la propina y cuanto gano lo pongo en cabeza de mi mujer, mire usted si estando yo tan *cujeado* y tan experimentado, deberá usted ponerse en mis manos.

Mi cliente cogió miedo a las carcajadas de Uñilargo y tenía razón: esa carcajada que decía yo me burlo de las leyes, de los hombres y vivo, y no voy a ganar el pan con el sudor de mi frente; esa carcajada que decía, yo me valgo de una arma terrible, como el cirujano en la mesa de un anfiteatro, del bisturí y la cuchilla para dividir al infeliz deudor y alimentarme con su sangre y meter mis dedos en su corazón y sus entrañas. ¡Oh!, esa carcajada era terrible, infernal. Yo no pude dejar de sufrir esa impresión que solo puede concebirse cuando se oye y no puse más atención al diálogo. Mi cliente quedó por mucho tiempo hablando de las conveniencias de ser insolvente en La Habana.

El *hombre-macao* puede ser insolvente y pagar casa de cuarenta o más pesos mensuales: hasta puede tener quitrín. A ocasiones no vive *al abrigo* de nadie, pero vive en un *cuarto* interior de doña Caridad Camaleona, que sin saber de dónde le vino, paga buena casa y criados y admírense los lectores por espíritu de pura galantería: quien usa más de todo lo que se ve y advierte, es el mancebo que habita en el cuarto por cuatro o cinco pesos al mes. Sucede que los acreedores del insolvente le embargan *equivocadamente* el quitrín: entonces doña Caridad prueba en tercería que es suyo y protesta los jornales del calesero y daños y perjuicios, y se forma un incidente para tratar de esto en que se hace parte *velis nolis* el deudor principal; y se forma otro expediente para que se componga el carruaje que sufre deterioro en el depósito; otro incidente para poner uno de los clavos de las herraduras de la bestia, etc.; mientras tanto el acreedor se cansa y queda demostrado que un *hombre-macao* es invulnerable, incombustible.[37]

37 Las últimas recientes disposiciones sobre insolvencias de la Real Audiencia Pretorial han tenido por objeto y con buen éxito disminuir estos abusos; hay otros a que no puede alcanzar la ley, porque corresponden al dominio de la moral. La opinión y la reforma de

Cuando se ha adquirido este convencimiento recuerda uno involuntariamente aquellas palabras del rey sabio en la partida segunda. «E son dos maneras de enemigos, los unos de la tierra e los otros de fuera: e los de la tierra son aquellos que moran o viven cotidianamente en ella, e estos son más dañosos que los de fuera.»

Entre todos el *hombre-macao* es el más perjudicial, porque está libre de la acción de la ley.

Noviembre 1846.

Hogaño y antaño

> El que tiene orden en el amor ama lo que debe ser amado y no ama lo que no debe.
>
> San Agustín, *De la Doctrina cristiana*

La eterna lucha de lo que fue y de lo que es se modifica, se altera, se disfraza; pero es siempre la expresión de nuestra poca memoria y cedemos a los optimistas de antaño en los momentos de malestar de hogaño. Hemos presenciado un diálogo entre una joven que, si hubiera todavía romanticismo, la llamáramos romántica; pero hoy no sabemos cómo clasificarla. Leíanse en una reunión algunos de nuestros actuales periódicos y sus sermones, aunque cortos, sobre las *indecencias* que ofrecen nuestras calles, y lo poco edificantes de varias costumbres. Era un anciano el otro interlocutor.

—¿Habrá usted encontrado —dijo ella— a La Habana perdida hasta la inmoralidad? Ha reparado usted lo que pasa en las calles: ¡qué corrupción!

—Me parece, señora, que no es un cuadro en que haya mucho que recomendar; pero quisiera que usted se fijase en su pregunta, ¿de qué cosa que pasa en las calles me habla usted?

—¡Hágase usted el inocente! Dicen los periódicos que hay calles en donde es imposible que transiten señoras, por la desenvoltura de especiales mujeres.

—Es verdad, ¿y qué?

—Y no solo en las palabras y acciones que ejecutan, sino hasta por la poca modestia y honestidad de los trajes.

---

nuestros hábitos nada más podrán curar esa enfermedad social que nos aqueja. (N. del A.)

—Es verdad, ¿y qué?

—Pues ¡me gusta su cachaza! Yo que creí que usted tronaría...

—No, señora, es síntoma el trueno de la existencia del rayo y yo nada tengo de eléctrico: soy un pedazo de tolerancia histórica aquí donde me ve, y creo que el mundo marcha a pesar de las tentativas que se hacen por los reaccionarios para detenerlo y aun retrogradar.

—Es decir, que usted es como mi marido; *positivista evolucionista* y hasta acepta la *reversión* en *moral*.

—No es exacto, ¿y qué?

—Pero hombre, por Dios, contésteme usted claramente y no me repita ese *¿y qué?* como *ora pro nobis* de letanía.

—Pues le digo a usted que hemos adelantado a pesar de todos los pesares: que usted discurre como no lo hubiera hecho su abuela, que en lugar de discutir se habría ido a rezar para que la Providencia mejorase el mundo; que ahora hay periódicos que denuncian los abusos y predican la moralidad; y antes, nuestros abuelos esperaban a que el párroco o el capuchino misionero predicase contra las modas, para saberlas y adoptarlas, según Gallardo, que no es un santo padre pero sí un gran crítico. Antes, cada cual en su casa y tras menudas celosías se enteraba de los abusos oyendo las prohibiciones de los *bandos* o las pastorales de los prelados. En esta tierra hay mucho calor y la desnudez es una de sus malas consecuencias. Hubo aquí un capitán general que se llamó Navarro, hombre severo y sumamente aficionado a poner en orden todo lo que le parecía desarreglado, y publicó varios bandos; una de las cosas que le llamaron la atención fue la ligereza de los trajes, su escasez y *parcial* supresión en las mujeres, no diré nuestras abuelas por *eufonía*. He aquí lo que publicó, que vale muchos *sueltos* de periódicos: «La relajación que se observa *con horror* cristiano en las *mujeres* de pocas obligaciones nace de la falta de temor a Dios y *a la justicia*... y la libertad con que se dejan ver en el público...». El gobernador mandó encerrar en las *Recogidas* a cuantas anduvieran *con trajes deshonestos* por calles y plazas. Pero entonces (1777) la indecencia en el vestir fue más general, *tocaba en deshonestidad*. Solían andar sin *camisas* las mujeres del pueblo blancas, *indias*, y de color, libres y esclavas: que consistía según S. S. en que a ese abuso «cooperan el poco *pudor de los amos* y la *ninguna vergüenza de ellas: mando que desde este día* ninguna mujer blanca, india, parda o morena, *salga a la calle* sin guarda pie, enaguas, saya y camisa, vestida onestamente» (así está escrito sin *h*, bien que la ortografía de todo el impreso andaba también sin camisa y sin enaguas). Vea usted cómo *salían* a las calles por los ocho barrios que entonces tenía la ciudad a pesar de los bandos del intruso conde de Albemarle y de su sucesor legítimo el conde de Ricla, desde 23 de septiembre de 1763.

—Eso no puede ser, y ahora le agrego yo ¿y qué? como usted respondía a manera de letanía.

—¿Y qué digo?, que sus esfuerzos no fueron completos, y sus sucesores, hasta el insigne don Luis de las Casas, tuvieron que dictar órdenes y órdenes para morigerar las costumbres siempre mejorando en el país. Las costumbres religiosas, que así se llamaban las corruptelas del catolicismo en las profanas fiestas de las novenas y ferias, y las procesiones de *disciplinantes*, repetían aquí en *terreno fértil* por su calor y *humedad*, los excesos condenados en Europa. No había periódicos que azotaran sus vicios, porque la imprenta no se había aclimatado, entre otras cosas, y era lo menos recio, porque no había *consumidores* o lectores paganos: pero teníamos edictos episcopales que terciaban con los bandos contra jugadores y malhechores y vagos y perdidos que apremió nuestro benemérito don Luis de las Casas.

—Siempre citan a las Casas, pero es tradicional que participaba de las ideas franco-revolucionarias hasta ser republicano.

—Pues el señor Tres Palacios no era participante de las ideas de nadie: fue siempre original hasta en su oposición a cuanto proponía el ilustre jefe antes nombrado. El pueblo decía que «entre Casas y Palacios iba La Habana a quedarse en la calle»; pero esto no quita la verdad de que había deshonestidad y vicios en las ceremonias en que figuraban *disciplinantes*, en que con achaque de penitencias se consentían abusos, y todo demuestra que seguía en otra forma, lo que ya en sí era un progreso, el poco *pudor* y la *ninguna vergüenza* que denunció el poco sufrido señor Navarro García de Valladares.

—¿Y cree usted que la policía no sería mejor?

—Sobre esto tiene que ser mayor el progreso por más que no sea la mejor, ni siquiera igual a la de otros países *más gobernables*: figúrese usted que se sabía de la división de barrios por los nombres que les tenía puestos el vulgo, y el vulgo se componía de las dos terceras partes de las castas. Luego se nombró un vecino de diputado por año, que gratuita y anual fue su institución. Hízose esta reforma coetánea con la división de barrios de Madrid, después de un motín popular. Las patrullas y las rondas las manejaban los alcaldes y regidores, *a quienes faltaba el tiempo* para oponerse a las riñas y pendencias colectivas de los unos con los otros. El barrio de *Campeche* (Belén) peleaba con el de la *Lejía* (Santo Cristo); el del *Cangrejo* (el Ángel) se las había con los *Doce Pares de Francia* (el Monserrate) nada menos; la *Pluma* (San Agustín), las *Llagas* (San Francisco) y la *Estrella* (Santo Domingo) eran menos belicosos en cuadrilla, pero más *pecadores* en cuanto a profesiones, pues por allí se ejercitaba el comercio en que se empezó a usar el *palo de Campeche* con agua para aumentar el vino. En la vida social puede decirse que las formas expresan el progreso: si usted lee el primer cronista de Cuba, que fue un criado del gobernador y llamado Parra, verá que las sillas de las salas eran *bancos* de madera *sin respaldar* en los más de los casos; que la gente acomodada mandaba madera a España para que la devolviesen convertida en muebles, y es singular que casi siempre eran camas. Hay ahora inmoralidades entonces imposibles y tendrá que haber otras si se aumentan las esferas de la acción humana: ¿cómo era posible que hubiera fraudes y pecados administrativos y políticos si no había empleados en el número y *forma* que hoy; ni se conocía la política donde dijo un virrey que de los súbditos no era admisible más que la obediencia y el silencio: esto porque algún mexicano murmuró por fanatismo religioso contra Carlos III, cuando la expulsión de los jesuitas?

—No siga usted ese rumbo: para detenerle no tengo más que citarle los *ñáñigos* hoy... ¿le parece a usted progreso?

—No precisamente progreso; pero lo es y grande que la prensa *toda* unánimemente los condene. Yo toleraría los cabildos de africanos, si africanos hubiera en edad de bailar, como existían en los últimos tiempos de la trata. Tenían sus tangos[38] en las orillas de la ciudad un día a la semana. El gobierno les reconocía sus *capataces* y se formaban reglas que guardaba el escribano de cabildo; no se les permitía llevar *fetizos*, ni el baile de la *culebra*; ni nada que recordase la idolatría y por lo regular elegían un *patrono* de nuestro calendario cristiano. El día de Reyes, los esclavos del rey, que eran muchos en toda la América, iban a

38 Con este nombre se conocen bailes en Cuba y España, estos últimos flamencos, considerados antecedentes del tango argentino. (N. del E.)

pedir a la representación de su amo el aguinaldo y luego entraban en el patio los demás cabildos. Como esto no era permitido, pues no debía serlo, a los negros *criollos*, cubríanse éstos el rostro y casi siempre con los congas asistían a la fiesta, hasta que se descubrió el ardid y *siempre* fueron prohibidos los *ñáñigos*.

—Me alegro saber eso: ¿conque confiesa usted que es una *reversión*, según sus amigos *reversión* moral?

—Yo cuento la historia pasada y si algún día me ocupase de la contemporánea llamaría a *esa concesión*, si ha existido, una indulgencia peligrosa; y si hay una sociedad mixta, como se cree, de malas tendencias bajo ese disfraz, no se repetirá, créalo usted.

—Lo que yo creo es que el mundo se corrompe más cada día, porque la religión se va extinguiendo, y las masas de los pueblos se sobreponen a los pocos inteligentes y virtuosos que debían dirigir la sociedad.

—Yo acepto lo de la inteligencia en todo lo que usted dice; y perdone usted que en esta materia contradiga a una dama en lo demás. Yo estoy muy lejos de ser positivista, y si usted quiere con esto llamarme ateo, estoy aún más lejos de serlo; pero creo que la opinión y la inteligencia deben gobernar al mundo: dé usted instrucción a las inteligencias y las *mejorará*: los hombres serán siempre seres morales, y por lo tanto libres; pero habrá menos infracciones de la ley moral conocida y respetada por la *opinión*: opinión que principia en el hogar en donde se acostumbre el niño a ver que su padre para ser bueno no necesita de un verdugo; ni para trabajar de un cómitre; ni para vivir civilmente de un vigilante de la policía.

—Todo eso está bien en teoría, pero el mundo se disuelve en la inmoralidad, no le quede a usted duda: lo he leído en muchos libros, de ellos algunos muy nuevos.

—Esos libros a que usted se refiere, hijos de intereses reaccionarios, tienen su respuesta todos, todos, todos; pero no podría yo hacer que su autoridad desapareciera a sus ojos: si la historia es en lo que *tiene de filosofía, el espejo de la humanidad*, yo me conformo con la historia y hasta encuentro graduaciones en las infracciones morales: ¿no le parece a usted que hay diferencia entre la legislación que permitía abrir *el vientre de un siervo o esclavo* para calentar los pies de un *barón* que se helaba, y lo que sucedía especialmente sobre esclavitud entre nosotros desde el honrado general Valdés hacia los últimos tiempos? Escabrosa es para tratarla con una señora esta materia, pero ahí están los libros: las discusiones de las asambleas; vea usted en nuestras Cortes de 1811 la supresión de derechos feudales, los que habían heredado los monjes de Poblet, conmutados en dinero, que hacen por su recuerdo erizar los cabellos. Vea usted cómo se olvidaban los más sublimes preceptos evangélicos, que solo hará prácticos y generales la instrucción de los pueblos. Yo me retiro, pues no hemos de ponernos de acuerdo: ni pensé nunca que fuese usted enemiga del progreso: ¡ay de los que se pasen!

Matilde o los bandidos de la Isla de Cuba

I

> «Las almas de los justos están en la mano del Señor y no les tocará tormento de muerte.»
> La Sabiduría

En los tiempos en que gobernaba el señor marqués de la Torre, dos jóvenes recién casados salieron de la iglesia Mayor con la risa en los labios y el gozo en los corazones: el eco de las palabras solemnes del sacerdote resonaba en sus oídos, cuando sentados en una magnífica *calesa* ricamente paramentada con grandes medallones, tachuelas y botones de latón dorado, damasco carmesí y flecos de seda, tomaron la dirección de extramuros, pues iban al valle encantador de Güines, en donde tenía su padre una hacienda. Era el calesero que montaba una de las vigorosas mulas de la pareja, hermano de *leche* del joven, por haber sido su madre, y esclava de la finca, la nodriza o *criandera del niño*, que *niño* seguiría llamándose aun cuando fuese abuelo. El calesero chasqueaba su *cuarta* con puño de plata, y sus enormes espuelas, a las que daba más vigor el peso de las más *enormes botas de calesero*, caían sin piedad sobre la callada bestia a menudo, para aligerar el paso: terciaba el confianzudo negro en los diálogos de los esposos tranquilizándose recíprocamente sobre el ningún peligro del camino. A buena cuenta su machete de cinta defendería a los niños.

La severa actitud del ilustre jefe tenía a raya a los bandidos, llamados salteadores que antes interceptaban los caminos, y lo hicieron después que se fue: fueron impunes sus delitos, pues como decían los viejos, ya empezaba a corromperse nuestra sociedad naciente: si la impunidad daba bríos al criminal, con el señor marqués la cosa fue muy distinta.

No había resonado en aquellos días el funesto *silbo de los bandoleros* en los espesos bosques, bravíos matorrales y *maniguas* en que se encerraban los caminos de Cuba. Las cruces que aparecían de trecho en trecho, por la piedad de los fieles fijas en las esbeltas palmas, recogían de los vivos los sufragios por las ánimas en aquellos lugares que visitó la muerte, y hacía tiempo que no se oía el mal agorero ruido del raudo *trabuco*, ni turbaba a las aves en sus nidos y amorosos cánticos.

En ese bonancible tiempo iba la venturosa pareja de recién casados entretenida en deliciosos coloquios de futuros planes; y los rayos calurosos del Sol de julio quebraban su vigor, cayendo verticales en las verdes hojas y espesa trama de los bejucos.

—Fernando, ¡ya somos nuestros! —decía Matilde, y sus lánguidos y rasgados ojos, lánguidos de felicidad, se fijaban en su esposo con aquella ternura que crea mundos de ilusión, que calienta nuestro pecho cuando amamos; aquella felicidad que embarga la voz y arrebata los sentidos—: ¡oh, si siempre se amase así!; ¡si el hombre no hubiera nacido para llorar!

Oscurecióse la atmósfera un si es no es al principio, y luego creció de punto la lobreguez hasta la oscuridad casi completa. Cosa era muy común en esos meses. Matilde se estremecía al ruido de los truenos. Fernando temblaba por Matilde, que nunca había estado en el campo, y decía:

—¡Qué horror, qué horror... estos árboles, estas tinieblas!

Suspiraba la asustada beldad y callaba. En las cercanías del río de la *Chorrera* existe un pequeño valle cercado de montañas pedregosas, entonces cubierto de añosos árboles, de breñas y arrecifes incómodos al viajero: por medio de este valle cruza el rústico camino por donde habían de pasar nuestros viajeros. Cuando se entraba en él se creía uno separado de los demás vivientes.

Este lugar ha sido célebre hasta nuestros días, y en él tuvieron fin las hazañas del famoso bandido *Moreno*, en los últimos años: los habaneros conocerán que hablamos de los *Montes de Cristo*.

—El cielo nos amenaza, dulce esposo —exclamó como inspirada Matilde.

—No; no, amada mía, el cielo amenaza a los malvados, y el camino está libre de ladrones.

II

Dejóse sentir tropel de viajeros con estrepitoso ruido por el lado de la llanura a la izquierda; Matilde se unió a su esposo como se arrima a la madre el corderillo perseguido de los perros. Pronto se vieron cercados de bandidos.

—Cuanto tengo es vuestro: no toquéis a esta mujer —dijo Fernando saltando del carruaje.

—De todo se tratará —dijo con sardónica sonrisa el trigueño guajiro capitán de la partida.

Penetróse Fernando en mala parte del sentido de estas palabras: ¿iba a presenciar su infamia sin poder defenderse? Fue maniatado y puesto fuera de combate. Uno de sus criados se había quedado atrás y saltó del caballo, creyendo estar así más expedito para huir, sin lograrlo. ¡Considérese la situación de la atribulada esposa!

Compuesta la partida de gente de varias castas y provincias que recogía el *presidio de La Habana*, contrastaban las huellas de pintarrajado traje andaluz y su abundancia de botoncillos, con las sucias maneras y frazada del sucio guachinango; contrastaba la atiplada voz de éste con la estentórea del capitán. Matilde se había desmayado en el carruaje.

Los codiciosos dedos de los salteadores registraron a pasajeros y carruaje: el fiel criado de Fernando yacía a sus pies, maltratado por su caída del caballo; y el calesero fue pacíficamente desarmado y atado a la rueda del carruaje y sostenía las riendas de las mulas en las manos con harto cuidado para no ser arrastrado.

Concluido el registro se acercó el andaluz al carruaje y tomó en brazos a la desmayada Matilde. Fernando hizo un esfuerzo por soltar sus ligaduras con impotente rabia. El acartonado y oscuro capitán reclamó la prisionera. El andaluz lo miró con desdén, diciendo maliciosamente: «pesa la niña como si fuera de plata, voto a...».

—San Dimas nos favorezca, el patrono de nuestro oficio como buen ladrón; lícito es robar —dijo el guachinango—, pero ¡votar! no; señor amo —dirigiéndose al jefe—, contened al compañero; preciso que lo castiguéis; ¡qué insubordinación con circunstancia agravante, disputar vuestro derecho con blasfemia!

—¡Vale mucha plata! El demonio me lleve si me la quita —y sus ojos brillaron, negros y encendidos con la luz del infierno.

—¿Que el demonio se lo lleve? ¡Virgen de Guadalupe! —exclamó el guachinango.

—Váyase a rezar con todo el infierno, asqueroso bicho —le dijo sentándole un atinado puntapié un guajiro rechoncho y patilludo que detrás de él estaba.

—¡Dios le perdone la ofensa contra el prójimo, pues yo le perdono, incapaz de matar una pulga!

III

Cuando todo lo narrado estaba pasando en el *montecito* o camino de los *Montes de Cristo*, un caballo enjaezado entró corriendo escotero en el vecino pueblo del Calvario. Ya hacía tiempo que esto no sucedía, si bien antes era frecuente. Las órdenes del marqués gobernador eran perentorias; el caballo conocido en el pueblo, porque era el que montaba don Fernando. Los vecinos dieron en el momento en el lugar de las sospechas.

Al llegar al punto a que se dirigieron se realizaba allí una sangrienta escena. Durante que nos hemos apartado del lugar de la tragedia subió de punto la enemiga de los bandidos. El cadáver ensangrentado del jefe yacía tendido a los pies del feo guachinango, que vibraba un puñal que manchó con su sangre, y lucían radiando de siniestro brillo sus pequeños y hondos ojos, como de un gato montés. Y ciertamente parecía una asquerosa hiena contemplando el sucio alimento de que se nutre: aquel místico continente del que no podía matar una pulga enseñaba unos larguísimos y descompuestos dientes, como los garfios de un cirujano... el que quería castigasen al andaluz se entretenía en hincar con su puñal el cuerpo mortecino de su antiguo amo, y su mano goteaba la sangre del salteador.

Alfonso, el favorecido por el asesinato del capitán, no prolongó mucho tiempo sus ilusorias esperanzas, como se ha visto. Entre las maldiciones del moribundo y la natural sorpresa de los demás fue que se apareció el guachinango vibrando el puñal, que había tenido en la vaina mientras atendía el resultado escondido entre la *manigua*, de donde salió al caer herido su capataz.

Fernando y Matilde, atados a los árboles en el suelo, esperaban tristes, o halagados con esperanzas, el desenlace de la riña: ya las perdían en el momento en que se dirigía *Alfonso* a desatar una de las víctimas, cuando se presentaron los vecinos del Calvario.

—¡Gracias a Dios! —exclamaron ante los libertadores los viajeros—. El cielo no abandona a los buenos —agregó Fernando.

—¡Loado sea el Señor, que me saca de cautiverio! —dijo el guachinango, arrojando lejos el puñal y limpiándose las manos—. ¡Loado sea el Señor, que me saca del cautiverio!

Poca resistencia ofrecieron los sorprendidos salteadores, que fueron llevados a la *Fuerza*, como estaba prevenido. Incorporáronse los viajeros a sus salvadores y se volvieron a la ciudad, y al entrar en su morada repetía Fernando: «las almas de los justos están en la mano del Señor y no les tocará tormento de muerte».

IV

Así concluyó esta vez uno de los lances de los caminos de Cuba que no siempre fueron felices para los viajeros. Los curiosos deben adivinar el fin, pues gobernaba un jefe integérrimo: el rigor de las leyes cayó sobre los bandidos, y el día de su ejecución se enlutaron los sensibles corazones, aun de los mismos agraviados: las cabezas se colocaron en jaulas en los parajes públicos, que así lo exigía la necesidad del escarmiento; pero es fama que nadie sintió pena a la muerte del *Cuasimodo* de la partida, que se llevó al sepulcro el desprecio de todos y las maldiciones de sus cómplices; que si se disimulan los vicios en condiciones dadas, jamás se compadecen los hipócritas.

1836

Las temporadas

Ni tipo, ni costumbre, pero todo junto en recuerdos

Fueron las temporadas en Cuba necesidad de todos los tiempos. Las familias antiguas, como las modernas, han tenido que huir de La Habana en la estación de los insoportables calores. Así se disminuye la intensidad del combate de la vida con sus elementos destructores. Hay en Cuba pocas, muy pocas naturalezas refractarias a los principios disolventes que dominan, aquellos que alejan todas las enfermedades, desde la peste negra hasta los tifus; desde las viruelas a otras erupciones más o menos repugnantes. ¡Dios mío!, si no engañasen las apariencias, ¿quién sería osado a penetrar en esta tierra? Ved la mayor parte de sus costas: ofrece en lo físico desvergonzadas apariencias de hostilidad contra los hombres: sus áridas y acantiladas orillas, con abras y puertos, cuyos senderos tapizan arrecifes y *diente de perro*; sus zarzas y rizados *tocinos*; sus enredados y ensedosos mangles, en los que habitan enormes caimanes en la embocadura de los ríos. Pues esa aparente hostilidad es todo vida y dulzura para acoger mansa y cariñosamente toda dolencia o mal que nos traen de fuera: las enfermedades todas se hacen endémicas, como sucedía con el mal de Siam o fiebre amarilla desde 1762; como con el cólera morbo asiático desde 1833; y no es eso lo peor, sino que los pocos que se aclimatan suelen convertirse en zánganos (vulgo billeteros, buhoneros) o sanguijuelas (los malos empleados, peores abogados, etc.). Es providencial que por lo regular esos inconvenientes del clima, o radiquen en las ciudades y las costas, o sean menos terribles en los campos. Por lo que ahora vemos, es justificado uso constante desde antiguo el de las temporadas: es remedio aprobado para prolongar la vida. Si a los medios contribuye una buena organización, tanto mejor para el ser afortunado que la tenga.

Entre éstos conocí una señora de noventa años: incesante predicadora práctica de las ventajas de las temporadas; contando, eso sí, con la voluntad de Dios, *sin cuya orden ni aun se mueven las hojas de los árboles*; que a esa edad conservaba una felicísima memoria y una rica y virtuosa alma. Era una alma castellana vieja, como la de sus padres, que con los fueros de Castilla se trasladaron a esta parte del Nuevo Mundo, cuando la dinastía de Borbón empezaba a militarizar a España; a pesar de contar reyes tales y tan buenos como Fernando VI y Carlos III. La señora era viuda de un antiguo empleado de Factoría. Aunque entonces predominaban en el ramo jefes vizcaínos, era habanero y pariente cercano del asesor último, que también nació en La Habana.

Mientras vivió su marido, ya cesante, iban a veranear y aun algo más, pues invernaban en el ingenio. Cuando *demolió* éste, variaba en los lugares veraniegos, buscando dos, tres y aun más gradas de diferente temperatura, templando los ardores poco higiénicos de la capital. La simpática anciana se llamaba doña Teófila Olimpia.

Viuda, no le gustaba alejarse mucho de la ciudad, porque ella cuidaba de sus negocios, que habían venido a menos con los años; prefería el Cerro, hasta que lo *echaron* a perder los carritos del Urbano; pero el ferrocarril de Marianao fue el colmo de su satisfacción, pues se le proporcionaba un medio de respirar «más campo verde» en habitaciones urbanas, y más embellecido, cuando *daban ya sombra* los laureles de la India[39] de la bellísima calle del Panorama, vergüenza de las otras vías, que podían parecérsele y semejan desiertos arenales. Sin embargo de sus ideas progresistas, doña Teófila era la más escrupulosa crónica de los tiempos que pasaron. Recordaba en el *portal* de su casa aquellas temporadas a que había concurrido y las principales fiestas en que se había hallado.

Como es de suponerse, casi siempre hablaba de los Molinos del Rey y de las Puentes Grandes, su bello río, y todo como punto de reunión de las familias, principalmente de los empleados en la renta del monopolio del tabaco.

¡Qué días aquéllos! Los paseos por el río, los baños, los sucesos prósperos y adversos, serios o de jovial recordación. El entusiasmo de los recuerdos da cierto tinte religioso a la melancolía que los reviste. Como todas nuestras madres, se hacía lenguas relatando lo que recordaba de sus juveniles y aun infantiles años, singularmente de los *saraos* y las iluminaciones que se efectuaron con motivo del *feliz* ascenso al Almirantazgo del Smo. señor Príncipe de la Paz; sin olvidar a su gran cronista don Tomás Romay,[40] como una de las glorias patrias. Pero entre todas, acaso por considerarla *de la familia*, ponía sobre las niñas de sus ojos y en los cuernos de la Luna la espléndida celebración de la Factoría, en donde todo fue regio: baile, comida e iluminación. Hoy ocupa la grandeza de esos gastos tan mal empleados, una cosa más recomendable que el monopolio y la adulación: un hospital.

A cuantos oían los interesantes recuerdos de nuestra amiga, causaba intensa admiración su gran memoria. Comparaba los prendidos de las damas, sus trajes de todas las épocas con los que alcanzaba, con tal corrección y exacti-tud, que parecía que leía un periódico de modas de la época; pero en la citada no los había en todo el reino, no ya en la atrasada Cuba. Mas pronto volvía al tema de las temporadas; por entonces y luego que se abandonó por la moda las que bordaban las orillas del Almendares, en los puntos nombrados, fue el *Cacagual*, caserío esparcido a las márgenes de su río y en los alrededores del manantial de agua nitrosa: población de bañistas, jugadores y gente alegre que llenaba

39 F. Religioso. (N. del A.)

40 El ilustre introductor de la vacuna, o su propagador e insigne patricio, fue encargado por el Capitán general de escribir la relación de las fiestas. (N. del A.)

el lugar que ahora es un sitio rústico del marqués de la Real Proclamación: una estancia cubierta de *maloja*, por lo común.

La parte más curiosa era la descripción de los medios de comunicación. Las calesas, las romerías a caballo, en que solía figurar una varonil hija de los marqueses de San Felipe, que montaba un *frizón de trote* y cazaba en horas oportunas en los próximos bosques; la orquesta solía ser espléndida cuando facilitaba su *banda de esclavos*, perfectamente organizada, el citado señor marqués. La misma que tocó la marcha real al duque de Orleáns, cuando emigrado, fue huésped del Bejucal en el hermoso, hoy destruido, palacio de dicho señor, que lo fue en realidad de dicha ciudad. Las carretas enramadas fueron de los principales vehículos de esas correrías, que pelean en lo calmosas con este nombre: no *corrían*, se arrastraban, y doña Teófila tenía el buen gusto de confesar la preferencia del ferrocarril sobre sus antepasados. No faltó alguna vez un opositor: estaba delante un viejo, calesero que conservaba doña Olimpia, que solía, como todo criado viejo, echar su cuarto a espadas, y exclamó:

—¡Válgame Dios! Yo creo, mi ama, que a la niña (la niña tenía, ya se sabe, noventa años) le gustaría *más mejor la victoria*, que se para cuando su merced quiere: yo no puedo olvidar que la primera vez que vine con su merced se me cayó el sombrero, y el maquinista no quiso pararse por más que yo gritaba.

Todos saludaron al buen negro con una carcajada.

La preopinante continuó profiriendo en pormenor el alarde o revista de las temporadas, de lo cual resultaba que ella conocía, en cuanto a las de baños, por experiencia propia, la de *Madruga*, porque era íntima de la familia de los sucesores del factor irlandés O'Farril, que había dado a conocer sus aguas,[41] que llevaron al químico Ramírez a que las analizara, y por aquellos tiempos era fama no discutida que hasta resucitaban a los muertos: allí pasó una temporada en buena salud y bien andanza espiritual. Nunca se atrevió a ir a los baños de San Diego, por su distancia y los peligros del viaje.

A pesar de la tendencia femenina a hablar de enfermedades y sus remedios, nuestra anciana fue siempre más dada a contemplar el lado alegre de las temporadas: era su remedio el veranear. Abría pronto nuevo capítulo o doblaba la hoja sobre otros particulares, entretejiendo anécdotas y sucesos.

---

41 Uno de ellos cedió generosamente al pueblo la Casa de Baños. (N. del A.)

El itinerario histórico de doña Teófila fue, en los últimos tiempos, del Cerro a las Puentes reformadas, en que figuraron el conde de Cañongo y sus parientes; el poeta marino Eulate; con sus regatas por el río y sus almirantes de las falúas, etc., etc. De las Puentes a la Seiba; de la Seiba a los Quemados; de los Quemados a Marianao. No hizo rumbo al opuesto lado, porque en Guanabacoa y Santa María del Rosario se reunía más gente pobre y menesterosa, y ella no iba nunca a afligirse con cuitas ajenas que no podía remediar. Este juicio, cuya exactitud no discutimos, se lo dejamos entero a nuestra amiga. En cada uno de esos puntos había un motivo de recomendación: en Marianao y los Quemados, la extensión de las casas y su bellísimo *Panorama*; en todos, el campo; en las Puentes, lo pintoresco y quebrado casi suizo de la población, y su río; las vistas de los baños del mar y llanura que los precede; vistas más bellas al trasponer el Sol que aun al salir; y no olvidaba ningún accidente. Lo cierto era que en todos esos parajes se disfruta de una temperatura que equivale a dos, tres y aun más grados de diferencia favorable de la que cuece a la humanidad *a fuego lento* en La Habana.

Doña Teófila siguió las fases humanas al descender de su fortuna, aunque nunca tuvo que ir a Guanabacoa: iba teniendo menos medios, según frisaba en más años, especialmente desde la cesantía de su esposo, y aún más, cuando quedó viuda, sin hijos y entrada en años; pero siempre conservó lo suficiente para vivir con holgura, y salir del caldero de Pedro Botero o la ciudad, buscando el aire libre y embalsamado del campo. La última vez que la vi fue en los Quemados: fuerte de cuerpo y alma: era la misma actividad, exagerada por los años si cabe. Su casa, la reunión más escogida: respetada por su carácter y circunstancias.

Esa vez recordó la sociedad del Cerro, que aún no había caído del trono de la moda, pero que se bamboleaba. La había fundado como presidente el Excmo. señor don Ignacio Crespo; contribuían a su brillo los Diagos, Cárdenas y otros habituales temporadistas. Nuestra amiga censuraba amargamente los tonos aristocráticos que entonces se adoptaron. ¡Casaca en los bailes de temporada!, exclamaba. A ella le parecían más elegantes los *trajes de dril blanco* en el verano. Me hacía cargos personales porque fui el sucesor en la presidencia de Crespo y no lo *enmendé*.

Eran los fósforos de cerillo otro de los progresos que ella condenaba, *para los fumadores*. En esto le gustaba, como menos peligrosos, y aun más accidentado a aires de buen gusto artístico, la costumbre antigua de los *braserillos* de plata, que traían a las tertulias de *confianza*, que solo en las de confianza se fumaba, criados, el negrito con o sin librea. ¡Cuántos fuegos se evitarían!

Como su fortuna había disminuido, ya no había podido dar el ejemplo de esa costumbre: no tenía más que un criado calesero, que era su cobrador y mandadero. Durante las temporadas, lo dejaba al cuidado de la casa en La Habana, y solía venir a diligencias y la esperaba en el paradero de *Concha* con el carruaje. El resto de su servidumbre era todo femenino: cocinera, lavandera, criada de mano: total, tres criadas de color.

Como para doña Teófila no había penas en las estrecheces de la vida cristiana y estoicamente paciente, parecíale su situación superior a lo que gozó en la Factoría y en el ingenio, ya *demolido* y repartido en *sitios de labranza*. Elogiaba la conveniencia de no tener más que mujeres a su orden inmediata.

—Estoy perfectamente —decía—; me obedecen como hijos.

Uno de los concurrentes le hizo la observación de que siempre convenía tener de puertas adentro en la casa quien impusiera temor y respeto a ladrones y malhechores. Esos recelos de peligros no la fatigaron jamás. En esa ocasión en que fue interpelada, se expresó en términos anecdóticos que no dejan de pintarla.

—Yo nada temo de los de fuera: lo peor en las familias son los amoríos de los esclavos; entonces los había. Lo mejor, si es posible, es que no haya de puertas adentro quien enamore a las criadas: se encelan, se embisten, se disgustan por lo menos, y adiós el servicio doméstico; yo nunca los sufría, y cuando los tenía, había a cada rato *arrastre y ropa limpia*. Ahora se eternizan: mi calesero tiene pocos años menos que yo, y es lo más pacífico y tranquilo; fuelo siempre; y ni él duerme aquí en casa. En cuanto a los peligros de ladrones en temporadas, alguna ratería, lo demás son sustos.

Un curial de mala fama, tal vez inmerecida, objetó que él sabía de lances que contradecían esa confianza, pues había ladrones por todas partes.

—Sin duda hasta en los que profesan la justicia —dijo entre irónica y sencilla la matrona—; pero es menos frecuente la violencia de lo que se presume, acerca de lo cual uno puede recordar lo que le ha pasado en su vida. Yo estoy persuadida de que lo más que le sucede a uno en los pacíficos campos que rodean los pueblos de temporada y en éstos, son sustos, a que el miedo da existencia. Oigan ustedes, hace pocos días que en una de sus noches vino a avisarme una criada que había gente en el patio; se lo persuadía el ruido que oyó, y yo también y las otras; oímos descolgarse por la soga del pozo, único punto accesible de la casa, algo como hombre o fantasma, pues sonó el carrillo sensiblemente. Pues, hijas mías, atrancad las puertas; yo abrí las ventanas de la calle y esperamos el día. ¡Pobres pollos y pobre ropa tendida! Eran los objetos transportables que tenía. *Amanecerá Dios y medraremos.* Llegó la ansiada mañana, y con todas las precauciones empezamos por abrir los *postigos* de las ventanas, y cobrando aliento con la paz que reinaba, y cuando los vecinos recorrían las calles, abrimos la puerta del patio. ¡Nada vimos! Se había rodado efectivamente la *soga del cubo*, y éste no aparecía. Vímoslo en el fondo del pozo: he ahí el *golpe*. ¿Pero quién lo arrojó? A poco descubrimos un gato ahogado cerca de él: súpose entonces que las criadas, así lo dijeron, habían puesto el cubo lleno de agua en el brocal, que por mala costumbre dejan en muchas casas sin tapas o cubierta: el gato quiso beber; se apoyó en el cubo, y lo empujó y cayeron juntos, con espantable estrépito. Vean ustedes, susto y nada más. Si hubiera habido hombres, se abre la puerta por la noche, con algún revólver que suele herir a los defensores, que no a los ofensores, y como es costumbre decirse, el diablo las carga.

Para doña Teófila nada hay enteramente malo, sino que todo tiene su lado bueno, aun la desgracia; pero es la defensora en tesis absoluta de la necesidad y conveniencia de las temporadas en el rico, en el hombre acomodado y aun en el pobre, que *para todos sale el Sol*; la diferencia son los medios. Una temporada es *un puntal de la vida.* Con llegar al Cerro solamente, se consigue una temperatura de dos grados de ventaja, y conforme se aleja, mucho más, respecto de la ciudad. ¡Bien por las temporadas!

Las modas al principiar el siglo XIX

Preliminares de un baile oficial en La Habana en 1803. La estatua. Fiestas

I

La humanidad pasaba a fines del siglo XVIII por una de sus fases de transición social en la que desaparecían no solo las más radicales creencias, sino que se reñían y confundían; se rechazaban y se restablecían en hervidora multitud desde las formas políticas hasta las pueriles modas de la fantasía exagerada y caprichosa. Respecto de las conmociones políticas, la revolución de 1776 en las colonias inglesas dio origen a la actual existencia de los gobiernos americanos; en cuanto a todas las manifestaciones sociales la de 1789 en Francia se hizo cargo de desnudar al mundo de todas sus vestimentas; y trastornar lo de abajo para arriba, lo de arriba para abajo: fue su bello ideal realizar una sociedad en contradicción con la que había antes; no solo suprimió las testas coronadas, sino a las testas sin corona de todo distintivo, inclusas las pelucas y a los hombres los *calzones*. *Sans-culots* se proclamaron los franceses; las demás naciones no imitaron la moda; ni aun aceptaron el *sanculotismo*, sino modificándole aun en la expresión; y tradujeron, por lo menos los españoles, en descamisado la palabra.

Pero Francia era la reina del mundo de la fantasía y de la elegancia: cuando no había *figurines*, mandaban a Inglaterra una *muñeca* con los trajes de sus *modistas* y cuenta el abate Prevost, en su *Pro y Contra*, que en tiempo de guerra se permitía oficialmente el tránsito de la muñeca, libremente, desde el campo enemigo como obsequio a las damas.

La Habana, muy lejana del moviente parisién, nunca fue por completo extraña a la influencia de las modas francesas: tenía sus enciclopedistas vergonzantes además, como toda España y como ésta había recogido de velas en su entusiasmo *gálico* ante las escenas sanguinarias de ese pueblo que todo lo exageraba. No es esto decir que ya por los años de 1800 en adelante no hubiera empezado a mirar con menos horror sus modas que el *gran* Napoleón, entonces grande, iba haciendo predominar.

¡Permisiones de la Providencia! Fue un dicho célebre del astuto corso, que *nadie era grande ante su camarero* (ayuda de cámara) y efectivamente un *cama-*

rero o paje ha escrito ocho tomos en dos secciones sobre su vida en el hogar que nunca hubieran escrito sus grandes biógrafos: allí es ver al héroe en disputa con la francoamericana Josefina sobre modistas; allí enterarse de su plan de recepciones *alejando de ellas* las amigas plebeyas de la futura emperatriz; y la resistencia de ésta a esos sacrificios de la vanidad.

De cualquier modo la historia suntuaria tiene que reconocer en Napoleón a uno de los restauradores de los trajes de la Francia anteriores a la revolución, que no se llamaba desde entonces sino la *tormenta última*, como podía un antillano hablar de los *ciclones*, que hasta hace poco decíamos *huracanes*. La inteligencia francesa, ese trastorno en la moda, duró según razón desde 1795 a 1804.

II

Se aproximaba el 4 de noviembre de 1803, día en que se celebraba el del rey don Carlos IV en España y en sus Indias. Debía, al besamanos oficial, durante la mañana, agregarse un *sarao* por la noche, en donde eran de extremarse las galas de los felices moradores de La Habana. La creación de los regimientos *fijos* en las ciudades americanas había *militarizado* a todos los vecinos nobles y pudientes, que viene a ser lo mismo. Los coroneles y la oficialidad y todos los cadetes eran vecinos o naturales. Los *fijos* de La Habana y Santiago de Cuba, así como los jefes de las *milicias disciplinadas*, acentuaban ese cuadro. Mandaba al fijo de La Habana el marqués de Casa-Calvo, las milicias el marqués del Real Socorro, el conde de Casa-Bayona, la caballería de las milicias don Martín Ugarte; y eran Zayas y O'Farrill, Morales y Sotolongo los demás apellidos que pueden los curiosos leer en la *Guía del Ejército* (de Madrid) *para 1803*. De inspector general figuraba el conde de Santa Cruz y Mopox, que tuvo altas comisiones del gobierno. Parecía una familia la población en que los hombres unidos por los vínculos de la sangre y amistad rodeaban al marqués de Someruelos, popular gobernante por su bella índole, y ofrecían sus respetos y homenaje en el besamanos que se esperaba; mientras las señoras y las jóvenes y sus adoradores se preparaban para más alegres ocupaciones. Los poetas de esa época, don Manuel de Zequeira y Arango y don Manuel María Pérez, naturales de La Habana y Cuba respectivamente, sirvieron en los regimientos fijos de sus ciudades natales. En cuanto a la fiesta de que nos ocupamos fue

Zequeira *gran parte*, como que pudo repetir: *et quorum pars magna fui*. Era el cronista y en especial para que describiera el acto de descubrir la estatua del *señor don Carlos III* que le erigía el pueblo tiernamente *agradecido* a su augusta predilección por La Habana, cuya restitución sobrepuso a toda idea de conquista y ventaja.[42]

La cuestión de *trajes* en la recepción y baile era de alguna importancia, porque sin comunicaciones directas con Francia, y sin periódicos de modas, la desnudez francesa, que había vuelto a Grecia y a Roma en busca de túnicas casi transparentes, había logrado ir influyendo en las serias y retraídas costumbres castellanas. Las jóvenes vestían de una manera que no aceptaban las matronas, ni las hijas de la familia de la aristocracia oficial; y como suele decirse, la reacción que había comenzado en Francia, no se anunciaba aquí ni en algunos años después. Reunidas las señoras más nobles en la morada de la condesa de Mopox, acordaron que se excluyesen del baile los trajes y tocados que vulgarmente se llamaban *a la Cisalpina* en La Habana: en éstos el escote era repugnante; y aun lo que entonces se tuvo por honesto y recatado, hoy sería reprobado por las actuales costumbres. Para que mis lectores recuerden lo que entonces pasaba, me parece conveniente copiar el retrato de una joven *pelona a la cisalpina*, después de modificado en estas tierras. Debo advertir que se publicaba un *Almanaque Americano* en Filadelfia y casi siempre traía las modas moderadas francesas, en cuya lengua se escribía, siendo una de las autoridades de las damas con la *Guía de Forasteros de Madrid*, que traía *retratos* de los reyes y reinas. El número 13 de la *Miscelánea literaria* algún tiempo después pintaba así a la *petimetra*: «Una moza relamida... los brazos desnudos hasta los hombros, el pecho descubierto, un túnico de muselina tan clara, que toda se traslucía... pelada de cabeza, con solo un tupé de pelos por delante: que caían sobre la frente a manera de flecos».

---

42 Antonio de Viana y Ulloa, miembro laborioso de la sección de Educación, al referirse en 1817 a este suceso en su *Versificación del Resumen de la Historia de España* que adicionó y terminó sobre la obra del P. Isla, fue el eco de la gratitud habanera:

Laureles siega en tierra lusitana
pero todos los cede por La Habana.

(N. del A.)

Las organizadoras del baile acogieron para el traje y tocado el retrato de María Luisa, la reina, en la guía de aquel año: tenía algo de la moda en llevar el cabello caído sobre la frente, como ahora se usa, en rizos: el de la parte posterior algo desordenado cayendo por el cuello y sobre las mejillas. El talle muy alto, bajo el brazo, casi *increíble*, muy estrecho, *inconvenientemente* estrecho; la manga muy corta pero manga al fin.

En cuanto a los hombres, los que no tenían uniforme y eran pocos de los invitados, aunque no se usaba el frac negro, la cosa no era peligrosa. El número 12 del *Papel periódico* de La Habana lo describía en sus exagerados *petimetres, pancraciastas* posiciones.

> Calzón, corbata y botas en creciente.
> Casaca, chaleco y pelos en menguante.

Había pocas cruces y condecoraciones; no era llegada la época de decir con un burlón:

> En los tiempos de bárbaras naciones
> de las cruces se colgaban los ladrones;
> en los tiempos que corren de las luces
> en los ladrones cuélganse las cruces.

Los *petimetres* se hacían notar por el uso de sus pantalones que sustituían a los *calzones*: anchos hasta tener una amplitud turca en los muslos, estrechos en el botín; *chalecos ombligueros* con un botón, casacas (no fracs) abiertas a la *francesa*; peinado a lo *Tito* a punta de tijera por detrás, con un *tupé* hábilmente rizado sobre la frente; sombrero doblado y

> en cien varas de olán envuelto el cuello
> y el cogote a manera dedonado.

III

Amaneció el 4 de noviembre de 1803 y el estampido de los cañones saludó al alba con estrépito y en señal de regocijo; y despertó a los leales habitantes de

La Habana anunciándoles que se celebraban los días de S. M. La designación de ese día para *inaugurar* la estatua del augusto padre del rey, traía conmovida toda la población. También tenía así el pueblo, los *menores* y los *medianos*, un motivo de plausible entretenimiento. Las cortinas, los adornos de las casas no se limitaban al paseo o *Nuevo Prado*, a cuya entrada (donde hoy está la *India*) debía colocarse la estatua de Carlos III (ahora en el de *Tacón*).

Además de los árboles del paseo estaban embellecidos los alrededores con *arcos* de palmas, flores y frutos, según usanza del país en sus regocijos. Había un pequeño pueblo *rural*, con dos mil vecinos, capitanía de partido a la vista de las murallas, era *Guadalupe*, que *echó el resto*, no solo con sus arquerías de palmas, sino con las demás decoraciones, entre ellas las que rodeaban los retratos de *Carlos* y *María Luisa* en lucido transparente que fue obsequio del *Capitán del partido de Guadalupe*.

Desde temprano se notó el movimiento de las tropas que debían solemnizar la inauguración: el gobierno dispuso que concurrieran las seis compañías de granaderos que se escogieran de los veteranos y milicias disciplinados, al mando del coronel don Juan Francisco del Castillo, primogénito del marqués de San Felipe y Santiago, conde del Castillo y grande de España. Es de consiguiente que figuraran en ellos los de *Pardos* y *Morenos* como se distinguieron siempre en el servicio nacional, ostentando algunos de sus oficiales en sus pechos la *Real Efigie* con que se premiaban sus merecimientos.

Procedióse después del besamanos al acto de la inauguración: más de mil carruajes, pocos coches y muchas *volantas* conducían a las señoras y concurrentes del orden civil. A las tropas formadas con la caballería (dragones) se agregó una compañía de *Guardias Reales*, tomada de los cadetes de la guarnición, niños de las principales familias o hijos de capitanes que tenían opción a cordones, que habían de hacer los honores.

El marqués de Someruelos se acercó a la estatua, cubierta con una gran bandera nacional y la descorrió al grito de *¡viva el rey!* que repitieron las innumerables voces que le oyeron. El aplauso se dirigía al reinante; pero el obsequio recaía en el simpático *Padre del Pueblo*, con cuyo nombre se designaba al ilustre predecesor. Las salvas, los repiques y el oleaje de las gentes al dirigirse por el *Paseo* hacia la *Punta*, presentaban un cuadro indescriptible en que rebosaba la alegría de un pueblo entero. La compañía de cadetes, o los *Guardias Reales* de ocho en ocho centinelas rodearon la estatua, hasta muy avanzada la noche.

El clero secular con su nuevo obispo, don Juan José Díaz de Espada y Landa, y los regulares, concurrieron al besamanos y al acto de inaugurarse la estatua; así como la *Real Marina*, cuya oficialidad era el ornato de las reuniones familiares, siendo como era la Armada aspiración de nobles aficiones de los cubanos que en ella brillaban.

En cuanto al mérito de la obra de *Cosme Velázquez*, ahí pueden verla los lectores al entrar en el *Paseo de Tacón*.

Cuando la noche pretendió extender sus sombras se encontró contrariada por el inmenso número de luces que iluminaba el Paseo, las calles, las casas y el campo de los alrededores, con *fogatas* como en un día de San Juan. Claro es que conforme se aproximaba el concurso de curiosos a la mansión del Gobierno, era mayor el entusiasmo y la brillantez. Fueron muy vistosos los varios uniformes, pues cada regimiento lo tenía especial: el del fijo de La Habana, que usaban Zequeira, Chenard, Junco y otros vecinos popularmente reconocidos; aquél por sus versos y como *bastonero*, con el capitán ayudante mayor don Gabriel Bachiller y Mena, de todos los *bailes oficiales*; el otro por su procera estatura, a quien seguía en talla el capitán de granaderos de las milicias de infantería, don Francisco de Morales y González de Carvajal; el último por su elegancia en el vestir. Reunía el uniforme el color del pabellón: rojos los vivos, bocamangas y cuello, amarilla la solapa y blancos la casaca, calzón, etc. Era amarillo el uniforme de los dragones, con vivos y vueltas y solapas, calzón y chupa azules. Éstos y los demás uniformes lucían como correspondía a la solemnidad de las fiestas, dedicadas a los días del rey y a la inauguración de la estatua: pensamiento de don Tomás Romay, acuerdo de la Sociedad Patriótica años antes, y que cantó el conde Colombini en sus *Grandezas de La Habana* desde 1798.

Los bailes de esa época no se parecían a los actuales: ni el africano *danzón*, ni las *obleas*, ni el *dormido* fueron conocidos: principiábase por un *minuet*, que en el de noviembre de 1803 tuvo que ser de *Corte*. Seguíanle las gavotas y contradanzas ensayadas con muy complicadas figuras: formando las parejas los *bastoneros* de damas y caballeros. El *vals* y la *galop* terminaban los saraos. En los bailes de temporada y familiares, solían resucitar alguna *alemanda* y aun escabullirse un vergonzante *buscapié*; pero se bailaba con preciso *aprendizaje*:

no era un caos de seres que se movían a compás, aun tan muelle y tenuemente que hoy parece que los mueven alambres contra la voluntad de los desdeñosos danzantes. El baile, y los bailes de palacio, eran objeto de ocupación quince días antes y quince después: los primeros para hablar de ellos y prepararlos; los segundos para su crónica hablada.

Han pasado muchos años del suceso, y los recuerdos de las conversaciones de mis mayores fijos están en mi memoria, y aún mi alma se conmueve al ponerlos sobre el papel. Sirvan para fructuosos paralelos entre el *hoy* y el *ayer* de la vida social.

Francisco Baralt

Escenas campestres

Baile de los negros

De todos los ejercicios del cuerpo que el hombre ha elevado a artes, se puede decir, sin gran temor de equivocarse, que ninguno se halla más generalizado, más extendido, en grado más eminente de perfección que el de la danza. El baile, movimiento espontáneo hijo de la alegría y en consonancia con las leyes naturales que exigen el ejercicio para la perfección física de los individuos, debió nacer con el primer hombre que al sentirse dotado de una voz melodiosa y de la facultad de modularla, entonó su himno de placer al contemplar el cuadro magnífico en que era él la principal figura. Sus miembros, tan portentosamente dispuestos, ciñéronse a su cadencia al primer impulso de su voluntad, sus brazos se abrieron, su mirada se animó, sus piernas ejecutaron algunos pasos inciertos al principio, rápidos y animados enseguida, y admirado, colmado de gozo, echó sin saberlo los fundamentos de ese arte arrobador de que nosotros, relegados junto a la punta de Maisí, apenas podemos formarnos una idea. Las Elsler y Taglioni no llegan a nosotros, y solo por rareza vemos a las Petit y Silvain. En las descripciones que hacen del cielo el Dante y Milton, hallamos que aunque nuestra imaginación no puede ir más allá, un anhelo vago del alma, un vacío interior nos hace presentir algo mil veces más bello en la realidad. Los bailes de la Petit y de Silvain son con respecto a los de la Taglioni y Elsler, lo que las descripciones de los poetas italiano e inglés al esplendor imponderable de los cielos: nos encantan, nos llenan de placer; pero encantándonos no cumplen nuestra esperanza y excitan más y más nuestros deseos.

Las indagaciones que se hagan para descubrir quién fue el primero que estableció las reglas del arte, sobre ser de poca utilidad y nada más que curiosas, es muy probable que tras un trabajo ímprobo no den al que las emprenda un resultado satisfactorio, por la copia numerosa de opiniones contradictorias que sobre ello se han emitido.

Teofrasto y otros varios autores de su época convienen en dar esa gloria a Andrón, natural de Catania en Sicilia, el cual, dicen, fue el primero que arregló sus movimientos a los sonidos de su flauta; por lo que los griegos, con su rico lenguaje, compusieron una palabra para expresar el verbo bailar, que analizada significaba que ese arte les había ido de Sicilia. Luciano en su *Discurso sobre el baile*, y tras él otros varios, le dan un origen fabuloso y lo atribuyen a Rhea, hija del cielo y de la tierra, que lo enseñó a sus sacerdotes en la isla de Creta; y otros, en fin, lo atribuyen a los romanos, los cuales positivamente si no lo establecieron, lo adelantaron sobremanera, descollando principalmente en las danzas voluptuosas.

Ese estudio sobre ser infructuoso va sin duda mal dirigido. Búsquese quién estableció el de la música y positivamente se hallará enseguida a quién se debe el de la danza, porque estos dos artes van tan íntimamente unidos que aunque el primero pudiera existir sin el segundo, éste nunca hubiera nacido sin aquél. Pero se presenta igual inconveniente para dar con la verdad: la multitud de opiniones contradictorias. Moisés dice que Jubal, inspirado por los golpes que en el yunque daba su hermano Tubalcaín, ideó y estableció los tonos musicales y su duración y cadencia; y Macrobio, Beocio y otros cien, dan a Pitágoras la gloria de igual descubrimiento por iguales ocasión y causa.

Renunciemos, pues, al conocimiento del nombre del que fundó las reglas, y contentémonos con saber quién fue el que estableció el baile en sí, que como todos los artes debió ser anterior a las reglas que los constituyen tal y los perfeccionan. Éste, como he dicho antes, fue el primer hombre, que no necesitó sin duda el golpe sonoro del martillo sobre el yunque para despertar y poner en ejercicio la facultad de que el cielo le dotó: los pájaros de los bosques, los vientos apacibles o desatados, la caída de los torrentes y el resbalar de los arroyos, tenían cada uno de por sí su melodiosa voz, y todos la grave armonía que nos encanta en la naturaleza, para inspirarle su primer canto, que a su vez le inspiró su primera danza: si Adán fue el primer hombre, si Adán fue el primero que cantó como parece natural, Adán fue el que estableció el baile, y el conocimiento de otro nombre cualquiera positivamente no compensará el trabajo que para dar con él se emplea.

Como quiera que sea, nunca se ha hallado un pueblo en el cual no se sienta su imperio, y su lenguaje natural, representación fiel de los sentimientos del hombre, sus pasiones y necesidades, ha servido más de una vez de lazo para unir dos pueblos cuyo lenguaje articulado era para ambos desconocido.

Admitido, preconizado y ocupando el baile un lugar de preferencia en todas las sociedades, nada tiene de particular hallarlo instituido como ceremonia en los cultos de los pueblos antiguos, y aun en algunos de los modernos. Los sacerdotes salios establecidos por Numa en honor de Marte, bailaban en sus sacrificios y en sus marchas. Entre los egipcios se bailaba en honor del buey Apis, cuando se daba con él, en sus fiestas y cuando moría. Sabido es por todo el mundo que los judíos lo admitían también en sus ritos y que David iba por delante del arca santa bailando al son de su lira; y por último, no hace muchos siglos que en las iglesias cristianas se bailaba por los sacerdotes y por las monjas mismas, en sus respectivos conventos, en ciertas festividades, y sobre todo en las de la Natividad de Nuestro Señor. Y ahora mismo, en nuestros días, los derviches turcos ejecutan en honra de su fundador Menelaus un baile que consiste en girar frenéticamente sobre sí mismos hasta que caen rendidos, sin aliento, agotadas del todo sus fuerzas.

La danza tuvo entre los antiguos civilizados por adoradores principales a los griegos y después a los romanos. Jenofonte, en su retirada de los diez mil, describe las danzas que algunos de los de esas falanges magnánimas ejecutaron al divisar la tierra natal, la tierra de sus padres y afecciones. Sócrates bailaba los pasos que Aspasia le había enseñado, Platón también ofrecía su sufragio a ese ejercicio, y los tésalos y lacedemonios lo colocaban entre las artes bellas. Entre los atenienses ocupaba el primer lugar y formaba parte esencial en todas sus fiestas fúnebres religiosas y cívicas, en los banquetes y en las bodas. Esquilo, por fin, acabó de entronizarlo introduciéndolo en unión de las demás artes imitativas en los primeros bosquejos que al teatro presentó.

Algunos siglos después los romanos montaron también sus bailes a imitación de los de los griegos; pero con un lujo y magnificencia asombrosos y que obtuvieron la aprobación decidida de los escritores de aquel tiempo, y encantaron al pueblo sensual que bendecía al tirano Augusto que se los proporcionaba, entrando en su política distraer al pueblo para su provecho y seguridad propias. Pero llegó a tanto la corrupción de sus pasos, hiciéronse tan obscenos e indecentes, que Trajano se vio obligado a prohibir a su ciudad capital su diversión favorita, la cual, abandonada por algún tiempo, volvió a aparecer con más auge a la muerte de ese emperador, para ser de nuevo prohibida por razones idénticas por los primeros pontífices cristianos.

Llegó el siglo XVI y con él tomó en Italia, cuna de las artes, un vuelo rápido y seguro, la de la danza que entonces solo pudo llamarse tal, haciéndose metódica y acompasada, abandonando lo que hasta entonces no había sido más, a imitación del *saltatio* bárbaro de la ciudad imperial, o el *cordax* impúdico de la clásica Atenas, que saltos sin orden, ni expresión, obscenos y repugnantes, en los cuales se llevaba la palma el que más fuerzas tenía y más desenfreno ostentaba.

De entonces acá ha sido segura y constante su marcha, y hoy casi parece que se toca a la perfección, y se duda del más allá al ver esas maravillas escénicas en que a la magia arrobadora de la danza se une lo que hay más bello para encantar los sentidos: la música y la pintura. Es imposible formarse una idea y menos hacer una descripción de ellas: el idioma que los hombres usan no alcanza para expresar lo que se ve lo que se siente y lo que se piensa en uno de esos espectáculos de hadas que la civilizada Europa alcanza solo a montar como corresponde.

No es mi intención, como debe conocerse, escribir una historia del arte; si he extendido tanto las ideas generales que anteceden, ha sido casi sin darme cuenta de ello a mí mismo, y cometiendo tal vez algunas inexactitudes por no verificar mis citas, fiado solo a un ligero estudio que, por mera curiosidad de joven, hice en otro tiempo de la materia.

Yo voy a presentar el baile en este artículo, no como se encuentra en casi todos los pueblos civilizados, más o menos adelantado por el estudio y la observación, gobernado por el gusto y regido por la decencia, sino que, dando un salto atrás, voy a tomarlo en su estado natural, rústico y grotesco; voy a presentar el baile del salvaje; es decir, el de los movimientos inspirados y espontáneos, hijos de los afectos del momento; ese baile traído del África, que algunos dicen productor de la chica y por consiguiente del fandango y bolero, que de ella se creen modificaciones; esa *tumba* o *tango*, en fin, que forma las delicias del negro de nuestros campos y le da algunas horas de imponderable placer una vez a la semana.

Jacobo Arago, al hablar de la isla de Francia, ha bosquejado una de esas saturnales de los negros:[43] lo ha hecho con una verdad y un tino que me retraerían de intentarlo ahora, si no fuera porque de la comparación de las dos rela-

43 Puede verse este artículo traducido en la *Revista de Madrid*, tomo III.

ciones puede sacarse una conclusión curiosa: y es que ese pueblo exótico que tan poca homogeneidad tiene con el nuestro, es poco modificable y conserva por mucho tiempo bajo cualquier influjo que se halle y cualesquiera que sean las costumbres de la sociedad que le rodea, sus gustos de salvaje y los hábitos de la inculta tierra natal. En la isla de Francia en el mar de las Indias, o en la isla de Cuba en el mar de las Antillas a la entrada del golfo mexicano, siervo de un señor francés, inglés o español, el negro del campo, separado de la civilización, baila siempre su tango como lo bailaba en África y sin adelantarlo un paso solo.

Disculpado así de emprender un bosquejo que aunque rápidamente ha trazado tan bien el eminente francés, presentaré mi escena que será por fuerza triste, tocada con ese tinte de solemnidad que dan la soledad de los campos, los quejidos graves y pausados de la naturaleza que descansa y el resplandor suave y transparente de las noches estrelladas del cielo de nuestras latitudes, cuya claridad, bastante para distinguir los objetos, no alcanza para determinar con exactitud sus contornos, y deja así a la imaginación ancho campo para fingirse en el ramo de cundiamor que el viento mueve, la sombra del cimarrón que se recata o el gesto atractivo de la graciosa veguera cubana; según se halle dispuesta a los prestigios del amor o los terrores del miedo.

Si el lector entra conmigo en una hacienda bien regida, en la noche de un sábado, media hora después de la última fajina, creerá llegar a un caserío abandonado en el fondo de un valle o en la cúspide de una montaña. Alguna vieja sentada a la puerta de su bohío, un perro perezosamente tendido junto a un fogón apagado y la sombra de algún guardián que hace su ronda, es todo lo que se presenta a menudo en haciendas dotadas con cien o más negros, si se entra por sus bohíos miserables. Pocos momentos después llegan los comisionados que han ido a implorar el permiso del dueño o administrador para principiar la fiesta acostumbrada. Entonces la quietud se cambia en agitado movimiento y al reposo sepulcral sucede la animación del entusiasmo. El negro fatigado que soñaba descuidadamente tendido junto a los leños encendidos de su hogar, se levanta apresurado; el viejo encorvado apoyado en su bastón sale también casi a rastras y va a recordar en la nocturna fiesta los días lejanos en que le era dado tomar una parte activa en ella, y la negra que ha dormido su hijo tan caro para ella como el del magnate para su madre, y del cual los trabajos del campo la han tenido distante todo el día, lo deja en su estera y sale tratando de hacer el menor ruido posible para no turbar su sueño tranquilo, mientras los muchachos más listos y menos circunspectos corren de uno a otro lado con muestras de viva alegría. Al ver estas individualidades centuplicadas, esta confusión de sombras mal determinadas que se apiñan y entrechocan envueltas en un silencio que solo interrumpe una que otra orden breve del contramayoral o del administrador, se creería asistir al despertar de una necrópolis retirada a la voz del ángel del Señor. Y este símil, forzoso es decirlo, conviene más a la parte moral que a la física de lo que allí pasa: en esos hombres que se agitan ahora con un deseo y una idea, pocos momentos antes no daba el alma el menor síntoma de su existencia: la voluntad estaba muerta, la memoria dormía, el entendimiento no tenía en qué ejercitarse.

Llegados al lugar de la reunión, que es por lo regular un secadero aislado, y pocas veces el batey, cada uno busca a su compañero más querido, y con su rudeza natural, pero llena de afecto sincero, le dirige su saludo. Las negras enseguida se forman en un círculo de dos o más de fondo y los hombres lo encierran en otro exterior y más compacto que lo rodea y abraza. Esta disposición no es constante; algunas veces se ordenan grupos a discreción y se baila como mejor acomoda; pero yo tomaré esta forma por ser la más general y arreglada. Puestos de este modo, dos o tres golpes dados en la tumba y reproducidos por los ecos de los montes, agitan los cuerpos y dan la señal de que la danza va a principiar.

El instrumento único que se usa en estas fiestas es una especie de tambor de un solo pedazo de madera de dos o cuatro pies de largo, de forma irregular y aproximándose más o menos a las figuras cónica o cilíndrica, hueco hasta la mitad, y más generalmente horadado y cubierto el extremo de más diámetro con un cuero de carnero o chivo, rapado y sin curtir. Este parche, herido con la mano y el aro con un bastoncillo pequeño, dan una armonía monótona y fastidiosa sin variedad ni cadencia. Sin embargo, ese sonido produce sobre el negro el mismo efecto que el toque de la trompeta bélica en el corcel de guerra: dondequiera que está, en el trabajo o en descanso, triste o alegre, tiene siempre sobre su espíritu una influencia poderosa; como llegue a sus oídos, su cuerpo se estremece, levántase erguido y parece que va a ensayar uno de sus pasos grotescos; luego, tras un movimiento de tristeza, vuelve a caer en su estado habitual de indiferente apatía. ¿Es que pasa por su mente un recuerdo doloroso, o que su naturaleza sin energía es incapaz de sostenerse largo tiempo en ese estado de excitación?... Resuelva otro la cuestión: yo doy el hecho sin comentarios; y cierto que no es por presentar una cuestión ociosa: yo no había observado ese fenómeno, un hacendado me lo hizo notar y después le he hallado casi constantemente en los pocos casos en que he tenido ocasión de corroborarlo.

El canto y el baile para los negros son dos cosas íntimamente unidas, porque el instrumento descrito, que es el único de que usan, siendo incapaz de variedad y destituido de tonos, no sirve más que para marcar el tiempo mientras las voces forman y modulan el canto. Éste es igual, monótono, sin glosas ni adornos, como lo son siempre las de los hombres incultos y cercanos aún al estado primitivo. La norma de ellos, lo que despierta ese instinto, los conciertos de la naturaleza, son también iguales, monótonos y sin variedad; cada individuo tiene su voz y su modo de hacerla oír constante y fijo; lo cual, de paso sea dicho, nada quita de su belleza a esos himnos que Dios escucha, y tal vez agrega mucho a su influencia encantadora: los cantos complicados de ejecución, artísticamente dispuestos, si es verdad que ocupan la mente y hacen admirar el genio, pocas veces conmueven el corazón. La pobreza de esos cantos monótonos, tres o cuatro a lo más, se compensa con la multitud asombrosa de estrofas, permítaseme llamar así a sus palabras sin rima ni medida, que se les adapta con notable facilidad: cualquiera ocurrencia del partido, de la hacienda, de la ciudad vecina, se formula en diez o doce vocablos y pasa al sonsonete con que cantaron sus padres hechos de su tiempo que no por eso se relegan al olvido. En casi todas las haciendas francesas se canta un estribillo bien conocido de cuantos han estado en alguna de ellas: son tres o cuatro versos que alternan y la repetición constante al fin de estas dos palabras *Jeneral Endó*.[44] Los emigrados franceses hallan en él un recuerdo de un hecho y un país bien desdichados, mientras los que lo cantan porque lo oyeron a sus padres sin comentario ni antecedente alguno, no saben lo que vale, ni ya es posible que lo sepan jamás: la canción existe como las inscripciones grabadas en el obelisco de Heliópolis o al pie de la estatua de Memnon, el árabe indolente las ve y no las descifra, y solo el arqueólogo y el historiador ven en ellas nombres y fechas de tiempos y pueblos famosos.

Dados los primeros golpes en el tango, una voz débil y que repiten a lo lejos los ecos parleros, da la señal y marca lo que se va a cantar y bailar. Entonces

44 Escrito como suena.

sale al centro de la rueda una de las bayaderas africanas y la música empieza. Al principio se inclina muellemente hacia adelante como la palma que mueve la brisa, con una expresión de ternura que se creería imposible encontrar en aquella criatura degenerada; sigue la rueda y con sus miradas apasionadas invita a los hombres a tomar parte en su danza, mas ninguno se adelanta; la bailarina muestra el pesar de su soledad, y se entrega sola a sus pasos animados. Entretanto el tango redobla sus golpes, su compás es vivo y arrebatado, y toca ya al último grado del *allegro* cuando va disminuyendo para volver a caer en el *andante* más pausado; ora es el rugido del torrente que se despeña, ora el dulce arrullo del arroyo juguetón. La bailarina sigue los caprichos del músico y se deja arrastrar por su pasión y sus instintos que nada refrenan.

Todos los pañuelos de colores vivos de sus compañeras van cayendo en montón sobre sus hombros, y cuando tras el paso más agitado que puede concebirse, el tango da tres golpes irregulares y cesa repentinamente, la que ha arrebatado los aplausos de sus compañeros tiene el cuerpo quebrantado por el cansancio, mas el espíritu deseoso de volver a comenzar.

Preséntase otra: el instrumento redobla de nuevo y la figurante se dispone a hacer las mismas o semejantes figuras que su antecesora; pero de repente salta a la arena un bailarín audaz y decidido: detiénese como un toro que sale del toril y observa alrededor fijo en un punto; mide a su compañera con una mirada cariñosa, y como el cedro robusto que el viento tenue que precede a la tempestad no alcanza a mover, sigue el compás con una oscilación tan corta que apenas se percibe. Mas de pronto se anima, adelanta un pie, levanta las manos sobre su cabeza, arroja un grito agudo y breve y se entrega al baile con todo su ser y su voluntad. Hirió al toro el picador, desarraigó el cedro el huracán, se apoderó del negro el vértigo voluptuoso que tal poder tiene sobre esas naturalezas bastardas que no conocen la belleza pudorosa. Se adelanta a su compañera, le implora, la estrecha y ella le sonríe, retrocede, le aguarda, se inclina y huye: el tango fatiga el viento con furor, se levanta una vocería confusa y el bailarín chasqueado muestra todo el dolor de la decepción y se dispone a una nueva lucha. Cuanto hay que pueda embargar los sentidos y hacer olvidar al hombre de sí mismo, se pone en juego en esas danzas obscenas que nada deben por cierto al *cordaz* ni al paso *salio*.

Yo me avergonzaría de pintarlas con sus colores naturales; la descripción que de ellas hago llega hasta donde la decencia lo permite y se queda muy lejos de la realidad; no es más que un bosquejo descolorido de su verdad impresentable. Algún escéptico sonreirá y pensará que de las veintiocho mil o treinta mil personas que componen nuestra población, apenas una décima parte habrá dejado de ver, y eso sin escandalizarse, las fiestas que yo no me atrevo a describir. Ya lo sé; pero no todo lo que se ve se puede escribir, y luego las descripciones, presentando el cuadro sin el prestigio del movimiento y obrando sobre una razón fría que no afectan el ruido y la variedad de objetos, hacen que se alarme el pudor y la modestia se ofenda.

Después que todos los grandes hábiles han bailado entran en la liza los pequeños, y con sus gestos imitativos forman una parodia divertida de la danza de sus padres. Luego, cuando todos han lucido aisladamente su persona, se establece la anarquía, todos bailan a la vez, todos gritan, todos se apiñan y confunden con sus gestos cómicos y extravagantes. Aquel conjunto de voces desacordes, acompañadas por los redobles bulliciosos del tango y centuplicadas en las cavernas de los montes, y aquella confusión de sombras indeterminadas, alumbradas solo por la luz de la Luna cuando la hay, o por la claridad tibia del cielo tropical en las noches estrelladas, harían creer al extranjero que sin anterior preparación se hallara transportado al sitio donde pasa la escena, que asistía a un sábado de las brujas, a un agitado pandemónium, o que se hallaba atacado del vértigo horrible de que nos pinta el bibliófilo Jacobo poseído a su asqueroso e indigno personaje el gitano Macabre, cuando al sonido de su rabel creía ver los muertos abandonar sus tumbas y formar una rueda repugnante y diabólica con los árboles y las torres del cementerio en que habitaba.[45] En fin, esos bailes tienen un aspecto tan extraño, por el lugar, la hora y los personajes que los ejecutan, que aun a los mismos que los presencian todos los días les produce una sensación bien difícil de expresar: no se sabe si es curiosidad o repugnancia, si atrae o repele su carácter salvaje y primitivo que parece poner entre esas fiestas y las reuniones y saraos de los hombres civilizados la distancia que media entre el diluvio y la época que alcanzamos.

Jacobo Arago dice que en las fiestas de los negros en la isla de Francia es admirable el que no se levante alguna quimera que cuesta, por lo regular, un

45 *La danse Macabre.*

chichón al vencido y algunos latigazos a los dos combatientes. Esto establece una diferencia entre los bailes de nuestros campos y los de aquel país, si es que Arago no ha fundado una regla sobre un hecho aislado. En las saturnales que he descrito rara vez se ve un episodio de esa especie; y esto explíquese como mejor se quiera: atribuyéndolo a la mansedumbre natural de los actores que solo tratan de aprovechar las horas consagradas al recreo, o a la perfecta y bien entendida disciplina establecida en las fincas y a la vigilancia de los mayorales y contramayorales. Si es que a la confusión y al no entenderse constantes e invariables se puede llamar orden, en ninguna parte se hallará más.

He descrito esos bailes como son en general, y ahora, aun a riesgo de cansar con artículo tan largo, quiero contar una escena curiosa de una fiesta del último año nuevo; en ella se verá al hombre rudo y sin cultura tratando de salvar la barrera que lo rodea y acercarse a la civilización; dar el primer paso, y asustado de su audacia, retroceder de un salto a su estado normal, rústico y grosero.

El día primero del año es el de la fiesta espléndida y por eso se aguarda con ansia. En ese día es preciso hacer algo más que en los comunes, y ofrece cada uno a la masa lo que puede de los ahorros de sus víveres o de su siembra particular. Reunidos los bastimentes para el banquete que se ha de dar, los ánimos se alegran, la perspectiva de un placer inusitado y de precio para ellos tan subido, hace que se olviden las penalidades del pasado y se mire sin miedo un porvenir que puede ilusionarse a trechos con nubes de color tan bello y en que pueden gozarse momentos de tan inefausta felicidad. Las fajinas de ese día se hacen fáciles y ligeras, y ni un ¡ay! de queja, ni un grito del contramayoral turban la dicha que desde la víspera, entre lo material de los bailes y lo efímero de sus esperanzas, se disfruta.

Yo había ido expresamente a la hacienda para ver ese banquete: cuando llegué eran las seis de la tarde y los negros bailaban junto a la cocina desde donde llegaba a su olfato excitado el olor de lo que en calderos de respetable capacidad se preparaba para dar alimento y placer a aquellos cuerpos robustos, poseídos por el apetito consiguiente a doce horas de un ejercicio continuo.

Llegó por fin la hora deseada y la mesa se puso en medio del batey. Era ésta larga, negra y grasienta, lo cual se veía perfectamente, la primera cualidad por la idea de extensión que cada uno se tiene formada y aplica relativamente a los objetos que a su vista se presentan, y las dos últimas porque el amo que había prestado platos y cubiertos no quiso dar manteles, previendo con admirable tino el riesgo que corrían.

He dicho que iba a pintar el festín de los negros; mi objeto es presentar el cuadro con verdad, y debo descender a algunos detalles gastronómicos.

El ara que vi rodeada de más de sesenta personas en doble fila, las del sexo débil delante y las del sexo fuerte, pero humilde siempre, detrás, se hallaba ocupada por un pavo que en la lata misma en que había entrado en el horno ocupaba el lugar preferente; a su lado se veía el clásico cochinillo asado que de tiempo inmemorial y con notable disgusto de estómagos delicados es obligado en las mesas de los que marcan con piedra blanca los días de banquete; y enseguida, formando digno acompañamiento, lagos de menudillos y el ajiaco indígena, pirámides de arroz y montones del pescado que con tal profusión se coge en Terranova. En el extremo de preferencia había una botijuela de barro, único vaso para las abluciones del sacrificio, y en el centro en dos miserables candeleros dos velas de sebo que a pesar de lucir en todo su esplendor la Luna llena, pretendían formar el alumbrado.

Como diez minutos estarían los convidados en silencio religioso mirando la mesa sin atreverse a tocarla, y yo perdido en reflexiones tratando de adivinar la causa de aquella detención. ¿Será que hacen su ofrecimiento a Dios antes de principiar? ¿Esperan que uno de sus viejos respetables de barba cana bendiga los manjares? Cansado de esperar pregunté al dueño de la hacienda que me había invitado a ver la fiesta: éste se sonrió, y alzando la voz les invitó a principiar. Los negros interpelados se miraban unos a otros como pidiéndose valor, bajaban la cabeza avergonzados, y yo no comprendía aún. De repente las velas cayeron apagadas, se alzó un alarido de sorpresa o gozo: ¿quién sabe? y la mesa quedó barrida como por ensalmo: un arroyo de vino la bañaba y los tiestos del botijo, objeto de la general codicia, eran despojos del combate. Aquello fue cosa de un instante, la claridad de un relámpago hubiera bastado para alumbrar aquel movimiento de rapiña y pillaje tan bien ejecutado y tan nuevo para mí. Cuando salí de mi asombro dos o tres negritas llorosas porque nada habían podido alcanzar, recogían las migas que habían quedado: eran los choncholís que rebuscan un grano de maíz en el campo cosechado. Ni un negro quedaba en todo el batey; habían ido a comer despedazándolo con las manos y sentados en el suelo en el centro de un cañaveral lo que tanto trabajo les había costado reunir, lo que alimentó sus ilusiones ocho días consecutivos. Seguían su instinto; hacerlo de otro modo, quebrantar sus costumbres, entrar en otra esfera, aunque considerado de lejos les pareció placer, al llegar a la ejecución hallaron que era un sacrificio penoso: todos los años hacen la misma prueba y todos los años se repite con corta diferencia la escena.

Un cuarto de hora después bailaban de nuevo, y a la medianoche su fiesta excepcional había concluido: les esperaba al amanecer el principio de la serie de los trabajos, alegrados solo por los bailes del sábado.

Manuel Costales

Una junta de acreedores

Sea principio de este artículo la solemnísima protesta de que a nadie me contraigo, que de nadie hablo, que a nadie pinto con lo demás que quiera el lector agregar valiéndose de esta palabra excluyente a propósito para una protesta de esta clase, pues nunca ha sido mi ánimo referirme a persona determinada, porque esto sería empuñar lanza en ristre contra muchos, atraerse malquerientes que sin necesidad de tales cosas nunca faltan, y obtener resultados que solo pueden satisfacer a corazones mezquinos ajenos de lealtad, buena fe y nobleza en sus procederes.

No crea por esto el que lea que sin observación escribo estos renglones, pues sin ella nada bueno puede hacerse, y yo he tenido la *ocurrencia* de formar un acopio de tan buena cosa, que bien puede llamarse así, esto de fijar la atención y meditar sobre lo que pasa, cuando la ligereza y el antojo campean con fingido donaire en artículos de este género.

Entre los medios descubiertos [importa poco saber si hace mucho o poco tiempo] para hacer fortuna, adquirir un grande capital, proporcionarse goces y comodidades con que pasar esta vida transitoria, ninguno más seguro, más cierto y eficaz que un *concurso de acreedores*... ¡de acreedores! Rara cosa es por cierto representar el papel de afligido para ser sacrificador, angustiar, de mártir en una palabra para ver sobreponerse a aquellos mismos que con afanes, privaciones y desvelos lograron reunir algunos medios que vieron arrebatados por tanto *hambriento* como nos cercan amenazando llevarse hasta nuestro cuerpo, que bien pudiéramos decir *hasta nuestra alma* siguiendo a aquel estudiante que con sagacidad adivinó ser ésta un talego o botija de dinero que bajo semejante inscripción se hallaba enterrado en cierto lugar que habrán leído nuestros lectores.

¡Un concurso!... ¡un concurso! Voz mágica, voz poderosa, voz emblemática, a cuyo sonido salta henchido de gozo el corazón del calculista, así como tiembla de miedo el del pobre prestamista. ¡Voz de consuelo para algunos, de maldición para otros! ¡Voz significativa a la par que lucrativa, y que presentando el raro contraste de alegres y afligidos es poderosa a poner en actitud y movimiento infinitas personas! ¡Voz a cuyo eco responde acorde la terrible falange de abogados, procuradores, escribanos, oficiales de causas, refaccionistas, vendedores y qué sé yo cuántas clases de las que encierra la sociedad!... ¡Un concurso! ¡Voz en que se sueña de día, y se delira de noche, objeto de cálculos sin cuento, de especulaciones sin número, en que renace la esperanza de unos, y se oscurece y amortigua la de otros, en que principian las prosperidades de muchos, y se estrellan cual en rocas bravías la de tantos incautos malhadados!... ¡Voz en fin que jamás han tenido presente los economistas, y que es, con perdón de estos señores, eminentemente *especulativa*, por lo mismo que es eminentemente *productiva*!...

Para no impacientar por más tiempo a nuestros lectores con el desempeño del título que encabeza este artículo y puesto que muchos habrán, y quizá serán actualmente víctimas inmoladas con todas las garantías necesarias por algún implacable sacrificador que bien pudiéramos representar en una espantosa vorágine, vamos a trasladarnos al lugar de la junta, sí, señores, al mismo lugar de la junta, y cuidado con olvidar que de nadie hablo, y a nadie me contraigo, vamos a pintar al vivo lo que aconteció con don Cipriano Taravilla, hombre rico, acaudalado, que se hizo poderoso, no con afanes ni trabajos, ni mucho menos con loterías que sacara, sino con la industria más productiva de cuantas productivas se conocen, según creemos haber indicado antes, y cuya repetición no tendrán a mal estos que me leen.

Son las doce del día: apenas ha dado la última campanada ya empiezan a entrar en el espacioso salón del doctor Confusio algunos individuos que a leguas conocería cualquiera que son acreedores: pasan pocos minutos y va aumentándose gradualmente el número de *derrotados*, porque así es menester llamar a estos que a guisa de combatientes y con lanza en ristre vienen a embestir al precavido y astuto deudor que armado de antemano no con cota de malla ni cosa parecida, que eso nada tiene que ver con sus combinados planes, toma asiento, tose, dirige una mirada indagadora alrededor diciendo con interrumpidos signos de aprobación «éstos son de los míos».

Hay también en el salón abogados, procuradores, militares, comerciantes, mercaderes, hombres asalariados y cuantos más quiera el lector agregar, porque una junta de acreedores es en pocas, pero exactas palabras, un compendio de la sociedad con las clases todas que la componen. Empiezan ya a moverse, pasearse, toser, fumar, alargar el pescuezo hacia la entrada del salón para reconocer a los que llegan, meter ruido, hablar en secreto, y soltar palabras indirectas, hasta que llega la hora suspirada de la discusión. ¡Hora crítica y tremenda!, hora en que van a llevarse a cabo las más apuradas combinaciones: en que va a consumarse la grande obra puesta en planta tantos días: en que va a arrebatarse por medio de *amigos verdaderos* lo que nada ha costado: hora en que va a pasar por la prueba de la *experimentación*, fecunda en resultados, lo que concebido por el hombre en el silencio de su retiro, alarma, inquieta, turba, trastorna y arruina a tantos otros que incautos y desprevenidos buscaron probidad, rectitud y honradez donde solo hallaron usurpación, dolo y maledicencia; ¡triste recompensa a su generoso desprendimiento!

Da principio el acto por la lectura del escrito que también lo es del proceso: tiene éste en sus manos un *oficial de causas* aguerrido a quien llaman *Acuchillado*, y cuya voz sonora unas veces, débil y apagada otras, trémula y triste cuando lo requería el caso, lee el libelo en que Taravilla pinta con negros y sombríos colores sus afanes, padecimientos y desvelos; en que se supone blanco de las mayores desgracias e infortunios, pues no hay contratiempo que no haya sufrido, descalabro que no haya destruido sus bienes, persecución que no haya tenido, pérdidas que no haya experimentado, y sin embargo de que ha podido en medio de tantas zozobras conservar el crédito, y de que su honradez e intachable comportamiento le ponen a salvo de los tiros de la venganza, implora la generosidad e indulgencia de los acreedores, porque según dice la *agricultura*, el *comercio* y la *prosperidad* se interesan en que se le proteja y sostenga, a fin de que *circule* el dinero, se vendan los frutos, trabajen los operarios y qué sé yo qué otras cosas diabólicas, perdónesenos el adjetivo, que allá inventó la facundia de su patrono.

Inútil será decir que a cada paso fue interrumpido el oficial por los acreedores irritados que quisieron hacerlo partícipe de su furor: empero cuando reventó la mina con terrible explosión amenazando destruir al deudor fue cuando llegó aquella de leer el *estado de bienes y deudas*, bienes de los que estaban presentes, deudas abortadas por el fraude y la mala fe: entonces, ¡oh!, ¡quién pudiera pintar cuanto pasó entre aquella gente! Todos hablaban, todos tosían, todos daban golpes y bastonazos; quién se levantaba con la mano cerrada para dirigirse al deudor que permanecía impasible, quién tiraba el sombrero devorado de cólera; todo era bulla, laberinto, confusión y tropel del que nunca se saliera a no imponerse por cuarta y quinta vez el silencio y el comedimiento que exigía el acto y el decoro mismo de las personas allí reunidas.

En medio de este desorden se veía sentado en uno de los ángulos del salón a un hombre que acostumbra ir a todos los entierros y que por una fatal coincidencia presenciaba el suyo en vida; nada hablaba, nada decía; de cuando en cuando suspiraba, y siguiendo los movimientos y ademanes del que hablaba ya en favor, o en contra del deudor, según se presentaba la alternativa exclamaba *¡vaya!... ¡no hay remedio!... ¡cierto!... ¡oh!... ¡nada!, ¡nada!*, y como quien se encuentra desfallecido después de haber hecho un esfuerzo extraordinario, se recostaba y quedaba sumergido en el mismo aturdimiento que al principio.

Restablecido el orden pidió la palabra uno de los más opuestos y enfurecidos, y sin preámbulo de ninguna clase dijo:

«Pido al tribunal que vaya a la cárcel don Cipriano Taravilla ahora mismo y que se acabe esta junta y se dé a cada uno lo que fuese suyo...»

A esto dijo otro que estaba muy atento:

«No, señor, no, Taravilla es un hombre honrado, trabajador, laborioso pero muy desgraciado, es preciso...»

«Lo que es preciso es que vaya a la cárcel y pague allí con sus maldades, porque es indigno de nuestra consideración.»

Otro que por tres o cuatro veces quiso hablar y siempre lo interrumpían dijo:

«El señor, señalando con un garrote que llevaba por bastón, debe, según me ha aconsejado mi abogado, venir a servirnos con una argolla al pescuezo como sabiamente lo manda una ley.»

«Esa ley, señor mío —replicó un acreedor, refaccionista—, está en desuso, y yo por mi crédito privilegiado otorgo las esperas y confío en la honradez notoria de Taravilla.»

A estas palabras se levantó aquél y lleno de cólera le dijo: «Usted no es refaccionista, ni acreedor, ni nada, que se lo probaré muy pronto, y repito que sin perjuicio de hacerlo se niegue al deudor cuanto solicita en ese escrito que debe quemarse, sí señor, quemarse, aquí debemos hablar claro, hablar el lenguaje de la verdad sin consideración a nadie, todos los meses, todas las semanas, todos los días hay esperas, hay concursos, hay barullo y los que pierden son los acreedores».

Impávido oía el deudor este combate, nada hablaba, nada respondía; su patrono se esforzaba más y más en conseguir la victoria, pedía votación y en vano se cansaba porque los acreedores rebelados hablaban hasta por los codos.

«—Conteste usted —hacía media hora que estaba diciendo uno de ellos—, conteste usted estas preguntas de un hombre honrado: ¿qué capital tenía usted ahora cinco años?, ¿qué bienes ha adquirido legalmente?, ¿con qué cuenta que sea suyo para pagarnos?»

«—Eso no es del caso —repuso un acreedor hipotecario—; concede usted o no concede las esperas, éste es el objeto de la junta.»

«—No, no —dijeron treinta voces que parecían la andanada de un navío de tres puentes—, no, no, que conteste don Cipriano Taravilla.»

«—Ésas son *posiciones* —expuso el defensor de éste—, y los pleitos no principian por posiciones...»

«—Calle usted —dijo un abogadito lampiño y vivo como una culebra—; calle usted, señor compañero, y no diga semejante absurdo...»

Iba a continuar pero cansado ya el doctor Confusio, previno que inmediatamente se procedería a votación. Así se hizo y fue de admirar la pericia con que el oficial Acuchillado apuntó en una larga lista el nombre y apellido de los concurrentes, y sus votos afirmativos y negativos, bien que esto presentó dificultades insuperables para otros menos aguerridos, pues entre los acreedores los había tan irritados que ni su nombre quisieron dar cuando les tocó el turno, otros que se abstuvieron de votar, otros que a la fuerza exigían se extendiera una larga y minuciosa protesta, y otros en fin que disputaban y reñían cuando iba a hacerlo algún acreedor a quien creían simulado.

Vencidos estos obstáculos y mientras se extendía el acuerdo, quedaron charlando los acreedores, rabiando de cólera, y desahogando ésta como el diablo les daba a entender. En medio de ellos se distinguía un hombre de edad avanzada, alto, seco, con una ligera corcova, calma estoica, conformidad forzada, voz gangosa, mirar fijo y penetrante. Continuamente se volvía a derecha e izquierda y abriendo tamaño ojo decía: «me clavó en diez mil pesos», y solía consolarse cuando alguno le respondía «a mí en quince mil y sus premios que con sacrificios de sangre había reunido».

Llegó pues la hora de leer el acta, un silencio sepulcral había sucedido al torbellino de voces que poco antes reinaba y concluida la lectura se acercaron todos a firmar confundiéndose en un instante acreedores consecuentes con los más enfurecidos opositores. Aquí hubo aquello tan frecuente en semejantes casos, de que nadie quería ser primero en firmar, y se decían unos a otros: «vamos, vamos, don Melquíades, rompa usted la marcha, los mayores en edad»... «*¿Cómo los mayores en edad?*, firme, firme usted, don Matías, nunca creí que usted me hiciera la guerra»... «vamos, ya eso pasó, firmemos, firmemos» y otras cosas como éstas que por demasiado sabidas no conviene repetir.

Terminada que fue la operación de firmar empezaron todos a tomar sus sombreros y bastones, a brindar tabacos y cigarros, formando tal pelotera que parecían los hombres hojas arrastradas por la corriente y después de ser retenidas en un remolino se escapan al fin confundidas y en desorden. Cuando éste estaba en su punto se veía sobre todos aquel hombre flaco de quien he hablado, que no cesaba de gritar: «señores, señores, quién tiene mi sombrero», «hasta el sombrero me llevan», y esto lo decía yendo y viniendo y revolviendo y registrando y cogiendo cuanto sombrero había en el salón, estuviese o no en poder de su dueño, hasta que uno llamándole ahogado en risa le dijo: «Señor don Tranquilino, ¿y el que usted tiene en la cabeza?»; alzó ambas manos y convencido de su aturdimiento tomó el brazo a su amigo, y sofocado aún del combate le decía retirándose:

«—¡Amigo mío!, *me clavó en diez mil duros*», «en diez mil duros» —repetía cerrando la mano con cuanta fuerza pudo.

Sin embargo de tantos inconvenientes y obstáculos, de tanta oposición y protesta, de tanto fraude y malicia se aprobaron las esperas. El deudor había concebido su plan con tino y madurez, escogió amigos de confianza a quienes puso como acreedores de más privilegio y cantidad y seguro de la mayoría no temió los ataques de la oposición. Los acreedores temerosos de perderlo todo, desesperados del buen éxito en la demanda de oposición, convencidos de los trámites y dilaciones de un juicio ordinario que se procuraría eterno, y penetrados de que el deudor conseguiría su objeto así como había logrado las moratorias, se desanimaron, negociaron sus créditos con una pérdida considerable, o cedieron finalmente a influjo de personas de amistad y de respeto.

Púsose en primer grado un crédito de preferencia, la cantidad a que ascendieron las *costas*, se pagaron éstas, arreglóse todo y al fin don Cipriano Taravilla se hizo dueño de un ingenio y de otras fincas valiosas, merced al abuso, mejor dicho, a la infracción notoria de una disposición que promulgada para alivio del hombre honrado y laborioso que sufre pérdidas y contratiempo en sus bienes, ha venido a ser un medio vergonzoso de especular y enriquecerse con oprobio de la ley y escándalo de la justicia.

La Siempreviva, tomo III, año de 1839, pág. 82.

Instrucciones de mi cliente

Describir un personaje como nuestra imaginación lo concibe es cosa bien fácil, porque solo consiste en dar forma a las ideas expresándolas en el orden con que se representan y ofreciendo finalmente el conjunto que ella misma nos proporciona; pero describir un personaje tal cual es en sí, es por cierto difícil tarea en que no siempre puede darse cima; se dirá que el trabajo todo está en pintar las cosas como se presentan a nuestra vista, pero ¿quién puede pintar con sus verdaderos coloridos el semblante de un hombre cuyo raro conjunto inspira ideas imposibles de expresar?, ¿quién puede describir la fisonomía singular de una persona, semejante solo a sus extravagantes ocurrencias?, ¿quién, finalmente, podrá transmitir a sus lectores la armonía de su semblante, de sus acciones, de sus maneras con las relaciones que ofrecen sus discursos?

Así es que para dar una idea no ya exacta sino aproximada se hace indispensable bosquejar primero al hombre, y referir luego su discurso, su conversación, o su *modo de expresarse*. Esto último es lo que ciertamente cuadra a mi cliente, porque discurso en el sentido lato de la palabra no lo ha tenido, ni lo tendrá jamás, ni menos conversación formal que digamos.

Es pues un hombre entrado en los cincuenta, corpulento, y desproporcionalmente grueso; diríase que mal avenidas sus carnes con lo demás del cuerpo han ido a situarse después de emigrar en varias partes a lo que el hombre tiene de más visible, que es la cara. Redonda es ésta, y tanto que sus abultados cachetes le esconden la boca, pequeña en demasía, y cuando se ríe, que a menudo lo hace, la contracción natural del rostro de tal manera le mueve los carrillos, que cualquiera diría que no tiene ojos si no lucieran como dos puntos luminosos la pequeña órbita de los suyos. La frente sumamente angosta presenta entonces apiñadísimas arrugas, que hacen creer que el pelo nace inmediato a ellas; éste es tan espeso como redonda su cabeza, de suerte que guarda la mayor armonía con su cara. Hasta aquí parte de lo físico.

Pero ¿cómo indicar siquiera con la pluma lo que el más hábil pintor no expresaría con sus pinceles? ¿Cómo dar a conocer el conjunto que a la vista ofrece el semblante de mi *cliente*? ¿Cómo dar una idea de la expresión que toma su semblante cuando en medio de su torpeza y por no encontrar palabras con qué explicarse fija en mí sus pequeñísimos ojos y dando con el bastón en el suelo, se queda al fin inmóvil?... No puedo, no, intentarlo, y dejo esta tarea tan difícil en sí como grande mi insuficiencia.

«—Buenos días, señor doctor —me dijo este hombre sonriéndome que es su natural aun cuando esté incómodo, que rara vez acontece—, buenos días, yo *venía* a hablar con usted...»

«—Tome usted asiento —le contesté, insistiendo en que se sentara, pues ya me había cansado y atraído las maldiciones de los que por él se veían esperando; pero lo rehusó.

»—Pues... como le he dicho a usted, señor doctor —[aquí recuerdo a los lectores que mi cliente no es hombre de discurso como ya dejará de verse]—, pues... porque Joseíto tiene mérito y no porque sea mi ahijado... es decirle a usted... pues... que yo le abono, y que... en cuanto a este pleito meto por él la mano en la candela... es verdad que él tiene travesura y... pero... pues... no es decir que sean escandalosas y por lo tanto... ahora tiempo yo no sé por qué, le dio por celos a un vecino dos o tres heridas... pero cosa corta [y señalaba con el dedo índice la punta del inmediato] pues es querer decir... cosa de muchachos...

»—Pero, señor, cuál es el pleito de...

»—Mi pleito, esto es el *letijio* de mi ahijado es injusto... pues, porque el muchacho es tranquilo y mientras no se *quimeren* con él...

»—¡Tranquilo! —repuse yo—, y ha dado tres o cuatro heridas y...

»—Sí, señor, pues... porque es verdad que no tiene crianza...

»—Estoy, estoy de acuerdo con usted —le dije persuadido de que nunca acabaría si empezaba a hacer observaciones a mi cliente.

»—Pues... como decía... aquí traigo yo un documento que nadie lo puede *prochar*... y como yo necesito de un abogado de la altivez de usted [actividad quiero decir], porque usted... es decirle a usted... yo, desde que lo vi a usted me quedé complacido... y por lo tanto el día de la prendición de mi ahijado no estaba en su casa, y ya usted ve de que es injusto lo que le quieren hacer.

»—Pero, señor, ¿por qué está preso Joseíto el ahijado de usted?

»—Pues es querer decir que no le pueden probar el acumulo que le hacen porque él es muy tranquilo y han dado en perseguirlo... y yo quiero que usted se haga *capaz de mis razones...*

»—Mire usted —le dije, cansado de oír lo que mi cliente me decía y para lo cual tardaba horas y más horas por el trabajo que le costaba explicarse—, mire usted, para *hacerme capaz* de lo que usted quiere decirme tomaremos un apunte del nombre de su ahijado, de la fecha en que lo prendieron, del juez que lo remitió, y encargaremos al procurador se instruya si es que tiene estado...

»—No, señor, Joseíto no tiene estado, es un muchacho soltero, porque...

es decirle a usted que él... pues... nunca ha querido casarse, aunque vive...

»—Está bien —le repliqué—, usted me dispense porque estos señores están molestos...

»—Yo, doctor, lo que quiero es que usted se valga de su *injerencia* [amistad traduje yo] para sacar a mi ahijado de la *ventolina.*

»—Muy bien.

»—Y cuándo vuelvo por acá porque usted ve...

»—Cuando usted quiera y el escribiente le instruirá...

»—No, señor, usted me dirá.

»—Está muy bien, beso a usted la mano.

»—Soy un criado de usted.

»—Vaya usted en hora buena.»

Molido y maltratado me dejó mi cliente y descontento quedó por demás de su bendita obra, pues aún estaba yo comiendo, cuando se presentó a saber del negocio. ¡Santa Tecla! ¡Otra tenemos!

»—¿Usted gusta de comer?

»—No, señor, es decirle a usted que mi ahijado...

»—Tenga usted la bondad de sentarse.

»—No, señor, estoy muy bien, pues... porque mi ahijado...

»—Permítame usted, que en concluyendo...

»—Yo desde aquí le contaré a usted... es querer decir a usted que el triunfo de los contrarios es *emífero* porque aunque él esté preso... y por lo tanto...»

No sé lo que seguiría diciendo este hombre que siempre está *diciendo y nada dice*, como muchos que acá en la literaria carrera conocemos, pues me hice que oía no oyéndole; alguna que otra vez le contestaba con una lluvia de monosílabos a que daba mucha importancia porque anudaba su desanudada conversación, que con pretexto de urgentes ocupaciones le dejé sentado dando sus *instrucciones* al pobre escribiente a quien aburrió con su eterna petulancia.

El resultado de todo fue que este hombre raro, extravagante, negado, falto de caridad para con su prójimo, sobrado de celo y actividad para con su ahijado y cuanto más quiera agregar el lector, me seguía a todas partes sin que mis arbitrios fueran poderosos a desprenderme de él. Si iba a paseo allí mi *cliente*, si a la iglesia allí mi *cliente*, si al teatro a que nunca fue y que llegó a frecuentar por encontrarse conmigo allí mi *cliente*, si a una junta allí mi *cliente* en la puerta del tribunal para hallarme a la entrada y a la salida; por todas partes mi *cliente*, mi *cliente*... era el martirio de mi vida, la sombra de mi cuerpo, un fantasma negro que desvanecía con su presencia los instantes de placer que me eran dado gustar, era el ángel malo que a todas horas me perseguía; nunca comprendí sus *eternas instrucciones*, así como nunca pudo comprender el tormento que con ellas me hacía sufrir. Su ahijado, el que *no tenía estado*, el que *hacía cosas de muchacho*, el que *habían dado en perseguir* fue condenado a presidio por las muchas que hasta entonces había hecho.

Fue pues mi defendido, pero como todos mis amigos le decían al padrino *mi cliente*, y con este nombre lo conocía por mi desgracia, he querido bosquejarlo poniendo a este artículo «Instrucciones de mi cliente», que termino aquí aunque nunca terminó él las suyas; inquietándome el justo temor de no haber logrado *instruir* a mis lectores por el empeño de describir a un hombre que con todos los esfuerzos de su espíritu y los de su siempre trabajosa conversación no logró *hacerme capaz* de lo que con tanto énfasis llamaba *sus razones*.

¡Dios le ayude y me liberte de él!

La Siempreviva, tomo III, año de 1839, pág. 256.

El oficial de causas

Plumas, papel, tinta... cuidado que no estamos formulando ninguna cuenta de escritorio, y para evitar interpretaciones, diremos paleta, pincel, colores tenemos aquí a nuestra vista, limpio el lienzo, y la mano bastante diestra por más que digan para trasladar a él el personaje que nos proponemos describir.

—¿Personaje? —dijo al momento una voz no desconocida—, ¿y qué personaje es ése?

—¿Ése? Ninguno. ¿No ve usted que está el lienzo sin una linea siquiera?

—Bien; ¿pero qué se propone usted pintar?

—¿Pintar?... ¿Yo?...

—Sí, señor; ¿pues no está usted frente al caballete, y en una mano la paleta y en la otra esos pinceles?...

—Vamos... sí, es verdad... Usted es uno de los que se introducen en todas partes, y se acercan, y todo lo ven... me ha sorprendido usted en este instante en que solo me creía...

—Cierto, pero... ¿qué diablos va usted a pintar?

—Voy a pintar el *oficial de causas*.

—¿El *oficial de causas*?... ¿El *oficial de causas*?... Sobre que se han propuesto ustedes no dejar clase alguna de la sociedad que no saquen a plaza, y ridiculicen, y las pinten en láminas, y en artículos y...

—Está usted muy equivocado. No pretendemos ridiculizar a nadie. Describir costumbres, bosquejar algunos personajes que a nuestra sociedad pertenecen, no dañar a nadie, hablar de usos generales, atacar los que sean desacertados y torpes, dar colorido local a esos cuadros, formar un cuerpo de obras cuyas páginas den conocimiento si no exacto, aproximado por lo menos del modo de ser entre nosotros, y de la influencia que en nuestros hábitos ejercen las numerosas clases que nos rodean, tal es nuestro propósito, santo, laudable fruto de la observación y del estudio; y nadie avanzará hasta el extremo de combatir esas descripciones que con aplauso de los amantes de la literatura publicamos.

—Sí, pero... ya usted ve... que...

—Nada, nada vemos ahora. El *oficial de causas* es el único objeto que ante nuestros ojos se presenta, y hemos de pintarle con todos sus pelos y señales...

¡Oh tú, Joaquinito, cómo habías de escaparte de nuestras pinceladas, habiendo para ellas abundantes tintes y colores, siendo tu fisonomía tan pronunciada entre las fases sociales, y teniendo aquí este lienzo que muy pronto será un espejo en que verás tu imagen completísima... y tú impertérrito acuchillado cuyo nombre solo es cifra de mil campañas que denodado has sabido vencer en concursos, testamentarías, intestados, ejecuciones, filiación, sevicia, y toda falange de procesos en que intervienes... y tú intrépido y locuaz... y tú el de la risita fingida... y tú el tierno embrollador que haces *dormir* los expedientes a tu placer...

—Ya usted falta a los deberes del escritor de costumbres, ya usted hace alusiones, ya usted personifica... y ése es un ataque...

—No personificamos, camarada, de nadie hablamos, a nadie aludimos, hacemos observaciones y nada más: acopiamos datos, unimos particularidades y si de todas podemos formar el personaje que hemos de pintar para que en él se vean como en el foco de un lente las costumbres generales que sin ofender a nadie describimos, entonces y solo entonces pintamos, y ni remotamente se nos ocurre lastimar en lo más mínimo a esa clase laboriosa, honrada, dedicada con la mayor constancia al trabajo, a la cual apreciamos y queremos por sus virtudes, exceptuando a los que hacen *entierros de cruz baja*, o cobran al agente una firma dos veces, o no están a sus horas en el oficio, y nos persuadimos que ni una queja siquiera recibiremos, pues a nadie habremos aludido, ni de nadie habremos hablado.

—Pues yo creo que usted hace mal, muy mal...

—Pues si hacemos mal, déjenos usted en nuestra ocupación...

—Pues me iré inmediatamente...

—Pues hágalo usted en feliz hora, y no vuelva a quitarnos el tiempo, ni a levantarnos polémicas, ni a contradecirnos, ni a distraernos.

—En hora buena y hasta nunca, ¿eh?

Esto dijimos; fuese el majadero, y cerrando la puerta y picándonos ya la mano nos sentamos frente a frente del lienzo; arreglamos colores, bosquejamos la figura, y con sombras más o menos fuertes, más o menos suaves nos dedicamos a la obra, inspirados por la memoria, y sostenidos por la imaginación, por esa potencia creadora, viva, palpitante, hermosa, que el fresco ofrece a nuestra vista, cuanto ella vio en pasadas horas, y aun en remotos climas, hiriendo nuestros sentidos cual si recibiendo estuviesen las impresiones que nos conmovieron.

Y largo silencio pasó y largo espacio empleamos.

Ved pues el cuadro. Colocaos de manera que esté en su luz; no confundáis las sombras, ni veáis las negras tintas que vuestra indiscreción, vuestra malignidad o vuestra ligereza pretenda advertir, sino lo que hemos pintado; y nada más. Aquí, más cerca, no tanto, desviaos más a la izquierda... eso es... miradlo ahora.

Ese hombre que atraviesa diariamente las calles de la ciudad, que entra y sale en algunas casas, que sube y baja escaleras, para volverlas a subir y bajar el siguiente día, que detrás o junto a él lleva a otro más joven cargado de papeles que apenas puede debajo del brazo contener, es un *oficial de causas* y el otro su escribiente, o ayudante que es lo mismo para el caso; éste es parte integrante de aquél, y diz que solo por eso se trae a colación, que justo es, según cierto principio, y salvas sean las excepciones, que lo accesorio siga la naturaleza de lo principal.

El *oficial de causas*, ese joven que a las nueve de la mañana entra en una escribanía, que suelta sombrero y bastón, que abre con una pequeña llave el escaparate de cedro a su espalda colocado, que se sienta delante de su mesa y se posesiona de ella, que va colocando procesos, arreglando escritos, dictando oficios, extendiendo algunas notificaciones del día anterior, que apenas se ocupa de los objetos ni de las personas que le rodean, seguro de que se acercarán a él los que de él necesiten; ese joven que con rostro sereno mira impasible a los demás, que alguna vez se sonríe pero solo con los labios; que otras manifiesta aspereza o resignación, que tan pronto ojea un proceso desde la primera hasta la última página, como pensativo se detiene en algunos lugares de la actuación; este individuo finalmente que tanto lugar ofrece a la observación en sus anomalías y contrastes, es una persona poderosa e influyente en la tranquilidad de las familias por lo mismo que en sus manos tiene sus bienes e intereses, su reputación y honra, que ambas cosas dependen muchas veces de la suerte que corren los litigios.

Hemos dicho que el *oficial de causas* es persona poderosa e influyente, y no nos faltará ocasión de demostrarlo. A las diez de la mañana ha recogido ya infinitos escritos, tiene casi *redondeada la audiencia* del día anterior, salvo algunas intimaciones que aunque le faltan pronto llenará; arregla sus papeles, coge sus procesos, distribuye el trabajo con su escribiente, toma una pluma, mal cortada por lo regular, se dispone a ir a casa de los tenientes (ésta era la expresión cuando los había), manda al ayudante a la de los asesores particulares (también han desaparecido como nubes que lleva el huracán), pone en la pestaña de los escritos *asesor Flores* y *alcalde 1.º, asesor Piedra y alcalde 2.º*, etc., entrega las *firmas* con cuenta y razón de las *insolventes* y de *oficio* y bien espera algún otro escrito que le interesa, o se va por su lado a despachar.

Al momento queda desierta la mesa, eternamente acompañada de una carpeta con más cortadas que agujeros, un gran tintero cerca de una esquina atravesado por más señas con un clavo que lo fija en aquélla para evitar sin duda que en la salvadera lo equivoquen, a pesar de estar casi proscrito su uso y ventajosamente reemplazado por el mismo paño que cogido de un canto arroja sobre el escrito la arenilla que pródigas manos derramaron sobre él. Esto mismo sucede en todas las escribanías, hora *muerta* para el *oficial de causas*, pero viva, vivísima para el *oficial de cuadernos* que ve agruparse alrededor suyo infinitos vendedores, poderdantes, prestamistas y usureros, no de esos que exigen tres firmas y cuanto saben sus víctimas, sino otros más piadosos y humanos que al descuento y con hipoteca y con renuncia de todos trámites y pregones fijan el precio a la finca para que sin necesidad y con la simple presentación del testimonio se proceda a su inmediato remate; y todos queriendo ser los primeros, que éste es achaque frecuente en hombres de negocios, aunque no tengan más que uno.

Y el *cartulario* entretanto impávido, sereno, recoge certificaciones de pago y averigua y pregunta si se satisfizo la hipoteca, si la alcabala está corriente, de quién *hubo la finca* el vendedor, si es casado, si tiene *entredichos*, si es menor, si su curador interviene, y mil y mil preguntas que dejan atónito al que por vez primera se acerca a ese lugar. Y luego muy serio y sin mirar a los otorgantes, coge el cuaderno, y con una rapidez de vapor lee el extenso documento que acaba de escribir que tantas y tantas cosas contiene, y alarga la mano, y da la pluma, y los contratantes que quedaron tan instruidos de lo que oyeron, como nosotros de lo que pasa ahora en Pekín, se sientan y firman, y pagan los derechos o no los pagan, y complacidos se van. Pero de esto en otra ocasión, que nos distraemos del punto principal, y el *oficial de cuadernos* será objeto de otro artículo que aplazamos para cuando tengamos tiempo, espacio y sobre todo voluntad, que es la única que domina en las altas regiones de la inteligencia.

Entra y sale el *oficial de causas* en el estudio de los asesores, *entraba*, debemos escribir, que ya esto pertenece a la parte histórica de nuestro foro, y según el interés que tiene por el pleito así insta por el despacho: toma cualquier periódico, lee y espera o pronto se retira diciendo:

—Licenciado, mañana despacharemos.

Y cuando ha repetido esta frase tres o cuatro veces, se aparece de súbito con un escrito de apremio, y en él un decreto en estos términos: *ocurra el escribano a primera audiencia. «Autos como están pedidos.» Se entiende en el despacho*; decretos que como en nada perjudican, según dice el oficial, salvan de una molestia al abogado, porque de momento le libertan del despacho, y para esto se escoge precisamente la hora en que está más entregado a su bufete. Amistoso y familiar, de todo habla, de todo pregunta, en todo entiende, salvas sean las excepciones, que de todo hay en la viña del Señor, y ustedes saben muy bien (hablamos con los oficiales) que éstas son verdades y que nada suponemos, y que es bueno el callar; ríe y se chancea, da su opinión sin pedírsela, pide prestados algunos libros, máxime si están en verso y si no que lo diga Pepe, se aplaza para la ópera, o para el drama de la noche, se *embulla* para los toros, y cuenta cuanto en esos espectáculos ha pasado, haciendo extensivas sus palabras a empresas y conquistas amatorias de las que siempre ha salido triunfante, amén de los bailes y gallos de temporadas a que nunca falta y que le dan ocasión para divertirse y entretenerse.

Hoy han variado las cosas de una manera notable: hoy el *oficial de causas* ha perdido mucho y ganado también más. Ha perdido entre mil cosas, que no todas son para escritas, *la propina* de los asesores, letrados, calificadores, comisionados para remates, pruebas, declaraciones, etc. Ha ganado limitando sus diligencias a puntos determinados, no teniendo que ir a tantos y tan distintos estudios, de tantos y tan diversos asesores, pues adscritas las escribanías al despacho de un alcalde mayor, a este juzgado y nada más tiene el *oficial de causas* que acudir y aquí lo hace todo; provee, falla sentencia que no es poca cosa que digamos, cuando antes tenía que acudir a tan distintos y encontrados lugares.

A las doce o poco más, ya está de vuelta en la escribanía; ya espera la *audiencia* que mandó firmar, ya tiene atestada la mesa de procesos, ya vienen los litigantes, agentes y procuradores, y sentándose unos, acercándose otros, tomando la pluma y abriendo el *cuaderno de providencias*, todos hablan y preguntan, y tosen, y fuman, y accionan y se desesperan, y cogen, y sueltan el proceso; y él impávido, en medio del huracán a todos contesta, a todos habla, a todos satisface. Y extiende una notificación, y pone una nota, y dicta una orden, y folia un proceso, y coge otro, y pone en continuo ejercicio su incesante y prodigiosa actividad.

—¿Qué hay en la Castro? —grita un imberbe escribiente.

—Autos —responde el oficial.

—¿Qué hay en el intestado de Recio?

—No han despachado.

—¿Qué hay en el concurso de Taravilla?

—¿Han venido las resultas de la orden?

—¿Ya contestó esa gente el traslado?

—¿Cuándo pagan la asesoría?

—¿Está suelto el apremio?

—¿Ya se puso el testimonio?

—¿Evacuaron el reconocimiento?

—¿Firmó el alcalde?

—¿Se aprobó el acuerdo?

—¿Ratificaron el escrito?

—¿Vinieron los testigos?

Y mil y mil preguntas en mil distintos procesos; y él respondiendo siempre bien, o mal, con verdad o sin ella, satisfaciendo a unos, desesperando a otros, alegrando a muchos, entristeciendo a esotros con estas palabras casi siempre las mismas y que cada cual pesca y las escribe en su cuaderno.

Traslado. Autos. No han despachado...

—Está en la firma...

—El asesor enfermó...

—No han dado para el papel...

—El ministro no ha dado cuenta...

—Lo tiene el escribano para notificar...

—No han venido las ratificaciones...

—Entréguense...

—Estése a lo proveído...

—Cúmplase lo mandado...

—Se oye en un solo efecto...

Y otras cosas parecidas que en sí envuelven los temores, la esperanza, los cálculos, el gozo, la incertidumbre, el anhelar continuo de los que tienen la desgracia de litigar.

El *oficial de causas*, ese hombre que veis siempre afanado detrás de la mesa, entre escritos y procesos, es todo, o nada. Imparcial, a nadie se inclina, la misma actividad para unos que para otros, no revela el secreto de la prueba, no intriga en el remate, no influye con los peritos, no violenta los términos, no extiende notificación que no ha hecho, no dice el embargo decretado antes que se ejecute, no habla del asesor, no compele a los agentes para que se instruyan en víspera de dos o tres días feriados, no da copia de interrogatorios, ni de repreguntas; es igual para todos.

Interesado en la causa, es todo lo contrario; a solas se goza en su minador influjo, y si algo le decís, se pondrá tan pequeño, que en una palabra os dirá «que es un triste oficial o mancebo de escribanía, que él no provee, que nada puede, y que no hace más que cumplir con sus gravosas obligaciones».

Pero cuando despliega toda su actividad, cuando se multiplica hasta lo infinito, cuando está en todas partes, cuando no tiene hora segura en el oficio, cuando todo lo desatiende es cuando se trata del *pago de costas*. ¡Oh!, entonces es prodigioso, entonces todo lo allana, todo lo facilita, todo lo remueve, todo lo anda y nada se queda que no venza y alcance su infatigable laboriosidad. ¡Oh!, si le apuráis, en un día, en una hora, redondea el expediente, lo pasa al tasador, embarga bienes, busca postor si de remate se trata, cobra, percibe, reparte el dinero no en pos de la *cuarta*, sino en pos de la propina que le dan abogados, procuradores, peritos, etc.

Verdad es que todos se resisten al tiempo de *liquidar*, que hay clientes que vienen al estudio del abogado (algunos nos están leyendo) por la mañana, al mediodía, de tarde, de noche, a todas horas; que allí leen los periódicos; fuman, tertulian, hablan, tosen, oyen y ven para hablar en otras partes acaso lo que ni vieron ni oyeron, halagan y aun adulan a su defensor, le exponen sus temores, adquieren ánimo, se llenan de esperanzas, y todo, todo está muy bien, pero llega el momento de *las costas*, el pleito se transó; aquí de la astucia, de la malicia y de cuanto agregarse quiera. El cliente ya no es cliente, ya cesaron sus zozobras, ya se desvanecieron sus inquietudes, ya no ha menester del abogado, ya tiene en su poder el dinero que nunca viera en tanta porción reunido, ya *manejó* según la expresión del *oficial de causas*, y no vuelve, y todo lo olvida y le parecen altos, excesivos, escandalosos los honorarios, inmensas las costas y habla y murmura y pronuncia desatinos y afecta enojos, y quiere con ridícula hipocresía encubrir su punible comportamiento, y al *oficial de causas*, aguerrido, experimentado, instruido en la ciencia de Lavater, no le sorprende saber lo que ya vio su ojo perspicaz en el rostro del cliente agradecido.

Otros se hacen *insolventes* a pesar de pesares, o llevan mil recibos, otras tantas sangrías que disminuyen la *exhibición* y que el oficial sufre con necesaria resignación. Verdad es que no siempre sucede esto, y que él tiene a veces más que todos, porque de todos tiene, y de la parte de todos hace la suya.

El *oficial de causas* se pinta solo para un entierro de *cruz baja*, solemnidad silenciosa en que desempeña a las mil maravillas el principal papel, y lo vais a deducir con solo este antecedente. Cuando veáis dormir un proceso; cuando nadie pregunte por él, cuando el procurador contrario no apremia, ni el agente se acuerda tampoco de nada, bien podéis exclamar *¡in profundis!* Aquí hubo entierro de cruz baja, y sepultaron con el proceso, al abogado, al procurador, a los agentes, tasadores, ministros, al escribano mismo. Verdad es que suele ser enterrado también el *oficial*, pero no es lo frecuente, ni tratamos tampoco de escribir sino de aquellas escenas en que en primer término campea el personaje que pintamos. Muchos enemigos y muy ventajosos e irresistibles tiene el *oficial de causas*. Abre la marcha el litigante *insolvente*, cáncer que devora, víbora que muerde, *jagüey* que se adhiere y se abraza y seca y aniquila y mata, y todo lo quiere en el acto, al momento, con preferencia exclusiva.

Las *causas criminales* que le acosan y le abruman, y le hacen ir continuamente a la cárcel, y suplir papel y gastar en carruaje, y hacer el *extracto* y el *parte quincenal* y el demonio, que a tal llega a veces su justísima desesperación.

Si se le ocurre rematar una casita, siervo o cosa tal, él se arbitra, y busca y halla remedios aunque no tenga un peso, que personas de más tener rematan y no pagan y con los plazos se quedan. Todo lo que el oficial hace entonces, a todo lo que aspira y aquí prueba su honradez, es a que el defensor, y el procurador y el perito le rebajen algo de su *partida*, pero siempre exhibe el contado y cuanto a su nombre ofreció el intrépido testaferrea que como postor se presentará en la subasta.

Es el *oficial de causas* alma del escribano, y si no dirigid la vista hacia aquella mesa sobre la cual se levantan tantos concursos, intestados, testamentarias, pleitos ejecutivos, ordinarios y criminales que afanoso y a la vez autoriza, y en los cuales imposible le sería intervenir si no fuera por su órgano, que a la misma hora y el mismo día lo hace aparecer en una junta de acreedores, en un auto de proceder, en un reconocimiento, en unos descargos, o en otras tales diligencias que diariamente ocurren en el cúmulo de negocios que cursan en la escribanía.

En medio de tantos afanes, de tanta constancia, de tan asiduos y penosos trabajos, ¿cuál es la suerte, el porvenir del *oficial de causas*? Triste es por cierto manifestarlo. Algunos logran después de mil dificultades ascender a *escribanos reales*, y decimos mil dificultades porque el *fiat* es una roca inaccesible a los de escasa fortuna; porque hay un número determinado que componen el colegio; porque es necesario una vacante, y ésta ni siempre ocurre, ni hay uno solo que a ella aspire. Así pues, el que casi un niño entró en la escribanía, el que en ella vio pasar los mejores años de su juventud, llega a la vejez pobre, quizás desamparado, cuando una familia le demanda educación y subsistencia; y reproduce a la contemplación de todos el ejemplo de aquellos militares aguerridos que envejecen sin ascenso, y que cargados de años y de trabajos tienen solo la memoria de las numerosas campañas en que se batieron.

Un hecho notable que está al alcance de todos y que se hace advertir entre el laberinto infernal de oficios, órdenes, embargos, remates, entredichos, pruebas y declaraciones, entre las exigencias mismas de las partes, de los cálculos del interés, del egoísmo, de las pasiones todas que desenfrenadas buscan pábulo e incremento en las contiendas judiciales, demuestra la integridad del *oficial de causas*, de ese individuo que continuamente se afana, que continuamente trabaja sin hallar acaso recompensa a sus fatigas.

Cursan en nuestros tribunales una infinidad de pleitos de la mayor consideración e importancia, en los cuales se reclaman cuantiosas sumas de pesos, jamás que sepamos se ha arrancado un pagaré, ni documento alguno de los procesos, jamás se le ha perseguido por su extravío, y cuenta que en esos documentos está la honra del hombre y la paz de las familias, y la riqueza y bienestar de que gozan, que los autos se entregan al asesor sin recibo, y sin-recibo se recogen; que mil manos hojean aquel proceso confiado exclusivamente a las manos del *oficial de causas* a quien no sonríen por cierto los halagos de la fortuna. ¡Justicia pues a su reconocida honradez, a su constante laboriosidad, a su integro comportamiento!

Testigos de estuche[46]

Todos esos hombres que veis allí en los portales del gobierno, que entran y salen en las escribanías, que hablan, tosen, fuman y disputan; que a las doce del día se empujan y amontonan; se pisan y atropellan, que tan pronto están en la Lonja, como en el billar, tan pronto en la Almoneda como en la Dominica, y que ni un momento abandonan a ciertas horas aquel *hervidero* como alguien lo ha llamado, todos esos hombres van allí *a sus negocios.* Pero si preguntáis cuáles son los asuntos que a ese lugar los llaman, muy difícil será contestar esta pregunta. Pleitos y reclamaciones judiciales, diría cualquiera al columbrar aquel heterogéneo conjunto, y satisfecho creería haber señalado el objeto que atrae bajo los portales a tan bulliciosa reunión.

Pleitos y reclamaciones judiciales, diríamos también nosotros si viendo solo la superficie de las cosas no quisiéramos penetrarlas. Pero ¿cuántos sin haber soñado en litigios, sin tenerlos, ni esperarlos, fijan allí su permanencia diaria por muchas horas consecutivas? ¿Cuántos que sin pensar en tribunales ni procesos, tienen allí sus negocios, y después de matar el tiempo, y mil otras cosas que callarse deben, se retiran a sus casas, cansados, fatigados de sus *quehaceres*, abrumados de *sus trabajos*? ¡Cuántos, cuántos, lector amigo, van a reposar para entregarse al siguiente día a la misma ocupación, al mismo trabajo, a los mismos negocios! ¡Cuántos finalmente hacen de este ir y venir, de este estar y volver, las faenas diarias de su penosa existencia! Muy incauto seríais si en estos renglones encontrar creyereis la descripción de los portales del gobierno a las doce de un día de trabajo. No es tal nuestro propósito, ni encerrar podríamos en un artículo la multitud de objetos que allí se presentan a los ojos del observador. Imposible sería también dejar explotada en tan rápidas líneas la abundante mina

46 Este artículo se escribió cuando aún no se había establecido la Real Audiencia Pretorial.

que allí se presenta, ni agotar una sola veta de las muchas que en todas direcciones cruzan, profundizan y enriquecen.

En medio del sordo rumor que levantan tantas y tan encontradas voces, de tantos y tantos hombres cuya clase, condición, edad, traje, aspecto y ocupación se confunden en ese laberinto en tan poco espacio contenido, un objeto llama preferentemente nuestra atención. De esa turba de picapleitos, agentes, vendedores, litigantes, usureros, petardistas, leguleyos, estudiantes, oficiales de causas, escribientes, corredores intrusos, buhoneros y regatones; de ese inmenso y extravagante conjunto que la sociedad arroja y amontona, como arrastran las olas del mar en la vecina playa mil raros y confundidos objetos, de ese acopio enorme cuya variedad no es posible en toda su extensión referir; sobresale con erguida cabeza, limpio rostro y ojos indagadores, el *testigo de estuche*. ¡Oh, y quién pudiera pintarle si no con la exactitud con que el daguerrotipo fija la imagen en la plancha, por lo menos con los rasgos distintivos de su carácter! ¿Y quién es bastante entendido y suspicaz para comprender el carácter de ese hombre, de ese hombre que todo lo sabe, que todo lo dice, o que todo lo ignora, tergiversa y calla, según sea el caso en que ostenta los recursos de su rara, fecunda y productiva habilidad? ¿Quién podrá ser capaz de penetrar aquel su pensamiento ocupado siempre de tantos negocios, que apenas puede en su sabiduría deslindar?

El *testigo de estuche* es sin duda alguna un ser privilegiado; su sabiduría no tiene límites, no conoce obstáculos. Si acaso se le presenta algún inconveniente, si algún escollo le amenaza, la religión del juramento que prestó no le sirve de óbice alguno; impávido todo lo arrostra; marcha firme, imperturbable, sereno: recurre en sus apuros a su prodigiosa y extraordinaria memoria, y tan satisfecho queda acertando como contradiciendo lo que antes aseguraba.

Por eso hemos dicho que se presenta con *limpio rostro* y ojos *indagadores*; que si a aquél jamás lo turba el pudor, éstos le sirven para escudriñar los negocios que demandan su constante y eficaz intervención. Si se trata de un pleito de familia, posee todos sus secretos; conoce al padre, a la madre, a los hijos, a los parientes, a los amigos que frecuentan la casa; sabe cuanto en ella pasa, y es tal su exactitud a veces, que hasta el más leve suceso que altere la tranquilidad doméstica, el más ligero ruido que se oiga, lo ve, le consta, y lo dice aunque no siempre se le pregunte.

¿Quiere Pedro acreditar su *insolvencia* para pleitear a la sombra de este beneficio, libre de erogaciones judiciales? Pues bien, allí va su agente; apenas da un paso por los portales, apenas tiende la vista, se presentan tres o cuatro *testigos de estuche.* Una señal basta para atraerlos; entra con ellos en la escribanía; habla con el oficial, vuelve los ojos, y en tan corto espacio de tiempo ya *saben,* les *consta y aseguran* que Pedro no posee bienes de fortuna, que es pobre, que apenas le alcanza lo poco que trabaja para su subsistencia, y todo esto lo atestan porque *hace muchos años tratan al que los produce y jamás le han conocido propiedades de ninguna clase.*

Muertes, heridas, robos, divorcios, préstamos, adulterios, golpes, sevicia, jactancia, fraudes, lenocinio, todo, todo lo sabe; de todo habla, todo lo atesta y asegura. Su nombre, edad, vecindario, ocupación (cuenta que no dice la que ejerce), estado y naturalidad figuran en innumerables procesos. Su apellido llama la atención del juez que examina el expediente, del abogado contrario que impugna la declaración; del defensor de la parte en cuyo obsequio depuso. En todo interviene y en todo está, en todo toma parte; así contribuye con su dicho al triunfo de un litigio, como ocasiona su pérdida por la implicancia y contrariedad de sus manifestaciones.

Si le vierais absolver un pliego de repreguntas, os asombrarían la facilidad y ligereza con que da sus respuestas a los mil particulares que se le interrogan. Entonces no recurre al gran registro que su memoria le presenta; no piensa, no medita. Impávido, sereno, todo lo contesta, y para nada cuida de buscar consonancia con lo primero que antes declaró. O se aprende el apunte que le facilitaron, y sin discreción porque no es posible acertar con cuanto la sagacidad contraria exige, lo contesta todo trastornando lo mismo que no pudo combinar; o con la mayor confianza y seguridad expone lo primero que en aquel instante se le ocurre, cual si fuera lo que verdaderamente debiera contestar.

Recibe uno, dos o más pesos por su declaración, según sea el caso y la importancia de su dicho; jamás pregunta quién es la persona en cuyo favor va a prestar sus servicios, y es talla prerrogativa que a veces suele gozar, que sin necesidad de molestarse, ni interrumpir las ocupaciones que tan afanoso le traen, entra en el oficio, pide una pluma y firma sin examen alguno lo que le ponen delante; que esta prontitud, facilidad y falta de escrúpulo forman parte y muy importante del favor que en aquel momento se sirve dispensar.

Tiene también amigos y a éstos nada lleva, con ellos nada interesa, por que en cambio le proporcionan ganar algunos medios que llevar a su casa para sostener sus precisas y gravosas obligaciones. Firme en los portales, busca allí la vida vagando en los lugares que antes hemos mencionado, y si presto, ligero y veloz acude donde le llaman, presto también olvida lo que ha dicho, para ocuparse en lo que le resta por decir. Infatigable, no pierde otros recursos iguales a éste, para sacar el *diario* que su subsistencia demanda. Contrae deudas mezquinas, pero numerosas, y jamás sale de ellas, porque su prostitución es tal, que siempre lo tiene abismado en la miseria.

Tal es aunque ligera y débilmente bosquejado el *testigo de estuche*; ese ser corrompido y degradado que prostituye la pureza del corazón, que turba la paz de las familias; que hace de su viciosa vida un tráfico vergonzoso y criminal. Enemigo del trabajo, se entrega en brazos de la vagancia, haciendo de ésta su execrable ocupación; víctima de la inmoralidad, atribuye *a su suerte* lo que solo es efecto del abandono de su *educación*, de la indolencia con que viera correr los días preciosos de su juventud. Pasa ésta rápida y fugaz, y sorprendido en medio de su funesto letargo, cuando una esposa, unos hijos, una familia toda reclaman su cariño y vigilancia, en vano puede comprender y alcanzar la importancia de sus deberes, porque incauto y desprevenido, jamás se le ocurrió que la sociedad exigía para su sosiego y bienestar el cultivo de su corazón, la dignidad de su alma, la pureza y rectitud de sus costumbres.

Puerta de La Luz

Con el incremento e importancia que tomaba el puerto de La Habana o de Carenas a principios del siglo XVII, conforme al historiador Arrate, el más fiel y minucioso de nuestros historiadores, pensóse seriamente en fortificarlo y preservarlo cuando se pudiese, contra la codicia de los enemigos de España, en los bellos tiempos de su prosperidad y grandeza.

Tras el proyecto de aislar la ciudad, abriendo un canal de la caleta de San Lázaro al estero de Chávez, propuesto por el señor Gelder, que no mereció la aprobación de la corte, llevóse a cabo el del señor Montaña Blázquez, reducido a amurallada por la parte de tierra. Y según el mismo Arrate, la obra se comenzó corriendo el año 1633, con nueve mil peones, que ofreció el vecindario y el arbitrio de sisa impuesto por el cabildo sobre el vino. Continuada después por los sucesores en el gobierno, Orejón, Rodríguez Ledesma, Córdoba, Lazo de la Vega, el marqués de Casa-Torres, Güemes y Cagigal, llevóse tan adelante, que en tiempo de estos dos últimos sobre todo, había fundadas esperanzas de que se concluyesen las murallas (aunque no sucedió así); o lo que es lo mismo, se circundase la ciudad, porque ya no solo se pensaba en fortificarla por la parte de tierra, sino también por la mar.

El primer pedazo de muralla que se construyó fue, pues, el que corre de la Punta al Arsenal; y tuvo en su principio tres puertas: la de la Punta que daba salida a los paseantes por la orilla del mar, hasta San Lázaro; la de Tierra, que servía de entrada a los campesinos, y la de la Tenaza, que comunicaba con el Arsenal, y fue el origen de graves desavenencias entre el gobernador marqués de la Torre y el comandante general de marina. Lazo de la Vega agregó otro pedazo de muralla por la parte de mar, desde la Tenaza hasta San Francisco de Paula, aunque años después fue demolido y reedificado con más solidez por el señor Güemes; y esta cortina no tuvo puerta ninguna, si exceptuamos una abertura o caño que sirve de desagüe a las calles de la ciudad de esa banda y aun a fugitivos y gentes que les acomoda no ser vistas en sus entradas ni en sus salidas.

Y sin embargo de que el historiador que seguimos no lo declara expresamente, es de presumir que en tiempo del señor Cagigal, como hemos dado por hecho más arriba, las murallas quedasen concluidas, tanto porque aquél escribió a principios del gobierno de Cagigal, cuanto porque menciona haberse abierto tres puertas en la cortina del Oriente, que no habría por cierto necesidad de abrir tantas si aún faltase mucho.

Pero sea de esto lo que quiera, la verdad es que de dichas tres puertas, la más septentrional llamóse de Carpinete, porque daba entrada a las mercancías y efectos que desembarcaban los navíos de la época, en un muelle de ese nombre, contiguo a la contaduría, cuya casa antiguamente ocupaba el espacio que media entre la Aduana nueva y el vínculo del señor de Aróstegui. La otra puerta en el punto más céntrico de la muralla oriental, nombróse de la Machina y conserva su primitiva denominación, si bien no la forma, que hoy más parece puerta de estacada que de muralla. Por último, la tercera, nombrada de la Luz, la más meridional, que es la que debe ocuparnos en el presente artículo, ni ha cambiado de sitio como la de Tenaza y Carpinete, ni de forma como la de la Machina antes mencionada, sino que siempre estuvo donde ahora se la ve, al fondo del teatro principal y al remate de la rampa que hace la calle que lleva su nombre.

Según la representa la estampa que encabeza este artículo, su apariencia es la de un castillejo sin almenas, garitones, ni troneras; tiene azotea, sin embargo, y una escala exterior de piedra. También tiene abajo dos ventanas interiores, que dan luz a otros tantos cuartos que sirven el uno a la habitación del guarda y el otro a la del sargento con los soldados, que montan la guardia diariamente en ella.

Ni exterior ni interiormente hemos encontrado losa o medalla alguna de bronce o piedra, por donde viniésemos en conocimiento del año en que se abrió dicha puerta, ya que el historiador lo calla; lo que nos ha causado suma extrañeza, si se considera que en estas cosas se ha llevado a tal punto la escrupulosidad entre nosotros, que en obras de ningún interés ni duración se les notan repetidas las inscripciones.

No obstante, el destino de la puerta de la Luz siempre fue el mismo hasta ahora dos o tres años: esto es, dar entrada a los pasajeros y frutos de la banda opuesta de la bahía. Desde que las poblaciones de Regla y Guanabacoa empezaron a tomar la importancia y crece que hoy tienen, la puerta de la Luz se hizo la más concurrida y transitada de la ciudad. Andando el tiempo, el santuario de

Regla, por los milagros de la Santísima Señora su patrona, y por sus antiguas como renombradas ferias, adquirió celebridad inmensa; y con el fin de visitarlo, de mañana y tarde veíase la bahía cubierta de botes llenos de pasajeros que se embarcaban en el muelle de Luz, el más cercano y el único entonces para semejante uso.

Luego también Guanabacoa, en un principio por su sagrada misión de recoger, amparar y adoctrinar en la fe de Cristo a los desvalidos, dispersos indios, que la pobló de tales y tantos templos; y más que todo por el descubrimiento de sus baños minerales convirtiendo de improviso la villa en lugar de temporadas de los habaneros, todos los años los recibía a millares, durante los meses de calor especialmente; y no iban a ella por otra puerta que por la de la Luz, pues que la vía de tierra es y ha sido siempre sobre larga, trabajosa y de malísimos pasos.

La puerta de la Luz, por lo tanto, en aquella época, y aun en nuestros días, como hemos apuntado más arriba, viose animada de continuo por los innumerables boteros, que no contentos con cubrir el pequeño muelle con sus graciosas embarcaciones a manera de góndolas, salían en tropel hasta la calle que lleva el nombre de la puerta, a asaltar los infinitos pasajeros de todas clases que diariamente y a todas horas cruzaban la bahía.

Las escenas ya chistosas, ya ridículas, ya serias, que en esta puerta acontecían, llegaron a adquirir tal popularidad y fama, que muchos hombres pacíficos y muchas más señoras temían tener que embarcarse a Regla, por lo expuestos que estaban a los desacatos y tropelías ocasionadas por la codicia insaciable de los boteros: los cuales nunca se contentaban con el número de dieciséis pasajeros calculado para cada bote, sino que querían siempre atestarlos de un modo bárbaro y peligroso.

Esto dio origen a desgracias no pocas. Porque además de cargar con doble peso del que demandaban unas barcas frágiles y reducidas de suyo, cuando el viento no les era favorable para hacer uso de sus velas latinas, a fuerza de remo del puerto. Y no podemos menos de recordar aquí, que una de esas escenas sirvió de motivo a la señora condesa de Merlín para presentarnos en acción al personaje principal de la más celebrada de sus novelas: Sor Inés.

Pero hoy todo ha cambiado y desaparecido. Con la introducción de los botes o bateas impulsados por vapor, que planificó una empresa anónima y edificó muelle al fondo del convento de San Francisco, rompiendo las murallas de La Habana, el tráfico y animación de la puerta de la Luz decayeron al extremo de ser la más solitaria y silenciosa de la ciudad. Y tal prisa se han dado a abrir otras puertas, que del corto tiempo en que se tomó la vista de la actual estampa, al en que escribimos este artículo, fuera de las que ya había correspondientes a los vapores de la carrera de Matanzas, la empresa de la mina Prosperidad ha abierto la suya ex profeso, con hermosas rejas de hierro afianzadas en altos pilares de piedra y su tinglado capaz que cubre el ancho muelle.

La puerta de la Luz, tan concurrida y transitada por nuestras hermosas y mozalbetes que salían por ella con el fin de concurrir a las ruidosas ferias de Regla y a las juntamente célebres temporadas de Guanabacoa, vese al presente reducida a las visitas de uno que otro pasajero pobre y cauteloso que teme el ruido y humo de los vapores y a las tropas de los caballos que todas las mañanas llevan a bañar los caleseros. El centinela y el pacífico guarda, sin embargo, no la abandonan, ni la han abandonado nunca, al menos que sepamos y según lo mustio que aparecen sus semblantes al curioso que les observa de paso, creería que estaban allí puestos para llorar y referir al transeúnte lo que fue, en tiempos no muy lejanos, la solitaria puerta de la Luz.

Paseo pintoresco por la isla de Cuba, publicado por el establecimiento litográfico del Gobierno y Capitanía General.

En La Habana, año de 1841. Cuaderno n.º 7, págs. 211-215.

Casa de San Dionisio

Un temor religioso sobrecoge el ánimo del escritor al estampar el solo nombre de San Dionisio, mayormente, cuando sin quererlo por sobre las almenas de la casa, divisa los pinos del cementerio. ¡Aquí la tumba de los dementes!, ¡allí la tumba de los muertos! ¡Qué consonancia tan terrible! ¡La muerte y la locura juntas! Nosotros respetamos las intenciones del sabio magistrado que así lo dispuso, y aun aplaudimos su filosófico pensamiento. La locura y la muerte son una misma cosa. El hombre demente existe en un mundo donde aún no han podido penetrar los sabios de la tierra: el hombre muerto reposa en otro mundo cerrado enteramente para el hombre vivo. La casa de los locos y la casa de los muertos deben estar, pues, en un mismo sitio. Si la sociedad tiene un sepulcro debajo de la tierra para sus muertos, que sirve de asilo a sus huesos, es cosa muy puesta en razón que erigiese también asilo sobre la tierra para aquellos que, perdiendo el juicio, perdieron la existencia moral, y demanden una tumba o lugar apartado, donde sus delirios no exciten a todas horas el horror, la lástima y tal vez el escarnio del hombre sensato. La sociedad en esto obedece a Dios callando. ¡Desgraciado del hombre que no encuentra un hueco en la tierra donde descansar sus huesos!, ¡desgraciado el loco que no tiene un asilo donde ocultar a los demás hombres las miserias de su razón extraviada!

La situación de la casa de San Dionisio es al costado oriental del cementerio, entre éste y el hospital de San Lázaro, al fondo de la caleta del mismo nombre, dando su frente al sur, y bañada en todos sentidos por las brisas del mar; casi a las faldas de la célebre loma de Aróstegui, poco menos de dos millas del centro de la ciudad y cerca de una del castillo del Príncipe. Esta situación, según se ve, no puede ser más adecuada al fin de su instituto como lo es la de San Lázaro y la del cementerio general. Sitio retirado y silencioso, frescos y puros aires: ved aquí los requisitos que demanda naturalmente una casa destinada para hombres de suyo achaquientos, y ved los que goza la de San Dionisio en La Habana.

Su erección fue el año 1827, gobernando el señor don Francisco Dionisio Vives, de quien tomó el título; y su apertura el primero de septiembre del siguiente año. Hízose la obra a expensas de una suscripción voluntaria promovida por dicho excelentísimo señor con el santo fin de amparar y recoger a los infelices dementes que, o vagaban por las calles hechos la burla y el escarnio de los muchachos y de la mendiguez juntamente, o gemían sumidos en los calabozos de la antigua cárcel sin aire, sin luz y sin abrigo corporal ni espiritual.

El edificio tal como le representa la estampa que encabeza este artículo, descubre a primera vista una fachada sobre elegante, de firme y sólida construcción. Su sencillo antepórtico de orden corintio, junto con el enverjado de hierro sobre muros de mampostería, que rodea el pequeño jardín que tiene la casa delante y los pinos, obelisco, rejas y flores del cementerio, que se ven al fondo del cuadro, producen un contraste bello, que dan a la estampa y al objeto real muy gracioso y pintoresco aspecto.

La puerta de entrada queda precisamente en medio, bajo el antepórtico, a cuyos lados abren cuatro ventanas de fuertes rejas de hierro, que dan luz y aire a otros tantos cuartos ocupados por el loquero, el mayordomo de la casa y dos soldados y un cabo, que no montan guardia, sino que están de respeto, para en caso de necesidad. Sobre el umbral de la citada puerta, en una lápida de mármol, con letras doradas de relieve, se lee esta inscripción:

A LA HUMANIDAD
AL SANO JUICIO
Mens Sana in Corpore Sano.
Francisco Dionisia Vives - Juan José Espada
GOBERNADOR - OBISPO
AÑO DE 1827

La entrada es un pasillo de dobles puertas: la exterior o de la calle y la interior, que además tiene una reja de hierro y cae al primer patio. En éste un cuadrilongo de 28 vs. de largo y más de 12 de ancho, con pasadizos todo alrededor, soportados por gruesas columnas de piedra del mismo orden que las del antepórtico: bajo de ellos están las celdas de los dementes pensionistas, que por todas suman quince, con más tres calabozos reforzados de fuertes rejas, de los cuales actualmente solo estaban ocupados dos.

Cuando se abrió la casa en 1828, no tenía más que este patio y un gran jardín al fondo; pero posteriormente lo destruyeron para fabricar otras celdas, con patios correspondientes, según veremos después. Para entrar en el segundo que es cinco varas más chico que el primero y que tiene los mismos pasadizos y columnas, atravesamos otro pasillo, al cual abren dos puertas, que lo eran de otros tantos salones corridos a derecha e izquierda, donde se veían las largas mesas y bancos de pino en que se sientan los reclusos blancos a comer; pues los de color tienen las suyas en los pasadizos. En el centro de este segundo patio hay una hermosa fuente, que derrama un chorro abundante de agua por la boca de una bestia marina; y corona la pila el dios del silencio, representado en un precioso niño de mármol ordinario, que se ve de pie, con el indicador sobre los labios.

Aquí en vez de celdas hay dos salones de norte a sur de treinta varas de largo cada uno, con muchas ventanas para su mejor ventilación, que sirven de morada a los locos que recoge y mantiene la caridad pública: sus camas son duras tarimas y su abrigo una frazada de lana. Antes de pasar al tercer patio, reparamos sobre el dintel en una lápida de mármol, donde se lee una inscripción del tenor siguiente:

Por el Excmo. Capitán General
DON JOAQUÍN DE EZPELETA.
Bajo la dirección
DEL EXCMO. SR. MARQUEZ DE ESTEVA.
Y dirección del coronel don Manuel Pastor.
AÑO DE 1839.

Este tercer departamento pertenece exclusivamente a los hombres de color; tiene dos salones a la derecha, divididos de por mitad, y a la izquierda algunas celdas angostas, provistas de cepos para encerrar y sujetar a los locos que se muestran inquietos o desobedientes a la voz del loquero; también tiene dos baños de agua corriente, con dos llaves cada uno y dos estanques enladrillados de vara y media de profundidad.

En fin, en el cuarto y último patio están el lavadero, la cocina y la letrina; es el más chico; está rodeado de un alto muro que tiene dos puertas, la una falsa y grande que sirve para extraer las basuras, la otra pequeña, y da al callejón divisorio entre la casa y el cementerio. Los salones de los cruceros son muy ventilados: lo mismo que las celdas, que abren ventanas a todos los aires; y los cinco departamentos, de que se compone la casa de San Dionisio, están enteramente divididos entre sí, porque en todos los pasillos hay dobles puertas, que cierran hacia el sur.

Los patios, celdas, calabozos, pasillos, pasadizos y paredes respiraban tal aseo y limpieza que sobremanera nos admiró, no menos que el religioso respeto con que aquellos seres de extraviada razón miran a su guardián o loquero, don Ignacio Franco, quien tuvo la amable condescendencia de enseñarnos el establecimiento y darnos cuantas noticias e instrucciones le pedimos. Mientras pasábamos de un patio a otro solía quedarse atrás el loquero cerrando alguna puerta; entonces los dementes nos rodeaban hablándonos a un tiempo y cada cual conforme al tema de su locura; pero se aproximaba aquél, y todos se alejaban y le abrían paso, atentos siempre a sus menores acciones, como a sus palabras. La mayor parte de esos infelices estaban echados en sus tarimas cuando entramos; mas según fuimos penetrando en la casa, fueron ellos poniéndose en pie, por manera que a nuestro retorno, ya casi todos los ciento diecinueve que hoy encierra el establecimiento, ocupaban los pasadizos del primer patio, y comenzaron a darnos voces e insultarnos desde lejos, porque nos veían con el lápiz y el papel en las manos, apuntando las noticias con que redactamos este artículo.

Desde la edad fresca y lozana de los veinte años, hasta la débil y madura de los setenta, vimos allí locos; y es cosa singular que ninguno furioso; porque si bien es cierto que hay calabozos y estrechas celdas, rara vez, según nos dijo el loquero, se han visto en la necesidad de ocuparlos; y los cepos y los encierros más se dan como corrección de pequeñas faltas que como medios preservativos contra la furia de algún demente.

A las seis de la mañana toman ellos un ligero desayuno, compuesto de pan y café puro; almuerzan a las nueve; báñanse (los que lo permite su estado) a las doce; comen a las dos de la tarde, y a las cinco meriendan con lo mismo que se desayunan. El esquilón que se halla en el pasillo del primer departamento avisa las horas de ponerse a la mesa; y el cañonazo que disparan en el puerto a las ocho de la noche, es la señal que les manda a acostarse y todos lo hacen sin necesidad de apremio, ni de otro aviso: a las nueve reina en todo el edilicio el silencio de un convento de religiosos.

No hablaremos aquí de las rentas que goza el establecimiento, porque siendo como es dependiente de la Real Casa de Beneficencia, la junta de ésta corre con su dirección y entretenimiento: nuestro co-redactor y amigo don Antonio Bachiller, encargado de ilustrar con un artículo descriptivo la estampa que representa dicha real casa, tratará largamente el asunto ex profeso.

Nosotros nos retiramos de San Dionisio al cabo de una buena hora, es decir, a las cinco y más de media de la tarde, quedando encantados de la amabilidad del señor Franco, a quien los dementes tratan con el respeto de un padre cariñoso, y él a ellos como a hijos desgraciados. Hoy no hemos olvidado ninguna de sus cortesanas atenciones para con nosotros, extraños e importunos visitantes; tampoco se nos borrará nunca de nuestra imaginación la fisonomía de esa enfermedad que llaman locura, fisonomía espantosa que inspira lástima y horror a un tiempo. La palidez del rostro, la vaguedad en los ojos ahuecados, la macilenta expresión del semblante y las manías de todos y cada uno de los locos agrupados en torno de nosotros mirándonos unos como estatuas, asustándonos otros con sus contorsiones ridículas. ¡Oh!, éstas son cosas que no se pueden olvidar jamás. Dios nos conserve la razón y tenga misericordia de sus pobres criaturas, porque el hombre demente vive, es verdad, pero no existe en el mundo de los vivos.

Paseo pintoresco por la isla de Cuba, publicado por el establecimiento litográfico del Gobierno y Capitanía General.

En La Habana, año de 1841. Cuaderno n.º 7, págs. 231-236.

La Habana en 1841

Francia es París, Inglaterra es Londres, Italia es Roma. Si con bastante fundamento se dice esto especialmente de aquellas dos primeras naciones, las más ilustradas y poderosas del Viejo Mundo, con no menos, a nuestro modo de ver, se pudiera decir que La Habana, hoy día, es la isla de Cuba.

En efecto, su posición geográfica, a orillas del mar Atlántico, porque la avecina con las ciudades comerciales de Europa y de la Unión Americana; la excelencia de su puerto que, según la expresión enfática del sabio geográfico señor Humboldt, es el más hermoso y abrigado que se halla bajo los trópicos; junto con otras ventajas que debe a su situación geográfica y a su abierto y diáfano cielo, llamándola desde su principio a ser la morada de los gobernadores capitanes generales, andando el tiempo la han hecho el centro o emporio del convenio, que es la vida cubana.

Después de algún tiempo de ausencia, nadie acaso mejor que el que esto escribe pudiera hacer el paralelo entre La Habana de 1839 y 1840 y La Habana de 1841, año que acaba de cerrarse. Desde época bien remota a la que nos referimos ahora, la marítima ciudad, blanda cera en mano de sus artífices o dueños, ha tomado siempre la forma que han querido darle. Cada uno, puede asegurarse así, le ha impreso su carácter peculiar. Bajo el mando del político y el guerrero, sus adornos más favoritos han sido los castillos, las estacadas, las baterías, cañones y campos militares; bajo el cortesano, ha ostentado sus palacios, catedrales, paseos, jardines, fuentes, monumentos y mejoradas calles. Y al cabo de tan mágicas como rápidas transformaciones, pues que no son perpetuos los que la gobiernan, hoy el hijo que la abandonó durante dos breves años no se cansa de contemplarla con asombro: ciudad nueva y rozagante, que sale del fondo del mar, a la manera que la diosa de la belleza de los fanáticos griegos.

Porque, a decir verdad, la india agitó su penacho, se enderezó, y caminó cargada de extrañas plumas, de piedras preciosas y de sedas, las cuales no ha adquirido ciertamente a cambio del oro y la plata de sus minas, sino del azúcar, el café y el tabaco de sus fértiles campos. En vano, pues, ha sido oponerle murallas y abrirle fosos. Éstos y aquéllas los ha traspasado, derramándose por el sur hasta Jesús Del Monte, cuya pequeña iglesia, sobre una verde colina asentada, al mismo tiempo que de atalaya, parece puesta allí por la Providencia para impedir que el pueblo se desbande por los campos. Por el sudoeste, entre famosas quintas y alegres casas, salvando el profundo Casiguaguas, no ha detenido su carrera hasta darse las manos con el Quemado. Por el oeste, cubriendo los manglares de La Punta y San Lázaro, lleva trazas de no detenerse hasta besar los muros del Príncipe.

Esta precipitación de levantar casas y esta rapidez en poblar ha originado los males que ahora tratan de remediarse: el pueblo, abandonado a su propio instinto, edificó al capricho, sin pararse en regularidad ni orden ninguno. Pero, al fin, edificó, que no es poco; y la población de extramuros hoy se ofrece con orgullo a los ojos del transeúnte, llena de vida y movimiento, con sus jardines, sus fuentes, teatros, templos y paseos. Uno de éstos, señaladamente renovado del todo, es lo primero con que da el extranjero al pisar nuestras playas, para encantarle, a nuestro juicio, con la sencillez y regularidad perfecta de la obra. De los templos, si bien el de San Lázaro no está concluido al terminar el año de 1841, fáltale muy poco; cómo se ideó y comenzó corriendo él, es obra que debemos adjudicarle, tanto más cuanto que es la más digna que ha producido la caridad pública en la gran barriada de extramuros.

Pero ya es hora de que tornemos a la ciudad, que en ella está todo el calor y la vida. Desde las elevadas rejas de su lindísimo paseo de Paula, que se debe al año que expira, pasemos la vista por el limpio y tranquilo espejo de su bahía, que si es noche sin Luna, veremos las estrellas del cielo como flechas de fuego clavadas en el fondo de las aguas, y mil suertes de pequeñas y grandes embarcaciones; ora como varadas en el hielo, ora arrastrándose silenciosamente de una ribera a otra, con la magia que prestan las sombras de la noche y el silencio de la naturaleza. Mas si el Sol alumbra nuestro horizonte, no hojeemos ningún registro: las banderas y flámulas que ondean en las gavias de los buques surtos en el puerto nos dirán a voces que el comercio de La Habana en el año 1841 está en relación activa con todas las naciones del Antiguo y Nuevo Mundo. Ni penetremos al mediodía en las calles de la ciudad, porque correremos riesgo de ser estropeados, mayormente nosotros, que venimos de la soledad y quietud misma; el ruido asordador que meten millones de carretones, carretillas y carretas; conduciendo o retirando del muelle los frutos del país y extranjeros, nos dirá a voces que el comercio de La Habana en 1841 está tan floreciente y activo como el de las ciudades más comerciantes de Europa y América.

Esperemos a la noche otra vez; veamos bajo distintos aspectos la población que anima el comercio extranjero con su aliento vivificador.

No bien traspone el Sol nuestro horizonte, y millares de quitrines, especie de góndolas *terrenales* del país, rodean los palacios de los señores, o en largas filas se tienden ante las puertas de los teatros y otros lugares de concurrencia pública. Y mientras los amos, en los espléndidos salones, se entregan a los placeres del juego, del baile, de la música o de la mesa, los esclavos, que bien pudieran pasar por los gondoleros de esas góndolas que ruedan, en la media luz de las calles, o duermen (que esto sucede pocas veces) en los mismos cojines del carruaje que momentos antes ocupó muellemente reclinada la hermosa y delicada habanera, o juntándose en numerosos grupos, ya solos, ya en unión de sus queridas, cantan y bailan al son de sus pequeños y melancólicos instrumentos: cantos, bailes e instrumentos que no tendrán, si se quiere, la poesía que encontraba Byron en las barcarolas de los *lazzaroni* de Venecia, pero que no carecen de novedad y expresión, sobre todo para el extranjero que por primera vez los oye o los ve. A esa hora de la noche, asimismo, la ciudad toda, como por encanto, y a la manera de ciertos insectos de nuestros campos, brota luz de sus entrañas; pero no una luz para ofender la vista, sino para reflejarse en los mil variados tesoros que el comercio ha derramado en las tiendas de ropa, de plata, de quincalla, de bruñidos muebles, de ricos paños, de relojes, de joyas, de víveres, de dulces y de cuanto producen las artes y las ciencias en toda la Europa. Y como si fuera absolutamente preciso que los productos de esas naciones fueran expedidos aquí por sus propios bijas, la Alemania y la Inglaterra han poblado nuestros escritorios; la Francia, nuestras relojerías, joyerías, perfumerías, peluquerías, sastrerías y almacenes de modas; la España, nuestras tiendas de telas, de víveres, de quincalla y de sombreros; Italia nos suministra sus buhoneros, organistas y vendedores de estatuas y estampas; Norteamérica, sus caballeritos y saltimbanquis, si bien en esto último va a la parte con Francia; y en fin, el África nos presta los brazos con que labramos los frutos que damos a cambio de sus riquezas artísticas.

Por todas partes se descubre la huella del comercio, obrando sus metamorfosis y prodigios. A influjo de su soplo creador, todos los días se levantan tiendas de todo género, que deslumbran, no solo por el lujo con que están adornadas, sí también por los tesoros y preciosidades que encierran. Por todas partes bulle un pueblo que en lujo y en miseria no cede a ninguno de la tierra, aunque parezca exagerada la expresión, y aunque a primera vista las ideas de lujo y miseria juntas parezcan a algunos mal casadas y contrapuestas. Si se penetra en los teatros llenos de espectadores casi siempre, el recién venido quedará absorto y deslumbrado de ver la luz que se quiebra en los riquísimos trajes de seda y en los más ricos adornos de las mujeres, quienes ciertamente no necesitan de tales atavíos para enamorar al hombre más insensible a la belleza física. Tampoco la juventud masculina se queda atrás en este género de progreso. En el templo como en el teatro, en los paseos como en los bailes, sabe dar una muestra de la altura a que ha llegado su refinado gusto. Los trajes con que se presenta en todos esos lugares de concurrencia pública, por su corte y valor no desdicen un punto de las últimas y más hábilmente dispuestas modas de Europa y Norteamérica; pues en este particular no puede negarse que más de una vez nos ha dado el tono la república de comerciantes y banqueros, como alguno la bautiza.

Pero suspendamos la pluma. Pues hasta aquí no hemos hecho otra cosa que trazar ligeramente el cuadro del progreso material del pueblo habanero, al terminar el año de 1841; parecía pedir la naturaleza de nuestro trabajo que trazáramos del mismo modo, o en más extenso lienzo el cuadro del progreso normal, si le hay. Nosotros, sin embargo, confesamos con sinceridad que no nos sentimos en ánimo y fuerzas suficientes para desempeñar tan difícil tarea, y abandonamos su ejecución a pluma mejor cortada que la nuestra.

Faro Industrial de La Habana, enero 1.º de 1842.

Modas

Cada día se acendra más y más el gusto de nuestras elegantes y *fashionables*. Cada día advertimos una mejora, una novedad en lo respectivo a modas, que nos encanta y sorprende a veces. Si se compara las de este año con las del próximo pasado y anteriores, la diferencia es enorme. Lástima que se sucedan con tanta rapidez antes de generalizarse; porque no solo no hay ocasión ni tiempo de observarla paso a paso, como lo deseamos los meros observadores, sino que también algunas de trajes, que merecían durar siquiera un mes cumplido en gracia de la honestidad, y sobre todo del favor que hacen a los esbeltos y flexibles talles de las jóvenes, son reemplazadas por otras quizás de menos primor, de menos sencillez.

¿Y será posible que en Londres, París, Nueva York, etc., la moda esté condenada a tan breve existencia como en La Habana? Parécenos que no. Al menos si se considera la rapidez con que se generaliza y la escrupulosidad con que se guardan sus tiránicos y caprichosos preceptos en esas capitales del mundo civilizado y elegante, no podrá dejar de convenirse en que la propagación o generalización compensa la brevedad de la vida que le destina el antojadizo *fashionable*. Es decir, que si en La Habana una moda cualquiera necesita doce días de existencia para ser conocida, en París, no obstante el séxtuplo número de almas, le bastan cuatro. Porque fuera de los inconvenientes que presentan nuestra sociedad, nuestras costumbres y nuestra constitución económica para que tal o cual moda se propague y generalice, y sostenga un número dado de días, el influjo de nuestro clima abrasador es muy poderoso para que nos desentendamos de él, cuando se trate de seguir los mandatos de esa señora del mundo. En aquellos países que tienen sus estaciones marcadas y fijas, ya puede el hombre arreglar su traje a tenor de ellas, seguro de que la temperatura no sufrirá los repentinos cambios que se experimentan bajo los trópicos. Pero entre nosotros, ¿cuántas veces no nos hemos visto obligados a desnudarnos de un traje de invierno al mediodía, que a las nueve de la mañana era necesario que lo vistiéramos para abrigo?

Por esta razón la *Prensa* del miércoles 3 del corriente, con el fin de informarse de las modas parisienses, nos copia y presenta un figurín de invierno, siendo así que entre nosotros ya asoma la alegre primavera su cabeza coronada de jazmines y azahares.

Bien se nos alcanza que aquí faltan casi todos los medios generalizadores de la moda: tales como los periódicos, que en París, Londres, etc., son muchos los que se consagran solo a ese objeto, los teatros diarios, las tertulias continuas, los bailes, los paseos públicos, la corte, que es una reunión constante de *fashionables*; y en fin, la multitud de modistas, cuyo interés en propagar las modas que inventan por causa de la competencia, es muy grande. Aquí todavía las costumbres y la desigualdad de la riqueza, no consienten que cualquier familia tenga su modista y su peluquero. Pocas, muy pocas son las muchachas de la clase media que pueden pagar el corte y hechura de sus trajes. Las más los hacen y cortan en su casa, por medio de moldes de papel, que consiguen de esta o esotra amiga más pudiente, o más en relación con las elegantes. Y de aquí procede, por consecuencia forzosa, que una moda de peto, verbigracia, sufra tantas variaciones pasando de mano en mano, que cuando llega a la última, ya ha perdido el primitivo tono y corte que le dio la modista. No de otra manera aquellos sucesos que transmite el pueblo de boca en boca, a medida que avanzan, van abultándose y desfigurándose.

Sin embargo, de todas esas causas que decimos se oponen a la generalización y duración de nuestras modas, no podemos menos de levantar la voz en favor de los petos, imitando las cotillas, que vimos en los primeros bailes de disfraz de la Habanera y en el último de la Filarmónica. Difícil es que se invente moda más propia para hacer resaltar las dotes con que plugo al cielo enriquecer los cuerpos de nuestras mujeres. Hoy, que de acuerdo con nuestro clima abrasador y con el mundo *fashionable* europeo, se cifra la elegancia en la sencillez, pocas modas de petos ganarán al de que tratamos en esa cualidad; pues no podía ser menos cargado de adornos, ni más ligeras sus mangas de *ángel*, ni más airosa la ancha cinta con que se rodeaba la cintura y servía para ceñirla. También la limpieza del monillo contrastaba de tal modo con los profundos pliegues de la saya, echados cuidadosamente hacia atrás, que era una maravilla ver andando a una de nuestras elegantes. En especial para aquellos que sueñan siempre con los usos y costumbres de la época en que la mujer, como reina de los corazones, presidía en los torneos y consistorios de amor (llamados hoy literarios), semejante modo de trajes le transportaba allá en cuerpo y alma, como por encantamiento.

No ayudaba poco a la realización de esta idea la corona de rosas, que por tocado pedía de suyo el corte del peto; si bien de ellas vimos muchas y muy lindas en el último baile de Santa Cecilia. Ésta es una de las modas que más generalizada hemos observado acaso por no ser costosa, y por no estar tan sujeta a variaciones. Muy pocas de las señoritas concurrentes al dicho sarao, dejaron de llevar su corona, ya blanca, ya encarnada, ya azul de cielo; en lo que parece que se habían propuesto imitar a la santa patrona de la sociedad, cuya hermosa pintura se veía fija a la pared en uno de los testeros del salón principal. Podemos asegurar, que merced a este adorno tan elegante, algunas de las jóvenes que vimos bailando nos parecieron otras Santa Cecilia, que durante la noche, antes de volar al cielo, querían deslumbrarnos con el poderoso hechizo de sus gracias sobrenaturales.

Ahora, descendiendo a hablar de las modas de los hombres, y sabido qué pocas son las variaciones que admiten, por causas que están al alcance de todos, nuestra tarea al mencionarlas aquí se reducirá a breves renglones. Donde se nota bastante mejora es en los chalecos y corbatas: éstas por las exquisitas telas que ahora nos vienen del extranjero, y aquéllos por el corte del cuello, que hoy no tienen más que una pulgada de ancho y es redondo. En el último baile de Santa Cecilia, por lo que hace a corbatas, estuvieron en su fuerte las chalinas de raso de labores chinescas, o mejor dicho de mosaicos; que sea dicho entre nos, se necesita gracia, tino, para colocarlas bien; y de modo que sus colores contrasten elegantemente con el color del chaleco. Los sastres que más se esmeran en cortar éstos son Melogán y Ramón Guillot; las tiendas que mejores partidas han recibido de aquéllas son la Extranjera, la Bomba y la Escocesa. Sin embargo, la estación va desterrando las chalinas por calurosas, y sustituyendo las corbatas de pañuelos sencillos.

Sansueña

Faro Industrial de La Habana, 6 de marzo de 1842, n.º 65.

Estaciones del año

Si con sobrado fundamento se ha repetido por muchos que la tierra es un país de tránsito para el hombre, cuya legítima y eterna morada es el cielo, nunca a nuestro ver, con tanta verdad como cuando se habla de la isla de Cuba y en especial de La Habana. Porque aquí no hay, ni viene cosa que no sea de tránsito, o *de paso*, que es la frase más corriente. No hablemos de las mercaderías, que sería nunca acabar, si a referir fuéramos todas las que por nuestro puerto entran de tránsito; tampoco hablemos de los pájaros habitadores de las regiones heladas, que cuando allá apunta el invierno, levantan el vuelo, lo abaten en nuestras playas por un momento y pasan a otros climas más templados; ni hablemos de los viajeros y gente de comercio, que aun en su propia casa están *de paso*; ni de muchas ideas, proyectos y pensamientos, que llegan, nos calientan la cabeza un rato y siguen su camino a otros lugares, donde echan raíces; hablemos de los que se dicen hijos, moradores de La Habana, de los que en ella tienen hacienda, hogar, familia, empleo, ocupación y asiento. Aun éstos, ¿no están aquí siempre *de paso*?, ¿qué emprenden que no sea *de paso*?, ¿qué quieren que no sea *de paso*? ¿qué buscan que no sea *de paso*?; en fin, ¿qué piensan que no sea *de paso*? Veámoslo. Expliquémonos. Empecemos desde diciembre, que es cuando verdaderamente comienza a *pasar* este pueblo esencialmente nómada.

Apenas se abren los blancos y olorosos aguinaldos al soplo regalado de los suaves vientos del norte, que la ciudad se despuebla. Desde noviembre se empiezan a preparar las chupas de lienzo, los sombreros de paja, los abigarrados pañuelos de la India, los pantalones de color, si es hombre; si mujer, los túnicos de ligera muselina, las lujosas capas de seda, los graciosos sombreritos italianos, las medias de lino, las sombrillas, los guantes de color, los zapaticos de badana para pasear a pie las mañanitas por las guardarrayas de los cafetales humedecidas por el rocío de la aurora. Y unos y otras, esto es, mujeres y hombres, los que poseen fincas de campo y carruaje, preparan asimismo las lozanas parejas de caballos que han de transportarlos de aquí y conducirlos todas las noches del cafetal o el ingenio al baile del pueblo y otros puntos.

Entonces todo es movimiento, todo es alegría, todo bullicio en los campos, la vida de la ciudad, en una palabra, trasladada a ellos. Cada cafetal, cada ingenio, cada pueblo, es el centro de una diversión continua: diversión tanto más brillante, gustosa y bulliciosa, cuanto que no se prolonga a muchos días, pues que aquellos que las promueven y son el alma de ellas, están *de paso* en estos sitios y con su ausencia cesan de golpe.

La estación del invierno, o como más comúnmente decimos, de las pascuas, en rigor, no dura arriba de dos meses, que se cuenta de 15 de diciembre a 15 de enero. Según se ve pasa pronto. Y viene otra estación; pero a ésta la llamaremos ciudadana, atento a que no tiene nombre conocido y a que entonces todo el que fue a gozar de las pascuas en el campo ya está de vuelta a la ciudad y es en ella donde se *pasa* la estación. Para mayor claridad la dividiremos en dos épocas, una más larga que la otra, la de carnaval y semana santa, que comprende días de la cuaresma. En la primera el pueblo nómada llena los teatros, los paseos, las calles y se oprime y apiña y se sofoca en los famosos bailes. Por el excesivo número de personas concurrentes a ellos, cualquiera creería que los habitantes se han duplicado y triplicado, en especial las mujeres, pero no hay tal, sino que se han reunido en un solo punto a pasar la estación. Ya para esta fecha han caído por tierra todos los trajes que sirvieron en el campo y se han hecho de otros más lujosos y brillantes: la moda reina soberana. Capas, plumas, capotes, rasos, merinos, cachemiras, reemplazan a los ligeros lienzos del invierno. Entonces toda la vida está en la ciudad: los carruajes rodando por las calles la atontan con su ruido; el bullir y gritería de las máscaras la embelesan y transportan quién sabe dónde: y los pianos la llenan de dulces armonías. Ésta es la época en que los amantes y los acreedores de todo género hacen, como suele decirse, su agosto. Los unos y los otros, estamos seguros, encontrarán de asiento en sus moradas el objeto de sus ansias. Todo el que no puede perseguirlo en el campo, debe aprovechar la ocasión, apresurarse, porque vendrá otra estación, si ha pasado la de las pascuas.

Y en efecto, llega la Semana Santa; el pueblo quiere verlo todo: hincha los templos: rebosa en calles, plazas, portales, ventanas y balcones para ver pasar la procesión, que ciertamente no pasa tan pronto como los que la miran. Asoma mayo y el pueblo se dispersa en opuestas direcciones. Ha entrado el calor, la estación más triste para la ciudad y la más divertida para Guanabacoa, el Cerro, Puentes Grandes, Marianao, San Antonio, San Juan de Contreras, el Charcoazul y San Diego de los Baños. En estos cuatro últimos sitios la permanencia es corta, apenas de un mes, bien así como en los otros cuatro primeros la estación se prolonga a tres, cuatro y cinco meses, atento a que son de baños, infinitos van a reponerse de los atrasos sufridos en la estación anterior. Hombres y mujeres con sus cuerpos fatigan las aguas, llenan los soportales del Cerro, Puentes

Grandes y Marianao, resucitan a la vieja y levítica de Guanabacoa y dejan la languidez, el silencio, la tristeza, la soledad en La Habana. ¡Desgraciado, mejor dicho, pobre del que no está entonces de temporada! Pues éste es el nombre de esta tercera estación, que al presente contamos.

Afortunadamente después de la tercera estación no viene una cuarta, al menos que tenga un nombre particular, o carácter marcado; que si viniera, fuerza sería convenir en que nuestro pueblo era el pueblo de los pueblos, es decir, aquella clase de la sociedad, que no teniendo hogar cierto, ni seguro alimento, se anda, como el judío errante, de ceca en meca.

Antes y poco después de las susodichas tres estaciones, que más que menos todas causan enormes gastos a los estacionarios, ¿quién emprenderá cosa de provecho y meditación que le salga bien?, ¿qué deudor pagará a su acreedor, pues que realmente no se pagan más que las costas de los pleitos y eso en la primera estación?, ¿quién que tenga un poco de juicio ha de exigir fidelidad de su amada? Triste de ella, que tendrá que seguir a su familia en la alegre emigración; y que por seguirla se pondrá en muchos resbaladeros, los cuales, unos la harán caer en las aguas del río, otros en la cañada del crimen y todos en el olvido de sí y de su amante. Aconsejaríamos a todo el que no pudiese moverse de la ciudad, que no se enamore, cuando se acercan las estaciones, porque es tiempo perdido. ¿Quién tampoco se ha de dar a visitas? El día menos pensado, que hacéis ánimo de ver una linda cara, ¿no os ha sucedido infinitas veces, lector caro, que en lugar de la carita, os ha recibido una caraza arrugada y prieta, diciéndoos que las señoritas estaban en el campo, o de baños o de temporada? ¿Quién, en fin, ha de querer, pensar, idear, escribir con fundamento para un pueblo que siempre está de viaje, o de paso...? ¿Quién? El que desde la ciudad le dirige este artículo de estaciones, deseando más acompañarle en todas sus peregrinaciones que escribir cosas tan insulsas, muerto de calor, escaso de fortuna y condenado a no *transitar* ni *pasar* la vida en temporadas.

Faro Industrial de La Habana, agosto 17 de 1842, n.º 218.

Sierras del Cuzco (31 de diciembre de 1846)

Señor redactor del *Faro Industrial*:

Prometí a usted en mi última comunicación hablarle del baile a que debía concurrir la noche del 27; y poco tendría que decir a usted de él, si no hubiera observado una costumbre perniciosa que deseo azotar hace tiempo.

Figúrese usted, señor redactor de mi ánima, que la gente de estos parajes son muy prolíficas y que con dos o tres familias se llena un salón de baile.

Si cada madre solo llevase a la diversión las hijas casaderas y en edad de bailar, todo estaría bien, y se necesitarían hasta diez familias para que el salón de baile estuviese medianamente concurrido. Pero no sucede así. Cada madre, cada abuela, no se contenta con llevar las hijas casaderas, las nietas ya mujeres, llevan hasta las de pecho, y las bisnietas si las tienen. Y sucede lo que no podía menos de suceder, que el baile se vuelve una *escuelita*, la danza un retozo. Todavía si las niñas concurriesen modesta y sencillamente vestidas, era de tolerarse en gracia del amor materno que en ninguna parte del mundo es más caprichoso que en Cuba. Pero las benditas madres, si no llenan la cabeza de sus hijas de tres peinetas, y un ramo de flores de trapo plateado, si no cuelgan a sus orejas dos largos pendientes de piedras ordinarias, si no cubren sus manecitas con largos guantes de seda, y si de la corona a las plantas no las ponen hechas una visión, no creen que van bien vestidas y prendidas.

Hágame el favor, señor redactor, de imaginarse qué aspecto presentará un baile en que el mayor número de las bailadoras no ha salido de la infancia, y vestidas y prendidas poco más o menos todas de modo que yo le describo. ¡Ah!, ¡y qué de veces recordé allí a nuestro buen Jeremías! ¡Qué cuadro tan bello y original para su festiva pluma! Ésta hace de hombre, la otra de mujer; aquélla sale, esa otra entra; ésta se enoja y se retira del puesto precisamente cuando la pareja de arriba llega y debe hacer figura con ella; y la de más allá corre a atarse una liga, a calzarse los zapatos, a recoger el abanico, o a soltar el pañuelo, mientras la pareja de abajo la espera impacientemente para bailar. Y en medio de todo esto, un ir incesante de acá para allá, un mudar continuo de puesto y de asiento, un hablar, chillar y enredar sempiternos. Para dar mayor vida y variedad a este cuadro, figúrese usted que se escapa de los brazos de la madre el chico en camisa, y que quiere y chilla y araña por ir donde está la hermanita. Ahora es ello. Los bailadores para la danza por no tropezar con el rapazuelo y echarlo a rodar. Llega el padre, lo agarra por un brazo, lo acaricia, lo llama, el angelito se resiste, llora, pelea, se ase del túnico de la hermanita: ésta no quiere dejar la danza por seguir al hermano, y entretanto la porfía continúa, la diversión se interrumpe, y la sala de baile se torna en una *casa de maternidad*.

Vaya usted y pregunte a la más despabilada y suelta de esas bailadoras criaturitas, vaya usted y pregúntele si sabe leer, siquiera repulgar el pañuelo, que trae en la mano, y le responderá que no. Vaya usted y pregunte a la madre y al padre por qué roba al sueño y al hogar; por qué carga de tantos dijes y trapos a una niña todavía con la leche en los labios; y le responderá que a nadie hace daño, y que alguna vez había de empezar a divertirse la pobrecita.

Pero y los hombres, ¿qué me dice usted de los bailarines? Prescinda usted de la costumbre que tienen de desaparecer del salón, luego que dejan las parejas en sus asientos; entran y salen con sus sombreros encasquetados, y los que no bailan se reúnen en grupo tras los que bailan, cada cual del modo más cómodo que le place, todos con su gran veguero en la boca, de donde no lo quitan ni para hablar; y mientras dura la danza están lanzando bocanadas de humo sobre las señoras, y sucios escupitajos en el suelo. Esto dentro del salón, que más allá de la tanda está el billar donde taquean y disputan jugadores y mirones; y más allá la taberna en cuyo mostrador se erige más de una cátedra, y por puertas y ventanas, cien cabezas que se asoman y por cuyas cien bocas aparecen cien tabacos, que aumentan la humareda de los que adentro fuman, y que marean a los infelices que, como el que ésta suscribe, tiene la desgracia de odiar al tabaco y a los fumadores.

A todas estas diría usted que no le hablo de la música, requisito sin el cual no se da baile posible. Paz por la música, señor redactor. La música de acá, no es como la de allá, y cuanto de ella dijera sería hebreo para los que han tenido la felicidad de no oírla. Yo, que no bailaba, que no sé dormir, sino en mi cama, y que no podía dejar el baile cuando me viniese en voluntad, pues allí me sujetaba la forzosa cortesanía de sufrir la música ratonera, las muchachitas pizpiretas, los condenados fumadores y el frío, y el enredar de los chicuelos, y el bostezar de las madres, hasta que Dios quiso y a una familia se le antojó retirarse, con lo que las demás la siguieron, y se acabó aquella insípida reunión, obra de las dos de la madrugada.

Al otro día muy temprano, el frío y la mala noche me arrojaron de la cama, junto con dos compañeros, y sin más demora nos pusimos en camino del Brujo. Usted no puede formarse una idea, ni yo pintarle con verdaderos colores este romántico país. Para apreciar las bellezas que encierran estas montañas, estos valles, y estos torrentes, es preciso penetrar en sus entrañas, a la dulce claridad de un día de diciembre. ¡Qué pirámides tan erguidas, qué llanuras tan amenas, qué bosques tan espesos, verdes y elevados, qué gargantas tan estrechas y sombrías, qué aire tan puro, qué naturaleza, en fin, tan rica y espléndida! ¡Ah! ¡Qué hombres tan pequeños, ante este espectáculo tan grande! ¡Qué poesía, qué animación, qué variedad, qué armonía, en sublime y chocante contraste con las escenas que la anterior noche había visto! Por gozar lo que ahora gozaba, di por bien empleado el fastidio del baile y todo lo demás que había sufrido.

Pero no crea usted que entramos en Brujo por un camino ancho y nivelado, nada de eso: de los más profundos valles y desfiladeros trepamos a las más elevadas colinas, ya faldeando éstas en forma de espiral, ya siguiendo el lecho de los torrentes, ahora secos, ahora encharcados. Y sin embargo, no podíamos quejarnos del camino; para lo que son generalmente los de la Isla, el del Brujo, desde Bahía Honda al menos en la estación seca que reina en la actualidad, es bueno. Habrá dos años, según se dice, era casi impracticable para bestias de carga, pero gracias a una mina de cobre recién descubierta en la cabecera del valle del Brujo, y a una sierra de vapor también recién plantada, en el asiento de la hacienda de ese nombre, ya el camino es practicable y relativamente cómodo.

Aunque pasé a poca distancia de la mina, no me fue posible visitarla; sí la sierra que está más inmediata al lugar que me encaminaba. La hacienda del Brujo, asentada en medio de terrenos fértiles, si bien muy quebrados, y de bosques primitivos, encierra millares de cedros centenarios y de chicharrones corpulentos, y con el fin de aserrar unos y otros, tanto para envases de tabaco como para ruedas de carretas, se ha plantado la sierra de vapor de que voy hablando. Su fuerza, según me han dicho, es de seis caballos, y aunque hasta la fecha ella solo ha dado avío a la demanda de tablas, cajones y rayos, su dueño piensa en plantar pronto otra de agua, pues hay sitio acomodado, y la cercanía y el caudal del riachuelo que pasa por allí lo están así indicando.

La misma tarde de mi entrada en el Brujo, salí de él por otro camino, del oriente, que es menos cómodo que el occidental, pero no ya con dos compañeros únicamente, sino con ocho. Entre ellos dos señoritas que manejaban sus caballos por estas quebradas y despeñaderos con tanta gracia y valentía como los más expertos jinetes. En el camino nos asaltó la noche, la cual hacía más melancólica e imponente, la Luna alumbrando desde la mitad del cielo, la calma de la naturaleza, las vueltas y revueltas de la senda, y el aspecto salvaje y temeroso de las serranías, y las selvas por donde corríamos. Entonces me acordé de mis amigos y amigas de La Habana, que quizás a aquella misma hora, paseaban por alamedas y calles, rasas como la palma de la mano, mientras yo a cada paso esperaba dejar los sesos donde el caballo apenas podía asentar la planta.

En fin, señor redactor, ya es hora de que yo ponga punto a este flujo de contar impresiones, porque lo que a usted y sus suscriptores interesa son las noticias; y por aquí éstas son cosas prohibidas. Adiós, pues, hasta la vista; las Pascuas concluyen, y tras ésta yo parto a dar y recibir aguinaldos.

De usted, como siempre, afectísimo amigo.

El Ambulante del Oeste

Faro Industrial de La Habana (Correspondencia del Faro), 6 de enero de 1847, n.º 6.

Licenciado Vidrieras

El gallero[47]

El juego de gallos es tan antiguo como el mundo. Auténticas crónicas aseguran que por los años 400 antes de la venida del Mesías, eran muy frecuentes aquellos espectáculos en los circos de Grecia, particularmente en la patria de Solón y Licurgo. Atenas, al mismo tiempo que protegía las artes y las ciencias, dispensaba su patrocinio al gallo; y el célebre Temístocles, no solo fue el primero y más decidido aficionado a la galomaquia, sino que más de una vez tomó por tipo las peleas de estas aves belicosas para inflamar el ardor de sus huestes, excitando de este ingenioso modo el valor de los vencedores de Maratón y Salamina.

Si de la historia profana o vulgar pasamos a la bíblica o sagrada, encontraremos a cada paso ejemplos y datos inconcusos sobre la antigüedad de los gallos y sus nobles y valientes riñas; y así es que se les ve figurar entre los animales que compusieron la caravana del arca de Noé; siendo de aquí dimanada la exacta opinión de los más famosos zoologistas y etimologistas, de darle lugar a semejantes aves en el largo catálogo de las antediluvianas. El gallo de la Pasión honra superlativamente el linaje de estos animales ovíparos, de la familia de los alados, patentizando hasta la evidencia su antigua descendencia, su clara estirpe y la alta misión que han desempeñado en las épocas primitivas; y jamás, ni nunca, podrá el gallo de Morón eclipsar la memoria e ilustres hechos de sus esclarecidos progenitores. Según la opinión facultativa de célebres bibliógrafos y anticuarios, el gallo es originario de las Galias, a quien dio su nombre, como puede asegurarlo el derivado de la palabra; pudiendo contar entre sus paisanos a Carlomagno y a los doce Pares de Francia, dignos herederos del valor y bizarría del gallo; que no contento con dar su nombre a un territorio inmenso que hoy forma parte del edén de Europa, le trasmitió a familias, formando un apellido noble y recomendable, y a varias tiendas de ropas que hoy se envanecen hasta con el diminutivo. También en las ciencias el gallo figura en primera linea. En los últimos descubrimientos hechos por Herschel, el hijo, con telescopio

47 Como sabíamos que el conocido escritor don José Q. Suzarte había publicado en *La Revista de La Habana* varios artículos bajo el seudónimo *El Licenciado Vidrieras*, creímos que este del gallero sería suyo; pero él nos asegura que no; que ese cuadro excelente se debe a otro escritor que posteriormente ha usado su mismo seudónimo. Sentimos no poder estampar la firma del autor por ignorar quién sea. L. L. E. E.

monstruo, gigantesco paso de la astronomía moderna, rectificando las primeras observaciones de su laborioso y sapientísimo padre, con relación a los alados habitantes de la Luna, de que aquél trató en su primera expedición al cabo de Buena Esperanza, asegura que dichos habitantes lunáticos no son otra cosa que gallos mixtos o anfibios.

Finalmente, el gallo y sus encarnizadas peleas figuran también en lo político, siendo de este aserto prueba total y convincente la protección y prerrogativas concedidas por el austero gabinete de St. James a aquellos espectáculos, parodia de la guerra y del valor de esos Horados y Curiacios, que tan obstinada y encarnizadamente se juran desde el huevo odio y destrucción. Concedo que en esta última era el *boxer* y el *jockey* han tratado de oscurecer las glorias del cock, pero no por eso dejan los elegantes hijos de Albión de exponer sendas libras esterlinas al azar del pico, del espolón o de la navaja. Y como no sea nuestro propósito escribir la historia general del gallo y de sus riñas, usos y costumbres, daremos fin a este débil bosquejo y breve reseña, que ha trazado nuestra mal cortada pluma, y entraremos en la delicada tarea de describir el personaje que encabeza este tipo.

Tan desconocido en todo el mundo como familiar entre nosotros, el gallero es sin duda uno de los tipos más especiales que puede ofrecer la tierra del tabaco, y el que con más justicia merece los honores de la biografía y el apoteosis. El gallero se divide y subdivide en varias clases y categorías, desde la elevada hasta la abyecta, desde el simple aficionado hasta el consumado profesor y desde el extrajudicial —o intruso— hasta el de oficio público con tienda abierta. Hablaremos, pues, del gallero de profesión, del asalariado, del que cuida los gallos y los suelta en las vallas. Éste es el tipo de nuestras elucubraciones, el árbol genealógico, que desprende de sí las demás ramas de su preclara descendencia y el daguerrotipo de la galomaquia.

Así como la poética Andalucía es sin discusión la tierra clásica de los toreros, Italia de los *ciceroni*, México de los léperos, etc., la isla de Cuba lo es de los galleros. Su origen se pierde en la noche de los tiempos, pues aunque ni en las obras de Washington Irving, ni en las historias de Arrate y Valdés se halla nada de aquéllos, se sabe de buena tinta que Colón y sus compañeros vieron aquí las primeras peleas, y que desde que La Habana era puerto de Carenas, ha manifestado en todas épocas y circunstancias su decidida afición a los gallos.

Pero no es solo la capital de la mayor de las Antillas el verdadero centro y punto culminante de semejantes diversiones; en sus vírgenes y olorosas campiñas es donde el genio de la galomaquia ha establecido sus redes, entronizándose y enarbolando su estandarte en los puntos más recónditos, incultos y desconocidos. Si el célebre Gall, descendiente como se ve de la raza galluna, quisiera enriquecer su sistema frenológico, debería analizar los cráneos de nuestros campesinos, y encontraría desarrollado un nuevo órgano desconocido para él, pero que no es otro que el del gallero; y según nuestros humildes cálculos y pobres observaciones, existe aquel órgano en la cuadratura del círculo coronal, en dirección al cerebelo. De lo dicho se infiere que el gallero puro debe ser nativo del país, o lo que es lo mismo, planta indígena; porque son sin duda los más hábiles, aptos, idóneos y expeditos para el oficio. Los conocimientos prácticos que necesita el gallero son grandes y dificultosos. Como capitán a guerra y castellano de casillas, ha de conocer la castrametación, la estrategia y el ataque y defensa. Debe estar perfectamente enterado en la historia y cronología de los gallos; en los principios de higiene, fisiología y patología y en el magnetismo animal; esto es lo más esencial para todo buen gallero, que, además, ha de ser médico y cirujano, botánico y farmacéutico. A estos conocimientos puramente científicos y sublimes, debe añadir el gallero la ligereza, limpieza, y mucha locuacidad, anchos pulmones y gaznate de hierro, agilidad y soltura, especialmente en rodillas, brazos y manos, con algunos humos de alquimia, que es cosa muy socorrida para la profesión.

El gallero vive dedicado exclusivamente a su trabajo, cumpliendo la misión para que naciera y que heredó de sus primitivos padres.

Habita en la gallería establecida en los solares patrios, y los gallos que cuida son ajenos, bien de uno o de muchos dueños, y aunque suele tenerlos de su propiedad, no es esto común, pues más agrada pelear con pólvora ajena. Su vida es eremítica; siempre solo y aislado, no tiene muchas veces tiempo ni para el cuidado de la gallería. Tan pronto *limpia* como *tusa*; ya distribuye el rancho, militarmente por horas y por *tasa*; ya *topa*, ya *afila*, ora prepara las *botainas*, ora los *zapatones*; y no descansa ni durmiendo, pues sus más gratos sueños son perturbados por el estrepitoso canto de los gallos. Las armas y blasones que ostenta, escudo de nuevo héroe, son, sobre embarrado y guano, las tijeras y las cuchillas.

Su vestuario es rigurosamente *tropical*, de lienzo, zapatos de becerro, regularmente virado, medias de *carne*, sombrero de paja o jipijapa y gallo en mano.

En invierno el mismo pelaje, con solo la adición del capote de barragán o chaquetón ordinario a guisa de *surtout*.

Los más famosos empíricos de la antigüedad se quedarían muy en mantillas comparados con nuestro tipo. Para él sus gallos son brujos, invulnerables como Aquiles y nunca pierden; apostar a ellos es robar o salir al camino con un trabuco. Al *talisayo* de 3 y 6 se le puede ir la vida; una picada y a la cazuela. Al *giro*, vender la ropa, jugar, porque mata al primer *revuelo*. Al *malotobo*, que solo se puede jugar *tapado*, es preciso robar para, antes de soltar, poner *logros* de onza a peso. Todos, en fin, son más finos que la finura, legítimos de Londres o de la Puerta de golpe, de los Iznagas o de los Aguileras; ni una contingencia puede hacerlos perder, y en sus manos mucho menos. Con lenguaje tan arrobador y siguiendo el principio innato en la especie humana de la propagación del capital presente o por venir, a lo que se agrega la general afición que tenemos a los gallos, que puede asegurarse ha sido la ruina de muchas familias y sociedades, sin excluir a la de la Real Compañía, los alucinados neófitos se lanzan en el aserrín y corren trémulos y afanados la suerte de un juego de tantos azares y tantas probabilidades más en contra como en pro; a pesar que podemos decir, en honor de la verdad, que hoy está muy morigerado el número por el actual sistema monetario y la carestía del cambio; sin embargo, como dijo el otro, no hay regla sin excepción, y rectificando un hecho, creemos de nuestro deber como fieles y verídicos cronistas, hacer distinciones honrosas de algunos días en que arde el cirio pascual y de ciertos pueblos circunvecinos.

Vuelvo a repetir que no escribimos la historia crítica y política del gallo, ni sus peleas, y sí un breve artículo sobre el gallero de profesión, dejando para más adelante aquella tarea al tratar de las vallas en general. El aula magna, la redacción, la lonja, la vida del gallero es la valla pública. Allí es el protagonista, y después del estanquero y de ciertos y ciertos caprichos de algunos propietarios, él es el que manda, campea, regentea, pierde o gana.

El gallero vive en los barrios extramuros, distante de la ciudad, donde con una onza al mes puede proporcionarse una casa con espacioso patio, pues lo necesita para colocar en él la vallita en que ha de ejercitar los gallos. Los cuatro testeros de la sala y comedor de su casa están ocupados hasta el techo de casillas, que son las habitaciones de los gallos. Sus funciones allí se limitan a tusarlos, atenderlos y adiestrarlos en su vallita para que estén ágiles en el día de la pelea. Con ese objeto tienen uno o más gallos, que llaman luchadores, que son los maestros, por decirlo así, de sus compañeros. A esto se llama *topar*, operación que ejecutan poniendo, tanto al luchador como al gallo que va a toparse, unas botainas en los espolones para que no puedan herirse. En los *topes* descubre el gallero las propiedades del gallo, de cuyo descubrimiento hace el uso oportuno.

—Este gallo es de abajo (es decir, pica por el buche de su contrario); pues conviene *casarlo* con uno *espigadito* para que coloque bien el pico.

La hipérbole es innata en el gallero.

—Señor don Agustín, a este gallo se pueden jugar las minas de México; lo topé con otro de primera y en cuanto lo llamó le hizo saltar la valla.

Dispuesto el gallo para pelear, calificación que hace el gallero en el último tope, lo pesa, toma la medida del espolón y ocurre a la valla para casarlo.

Las obvenciones o gajes del gallero son muchas y pocas. Por arancel, sus entradas no son otras que un real por peso de los que se juegan en cada pelea, del gallo que ha ganado; con cuyo producto, que se denomina *saca*, porque en él saca lo que ha gastado en manutención y en adiestrar al gallo, parece suficientemente premiado, atendido los muchos pesos en que van interesadas las peleas. Sin embargo, ningún gallero se limita a la saca, pues ellos alcanzan algo más de la generosidad de los amos y aficionados, ya en las ganancias de la *coima*, ya en lo que les ha casado por fuera, siendo este último artículo sumamente socorrido y productivo.

Fácilmente se calcula que el gallero no está destituido enteramente de recursos para el sustento vital, sin contar con la protección, que éste es ramo aparte y nada tiene que ver con los gallos, figurando solo en asuntos contenciosos: pues con todo, el gallero de que tratamos es sinónimo de pobreza, en razón a que por el roce diario, y por aquel axioma de que todo se pega, se ha desarrollado en él una necesidad fatigadora y eterna por el juego (entiéndase de gallos), que no contento con jugar el suyo a la saca, o lo que es lo mismo, sacar la lotería sin billete, juega también, aunque rarísimas veces, al contrario, hasta el doble o triple de aquélla, según las circunstancias del otro pollo, de manera que o bien el talisayo de 3 a 6, el giro o el malatobo, se entregan en los brazos de su más poderoso y temible enemigo... tal como sucediera en aciago día al capitán más grande del siglo. Esto, empero, es muy raro, pues en lo general hay buena fe. Sin embargo, no son frecuentes estas *carañuelas*, merced a la acertada providencia gubernativa que ya reclamaba la civilización y la cultura de no permitir la entrada en las vallas a los galleros y aficionados de la raza oscura, conocidos también con los seudónimos de *narcotizadores* y *apretadores*.

Donde el gallero ostenta y luce su valor, conocimiento y sagacidad mágica y sorprendente, es en el importantísimo acto de casar los animales, y aunque en estos himeneos preside la diosa Astrea con sus atributos, y la exactitud matemática, el buen camarada sabe sacar ventajosos partidos, si no a favor del gallo, al suyo particular. También en el terrible acto de soltar, levantar, chupar y estirar, careo y pruebas, es donde más se distingue la consumada habilidad, donde se recibe el grado de gallero y donde se forma la historia de sus vicisitudes, méritos y servicios en la carrera de la galomaquia.

No son todos los meses del año los que el gallero emplea en su ejercicio, pues éste solo dura desde diciembre a mayo o junio. En el demás tiempo están los gallos en la muda y por consiguiente fuera de combate, no estando los animales en sazón de pelear. En el período de inacción puede decirse que el gallero está en cuarteles de invierno, bien que por no olvidar el ejercicio echa peleas a la navaja. Época es ésta aciaga y fatal, de hastío, de vagancia y de *arranquera*, en que, como todo ser viviente, se ha de ocupar en algo. Nuestro cesante temporal se verá en un conflicto, y teniendo que matar las horas del día, se ve, cual otro judío errante, de la taberna al billar y de éste a aquélla.

Entonces se vuelve a encordar el olvidado tiple, la verdadera lira campestre; entonces se empiezan a recordar las décimas glosadas y el punto de arpa; entonces se hacen otras cosas que no son de mi incumbencia interrogar, pues mi ministerio es el de escritor y no el de juez fiscal. Pero volvamos al gallero antes de la terrible muda.

Talma y Maiquez, Latorre y Romea, Arjona y Valero, podrían honrarse poseyendo con tanta perfección como el gallero, el arte de las gesticulaciones y transiciones que aquél experimenta en las dos únicas épocas memorables de su azarosa vida, que se reduce a ganar o perder.

También en el ramo de actitudes, posturas, contorsiones y flexibilidades, puede apostárselas a los mejores elásticos, dislocados y Raveles, así indígenas como exóticos.

Si al lector no le sirve de molestia, sígame a una de las vallas de gallos un día de función. Ya hemos dicho que el gallero habrá concurrido a ella con el peso y medida de sus campeones para casarlos. Arreglada la pelea con otros gallos del mismo peso y medida, llega la hora de soltarlos, y ahora entra en la segunda parte de su obligación. Requerir los gallos en la balanza que con este fin se coloca en el centro de la valla, examinar si los espolones vienen bien con las medidas es su primera diligencia, y luego soltar el gallo, o encargar a otro compañero de su confianza que lo suelte, que no todos los galleros son *soltadores*.

Vedle ahí con su gallo en la mano, que no cesa de acariciar, en medio del circo regado de aserrín, frente al otro gallero, que hace lo mismo con el suyo.

Ambos están listos a soltarlos tan pronto como el *estanquero*, juez perito de la valla, ha podido conseguir de la gente, con fuertes gritos, que dejen el palenque despejado.

¡Qué confusión! Oíd.

—¿Quién va los dieciocho?

—Pago un veinte.

—¿A cuál está el logro?

Llámase logro apostar una cantidad mayor contra menor, igualando con esa diferencia la que existe entre las circunstancias de los gallos por la fama que en otras riñas han adquirido, o el estado en que los ha puesto la pelea; por ejemplo, ir un dieciocho significa dieciocho pesos contra dieciséis; de suerte que quien lo pone, si triunfa su gallo, gana dieciséis pesos, y si el otro, pierde dieciocho. Este logro suele llegar desde una onza hasta cuatro reales, por hallarse uno de los gallos venciendo y el otro acribillado de heridas.

Uno de los principales conocimientos del gallero es conocer la gravedad de estas heridas para subir o bajar el logro, según su entidad, e indultarse, si fuere necesario, lo que significa coger logro contra su propio gallo para evitar perder todo el dinero que le jugó. Otra de las cualidades del gallero es entenderse entre aquella bulla y confusión de apuestas encontradas, apostando con distintas personas diversas cantidades y a gallos también diversos, y al fin de la pelea los arregla con una facilidad inconcebible. El gallero, además, debe conocer a la persona con quien casa, para que no le haga *camotes*. Son conocidos con el nombre de camoteros aquellos jugadores que acostumbran apostar y cuando pierden se escurren o niegan la apuesta. En una palabra, el gallero es un verdadero y legítimo gurrupié.

Soltados los gallos, es digno de observar a nuestro tipo siguiendo con ávida mirada los movimientos de su gallo y retratando en su semblante los golpes buenos que da o recibe, y cualquiera que se circunscriba a examinar su cara, comprenderá cuál es el estado de la pelea.

El gallero, entonces, masca una cañita de maloja o de pluma con objeto de formar saliva para rociar el gallo al levantarlo en las pruebas; también lo rocía con el agua que en una botella tiene el estanquero para esos casos. En las pruebas, que son cuando los gallos suspenden momentáneamente la pelea por cansancio o por heridas, le toca al gallero *chupar* el pescuezo ensangrentado, rociarle las patas, estirárselas, secarlo con el pañuelo, revivirlo y fortificarlo para que siga la pelea.

El gallero es amigo de dicharachos y tiene su lenguaje técnico para expresarse.

—Va la lista, va la lista —grita uno para significar que el gallo se huye.

—¡Si es de la plaza! —añade otro, dando a entender que no es fino, y su lenguaje es siempre por este estilo.

El gallero jubilado, más feliz que el músico viejo, a quien solo le queda el compás y la afición, ocurre a la valla y carga con los gallos muertos, que come o vende en alguna fonda, donde los transforman en un sabroso fricasé o plato de lucimiento.

Ni la risa de Momo, ni la alegría de un cónyuge el primer día del canto epitalámico, ni la noticia de una herencia inesperada o la del premio mayor en una lotería extraordinaria, ni nada en fin es comparable al gozo y al placer que experimenta cuando gana y ve aumentada su reputación y su vejiga, receptáculo, depósito o habitación donde coloca nuestro campesino al veguero o vueltabajero con el descendiente de Montezuma. Nuestros diccionarios, así español como provincial, carecen de las voces que arranca el momento feliz de haber vencido un gallo. Grito de victoria estrepitoso y bélico, que conmoviendo la valla por sus débiles cimientos, sale por las *yaguas*, corre veloz por entre las cañas y palmares, impelido por la poética brisa de los trópicos, desde el cabo San Antonio hasta Maisí; y el eco lo repite en lontananza.

Otras muchas sensaciones siente el ánimo del gallero cuando gana; pero ¡ay!, cuán tristes, lúgubres y dolorosas cuando pierde. ¡Perder el dinero que tanto trabajo cuesta explotarlo de las minas acuñadas de *Cubanacan*...! ¡Perder la reputación o la vida de un gallo...! ¡Oh!, esto es tremendo, y más aún si la pérdida de la pelea es efecto de un descuido en el careo y las pruebas, o de otras causas no legítimas, reprobadas por el concurso e interpeladas bruscamente, ya por el dueño del gallo, ya por los muchos que han perdido el dinero confiados en las excelencias y antecedentes de la *gallina*, y en las recomendaciones que se hicieron de ella.

Entonces, pobre gallero, más te valiera perecer cual otro Mazzepa. Pero él no desmaya; impertérrito y firme en sus ruinas, con alma grande y corazón valiente, acepta el sistema de peregrinación y se lanza a beber el agua de extranjeras vallas. Errante y vagabundo como los hijos de Israel, pasa de acá para acullá y de Zeca en Meca, de la Sabanilla al Aguacate, del Artemisa a Guanajay; ya tal vez nuestro proscrito aventurero se prepara a pisar impávido el aserrín del Circo de la Prueba en Guanabacoa; o más bien la nueva y famosa valla que acaba de establecerse en la vecina y feraz colonia de la *Reina Amalia, Isla de Pinos y Mármoles*, que brinda no solo estos artículos, sino un porvenir más grato, una vida más tranquila y acomodada a nuestra sabia legislatura; y lo que es más, la seguridad, la comodidad en el tránsito desde esta capital al surgidero de Batabanó, que se verifica en medio de una lucida escolta de caballería, que proporciona al viandante favor y protección.

Hasta aquí el gallero. Lejos de nosotros la presunción de creer que hemos llenado cumplidamente nuestro deber en este bosquejo, en que por dondequiera se observan claros y vacíos.

No llenaríamos, empero, nuestra morigerada misión si no hiciésemos la siguiente breve reflexión que desde luego se desprende de la pintura verídica del gallero. El oficio que abraza éste es uno de tantos que con sobrada razón calificó el chistoso y castizo autor del tipo: *El gurrupié* (con quien no deja de tener puntos muy notables de semejanza nuestro tipo) de los *modos de vivir que no dan para vivir*. ¿No están por ventura los campos de Cuba ávidos de cultivo y ansiando el brazo del hombre para brotar los tesoros mil que encierra en su seno feraz y generoso? ¿No existen acaso otras carreras, otras industrias en que el hombre laborioso pueda ser útil a sí propio y a la sociedad? Ni se diga, como errónea y preocupadamente se dice, que la educación primitiva influir puede en que prosiga un individuo encharcado en el asqueroso camino de los vicios. En todos tiempos, le es dado al hombre desviarse de la senda funesta que le conduce al abismo y entrar en la que lleva a un bienestar duradero y que no está sujeto a azarosas vicisitudes, hijas tan solo, no de la inconstante fortuna, sino de los vicios.

El estado lisonjero de cultura y de ilustración que ofrece nuestra opulenta Cuba, repugna, rechaza ya ciertas distracciones que además de ser ofensivas a la vista, propenden a generalizar la ociosidad y aun el vicio.

No se crea que opinamos por la supresión de una diversión tan generalizada. Queremos que haya *gallos*, pero desearíamos sinceramente que este pasatiempo pudiera realizarse sin que fuera de necesidad la intervención del *gallero*, porque éste podría ser más útil a su país, a su familia y a la sociedad en el ejercicio de otra especulación.

José Victoriano Betancourt

Velar un mondongo

Las costumbres forman, por decirlo así, la fisonomía moral de los pueblos, siendo un tipo muy exacto para servir de base a las observaciones de los que se dedican a esa tarea, útil bajo todos los aspectos. Los hábitos humanos están sujetos a infinitas modificaciones, y llegan a borrarse de tal modo, que solo dejan alguna huella imperceptible, en cuya filiación se ejercitan las lucubraciones de algún anticuario. Útil a todas luces es investigar las costumbres populares cuando el observador tiene por objeto influir en la mejora del pueblo cuya índole caracterizan, aunque en verdad no todas pueden servir de apoyo a resultados provechosos. No es mi ánimo entrar de lleno a examinar las del país en que nací; muchas son, unas con su tipo ultramontano, otras con el indígena; unas que pueden considerarse como el apagado reflejo de las que reinaron en Europa hace muchos siglos, otras flamantes, importadas últimamente de París: dejo de buen grado examen tan profundo al celebérrimo Comte y otros que como él pueden eternizar su nombre con sus inmortales desvelos en pro de la sociedad humana. Muy humilde es mi pretensión: pintar, aunque con tosco pincel y apagados colores, algunas costumbres, bien rústicas, bien urbanas, a veces con el deseo de indicar una reforma, a veces con el de amenizar juntamente una página de la *Cartera*.

¡Velar un mondongo! Perdonen los románticos tan prosaico título, a pesar de que habrá más de uno que no se desdeñaría de pillar una tripita, y más si la hubiera sazonado *ña Pancha* la mondonguera, que Dios haya, y la vendía no ha muchos años por la mañana en la entrada del Santo Cristo. *Velar un mondongo* es una frase que despierta recuerdos contemporáneos quizá al gobierno de don Juan de Villaverde, porque nuestros padres, allá en sus mocedades, cuando la ciudad tenía ejidos y había indios en Guanabacoa, no dejaron de reunirse para esta función. Hoy que la cultura y el buen tono se han generalizado en nuestra capital, hoy que han desaparecido los tunales y uveros de San Lázaro, y que el mar, cuyo reflujo bañaba el sitio donde se alza el hospital de San Juan de Dios, expira silencioso bajo el traficado muelle; hoy que tenemos Sociedad Filarmónica, periódicos, dramas románticos, literatura y otras cosas más, muy buenas, tan buenas como las citadas, los mondongos se entierran sin velarse,

ocupando su lugar los *ambigúes*, los almuerzos y las comilonas en la Chorrera, donde las sabrosas sardinas de Nantes y los suculentos salchichones de Génova desafían el voraz apetito de los gastrónomos, y donde el aristocrático pavo exhala un perfume capaz de reconciliar a clásicos y románticos.

En otros tiempos, no sé si más sencillos o más dobles que los actuales, se reunían los jóvenes, y trasladándose al matadero, que entonces estaba en lo que hoy es Casa de Recogidas, compraban el aparato digestivo de un buey o una vaca, que el sexo no importa, y en amigable consorcio lo velaban toda la noche, y lo almorzaban después, si acaso no acontecía, lo que era más frecuente, que otra partida de salteadores mondongueros no cargase con el continente de tan sabroso guisado y se diesen con el contenido un *gaudeamus*, dejando a los propietarios tocando tablitas; pero dejemos a nuestros antepasados dormir en paz en sus tumbas y ocupémonos de nosotros.

La costumbre de velar mondongos huyó de la ciudad y se avecindó en nuestros campos, desempeñando en ellos la propia misión que en la capital, esto es, proporcionar cierta diversión, un si es no es extravagante, a personas que no pueden procurarse nuestros espléndidos recreos. La gente del campo, dedicada de continuo a regar con el sudor de su frente la tierra, no puede divertirse del mismo modo que los ricos ciudadanos: toscas y campestres son sus diversiones como los prados que cultivan. Los arrendatarios y propietarios de las estancias y sitios de labor colindantes, se reúnen, bien en el cumpleaños de alguno de ellos, bien en las pascuas, para disfrutar de algún placer tras las diarias fatigas. Júntanse a este efecto las familias bajo la casa de guano que se eligió para la reunión, y ya se adivina que para llenar tantos estómagos se necesita matar un lechón y una ternera. En el batey se celebra por lo común el cruento sacrificio, pero si hay un río o un arroyo se prefiere su orilla; la escena es regularmente alumbrada por los últimos rayos del Sol poniente, y los hombres y las mujeres, los jóvenes, ancianos y niños, todos concurren con algazara al acto; los primeros con sus pantalones de pretina, sombrero de yarey de ala descomunal y zapatos de *venado*, las segundas con un traje sencillo y *medias* que usan solo para ir a misa o para asistir a esta solemnidad. Adelántase el que hace de matador con la camisa arremangada hasta el hombro, y hunde un cortante cuchillo en el cuello de sus víctimas. Cerca está una joven con su cazuela lista, y apenas degüellan el cerdo corre a recoger en ella la sangre que por torrentes brota de la herida, y la bate con sus manos para hacer *sangre quemada*, sin dejar por eso de seguir fumando un *tabaco* de su partido que ella misma benefició, cosechó y torció.

Beneficiado también, aunque por otro estilo, el cuadrúpedo bicorne y el bisurco, se prepara una gran canasta para recoger el mondongo de ambos; se reúnen todos los concurrentes y casi se amalgaman para dar principio a la *limpia*, transportándose al comedor de la casa donde todos se sientan en el suelo: éste coge una tripa del *obispo*, aquél otra que no goza del privilegio episcopal, el de más allá se apodera de la panza, y todos a la vez trabajan y ríen dedicados a aquel sucio entretenimiento, con tanto placer como si estuvieran deshojando rosas: exhálase de aquel grupo un turbillón de humo, porque todos fuman, y un hedor intolerable, porque todos hieden. En medio de la confusa batahola, un *guatíbere* da un pellizco a su compañera, anunciándole de este modo que está enamorado de su fermosura, mientras otro, que adolece del mismo achaque, tiene en ella clavados los ojos: mala noche para los convidados si hubiera llegado a penetrar las insinuantes maneras de su rival; mas, por fortuna, no ha conocido la entruchada y sigue en su acecho. Los patriarcas de aquella tribu están en la sala jugando a la treinta y una, al burro o al tutiflor, y todos se divierten, hasta el mastín de la estancia que, sentado sobre sus pies traseros, espía los movimientos de los limpiadores para aprovecharse de los descuidos, y de vez en cuando pilla alguna tripa que le colgaba de la mano a alguna muchacha, y emprende la huida llevándose tras sí cuatro o cinco varas de mondongo, lo que causa una alarma momentánea, porque el más próximo la agarra, tira con todas sus fuerzas y la revienta por la mitad, no sin grave peligro de una cuarentona cuyo vientre quedaba en línea recta de su codo y que no dejó de recibir alguna lesión; pero se restablece la calma y se toman medidas para impedir un nuevo ataque canino. Y así como en nuestras fiestas se acostumbra repartir cerveza, allí de hora en hora se sirven, por la criada de mano, tazas de café endulzado con *raspadura*, lo que según el concepto de aquellas gentes y el de muchas de por acá, ahuyenta el sueño.

Por su turno van llegando algunos rezagados, y a lo lejos se oye una voz que desentonadamente canta una décima.

—Ahí viene ño Pepe el mocho —dice una guajirita que no ha visto parir más que seis ocasiones el coco que su padre sembró el día de su nacimiento.

—*Güenas* noches, caballeros —dice éste llegando—, y qué bien *jiée* el mondongo.

—Muy *güenas* noches, ño Pepe —responden veinte voces a la vez—: ¿y el güiro? —le preguntan.

—Aquí lo traigo, yo nunca ando *desprevenío*.

Es de advertir que este ño Pepe es un guajiro con más cuartos que la casa de Correos, con más levas que el buey Limón, campesino trovador, que arrea maloja dos o tres días en el año, y a lo restante de él se anda de estancia en estancia cantando y tocando el *güiro*; sin embargo, todos le quieren y le buscan porque sabe décimas para dar celos, para despreciar, para enamorar, etc., y está comisionado, además, para comprar las que necesitan los de aquellos partidos, lo que efectúa ocurriendo a un pardo anciano que vende libros viejos, poesías, cantos eróticos, en la esquina del Campo de Marte, y por más señas, gasta espejuelos de hierro, camisón de ruán y un hidrocele de dos quintales.

Pero volvamos al trovador aparecido que está preguntando: ¿Quién toca el tiple?

—Yo lo puntearé —contesta ño Silvestre, alias «Cangrina», feo como el rostro del pobre y desabrido como el «perdone por Dios, hermano» del poderoso. Se levanta, toma el tiple y se ponen a tocar y cantar que aquello es cosa de oírse: tocan y cantan hasta que se concluye la limpia del mondongo y se entrega a la cocinera para que lo aderece. No lejos de allí se divisa una hoguera y al rojizo resplandor de las brasas se ve una sombra interponerse a cada instante entre ellas y los espectadores: es el lechón atravesado por un espicho de yaya que está tostando un negro de la finca, quien le da vueltas en un asador que descansa sobre dos horquillas.

Luego que concluye la limpia del mondongo, se trasladan a la sala, que adornan con veinte taburetes forrados de cuero, unos se sientan, otros se ponen en cuclillas y principia el *zapateo*, baile lleno de animación, honesto a veces, picante otras, pero siempre divertido. Se ve a un diestro zapateador hurtar la vuelta al que baila, y sucederle escobillando para atrás y para adelante con admirable presteza, obteniendo en premio que alguno de los presentes le arroje al paso un pañuelo cifrado con sus iniciales y varios bordados alegóricos; mientras la compañera, de ojos negros y graciosas formas, de suelto y garboso talle, viva, ligera, recogiendo airosamente con la punta de los dedos su túnico de muselina, a veces persiguiendo al *hombre* (que así llaman al bailador), otras huyéndole, escapándose después para cruzar por sus espaldas y esperarle a la vuelta de frente, se asemeja a un pez que meneando la cola parece volar entre dos aguas sin que la vista pueda seguir sus movimientos, y que torna con igual rapidez al punto de donde partió. A esta bailadora la reemplaza enseguida alguna guajira desmadejada, que se mueve por resorte, con los brazos caídos y la cabeza baja, formando su desgaire un contraste divertido con las frenéticas zapatetas de su turbulento compañero, quien con la mayor destreza se enlaza y desenlaza los pies con un pañuelo atado por sus puntas que le arrojó algún tunante; y así pasan la noche con algunos intervalos para tomar café.

—Poco falta para que amanezca —dice un guajiro de mejilla carnosa y patillas de contrabandista, que al ver el lucero del alba, continúa—: ¡Allí está el *boyero*! —su observación astronómica se confirma y se ve la neblina de la madrugada flotar en pedazos sobre las dilatadas llanuras que se visten de su manto de esmeralda, el labrador que guía los tardos bueyes uncidos al arado, el arriero que cruza el camino real o algún atajo, cantando al son del monótono cencerro, las casas de campo y sus techos de guano que tanto hermosean los campos de mi patria.

Con la salida del Sol aparecen los rostros de las guajiras pálidos y ajados, los ojos encendidos por el insomnio y circundados de azuladas ojeras, y en tal disposición, todos se reúnen, hombres y mujeres, para ir a alguna finca colindante a tomar café; emprenden la marcha por las estrechas serventías que se pierden serpenteando entre las tablas de maloja, cuyas largas hojas, llenas de rocío, mojan a los caminantes. Cuando llegan, se acomodan en el suelo, porque el dueño solo tiene cinco o seis taburetes, o bien se ponen a vagar por uno y otro lado, permaneciendo en semejante ocupación hasta que el *Sol arde*; pues entonces se reúnen para retirarse, las muchachas llenas de flores, y los mozos con lindas *puchas* colocadas en los sombreros, precediendo a la comitiva una columna de humo como la que servía de señal al pueblo de Dios cuando Moisés le sacó del Egipto.

Llegan sudando y con carnívoras trazas al hogar donde les espera una larga mesa de pino, en medio de la cual se levanta una cazuela de a dos reales, casi envuelta por el vapor odorífero que se desprende de su superficie; más adelante, sobre unas hojas de plátanos, está muellemente acostado un cerdo que asoma los colmillos en guisa de oponer resistencia al voraz apetito de sus verdugos; hacia el extremo se halla una batea de palo sobre la cual se levanta una pequeña colina de plátanos fritos, y diseminadas acá y allá varias tortas de casabe, requisito *sine quo* no puede almorzarse el mondongo. Siéntanse sin ceremonia a la mesa, y se ven al instante cien cucharas precedidas de un enorme cucharón de palo, entrar y salir en la cazuela, que tal parecía aquello, al que de lejos lo observase, mecánico artificio.

—¡Échenme tripas! —dice uno que no ha podido alcanzar hasta la cazuela.

—¡A mí panza! —grita otra; y en un decir Jesús queda la cazuela tan limpia como al salir de las manos del *tejero*. Enseguida embisten al lechón que consumen a la par con los plátanos fritos, y quedando el suelo sembrado de huesos como un campo de batalla, y aquellas boas con *túnicos* y pantalones de pretina se levantan para sentarse recostados contra la pared del comedor, y fumar, y digerir lo almorzado; y con la barriga llena y el corazón contento, cada familia se va para su casa, o bien se quedan para pasar el día con sus *buenos amigos*.

Tal es lo que se llama *velar un mondongo*. Esta costumbre, poco conforme a nuestra cultura, está aún muy arraigada en los campos, pero afortunadamente no produce desórdenes morales en las familias, y esto lo sé por experiencia, pues he asistido a muchos velatorios semejantes y solo he advertido que sucedía lo que acontece en nuestros bailes: enamorarse los jóvenes y salir correspondidos o desairados. A pesar de la inocencia de esta diversión, es demasiado sucia, y muy prosaico ver una joven linda y fresca como madrugada de mayo, en vez de exhalar los perfumes de la rosa, despedir los olores del mondongo.

La Cartera Cubana, diciembre 1838. Sección tercera. Costumbres, págs. 363-368.

El médico pedante y las viejas curanderas

Es hábito muy antiguo entre las gentes tomar cartas en los asuntos ajenos, y esta propensión va creciendo con los años; por esto es que las personas de edad, se creen autorizadas para juzgar al prójimo, dirigirle y aconsejarle, aun cuando no le hayan pedido ayuda; es verdad que estos consejeros las más de las veces, suelen sufrir el terrible desengaño de ver hollada su experiencia y despreciados sus juiciosos y caritativos avisos, máxime si es joven el aconsejado, porque ya se sabe que la juventud se goza en andar suelta buscando con avidez el placer en los peligros; en fin, basta de preámbulos y vamos al grano.

Don Ciriaco, que es un buen hombre muy devoto y muy metido en las cosas de Dios, aunque da dinero a usura por el moderado premio de un cincuenta por ciento, trasladó sus penates no ha muchos días a mi vecindario, y como fue grande amigote de mi padre, así que me participó su mudada, pasé a verle no solo por cumplir con la política, sino por estudiar su carácter y costumbres que son sobrado originales para no aprovecharlas; llegué a la puerta del nuevo vecino, toqué suavemente, y vino a abrirme un criado.

—¿El señor don Ciriaco está en casa? —pregunté.

—Sí, señor —respondió aquél—, pase su merced adelante y siéntese, mientras voy a avisarle a mi amo, que está indispuesto —entré; sentéme y entretúveme en examinar el mobiliario que adornaba la sala, y la simple inspección de éste bastaba para conocer que el dueño de aquella habitación debió figurar en las procesiones de los disciplinantes de la Semana Santa.

Consistían los muebles en ocho o diez taburetes de granadillo, forrados de vaqueta negra y tachonados de clavos cuyas cabezas eran a manera de botones y tan grandes como una peseta, y ha colocado entre los muebles estos taburetes impropiamente, pues eran raíces porque necesitaban de la potencia de treinta caballos para ser movidos: completaba el adorno una gigantesca cómoda también de granadillo con agarraderas de plata, sobre la cual se hallaba colocada una urna de dos varas en cuadro que contenía el misterio de Dolores, tan polvoroso y descuidado, que daba lástima verle; sin embargo, me pareció, que no estaban solos los personajes allí encerrados, porque creí ver una docena de cucarachas que andaban buscando tal vez qué roer, pues habían devorado ya los vestidos de sus huéspedes: estaba tan abstraído en mis investigaciones, que el criado tuvo que repetir el aviso de que decía el amo que pasara adelante: pasé al cuarto y me encontré a don Ciriaco sentado en su lecho cubierto con un gorro de algodón, tan pálido y desmedrado, que movía a piedad. Estaba con la camisa desabrochada, y se le veían sobre el descarnado pecho dos escapularios, uno de la Merced y el otro del Carmen, y además un rosario de la Casa Santa; a la cabecera de la cama tenía sobre trescientas estampas pegadas unas, colgadas otras; era aquella corte celestial una peregrina colección de mamarrachos y correctos dibujos en confusa miscelánea, donde podía estudiar el arqueólogo bajo todas sus fases el arte del grabado desde el tosco madero hasta la piedra litográfica. Dominaba por su tamaño y mérito artístico un San Dimas, de quien era muy devoto don Ciriaco, pues, según presumo, él creía que siendo San Dimas el buen ladrón debió ser usurero.

—¿Qué es eso, señor don Ciriaco? ¿Qué tiene usted? —le dije sentándome en un roto butacón, único mueble en que podía hacerlo.

—Muy malo —me contestó con sepulcral acento—. Ya la tierra me llama, hace dos días que no paso una gota de alimento, y ya no hay sujeto para resistir tal desgano.

—¡Bah! Usted se acobarda muy pronto, los males tienen remedio y con el favor de Dios le veremos bueno. ¿Qué médico le visita a usted?

—Hasta ahora ninguno, pero hoy he mandado a buscar al licenciado Sanguijuela, que es un San Rafael; le he visto hacer milagros; él fue quien curó a mi Tomasa.

—¡Cómo! ¿Fue él quien la curó, dice usted, y la mandó a la eternidad?

—La última, amigo, nadie la cura; pero hizo cuanto pudo por salvarla. Lo último que le recetó fueron seiscientas sanguijuelas y con todo se murió.

—¡Es posible! —repuse—; con un remedio tan dicaz... con seiscientas sanguijuelas... y morirse...

A esta sazón anunciaron la visita del licenciado Sanguijuela; era el tal un mocito barbiponiente, espejuelado, vestido con la mayor elegancia, y que empuñaba una caña de exquisito carey, símbolo de la facultad que profesaba: se destocó al entrar en el cuarto exponiendo a mis ojos una cabeza cayuca tan rapada que parecía un riñón, y que por poco me hace soltar la carcajada al ver delante de mí tan ridículo ente. Saludónos, y tomando asiento en el borde de la cama, se dirigió al doliente de esta manera:

—¿Qué novedad tenemos, don Ciriaco?

—Grande, licenciado; yo creo que de *esta hecha doblo el petate.*

—¡Qué!, estando yo en el mundo no se morirá usted. Se lo aseguro. A ver el pulso.

Alargó don Ciriaco su flaca diestra, tomóla el medicastro, y a guisa de quien medita, inclinó la cabeza sobre el pecho: pasado un rato, soltó su presa y dijo al enfermo:

—Saque usted la lengua.

Y sacó don Ciriaco una lengua tamaña, la inspeccionó detenidamente, la tocó, y después hizo que se descubriera el vientre, que estuvo tentando con la punta de los dedos, apretándolo de tal modo, que a cada tentón correspondía el viejo con una mueca horrible.

—¿Hay apetito?

—Poco.

—¿Mucha sed?

—No, señor.

—¿Siente usted amargor en la boca?

—Bastante.

—¿Hay mareos?

—De cuando en cuando.

—¿Hay náuseas?

—Algunas veces.

—Pues, señor, usted se pondrá bueno, siempre que observe exactamente cuanto yo le prescriba. Usted tiene afectado el hipocondrio izquierdo, interesados los bronquios y el diafragma, el movimiento peristáltico está fluctuante; y si no acudimos a tiempo, puede desenvolverse en la membrana pituitaria el germen de una flegmasía epigástrica: es necesario ante todas cosas...

Don Ciriaco, que estaba temblando como un azogado oyendo las barbaridades de aquel galeno, le interrumpió, diciéndole:

—Permítame usted llamar a la mujer que me asiste para que ella se entere los medicamentos. ¿Cipriano?

—Señor.

—Llama a doña Estanislaa.

Llegó ésta, que era una vieja de saya y talega, con más años que canas y más maulerías que años, con más ribetes de bruja que de mujer honrada y cristiana.

—Dios guarde a ustedes —dijo entrando—; aquí estoy, don Ciriaco.

—Hágase cargo de lo que diga el licenciado, doña Estanislaa.

—Señora —dijo a ésta el médico—, inmediatamente unos pediluvios a noventa grados de calor, por dos horas; cincuenta sanguijuelas en el epigastrio, cincuenta en el cerebelo, cincuenta en las regiones lumbares y cincuenta sobre la epiglotis; fricciones secas en la columna dorsal: ahora recetaré una bebidita, que le propinará usted por cucharadas, dos cada hora, y recetaré también una cataplasma que ocupará toda la periferia de la región torácico-hipogástrico-abdominal y se la pondrá usted después que se le hayan caído las sanguijuelas —mientras hablaba el licenciado, la vetusta asistente meneaba la cabeza como burlándose del médico y de las medicinas, y después que hubo acabado aquél, le dijo ella:

—Señor doctor, aunque me está mal el decirlo, me he pintado sola para asistir enfermos, y en los cincuenta y nueve años que cuento, *en buena hora lo diga y el diablo sea sordo* (setenta y nueve eran: no rebajó más que veinte), jamás he tenido que pedir explicaciones a ningún facultativo, y eso que ha recetado en mi casa el médico brujo, y el padre don Agustín, por cierto que el segundo me asistió en el parto de mi segundo niño que está gozando de Dios, y al fin se me murió porque le hicieron mal de ojo, que no porque fuera mi hijo, pero ahí está don Ciriaco que puede decir si no era hermoso como un ángel; pues como iba diciéndole a usted, señor doctor, yo estoy pronta a hacerle a don Ciriaco los medicamentos que usted ordenare, porque para eso le como el pan, y aunque me esté mal el decirlo, no soy ninguna holgazana, ni, a Dios gracias, no soy ninguna rústica; pero no he entendido qué son peluvios, ni epigasto, ni legiones luminares, ni cerberelo, ni coluna dolsal, ni la piglota, ni esas otras cosas de propiras que usted ha dicho ahí, y que no he entendido porque soy entretenida de este oído derecho y si usted no lo toma por malo explíquemelo de otra manera.

Amostazóse el médico con la difusa, fastidiosa y episódica interpelación de la vieja, que tan de buena fe le había sonrojado echándole en cara su pedantesca instrucción, con la que pretendió aturrullar al sandio doliente y a mí que por mis pecados me encontraba delante: tuvo, pues, el licenciado que hablar en castellano, deferencia que usó porque los *patacones* de don Ciriaco eran seguros y de buena ley, como se echaba de ver por los bustos que eran de Carlos III, recetó enseguida y marchóse dando a todos los diablos la picotera de doña Estanislaa que había dado al traste con su facundia técnica.

—¡Caramba! —dije viendo salir al licenciado—, qué pródigo es de la sangre humana nuestro amigo, señor don Ciriaco; ¡como quien no dice nada!, ¡doscientas sanguijuelas, que le chuparán a usted hasta los tuétanos!

—¡Ay!, amigo —contestó con voz compungida el enfermo—; lo de menos es la sangre, porque ésta conviene sacarla ahora, pero el dineral que costarán las sanguijuelas, que están ahora por un sentido.

El pobre don Ciriaco sentía más el dinero que la sangre, y eso que estaba ya con un pie en el sepulcro.

—Lo de menos es la sangre, dice usted. Yo creo que es lo de más; ese hombre va a aniquilarlo.

—Yo —replicó doña Estanislaa—, no es por meterme, aunque nada de particular tendría, porque al fin, como el pan cuesta caro, pero si fuera por mí, usted no se pondría ni una sanguijuela; en mi tiempo no se conocían esos bichos y nadie se moría sino el que Dios quería; cincuenta y nueve años tenga y he padecido mil enfermedades, porque yo pasé las viruelas, el sarampión, el garrotillo, el dengue, y he tenido tres malos partos y ya usted me ve buena y sana. ¡Ay, Jesús! ¡Si yo me viera con un animal de ésos sobre mi cuerpo, me daba mal de corazón! Si usted determina ponérselas mandaremos por el maestro Santiesteban, porque yo no las toco por cuanto oro tiene el mundo. Cuando don Agustín me curó los lobanillos...

Aquí fue la locuaz enfermera, por fortuna mía, interrumpida por la llegada de una vecina que sabiendo la indisposición de don Ciriaco venía a verle.

—La paz de Dios sea en esta casa —dijo entrando en el cuarto.

—Y venga con usted, mi señora Nicolasa —respondió la vieja.

—¿Cómo va de salud? —repuso la recién llegada.

—Aquí con tropeles.

—¿Qué novedad es ésta, señor don Ciriaco? —preguntó sentándose en la butaca que le cedí—. Ahora he visto salir de aquí al licenciado Sanguijuela y vengo a saber qué hay.

—Fatal, fatal estoy, señora —respondió don Ciriaco—, doscientas sanguijuelas me ha mandado el médico.

—¡Jesús! ¡Jesús! ¡Jesús! —exclamó la vecina—, ni por un pienso. Yo sé lo que usted tiene. ¿Usted no ve que mi marido padece lo mismo que usted? Yo lo voy a poner a usted bueno con una simpleza: lo que usted tiene no es más que viento caliente, porque es usted muy flatoso: ¡si está usted gordo y colorado! ¡Nunca le he visto como ahora y hace fecha que nos conocemos! Nada de médicos que no sirven más que para coger el peso y mandarle a uno al otro lado: yo en mi casa curo mis enfermos y todos sanan. La única que murió fue una negrita y eso fue por disparates que hizo.

Don Ciriaco, que en realidad no tenía otra cosa que cuarenta años en cada lomo, recibió gran consuelo de cuerpo y alma con las palabras de la vecina y se sometió dócilmente a su imperio, olvidando al médico y a su medicina.

La curandera, que conoció el efecto mágico de su promesa, prosiguió diciendo:

—No tenga usted miedo. Le voy a poner bueno, y usted se acordará de mí; con diez purgantes de Le Roy y diez vomitivos se cura usted en un santiamén: créame usted, don Ciriaco: el que toma Le Roy no se muere, he hecho milagros con ese medicamento.

—¿Tendrá muy mal gusto? —replicó don Ciriaco.

—¡Qué!, no, señor, es muy suave, yo no tomo otro, y eso que no soy de las que tengo la boca muy dulce para *beberajes* de botica. No hay más que cerrar los ojos, y echarse a pecho una botella del número 4.

A esta sazón interrumpió a doña Nicolasa el gangoso Ave María Purísima de otra vecina que venía al olor de la enfermedad a dar sus remedios caseros.

—Sin pecado concebida, y adelante —contestó doña Estanislaa, que no quería desamparar el puesto, aunque no había sacado todos los *avíos* para la comida.

Entró doña Sinforiana, que era una viejecilla pequeña y corcovada, vestida con saya de tafetán y mantilla de batista, lo que unido a una camándula que pesaría sus dos libras, indicaba que venía del templo:

—¿Cómo va? —dijo, y añadió enseguida—, ¡qué cansada vengo! El Circular está hoy en Belén, y es una muerte venir a esta hora con el Sol que abrasa.

—Bien haya usted —repuso don Ciriaco—, que viene en gracia de Dios.

—Y a cumplir con una obra de misericordia, porque, según me han dicho, está usted enfermo.

—Sí —replicó el doliente, y advirtiendo que no había silla donde sentarse pudiera la recién llegada, le dijo a doña Estanislaa:

—Que traigan sillas.

Volvióse a mí la dueña y me dijo:

—Caballerito, ¿me hace usted el favor de ayudarme, porque *Timoteo está en la bodega*, y yo sola no puedo con estos taburetes tan pesados?

—Con mucho gusto —le respondí, y nos dirigimos al más cercano, del cual tiramos la vieja y yo hasta echar los bofes, sin conseguir nada porque estaba inmoble como el Peñón de Gibraltar: acordóse entonces mi adjunta de que en el comedor había dos sillas de paja, que aunque algo estropeadas suplían en vista de la necesidad en que estábamos: fue por ellas y sentóse la última llegada y yo también que no quería perder nada de la junta médico-femenina que improvisó la casualidad para martirio de don Ciriaco.

—¿Y qué tiene usted?, ¿qué siente? —preguntó al enfermo la doña Sinforiana.

—Mucho *desgano*.

—¿Nada más que *desgano?*

—Nada más.

—Pues entonces no tiene usted nada. Eso no es más que un fuerte padrejón; yo le voy a curar a usted y algún día me dará las gracias: el remedio es muy sencillo y cosa santa por lo que tengo experimentado; a don Liborio de los Camamelotes lo puse bueno con dos curas. Se hace una tortillita de ruda, aceite de comer y huevo, y se pone sobre el estómago; por la mañana temprano se toma usted un poquito de aguardiente de islas y a las tres o cuatro horas de tener puesta la cataplasma, se la quita usted y se pone un emplasto de gálbano hembra, y santas pascuas; puede usted comer su pollito con su rosquilla y un poquito de vino jerez y san seacabó y está usted bueno y sano.

—Ese remedio es muy bueno —replicó doña Nicolasa—, pero don Ciriaco no tiene padrejón, vecina, sino viento caliente que le sube...

—No lo crea usted, mi señora Nicolasa, no hay nada de viento caliente. Padrejón es su mal.

—Sobre esto estoy bien cierta —respondió doña Nicolasa—, ¿no le duele a usted el hígado, don Ciriaco?

—No, señora; el bazo es donde más siento el dolor.

—No puede ser; el hígado es lo que le duele a usted, y cree que es el bazo, porque la punta del hígado viene a parar aquí —y se señalaba para el lado...

Yo oía la discusión y esperaba que doña Estanislaa saliera en tercería proponiendo su remedio y clasificando la enfermedad de don Ciriaco, para ver el resultado de aquel *triunfeminato* que se disputaba el privilegio de curarle.

Esta, como yo lo esperaba, tomó al fin la palabra diciendo:

—Nadie sabe mejor que yo lo que tiene don Ciriaco, como que hace veinte años que le como el pan y ya conozco su naturaleza: no tiene más que el estómago sucio, en sacudiéndolo con un vomitivo de frailecillo...

—De frailecillo no —le interrumpió doña Sinforiana—, porque eso se toma para purgar.

—Según y cómo —contestó la interrumpida—, en arrancando las hojas de arriba para abajo es purgante, y si se arrancan al revés es vomitivo. Pues como iba diciendo —continuó con aire de triunfo—, sacudiéndole con el frailecillo, santiguándole el estómago tres veces diciendo a la vez la oración del Justo Juez, y dándole dos tazas de caldo de gallina prieta matada en viernes se pone bueno.

—Todo lo puede Dios —respondieron a un tiempo las otras dos, absteniéndose de insistir en proponer sus remedios, porque estando la asistencia a cargo de doña Estanislaa, que era *inamovible*, estaban ciertas de que ella se saldría con la suya, porque al fin era la mayordoma, enfermera y según las malas lenguas... pero no toquemos la honra ajena. Tocaron retirada las dos intrusas vecinas, deseando a don Ciriaco se restableciera cuanto antes y aunque mal su grado abandonaron el campo a la denodada dueña que defendió los fueros de su empleo con una energía verdaderamente heroica.

Entonces, dirigiéndome a don Ciriaco, le dije:

—Amigo, voy a traer a usted un médico que merece este honroso dictado. No gasta espejuelos, ni trae la cabeza rapada como lego capuchino, ni gasta caña de carey, ni habla en griego; pero en cambio de todo esto que le falta, hallará usted en él modestia, juicio, sabiduría y experiencia: le hablará a usted en castellano, y llamará al hígado, hígado y no hipocondrio, al espinazo, espinazo y no columna dorsal, y en fin se explicará con aquel lenguaje claro y sencillo con que se hace entender el hombre instruido aun de los más ignorantes; haga usted la cruz a las viejas curanderas y a los médicos pedantes que quieren cubrir su ignorancia supina con ese idioma técnico que solo debe hablarse en las aulas, en las juntas o entre ellos mismos. Usted es un hombre de juicio y se convencerá de que el licenciado Sanguijuela no es más que un fatuo, un charlatán.

En efecto, traje al doctor Experiencia a casa de don Ciriaco, le examinó con discernimiento, y le curó prescribiéndole dieta y descanso: las sanguijuelas, las cataplasmas, las tortillas de ruda y emplastos de gálbano hembra se quedaron en la mente de sus autores: don Ciriaco se puso bueno, el licenciado Sanguijuela perdió el parroquiano y las viejas con sus remedios caseros sufrieron un amargo desengaño por meterse a dar consejos sin ser requeridas para ello.

La Siempreviva, tomo III, 1839, págs. 208-216.

Me están imprimiendo[48]

A cuántos comentarios nos daría lugar el membrete de este artículo, si me viniese gana de holgar con el público y le espetase el tal membrete con medio millón de puntos suspensivos. Tal podría correr el dedo, que a alguno se le aguase la sesera, de cavilar sobre la significación de esos puntos. ¡Cuán varias serían las opiniones y cómo me reiría de ellas, porque de seguro que ninguna daría en el hito!, pero no quiero meterme a facedor de acertijos, porque tengo para mí y mal año para el que no sea de la misma opinión, que es cosa que huele a tontería lo de aburrir ratos perdidos con atormentarse el magín y atormentar el de sus prójimos, proponiéndoles enigmas. Así pues, voy a despejar la incógnita de este articulejo, y ya que mi lector y yo no estamos a más de vagar, es oportunidad no tomar más pasatiempo en esta tarea.

Cuando nace un niño, nadie podrá decir cuál día de su vida, si de vivir ha, será el más glorioso, a menos que no acierte a estar en el cuarto de la *parida* algún zahorí, cuya cría se ha acabado por desgracia, desde que reina en nuestras ciudades el musguillo de la filosofía, que diz mata esas sabandijas; pero llega una época en que puede, aproximadamente, un buen observador adivinar ese día glorioso, como lo verán mis lectores si no les ha tomado aún el sueño leyendo este artículo.

El adolescente aficionado a las musas, bien haya recibido de la divinidad el privilegio celestial de la poesía, bien sea un mero fabricante de versos, que chafalla de hilvanar a tantos maravedises la pieza, principia por consultar sus primeros ensayos a uno de los muchos entendidos o desentendidos que hay siempre a mano hasta en el villorrio más humilde: alentado lisonjeramente para que no desmaye, emprende con ardor su misión sobre la tierra que se reduce, por entonces, a soltar versos hasta por los dedos, con lo cual va subiendo de punto su metromanía, no quedando Isabel ni Teresa a quien no le declare su amor en todos los géneros métricos conocidos, y por quien no prepare lo

48 Reproducido en *Los cubanos pintados por sí mismos* bajo el título de «El escritor novel».

menos doce veces al día su ataúd, y no porque piense de veras en morirse sino porque ataúd es consonante de laúd.

Cuando ya está bien caldeado y se cree punto menos que Heredia y Orgaz y Milanés, etc., con quienes no duda ponerse par a par, éntrale comezón de titularse de autor y endereza sus pretensiones a echar a volar en letras de molde por esos mundos de Dios sus inspiraciones: hácese presentar al efecto en la redacción de una imprenta, al redactor, se entiende, y puesto en relación con este maestro de ceremonias de la literatura, llévale dos o tres canastas de borradores para que se tome la pena de leerlos y elija los que le parezcan dignos de ver la luz pública en su apreciable periódico, anunciándole en él al mundo literario.

El redactor tuerce el gesto, al ver aquella máquina de papeluchos, como es muy natural, porque a quién no le meten el resuello tres canastas de borradores, digo y borradores de poeta, que son a manera de jeroglíficos, sucediendo a veces que el mismo que los escribió no puede luego leerlos; pero qué ha de hacer el malaventurado redactor, verá algunos y verá y dice al candidato, ya veremos esos mamotretos y veremos.

Todos los días al tañer de las diez de la mañana está mi poeta novel en la redacción para esperar la llegada del redactor y columbrar el estado de su expediente: jamás ministro alguno fue tan esperado, tan asediado y tan camelado como este pobre varón, Job de paciencia, y a quien sus malos pecados trajeron a la aperreada vida redactoril: cansado al fin de que la sombra de Nino en hábito de poeta le persiga, decídese con un heroísmo digno de mejor causa, empieza a descifrar borradores, escritos unos en cajetillas de cigarros, otros en papel de encartuchar, esotros en finísima vitela, según el lugar y ocasión en que a nuestro poeta le asaltaba el dios, pues unas veces era cerca de una bodega, y qué hacer en aquel momento crítico, sino entrar en ella y pedir un pedazo de papel al bodeguero que, como hombre de una severa economía, satisfizo el pedido, dándole un cartucho preparado para un cuartillo de café.

Después de agotada una canasta, encuentra al fin una poesía pasadera, y más gozoso que el que acertó un premio de lotería con vísperas de ir a la cárcel por deudas, exclama: ¡Gracias a Dios que he encontrado algo que merezca leerse!

Viene mi poeta y le recibe el redactor con una afable y protectora sonrisa, dirigiéndole estas palabras:

—Ya he encontrado una *composición* de mi gusto y mañana saldrá en el periódico, pues está en *galera* trabajándose, y esta misma tarde quedará en la *forma;* ¡Virgen del Socorro!, no abandones en tal instante a este pobre mozo que no puede con tanta felicidad y es fácil se desgracie. ¡Cómo tiembla de placer el joven poeta al ver resuelto el problema que tan desaborido le traía! En el colmo de su regocijo quiere arrojarse a las plantas del redactor, quiere llorar, pero por fortuna ni se acuerda de en dónde le quedan las rodillas, ni por dónde se llora: ya se ve, tanta dicha, y tan de improviso, ¡qué mucho que no se acuerde de tales cosas el enajenado mancebo!

Sale de la redacción nuestro poeta hablando consigo mismo, con la boca llena de risa y un gozo espiritual en todo su semblante, que más que hombre, parece un bienaventurado: aquí tropieza, resbala, acullá choca con un fornido mozo, por quien a poco más es desbaratado, pero, ¡qué importan tales percances y desaguisados a un mancebico de quince años con una imaginación volcánica, y que va diciendo entre dientes *ya me están imprimiendo*! Está fuera de quicio y debe estarlo, que razón tiene y muy sobrada para ello, pues ¿es poco, por ventura, salir esotro día en letras de molde, y ser leído por cuantas castas de gentes Dios se sirvió crear, salvo las que no saben leer y Dios no creó? ¿Quién, al verle, no dirá, mañana es el día más glorioso para ese mancebo? No es necesario por cierto ser para esto un gran profeta, basta ser un poco observador.

Yo tuve un amigo llamado Pepe, fabricante de versos, y que me servirá de tipo para continuar este artículo, porque más pintiparado que él para el caso no le hallaría a fe aun cuando me echase a buscarle con un candil. Figuraos que es el mismo (porque así es la verdad) de quien he estado hablando hasta ahora, que le veía salir de la redacción sin voluntad ni albedrío, entregado a su tirano pasatiempo. Vedle, vedle por aquella calle arriba que más bien corre que camina.

—Adiós, Pepe —le dice Tatao Chirulo, con quien se encontró al paso.

—Abur, chico —le contesta.

—¿Dónde vas tan apresurado?

—A casa.

—¿Y qué vas a hacer?

—No sé.

—¿Cómo no sabes, *compadre*; tú estás medio distraído?

—Hombre, sí, pensando...

—¿En qué piensas?

—*Nada, chico*, en que mañana hago mi *debut* en *El Trueno*.

—¿Cómo en el trueno?

—Sí, hombre, en ese periódico que redacta don Lopijo.

—¡Ah!, ya entiendo; ¿conque mañana, eh?

—Sí, mañana, y hoy me están imprimiendo.

—¿Tú estás en tu juicio, Pepe? ¿Cómo imprimiéndote? Por Dios que no te entiendo.

—Chico, no me entiendes porque tú estás en Belén; ¿cómo quieres que me explique más claro? Me están imprimiendo.

—Confieso que soy muy recio de mollera, porque estoy en ayunas todavía de lo que me quieres decir.

—Vamos, voy a hablarte como al vulgo: están imprimiendo una poesía magna del propio Marte, ¿eh?, a los tirabuzones de Cleofalia, que dice el redactor (digo y es hombre que sabe que rabia) es mayúscula y que hace mucho tiempo no sale a luz una poesía como ella. ¡Oh!, me asegura que va a alborotar, y eso que yo me resistí hasta lo último para que no la pusiera; pero se empeñó con Joanico para que me llevase a la redacción, y me dijo que quería hiciese yo mi *debut* literario en su periódico y me enseñó copia de la poesía a Cleofalia.

«—Será la primera —me dijo— que de usted conozca el público y basta para darle nombre y prez entre los vates de Almendares.»

—Quedo enterado ahora, Pepe —replicó Tatao—, de lo que querías decirme. Adiós, que salga sin erratas tu composición, y es cuanto puedo desearte —con lo cual se separaron los dos amigos.

Por sabido que Pepe no comió y pasóse el día rumiando versos y soliloqueando, siendo tal su distracción que la madre y las hermanas se asustaron y cercáronle para inquirir si estaba enfermo, quedándose pasmadas y mirándose las unas a las otras cuando él les contestó: «Déjenme por Dios, que ya me están imprimiendo», lo cual les hizo saltar las lágrimas, conjeturando que tales palabras eran indicio de locura, especialmente la pobre de la madre, que no entendía mucho de achaques de literatura, ni había leído más versos que las *décimas de la Vicenta*, y se le había pasado de vuelo como a las otras, la significación de tales palabras, por lo cual decía muy afligida: ¡Bien me temía yo que se me desalentase *Pepillo* leyendo tantas décimas como lee! Quién sabe a qué altura habría rayado el dolor y susto de la familia sin la explicación de Pepe, que al ver la batahola que se había armado con su frase sacramental (pues ya, hasta se trataba de darle un baño de pies y llamar médico) tuvo que bajar desde el cielo donde estaba trepado desde por la mañana, para explicarse en lenguaje común.

¡Qué noche pasó el pobre muchacho! Ya se acostaba, ya se lanzaba del lecho y se ponía a pasear sus imaginaciones, no tenía quietud y así se la pasó toda, pensando en su poesía, soliloqueando en esa substancia y tan alborotado con la máquina de pensamientos que se atropellaban en su cerebro, que hubiera puesto lástima verle a un alcornoque: y la fortuna, que tenía desde por la tarde la *segunda prueba* en la faltriquera, que eso le consolaba mucho, porque de minuto en minuto la leía.

Al fin amaneció: ¡Qué risueña parecióle la aurora a Pepe! ¡Cómo se alegró de verla! Ya se ve, ¡no la veía desque era chiquito! Aunque ojeroso y tan desemejado que no le conociera su misma madre, púsose a punto mi don Pepe de salir; tomó la calle y pisando a lo grave, tan autorizado se valía como si fuera el mismo Lope de Vega, encaminóse a la Lonja a ponerse en evidencia, pues había firmado la poesía con todo el calendario de su nombre y apellido, y como *ainda mais* era bachiller en artes, no sé si malas o buenas, no se le había, quedado en el tintero la be y la ere encima; puso también el apellido materna para un *por si acaso*, pues como él decía, la previsión *nunca está por demás*.

De industria sentóse en el lugar más a propósito para el ojeo, y no hubo llegado apenas, cuando lo primero que hizo fue saborear la poesía, leyéndola en el periódico: no se hartaba de la golosina, pero al fin dejóla, y se apercibió a estudiar, en los gestos de los que la leyesen, la impresión que les hiciese, y para disimular mejor su intención, trató de ocuparse entretanto en beber café con leche, merced a unos realejos que había ahuchado, porque a fuer de buen menestril, estaba siempre a la cuarta pregunta, y pasábanse semanas sin que viese cruz de moneda, común achaque de todo el que vive de las letras peladas.

El primer toro que salió a la plaza fue un viejo gordo, calmudo, tipo, en fin, del reposo y de la paciencia: en calarse los espejuelos, encender un tabaco y echarse a la cara el periódico, invirtió un cuarto de hora. A Pepe se le llevaban los diablos y tuvo que tragarse dos tazas de café con leche. Empezó el de las antiparras a leer su periódico, y Pepe a seguirle la pista, sufriendo en el ínterin tormentos atroces. Leyó el de las canas todo el papelucho desde *El Trueno* hasta *Imprenta de don Lopijo*, y solo perdonó su voracidad los versos de Pepe: considera, alma, qué tal estaría esta pobre víctima con semejante desenlace: contentóse con echar unos cientos de maldiciones contra el prosaico vejete, que a fe, si a caerle llegan, no sale el malaventurado por sus pies de aquella estancia.

Llegó otro lector, hombre que frisaría en los cuarenta, tan sobrado de salud, que la trasudaba de puro gordo por cuantos poros tenía; tomó el periódico y Pepe entró en cuentas con la quinta taza de café con leche, pero sin quitar los ojos del recién llegado: éste, que no era hombre de armas tomar en punto a literatura, no le hizo penar mucho tiempo, porque guiado de su natural instinto, buscó la sección de las longanizas de Vich y macarelas, y sin pasar a mayores, abandonó el periódico, sin curarse de averiguar si eran versos aquellos escuadrones de rengloncitos que estaban de parada aquel día en el impreso. ¡Qué taza de café tan mal empleada la que se engulló Pepe por semejante malandrín! ¡Digo y la quinta taza nada menos!

Una buena pieza de tiempo estuvo Pepe esperando que entrase otro lector, y ya empezaba a aburrirse, cuando llegó un joven de hasta veinte años, y en cuyo rostro hubiera podido leer Pepe que aquel mozuelo era un chisgarabís, sin pizca de juicio, y con ribetes de tonto por añadidura. Este tal entró a lo aturdido, se desplomó sobre una silla con tal ímpetu que a poco más la desbarata, tomó el periódico, púsose a leer en voz recia y campanuda los membretes, y al llegar a la poesía malhadada, exclamó con acento de desprecio: ¡¡¡versos!!!, y torciendo el gesto, arrojó con desdén el periódico sobre una mesa y tomó el camino. ¡Qué herida tan mortal recibió con esto el joven poeta! ¡Acababa de tomar la sexta taza de café! Haber gastado tres reales sencillos, tomado seis tazas de café con leche, ayunado el día y velado la noche antes, ¿y para qué? ¡Gran Dios!, para ver que nadie leyó sus versos, aquellos versos que él creía debían treparle a lo más encaramado del templo de la gloria. ¡Oh, cruel y no imaginado desengaño!

¡Cuáles no habrían sido tus estragos si acaso no te hubieras estrellado contra quince años! En efecto, carísimo lector, nuestro poeta por el pronto quiso suicidarse, pero como no tuvo a las manos instrumento a propósito para ir por sus pies a la eternidad, se consoló; además, la esperanza no le había abandonado de todo punto, y allá en sus adentros decíase: «hasta ahora solo tres individuos forman el partido de la oposición, tres contra ciento veinte mil almas que dan a La Habana, son como uno: una golondrina no hace verano; y prudencialmente juzgando, el pico de la población, cuando menos, leerá mis versos, y al cabo ser leído de cuarenta mil ojos, salvo alguno que otro tuerto que entre en la colada, no es un grano de anís»: aquietóse con este razonamiento su turbado espíritu, su amor propio volvió a cobijar bríos, levantando el ánimo a nuevas esperanzas, y llegó Pepe a su casa tan otro como salió de la Lonja, que se sentó a almorzar con tales disposiciones que cobró los atrasados: lo que no debe admirar a mi lector, porque en tales momentos se había operado una reacción de la materia sobre el espíritu, o para hablar más claro, el estómago de Pepe se había pronunciado de un modo tan enérgico, que el cerebro no fue poderoso a oponérsele, así es, que el hambre, enseñoreándose de la poética criatura, gritó tan alto, que fue oída y aplacada con tasajos como el puño que embauló Pepe con gran sabor de sí.

Tan luego como hubo acabado, tomó la puerta para ir a visitar a todas sus amigas y recibir las enhorabuenas que allá en sus adentros se prometía. Encontró acaso a Jerónimo Turuleque, grande amigote suyo, y su salutación fue:

—Chumbo, ¿has visto mi poesía en *El Trueno* de hoy?

—No la he visto.

—Pues léela, que es cosa buena, y adiós, que tengo mucho que hacer —y prosiguió su camino espetando a todo yente y viniente que acertaba a ser su conocido, la misma letanía.

Llegó al fin a casa de las *Macarios*, que eran muy *leídas* y *escribidas*, y sabíanse de coro todos los novelones de Arlincourt y Ana Radcliffe, tomó en entrando una silla y abrió la campaña con ligeras escaramuzas, haciendo recaer la conversación sobre objetos indiferentes, para darles la iniciativa en la cuestión del día, que eran sus versos, según él se lo imaginaba, engañado por su amor propio. Viendo a la postre que nada le decían sobre su inspiración, no pudo poner a paciencia semejante silencio y preguntó con cierto airecillo de indiferencia:

—¿Ustedes están suscritas a *El Trueno*?

—No —contestáronle, y añadieron—, ¿sale alguna novela de Arlincourt en él?

Pepe, que vio el cielo abierto con tal pregunta, acordándose de que la ocasión es calva, asióle el único cabello que su buenaventura le deparaba, sin parar mientes en que había de sacarle mentiroso el periódico tan luego como fuese visto, y les contestó que sí. ¡Tú que tal dijiste!, al momento enviaron a buscar por la vecindad el periódico: esperábale Pepe, como diz esperaban los Santos Padres el santo advenimiento, cuando llegó en las más negras manos que humanos ojos vieron (eran las de la negra *Nicodemia*, como decían sus amas).

Tomó el impreso la mayor de las hermanas, llamada Pipí, para buscar en él su favorito novelista, y entretanto estaba Pepe que no cabía en la silla, con una cara tan pronto de mártir como de bienaventurado:

—¡Ay! —exclamó de repente Pipi (no se asusten mis lectores de ese ¡ay!)—, unos versos a Cleofalia.

—¡Qué nombre, vaya un nombre!, y la firma es un calendario entero, Bachiller José María de la Transfiguración de Menchaca y Sigüita.

—¿Eres tú; Pepe? —Pepe, que estaba medio muerto de susto y de alegría y de qué sé yo cuántas cosas más, queriéndosele salir el corazón, balbuceó apenas un «sí, yo soy, Pipi», y al momento se agruparon las muchachas en rededor de Pipi, para leer los versos. Concluida la lectura, dijo ésta: «están muy bonitos y se parecen a las poesías de Chucho Siguapa». Al oír tan desatinada comparación, estuvo a punto de morir el sin ventura Pepe, porque el tal Siguapa era un poetastro de la lengua, cuya misión sobre la tierra era surtir de décimas de *circunstancias* a cierto revendón de romances: al ver el desabrido semblante del disgustado mozo, traslucíase que le había gustado la comparación como un dolor de muelas; así fue que sin echar a puerta ajena su desazón, antes publicándola con el avinagrado gesto y un *adiós, muchachas*, más seco que peje palo, *tomó el tole*, y salió dado a perros de aquella casa en que habían aniquilado de un golpe sus esperanzas: y aquel día tan glorioso, aquel día en que veíase impreso nada menos que en un periódico, y en que tan larga cosecha de enhorabuenas esperaba recibir por su *debut* literario, vino a ser para el pobre mancebo un día de amargura, de fastidio y desesperación. ¡Pasar toda una noche en la prensa de sus imaginaciones, mientras que sus pensamientos la pasaban en la de don Lopijo, para volar al otro día, con alas de oro y azul, por las espléndidas regiones del aura popular (no del *aura tiñosa*, aunque son de la misma familia), y encontrarse sin alas y en otra prensa más apretadora, como es la de la indiferencia pública, era una decepción horrible! El cuitado poeta estuvo a pique de perder la chaveta; pero, al fin, el tiempo y la razón que sanan sin arte ni aparejo, le curaron, que eso y todo fue bien menester para sacarle de aquel ahogo: así, trocando intentos, colgó su lira en un rincón de su aposento y no volvió a pulsarla sino cuando, ilustrado con el estudio, y ya con más razonado ingenio, pudo dejarse arrebatar por la inspiración y hablar el lenguaje de los dioses, conquistándose un nombre, con lo cual él logró prez y merecida fama, y el público ganó, porque mientras estuvo *en muda*, esos menos versos malos había que aumentasen el inmenso cúmulo de los que, con mengua de nuestra literatura, nos llenan de fastidio y ponen mal parada la poesía entre los profanos.

Flores del Siglo, bajo la dirección de Rafael María de Mendive y José Gonzalo Roldán, tomo I, La Habana 1846, págs. 189-201.

Chucho Malatobo

Yo me llamo Chucho Malatobo, nací en el callejón de la Samaritana; en mi bautismo, el sandio de mi padrino arrojó muchos medios a la turba de mataperros que le persiguieron desde la iglesia a mi casa, cantando a coro el *Juye que te juye, juye Pepe*. ¡Oh!, mi padrino se portó a las mil maravillas, sin embargo de que era un hombre tan tacaño que no daría un grano de maíz al gallo de la Pasión, aun cuando tuviese cien fanegas. Tres años tenía yo cuando pasé a habitar en el callejón de Bayona, porque es de advertir que mis padres tenían muy desarrollado el órgano de los callejones: allí fue mi *debut* de niño; era el encanto de mis progenitores y el barrabás de los vecinos; ningún peloncillo de mi edad me sacaba raya en tirar una piedra a un perro, en *torear a cinco pollitos* y a *cuarterola*, en decir una desvergüenza al *lucero del alba*; caíaseles la baba a papá y mamá cuando yo, balbuceando aún, *echaba una ristra*, porque no me dejaban subir a la azotea a empinar mi papagayo, con el *totí* y el *cayuco*, que eran dos negritos mayores que yo, nacidos en casa y destinados a entretenerme y a educarme, por aquello de dime con quién andas y te diré quién eres. Como yo hacía siempre *mi regalada gana*, crecí desarrollándome pasmosamente en lo de hacer mi gusto, y aún no tenía siete años cuando sabía jugar mates, trompos, papagayos, tusar un pollo, apedrear a los vecinos, ponerles vejigas a los perros y cáscaras de nueces en las patas a los gatos, y todo esto de pura afición, sin premio alguno, lo cual es de celebrarse; verdad es que yo no sabía el cristus, ni el padrenuestro, pero esto, como decía papá, lo aprendería más tarde, pues estaba muy niño y todavía no perdía tiempo: por cierto que su merced estuvo muy feliz en no haber señalado el plazo en que debía yo saber leer y escribir, porque ya tengo mis treinta y cinco largos y en la lectura solo masco así, así, y en cuanto a escribir, hago mis patas de moscas como cualquier señorón.

A los nueve años fui a la escuela, pero entonces era yo una pieza de calibre: tenía ocho o diez cicatrices en la cabeza, recuerdo de otras tantas pedradas recibidas guerreando en la garita de San José: pasaba a nado de la *puntilla* a Casa Blanca, estaba suscrito en el matadero para ir a pinchar las reses destinadas al consumo, era el jefe de la expedición de mi barrio para ir a robar mangos los domingos a la quinta del Obispo y para los ataques nocturnos a las negras que vendían vaca y bollos en la plaza del Cristo: y no estaba por eso atrasado en mi escuela, pues llevaba casi pasada la cartilla, hacía palotes algo derechos y me sabía desde el «Todo fiel cristiano» hasta las virtudes teologales: a los diecisiete años me quitó papá de la escuela, porque decía que el maestro no me enseñaba bien, y advierto que anduve en más de veinte y la última fue la de don Pedro Lamparan, por cierto que yo le llevaba siempre aguacates al señor maestro, porque le gustaban mucho; me parece que lo estoy mirando con aquellos calzones tan fondilludos y aquella palmeta tan dura que no pude nunca ablandarla con mis manos. Volviendo a mi asunto, a los diecisiete años, salí como he dicho de la escuela, mascando a San Casiano y restando, que en las cuentas no llegué a multiplicar, y no por falta de aptitud, pues ya tenía yo un hijo natural; por cierto que antes de que él naciera, nació el pleito que me puso su madre y el cual le costó a papá como tres mil pesos sin contar la dote.

Cuando me quitaron de la escuela no sabía mi padre qué hacer conmigo: tan pronto quería *echarme los cordones* como que estudiase para abogado; por mi desgracia le aconsejó mi padrino que me pusiese a estudiar latín en el colegio; dicho y hecho, pusiéronme a ello y estuve el primer año en el banco de nominativos, al segundo me encaramé al de conjugados, al cuarto pude treparme al de nombres compuestos, y cuando empezaba a componer algunos, falleció mi padre; le enterraron, y con él el arte de Nebrija en que yo estudiaba, pues yo por darle gusto entré en los estudios, y aunque éstos, según dice mi padrino, no entraron en mí, no fue culpa mía, sino de ellos que no quisieron entrar.

La muerte de mi padre me dejó en plena libertad para seguir mi vocación que era jugar gallos, pues desde *chiquirritico* tenía yo mis pollitos de a real y medio, a los que tusaba y echaba a pelear después con los de mis vecinos; afición que me la inspiró papá, porque él tuvo siempre muy buenos gallos y se *pelaba* por lidiarlos y siempre me llevaba con él a la valla, y como el hijo de gato caza ratón, yo salí, según era de esperarse, gallero como el que más.

Cuando cumplí la edad, me entregaron treinta mil pesos por mis legítimas paterna y materna, pero en un decir Jesús se me fueron y me quedé arrancando: pensé aprender un oficio, pero por no manchar mi apellido, no lo hice y preferí arrimarme a mi primo Pepe Talisayo y cuidarle san gallería; ¡ay!, si hubiera sido abogado como papá quería, estaría hoy en grande, pero me *criaron con toda mi leche* y el amor de papá y mamá me han reducido al estado en que hoy me encuentro; si no fuera por mis parientes, que todos *son gente de viso*, yo me pondría a torcer tabaco, pero entonces no podría ir con mi primo Fisco al ingenio, ni visitar a mi tía Catuja, y así como estoy me voy *bandeando* hasta que Dios quiera, pues tío Chicho está muy viejo y puede ser que se acuerde de mí en su testamento. Aquí fue interrumpido en su narración Chucho Malatobo por un negro que entró diciéndole: «Niño Chucho, dice el amo que vaya a ver un pollo *ma bragao* que le han *traío*». Levantóse Chucho y fuese: quedamos solos don Saturnino y yo; larga pieza de tiempo estuvimos como abismados en nuestras reflexiones, cuando don Saturnino rompió la voz diciéndome:

—¡Qué lástima de joven!, ¡con tan gallardo personal, con tantos elementos como tuvo para ser un hombre útil, y no es más que un estorbo!, ¡sin porvenir, sumido en la degradación, no será difícil que mancille algún día su ilustre apellido la condena del rematado!

¿Qué quiere usted, señor don Saturnino? El amor mal entendido de sus padres, y preocupaciones funestas que por fortuna van desapareciendo ante esta civilización gigante que se desarrolla entre nosotros, trajeron a ese mozo al mal término en que le vemos: honrado artesano o aprovechado estudiante pudiera ser el mismo a quien una mala educación tiene hoy al borde de un abismo espantoso: fruto amargo ha sido de nuestra ignorancia pasada la desgracia de ese mancebo y, sin embargo, hay quien se pronuncie contra la civilización del siglo XIX; pero, a bien que la ley del progreso, cuando se apodera de un pueblo, es irresistible, ella consumará la gran obra de nuestra civilización, y entonces no tropezaremos a cada paso con un tipo habanero como el de Chucho Malatobo.

¿Y cuándo dirás, carísimo lector, entró don Saturnino? ¿Con qué motivo entró en materia con Chucho? Dos *entros* para ti, y para mí ninguna salida, ¡vaya y qué apuro para un pobre escritor! Ellos entraron, en eso no hay duda; cuándo, no lo sé; lo único que puedo decirte es que don Saturnino es mi vecino, que al principiar este artículo, me ocurrió estudiarle para salirme con la mía, de pintar un habanero, y hallé allí a Chucho que comenzaba su narración: tal como la hizo, te la endoso, y *pax Christi*.

Flores del Siglo, bajo la dirección de Rafael María de Mendive y José Gonzalo Roldán, tomo I, La Habana, 1846, págs. 281-286.

La solterona

Cuando el Criador, con un *fiat*, símbolo de su omnipotencia, hizo el mundo; cuando completó esta gran obra, creando al hombre a su imagen y semejanza, la solterona no existía en su soberana mente. La solterona es, pues, una aberración, y como tal vamos a considerarla, guardando el respeto debido al santo hábito que viste, hábito que yo siempre beso con una devoción extremada.

¿Qué es la solterona? La mayor parte de mis lectores verán en ella una mujer que no se ha casado y nada más; ya se ve, no tienen ojos de privilegio como los míos, que a fe, si los tuvieran, habían de hacerse cruces y entonar el *fugite maledictæ Satanæ*, apenas se encontrasen a presencia de una doncella talluda, pronunciada, por virtud y gracia de su reverenda soltería, contra todo animal matrimoniado.

La solterona, lectores míos, es una individualidad del sexo femenino, arsenal de malos pensamientos, protesta de carne y hueso contra el *multiplicaos* del Criador, monja profesa en la regla de San Abúrreme, veedora perpetua de amantes, valija de chismes, archivo de falsos testimonios, tormento de sobrinos y vista del barrio. Mártir de sus deseos, es verdugo de todo prójimo casado y por casar, y vive muriendo, que es el peor de los vivires.

No pertenece a ninguna de las cuatro reglas de aritmética social, porque ella ni suma, ni resta, ni multiplica, ni parte (cuidado con ponerme pare por parte, señor cajista), así es que jamás entra en combinación de ninguna especie: siempre devorada de envidia, siempre roñosa; teniendo que luchar con una sociedad monógama, se haría musulmana, solo porque ha oído decir que en Turquía existe la poligamia.

La solterona en una casa es peor que un cernícalo; ella es la que acusa a los muchachos si se comen el dulce, y a las muchachas si conversan con el novio, ella la que atiza la discordia entre marido y mujer, ella la que espía al cocinero, y descubre los gatuperios de los demás criados, y ella es, por último, la cruz del hogar doméstico.

Los naturalistas, al menos que yo sepa, no han clasificado aún esta entidad jamona y descontenta, que atraviesa la creación llevando a cuestas su estado honesto, sin sacar otro provecho de su jornada que el que le pongan después de muerta entre las manos una palma real, simbólica figura de una virginidad que la tuvo en guerra abierta con el género humano. Aunque yo la he observado mucho, no he podido aún clasificarla: considerándola criandera nata de los sobrinos, podría colocársela en la familia de las abejas, en la cual hay cierto número de ellas, destinadas únicamente a la crianza de las larvas. También pudiera considerársele como pariente de las auras tiñosas, porque como éstas, se halla en todos los lugares donde hay muerto, razón que motiva el terror pánico que asalta a los asistentes de un enfermo grave cuando ven entrar a la Solterona, pues está comparada a la extremaunción; pero estas observaciones no bastan para una clasificación: además, ella acecha los amoríos de barrio, como el caimán a la jicotea; muda de color como el lagarto, roe la honra ajena como el ratón el queso; su sombra hincha como la del guao; su lengua es ponzoñosa como la cola del alacrán, y su mirada imprime terror como la de la serpiente; siendo todo esto, la solterona es inclasificable y solo se parece a sí misma.

Para conocer a fondo a la solterona vamos a buscar un tipo y ponerle en escena. Doña Desesperada se nos presenta a pedir de boca; pero vosotros, mis queridos lectores, no la conocéis, y es fuerza que yo os ponga en relaciones con ella.

Doña Desesperada es una cuarentona y... y... (las y... y... en materia de edad son casos reservados al solio pontificio; y solo en el libro parroquial de bautismos se halla su absolución). Doña Desesperada está además en el tercer período del desarrollo adiposo, es decir, que se está acercando a la figura geométrica llamada círculo. ¿Quién al ver este círculo vestido de mujer, en una fiesta de familia, corriendo con un grupo de doncellas de quince a veinte, no *se desmorece* de risa? ¡Quién al verla, hecha una antítesis, entre tantas jóvenes delgadas como un güín, aéreas como sílfides, dando saltos como pulga, o trompo que *escarabajea*, no da gracias a Dios de no haberla hecho solterona! Pero a doña Desesperada se le ocurre que puede ser el blanco de sarcástica censura, antes se le figura a la bendita que aquellos salticos y carreritas, aquellos secretos y risitas maliciosas, le pegan a sus cuarenta octubres, y no sabe que se está saliendo del grupo, y dando que decir a las de su gremio, casadas o viudas, las cuales bien por envidia o caridad considéranla como una desertora del escuadrón cuarentuno; mas doña Desesperada, violando el principio de cada oveja con su pareja, busca siempre la compañía de las niñas, para niñear con ellas.

A cierto bautizo que se celebró en esta ciudad, asistí como convidado, y al entrar en la sala; lo primero que se presentó a mi vista fue la atortugada caricatura de doña Desesperada, que estaba haciendo de la serpiente con su prójimo, a quien ella creía fácil echarle la zarpa para marido: bailábanle los ojos de alegría, porque se imaginaba ya próxima a salir del presidio de su estado honesto; pero se las había con un veterano aguerrido en lides amorosas, que por cada entrada tenía diez salidas, y habiendo conocido del pie que cojeaba, quiso divertirse un poco a su costa: el diálogo era interesante; he aquí la muestra:

—¿Pero qué, tanto abomina usted el matrimonio? —le decía don Crisóstomo.

—Aborrecerle, no, pero me hallo muy bien así, tranquila, y no pierdo tiempo todavía...

—Siempre se pierde tiempo, cuando podemos hacer la felicidad de alguno y nos negamos a ello.

—Yo temo mucho, don Crisóstomo, la falacia de los hombres; ustedes son *muy falsísimos*, hojas de caimito, hoy quieren y mañana no, y para no pasar por esa prueba, mejor es hacer lo que yo hago: gozo del mundo, libre de *quebra-*

deros de cabeza, y no me esclavizo para ser infeliz; con mis dineros a rédito vivo muy sosegada —esto de los dineros a rédito era carnada.

—¡Oh, Desesperada hermosa, eso es mucha injusticia!, ser tan bella, tan seductora, embelesar con esas formas de sílfide —ella, al oír esta calumnia a su talle, se hizo la ruborizada y se tapó la cara de Luna llena con el abanico. ¡Oh, pudor cuarentuno!—, abjurar del amor, bajo el falso pretexto de que los hombres son malos, es hasta pecado mortal. Usted puede hacer feliz a más de uno que yo conozco... y comete un amanticidio...

—Qué chancero está usted, don Crisóstomo; sin duda quiere usted burlarse de mi inexperiencia —estaba más experimentada que remedio casero— y divertirse conmigo...

—¿Divertirme con usted, señorita?, ni por pienso; eso es calumniarme...; en fin, yo... yo la amo a usted con una, una... ni sé lo que me digo, no tengo palabras para expresar lo que siento en este instante...

Éste era el momento crítico. Doña Desesperada estaba en vísperas de pasar a ser doña Esperanzas; gozábase ya en su triunfo, mas quería aparentar duda, indiferencia y qué sé yo cuántas cosas más que tan bien saben fingir las mujeres. ¡Oh, Goya, Goya, si hubieras podido verla, y la pintas con tu brocha creadora, te haces doblemente inmortal! Don Crisóstomo, sentado en el borde de la silla, el pie derecho encogido, el izquierdo más extendido, el cuerpo algo inclinado hacia la doncellona, la mano derecha sobre el corazón, la otra lista para cualquier evolución, los ojos fijos en la serpentígena faz de la requerida, con amorosísimo acento exclamó: «Por piedad, ángel mío, una palabra, una palabra, de perdón y de amor». Y diciendo esto, hizo ademán como de afinojarse ante los seis quintales de soltería vestidos de tarlatana que tenía delante; ella, haciéndose toda la atortolada, creyendo que aquello era de veras, exclamó con ronca y congojosa voz:

—Por Dios, don Crisóstomo, no se arrodille usted, que va a ponerme en berlina.

—¿En berlina?, no, en coche te pondré, pero una palabra de consuelo, o me hinco...

—¡Ay, Jesús, qué compromiso! ¡Me va a dar un desmayo!, yo le contestaré... así tan pronto. ¡Dios mío!, no puedo...

—El sí, el sí, ángel de paz, o me hinco...

—Ay, don Crisostomito... sí... no... yo no sé, piedad, don Crisóstomo...

Don Crisóstomo, que se oyó llamar Crisostomito, y que había llegado hasta donde quería, le cobró un miedo a la doncellona, que trató de salir de aquel berenjenal, terminando la comedia sin matrimonio contra las reglas clásicas; su buena ventura quiso venir en su auxilio y le presentó la favorable coyuntura de que entraba el padrino con el niño en brazos, y tras él, una falange de negritos y blanquitos mataperros entonando el *juye que te juye, juye Pepe*; levantáronse todos a recibir al recién bautizado, menos doña Desesperada, que creyó a vueltas de aquella barahúnda dar el golpe de gracia, y hacer alarde de su conquista; pero don Crisóstomo echó a rodar todos sus castillos de viento, siendo de los primeros, salvándose a modo de milagro del mortífero *sí*, que a manera de un culebrón vio descolgado de los labios de la doncellota.

Cuando se calmó el alboroto y repartió el padrino los medios, cada cual volvió a su puesto y don Crisóstomo se mezcló en un grupo de vírgenes de quince abriles para evitar las miradas de doña Desesperada que a manera de requisitorias le perseguían. La exaltada doncella estaba que no cabía en la silla; por una parte, el deseo de que aquel corderillo volviese a su redil, por otra, los celos que le causaba verle expuesto a la influencia seductora de la juventud y la hermosura, la tenían tan desazonada que ponía lástima al que la viese presa de sus temores.

Cuando vio que era imposible pescar aquel lebrancho, y conoció que todo había sido una farsa, montó en ira y buscó auxilio para vengarse del seudoamante; pero su venganza fue inútil, porque don Crisóstomo se río de sus ataques, haciendo el amor a una chumbita de dieciséis, cuyos ojos negros esparcían muerte de amor en derredor suyo.

Doña Desesperada no escarmienta; en cuanto se presume que ha flechado a un prójimo, procura traerle al terreno de la declaración, y de ensayo en ensayo, de tentativa en tentativa, va entrando en años, pero no en desengaños: antójasele que todos los hombres que ve tienen de menos la costilla que a ella le sobra, pero todavía no ha encontrado su Adán.

No le han faltado partidos ventajosos, pero como ya tiene cuarenta años, los novios parece que temen el presupuesto que escrito lleva en toda la faz, y desertan porque temen que celebrado el connubio estén siempre compareciendo ante el ordinario.

Doña Desesperada, para llenar las largas horas de su soltería, murmura de todo cuanto ve: tan pronto critica que la librea del conde de la Peluza tiene siete chivos en el escudo de armas, como se burla de la marquesita Polígama porque bautiza sus hijos por de legítimo matrimonio. Siempre halla algo que censurar en el traje de las jóvenes que aciertan a pasar por su calle; ya encuentra muy chorreados los crespos de Tula, ya muy recargada de adornos la elegante cabeza de Chichí; ora muy pronunciada la nariz de Chucha o bien muy grande la boca de Adelina; es decir, que para ella ni hay mujer bonita ni hombre buen mozo; asomada unas veces y otras sentada en la ventana de su casa, corta vestidos a todo yente y viniente, y con eso parece que desahoga la bilis de su eterna soltería.

Sus malhadadas sobrinas están siempre bajo el yugo de su vigilancia, y ya que ella no ha podido tomar por asalto un marido, procura que las pobrecillas se queden para vestir santos como a ella le ha sucedido; una de las sobrinas, la encantadora Angelita, ha perdido dos matrimonios ventajosos por la influencia nefasta de su avinagrada tía, que para conseguir su objeto no perdonó medio alguno hasta ensayar el anónimo.

El chisme es arma que maneja con una maestría que maravilla; siempre tiene ardiendo el barrio y más de una amistad verdadera ha sido destruida por este *corre, ve y dile*, con blusa blanca y zapatos amarillos; para llegar a su objeto gasta una hipocresía refinada y no tiene empacho en estampar una docena de besos rechillados en las mejillas de una amiga a quien acaba de quitarle la piel.

Doña Desesperada se desperece por un velorio: apenas sabe que hay un enfermo en la vecindad, allí está ella de veinticinco alfileres, a guisa de conquistadora, porque no lo hace por cumplir con una obra de misericordia, sino por ver si pesca; y aunque no consiga su objeto, siempre pilla algún requiebro, que al fin es algo, y más vale algo que nada.

Doña Desesperada no solo atormenta a sus prójimos sino a una caravana de avechuchos que tiene: es mujer que gasta perrillo de falda, cotorra y mono; ya hace desesperar al perrillo con lavatorios y peinados, o mortifica a la cotica pidiéndole el piojo y la pata, o bien anda a vueltas con el mono, a quien festeja y dedica exquisitas atenciones, porque como termina en *ono*, y esto huele al género masculino, no puede ser por menos.

Pero donde la cuarentona ostenta su malhumor es en la *toilette*; casi todos sus réditos los invierte en cosméticos y farfalaes, como medios de agradar y conseguir algún día sus matrimoniales intentos. Es una comedia verla todas las tardes persiguiendo las canas que como es natural se van presentando en su cabeza, las cuales tan luego como las arranca las quema, porque ha oído decir que así se *esquician*; mas parece que lo hace Judas, porque donde se arranca una le salen veinte, de manera que se ve amenazada de quedar a la postre tan limpia de cabellos como la palma de la mano. No es menos cómico verla con el agua blanca a pleito para estirar el cutis que, perdida la tersura de los quince, va presentando con indelebles señales el terrible número 40, en los graciosos pliegues llamados vulgarmente pata de gallo: concluido el enjabelgamiento del rostro, que por lo blanqueado parece cara de muerto dada de cloruro, pasa a la sección de los lunares de quita y pon, verdaderos judíos errantes que tan pronto están junto a las cejas como al lado de la nariz o en medio de la barba; trampas microscópicas que ella emplea para ver si cae algún zorro solterón en ellas. Después que ha repartido la guardia de los lunarcitos, principia a vestirse, y a sudar por encerrar sus voluminosas formas en un corsé; toda la casa se pone en movimiento para resolver el problema de prensar aquel ballenato, privilegio que solo alcanza el portero, porque es un mamout que se ha desarrollado hercúleamente cargando costales de trigo en las eras de su país. ¡Oh, furor matrimonial, de cuánto eres capaz! Ya no le falta a la modistona más que la camisita rabona, y prender una flor en sus cabellos, aliado izquierdo en señal de doncellez; éste es un capítulo largo que le cuesta diez o doce pellizcos a la negrita Timotea y una hora de consulta con el espejo y las sobrinas; después de haber desechado un mar rojo de color de ante, y un mirasol muy hermoso, se decide por una flor de pitahaya, que le sienta, en su concepto, a las *mil maravillas*, y armada con el tremendo florón, sale con la dignidad de una reina a sentarse en la ventana, para ver si hay quien se mueva a sacarla del encantado castillo de su soltería, aun cuando sea tuerto, corcovado y cojo, que para marido basta que tenga las calidades de la ley de Partida.

Tal es, lectores míos, doña Desesperada, y *mutatis mutandi* tales son y serán todas las solteras habidas y por haber: la solterona se convierte al fin en beata; en este nuevo estado presenta caracteres muy distintos que la constituyen un tipo que merece artículo aparte.

Quedarse para tía es cosa que depende las más veces de las mismas mujeres, salvo los casos de fealdad que hacen de ella la personificación de uno de los preceptos del decálogo. La solterona se queda para vestir santos, por orgullo, por necedad, y las más de las veces por coquetería; y viene a ser en la soledad lo que en el cuerpo humano las arrugas, que no hermosean y estorban.

Hay algunas solteronas que por virtud de su temperamento linfático, son tan apacibles e inocentes como las cochinillas, y hacen muy buenas tías, porque de todo ha de haber en la viña del Señor, pero justo es confesar que son excepciones y pocas. Tres son las épocas de la mujer a los quince años, desprecia; a los veinticinco, escoge, y a los treinta, arrebata: los cuarenta son las termópilas del matrimonio. ¡Pobre de la que llega a ellas sin haberse maridado, qué larga cosecha le espera de aburrimiento y amargura! Y tendrá que armarse de una abnegación heroica para atravesar la vida sola y doncella, hostigada de punzadores deseos, y convidada a un inmenso festín en que no puede probar bocado, nulo en ella el santo germen de la maternidad que tan bellamente corona la encanecida y venerable cabeza de la madre de familia en los últimos días de la existencia.

Vírgenes encantadoras que desvanecidas por falaces ilusiones dejáis escapar los sonrosados abriles de vuestra edad, la solterona es un espejo donde debéis miraros, para que no os abisméis en el precipicio de la soltería; vosotras venís a este mundo a llenar una misión santísima; rico venero de castos goces será para vosotras la maternidad, y a la par que llenéis un precepto del Altísimo, cumpliréis con un deber social alcanzando la ventura inefable de doblar vuestra existencia, en pro de la sociedad que os consagrará un homenaje de respeto, negado siempre a la estéril solterona, que cruza este mundo sin dejar ni leve huella de su paso.

Flores del Siglo, bajo la dirección de Rafael María de Mendive y José Gonzalo Roldán, tomo II, La Habana, 1846, págs. 361-372.

Don Crispo o el gran Guagüero[49]

En el nombre del Padre, del Hijo y del Espíritu Santo, amén. Con esta fórmula religiosa acostumbraban las gentes del tiempo antiguo principiar cualquiera

49 Guagua. Es palabra muy usual de La Habana, en donde el pueblo la aplica a varios objetos. *Vivir de guagua*, que es vivir de balde; ir en *guagua*, que es *ir en ómnibus*; *le cayó la guagua*, que es desgraciado alguien, aludiendo al insecto que destruye los naranjos a

especie de tarea o trabajo para llamar en su favor el auxilio divino y ponerse en guardia contra las malas intenciones del diablo, que, según ellas creían, metía la pata cuando no se tomaba la precaución de encomendarse a Dios al comienzo de una obra; y como yo me pelo por una antigualla, he querido usar de la sobredicha fórmula al tomar sobre mí la arriesgada empresa de ofrecer a mis lectores el retrato de un ente social bastante común por desgracia en esta ínsula.

Don Crispín Trapalilla es un respetable propietario, a quien conocéis como a vuestras manos, lectores míos: frisará en los cincuenta años, pero está muy conservado, gracias a la vida regalada que se ha dado el buen señor; y *te cuadre o no te cuadre*, compadre público, ahí va su retrato físico y moral, para que las generaciones venideras no se anden devanando los sesos, sobre si era así o asá. Don Crispín, en cuanto hombre, tiene cinco pies y una pulgada, enhiesto y garboso, cano cabello y rostro afable, en que se hermanan la dignidad del hombre de estado con la graciosa sonrisa del hombre de corte; sus ojos despiden una luz apacible; sus demás facciones son regulares, y el conjunto de ellas no desplace al que las analiza; el color trigueño de su tez indica a leguas su criollo origen; no es posible ver a don Crispín sin sentir por él lo que llaman algunas gentes simpatía, y el vulgo *tener alma o sangre ligera*: no es posible decir a don Crispín que no, si abre sus labios para pediros con melosa y apacible voz alguna cosa. ¡Oh, qué don Crispín tan majá! ¡Cómo fascina! Pero no trastornemos el orden que exige este artículo.

Don Crispín es soltero, y por consecuencia, conquistador y aventurero; pero nadie como él posee el soberano don de aprovechar las circunstancias y de hacerse querer de todo el mundo: entra en una tertulia, o *suaré* (como dicen ahora), y habla con las viejas, y les hace creer con la irresistible lógica de su argumentación que son mozas: a las feas las llama flores de la vida, fuente de ilusión; a los tontos convénceles de que tienen entendimiento: con esta estrategia de salón, ¿quién no ha de querer a don Crispín? De más es decir que si a

que dio ese nombre su mucho número y pequeñez. Es indudablemente de origen indio, pues en Venezuela, en donde se hablaba el caribe afín del cubano, se dice: «Leer de *guasgua* o *guasgúa*; vivir de *guasgua* son modismos venezolanos que equivalen a *leer de prestado, vivir de prestado*» (Rojas, pág. 99 de sus *Estudios indígenas*.) Solo hay una s de más en la palabra.
(N. del E.)

los que no tienen mérito elogia y adula tanto, con los que merecen alabanzas, ¡qué no hará!

Pero este hombre tan amable, tan manso, tan cumplimentero y tan cortesano, es astuto como la serpiente, infame y alevoso como la hiena, y tiene entrañas de hierro; ¡guay del que se deja adormecer por sus miradas y da oído a sus palabras dulces y lisonjeras! ¡Guay del que se deja lamer por este tigre con piel de oveja; qué amargo y estéril desengaño será el fruto de su candidez y confianza!

Don Crispín tiene una boca tan bendita, que jamás se han oído salir de ella más que palabras llenas de bondad y afecto; su carácter es tan manso, que en balde trataríase de irritarle; oiría los baldones y denuestos con un estoicismo admirable, se encogería de hombros y os volvería la espalda tan fresco como un sorbete, dándole vueltas a un junquillo entre los dedos de su mano derecha: lleva a punta de lanza aquel precepto de Jesús, «al que te hiera una mejilla preséntale la otra, y no te vengues, sino perdónale por amor a mí». Yo he visto a sus acreedores llenarle de improperios, y a él callar como un muerto, y ni inmutarse siquiera con el aluvión de injurias que sobre él llovían. ¡Oh, es mucha grandeza de alma la de don Crispín!

¿Y de qué vive este buen señor?, preguntarán algunos: yo, como cronista fiel suyo, respondo que vive a costa del prójimo; sus propiedades son una estancia de dos caballerías de tierra y algunos esclavos y animales; pero los productos de esta finca no alcanzan ni con mucho para proporcionarle los medios de subsistencia necesarios, atendida la posición social de don Crispín, que es hombre de *guindajillos* y colorines; cierto es que el brillo de don Crispín es tan prestado como el de la Luna, y así como ésta, si no hubiera Sol, siempre estaría a oscuras, así don Crispín, si no fueran los honores que lleva a cuestas, sería tan desconocido de sus conciudadanos como el Preste Juan de las Indias; pero también es cierto e indisputable que tiene una señoría de media arroba y que nadie puede notificarle un decreto judicial sino en la forma política de estilo, es decir, por oficio, con su correspondiente «Dios guarde», etc., y diligencia de participación al canto, y esto, si no da crédito y estimación, da honra aparente, aunque yo para mí tengo que esto de que le honran a uno los honores, es llevar un pregonero que clame a grito herido: «este hombre es indigno de los honores que tiene», así como cuando esas honras recaen en sujetos de merecimiento y virtud, sirven de premio y realzan al individuo.

Don Crispín no paga a nadie, y se ha echado a vivir de guagua, porque sabe que para él no hay apremio de cárcel y puede burlarse impunemente de sus acreedores: el único freno que podía contenerle era el de la opinión pública; pero don Crispín se ríe de eso, pues la opinión pública es una *vejez*, en estos tiempos *mozos*, en que el dinero y los honores tienen su debido lugar, y en que el ser hombre de bien solo es bueno para que un prójimo muera de hambre y después no haya ni un quitrín que le acompañe al «cafetal del Obispo».

La vida de don Crispín sería muy curiosa si a escribirse fuera, y se sacaran a plaza el millón y medio de anécdotas que hay suyas; yo no tengo tiempo para escribir la vida de tan santo varón (que morirá, si no se enmienda, en olor de tramposo); pero sé unas cuantas, y como estos rasgos morales servirán de complemento para el retrato moral de tan dignísimo señor, no puedo prescindir de insertarlos aquí.

Se le metió en el magín a don Crispín (¡hombre, y cae en consonante!), hacer un gallinero en su estancia, y después de concluido, trató de proporcionarse una colonia de gallinas para que le habitaran: hizo esparcir la voz de que compraba hembras de gallo, y llegó un pollero con algunas docenas, las cuales compró al *contado* violento, encargando al vendedor siguiese trayéndole cuantas pudiera; hízolo éste así, y aunque no se las pagaron de momento, continuó llevando gallinas hasta que le completó siete docenas, suspendiendo la provisión con el fin de ver si don Crispín se «mostraba gerundio», a cuyo efecto vino a esta ciudad, donde estuvo cuatro días sin conseguir encontrarle en casa; al fin, logró una mañana atajarle al salir: don Crispín estaba de grande uniforme, le recibió con los labios llenos de risa, le dio la mano, le llevó a la sala y le preguntó qué se le ofrecía:

—Señor, yo soy el de las gallinas, y ya he *llevao* siete docenas y vengo a ver si usté me paga o no.

—Muy justo es eso —le contestó—, pero no tengo un peso en casa ni esperanzas de que lo haya; pero venga usted todos los días a verme, y con eso pagaré a usted cuando pueda —el hombre de las gallinas se fue y estuvo un mes entero visitando a don Crispín infructuosamente, hasta que un día se le subió la sangre a la cabeza, y en la puerta de la casa echó sapos y culebras por aquella boca, poniendo de azul y oro a don Crispín, que así que se fue el acreedor, salió como si tal cosa, saludando con afable y risueño continente a los mozos de la peletería del frente y a todos cuantos iba encontrando, porque don Crispín saluda a todo el mundo con aquella *monita* que parece que no quiebra un plato, y se lo está tragando a uno *entero y verdadero.*

Vaya otra: Debía don Crispín veintiocho pesos de alumbrado, y como no quería pagar, fue preciso adoptar las medidas necesarias para que aflojase los metales; y se constituyó un ministro de guardia a la puerta de su casa y a su costa: ¿ministro, dijiste?, pues que se esté; y tuvo potencia don Crispín de sufrir el estafermo del alguacil cuarenta y siete días; ¿y saben ustedes, lectores míos, lo que decía don Crispín a los vecinos apretando los labios y dándole vueltas al junquillo?

—Señores: tengo ahí ese hombre porque me han querido asaltar noches pasadas, y no sé, no sé qué hacerme para vivir seguro, porque esa sabandija me come por un pie —¡qué estómago el de don Crispín!

Este individuo, que vive a costa del prójimo, y al que por tal razón puede llamársele el hombre curujey, ha entregado la carta, para los que no lo conocían, presentándose a juicio de espera: por supuesto que el escrito en que solicitó la conmiseración de sus acreedores, lo encabezó del modo siguiente: «Don Crispín Trapalillas, caballero comendador de la orden de la Guagua, deudor nato de todo prójimo que tiene, condecorado con trescientos cincuenta juicios de conciliación, jefe de los guagüeros, etc., etc., etc.». Este encabezamiento decía a la legua: Señores acreedores, ya ustedes ven que yo estoy tan inexpugnable como el puerco espín, y ustedes no tienen otro remedio que sucumbir. Nada diré de la estruendosa vocería, y del desorden y confusión que hubo en la primera junta: el acreedor que menos dijo contra el señor don Crispín, lo llamó pícaro a boca llena; pero, ¿esos denuestos podían acaso deslustrar el áureo bordado del uniforme de don Crispín?; empañarían acaso cuando más la reputación de nuestro héroe; pero, ¡quién se cuida de esas frioleras cuando tiene un bonito casacón bordado que lo tapa todo!

Sin embargo de todas las máculas de don Crispín, es preciso confesar que su política y mansedumbre son capaces de ablandar, no digo a un acreedor que tiene el corazón de carne; al peñón del Morro pondrían sus zalamerías más blando que una *melcocha*; de mí, sé decir que a vuelta de cuatro cortesías me pone como una manteca; recuerdo que en cierta ocasión asistí como actor a un juicio de conciliación demandándole la miseria de treinta años de réditos pupilares, como asegurador de algunos miles de pesos pertenecientes a un *menor*, que llegó a *mayor*, sin poderle sacar un peso; apenas entré en el tribunal, se me acercó comiéndome a saludos, me llamó doctor, me puso en los cuernos de la Luna como escritor público, me habló del célebre Pitt, del marqués de la Romana, de Casimiro Perier, del zapatero del rey de Grecia, me contó cien anécdotas graciosas y me fastidió hasta no más, y cuando ya no sabía a qué carta quedarse, me hizo una pintura tan triste de su situación, encareciendo su acendrada probidad, que me eché a llorar como una Magdalena, y entre sollozo y sollozo, le dije: «Amigo, me ha destrozado usted el corazón; pero vamos a entrar en la demanda, porque ya no puedo resistir al tropel de emociones a que han dado ocasión sus lastimosas querellas».

Demos el último toque a este retrato *d'apres nature*: don Crispín es el hablador más incansable que he conocido: infeliz de aquel con quien la emprenda para soltar la sin hueso; es hombre que sale como *perro de busca* a caza de prójimos con quién desahogar su furor hablativo; es tal en él ese prurito, que ha condenado a un amigo a la invisibilidad, para libertarse de sus eternos *solos*: a un abogado le oí decir en cierta ocasión que había ido a visitarle, y le pilló en el alto donde tiene su despacho: serían las tres de la tarde cuando llegó, y a la oración le dijo el visitado:

—Don Crispín, vámonos abajo a seguir conversando —bajaron y prosiguió en el uso de la palabra hasta las diez de la noche, en que volvió el visitado a interrumpirle, diciéndole—: don Crispín, seguiremos mañana, si a usted le parece, porque estoy un poco malo de la cabeza —¿qué tal, lectores míos? ¿Habrá dos don Crispín en el mundo? En fin, doy aquí punto a mi tarea, recomendando al público que no le fíe a don Crispín *ni una sed de agua*, porque es la personificación de Guagua, y no le tiene miedo más que a una cosa: ¿la digo? Pues allá va. Don Crispín no le tiene miedo más que... a los que piden limosna.

El Artista, tomo I, n.º 17, domingo 3 de diciembre de 1848, págs. 258-260.

Los curros del manglar[50]

50 Véase la obra de Fernando Ortiz, *Los negros curros*. (N. del E.)

El triple velorio

Difícil sobremanera es la misión del escritor de costumbres: observar juiciosamente y copiar con fidelidad los rasgos que modifican este gran cuadro de la vida pública y privada de un pueblo, es empresa aventurada y que atrae graves responsabilidades sobre el que consagra su pluma a este género, que participa de la verdad histórica, y de las formas dramáticas, y cuyo estilo entre serio, jocoso y satírico, debe revelar los cómicos lances de nuestra existencia; la paleta del pintor de costumbres debe contener todas las tintas, desde el color de aurora hasta el fortísimo negror de la noche: su pincel debe trasladar con exactitud, en animado lienzo, desde las grotescas imaginaciones de Goya hasta la sublime idealidad de Rafael; el pintor de costumbres, por último, debe tener la mirada del águila para sorprender en el hombre los arcanos de su corazón, y un juicio correcto para no extraviarse al aplicar a sus observaciones los principios luminosos del raciocinio.

Tocando estos inconvenientes y conociendo el resbaladizo terreno sobre que tengo que hacer mis excursiones, he resuelto escribir este artículo, con la más sana intención, sábelo Dios, y si he de hablar verdad, con el inocente fin de emplear útilmente el tiempo.

Las sociedades humanas tienen un carácter general, que sirve solo para clasificarlas, y colocarlas en el gran cuadro del mundo conocido: bajo este aspecto están sometidas a la jurisdicción de los filósofos naturalistas; pero como encierran además en sí, o mejor dicho, se componen de muchas clases, cada una de éstas tiene sus costumbres propias, que forman sus caracteres peculiares, los cuales reunidos vienen a constituir la verdadera fisonomía de la sociedad en general.

Desde el verdugo hasta el sumo imperante, van las clases ocupando en orden progresivo los distintos grados de la gran escala, y cada fracción de este todo presenta diversa faz, bajo la cual debe ser estudiada.

Nuestro pueblo ofrece un compuesto de razas, que son otros tantos tipos originales, cuyo conjunto solo puede compararse a un manto de abigarrados colores mezclados al azar, donde la luz se modifica según la dirección de sus rayos. La vida pública y privada de nuestra sociedad presenta un fondo de costumbres opuestas entre sí, que por su singularidad hace más chocante la mixtión política de tan heterogéneos elementos y brinda a cada paso abundante materia al estudio observador.

La raza africana, considerada entre sí, presta suficientes datos para escribir, ya se analice bajo su carácter nacional, ya bajo las infinitas modificaciones que recibe en este clima al cruzarse con las demás castas. La especie criolla, cuyo tipo apenas manifiesta las relaciones de analogía del primitivo, presenta multitud de rasgos diversos, según el punto donde es sometida a la observación: al examinarla por una de sus faces, me ha parecido útil sentar estas ideas preliminares, para entrar de lleno en el desempeño de la tarea que he tomado a mi cargo de pintar una costumbre original, y si se quiere extravagante, de cierta clase perteneciente a la raza africana criolla y a la cruzada, que era conocida entre nosotros bajo la común denominación de *curros del Manglar*.

Los curros tenían una fisonomía peculiar, y bastaba verles para clasificarlos por tales: sus largos mechones de pasas trenzadas, cayéndoles sobre el rostro y cuello a manera de grandes *mancaperros*,[51] sus dientes cortados a la usanza *carabalí*, la camisa de estopilla bordada de *candeleros*,[52] sus calzones blancos casi siempre, o de listados colores, angostos por la cintura y anchísimos de piernas, el zapato de cañamazo, de corte bajo con hebilla de plata, la chupa de olancito de cortos y puntiagudos faldones, el sombrero de *paja* afarolado, con luengas, colgantes y negras borlas de seda, y las gruesas argollas de oro que llevan en las orejas, de donde cuelgan corazones y candados del mismo metal, forman el arreo que solo ellos usan; conóceseles además por el modo de andar contoneándose como si fueran de gonces, y meneando los brazos adelante y atrás; por la inflexión singular que dan a su voz, por su locución viciosa, y en fin, por el idioma particular que hablan, tan *físico*[53] y disparatado, que a veces no se les entiende; tales eran los curros del Manglar, famosos en los anales de Jesús María por sus costumbres relajadas y por sus asesinatos, que han hecho temblar más de una vez a los pacíficos moradores de los barrios de extramuros; de éstos y solo de éstos es la costumbre que he observado y voy a pintar con el colorido más natural y fuerte.

---

51 «Mancaperro» (género Julo). Llámase así un reptil que se cría en nuestros campos, negro y cubierto de escamas, y cuya figura y tamaño tiene alguna semejanza con los mechones de que habla el articulista.

52 Especie de bordado; llámase también candeleritos.

53 Físico; locución vulgar que significa lo mismo que «retórico».

Era una tarde de junio de 18... El aire abrasaba, una atmósfera de plomo encendido gravitaba sobre nuestras cabezas; los árboles parecían pintados, tal era su inmovilidad: sofocado por el bochorno de la siesta, salí de mi hogar y me dirigí a la alameda de extramuros para gozar de un ambiente más puro y agradable; estaba sentado en el poyo de la una de las calles laterales bajo la sombra de una *sibila del desierto,*[54] dulcemente embelesado contemplando el magnífico panorama que ofrecían a mi vista las vírgenes y gallardas palmas del Jardín Botánico, doradas por los rayos del Sol poniente, cuando vino hacia mí un antiguo compañero de colegio.

—Qué abstraído estás, Pepe —me dijo con cariñoso acento, echándome un brazo por la espalda y sentándose junto a mí—; ¿piensas en las musas?

—Algo de ello, buen maula; ¿y qué viento te ha echado por aquí?

—El calor, chico; porque hoy se abrasa el mundo.

—Hombre, la misma causa me ha traído a este lugar.

—No sabes cuánto me alegro de haberte encontrado; esta noche vamos a correr una aventura, que, por su originalidad, te prestará materia para un artículo.

—¿Cómo así?

—Ya te lo diré; esta noche hay en la calle de... un *velorio* de un parvulito, hijo del mulato Timoteo Pereyra, alias Bilongo; ya tú sabes que él es curro del Manglar; allí observarás las costumbres de esta canalla, y al diario con el artículo.

—Compadre, yo no voy al Manglar; ése es un barrio de los demonios, y podemos dejar la piel.

—No tengas cuidado, que no nos tocarán ni un pelo de la ropa. Timoteo es mi ahijado, como que yo fui quien le saqué de la cárcel no hace tres meses; allí estaremos más seguros que en la Cabaña; ¿me acompañas, o tienes aún escrúpulos?

—Te acompaño, y sea lo que Dios quiera —dije levantándome, porque ya anochecía; y tomamos rumbo hacia Jesús María, donde penetramos por la calle del Águila, no sin grave peligro de nuestras costillas, por las ásperas sinuosidades de sus calles, y de nuestras vidas por la multitud de los cuchillos volantes,

54 Ceiba.

que en aquella época se le colocaban a un hombre honrado por los omoplatos, sin saber cómo.

Caminamos media hora cruzando estrechas y cenagosas callejuelas alumbradas con la escasa y trémula luz de las estrellas, y llegamos al Manglar, situado al sur de la población de Jesús María: el Manglar era el *hampa* de La Habana, refugio de malvados, y tan digna de ser descrita por sus crímenes y nocturnos misterios como la que el célebre Víctor Hugo nos pinta maestramente en su inmortal *Notre-Dame de Paris*; asquerosas pocilgas donde vivía en mezquinas casuchas una numerosa población casi toda africana antes del incendio que la convirtió en cenizas el año 1802; en este suburbio debíamos pasar toda la noche; allí estaba el teatro donde íbamos a pescar observaciones; dudoso estaba mi guía, reconociendo el miserable frontispicio de una casa de embarrado y guano, cuya puerta y ventanas estaban cerradas, y por cuyas rendijas saltaba a trechos la escasa luz de una vela que dentro ardía, indicio de estar aún despiertos sus moradores, lo que se echaba de ver también por el ruido que metían.

—Aquí debe ser —dijo Esteban (que así se llama mi amigo); tocó y salió a abrirle un mulato de gigantesca talla, con media nariz menos y tan malcarado, que bastaba verle para sin escrúpulo de conciencia recetarle diez años de presidio con retención, por vía de corrección paternal.

—Buenas noches, Timoteo —dijo mi amigo.

—Buenas noches, padrino —le respondió él, y volviéndose a mí—: Adelante, caballero —añadió con voz ronca; entramos, y al instante se acercó Timoteo a uno, que según me informé, acababa de cumplir su condena en el presidio de la Cabaña y se llamaba Francisco Prieto, alias Pájaro Verde, y conduciéndolo hacia donde estábamos, señalándole para Esteban, le dijo:

—Este caballero es mi padrino, que me sacó de la *caicel* —mirónos de alto abajo con audacia y nos saludó, volviendo enseguida la espalda; yo sentí que mis cabellos se enderezaron como leznas, al repasar sobre sí sus ojos de hiena el señor Verde, ladrón famoso que solo tenía a cuestas seis asesinatos, cuando cayó en manos de la justicia; y solo se le condenó a seis años de *presidio con ramal y grillete, a ración y sin sueldo*, por los méritos de su hermana, que era una rubia de quince abriles, linda como un rubí.

Después que me fue pasando el susto, empecé a examinar cuidadosamente el lugar en que me hallaba: la sala era un cuadro de catorce varas, sin más muebles que una veintena de taburetes de cuero, y una mesa de pino, negra de *churre*, alrededor de la cual estaban colocadas en desorden unas veinte personas de ambos sexos, entre negros, mulatos y blancos sucios, todos asesinos, los más de ellos pregonados, y los demás *cumplidos* en sus condenas; jugaban al burro, y entre juego y juego echaban un *torito*, que embestía a veces como si fuera *matrero*, dejando a algunos arrepentidos de haberle capeado; cruzábanse los porvidas y las blasfemias, y de vez en cuando uno de aquellos bribones echaba el guante a una *negrita* de aguardiente, que se levantaba en el centro de la mesa (casi exhausta por lo mal traída que andaba entre tantos bellacones), y dándole un amoroso beso, la entregaba al compañero más vecino, con la fórmula *ande la conga*, que obtenía por respuesta la de *venga la conga*. Mi amigo Esteban estaba *parado* junto a la mesa, porque le divertía ver el *torito* de cerca; pero yo, sentado hacia la puerta, observaba en silencio aquel grupo de furias, que alumbradas por la pálida luz de una vela de chapapote, parecían sombras fantásticas de una cámara oscura; avergonzábame de verme en aquella zahúrda; pero me consolaba la reflexión filosófica de que mis intenciones eran puras, y honesto el fin que allí me había conducido; no puede ceder en mengua de mi buen nombre, decía en mis adentros, verme mezclado con estos pillos, cuando mi objeto es estudiar sus costumbres y pintar estas escenas infernales, que no serán perdidas: entregado a estos pensamientos estaba, cuando sonaron las *dobladas* turbando mis reflexiones.

—Las nueve —dijo Timoteo— y aún no ha venido el padrino —y a esto asomábase a la puerta.

—Aquí está, aquí está —gritó con visibles muestras de alborozo, y entró seguido de otro, mulato también, cuyo rostro estaba casi oculto entre unos descomunales moños que a manera de serpientes colgaban de su cabeza, y al que seguían dos negros cargados de comestibles y botellas.

—No, Eleuterio, ¿en dónde diablos se ha estado hasta ahora? —gritó una mulata bigotuda, cuya cabeza parecía una piel de búfalo, y cuyo cuerpo hubiera figurado con honor en la portería de San Juan de Dios, el día del fundador.

—Nunca es taide si la dicha es güena, señora —respondió con socarronería el maltratado recién venido.

—¿*Poiqué* no han tendío a mi ahijao? —preguntó enseguida.

—Esperando los trastes —replicó prontamente una negra con más concha que una caguama.

—Desde la oración le avisé a ño Tanislao; pero voy a buscailo.

—No hará faita Tanislao —dijo uno entrando—, que aquí está.

—Pues vamos pronto —replicó el padrino—; ¿y el ahijao? —añadió después.

—Entre el pozo está entovía, pero ahoritica lo sacaremos —respondió la negra de la concha.

—¿Cómo entre el pozo? —pregunté con extrañeza a Esteban, que ya se había sentado junto a mí.

—Yo te lo explicaré ahora mismo. Cuando muere algún parvulillo de esta raza, se envía por el padrino, a quien corresponde costear el velorio del ahijado; hechos los preparativos necesarios, se tiende con el lujo posible, se le vela, se come y se bebe sin conciencia toda la noche; y cuando amanece, ocultan el cadáver, que depositan en un pozo, para conservarlo intacto con la frescura del agua; de allí le sacan nuevamente, tendiéndole y velándole; pero en una misma calle no celebran nunca el segundo velorio; para verificar el tercero usan las mismas precauciones, hasta que corrompido, le llevan a enterrar; cada noche es una bacanal, o mejor dicho, la representación del horrible pandemónium que Milton nos pinta con su pincel divino.

El difunto que van a velar sufre esta noche el triple velorio, y mañana será enterrado. A esta sazón interrumpió a Esteban un hedor desagradable, producido por la descomposición del cadáver que conducían a la sala, cantando en coro una canción vulgar usada por ellos. Especie de salmodia entre melancólica y lúbrica, que a aquella hora, en aquel sitio, y cantada por aquellos monstruos, hería de terror el corazón, y parecía el canto de una maga invocando al demonio. Colocaron el cuerpo sobre una caja forrada de azul celeste, y pusieron ésta sobre la tumba forrada de la misma tela, esparciendo después sobre el féretro y pavimento flores de muerto, rosas francesas y de otras varias clases; abriéronse las ventanas y se inundó de una claridad pálida la estrecha y oscura callejuela; ya podían los curros pasar la noche emborrachándose a puertas abiertas, sin que el pedáneo del partido pudiera impedir su reunión, pues con este medio burlaban su celo, y podían entregarse a tan abominables profanaciones.

Empezaron las vecinas a ocupar la reducida ventana y angosta puerta; unas entraban, muchas se quedaban allí formando una algarabía de dos mil diablos y muchas se retiraban a sus casas.

—¡Pobrecito!, ¿de quién será? —decía una fumando un gordísimo tabaco...

—Será el hijo de ña Maiciala, que estaba con el mal de los siete días —respondía otra.

—No, muchacha, este muerto es muy grande: mira a ña Maiciala, allí está; si fuera su hijo estaría llorando.

—¡Oh!, sí —replicó la primera—, como que estas curras lloran...

—Oiga *uté*, ña *Critiana*,[55] poco a poco con las curras, que no le han comío su bienmesabe, y tienen mai veigüensa que *uté* —dijo una mulata más larga que la esperanza de un pobre, que a buena cuenta estaba oyéndola y conoció al punto que eran curras de los *Sitios*[56] las que en tales términos se expresaban.

—Mai veigüensa que yo —respondió una de las tres— no puee tener *uté*, que sería alguna *esclavona*.[57]

—La esclavona será ella —repuso la mulata con una mano en la cintura, moviendo el cuerpo con zafio ademán, y amenazando con la otra las negras lucientes mejillas de su contrincante.

—¿Qué es esto, *señó*?, poi Dios —añadió entonces una que al parecer tenía autoridad sobre las tres llegadas, y dirigiéndose primero a la mulata, le dijo retorciéndole los ojos y con aire de desprecio—: *Caracol, vaya a otra paite con la casa*.[58]

Y después a una de las compañeras:

—Petronila, vamos, que nosotras no sernas ningunas lipendias,[59] ni hemo venío a dar escandalaje[60] —fueronse en efecto; la belicosa mulata entró para el patio contoneándose.

La una de la madrugada sonó y aún había gentes en la puerta y ventana; y yo, sentado e inmoble, parecía un bajorrelieve de la pared: desde allí gozaba de las escenas de glotonería y beodez que pasaban en el comedor y las idas

---

55 Ña Critiana: equivalente de ña Fulana, etc.

56 Barrio de La Habana. (N. del E.)

57 Esclavona: lo mismo que «esclava».

58 Modo vulgar que equivale al que usamos diciendo: amigo, con la música a otra parte.

59 Lipendio: lo mismo que ordinario, indecente, «infame», «vilipendiado».

60 Escandalaje por escándalo.

y venidas, diálogos y ocurrencias originales de los curiosos que se paraban a ver el *muertecito*; los veladores todos estaban sumergidos en la embriaguez y hartos de comida; de más es referir las obscenidades que vomitaban aquellas harpías; parecíame ver reproducidos, ante mis ojos, los asquerosos sábados que (según refiere el autor de un librito precioso titulado *Un auto de fe en Logroño*) se verificaban en Zurramagurbi; pero hasta aquí el lienzo que se desplegaba a mi vista, alumbrado por el resplandor fúnebre de las bujías, no presentaba más que escenas de disolución envueltas entre los vapores hediondos de la orgía: faltaba a aquel terrible cuadro lo que hoy se llama romanticismo, esto es, sangre y asesinato: todas las cabezas estaban convertidas en alambique; hervía allí el aguardiente, brotando alcohol los ojos encarnizados por el insomnio y el más torpe cinismo; yo traté de tomar las avenidas porque esperaba por momentos la explosión.

—Vámonos —dije a Esteban, que no me había abandonado— antes que empiece la camorra, porque el refrán dice que no hay sábado sin Sol, y yo replico que no puede haber velorio de curros sin puñaladas.

—Vámonos —me respondió levantándose. Parece que adiviné lo que iba a suceder: aun no había dejado mi asiento, cuando súbitamente se armó entre el padrino y el presidiario una zalagarda terrible.

—Uté no tiene ni un pelo, veigüensa me da ecirlo —decía el presidiario a ño Eleuterio.

—Quien no tiene veigüenza es *uté* —replica éste—; yo nunca he sío presiario.

—Toma —le respondió el presidiario, y antes de que supiera el pobre Eleuterio qué le daban, cayó sin decir ni *pío*; levantóse de en medio de aquel infierno un grito salvaje. ¡Lo ha matado a traición!, decían los unos; escapémonos, clamaban otros, y todos corrían aturdidos, por distintas direcciones: el asesino salió corriendo por delante de nosotros, con la velocidad de un pájaro, llevando el cuchillo en la infame diestra, goteando aún sangre, y el semblante lleno de espanto y ferocidad. Esteban y yo tomamos a la aventura la primer bocacalle que encontramos, llenos de susto por las tremendas consecuencias a que nos veíamos expuestos, por observar las costumbres de los curros del Manglar y el triple velorio.

El Artista, tomo I, n.º 21, domingo 31 de diciembre de 1848, págs. 315-318.

La vecina pobre

En la mezcolanza heterogénea e inclasificable que entre nosotros se llama sociedad, abundan tantas entidades morales dignas de estudio, que de seguro el que de costumbres escribe se da a cada paso de manos a boca con ellas, y muchas veces el que de escribir trata no sabe sobre qué hacerlo, porque la copia de originales le pone en una duda amarga, tal me ha acontecido por esta vez, aunque ya, gracias a mi vecina doña Sinforosa, fijé mi elección y trato de sujetar al más concienzudo análisis a este individuo, consagrando mis vigilias en pro de la vecina pobre, a quien daré a conocer del modo que mejor pueda.

La vecina, y de propósito no quiero hablar del vecino, sino de ella, tiene tantos matices cuantos son los grados de la escala social; así tenemos la vecina pobre, la acomodada y la rica; la primera la clasifico entre los censos irredimibles; la segunda y la tercera quedan por ahora salvas de todo cargo, aunque sujetas a clasificación.

La vecina pobre es el don más funesto de la sociedad antigua, que la legó a la moderna con todas sus alicantinas; allá, en los tiempos de Noé, no había vecinas pobres, y si las hubo, la Biblia nada nos dice sobre esto; pero después que la sociedad se regularizó y que hubo propiedad, y casas y azafrán y cebollas y otras cosas así, sin saber cómo ni cuándo, se encontró en el censo vecinal a la vecina pobre, formando montón entre los que se morían de hambre, que en honor de la verdad, eran las tres cuartas partes de los inscritos en el censo; desde entonces la vecina pobre ha sido la expresión fiel del todo-me-falta, o en términos más claros, de las necesidades humanas. La vecina pobre tiene por precisión que habitar bajo de techado, comer y vestir; porque si no hace lo primero y la pilla el sereno a las once de la noche en la calle, la zampa en el vivac sin admitirle explicaciones de ninguna clase. Si no come, se muere de hambre, y entonces se averigua el porqué y se expone la pobre a ser juzgada por suicida, que es el peor de los juicios que pueden fulminársele a un prójimo. Si no se viste, al momento los muchachos del barrio descubren a la *en cuera*, y el comisario me le impone una multa; ¿qué remedio, pues, contra este triple riesgo?, vivir la casa de balde, comer a costa de los vecinos y vestirse como Dios le dé a entender. De aquí, pues, procede que la vecina y el desalojo anden siempre a una, ella a huirle y él a perseguirla. De aquí que pida y pida sin tregua desde la sal hasta el agua. De aquí que a los vendedores de ropa callejeros los tenga siempre querellosos, y de aquí, por último, que la vecina pobre sea una plaga más insufrible que las siete del faraón. Pero la vecina pobre no puede considerarse en abstracto; es necesario encarnarla en una de las muchas que nos rodean, ponerla en acción y estudiarla para que se puedan mis lectores formar una idea de esta individualidad que así nos acosa sin descanso. Doña Sinforosa, que por mis pecados vive ahora contiguo a la casa de una amigota mía, será la víctima expiatoria ofrecida en holocausto a la curiosidad pública.

Doña Sinforosa, lectores queridos (dispensadme el *querindango*, aunque no os conozca), es una mujer, piadosamente juzgando, pues si no tuviera túnico, tal vez sería clasificada como individuo feo del sexo: tendrá treinta años, su fisonomía es del género rechazante y daré mi razón; imaginaos un ángulo facial de noventa grados, en el cual están engastados unos ojos saltones como los del *rascacio*, en el cual está implantada una nariz larga, cuyas ventanas presentan a las miradas del público sus oscuros huecos; en el cual hay dos cavidades donde cabe muy holgadamente una naranja, en el cual hay más *pecas* que poros, en el cual hay una cisura natural y semicircular con anchos y descoloridos bordes que ella llama a boca llena su boca, lo cual no se le puede disputar, porque a los ojos del dudoso se presentan dos andanadas de dientes ennegrecidos por el humo del cigarro, porque es *cigarrista* mi heroína; este ángulo facial está armado sobre unas mandíbulas descomunales y montado sobre un polígono cilíndrico, lleno de cuerdas, aparato a que un anatómico daría el nombre de pescuezo por su formidable piñón que sobresale, y el vulgo llama *manzana*, y que el que tiene sus ojos buenos llamaría aguacate, tomando en cuenta su volumen y figura. Ya tenemos la parte fisonómica de mi vecina; ahora por lo que respecta a su talle y bulto, solo diré que parece un *arpa de David*. Retratada físicamente mi protagonista, vamos a retratarla moralmente; pero haceos cuenta de que habla ahora doña Criptógama, la cual me contó lo que sigue:

Martes era, que martes había de ser tan aciago día, cuando a las once de una mañana nebulosa vi desde mi ventana a doña Sinforosa que, seguida de siete criaturas, unas mal vestidas y otras en cueros, se detuvo ante la puerta de una accesoria que por mis culpas queda al lado de mi casa, y abriendo la puerta se zampó dentro con su haraposo acompañamiento: tras ella llegaron dos negros conductores del menaje de casa, cuyo inventario indicara a leguas la riqueza de la nueva vecina: una silla sin espaldar, un banco, dos cazuelas, un jarro de hojalata, dos catres más remendados que casa vieja, una mesa de pino, un baúl, una estampa de la Virgen del Cobre y una botella, que por un cabo de vela que de tapón traía, revelaba la habían destinado para las severas funciones de candelero.

Cuando doña Sinforosa llegó, saludóme diciéndome: buen día dé Dios a usté, vecina; le contesté con una ligera inclinación de cabeza, previendo la tempestad que tronaba ya sobre mí, pues vi a uno de los chicos que había tropezado con unos bagazos de caña y se había apoderado de ellos para pasarles revista.

Los siete niños de doña Sinforosa con su pelo enrojecido, con su cutis quemado por el Sol, con sus harapos, con sus cabos de tabaco en la boca, eran el tipo de la miseria más repugnante. A los diez minutos de haber llegado doña Sinforosa ya sus gritos maldiciendo a los hijos habían anunciado al vecindario su llegada; porque la mujer pobre, acosada por la indigencia y embrutecida por la ignorancia, quiere poner coto a la turbulencia infantil de su prole, que no sabe educar, con maldiciones y porrazos.

Poco después de haber tomado posesión de su domicilio, se me presentó en casa una niña de nueve años; su tez morena, más que de suyo por la influencia solar; sus ojos vivos y lumbrosos; sus facciones regulares y si se quiere agradables; su cabello revuelto y desordenado; su vestido sucio y roto; sus pies desnudos cubiertos apenas por unas chancletas, que por su áspero sonido podían llamarse las pregoneras de la miseria; su pergeño, en fin, repugnante y que ponía profunda lástima en todo el que la miraba, y veía una predestinada al vicio en aquella inocente, que educada sería una buena madre de familia; dirigióse a mí la niña, y quitándose de la boca un tabaco, me dijo:

—Dice mi madre que si le hace usted el favor de emprestarle una escoba. Accedí y salió con la escoba. Aún no había salido cuando entró un peloncillo de siete años, con el rostro y cuerpo llenos de tierra: *parecía un finao.* Era desenvuelto y avispado, sin embargo de la cortedad de sus años. Tenía puesta una camisita hecha jirones, y llevaba el calzado de nuestro padre Adán. Con voz petulante y mostrándome un jarro algo entrado en años que en la una mano traía, díjome: dice mi *mae* que si le hace el favor de darle un poquitico de agua—; otorgué la petición; en fin, para no cansar a mis lectores, en el corto intervalo de dos horas me mandó pedir un poquito de canela y otro de sal y un dientecito de ajos, y por último que si le *emprestaba* una peseta hasta la noche.

Por la tarde, cuando menos me lo esperaba, cátate a la vecina y sus siete hijos a hacerme visita de cumplimiento; tomó asiento; un chiquillo se le encaramó en las piernas, otro se colocó entre las mías, esotro se fue a despertar el gato que dormía a pierna tendida sobre una silla, y los demás se desparramaron aquí y allá como guardas por terreno barbechado, a *hacer de las suyas*. Tomó la palabra doña Sinforosa, y entre bocanada de humo y salivazo de a libra, habló así:

—Usted dispensará que yo sin más ni más venga de sometía a hacerle visita, porque según el proverbio, ¿quién es tu hermano?, el vecino más cercano; y yo no gasto *etiquetería con alma nacida, y máximamente* con los vecinos, porque en todas las vecindades que he estado me he llevado muy bien, sin un sí ni un no; ya usted me ve con estas siete criaturitas que Dios me ha *dao*, que con *naiden* se meten; tengo mi marido que ni *güele ni jiée*, ni viene a casa más que los sábados por la noche, porque el resto de la semana se está en los cayos *chinchorreando*. Yo soy muy *serviciala* y muy *voluntariosa* para cuanto se necesita, y sé asistí un enfermo como la que más, porque aquí donde usted me ve tengo *esperencia*; pues yo solita he *criao* estas criaturitas que Dios me dio; y como yo le digo a Alifonso, cuando viene a casa (Rayo, estati quieto, déjame conversar con la gente); pues como le iba diciendo de Alifonso, yo le consuelo, porque el *probe* hay veces que viene sin una peseta (muchacho, no seas el *pecao* malo, mira que te doy un *sosquín*), y se pone tan así como una mococoa que me parte el alma. Aquí llegaba doña Sinforosa, cuando tuve la fortuna de que el chicuelo que jugaba con el gato, le tiró del rabo, y el animalito, en justa y legítima defensa, le arañó, con cuyo motivo el muchacho puso los gritos en el cielo y la madre se despidió de mí retirándose con aquella lechigada de diablillos, dejándome espantada con su aparición súbita.

A la noche, dadas ya las diez, oí a la vecina que *me gritaba* por el patio:

—Vecina, ¿me *empresta* su gato *po vía* suya?

Mandé al criado que se lo llevase, y el animalillo, no acostumbrado a pernoctar fuera de casa, armó tal zalagarda de maullos y carreras a medianoche, que doña Sinforosa tuvo que abrirle la puerta y dejarle en plena libertad.

Al otro día, desque mi Dios *echó sus luces al mundo*, empezó el *pitirreo* de doña Sinforosa. ¡Jesús, qué *salación* de mujer! ¡Dios me la perdone!, que ni sé lo que me digo con semejante *hipoteca* que me ha venido. Los muchachitos los tengo todo el día metidos en casa haciendo *torerías*; me han roto una de las tablas de la cerca que nos divide, y por el hueco que han hecho entran y salen a su antojo; ellos me hacen rabiar a la *lotica*, me arrancan los *sembraditos*; en fin, me tienen todo el día como una pregonera; y la madre, por otro lado cantando el ¡ay! de la mañana a la noche y pidiéndome sin cesar cuanto necesita, que es todo; los tiene a toda *su leche*, contentándose con echarles maldiciones en vez de sujetarlos y corregirlos; usted no es capaz de formarse una idea de lo que son esos angelitos: tíranle piedras a todo el que pasa, y son el terror de la cuadra; no hace más que quince días que los tengo por mis culpas al lado, y solo espero a últimos de mes para si no se mudan mudarme yo donde no sepa ni oiga de ellos.

Al concluir su informe doña Criptógama, entraron dos de los chiquillos y traté de atraerlos; pero ellos, pegada la barba al pecho, mordiéndose la mano, caminando hacia atrás y mirándome de hito en hito me decían que no con la cabeza. ¿Conque ustedes tiran piedras, eh? Yo se lo diré al comisario para que los sobe. La respuesta que me dieron fue tan insolente, que no pude menos de lastimarme de escuchar palabras tan descompuestas proferidas por aquellos labios que apenas sabían articular las palabras sacramentales de papá y mamá.

Ya habéis oído hablar a doña Criptógama y escuchado o leído lo que me pasó con los hijos de doña Sinforosa, y ya comprenderéis sin gran esfuerzo que la vecina pobre es más molesta que el sarampión y más importuna que la visita del cobrador del alumbrado. La vecina pobre cría sus hijos en la más profunda ignorancia, y desde los primeros años bastardea con la dureza de sus palabras la índole generosa de su prole. ¿Cómo puede inspirarles ideas de moralidad, de decoro, cuando arrastrando la característica chancleta, desnudos cuello y espaldas, atraviesa la calle a todas horas? ¿Cuando en vez de corregirles sus niñeces con suavidad, les maldice a cada instante? ¿Qué esperar de una mujer que se asoma a la puerta de su casa con un tabaco en la boca, y se pone en comunicación con la vecindad con estentórea voz? Y no es la pobreza por cierto la causa de tanto avillanamiento, que pobre puede ser una mujer y no por eso perder el recato, ni aquel pudor, ornamento precioso y atractivo del bello sexo.

Es la ignorancia la que así plebeyea a esa creación hermosa de Dios, desnaturalizándola a tal punto, que el túnico que viste solo sirve para arrojar la duda en el espíritu más investigador, y no para designar el sexo a que pertenece. Mas dejando a un lado consideraciones filosóficas, convengamos en que la vecina pobre es un comején en su vecindad; ella es la que da muerte a toda gallina a quien su mala ventura hizo entrar por las puertas de aquella casa, donde su aparición se gradúa como un don de San Cayetano, padre de la Providencia; ella es la que canta de día y de noche, *a voz en cuello* como una cigarra; ella es la que acosa con sus legiones de chiquillos, que todo lo piden y todo lo pillan y revuelven, chiquillos indómitos, especie de bichos mostrencos, verdadera carga vecinal; ella la que por un hazte allá le pone a uno como un *agua y dos goteras*; ella, en fin, la personificación tremenda y espantosa del sempiterno «me da usted o *emprésteme* usted», palabras fatídicas que dan frío y calentura, y que, según la respetable opinión de un avariento logrero, son la causa ocasional de las epidemias que nos afligen.

El único medio que hay de conjurar a ese enemigo llamado «la vecina pobre», es remover los obstáculos que hoy se oponen a que las clases pobres sean convenientemente educadas; adquiriendo alguna instrucción y hábitos de trabajo no serán tan *desidiosas*, tan ignorantes, tan haraganas y tan ajenas de decoro; comprenderán su importante destino, concebirán una idea santa y social de la maternidad, y la pobreza no será un obstáculo para que se evite su contacto con el mismo escrúpulo y repugnancia con que se evita el de un apestado.

Los cubanos pintados por sí mismos. Tipos cubanos, La Habana, 1852, págs. 327-332.

El hombre cazuelero

Con este nombre he oído designar en la sociedad a aquellos individuos que, por un espíritu de intervención fastidiosa, quieren saber y mezclarse en todos los accidentes, aun en los más insignificantes de su casa; voy, pues, a retratar uno de estos entes, formando para ello mi héroe con las observaciones que he hecho, y sin intención de pintar a Pedro ni a Juan: al que le venga el sayo, que se lo embone y calle, que al buen callar llaman Sancho.

El hombre cazuelero no se distingue físicamente de los demás, y es algún don Fulano a quien unos aman y otros tal vez aborrecen, como sucede por lo común en estos barrios terráqueos: pertenecen a todas las clases y estados; pero abunda mucho entre los casados pobres; si es marido de alguna pródiga, su mujer es mártir; si de alguna económica, nada se ha perdido, porque se juntan el hambre con la necesidad.

El hombre cazuelero es un mueble tan accesorio de su casa como las telarañas que diariamente quita detrás de las puertas; pasea poco, viaja mucho por el interior de su domicilio, y trabaja todo el día con incansable afán, ya sacudiendo las sillas de la sala, ya recogiendo algún papel que el viento introdujo en ella, o trapo que el descuidado fámulo soltó en el patio, y olvidó de recoger; ora inspeccionando si los útiles de la cocina se hallan aseados, o bien indicando a la planchadora si ha de coger la plancha de este o del otro modo, o si ha de estirar más o menos la pieza que va a planchar; su ojo es perspicaz, nada se le escapa; es el de la omnipotencia. Él sabe el precio de cuantos artículos de consumo existen en la capital; sus ojos son una medida más exacta que el patrón de Burgos o el celemín de Toledo, consecuencia maravillosa de su constante práctica, porque todo lo cuenta, lo pesa y lo mide, hasta la existencia; es, en fin, un ente original, que aborta la economía y desarrolla la ociosidad, pues una ocupación constante impide o destruye el hábito de emplear el soberano don de la actividad intelectual en los mezquinos pormenores de la vida doméstica. Voy a presentar un tipo del hombre cazuelero a mis lectores.

Don Orígenes es un hombre alto, flaco, macilento, que vive en la calle de las Casas hace cuarenta y tres años; apenas amanece, ya está forrado de un enorme levitón de paño gris, con su birrete de media de seda negra, y su sombrero marsellés, que lo compró para casarse veinte años antes, su caña gorda de Indias con su puño de cuerno de ciervo, y su tabaco de a ocho por medio, *celoso* y *apagón* en la boca, pronto a emprender viaje hacia la plaza del Vapor, seguido de Gambao, su cocinero, para traer a casa las provisiones del día: sale y llega al mercado.

—Ahí está don Orígenes —empiezan a decir los vendedores—; vamos a pedirle caro para sacarle el justo precio, y que no nos quite el tiempo con su regateo maldito.

—Paisano, ¿cuántos huevos da usted por medio?

—Uno.

—¿Y por un real?

—Tres.

—¿Qué real, sevillano?

—No, señor; fuerte.

—Están muy caros.

—Pues búsquelos usted más baratos.

Solo para este renglón revuelve todos los puestos de él y, al fin, viendo que no adelanta nada, prefiere comprárselos al último, exclamando:

—¡Vaya una conspiración!, ¡un monopolio infame! Estos isleños *revendones* nos van a acabar la casta; ¡pícaros!, si estuviéramos en los tiempos del conde de Santa Clara, ya, ya estarían donde merecen.

Desahogada así la bilis, toma cincuenta o más huevos, que examina uno por uno, encerrándolos en el hueco de su mano derecha, dejando los extremos libres, el uno para su ojo izquierdo y el otro para la luz del naciente día; y hecho el examen, los vuelve a poner en el canasto con la fórmula de:

—Me parece que tienen pollo.

Al fin, compra un real y lo suelta columnario con el mismo gesto con que soltaría una muela en el gato de un barbero, exclamando:

—Comprar huevos de este modo es lo mismo que comprar problemas sin resolver.

Sigue la sección de la carne, la cual hace pesar escrupulosamente, con el diario en la mano, que es la ley que le favorece; pasa al puesto de la verdura.

—Vamos, hombre, eche usted unos tomaticos más, no sea tan *cicatero*, que éste es su tiempo; una ramita de hierbuena; ésa no, que está seca; ¡vaya un robo!, si estoy por meterme a *revendón* de verduras; ¿qué es eso?, ¿cuatro plátanos no más me echa usted por un *cualtillo*?

—Señor —le contesta el pobre *montero*—, los plátanos este año pasao han *sufrío* mucho con los vientos; no hay plátanos en *ningunita* parte.

—Bien, hombre, bueno es lo bueno, pero no lo demasiado, y además, que yo no le digo a usted que me eche todo el *serón*.

—Vaya, señor, tenga otro.

—Cámbiemelo por uno maduro, que a mi chiquita le gustan mucho fritos.

Al pasar por el lado de una negra, vendedora de longanizas, se le antojó comprar de ellas.

—¿A cómo son, morena?

—A medio, *señó*.

—¿Y son hechas con carne de gente o de perros?

—No, *señó* —respondió la negra, riéndose de la ocurrencia.

—No te rías, que lo más fácil es que sean de perros, ahora que matan tantos los presidiarios.

Y después de olerla cien veces, y después de examinar todas las tripas de un buey hechas longanizas, compra una «para ver si se le abre el apetito a Mariquilla» como él dice. Llega su turno a los pollos, y aquí es donde mi hombre despliega todos sus conocimientos médicos y quirúrgicos: no hay pluma ni parte del cuerpo que no mire y remire; les abre el pico y los huele, sin duda para averiguar si están enfermos del estómago; los sacude para oírles gritar; les toma el peso, ya con una mano, ya con la otra, y después de esta prolija inquisición y de murmurar, tentándole la pechuga:

—Está *flaquito*, empieza el regateo.

—Paisano, ¿cuánto vale este pollo?

—Tres reales fuertes.

—¡Hombre! ¿Usted está loco?, ¡tres reales fuertes por este pollito, que todavía mama!

—Señor, este pollo ni mama ni ha mamado.

—No sea usted tan material; lo que quiero darle a entender a usted es que todavía estaba bajo las alas de la gallina.

—¿Quién, ese pollo?, conque me costó correr tres horas detrás de él.

—Ya no lo quiero: ese pollo está insultado, y bien quise yo conocerlo en el modo de gritar.

—Señor, si anoche fue cuando lo cogí, ¿cómo va a estar *insultao*? Usted parece que no quiere comprar pollos.

—Sí quiero comprarlo, amigo; vamos, le doy a usted dos reales por él.

—No, señor.

—Pero si no vale más, *cristiano*; le ofrezco a usted su justo valor.

Y el vendedor, aburrido del infatigable don Orígenes, le dice:

—Si quiere llevarlo, dé usted dos y medio fuertes.

—Al fin se salió con la suya usted —replica, metiendo los dedos en una bolsa cuyo color ningún físico determinar podría, y que en su largor y angostura podría correr parejas con la cañería de la Zanja Real—. Lo llevo, porque usted no diga, pero está bien flaco y bien... Vaya, tenga usted —y se marcha, tomando el rumbo a casa, ya bien entrada la mañana, dejando fastidiados a sus proveedores y mucho más a Gambao, que no puede ejercer el doméstico derecho de la sisa.

Ya está don Orígenes en su habitación, de la que no saldrá hasta dadas las oraciones, a jugar al tresiete con la vecina del lado y su cara mitad; ya es otro el lugar de la escena y otros, por consecuencia, la decoración y el traje; ved ahora a don Orígenes vestido de casa, con su volante de carranclán, que fue amarillo, hecho en 1827 por el maestro Varona, que Dios se llevó y nunca más nos devuelva; sus calzones de irlanda de pie, y sus zapatos matusalénicos; y sentado en su butaque campechano, a la puerta del comedor, para verlo todo y presidir el drama doméstico del día; ahí está como la araña, esa aduana casera, paseando sus ojos del suelo a las paredes, de éstas al techo, y de éste a la cocina y cuanto abarcan sus escrutadoras pupilas.

—Dice la niña que me dé *sumelcé un cualtillo pa arroz.*

—¿Qué, de ayer no quedó ninguno?

—No, *señó.*

—Hombre, ¡eres un tragón de Barrabás! ¿Conque tuviste alma para soplarte aquel cazuelón?

—Y diciendo esto, mete la mano en la faldriquera diestra del chaleco, y saca una porción de papelitos sucios, que va examinando.

—¿De dónde es éste?

—*Señó*, ¿tiene una crucecita?

—Sí, tiene una crucecita.

—Pues ése es de la bodega de *ño Mingué.*

—Pues toma; vale *un cualtillo.* Oye, Gambao.

—*Señó.*

—Pide la contra de ajos.

—Si ya me la dieron.

—Haz lo que te mando; si no te la dan, nada se pierde. —Y va Gambao y vuelve diciendo: que *ño Mingué* dice que ese papelito no es de allá.

—¿Cómo es eso, negro?, ¿pues no dices tú que es de esa bodega?

—Sí, *señó*, los que tienen crucecita son de allí *mimito.*

—Pues vuelve allá y dile que te lo reciba, y que si no, mando a buscar al comisario para que le imponga una multa, por estar fabricando papel moneda. —Esta amenaza surte su efecto, y retorna el criado con un *cartuchito* en las manos.

—A ver acá —le dice el amo—, ¡ah, perros ladrones!, miren qué *cualtillo* de arroz ha mandado ese *señó* Miguel o *señó* diablo; y tú, pícaro, ¿por qué vas a comprar nada a esa bodega? Cuidado como me vuelvas allí más, porque si lo llego a descubrir, te pongo como un mamón; dime, ¿y te dio la contra?

—No, *señó.*

—Porque tú no la pedirías.

—Yo se la pedí.

—¿Y te respondió?

—Quede *cualtillos* de papelitos no se daban contras.

—¡Infames!, toma el *cualtillo* de arroz, que no alcanza ni para el almuerzo de un pollo; pero no, dame acá, que voy a pesarlo por curiosidad —y se levantó don Orígenes y lo pesó, y se santiguó cien veces, exclamando—: ¡Jesús, Jesús, catorce adarmes y medio de grano pesa con cartucho y todo!; ¿adonde vamos a parar, Dios mío?, si esto sigue así, es preciso suprimir el arroz del presupuesto del mes.

—Y dicho esto, volvió a su puesto el inexorable vista.

—Dice la niña que me dé *sumelcé* un chico pa sal y otro pa manteca.

—Para manteca, sí, pero para sal no, porque ayer se trajo una *contra.*

—Ya se acabó, *señó.*

—¡Caramba, hombre!, no puedo menos de creer sino que te la comes.

Y a esto sacaba otra vez la falange de papelitos.

—Aquí no hay ninguna papeleta de a *chico.*

—Toma medio: tráete un *chico* de manteca; ¿qué otra cosa hace falta?

—Jamón *pa* la olla, *señó.*

—¿Nada más?

—Y azafrán.

—Ni por pienso; el azafrán está ahora muy caro; tráete un *chico* de *bija*, que es lo mismo, y además es muy barata; y guárdala, no la vayas a tirar por ahí como haces tú con todo, y tráete otro *chico* de jamón y un *chico* vuelto, y la contra de sal; y ven pronto, que van a dar las ocho.

—Sí, *señó* —responde Gambao, maldiciendo para sus adentros la mezquindad de su amo, que le arrebata el derecho de la contra, para beber un trago de aguardiente o fumar un tabaco. Vuelve Gambao y vuelve al examen y al peso y a las declamaciones; a ratos se levanta don Orígenes y va a la cocina.

—Mira, *taita*, levanta esa ramita de hierbabuena del suelo; todavía te he de arrancar las orejas para que hagas caso de lo que te digo; y esta sal, ¿qué hace aquí en el papel?, ¿a dar lugar a que se agüe, no?, ponla en el jarro, que es su lugar —y le señalaba un cuasi-jarro, que estaba en el fogón—; y te advierto que no le eches, como sueles hacerlo, mucha sal a la comida, que se desperdicia sin saber para qué.

Volvamos a la sala con don Orígenes, que ha llegado un isleño *baratillero*.

—Vamos a ver —le dice— lo que usted trae; ponga en el suelo el *canastro*. Mónica, ven, que aquí está el casero de hilo —y viene Mónica.

—¿Trae agujas número siete?

—Sí, señorita, y muy buenas —y entre marido y mujer desdoblan cincuenta papeles de ellas.

—¿Y a cómo son, casero? —preguntan ambos.

—A seis.

—¡¡Jesús!! —replican a dúo; y don Orígenes prosigue—: a nueve se las daba ahora poco don Perfecto, ese vendedor que usted conocerá.

—No lo conozco; pero no serían como ésas; mírelas usted qué finas, que ni se doblan ni se parten.

—¿Las da usted a prueba?

—¿Quién da ahújas a prueba, señor?

—¡Oh, amigo!, entonces, ¿cómo quiere usted que sepamos si se parten o no?

—Vaya —dice Mónica—, me las dará usted a ocho.

—Tómelas la señora a siete, y se las doy así porque *semos* caseros.

—Espérate, hija —le dice el consorte—, no tomes ésas; éstas son mejores.

—Ésas no sirven —replica la esposa, que solo en estos casos tiene jurisdicción privativa para juzgar y hacer la suya—;parece que estás ciego, ¿no las ves tan cabezonas que parecen un trompo?

—Coge las que quieras, hija, pero a mí me parecen mejor éstas, porque son más gorditas y duran más, y que tengo más experiencia de ellas. ¿Te acuerdas de aquel forro de catre de rusia que cosimos entre los dos?

—Sí me acuerdo; pero las que quiero son para coser estopilla y no rusia.

—¡Ah!, tienes razón; yo no sabía que eran para eso —y durante este diálogo, elegía doña Mónica de cada papel una aguja, y don Orígenes examinaba con la petulancia de un niño y la curiosidad de una mujer, cuantas bujerías se contenían en el canasto, desarreglándolo todo y convirtiéndolo en un nido de gallina; al fin, le pagaron al paciente baratillero el medio sevillano tan amargamente ganado, y salió de allí algo mohíno.

Don Orígenes no era solo cazuelero, sino también avaro, como lo habrán conocido mis lectores por el bosquejo de sus cien mil ridiculeces; y no me tachen de inconsecuente, porque pinte su avaricia cuando compra pollo para el consumo diario, pues esto sucedía porque era la comida favorita de su esposa, la cual era la dueña de aquel mediano pasar en que él vivía; en cambio, o mejor dicho, en compensación de su gasto, no se comía dulce, porque a ella no le gustaba, y él se pasaba muy bien sin él, pero para satisfacer en algún modo y aliquando su apetito, llamaba una vendedora de miel de caña y le compraba medio de ella, y después le decía: ¡Jesús!, ¡mujer, qué miseria! Echábanle un poco más, y entonces replicaba: no, no quiero miel; tú das muy poquito; y la echaba él mismo en el tarro de la vendedora, contentándose después con la que le quedaba en el plato, que recogía con un pedazo de *casabe* mojado:

Don Orígenes le tenía un horror invencible a las moscas, y ni los españoles fueron tan tenaces en lanzar los moros de España, como él lo era para arrojar esos bichos del espejo y demás puntos donde se posaban; armado del instrumento respectivo, se le veía a veces perseguir media hora a una mosca desdichada, que había cometido el crimen de posarse un instante sobre la Luna del antiquísimo espejo de la sala; las arañas no eran más afortunadas; a ésas las rebuscaba con solícito cuidado, y no había rendija segura en toda la casa donde una de esas domésticas tejedoras pudiera ponerse a cubierto de las pesquisas de su enemigo. ¡Oh!, si como a don Orígenes le dio por buscar moscas y arañas, le hubiera dado por hacerse ministro de policía, no les arrendaría yo la ganancia a los pícaros, y viviríamos tan seguros de ellos como de los turcos.

Queridos lectores, ya conocéis a don Orígenes; y ya sabréis, a lo que alcanzo distinguir, a un hombre cazuelero entre mil; no os imaginéis que es ideal este personaje; existe, y existe en nuestra sociedad; vémoslo diariamente, encontrámosle a cada paso, y más de una vez nos arrepentimos de conocerlo.

Buena es la economía; bueno es que el hombre vigile decorosamente sobre el gobierno interior de su domicilio; pero tal avaricia, tal mezquindad, tal intervención de puertas adentro, es vituperable a los ojos de las personas sensatas, y enojoso a una madre a quien se despoja del manejo económico de su casa y familia.

1852

Colección de Artículos, *Tipos y Costumbres de la Isla de Cuba por los mejores autores de este género*, obra ilustrada por don Víctor Patricio de Landaluze (primera serie), La Habana, enero de 1881, págs. 159-164.

Las tortillas de San Rafael

Sin el descubrimiento del Nuevo Mundo, imposible me habría sido complacer a un respetable amigo que me decía no ha mucho: ¿por qué no escribe usted algo sobre las tortillas de San Rafael?

Dirán mis lectores: ¿qué analogía hay entre el descubrimiento y las tortillas? Ahí es nada. ¿Acaso se habría conocido el maíz sin descubrir la América? ¿Por ventura, sin el maíz pueden existir las tortillas? Y San Rafael, que en Europa se revelaba solo como médico de Tobías y primer inventor del aceite de bacalao, ¿habría sido conocido en la capital de la Gran Antilla, adorado en el barrio del Ángel, al cual da nombre, y festejado en la antigua feria, tan bullanguera y gastrónoma, sin la precisa habilitación del puerto de Carenas en ciudad marítima, coronada de torres como la antigua Cibeles?

Ya ven mis lectores cuántas cosas han sido necesarias para que pudiera yo ofrecerles hoy el solaz de este artículo, y en que les hago gracia de los nueve meses que estuve deliberando si saldría o no a ser visto, pues, si como al fin me decidí a nacer, se me ocurre lo contrario, de seguro que no obstante el descubrimiento de América, y la población de La Habana y la formación del barrio del Ángel, y de su templo con dedicación a San Rafael y el hallazgo del maíz, símbolo de la civilización india, y la invención de las tortillas, sabroso *comistrajo*, emblema del *fusionamiento* de los descubiertos con los descubridores, ni yo podría articular, ni vosotros aburrir el tiempo con leer mis observaciones. Basta de preámbulo y al asunto.

En otros tiempos, cuando Dios quería, como decía el sabroso Garcilaso, de los doce meses del año, cuatro se pasaban en alegres ferias, no de las que sirven para alentar la industria, con la exposición de los productos que el interés aguijado por honrosas recompensas, lleva a ese palenque civilizador, como ha sucedido en Puerto Príncipe, sino de aquellas que hacían surgir millares de mesitas, que por toda la octava estaban, por decirlo así, en sesión permanente, rodeadas de guajiros, soldados, negros y muchachos de todos colores, los unos como mirones y los otros como jugadores de la perinola, el oriente por uno y los dedales.

¡Oh!, en otros tiempos, cuando Dios quería, ¡cuánto me divertían las ferias!, pero en especial la de San Rafael, por aquello de subir la loma, y comer las tortillas, adquiridas como los romanos poseyeron a las sabinas, cogiéndoselas y llevándoselas.

Aún recuerdo aquel cantarcillo picaresco, que brotó ardiente y voluptuoso de una de esas ferias y fue tema enseguida de una de las danzas más sabrosas que han bailado pies criollos:

Qué quiere usted, qué quiere usted,
vamos a subir la loma
de la lumbiqué.

Así decía el airecillo, abrasador como el simún y cuyas notas, de una languidez deliciosa, se infiltraban hasta la médula de los huesos. ¡Ay! Ahora, que hace ya tantos años, al poder del recuerdo, siento todavía que los pies se me mueven, y me pondría a bailar *hasta romper el suelo.*

La feria de San Rafael, que hoy es un recuerdo histórico, era una de las más esplendorosas, cuando yo, adolescente, aprendía en el *sancta sanctorum* de la ilustración cubana, el colegio de San Carlos, que el alma sin los sentidos no conocería la naturaleza, y sentía abrirse mi inteligencia al soplo fecundo de la filosofía de *Varela.*

Ya hombreaba yo, y mi memoria me presenta, con toda su frescura, la escena que pasó en el patio del colegio, la tarde del 23 de octubre de 1828.

Las cuatro tañó la campana del reloj de la catedral, y nuestro amado maestro terminó su luminosa explicación, y descendió de la cátedra; lanzámonos todos los estudiantes al patio y ya nos encontramos allí con los de jurisprudencia; en esto, salió del medio de aquella muchedumbre una voz de muchacho que decía:

¡A la loma, señores; a la salve, y mañana ninguno venga a clase, porque el día de San Rafael en nuestro!

Yo vi al tribuno audaz: tendría como dieciocho años, y revelaba en su físico que pertenecía a la familia de los Marios y de los Sforcias, y por eso se levantaba allí, donde estaba la prohibición, armado de la protesta, para reivindicar lo que él llamaba un derecho, contra lo estatuido por los catedráticos que conminaban con tres fallas al estudiante que se *fugitivase* el día de San Rafael; conminación que solo retraía a una media docena de juiciosos, porque el resto obedecía a la ley de las mayorías, y se lanzaba a la loma, escalándola con infantil bullicioso entusiasmo.

Yo, al oír la proposición tribúnica, que tuvo para mí un no sé qué de irresistible y halagador, me afilié bajo la bandera de aquel Camilo Desmoulins, y seguí al golpe de muchachos que se dirigía a la loma y que iba reforzándose a medida que avanzaba; no cabía en las calles la gente; entonces no había más que quitrines, y éstos con una sola bestia, aunque algunos llevasen dentro muchas veces hasta dos, pero no eran de tiro, sino tiradas.

—¡A San Juan de Dios, a la retreta del cangrejo! —gritó Eleuterio, y a su voz de mando, llevándole de jefe, nos dirigimos por la calle del Empedrado a San Juan de Dios. En el coro de la iglesia estaba la orquesta de Alarcón, y en la plazuela había un gran farol de papel, que tenía pintados un cangrejo y otros animaluchos. A las ocho de la noche una falange de quinientos muchachos de todas razas y sexos, desde ocho hasta veinte años, dio el grito de marcha y salió la farola escoltada por este aluvión animal, en Vuelta del Ángel, abriéndose paso por entre el gentío, que hormigueaba en dirección al mismo lugar.

La gente de color, en *aquel entonces*, trabajaba seis meses para gastarlo todo en esa tarde y día, así que llamaban la atención los pardos y morenos, y en especial sus hembras, porque iban de *todo rumbo*, presentando las calles que conducen a la loma, y en especial la de Compostela, un golpe de vista magnífico. Tanta era la multitud, que apenas podía uno moverse; y al ver desde lo alto de la loma tantos sombreros y velos y flores y moños, y tantas mantas y trajes, en que resaltaban vivísimos matices, antojábase a la imaginación que era una inmensa boa de abigarrados colores la muchedumbre que al templo se aproximaba. La torre, engalanada con centenares de banderas, alzábase arrojando al aire el bullicioso repiqueteo de sus alegres campanas; la iglesia rebosaba de luz, de sagradas armonías; llenábase el templo de zalameras pecadoras, y nunca dejaba de haber, gracias al inmenso gentío, accidentes y desmayos, y no pocos desmanes ocasionados por estudiantillos traviesos, cuya poca edad no les permitía parar mientes en lo santo del lugar.

Llegamos a la loma, y una nube de voladores surcaron el aire derramando vistosas lluvias de fuego, y quemando algunos rostros y peinados. Enseguida empezó a estallar la *culebra*, saltando los tacos encendidos sobre la apiñada gente que pasó no buenos sustos, y alguno tuvo que contar más de lo que quisiera.

A las ocho de la noche se acabó la salve y se precipitó aquella multitud por la escalera, oyéndose las exclamaciones de: ¡Ay, cristiano, no me *arrempuje*! ¡Ay, que se me ha enganchado la manta! ¡Ay, me ha destripado un pie con su pezuña! ¡Ay, que me ahogo, déjenme salir! ¡Ay, que se me descalzó el zapato!, y otros muchos ayes de todas monas, que revelaban desaguisados de todos géneros, y podrían ser asunto de un infolio.

Ya al pisar el último escalón se oía por entre el rumor de aquel gentío, el *tlaque tlaque* de los dados en los cubiletes, los gritos de los avellaneros y de los jugadores de perinola y juego de Guinea, y se entraba en aquel campamento de bribones, que ocupaban las aceras, y alrededor de cuyas mesas se agrupaban la infancia y la canalla, ésta a jugar y aquélla atraída por la curiosidad. Más lejos estaban dos o tres bailes, cuyas orquestas derramaban torrentes de armonías incitadoras, tocando las danzas de *La lumbiqué*, *El forro de catre* y *Si el mar fuera de tinta*, cuyos melodiosos acordes llevaba a oleadas el aire a largas distancias.

Veíanse en las esquinas próximas al Ángel las *bolleras*, con su fogoncillo, y su freidera y su tablerito, lleno de butifarras y salchichas, bollos y tortillas, y por todas partes, vendedores pregonando *tortillitas calienticas*, que los transeúntes se apresuraban a comprar y que la estudiantina arrebataba, formándose con tal motivo *molotes* y carreras, en las cuales se perdía más de un zapato, se rompía más de un túnico, y se desgarraba más de un velo, que, al *desgaire* lleva alguna *saltoncita Salomé*; pero no pasaban de aquí los percances, y cuando más y mucho, solo aconteció que algún sacerdote de *Baco*, cansado de hacer libaciones, apareciese en la escena, y recogido por el comisario, fuera a dormir la mona al vivac.

En la época a que me contraigo y hasta el año 34, era tal el consumo de tortillas, que las tortilleras de fama se pasaban la noche preparando, y no daban abasto a los pedidos, siendo necesario que se acudiese desde el amanecer a proveerse de ellas, y era tal el número de compradores que afluía, que formaban cola, y, a veces, necesitábase de dos horas para lograr el turno. ¡Verdad es que las confeccionaban de tan exquisito sabor, que merecía la pena de la espera, en cambio del gustazo que proporcionaban!

Los bailes eran dados por los adoradores de Briján, de manera que en el patio estaban las aras del ídolo, y acá y acullá, sobre verde tapete, montones de onzas y pesos fuertes, mientras el catedrático con el libro de las cuarenta iba explicando a cada quisque su hado, ora próspero, ora adverso. Allí, como muchacho, estuve contemplando larga pieza de tiempo las misteriosas evoluciones de los naipes, y mirando aquellos jugadores, tan ávidos, tan abstraídos, con los ojos fijos sobre las cartas, y en cuyos rostros se podía leer lo que se llama esperanza y desengaño.

Cansado de ver aquello que para mí no tenía significación, me fui al baile, y allí estaban las bellas, que hoy tendrán cuarenta años, y que entonces estaban en su florido abril, tan lindas con sus túnicos de arco iris de talle alto, y sus peinetas de lazo, como horribles parecerían hoy si con ese traje se presentaran en nuestros salones.

Me fui a casa, y al otro día, sin vacilar, me vestí y tomé el camino de la Loma, sin mirar hacia atrás, no me sucediese lo que a la mujer de Lot, o punto menos, pues podía encontrarme con la investigadora mirada de mi padre, para quien un *fugitivamiento* habría sido imperdonable crimen.

Ya estaba todo tomado por la población, que se había movilizado para asistir, unos, a la fiesta, y, otros, a ver y gozar.

El golpe de vista de la subida a la Loma era tan pintoresco que no es posible dar una idea de aquel cuadro tan espléndido y variado; de aquel lujo de todas clases, pero especial de las mujeres de color; todo era encanto, y gusto y novedad. Aquí dos marineros del *Soberano* altercan con una tortillera, sobre si les ha de dar a prueba las tortillas o no; allí es un muchacho que pasa por cerca de un tablero, le echa garra a dos tortillas y afirmándose el sombrero, echa a correr, atropellando por todo, y seguido de unos cuantos *mataperros* que van a participar de la presa, levantando una vocería infernal; mientras la tortillera refunfuñando, sigue con la vista indignada al ladronzuelo, pero sin atreverse a perseguirlos porque más lejos hay destacamentos del mismo uniforme, que la acechan y caerían sobre su tablero apenas ella lo abandonase.

Acullá, se levanta una grita: es que un guajiro con la faldeta por fuera, y caballero en un arrenquín anquiseco, mocho y cuellilargo, y con más garrapatas que pelos, se ha aparecido, y la pillería le hace los honores con un rechifla infernal.

Allá, en las mesillas de perinola y dados, a cada instante hay altercados; en la que regenta el *Malatobo*, la primera perinola del país en aquella época, y que le habría dado ciento y falta al mismísimo Guzmán de Alfarache, estaban agrupados marineros y soldados y negros y varios pillos *paleros*.

Yo, niño aún, que nunca había estado en ninguna feria, al ver aquel lienzo lleno de figuras, me acerqué, aunque a distancia y con recelo, llevado de la natural curiosidad y estaba mirando aquello, cuando un negrito dijo:

—Voy ese *rial* al *pescao*.

Tiró la perinola el *Malatobo* y ésta paró entre el pez y la corona; pero de modo que hubiera sido difícil determinar quién ganaba, si *Malatobo* o el negrito; *Malatobo*, por consiguiente, dijo:

—Perdiste, *Tararaco*.

—Yo no he *perdío* —repuso éste—, porque la cosa está de dudosa *oitografía*; venga mi *rial*.

—Qué *rial* ni qué *rial*. Yo no *degüelvo*, porque el *pescao* es *pescao*. —Iba con tal motivo a armarse camorra, pero uno de los paleros le dijo al Malatobo:

—*Compae*, déle usted el *rial a Tararaco*, y que dé media vuelta a la izquierda y se vaya a otro palomar.

Y *Malatobo*, aunque de mala gana, devolvió el real.

Llegó entonces un negrazo, cambiando más que un papalote, se acercó a la mesa y con aire de perdonavidas, dijo:

—Un *escúo* al cangrejo.

Alzó *Malatobo* la vista, y le dijo:

—¿Y el *escúo*?

—Vendrá si es de ley —le contestó el otro, que era el famoso José del Rosario (a) «Veneno».

—No hay más ley ni más *veniura*, sino que si eres Francisco muestres la llaga.

Iba a ponerse en figura, y le dijo uno de los paleros:

—*Camaráa*, nada de *cuaiteo*, váyase y vuelva luego, que todavía no hemos tirado la *cananea*.

José del Rosario se ablandó y se fue. Años más tarde supe que la *cananea* se llamaba la jugada en que habiendo muchas figuras cubiertas de apuestas tirábase la perinola para que cayese en la que no estaba cubierta.

Escenas del mismo linaje pasaban en las demás mesillas, donde el fraude y la desvergüenza, por espacio de ocho días, hacían alarde de su habilidad para desvalijara los mentecatos, que aventuraban su dinero a tan perniciosos azares, siendo muchas veces ocasión de lastimosas desgracias y propendiendo siempre a corromper la servidumbre doméstica y la niñez de la clase proletaria, que descalza y harapienta vagaba en esas ferias, recibiendo allí los primeros gérmenes desmoralizadores que predisponían su alma al mal y le abrían la senda que más tarde les conduciría a los presidios y a los cadalsos. Por fortuna, la ilustración anatematizó los garitos y las mesillas de juegos fraudulentos, y si las ferias de hoy no son tan ruidosas ni tan pintorescas como las antiguas, en cambio los elementos de moralidad ponen a cubierto ahora, en cuanto es posible, a nuestros hijos y criados y a los hijos del proletariado, de la influencia bastarda de aquellos abominables lazos tendidos a la ignorancia de los unos y a la candidez de los otros. Solo han quedado de aquella época las banderas la salve, la fiesta, los bailes, la retreta del cangrejo, la rifa de la ternera y el reparto entre viudas pobres del sobrante de fondos, y en la fiesta, el fuero estudiantil del *fugitivamiento* el día de San Rafael, fuero que defienden los estudiantes con la misma energía y tesón que los suyos las Provincias Vascongadas, las tortillas del santo, aunque homeopáticas, y alguna que otra embestida que la traviesa puericia suele dar a las tortilleras; pero esto es pecata minuta, porque en todos los tiempos y en todas partes, los muchachos, intuitivamente, están por la práctica de aquellos dulces y sonoros versos de

> Flérida para mí dulce y sabrosa
> más que la fruta del cercado ajeno,

con solo la diferencia de que en vez de frutas, son también tortillas y bollos.

Así la civilización lenta, pero segura, va modificando las costumbres populares y poniéndolas en armonía con la moral y la razón; todos los accesorios grotescos y nocivos desaparecen; el fondo queda y aparece más bello, aunque los contornos no sean tan pronunciados y luminosos.

Lo que resta hoy de la antigua feria de San Rafael es bastante para brindar solaz al espíritu y fomentar el culto del santo; lo único que no encuentro ya es a María de la O y a María Belén, las reinas de las tortillas, y mis dieciséis años que volaron, robándome tantas candorosas ilusiones, tantas halagüeñas esperanzas... y, ¡ay!, también echo de menos al Mario de la calle de Tejadillo, a Eleuterio, que obedeciendo a la irresistible ley de su organización, fue allende los mares a buscar una liza dónde combatir, y lidió como bueno y murió como héroe.

Evolución de la cultura cubana (1608-1927), vol. XII. La prosa en Cuba, tomo I. Recopilación dirigida y anotada por José Manuel Carbonell y Rivero, La Habana, 1928, págs. 225-232.

Anselmo Suárez Romero

Incompleta educación de las cubanas

No habrá seguramente quien desconozca la clara inteligencia que poseen nuestras compatriotas; pero todos convendrán también en que el tiempo dedicado por lo común a su enseñanza, es insuficiente para desenvolver esa rápida comprensión con que plugo a la naturaleza dotarlas. Verdad que en algunas familias, cuyos recursos pecuniarios les permiten llamar profesores a su seno, se prolonga la época en que el bello sexo no debe pensar en otra cosa que ilustrar su entendimiento y en aprender sus deberes; mas si de ahí volvéis la vista a las escuelas y colegios, encontraréis que son muy raros aquellos en que el período destinado para la instrucción alcanza a la adolescencia de la mujer; en casi todos no hallaréis más que, o niñas que apenas saben balbucear las cartillas, o niñas que comienzan a sacar provecho en los diversos ramos que estudian, pero a las cuales sus padres piensan ya, solamente porque van llegando a la adolescencia, separarlas del instituto.

Éstos son hechos que estamos mirando todos los días, y cuyas deplorables consecuencias, por el hábito de presenciarlos, no nos detenemos a calcular. Respondednos empero si creéis que interrumpiendo bruscamente la educación de vuestras hijas en la época precisa en que empezaban a recoger el fruto de sus trabajos, esperáis tener mujeres de ilustración adecuada al movimiento intelectual de los tiempos presentes. Esas niñas señalaban en los mapas muchos lugares con alguna celeridad y exactitud, esas niñas resolvían casi sin equivocarse problemas de aritmética, esas niñas escribían con alguna elegancia y desembarazo, esas niñas decían frases de lenguas extrañas, pintaban un paisaje, tocaban unas variaciones, narraban con mediana firmeza acontecimientos históricos, y definían aunque todavía con oscuridad los inmensos deberes del bello sexo; pero vosotros los que estáis obligados a trabajar sin tregua por el porvenir de ellas, os figuráis que saben ya bastante, y, caso de conceder que las apartáis prematuramente de los institutos, alegáis que no lo hacéis por innobles motivos de interés, sino porque aquí las mujeres no pueden estar a cierta edad lejos de las alas de su madre, que las guarecerán de todos los peligros. Tembláis por consiguiente de exponer a criaturas por quienes os palpita fuertemente el corazón, a que en el comercio con sus condiscípulas, en presencia de malos ejemplos, en el contacto con la gente del pueblo al atravesar las calles, acaso tomen mañana a vuestro hogar sin la inocencia con que entraron en la casa de enseñanza. Miedo santo por el origen de que procede; pero permitidnos que hablando el lenguaje severo de la verdad y pidiendo que en nuestras expresiones por duras que parezcan no miréis sino sanas intenciones, os digamos que incurrís en contradicciones y en injusticias palpables.

No sois consecuentes en lo que hacéis, porque si al llegar vuestras hijas a la adolescencia las encontráis rodeadas de tamaños peligros, estos mismos existen antes de la edad en que asustados las sacáis apresuradamente de las casas de enseñanza. Entonces también recorren las calles y oyen y ven la palabra y el ademán de mala ley dichos y ejecutados ante el abyecto esclavo a quien casi siempre las confiáis para que las conduzcan al instituto; entonces también se hallan en estrecho y perenne contacto con sus condiscípulas de todas clases; entonces también pueden aprender, de los mismos encargados de levantar su inteligencia y de enaltecer sus afectos, lo que debieran ignorar toda su vida. Los riesgos son iguales; la diferencia está únicamente en que las semillas del mal enterradas en el corazón de las niñas no darán sus venenosos frutos hasta una época más distante. Fuera de que, por hacer ostentación de cautos, sois extremadamente injustos no distinguiendo entre las casas de educación, de las cuales todas os parecen buenas para las niñas, y ninguna sin excepción halláis donde no puedan depravarse vuestras hijas desde el momento en que alboree en ellas la juventud. De esta manera os asemejáis al que, devorado por la sed y rodeado de manantiales, prefiriese morir a tomarse el trabajo de averiguar cuáles aguas eran las saludables y cuáles las mortíferas.

Hemos probado que incurrís en una contradicción patente, y que la pereza os arrastra a la injusticia; mas escuchad con benevolencia si todavía volvemos a tachar de contradictoria la conducta que seguís. Acaso contéis con capitales bastantes para sufragar los gastos de una educación ultramar. Oís en todas las bocas que las casas de enseñanza de la isla de Cuba son por lo común malas, y eso es lo que también creéis vosotros; de donde concluís que lo mejor será mandar a vuestras hijas a educarse en alguno de los colegios montados bajo un pie brillante que hay en el extranjero. Sabéis que la ausencia os costará lágrimas; pero el amor paternal os pinta en la imaginación con risueños colores el momento venturoso en que volveréis a abrazar, adornadas de conocimientos extensos, amantes de la virtud y señaladas por la elegancia de sus modales, a esas criaturas cuyo porvenir os preocupa perennemente; y, o vais con ellas para dejarlas instaladas en el instituto elegido, o las mandáis con amigos próximos a embarcarse. De cualquier manera sin embargo, estando lejos de vosotros, no podréis hablar todos los días y a todas horas con las personas que se hallan al frente del establecimiento, ni inspeccionar su conducta, ni escudriñar íntimos pormenores, ni satisfaceros de la bondad de los métodos, ni mirar hacia qué rumbo se encamina el corazón de las discípulas, ni cuáles libros se ponen en sus manos, ni las creencias que se les inspiran. Recibís carta en que tal vez se aplauda la maravillosa inteligencia de vuestras hijas, sus sorprendentes progresos, su dócil carácter, sus sentimientos elevados; y, como es natural, el llanto de la alegría brotará entonces de vuestros ojos. Algunas ocasiones esos encomios fueron merecidos; pero los padres que tal dicha alcanzaron, no reparan en la profunda amargura con que otros han visto desvanecidas las halagüeñas esperanzas que abrigaron al mandar a educar a sus hijas fuera de su inmediata vigilancia. Éstos advierten asombrados y entristecidos que aquéllas no se precipitan ya en sus brazos con el célico alborozo de las hijas que siempre estuvieron cerca de sus padres, que, no encontrando nada bueno en su patria, suspiran siempre por regresar al país donde recibieron las primeras impresiones; que el sacrosanto amor a la tierra natal apenas alumbra en sus pechos; que en sus costumbres hay rasgos diametralmente opuestos a las dominantes del lugar que las vio nacer; que escuchan, con frialdad unas veces, con repugnancia otras, con desprecio quizás algunas ocasiones, las advertencias que les dirigen; que se complacen en la lectura de ciertas obras; que no aman a ninguna de las otras jóvenes compatriotas suyas con aquella afección honda e imperecedera que nos enlaza a los que en la misma escuela aprendieron a leer junto con nosotros; que, tartamudeando una lengua extraña, tampoco saben la nativa; que figurándose a grande altura respecto de cuantos las rodean, a todos los miran con insultante altivez.

Este tardío desengaño, experimentado por algunos de vosotros que creyendo malos todos los establecimientos de educación existentes en el país, apartasteis a vuestras hijas de la escrutadora y benéfica vigilancia paternal para llevarlas a educar donde sabíais como se llenaban los augustos deberes del magisterio, es otra prueba de que no hay consecuencia en vuestras determinaciones. Temíais que las casas de enseñanza de aquí os devolviesen marchitas las flores que les entregabais exhalando el aroma de la inocencia; pero, imprudentes, irreflexivos, deslumbrados por la educación en el extranjero, no pensasteis ni un solo instante en las consecuencias que podría acarrear vuestra funesta credulidad y ligereza. Alguno habrá quizás que al leer estos renglones se figure que nosotros sostenemos que nuestras casas de enseñanza son tan buenas en general como las de ciertos países extranjeros, y que se lo figure porque hemos dicho que no siempre la educación de las cubanas que fueron a aprender en ellas, correspondió a las esperanzas concebidas. Tal no es por cierto nuestra opinión; porque el amor patrio que nos mueve a cantar himnos al Sol que entre celajes de nácar y de oro se esconde sobre las pencas ondulantes de las palmas, no ha apagado la admiración que nos causan los progresos que en muchedumbre de cosas han hecho otros países. Fuera de las excepciones, casi todos nuestros institutos son censurables; confesión que solamente el respeto a la verdad pudiera arrancar de nuestra pluma, pero que es necesario tener valor para hacérnosla todos los días, a fin de que empecemos a sacudir el ignominioso abandono con que procedemos respecto de las casas de enseñanza.

Nosotros tenemos la culpa de los vicios que en muchas de ellas nos afligen, nosotros, que amedrentados al pensar en los resultados que podría traer al dejarse a una alumna en el período de la adolescencia dentro de los muros de los institutos mal gobernados, adoptamos la resolución, o de educar a nuestras hijas en el extranjero, o, lo que con más frecuencia sucede, de interrumpir prematuramente su instrucción. Los peligros pululan también en nuestro hogar a manera de reptiles que se arrastran por entre la hierba, si en nuestro hogar somos del mismo modo negligentes. No pensemos tanto en acumular riquezas como en el porvenir de la patria, que está todo encerrado en el entendimiento y en el corazón de los niños de ambos sexos. Trabajemos por proporcionarnos bienestar, por hallar los medios de cumplir nuestras obligaciones, por dejar hacienda a nuestros hijos; ese deseo es legítimo e inocente; pero no nos llevemos nunca los manjares a la boca, no busquemos en el sueño el reposo a nuestras fatigas, sin haber ido antes, no faltando un solo día, al establecimiento en que están aprendiendo nuestros hijos. Si no sabemos cómo aconsejémonos con las personas ilustradas. Si la pereza tiende sobre nuestras almas sus negras y fúnebres alas, y si ella nos infunde el sueño de la muerte, no clamemos por dondequiera que adoramos la patria, porque nos estamos engañando a nosotros mismos. En materia tan transcendental no cabe ningún linaje de disculpas. Movamos los pies, si es que queremos caminar.

Muchas cosas progresan entre nosotros, y lo único en que no se advierten adelantamientos, en que tal vez se retrograda, es en las casas de enseñanza, no porque deje de ser mayor su número, no porque sea más limitado el catálogo de los ramos que se enseñan, no porque no haya honrosas excepciones; sino porque es en lo que se quiere que todo emane de la acción de la autoridad, y de los esfuerzos espontáneos de los maestros. Nos reunimos presurosos para que se construya un ferrocarril, para que se levanten almacenes donde depositar nuestros frutos, para que se creen instituciones de crédito; buscamos instrumentos y máquinas que suplan los brazos africanos que riegan con su sudor los campos de la patria; paramos la atención en el procedimiento que de cierta cantidad del zumo de la caña dará la azúcar más abundante, más consistente y más bella; estamos aprendiendo a arar y preparar mejor las diversas clases de terrenos; vamos ya con alguna frecuencia a nuestras heredades confiadas exclusivamente no hace mucho a hombres ineptos; procuramos llevar por partida doble la cuenta y razón de nuestros negocios; tenemos cuidado de inquirir a cuáles precios corren nuestros productos en los mercados; y los que nos abonamos a la ópera italiana concurrimos todas las noches a embebecernos desde la luneta y el palco con la música y el canto. Pero estos relámpagos de actividad se apagan como por encanto en tratándose de la educación. Entonces decimos que la autoridad es la que debe vigilar exclusivamente sobre las casas de enseñanza, que ella es la que ha de ver si los maestros cumplen con sus deberes, que a ella es a la que le toca expulsar de los institutos a los que encuentre indignos de estar al frente de la niñez. Si fincamos grande empeño en pactar claramente con el preceptor la cantidad que se le ha de abonar mensualmente, cantidad que a menudo se lucha porque sea la menor posible, y cantidad que a la postre suele no pagarse con la caballerosa exactitud con que se satisfacen las deudas contraídas en los degradantes y serviles juegos de azar. Pero después de ajustada esa condición del contrato, decidnos con leal franqueza cuántas veces pisamos los umbrales del instituto donde se enseña a nuestros hijos. Ni un momento tan solo en todo el año vamos allí a advertir faltas, a exigir su enmienda, a celebrar lo bueno, a cerciorarnos del saber o de la ignorancia de las virtudes o de los vicios, del carácter desapacible o suave, de las palabras decentes o asquerosas, de la bondad o ineficacia de los métodos, de las tendencias elevadas o miserables, de las reprensiones bárbaras o dulces, del orden o desconcierto, de los alimentos abundantes y sanos o escasos y nauseabundos, de las horas que se emplean en las clases, de las que se destinan al estudio, de las que se invierten en las recreaciones propias de la niñez, de los libros cuya lectura se permite, de la vigilancia con que se siguen los pasos de los alumnos, del sueldo que se paga a los profesores auxiliares, del criterio que ha presidido la elección de éstos, de la constancia con que el director recorre sin cesar todas las clases; ni de nada, en fin, que tenga conexión con el porvenir físico, intelectual y moral de nuestros hijos.

Y vosotras tampoco, bellas hijas de esta hermosa tierra, sois más solícitas que vuestros maridos en el cumplimiento de los indeclinables deberes que os impone la educación de los seres que tanto amáis. Con un esclavo, sí, con un esclavo casi siempre mandáis diariamente a la escuela a pie o en carruaje a la niña en cuyas sonrosadas mejillas estampasteis primero el beso inefable que nadie más que las madres saben dar, cuyos cabellos peinasteis con prolijidad, y cuyos vestidos adornasteis de brillante cinta de seda. Esa niña oye y ve en la calle lo que, si vosotras la hubieseis llevado, muchas veces no habría visto y oído. Tenéis cuidado de mandar al mismo esclavo para que la vaya a buscar al mediodía y por la tarde a la hora precisa en que terminan las tareas del instituto, y muy a menudo para que al llegar a vuestra casa se cubran sus infantiles cuerpos de espléndidos atavíos, para que ocupe un asiento en el quitrín, en la victoria o en el coche, para que discurra por los paseos, y para que luego escuche y presencie las melodías de Donizzetti y de Verdi y los melodramas de Romani y de Maggioni. ¿Pero qué hora del día, qué día de la semana, qué época del año habéis destinado para visitar el establecimiento donde entregasteis aquel sagrado tesoro? ¿Por ventura vais siquiera a los exámenes públicos de fines de año? Vemos allí entonces en derredor de los individuos de la comisión a las niñas que se están examinando, vemos a la directora, a las preceptoras y a los maestros auxiliares, vemos al pueblo agrupado a las rejas de las ventanas; pero los rostros bañados de santa unción, los rostros cariñosos, dulces, tiernos, los rostros en que se pinta el amor más grande que puede sentir la criatura, los rostros que palidecen y se alborozan al escuchar la respuesta que ha salido de labios tantas veces acariciados con millares de besos, los rostros de las madres que por un instante de felicidad para sus hijas no titubearían en dar la vida; esos rostros no iluminan el cuadro con su benéfico fulgor. Las niñas contestan con frialdad, los profesores interrogan con frialdad, los miembros de la comisión escuchan también con frialdad, porque en el venerado recinto de la casa de enseñanza falta una cosa de prepotente influencia, porque falta una sensación poderosísima, porque faltan las madres, que no han querido ver el estado en que se hallan la inteligencia y los afectos de sus hijas. Mas si éstas obtuvieron el premio de una cinta, de una medalla, de un libro, de un certificado, no creáis que las madres dejen de celebrar aquel modesto y honroso triunfo; ellas se apresurarán por su parte a recompensar también con otras cosas la aplicación ya galardonada por los miembros de las comisiones examinadoras; las niñas pueden contar desde luego con nuevos vestidos, con excursiones al campo, con funciones teatrales. Ha habido premios; ¿pero estos premios ejercerán nunca el influjo que en pro del saber y de las virtudes produciría la frecuente asistencia de las madres a los institutos?

Laméntanse sin embargo de que la mayoría de éstos son malos, y dicen que consentirán, porque no les queda otro recurso, en que sus hijas concurran a ellos durante el período de la niñez, pero que en su concepto proceden con cordura sacándolas apresuradamente de allí al acercarse la edad de la adolescencia. Ved en esto el origen de la incompleta educación que reciben nuestras compatriotas. Cuando empezaban a caminar por las sendas del saber, cuando columbraban otros horizontes, cuando las huellas augustas de la reflexión se grababan en sus transparentes fisonomías, entonces aquel instituto mismo, en que estuvo la niña varios años, parece un lugar peligroso para la que ya comienza a ser joven. Las clases de historia, de geografía, de gramática, de composición, de literatura, de idiomas, se interrumpen de súbito. Las alumnas tornarán al seno de la familia con principios elementales de muchos ramos, pero sin haber ahondado en ninguno. No todas ocasiones sabrán resolver sin equivocarse un problema de aritmética, ni escribir una carta con corrección, ni señalar con firmeza en el mapa los lugares, ni distinguir instantáneamente una epopeya de una oda, ni acertar con las causas de un acontecimiento histórico, ni sostener la conversación en una lengua extraña. Arrancándose la fruta antes de haberse madurado, no habría apenas qué lamentar si en el seno de la familia se continuaran siempre las lecciones interrumpidas fuera de sazón. ¿Pero acontece así por ventura la mayor parte de las veces? Cuando más se obliga a las niñas por algunos días a leer un rato, a cursar la letra, a traducir una página; después cesan del todo estos trabajos; y pronto los reemplaza, las diversiones, los paseos, los bailes, las modas, las fastuosidades del lujo, las lecturas frívolas cuando no perniciosas, las inquietudes del alma, las pasiones que todavía no era tiempo que despertasen. ¡Ah!, la culpa no está en las alumnas que tan aprisa dejaron los bancos de la escuela, sino en las madres que antes de tiempo quisieron substituir los sencillos vestidos de la infancia por los refinados adornos de la mujer, avisarles ellas mismas que habían llegado a otra edad, y lanzarlas en el piélago del mundo expuestas a naufragar.

Por eso comenzamos y concluimos este artículo diciendo que es incompleta por lo común la educación de las cubanas. Achácase el mal a los institutos defectuosamente organizados; pero nosotros creemos firmemente que todas las casas de enseñanza en que se instruye al bello sexo serían indignas de conservar a las alumnas en su recinto cualquiera que fuese la edad a que llegasen, siempre que las madres, impulsadas por el amor inextinguible que arde en sus corazones, sacudiesen la letal indiferencia con que miran los establecimientos de educación. En éstos no habría abusos entonces. Las preceptoras y los preceptores indignos buscarían en otra profesión los medios de vivir. No habría que pensar en el extranjero para imbuir las ideas y los sentimientos que aquí pueden inspirarse. Las mujeres de nuestra tierra se prepararían más para llenar las arduas obligaciones de madres de familia: amarían más los libros graves que enseñan y que exaltan la adoración de las virtudes; buscarían más los discursos de los hombres sabios; sus entusiastas pechos palpitarían más al recordar los eminentes varones que cruzaron por el mundo dejando tras sí un resplandor eterno de su genio, de su inocencia y de su heroísmo por todo lo grande y santo; las inspiraciones generosas tendrían más cabida en sus almas; el porvenir inmaculado de sus hijos sería más su único y perenne pensamiento; se acordarían más de su patria; la humanidad se presentaría más a sus ojos en cualquier instante; serían más fuertes, más resignadas, más susceptibles de dejarse arrebatar en alas de la esperanza; se acercarían más al ideal de la mujer cristiana. Madres de Cuba, no hemos tomado la pluma para imprimir en vuestras frentes un baldón, no, ésa no ha sido ni remotamente nuestra idea; cubana era también nuestra madre; en nosotros por consiguiente sería una blasfemia cualquiera frase encaminada a lastimaros. Recibid nuestros consejos como se oyen los de un hermano. La autoridad corrige los abusos que llega a penetrar, hay algunas casas de enseñanza buenas; pero si las medidas de aquélla no llegan a producir todo el resultado apetecible, si los institutos malos hacen cometer la injusticia de que con los otros los confunda la pereza en un mismo anatema de execración, vosotras, madres cubanas, vosotras sois las responsables. Desde el día que no apartéis la vista un solo instante de las casas de enseñanza, podrán permanecer en todas sin riesgo vuestras hijas adolescentes. El desarrollo precoz debido al clima, no tiene en las pasiones y en las costumbres ningún influjo incontrastable. Cuanto penséis y cuanto se pretenda inculcaros sobre el asunto, carece completamente de fundamento. Los signos que indican la acción de la naturaleza, no arrastran por sí solos a extravíos, cuyo origen será preciso buscar siempre en la carencia de principios sólidos de moral, en los ejemplos nocivos, en las amistades peligrosas, en las relaciones con seres abyectos, en los libros depravadores, en el olvido de inspirar dignidad a la mujer, en las conversaciones imprudentes, en los espectáculos públicos capaces de ir estragando poco a poco los afectos, en las recreaciones de familia cuyas fatales consecuencias no se prevén, y en otras muchas causas semejantes, en las cuales el clima no representa esa influencia irresistible y fatal que algunos abdicando la libertad humana, le atribuyen. El Sol abrasante que todos los días resplandece con asombradora magnificencia en el profundo azul de nuestro cielo, no merece que se le impute el desconcierto que reina en aquellas escuelas y colegios para el bello sexo, de donde hacéis bien en sacar a vuestras hijas. Los vicios de esos institutos habrían sido los mismos, aunque estuviesen situados en las heladas regiones polares.

1859

Guajiros

El labrador blanco de Cuba, amigo mío, presenta un vasto campo donde entretener la imaginación y donde hacer multitud de reflexiones filosóficas, lo primero para las gentes que no miran más que la superficie de las cosas, y lo segundo para aquellos a quienes gusta penetrar hasta el fondo. Tenemos varias clases de guajiros cada una con sus diversos colores según los trabajos en que se ocupan; pero desde el montero de las haciendas hasta el que vive en un sitio, y desde el amo de potrero hasta el mayoral de ingenios y cafetales, todos convienen en ciertas circunstancias, que sin embargo no son tampoco absolutas.

De ciento, en primer lugar, los treinta son inclinados al trabajo, prefiriendo los otros comer una yuca o un boniato sin carne, y vestir mala ropa de cañamazo o de burdo listado, a coger el arado, el machete y la guataca, y cultivar una tierra tan fértil como la nuestra que a nadie paga sus afanes con ingratitud. Mientras ellos se están sentados fumando su tabaco en el taburete de cuero, la desdichada mujer, como no tenga negra en quien descansar, lava, cocina y cuida al mismo tiempo de los hijos, que siempre son muchos, porque tal es la suerte de los pobres, y que enclenques, tal vez de hambre, lloran a gritos partiéndoles las entrañas a la madre. El marido entonces lo más que hace es callar ásperamente a los angelitos, cuando, por no oírlos, o por matar el tiempo, o por descansar de la mala noche que pasó en el juego, no abra el catre y se tienda a dormir al fresco en medio de la sala, seguro de que al despertar la buena esposa le traerá una taza de café.

Por sabido, lo mismo es entrar en una casa de éstas, que salta a los ojos la desidia del que hace cabeza. En vano es que la mujer barra, limpie, asee, si el marido solamente le compra cuatro sillas ordinarias de cuero crudo, si de un gajo de ateje en figura de horqueta le hace el lavamanos, si el tinajero es un trozo de madera, si no empareja bien el suelo, si no cuida de recortar y componer las yaguas del forro de la casa, si el fogón de la cocina son tres pedazos de arcos de barril clavados en la tierra. Quizás no hay punto donde las casas de los labradores presenten más pobreza y desaliño que en la isla de Cuba. Porque no hablamos ya del vestido, ni de la comida, ni de otras cosas de primera necesidad; echemos una ojeada sobre lo que acaso indique más el bienestar de las familias, sobre las cosas puramente de adorno. ¿Cuál de ellas se ve en los bohíos de los guajiros? Ninguna por cierto. Conténtanse con taburetes de cuero, con una mesa de pino o de cedro toscamente formada; con baúles, hasta sin forro, para guardar juntamente la ropa, los papeles y el dinero. Esto por dentro, que por fuera la yerba amenaza tragarse la casa, a la cual se llega por un trillo estrecho, abierto, no a mano, sino con la continuación de pasar por él; en los alrededores hay sembrada alguna que otra tabla de maíz, de yuca o de boniato, y si la sombra algún árbol, son matas de güira o de ciruela, pues aquí, donde encima mismo de las piedras crecen lozanos los árboles, los guajiros no siembran cerca de sus habitaciones ni aguacates, ni caimitos, ni mameyes que les den fresco y frutas sabrosas que comer, porque «hoy entierra usted las semillas, y las matas vienen a parir cuando uno se ha muerto ya», dicen ellos para disculpar su apatía.

Si el hombre viste calzones de cañamazo o a los más de listado, de pretina, y camisa de lo último, si calza zapatos de venado o de verraco, y si su sombrero es de paja de yarey, la mujer no anda mejor, antes quizás peor ataviada con túnicos de zaraza, nada de medias, zapatos de mahón o de rusia, tal vez sin pañuelo al cuello, con aretes y sortijas de carey o de corojo, y feas peinetas de caguama. Por eso, en columbrando que viene alguno de visita, como no sea de los vecinos, echa a correr para los aposentos en bandada con los muchachos, que hasta cierta edad no es extraño verlos andar desnudos como su madre los parió, y que luego asoman la cabeza por entre las hojas de las puertas, a guisa de ratones, para satisfacer su curiosidad. En los días de gala, en aquellos días en que el marido va a los gallos o a diligencias al pueblo, saca lo mejor que tiene, los zapatos de becerro claveteados, el flus de arabia o de olancito, cinco o seis pañuelos de a real y medio, el machete de concha de plata; y la mujer, cuando va a algún bautismo y por las pascuas a los guateques a bailar el zapateo, se pone los zapatos amarillos, verdes o encarnados de raso, el túnico de muselina de grandes tufos y vuelos, un pañuelo, de color escandaloso como los zapatos, al cuello, las medias amarillentas de algodón, la manta también de lo mismo o de burato para ampararse del Sol, y los aretes, las sortijas y el collar de oro francés que compró al casero. Y, así adornados, si hay dos caballos, cada cual monta en el suyo, y si no, el marido se coloca en la parte de atrás de la albarda o aparejo, y sentando a la esposa delante a la mujeriega, echan a andar.

La manera como fabrican los guajiros sus casas está diciendo lo atrasados que se hallan; ellos no quieren más que un bohío que los guarezca de la intemperie, y aunque sin duda sea ése el principal objeto de toda habitación, no creo que nadie tratará de celebrarlos ni de imitarlos. Por lo que respecta a ser de guano no los critico, porque al fin es lo más barato y más a mano se encuentra; las tejas, la cal, el cascajo, el coco y la mano de obra costarían mucho, cuando al contrario por dondequiera hay palmas. El único inconveniente que hallo son los fuegos; pero no queda duda de que son además muy frescas y de que aquéllos son muy raros. Cualquiera puede levantar una casa como las de nuestros guajiros. Ellos no hacen más primero que desmochar unas cuantas palmas, recoger yaguas y cortar los horcones y los cujes. Después que han enterrado los horcones cosa de media vara por una cabeza y pisoneado bien alrededor para apretarlos, concluyen el esqueleto de la casa ajustando horizontales en la cabeza de aquéllos las soleras, donde se colocan las viguetas en figura cónica para formar el techo de dos aguas; el punto de unión de estas viguetas arriba es lo que se llama caballete; de una a otra se cruzan luego muchos cujes, donde atan por las cabezas con majaguas las pencas de guano. Lo que es el cajón de la casa suele hacerse de embarrado, que se compone de cujes cruzados por entre los horcones y de lodo con yerba, que alisan pocas veces con una plana y casi nunca blanquean con cal. Mas, en no siendo de embarrado, toda la pared se reduce a yaguas unas sobre otras atadas a los cujes. El techo a ocasiones se hace también de yaguas, pero regularmente es de guano, ya porque las aguas y el Sol no le hacen tanta mella, ya porque está menos expuesto a volarse con el viento, ya porque abriga mejor del frío. El caballete casi siempre es de yaguas. Por supuesto que ni horcones, ni soleras, ni cujes se labran; eso no es absolutamente preciso para una casa; el único cuidado que se tiene es de que no queden agujeros, y de recortar los remates de las pencas últimas, que hacen los aleros por donde escurren las aguas. Muy rara casa tiene colgadizo al frente, de manera que el Sol las calienta a su gusto. En cuanto al repartimiento interior de las piezas nada hay tan sencillo. Compónese de la sala con dos cuartos uno a cada lado, sin más luz éstos que la puerta angosta y gacha que con aquélla los comunica, porque ni aun ventanas tienen, de lo que puede ser causa el mayor costo que se ocasionaría o el evitar citas a medianoche. Demás de las dos puertas de los cuartos y de la principal de la entrada a la sala, tiene ésta otra para ir al comedor o sea colgadizo al fondo, arriba del cual se halla la barbacoa, hecha con tablas de palma, y que sirve principalmente para guardar las cosechas; y no muy lejos las otras dependencias de la casa como cocina, gallinero y chiquero. Y ahora que miento cocina, si un gastrónomo entrara en ella, seguro que había de suspirar tristemente su estómago, porque toda la batería son dos o tres cazuelas, el pilón para moler el café, pilar el fufú y descascarar el arroz, el plato ancho de madera para despajar, los fogones en el suelo, un trozo de cualquier palo duro donde machacar y picar la carne; a que se agrega lo sucio del techo con aquellas telarañas ennegrecidas por el humo que hacen tan fea vista, el perro que entra y lame las cazuelas, la gallina que se encarama por todas partes, y la insufrible peste que viene del corral de los cerdos. Solo para donde están los fogones cubren bien la cocina con yaguas; lo demás lo dejan hasta la mitad por la parte superior destapado; ni aquélla tampoco tiene puerta sino un hueco que hace las veces de tal. ¿Y se creerá que en la colocación de estas fábricas busquen alguna simetría? Equivocárase quien se lo imagine. En donde les parece clavan los horcones para la casa, y alrededor levantan aquí el gallinero, allí el chiquero, acá la cocina, sin cuidarse de dejar en el centro de todas un espacio cuadrado o circular que solo por el orden recree la vista.

Enhorabuena todo lo que he dicho respecto a las casas, si los terrenos estuviesen cuidadosamente cultivados; pero por desgracia es lo que más hay que lamentar. En saliendo de las tablas de maíz de agua o de frío, de las de boniatos y yucas, pare usted de contar. No son hombres que, acabada una, comiencen otra siembra, y después otra y otra mientras haya tiempo; nada de eso; aran un pedazo de tierra, y, luego que le han echado la semilla, se sientan a mirar para el cielo. Si estos hombres se menearan y cociera de nuevo el arado y sembraran otra vez, los vería usted medrar dentro de poco. Así los oye uno continuamente quejarse de su mala estrella, de que tienen sal en las manos, de si la seca fue rigurosa o la excesiva agua emborrachó las siembras; sin razón, porque aun cuando las nubes lluevan a su antojo, no hay otro amparo para ponerse a cubierto de las contingencias del tiempo que procurar la abundancia y diversidad de las siembras, que no todas se han de perder, y el año que se logren, sobrará, después de comer, mucho que vender. A guiarse por las pinturas que nos hacen los guajiros de las vicisitudes de un labrador, estaría uno tentado a creer que Dios les impuso la pesadumbre del trabajo con más estrecha ley que a los otros hombres; pero Dios, a quien se le achaca todo, no tiene la culpa de sus escaseces. ¿Qué resulta al cabo de esto? Que llega el día de pagarse la renta, el terrible primero de agosto, y no hay con qué; el amo de los terrenos, para cuya seguridad se hipotecaron los negros del mísero arrendatario, le requiere por el pago, y, no efectuado éste, con los documentos del contrato en la mano le establece la correspondiente demanda judicial; hácense costas a trochemoche, comen los escribanos, los abogados y los jueces, y por término de todo, se rematan los esclavos. ¿Y qué hará ahora este hombre? ¿Cómo habrá de progresar, si antes con otros recursos no sucedía tampoco? De un principio cae en otro, porque tiene después que arrendar tierras de mala calidad, tierras ingratas, destinadas parece a recoger las lágrimas de los pobres.

1840

Infancia y necesidad del guajiro

De pequeñuelo el guajiro, primero se pasa todo el día enredando con los animales de la casa, cogiendo lagartijas con lazos de crin para ponerlas a morderse unas a otras, trepándose en los árboles, y comiéndose todas las frutas, maduras o verdes y hasta sin hacer, que poco le importa. Alborota en el gallinero las aves; bébese crudos los huevos frescos por un agujerito que en la cáscara les abre con una espina de naranjo y por donde les embute luego polvo para que pesen lo mismo que antes; se va al corral de los cerdos y los guincha con la punta aguzada de un palo por oírlos berrear; cuando no se está horas enteras tirando desde lejos pedradas a los panales de avispas, o se ande a caza de nidos de pájaros. Éste es el tiempo de las elevadísimas meceduras en las hamacas de una soga; de enyugar a los perros a guisa de bueyes; de tusar los pollos más rancios españoles y de cortarles la cresta y las barbas porque parezcan finos; de jugar a la gallina ciega y a la Luna lunera; de oír los cuentos de Pedro Urdemalas; de perseguir a los cocuyos y de llamarlos con tizones encendidos para matarlos después estregándoselos en la ropa.

Porque pensar que lea alguna vez algún rato, más que sea una cartilla o un catón de los de San Casiano pintado en el frontis, o que haga gruesos y torcidos palotes en papel de primera con escabrosas plumas de pavo antes que pueda conducir la reja del arado, cuando ni los padres entienden de tales honduras, ni en el pueblo vecino hay tampoco maestros, es ya querer prodigios. Pero entonces es todavía un niño que para conciliar el sueño busca las rodillas de su madre; que a medianoche se despierta todo espeluznado imaginándose rodeado de muertos y cosas malas, y alborota la casa a gritos, y al cabo se cruza para la cama de aquélla; que se mata corriendo como oiga silbar los grillos, o se menee una rama con el viento, o vea algún taimado camaleón mudando a cada instante de colores; es niño que todavía viste calzones y camisa de listado, como no se la juegue de andar en faldetas o en cueros, que anda siempre desgreñado, las uñas largas y con ribete, el pellejo tostado del Sol e impregnado de tierra. Más gritón, más brincador no le hay. Sabe decir obscenidades que la familia y los amigos le celebran como agudezas; remeda a los toros, a los chivos, a los gallos; pero todo esto en no habiendo alguien de fuera, porque entonces parece mudo, se arrincona, baja la cabeza amarra el semblante, y le vuelve a uno lindamente las espaldas.

Cuando le comienza a salir el bozo y enronquecérsele la voz, muda de costumbres; cíñese la hojita y se pone los calzones de rusia. Esto en cuanto al vestido; por lo demás él es ya quien echa el maíz y el palmiche a los cerdos, quien lleva a beber en la aguada a los animales, quien los muda de comedero. En las labranzas hace ya lo que un hombre, ara, chapea, guataquea, siembra; conoce lo que sus padres le han enseñado por rutina, como ellos también lo aprendieron, el tiempo del arroz, de la yuca, del maíz, cuántos hierros necesita cada una de estas cosas para darse bien, cómo es menester echar en la tierra la semilla y la clase de terreno que demandan, alto o bajo, quebrado o llano, pedregoso o de masa, colorado o negro. Al mismo tiempo ha cobrado otro ánimo, porque de tan asustadizo como era se vuelve buscador de lances riesgosos: donde acreditarse de valiente y suplir así con la fama de sus montaraces proezas los pocos años que le hacen desmerecer ante las muchachas. Al menor ruido que de noche siente por los alrededores de la casa se levanta, sale corriente, y azuza la cuadrilla de perros que tal vez le ladraron a alguna cepa de plátano o a algún perro jíbaro; si diez veces le parece que hay gente de fuera, diez veces hace lo mismo, y como haya visto sombrajos, noche será ésa de pasársela toda en vela. Montarse desde el bramadero en un potro cerrero, que de puro, soberbio se tire contra el suelo, que se encabrite más derecho que una palma y que bufe y manotee, sin sacarlo de la albarda, es otra hazaña de consideración; ni más ni menos que meterse seguido de los perros y con la hojita al cinto por un monte firme a buscar entre las breñas negros cimarrones, ni más ni menos que embravecer a un manso toro para capearlo en el limpio, fiesta de que suele salir con el pellejo sano merced a las ramas del guayabo o de la guásima de que se cuelga. A esta edad les declara guerra mortal a las jutías y a los majáes, y hace apuestas sobre quién corre más a caballo, quién salta la zanja más ancha, quién nada más trecho y más aprisa contra la corriente, quién sube el coco más alto, quién corta de un solo golpe el gajo más grueso y duro. Pero sin embargo de tanto blasonar valentía es hombre que por nada del mundo se atreverá a cruzar sin compañero por cerca de un cementerio, de una ceja de monte o de un platanal donde haya quien cuente haber visto luces a medianoche o escuchado ruidos extraños como de ayes y cadenas; porque si es esforzado con los vivos, no lo es con las ánimas del otro mundo que vienen a penar sus pecados, o a pedir oraciones que las ayuden a salvarse, o a implorar el perdón por las deudas que dejaron y por las otras malas obras que cometieron.

Mas si durante algún tiempo le sirve de mucho este mozo a su padre, llega luego otra época en que trata más de presumir y de pasear que de ayudarle y juntar algo con que ser gente después; porque, en enamorándose, los buenos principios de economía y la laboriosidad que antes brillaban en su conducta, maléanse al punto miserablemente. Levantábase primero a oscuras todavía, íbase adonde sus bueyes, enyugándolos, y, cuando aclaraba, ya tenía abiertos dos o tres surcos. Lo mismo se le daba de estar abrasándose al resistero del Sol y empaparse una y otra vez con las más copiosas lluvias desde el alba hasta el oscurecer que de tenderse a dormir a la sombra entre la fresca y abrigada casa de guano; no descansaba más que los momentos absolutamente precisos para almorzar y para comer, cuando, como se alejara mucho de la casa, no hiciera lo primero al levantarse y lo segundo al regresar por la noche, contentándose con respirar un rato al paso del mediodía debajo de cualquier árbol. Todo su vestuario de trabajar eran calzones de rusia, camisa de listado y zapatos de venado o de verraco; servíale de arma una hojita con vaina de suela groseramente cosida; adornábase a lo más los pocos días de fiesta que en el año salía con un flus de listado más fino, zapatos de becerro, algunos pañuelos ordinarios y se ceñía un machete sencillo de cabo de hueso sin concha o con ella de hierro. Para andar por la posesión le echaba un bozal al caballo con el mismo cabestro de la jáquima, y, montándosele de un salto, así en pelo a horcajadas o a la mujeriega la recorría toda, por no descomponer la fea albarda cuadrada sin pistoleras y de cincha de lona y grupera blanca, ni el cabezón de platina y riendas de algodón, cuidadosamente guardados para otras ocasiones de mayor lucimiento. Bastábale un caballo de corto precio por lo que hace a la estampa, aunque sí andariego y de aguante, para todos sus quehaceres y paseos. Tenía una especie de caja de ahorros en su alcancía, donde depositaba los dineros que le iban cayendo de la venta de los cochinos cebados, de las gallinas, pollos y huevos; con cuyo arbitrio al cabo de poco tiempo se hallaba sin pensarlo con buena cantidad que emplear, bien en la compra de más cerdos, bien en la de reses, adelantándose de este modo sucesivamente en premio de su economía. Abrumado de fatiga acostábase a dormir, apenas anochecía, el sueño tranquilo del labrador que solo piensa en su trabajo para volver de nuevo el día siguiente con el mismo ahínco a sus recias faenas; y lo que sobre todo es de celebrarse, no se avergonzaba aun de verse en el campo, con el machete, la guataca o el arado, a par de los negros.

Pero lo mismo es enamorarse que no parece ni su sombra. Inmediatamente trueca su caballo por otro de ocho o diez onzas por lo menos devolviendo encima gran parte de sus ahorros; compra otra albarda de mejor figura con infinidad de dibujos en el cuero, pistoleras y grupera negra, y un freno recargado de anchas y laboreadas platinas; busca otro machete de cabo y concha de plata embutida a veces de oro o de tumbaga y salpicada de piedras preciosas como esmeraldas y topacios; hácese de fluses de arabia, de olancito, de dril listado, como solo los calzones no sean de eso y la camisa de fina estopilla con botones de oro para el cuello y las bocamangas y la pechera prolijamente bordadas; de espuelas macizas de plata con lujosas cintas de varios colores por correas, de buenos pañuelos de seda, y, por último, de un sombrero tan blanco como fino y bien tejido. En vez de madrugar con los pájaros cógele el Sol tan alto en la cama que ya no hay ni rocío cuando se levanta, y entonces primero va a bañar su caballo, echarle maíz y peinarle las crines que a trabajar en el campo, donde, con el cuerpo todavía abombado del sueño a causa de la mala noche que pasó andando en derredor de la casa de su amada, vale muy poco a la verdad lo que hace. Ni da ya vueltas por la posesión, abren portillos en las cercas, sálense los ganados, y él no lo sabe; la hierba se come las siembras, los negros de la vecindad se lo roban todo, y los suyos, que durante el día trabajan como les da la gana, se andan de noche en diabluras por las fincas inmediatas. Como no le dé también queriendo echar lujos sin tener con qué, por jugador de gallos o de monte, que entonces se estará todo el día en la valla o en los infernales garitos del pueblo buscando en los caprichos del azar un remedio a sus escaseces. Al momento se ata el pañuelo en la cabeza; de alegre y complaciente ayer, mañana de puro quisquilloso no lo podrán aguantar en la casa, todo le parecerá malo, el café, la comida, la ropa; estropeará a los negros sin motivo, se las zapateará hasta con sus padres, cualquier animal que se le arrime llevará un puntapié, y no soltará de la boca las maldiciones; pone un patio de gallos finos, adonde va a dar mil vueltas al día, y en tusarlos, en toparlos, en correrlos, en afilarles los espolones, en rociarlos y en darles de comer, le amanece y le anochece; y no trabaja, que es lo peor, ni aun de chanza, sino cuando todo lo que tenía se lo ha tragado el juego, y eso entonces nada más que lo absolutamente preciso para poder empezar de nuevo con los albures y peleas. Y demos gracias a Dios si el mal se queda aquí; porque la ambulante vida de un jugador, su roce con toda clase de personas y el quedarse a cada momento con los bolsillos vacíos, lo expone por lo menos a tornarse petardista y pendenciero, cuando no salga a robar por los caminos, siendo el fin y remate de todo un presidio o el cadalso.

1840

Por lo que murmuran los guajiros

Los guajiros se ríen de mí a cada instante, amigo mío. Si me ven entre un palmar, una arboleda o un monte examinando las hojas, las flores y las frutas de cada árbol y cómo nacen y se entrelazan sus ramas, los bejucos, las hierbas y los lindos gayados gusanos; si me ven soltar la carrera por oír cantar un pájaro o estarme agazapado largo rato detrás de unos matojos para mirarle de cerca las plumas, o treparme como un muchacho hasta las últimas ramas para ver los nidos donde cría a sus hijuelos; si me encuentran a orillas de los ríos con los ojos clavados en la tranquila corriente de las aguas; si saben que me gusta al salir y al ponerse el Sol subir a la cumbre de las lomas más empinadas para que a mí primero y último que a nadie me bañe su luz; si descubren que me paso muchas noches enteras caminando por las guardaravas; dicen que estoy loco. ¡Ay!, y no entienden que es porque me bañe la brisa, por oír su música religiosa y patética entre las hojas, cómo silban los sabaneros corriendo por el suelo, cómo suena a lo lejos la cascada del río, la yagua que cae; no entienden, ¡ay!, que es por mirar los racimos de palmiche y los troncos podridos cuajados de cocuyos como de diamantes con alas; no entienden, ¡ay!, que es por mirar a mi gusto en el cielo esa Luna preciosa a cuyo nacimiento esperan ellos lluvias para sus cosechas y la menguante para cortar y sembrar ciertos árboles, por mirar el

Arado y las Siete Cabrillas con que miden las horas, los Ojos de Santa Lucía, el lucero de Venus, el Camino de Santiago.

Ríense de mí cuando me ven a menudo horas enteras en el campo donde están trabajando los negros oyéndolos cantar y observando sus faenas; cuando me encuentran divertido haciéndoles mil preguntas a los criollitos, poniéndolos en rueda a rezar, y enseñándoles yo mismo las noches de Luna y en medio del batey una infinidad de juegos de muchachos sufriéndoles con paciencia sus confianzas y sus gritos de torpezas; cuando camino por las calles de los bohíos, y entro en ellos, y los registro de arriba abajo; cuando me pongo a platicar hablando también su guirigay, que harto entiendo ya por cierto, con algún negro viejo sobre desde que estaba en su tierra hasta que vino y cuanto le ha pasado después; cuando alguna vez, por verlos reír y trabajar contentos, suelo ponerme a meter caña en el trapiche, de donde al poco tiempo salgo todo cansado, con lo que ellos se enorgullecen allá a su modo porque no puedo aguantar, ni siquiera por diversión un rato, los trabajos suyos; cuando vienen a que los apadrine, y salen de ordinario perdonados.

Y no solo los guajiros, amigo mío; gentes más cultas que ellos hacen también lo mismo. Ahora días me dio gana de empezar a recoger décimas. Encargué a mis conocidos que me diesen cuantas les vinieran a las manos, porque pensaba hacer una colección y hasta imprimirlas, ¡pues cómo se burlaron de mí! «Mire usted, ¡recoger décimas Del Monte, décimas de guajiros para que se rían por ahí!» No me zumbaba otra cosa en los oídos. Unos me las copiaban tan mal que ni ellos mismos las entendían; otros me las prometían y luego se olvidaban; otros se negaban abiertamente desde el principio. En vano recordarles que *el poeta nace*; que el amor, tema por donde rueda comúnmente la musa de los guajiros en sus décimas, a todos los hombres y más que otro ningún sentimiento nos inspira; que en Cuba, en esta tierra ardiente, tropical, bajo un cielo tan benigno, con una naturaleza tan rica y tan espléndida, donde todo, árboles, ríos y pájaros, es bello, donde todo amanece y duerme sonriendo, la poesía lo inunda a uno sin querer el corazón y el alma, y brota y se despeña en los versos y hasta en las conversaciones más familiares en suave cadencia, en tierna melodía, como el raudal que se precipita desde la cumbre de una montaña y cuyas espumosas y plateadas aguas van a morir a un remanso apacible y sereno. En vano decirles que una esmerada colección de nuestras décimas con entendidos comentarios y oportunas explicaciones sería quizás el cuadro más cabal de las costumbres, de los sentimientos y de las opiniones de los labriegos cubanos, porque son aquéllas una especie de romances en que con fiel y vivo colorido se retratan.

Me murmuran porque cuando voy por un camino y escucho en medio del solemne silencio de los campos las cuerdas del melancólico tiple acompañado de la voz del enamorado guajiro que canta la hermosura y las gracias de la mujer por quien el pobre suspira, los desdenes con que lo mata y los celos que lo martirizan, me detengo embebecido a oír aquella música que me llega hasta el fondo del alma. Me murmuran porque, en encontrándome a la orilla de una cerca bajo los azahares de un naranjo o en una calle de cocos a varias muchachas que azoradas me clavan sus ojos grandes y negros, no me acuerdo de que han nacido bajo la humilde cobija de una casa de guano, y les empiezo a decir mil requiebros, con que echan tal vez a correr desmorecidas de la risa, dejándome solamente el consuelo de ver sus lindos pies deslizarse por entre la yerba, o la mata de su hermoso cabello destrenzado ondulándoles por la espalda y el cuello a merced del viento. Me murmuran porque pasee toda una tarde por las calles de un pueblecillo para no ver más que techos de yaguas y de guano, los horcones colgadizos, y los patios cercados de tunas, de piñones y de piedra; que me vaya al placer de enfrente de la iglesia, y allí, oyendo los repliques de las campanas que anuncian el próximo día de fiesta, se me llene el corazón de una indefinible tranquilidad, pero que luego de repente una nube negra de tristeza me haga saltar las lágrimas si alcanzo a descubrir una tropa de muchachos andrajosos y sucios, precisamente a la hora que debieran estar en la escuela, tras de una res acosada con sus gritos y pedradas y aguijonazos que se ha salido por casualidad de un potrero y se ha entrado en el pueblo. Me murmuran si me siento en el colgadizo de la taberna a ver cruzar por el camino a los peones de tierra, peones de tierradentro conduciendo los trozos de ganado, el arria que viene levantando nubes de polvo, el apuesto y gallardo mancebo con el rico machete al cinto y sobre el fogoso y raudo caballo que le acompaña en todas sus correrías y aventuras amorosas y que quiere tanto como las niñas de sus ojos; si allí me siento para oír cómo departen dentro de la sala, mientras comen, los guajiros que vienen de camino, conversaciones en que todo lo que se escucha es original, todo transpira no sé qué deliciosa fragancia a Cuba como los azahares de sus cafetos y limones, a la tierra feliz de las palmas y aguinaldos, de los arrieros y tocororos, de las ceibas y los cedros, a la tierra que alumbra y calienta el Sol y adormece y refresca la brisa de los trópicos.

¡Ay, amigo, y qué malo es que le guste a uno la poesía! No porque yo crea, como creen la mayor parte, que el poeta haya nacido con el triste destino de llorar nada más impreso en la frente. No, que de todo hay en el mundo; si muchas cosas piden no ya lágrimas, sino hondos sollozos, motivos abundantes hay también porque asomar a cada paso la sonrisa a los labios. Pero es pobre el poeta porque, riéndose o llorando no todos lo entienden; porque a menudo tiene que encerrar dentro del pecho el torrente de afecciones que le rebosan y que pugnan por prorrumpir como quiere salir de madre el mar que perennemente inquieto echa sus aguas sobre la ribera, porque cuando va a reír o a llorar tiene a veces que esconderse para que no se lo estorbe la burla de los demás. Y si no, ponte a pasear pensativo cabizbajo por entre los sauces de un cementerio leyendo las inscripciones que la amistad y el amor grabaron en horas de amargura sobre los sepulcros, ponte en la capilla hincado de rodillas a rezar como cristiano por los muertos; si un mendigo con las arrugas de la miseria y del hambre en el rostro te pide limosna, dásela; si te encuentras con una ramera, vuelve los ojos con indignación pero con lástima; si asistes al suplicio del reo condenado a muerte, desata los ojos en amargo llanto; si ves a una niña que era antes flor de inocencia, cándido lirio, mariposa de doradas alas, prostituirse porque un rico vino y le habló de amor y le enseñó el oro, rompe a gemir; si al entrar en la casa del pobre te quitas el sombrero y le hablas con respeto; si al anciano le das tu hombro para que se apoye; si guías los pasos de un infeliz ciego; si el amor a la patria te inflama hasta en tus sueños, y mártir por ella lo sufres todo; si pones empeño en guardar fe a tus amigos... hazlo, amigo, que pocos serán los que te crean, pocos los que no califiquen todos esos arranques sublimes y generosos de tu alma, farsa, mentira; o, cuando menos sin comprenderte, los más te llamarán, como los guajiros me llaman a mí, loco. Conque sé poeta, da alas a tu imaginación, déjala arder en su abrasante fuego.

Pero ahí está la gloria, en los dolores, en alcanzar la brillante corona del martirio. Sí, aunque sea padeciendo, o dulce y consoladora poesía, yo te amo. No te enojes porque a veces suela quejarme. No es de ti, sino de los hombres. Los amantes más tiernos también se quejan. Se queja la tórtola arrullando. El cielo mismo se cubre con frecuencia de nubes y parece amenazar el fin del universo. Los ríos más tranquilos se desatan por las llanuras.

1840

Ingenios

De Puentes Grandes, de ese pintoresco pueblecillo, donde en los meses de calor se reúne tanta gente de La Habana a bañarse en las frescas aguas del río que lo cruza por medio, me he trasladado a un ingenio en Güines. Larga será mi estancia aquí, y por consiguiente me sobrará tiempo que dedicar al estudio de nuestras costumbres, y a la contemplación de tantas maravillas y magnificencias con que Dios quiso embellecer estas tierras de los trópicos, y en especial a nuestra adorada patria la preciosa isla de Cuba.

Pero, aunque aquí haya la misma feracidad y lozanía que en las risueñas campiñas de Alquízar y San Marcos, la misma brillantez en el Sol, un cielo siempre azul, apacible; aunque las plumas de los carpinteros y tocororos sean tan lindas, y los árboles estén todo el año cubiertos de hojas; de buena gana cambiaría mi residencia en Güines por los cafetales, o más bien por los jardines de la Vuelta-Abajo. Porque yo no sé, amigo mío, los ingenios, hablándote con franqueza y lo que siento, no me gustan. Visto uno, puede decirse que se han visto todos. No más que cañaverales inmensos de color verdegay que forman horizontes, divididos en cuadros de diverso tamaño por estrechas guardarayas, a cuyas orillas no ostentan, como en las de los cafetales, sus anchas copas ni el mamey, ni el mamoncillo, ni el aguacate, ni difunden tampoco su fragancia los azahares de los limones y naranjos; si acaso en medio de ellos se alza solitaria alguna palma ondulando a merced de la brisa sus melancólicos penachos; palma que se libró de caer bajo el hacha que descuajó el monte donde naciera, y que hoy parece llorar por los otros árboles de su tiempo, las caobas y los cedros, según es de lúgubre como suenan las pencas. ¿Y en las casas hay más alegría por ventura? No ciertamente. Aquí la de purga, allí a un lado la de calderas, enfrente la del trapiche, más allá la del mayoral, y separada de todas algún trecho la de vivienda, pero formando con ellas, a pesar de eso, una especie de cuadrilongo. El espacio que abraza éste se llama batey. Los bohíos se hallan a corta distancia detrás de las fábricas, y pueden por su miseria y desnudez considerarse como los suburbios o arrabales del pequeño pueblo a que un ingenio se parece. Las casas de purga, de calderas y de trapiche, sobre ser muy grandes, son monótonas, son monótonas en su parte exterior; largas paredes y tejados de figura cónica, o, de dos aguas, como dicen; la primera sin embargo es más gacha que la segunda, y la última menos que ésta, cuya torre y chimeneas, por donde salen el humo de las fornallas y el vapor de las pailas y los tachos, la diferencian también de las otras.

Por fortuna, ahora que es tiempo de molienda hay quien se mueva dentro de estos caserones; que, si no, la soledad y el silencio reinarían por todas partes. Pero mira, no atino a elegir entre la zafra y el tiempo muerto; las dos épocas me parecen iguales. Siquiera en los cafetales recolectar el café es una operación muy sencilla, antes distrae que molesta a los negros, es cosa que se hace jugando hasta por los criollitos; de noche no se vela, se escoge el café un rato, y luego se van a dormir. Cuando no están en la cosecha, podar los cafetos y echar semilleros son todos los trabajos, tan pocos y tan simples en verdad que es menester ocupar la negrada en otros que no pertenecen al cultivo de aquella planta para no desperdiciar el tiempo, como en chapear y barrer las guardarrayas, recortar los árboles y embellecer los jardines. Mas en los ingenios, quizás porque así lo exijan el cultivo de la caña y la elaboración del azúcar, las faenas son muy diferentes. Los negros se levantan mucho antes de rayar la aurora, y luego no tienen ni lindas guardarrayas, ni frescas arboledas, ni olorosos jardines donde trabajar a la sombra. Cortar caña, si es tiempo de molienda, al resistero del Sol durante el día, meterla en el trapiche, andar con los tachos y las pailas, atizar las fornallas, juntar caña, acarrearla hasta el burro, cargar el bagazo; y por la noche hacer estos trabajos en los cuartos de prima y de madrugada al frío y al sereno, muriéndose de sueño, porque para diecinueve horas de fatiga solo hay cinco de descanso; y acabada la zafra, sembrar caña y chapear los cañaverales, que es de las faenas más recias de un ingenio por la postura del cuerpo inclinado hacia la tierra no permitiendo enderezarse los machetes, instrumento que regularmente se usa para el efecto; y todo aguantando las copiosísimas lluvias de la estación de las aguas entre el fango y la humedad; he aquí la pintura, aunque muy por encima, de la clase de labores que hay en estas fincas, y sobre las cuales te hablaré más por extenso en otra carta.

La noche que llegué era sábado y no estaban moliendo. Ni una paja se movía en el batey; las casas de trapiche y de calderas a oscuras, la del mayoral cerrada como todas las de nuestros guajiros en cuanto anochece; no se veían aquellos borbotones de humo ni las lengüetas de fuego saliendo por las torres de los trenes, que tanto divierte a los hacendados contemplar desde el colgadizo de la casa de vivienda; ninguna fogata ardía junto a la pila de caña, y, en vez de las canciones de los negros, de los gritos del maestro de azúcar y del estallido del cuero, solo se escuchaba el triste mugir de los bueyes a lo lejos, de cuando en cuando el graznar de alguna lechuza que cruzaba volando por arriba de las casas, y el monótono y cansado silbar de los grillos. Yo no sé, amigo mío, por qué se me abatieron entonces las alas del corazón. Para distraerme me puse en un extremo del colgadizo, donde daba de lleno la Luna, a mirar para nuestro hermoso cielo, y a formar como un niño mil figuras al capricho con las blancas y ligeras nubecillas que impelidas por la brisa se deslizaban por él todas en la misma dirección. Esto me quitó algún tanto la tristeza; pero siempre me quedó en el alma cierta congoja, cierta melancolía que no puedo expresarte, y que solamente conoce aquel que ha dejado a sus amigos a larga distancia, y que además de eso se espera no pasar días muy alegres con las cosas del punto donde está.

Aunque era sábado la negrada sacaba faena chapeando en el platanal; hacíala allí por ser de noche, no obstante la claridad de la Luna, y porque para aquélla se escogen de ordinario los puntos donde haya menos riesgo de que padezcan las labranzas. Cerca de las ocho paró el trabajo; una campanada tocó la queda, y los negros, que la aguardaban impacientes, echaron a correr hacia las márgenes del río que pasa por el ingenio a cortar haces de yerba de güinea que traer a los caballos. Cada cual cortó una buena porción, la ató con bejucos, y la cargó en la cabeza; unos metieron los machetes dentro de la yerba, otros en las vainas, y las negras los colgaron en la tira de cuero con que ciñen el talle a manera de cinturón; el contramayoral se colocó el último de todos y en este orden, aglomerados los varones y las hembras, los chicos y los grandes, y hablando un guirigay a su manera, entraron en el ancho batey. Venían haciendo una estrepitosa algazara cantando y riéndose todos a un tiempo, como quienes habían trabajado sin cesar toda la semana. Apenas botaron la yerba en la pila, se dirigió el más viejo y ladino de ellos a la casa vivienda, mientras los otros se quedaron aguardándolo, hechos un montón, a corta distancia. Venía a pedir licencia para que en señal de haber llegado aquel día los amos los dejasen bailar el tambor. Poco después tornó el viejo adonde los otros, en cuya repentina vocería y carreras hacia los bohíos bien se demostró que había alcanzado éxito favorable la solicitud. No fue menester pedir más para que yo, que me divierto tanto en observar estas cosas, siempre nuevas para quien viene de la ciudad al campo, saliese inmediatamente detrás de la negrada encaminándome también a los bohíos. Cuando llegué ya se habían sacado los tambores a un pequeño limpio circular y pelado de yerba, ciertamente con el roce continuo de los pies; me escondí detrás de un árbol, porque en habiendo algún blanco delante, los negros se avergüenzan y ni cantan ni bailan; y desde allí pude observarlos a mi sabor.

Dos negros mozos cogieron los tambores, y sin calentarlos siquiera comenzaron a llamar, ínterin los demás encendían en el suelo una candelada con paja seca o bailaban cada cual por su lado. Al toque los guardieron de aquí y de allí, los que servían en las casas, los criollitos, todos se juntaron en el limpio. Entonces sí que fue menester calentar los tambores, para lo cual se encendía la candelada; así es como se endurece el cuero que cubre la más ancha de sus cabezas, y rebota la mano, y retumba mejor el sonido en el hueco del cilindro; la candela es la clavija de esos instrumentos, sin ellos ni se oyen bien lejos por las fincas a la redonda, ni aturden los oídos, ni alegran los ánimos, ni hacen saltar. La negrada cercó a los tocadores, pero dos bailaban solamente en medio, un negro y una negra; los otros acompañaban palmeando y repitiendo acordes el estribillo que correspondía a la letra de las canciones que dos viejos entonaban, ¿Y qué figuras hacían los bailadores? Siempre ajustados los movimientos a los varios compases del tambor, ora trazaban círculos, la cabeza a un lado, meneando los brazos, la mujer tras del hombre, el hombre tras de la mujer; ora bailaban uno enfrente de otro, ya acercándose, ya huyéndose; ora se ponían a virar, es decir, a dar una vuelta rápidamente sobre un pie, y luego, al volverse de cara, abrían los brazos, y los extendían, y saltaban sacando el vientre. Algunos, luego de tomar calor, alzaban un pie en el aire, seguían sus piruetas con el otro y cogían tierra con las manos inclinándose hacia el suelo que parecía que iban a caerse. A montones llovían pañuelos y sombreros sobre los más diestros bailadores, y, agotados que eran, había quienes por hacer de los chistosos y gracejos les tiraban un collar de cuentas, a ver cuál lo levantaba antes si el hombre o si la mujer, pero se entiende que sin dejar de bailar ni perder el compás.

¡Qué bulla, qué gritería, qué desorden, amigo mío! Ya he dicho que solo dos bailaban en medio; pero ¿quién contiene a los negros de nación y a los criollos que con ellos viven, en oyendo tocar tambor? Así es que por brincar se salían muchos de la fila, y aparte de todos, como unos locos, mataban su deseo hasta más no poder, hasta que bañados de sudor y relucientes como si los hubiesen barnizado, jadeando, casi faltos de resuello, se incorporaban nuevamente en la fila. Los varones iban sacando las hembras; un pañuelo echado sobre el cuello o sobre los hombros hacía las veces de convite. Viejos y muchachos, hasta los más cargados de niguas, todos bailaban.

Mucho me distraje mirando bailar el tambor; pero te confieso que lo que más me gustó fueron las canciones, tal vez porque las tonadas que guiaban los negros minas, eran de las de esta nación; y no es menester más para que sepas hasta qué grado me divertiría oyéndolas. Cada ingenio, amigo, cada cafetal tiene sus canciones particulares, que se diferencian no solo en los tonos sino también en la letra. Unas sirven para solemnizar aquellos días en que está alegre el corazón, la pascua de Navidad, la de Resurrección, la de Espíritu Santo, el día que reparten las esquifaciones y las frazadas, los bautismos, los matrimonios, el principio de la molienda y de la recolección del café, el año nuevo, los Santos Reyes. Otras acompañan a los entierros, a las grandes faenas, al frío y al calor excesivos. En el primer caso más bien se grita que se canta. En el segundo las modulaciones de la voz son tristes y lúgubres, apenas se oye al que guía ni a los que responden y es necesario no ser hombre para oír esos cantares y no saltársele a uno las lágrimas. Pero hay tonadas que nunca varían, porque fueron compuestas allá en África y vinieron con los negros de nación; los criollos las aprenden y las cantan así como aquéllos aprenden y cantan las de éstos; son padres e hijos, ¡no lo extrañemos! Lo particular es que jamás se les olvidan; vienen pequeñuelos, corren años y años, se ponen viejos, y luego, cuando solo sirven de guardieros, las entonan solitarios en un bohío, llenos de ceniza, y calentándose con la fogata que arde delante. Pero si Italia es en Europa el país privilegiado de la armonía, la tierra de los minas lo es en África. La música de estos negros llega al alma, habla al corazón; principalmente aquellas canciones que entonan en memoria de los difuntos con el cadáver en medio sobre una tarima, y ellos en tomo sollozando.

La repentina aparición del mayoral vino por una parte a turbar la inocente diversión de la negrada, y por otra el dulce solaz que con ella disfrutaba yo. El tambor desmayó al instante, desmayaron las canciones, los bailadores apenas movían los pies, y a ocasiones hasta faltaban. Al fin, a un estallido del cuero, apagaron la candela, y cada cual se fue a su bohío.

1840

Los domingos en los ingenios

Si en los ingenios son tristes los días de trabajo, especialmente a la hora de la siesta, aún más tristes son los domingos, porque en aquéllos hay siquiera el recurso, ya que no pueda uno salir a causa del Sol a pasear por el campo, de irse al trapiche y a la casa de calderas, y distraerse allí aunque no sea más que con las canciones de los negros. Pero la molienda para regularmente los sábados a medianoche, y, si bien siguen andando hasta el domingo los tachos y las pailas, es solo hasta la hora en que se acaba de echar en las hormas del tingladillo toda la azúcar. Así es que a excepción de dos o tres negros que se quedan limpiando los trenes, de los macuencos y enfermizos que pican, apalean y revuelven el azúcar en los secaderos, y de algún otro que cruza por el batey con jícara de funche en la mano, el cual viene de la cocina de la gente y va a comérselo a su bohío, no ve uno otra alma viviente esos días.

Pero así como todo respira tristeza en las fábricas, ponte el sombrero de paja, y endereza tus pasos a los arrabales del ingenio, quiero decir, a las enyerbadas calles de los bohíos, y escucha. No oirás más que risas y cantos alegres que te ensancharán el corazón, no oirás más que el ruido de los pilones donde los negros preparan ciertas comidas, el chisporroteo de la leña que arde en medio de la sala de cada bohío con viva llama, el cacareo de las gallinas y el piar de los pollos que vienen de las maniguas a comer los pocos granos de maíz que les riegan sus amos en el limpio de enfrente de la puerta. Pero guárdate por Dios entonces de ponerles a tus negros un semblante adusto, de demostrarles en nada la autoridad del señor, porque en tal caso la linda escena perderá todo su mérito, porque en tal caso, apenas te columbren, se callarán y se estarán quedos. No, amigo mío, llega con la cara risueña más bien brindando confianza que inspirando recelo, anímalos con algún donaire, entra en los bohíos, acércate a los criollitos, cárgalos, suspéndelos por las sienes en el aire o hazles otra maldad cualquiera, y verás ¡qué diferencia! Delante de ti seguirán sus pláticas, delante de ti entonarán canciones, delante de ti bailarán llenos de animación y de júbilo, y tendrán sus retozos y sus juegos.

Mas ese tiempo de huelga y de alegría pronto pasa, porque el trabajo de toda la semana, el sueño de tanto velar en la molienda, y la sombra de los bohíos después de haber estado abrasándose a los rayos de fuego de nuestro Sol, van poco a poco amodorrando a los negros, que acaban los más por quedarse dormidos como una piedra sobre las tarimas o sobre la yerba bajo las ramas de algún árbol, hasta que la campanada de botar la gente al campo, los gritos del contramayoral y el estallido del cuero los hacen levantarse apresuradamente a coger el machete y el garabato. Las hembras son las que casi todas se quedan despiertas y en movimiento, ya dando de mamar a los hijos, ya lavándolos y sacándoles las niguas, ya cosiendo y remendando sus cañamazos y los de sus novios o maridos, ya a orillas del río o de la laguna jabonando la ropa sucia. Porque, ¡ay, amigo, el destino de la mujer ha sido siempre más trabajoso que el del hombre! No digo entre los negros; entre los libres blancos sucede, que mientras el marido descansa a medianoche, la infeliz mujer vela con las mitades de su corazón en los brazos, y le amanece sin haber cerrado los ojos ni un instante. Nosotros la gente culta las llamamos nuestras señoras, bello título que se merecen; pero la naturaleza misma parece que las ha hecho de más triste condición que la nuestra. ¡Oh sí, nosotros deberíamos besar como cosa sagrada la tierra donde imprimen sus plantas! Mas ¿a qué esta digresión, me dirás?

Te hablaba de las negras, de las negras, que mientras sus novios y maridos y sus padres y hermanos y parientes duermen en la tarima o a la sombra de los árboles, siguen las pobres sus quehaceres, desde la muchacha que empieza a suspirar con el machete o el azadón en la mano hasta la tierna madre que oye en torno suyo el llanto de los criollitos. Esas negras puede decirse que no descansan ni los domingos ni los días de fiesta, esas negras parece que son hechas de hierro, porque no dormir más que cinco horas durante la molienda, levantarse cuando aun no piensan en lucir los primeros resplandores de la mañana, y estarse metidas, sin más tregua que el rato del mediodía en que vienen a comer a las casas, entre los cañaverales tumbando caña al Sol, al Sol derretidor de los trópicos, y en medio de esto, si cae un aguacero, aguando agua y en invierno, el frío, que en el campo y a los africanos penetra hasta los huesos, y luego el domingo y los días de fiesta dar de mamar al hijo, lavar y coser la ropa, guisar la comida, ¡yo no sé, yo no sé cómo tienen resistencia para tanto! Y con todo, amigo, ¿lo creerás?, andan siempre alegres, el rostro placentero, no tienen aquella gravedad que tienen de ordinario los negros, y rara vez se las ve desesperadas quitarse la vida ahorcándose. Por esto dicen los mayores que las negras son de más resistencia y de más constancia en el trabajo que los hombres, y lo atribuyen a ser de mejor temple su naturaleza física; pero los mayorales, como es natural, no pueden penetrar el fondo de las cosas. Por lo que a mí hace, cuando veo que a las negras no les falta nunca el tiempo para sus hijos, sus esposos y sus padres, por muy largas y recias que hayan sido sus faenas; cuando las veo peinándose trenza y moño los días de descanso en lugar de acostarse como los negros a dormir, engalanarse con túnicos de zaraza, con pañuelos de vayajá, con collares de cuentas de vidrio de vivos colores, y estar siempre prontas a reír y a cantar y a bailar, busco la causa en otra fuente muy diversa. Entonces me voy al corazón y digo: el hombre nace más fuerte que la mujer, pero la mujer nace más sensible; la llama de la sensibilidad no se apaga nunca en su alma, es un manantial caudaloso que nunca deja de correr, es el Sol que siempre alumbra la bóveda del cielo; la mujer ha de amar con más vehemencia que el hombre, ha de querer más a sus hijos, a sus padres y a sus amigos; y por tanto, sea cual fuere la condición de su vida, ha de anhelar por granjearse, mediante las buenas obras y procurando parecer hermosa, el amor de los unos y la estimación de los otros.

Pero a la sazón que te escribo estos renglones oigo la algazara de muchas negras que salen de los bohíos y se acercan a la casa. Es seguramente algún bautismo, y vendrán, antes de ir al pueblo, a que los amos las vean. Conque salgo corriendo al colgadizo, y adiós hasta otra, en que te contaré.

1840

El guardiero

Cuando se acerca el crepúsculo, amigo mío, un peso enorme me agobia el corazón. Los árboles se van poco a poco oscureciendo, los pájaros se ocultan entre las ramas, se ven grandes trechos de sombra en la tierra, comienza a correr un airecillo suave, y las pencas de las palmas a suspirar blandamente. Tal vez la Luna, pálida todavía, se alza por entre los penachos de un palmar, y luce sobre nubes de nácar la estrella de Venus como los ojos de una hermosa en su nítida frente. Los negros entonando sus canciones cortan yerba, el contramayoral los aviva con sus gritos, las cascadas del río se perciben más sonoras, y las lechuzas, aleteando entre las ramas de algún mango, se preparan a cruzar el plateado mar de la Luna como brillantes copos de nieve. En esta hora solemne busco un bosque de cañas-bravas, las márgenes de un arroyuelo, o el limpio del bohío vara en tierra de un anciano guardiero. Oyendo el concierto de las hojas, viendo deslizarse las aguas, y conversando con el negro que cuida hoy una tranquera, y que, cuando yo no había nacido, tumbaba, robusto como un atleta, cedros y ácanas donde ahora se extienden verdes campos de caña, me estoy hasta que por todas partes se han esparcido las sombras de la noche. Entonces me encamino hacia las casas, y, en vez de buscar tregua a mis cavilaciones en el reposo del sueño, corro al trapiche, me siento en la rampa iluminada por la Luna, y allí permanezco en muchas ocasiones, meditando, mientras dura el cuarto de prima.

Ahora tardes me preparaba a unas de mis excursiones. Había ya salido del batey e internádome en una arboleda que va a morir orillas del río. Algunos criollitos saltando y gritando me acompañaban, y yo condescendiente, porque su júbilo me distraía, los dejaba brincar y dar gritos. A las voces una hermanita mía echó a correr desde la casa de vivienda, nos alcanzó, me abrazó riéndose, y me rogó que la dejase acompañarme. Iba vestida de blanco como una paloma, su cabello color de avellana le caía en dos largas trenzas sobre la espalda, y habíase puesto por juguete un collar de maravillas blancas y encarnadas. Se adelantó corriendo por la yerba, arrancando flores, mirando los pájaros, y modulando una tras otra canciones diferentes. El Sol se ocultaba con majestuosidad, y cada vez más encendidos sus rayos, parecía que sobre las flores, las yerbas y los árboles derramaba una niebla de oro. Por entre las ramas y los troncos salían aquí y allí manojos de luz, y mi hermana al cruzarlos, bañada en su fúlgido tinte, imaginábame que era dulcemente acariciada por el Sol de Cuba. ¡Ay!, su corazón limpio aún como una gota de rocío; aquel rostro angelical, riente, diáfano; aquella alegría de la vida que bañaba todos sus movimientos; el inocente himno que su alma entonaba cuando corría tras de los tomeguines, cuando suspendida en la punta de los pies como un zumzún en sus aéreas alas, se detenía con los ojuelos abiertos a escuchar el ruido de una yagua cayendo; bien merecían, más que otras muchas cosas, ¡ser alumbradas por el Sol de Cuba al posarse en su lecho de nácar, de diamantes y topacios!

Íbamos por una guardarraya de naranjos y de palmas, que yo mismo, en los días alegres de la infancia, había ayudado a sembrar. Los naranjos se cubren ya de azahares todos los años, y luego sus áureas frutas resaltan sobre el verde oscuro de las hojas lucientes; y las palmas, esbeltas y blancas como yeso, con sus pencas ondulantes y rizadas, con algún cernícalo en la punta del cogollo, con algún carpintero abriendo agujeros en los troncos, dejan caer de cuando en cuando una yagua, que recogen los guardieros para dormir. El espacio de los naranjos a las palmas está sembrado de flores de jericó; el viento las había sacudido, y sus pétalos sin fragancia, pero de tan vivo color, esmaltaban la tierra, allí encendido como almagre. Paralelas a esta guardarraya había otras dos, más angostas, de cañasbravas, las cuales nunca se cortan, y como bañan sus raíces dos venas de agua sacadas del río, era tanta su frondosidad y lozanía que dobladas como arcos se entrelazan por arriba formando un pabellón espesísimo, o venían a caer sobre la misma agua; las hojas secas alfombraban la tierra; y ni una yerba siquiera crecía entre ellas. Mi hermana y los criollitos buscando la claridad y el espacio corrían por la guardarraya de palmas y naranjos. Yo los seguía poseído de un inocente gozo, hasta que imágenes menos risueñas y cándidas cruzaron como un rayo por mi mente, y ya no pudieron bastar para las fruiciones de mi alma ni el alborozo de los niños ni las flores de jericó. Queriendo sacudir aquellas ideas, volví los ojos al cielo, miré sus listones de grana, el azul puro y limpio que pronto iba a rutilar con mil y mil estrellas, las albas nubecillas; pero entonces nada me distraía, porque escuchaba el ladrido del perro de un guardiero, y los gritos de éste espantándolo.

Dejé precipitadamente la guardarraya de palmas y naranjos, y entré en una de las de cañasbravas. Una sombra triste había dejado de ellas, y a su fin, en el limpio donde estaba el bohío del guardiero, se veía una mancha rojiza de Sol, que en medio de tanta oscuridad me parecía la poca luz de esperanza que en sus días nebulosos alumbra la vida de algunos hombres. El guardiero con su gorro de lana en la cabeza, apoyado en un alto bastón de cañasbrava, encorvado con el peso de los años y de los trabajos que desquician más la vida que los años, hallábase de pie junto a la puerta de su bohío. Un montón de gallinas le rodeaba, y él, llamando a las que aún no habían llegado, desgranaba una mazorca de maíz. De vez en cuando se agachaba y seguía desgranando, algunas gallinas hambrientas le saltaban a los hombros, otras venían a comer casi en sus manos, él entonces extendía velozmente el brazo, cogía por las patas a alguna, se desparramaban todas las otras, y luego volvían a su derredor. Un perrito flaco, de aguzado hocico, manchado de blanco y negro, de orejas paradas, ladraba desde la puerta, a la cual estaba atado con un arique; unas veces impaciente saltaba para correr; otras se sentaba, aullaba, descansaba un instante la cabeza entre las patas, y, al cacareo de una gallina, volvía de nuevo, saltando de improviso, a ladrar con más fuerza y petulancia que antes. Desde la corta distancia a que me hallaba divertíame en observar estas cosas, si no nuevas para mí, muy acordes al menos con los sentimientos que embargaban enteramente mi alma. Con mis pies, por más ligero que anduviese, sonaba el pajonar de las cañasbravas; en cuanto aquel perrillo vivaracho y arisco me atisbase, de seguro comenzaría a ladrar, azorado el guardiero volvería la cabeza, y al ver a un blanco, a uno de sus amos tan cerca, otros quizás serían sus movimientos y palabras. Era necesario contemplarlo sin que él se apercibiese de mi presencia, era menester dejarlo libre al lado de su negruzco bohío, acallando el incesante ladrar de su fiel y único compañero, entre sus gallinas; no apagar ninguno de los colores con que así, en medio de tanta soledad, con sus canas, su gorro de lana, sus sandalias de cuero crudo y sus pantalones y camisa de rusia, su bastón de cañasbrava, hablando solo o con el perro o las gallinas, era sin embargo el alma de aquel cuadro interesante.

No sé, amigo mío, si tú alguna vez discurriendo en mañana alegre y fresca, al gotear de los árboles el rocío, ungida tu alma con pensamientos tiernos y apacibles sobre cuán bella es la naturaleza, cuán dulce es vivir, cuán santa cosa reír inocente al teñirse el cielo con los fulgores del día, pensando en tu madre, en los suspiros de la mujer que adoras, en tu patria; no sé si recorriendo los campos con el pecho abierto de esa manera a los goces inefables de la poesía, has escuchado por ventura no lejos, pero sin saber donde, el hermoso gorjeo de un pájaro que acompaña con su melodía el murmurar de un arroyuelo, y que, habiendo sentido tus pasos, se calla de improviso. La voz del pájaro te ha embelesado, has sentido vibrar en tu alma mil cuerdas de oro, vibrar un instante, pero callar con aquel gorjeo; lleno de ansiedad, te has quedado inmóvil aguardando otro; pero todo ha seguido en profundo silencio. Mas tú ignoras si el pájaro estará detrás de aquellas mismas ramas que te estorban mirarlo; das un paso y te detienes, das otro, y al fin, separando las ramas, sacas la cabeza, y tus ojos anhelantes se dirigen acá y allá sobre los árboles de las orillas, hasta que tú mismo al caminar confiado en que estará más lejos, lo espantas del árbol donde cantaba, lo ves volar como una brillante esperanza que se te malogra, y percibes de paso solamente unas alas manchadas de varios colores, unos ojos redondos, vivos y relucientes, un cuello tornasolado, un pico de coral. Pero quieres realizar tu deseo y sigues pasito separando ramas, apenas moviendo la yerba, hasta que el pájaro extasiado en su canto, después que saltó de rama en rama y hubo bajado a beber agua desde el arbusto de la orilla, se deja observar a tu sabor. Lo miras; cuando has contemplado su espalda de seda, deliras porque vuele para verle las plumas del pecho, y cada movimiento suyo es un nuevo deleite para ti; si se rasca con el pico, el color de las plumas por dentro te encanta; y cuando vuela trinando y tú no lo alcanzas ya con la vista, al llegar a la casa de vuelta de tu paseo, es tu mayor placer contar qué lindo pájaro hallaste orillas del arroyo, y qué trabajos te costó el observarlo.

Yo también he seguido un pájaro por ver sus plumas y escuchar su canto; pero te confieso que en aquellos momentos no era menos viva mi ansiedad. Lo apacible de la tarde había derramado en mi corazón las más tiernas impresiones, y por común que en nuestros campos sea el bohío de un guardiero, presentía que se me esperaban instantes de gran placer. Eran además muy poéticos sus alrededores, muy adecuada la hora para gustar las bellezas del cuadro. El Sol se estaba poniendo a la sazón, sobre el limpio abierto enfrente del bohío alumbraba todavía como el dudoso resplandor de un incendio, y aquí y allí veíanse largos listones de sombra producidos por el tronco de las palmas. En el bohío vara en tierra, fabricado al pie de un frondosísimo jagüey que se levanta orillas del río, casi a oscuras ya, percibíase como un fuego fatuo la pálida claridad de la llama que en ellos arde perennemente, y cuya luz iba tomando por momentos un color más vivo. En el limpio no había ni una yerba siquiera, porque el guardiero muchas veces, antes de comenzar o después que acababa de tejer canastas, le daba una mano con el machete, y todos los días lo barría con una escoba de palma. La tierra allí era muy bermeja, y mucho más lo parecía por la verdísima yerba que circundaba el limpio. Éste se halla rodeado de algunas palmas, de un bosquecillo de cañas de güín, y no lejos se deslizan las azules aguas del río. Las hojas de aquéllas, estremecidas de vez en cuando por el soplo de la brisa, formaban un patético murmullo, que hacía más dulce el lejano y sordo resonar de las cascadas. A ocasiones sucedía a tan deleitable concierto un silencio sepulcral, y solo se escuchaba el ruido leve de alguna hoja que cayera tropezando con las ramas, imagen triste de cómo nuestros días se van desprendiendo del árbol de la vida; y luego, de repente, tornaban los murmullos tan suaves, tan melancólicos como los acordes de un arpa.

Después de haber ladrado siempre con la misma petulancia estaba echado junto al guano el perrito manchado de blanco y negro, y el guardiero, luego que desgranó varias mazorcas, habíase sentado sobre el trozo de madera en que, tejiendo canastas para el ingenio, conversando con los ahijados y parientes, tocando la marimba, pasaba los años iguales de su vida. Dábale las últimas vueltas a unas canastas, y sin interrumpir su tarea alzaba frecuentemente la vista para contar las gallinas que iban entrando una a una por la gatera. Así permaneció largo rato, hasta que concluida la canasta se levantó, colocóla sobre otras que tenía debajo del jagüey, y tapó enseguida la gatera con una piedra. Después entró en el bohío, le dirigió algunas palabras al manchado, que se levantó gruñendo y meneando el rabo, atizó la candela, puso a asar plátanos, y salió, arrojándole a aquél un poco de harina cocida, con una pequeña caja de madera en la mano; pero el manchado, en lugar de precipitarse sobre la comida, alzó la cabeza tristemente mirando para el guardiero como significándole que le diera otra cosa, el cual al parecer compadecido, mas riñéndole ásperamente, sacó un pedazo de tasajo y se lo tiró en el suelo. El perrito lo devoró, se volvió a echar, puso la cabeza entre las manos, y clavó con aire de ternura y agradecimiento en el negro sus ojos lleno de inteligencia. ¿Acordábase, quizás de que tres años antes una mañana en que el mayoral, habiendo separado dos cachorros no más, estrellaba los otros con bárbara frialdad en una cerca de piedra, y teniéndolo ya asido por las patas, cruzó casualmente por allí camino a su bohío el viejo guardiero, y luego que lo vio, pensando que las frutas de la arboleda y muchas gallinas se las robaban por falta de un perro, se acercó al mayoral, pidióle sumisamente el cachorro manchado que iba a morir, y aquél, no sin deseos todavía de matarlo como a sus hermanos, se lo había dado?

La escena del perro, amigo mío, hubo de interesarme más por aquel cuadro tan sencillo, pero al mismo tiempo tan original. La caja que el guardiero llevaba en la mano era una marimba, a cuyo son lúgubre acostumbraba cantar por las tardes, bien cuando se sentía triste, bien cuando algún pensamiento alegre aparecía como el iris en su imaginación. Sentóse en el trozo de madera, colocó la marimba entre las piernas e inmóvil como una estatua estuvo algún espacio con los ojos fijos en el suelo. Yo aguardaba, con una curiosidad mezclada de tristeza que no te puedo explicar, a que sus duros dedos tañesen los gruesos alambres para escuchar los sonidos que sacaba y sobre todo para ver cómo cantaba un negro que de tan anciano apenas podía dar un paso sin apoyarse en su bastón. Cuando menos lo pensaba, hizo un movimiento brusco, enderezó la marimba, y punteando los alambres sacó unos acordes muy bajos y entonó un cantarcillo, que solo por el silencio del lugar podían escucharse. Cantó el principio en un mismo tono, y su cuerpo conservaba una misma postura; pero luego fue interpolando un estribillo más triste, y cada vez que llegaba a él movía la cabeza como llevando el compás. Al mismo tiempo que cantaba y tocaba, sonaban las hojas del jagüey, sonaba el río, sonaban las palmas y las cañas, haciendo tantas armonías juntas un concierto tristísimo que inútilmente se buscaría en otras partes...

Pero levantemos la pluma, amigo mío. Las canciones del trapiche han cesado, y seguramente es medianoche y han mudado el cuarto de prima. Abro la ventana y miro para el batey ¡qué hermosa noche! Noches arrobadoras, espléndidas, yo os amo más que mi vida. Noches de amor, dulces noches ¡cómo se desliza la vida con vosotras, cómo se espera con vosotras, cómo inspiráis inocencia! Luceros, estrellas, Luna, alumbrad. Nubes blancas de gasa, corred, que yo me embebezco contemplándoos: Murmuren tus hojas, mango frondoso, rosas de Alejandría, exhalad vuestros aromas. ¡Ay, noches de Cuba, yo quiero morir mirándoos!

1843

La casa de trapiche

Una noche desde el colgadizo de la casa de vivienda miraba para el batey iluminado por la espléndida Luna de nuestra patria, y por donde iba y venía a intervalos el carretón del bagazo. Las canciones de los negros del trapiche, el ruido de la máquina de vapor y los gritos del contramayoral llegaban claramente hasta allí. A alguna distancia de las fábricas percibía el grupo de los bohíos. La casa de purga estaba cerrada, pero en la de calderas y en la de trapiche aún no habían terminado los trabajos. Junto a la pila de caña, parte acumulada en los colgadizos y parte formada en el batey, estaban varios negros juntando la que los cargadores habían de llevar en hombros hasta el burro. Unas veces corrían, otras andaban despacio, a ocasiones los cantares eran alegres, a ocasiones casi no se distinguían, a ocasiones los acompañaban risas y algazaras. Apenas alumbrada por las farolas la casa de trapiche, los negros que acarreaban la caña, los que la metían en los cilindros, el contramayoral y el maquinista parecían de lejos más bien fantasmas que seres humanos. Sobre el tejado de la de calderas se extendían ondulantes y negras columnas de humo que brotaban de las torres, y cuyas chispas, volando con la brisa, se apagaban luego de súbito.

Muchas ocasiones a esa hora he ido a la casa de trapiche, y en ella, ora apoyado en la baranda, ora sentado en una silla de cuero, me he pasado largo espacio mirando los trabajos. Aquella noche fui también. Los negros, en cuanto me vieron salir del colgadizo y encaminarme hacia ellos, se lo comunicaron de unos en otros hasta los de la casa de calderas, y sus cantares, bañados entonces de júbilo, anunciaban, en letra grosera pero sentida, el placer de ver llegar al amo. Pasé por el lado de los juntadores y crucé por entre los cargadores de caña para ir a colocarme cerca de las mazas. El burro estaba vacío al llegar yo; la voraz máquina de vapor, a manera de un monstruo fabuloso, tragaba rápidamente cuanta caña arrojaban los metedores a los largos y relucientes cilindros. Los metedores golpearon en el burro, los cargadores oyeron el ruido, el contramayoral estalló el cuero, y en un momento el burro estuvo lleno, y los cargadores entonces, riéndose en son de mofa, amontonaban la caña en el suelo. La máquina bramaba, sus ruedas giraban con menos velocidad, las mazas repletas de caña retardaban su rotación, crujían los guijos, y los metedores eran salpicados por chispas y chorros de guarapo. Los brazos y el pecho de éstos, empapados en sudor, brillaban a la luz de las farolas; su incesante movimiento de arrojar montones de caña a las mazas fatigaba solo de verlo, y aunque parecía que después de tantas horas de faena no debieran ya tener fuerzas para respirar siquiera, todavía conversaban entre los dos, todavía pedían más caña, todavía mezclaban sus roncas voces a las canciones de los demás.

Yo estaba de pie con la espalda apoyada en un horcón de quiebrahacha. Noté que los negros se reían unos con otros y que sus cantares eran estrepitosos. Un negro viejo, juntador de caña, decía en voz baja algunas palabras, y luego los jóvenes, varones y hembras, prorrumpían en ciertos estribillos. Puse atención y vi que la letra se refería a mí. Aquel día se habían repartido las esquifaciones y las frazadas, aquel día había hecho quitar algunos grillos, aquel día había ido a la cocina de la gente para cerciorarme de cómo se le preparaba la comida, y aquel día también había dado licencia para que el domingo próximo se casasen algunos, se bautizaran varios niños, y por la noche, desde las oraciones hasta las diez, se tocase el tambor en el batey frente a la casa de vivienda. Tales eran los asuntos que contenían los estribillos; el negro viejo los iba apuntando, y los mozos después los variaban a su albedrío. Con las gracias que de esta manera me daban, mezclaban también nuevas peticiones, y los que estén al cabo en nuestras costumbres y comprendan el tosco dialecto de los negros de los ingenios, habrán oído con frecuencia en esas canciones necesidades que los amos ignoraban, quejas y hasta epigramas y sátiras contra los que a veces los gobiernan sin saber su obligación. Sonreíame escuchando las sinceras expresiones de su agradecimiento, cuando advertí que el negro viejo se levantó del madero en que se le permitía sentarse para juntar la caña, y que lo colocaba más cerca de mí. Después de haber cantado alegremente con sus compañeros, quería pedirme que, por estar ya achacoso y anciano, lo dejase descansar. «Yo he chapeado mucho; yo he arado casi todas las tierras del ingenio; yo he cortado más caña que hojas hay en las matas; yo he visto elevarse las palmas que apenas se levantaban de las yerbas cuando vine de mi tierra; yo tengo varios hijos que trabajen por mí; déjame ir a reposar y calentarme, hasta que muera, junto al fuego de mi bohío.» Así me decía, mirándome y moviendo su encanecida cabeza, el septuagenario cortador de caña.

No hay suceso en los ingenios, enlazado de alguna manera con la vida de los negros, que no se refiera alegre o tristemente en sus canciones. Si el buey brioso y bello, que todos se disputaban por tener en su carreta, ha muerto, en un día abrasante, de gangrena; si un tacho se ha desfondado; si las coronas del trapiche se han roto; si en los cañaverales ha prendido fuego, y con afanoso trabajo ha sido menester atajar aquel mar de llamas; si las crecientes del río han arrastrado con el maíz, con el arroz, o con la caña acabada de sembrar en sus márgenes; si una seca o unos aguaceros horrorosos amenazan las cosechas; si el cerdo ya cebado y pronto a ser vendido al especulador que recorre las fincas, se ha muerto de repente sin saberse por qué; si el compañero, que solitario en los campos estaba desmochando palmas, se ha caído; si se ha dado por el mayoral y por los perros con la guarida de algún negro cimarrón; si la vaca bermeja, si la puerca de hocico blanco, si la yegua más hermosa del potrero han parido; las letras de las canciones lo dirá cuando se esté chapeando o cortando caña, cuando se junte o cargue en la casa de trapiche, cuando dos negros uno enfrente del otro batan en las resfriaderas, con las bombas, la templa que acaba de ser sacada del tacho. Lo mismo sucede en habiéndoseles cambiado el alimento; en habiéndose aumentado o disminuido las horas de trabajo; en habiéndose introducido una máquina, un instrumento, un proceder cualquiera, que a la vez que los asombra, facilita y aminora las faenas; en anunciando los aguinaldos sobre las cercas y los matorrales que pronto llegarán los amos; en concediéndoseles un pedazo de tierra para que hagan, concluida la zafra, sus conucos, en dejándoles desmochar guano para cubrir los bohíos; la ocasión que se mata una res para repartirla en raciones; la ocasión que se muda el mayoral que los apuraba demasiado; la ocasión que la señora escoge de entre los criollos el que ha de llevarse a la casa de vivienda; la ocasión que se dio una recompensa al carretero que, con las astas de los bueyes coronadas de güines de caña, entró primero con su carreta, el día que se rompió el corte, en el anchuroso batey; la ocasión en que despedido el maestro de azúcar, continuaron los tacheros sacando templas tan buenas como antes; lo que acaeció el día que se estrenó la máquina, el día que se levantó tal fábrica, el día que el tren de carga o de pasajeros del ferrocarril que atraviesa la finca, cruzó por los cañaverales haciendo suspender los machetes a los estupefactos tumbadores de caña.

No sé por qué aquella noche atendía más que nunca a las canciones. Miraba a los negros subir y bajar de la pila de caña al trapiche, miraba para la casa de calderas, y entre el blanco vapor de las pailas y los tachos que llenaba el aire de una deliciosa fragancia, distinguía el espumoso guarapo semejante a oro derretido; miraba brillar el azúcar de las resfriaderas; miraba las gruesas vigas y los robustos horcones que formaban aquellas casas de colosales dimensiones; miraba girar las ruedas de la máquina, moverse tantas piezas con admirable concierto, el vivísimo fuego que la alimentaba, el maquinista sentado cerca; y, sin querer, mis pensamientos se fijaron en lo pasado y en el porvenir. No hacía muchos años que en mi patria casi todos los trapiches eran movidos por bueyes; las cosechas de los ingenios apenas pasaban de mil cajas; la superficie de una de estas fincas no se componía de gran número de caballerías de tierra; las negradas, comparadas con las de muchos ingenios de hoy, eran escasas. En la actualidad todo se pretende hacer y tener en elevada escala. El estruendoso y civilizante vapor mueve las mazas de los trapiches, y puesto una vez el pie en la infinita senda de los progresos, se tiene que caminar por ella sin cesar. El vapor arrastra tras sí por los hermosos campos, dando a veces extraños alaridos, largas series de coches y de carros cargados de pasajeros y de frutos. Cerca de las playas cubanas andan también barcos de vapor conduciendo a los mercados más activos nuestro azúcar, nuestro café y nuestro tabaco. Proyéctanse y llévanse a cabo otras líneas de comunicación por mar y por tierra. Dentro de poco el telégrafo eléctrico colocará sus alambres de pueblo a pueblo, las noticias y las ideas caminarán con la rapidez del relámpago, y los que hoy, apenas nos hablamos, viviremos conversando en familia.

La isla de Cuba, entre las dos Américas, a la boca del golfo mexicano, siendo el centinela avanzado del archipiélago, punto intermediario del comercio el día no lejano en que los pueblos asiáticos y los pueblos americanos y europeos se comuniquen por caminos más breves; con sus muchos y bellos puertos, sus innumerables riachuelos, sus campos cubiertos de verdor perenne, sus privilegiados frutos, sus feraces terrenos, su cielo encantador, su benigno clima; no se detendrá sin duda en la marcha que ha emprendido. Mil y mil leguas de ferrocarriles se entretejerán de punta a punta de la Isla; las ruedas de los barcos de vapor surcarán día y noche las espumosas aguas del mar; muchos ríos se canalizarán; los terrenos pantanosos serán desecados y sobre enos crecerán lozanas plantas; no habrá espacio que no esté sembrado de caña, de café o de tabaco; la población se decuplará; al lado de cada puerto se levantará una ciudad elegantemente delineada y construida; cientos de fanales servirán de guía al navegante; se abrirán, donde ahora hay caminos intransitables, largas y bellas calzadas; se echarán sobre los ríos muchedumbres de soberbios puentes; se introducirán todos los días máquinas e instrumentos para sacar de la tierra los frutos que atesora; se mejorarán las razas de todos los animales útiles; las siembras mismas se harán con aquel orden y aquella simetría que son un indicio claro de los adelantamientos de los pueblos; las groseras chozas de nuestros labradores se convertirán en graciosas habitaciones rodeadas de árboles y de flores; todos los artículos abaratarán y se pondrán al alcance aun de las clases más pobres. El viajero que descienda a las playas cubanas y visite las poblaciones y las campiñas, así como el que hoy, después de treinta años de ausencia, se admira de cómo camina esta tierra privilegiada, envidiará no haber nacido bajo sus ceibas y sus palmas. Dirá en su patria cuán feliz vive el hombre aquí, y millares de familias, cansadas de trabajar en tierras ingratas ya, y ansiosas de paz y de orden, cruzarán los mares, besarán el suelo hospitalario que las recibe con los brazos abiertos, descuajarán unas pocas yugadas de terreno, fabricarán su albergue, arrojarán los granos en los surcos, y, en breve, nunca más les faltará el alimento.

Desde que el inmortal y desventurado genovés entró por la boca del río San Salvador, no hace todavía cuatro siglos. Una raza inocente y tranquila habitaba la tierra más importante que acababa de descubrir; árboles bellos, flores bellas, pájaros bellos encantaban la vista, que, enderezada al cielo, encontraba ese Sol, esa Luna, esas estrellas esplendentes brillando en un azul apacible y circuidas de nubes blancas y de oro; pero nada de industria, ni de agricultura, ni de comercio, ni de artes, ni de ciencias. Terrenos feraces, ríos infinitos, multitud de magníficos puertos, valles amenos, encantadoras lomas, ricos bosques; era todo lo que había. Los aborígenes se acabaron; el arado arrancó el primer gemido a las entrañas de la tierra, anduvieron bájeles por las costas, y, aunque otros descubrimientos de más valía hicieron mirar con indiferencia por algún tiempo la isla donde se alzaban los bohíos, los bajareques y los cansíes, decidme, si resucitando ahora Diego Velázquez, conocería a Cuba, que tan pronto pudo conquistar, y que gobernó trece años.

Así pensaba yo en la casa de trapiche aquella noche mirando girar las mazas, oyendo crujir las exprimidas cañas, entre los vapores que venían de las pailas y los tachos, contemplando las recias faenas de los negros, y escuchando sus interminables canciones. Era como la una de la madrugada cuando la otra cuadrilla vino a relevar la de prima, y entonces salí para la casa de vivienda. La mitad del batey estaba en una sombra triste, porque la Luna, cerca de su ocaso, iba a esconderse detrás del platanal; pero no había ni una nube en el cielo, y la brisa en sus alas amorosas traía la fragancia de las flores del jardín. Los grillos cantaban en monótona cadencia, y las aves nocturnas graznaban desde los tejados de las casas. Allá a lo lejos se distinguía el remanso del río bañado de luz. Escuché de nuevo el chirrío de los carretones del bagazo y no sé si, de alegría o de tristeza, corrió el llanto por mis mejillas. Desde la cama oía después el ruido del trapiche y a los negros cantando. Las criaturas sensibles saben lo que se experimenta entonces.

1853

El corte de caña

Aquel día había habido grande animación en la casa de vivienda; muchos amigos vinieron a visitarnos; y no hubo un momento en que la alegría no estuviese pintada en todos los semblantes. Anduvimos por la arboleda, comimos frutas a la sombra de los árboles, nos sentamos en las márgenes del río, fuimos a las casas de trapiche, de calderas y de purga, vimos los trabajos que exige la fabricación del azúcar y, a menudo, recorrimos las calles del jardín. A los acordes del sonoro piano bailamos algunas danzas, y también se mezclaron con el lejano rumor de los gritos de los negros las dulces voces de varias señoritas que cantaron, o melancólicas canciones cubanas, o aquellas soberbias composiciones de los grandes artistas que nunca podrán escucharse sin que el alma se entregue a arrobadores ensueños. El día era brillante, un hermoso día de nuestros suaves inviernos, un día en que rara es la nube que impulsada por el viento del septentrión cruza por el profundo azul del cielo, un día en que el abrasante Sol de los trópicos apenas calienta las mejillas, de la criolla que se atreve a arrostrar el fuego de sus rayos. Desde el colgadizo habíamos tenido con frecuencia la vista sobre el anchuroso batey, sobre los bohíos que se levantaban a lo lejos, sobre las guardarrayas de algarrobos y de mangos, y seguimos también en su vuelo a la blanca garza cuyo plumaje resplandecía a la luz del Sol. Más de una ocasión un grupo de graciosas jóvenes se detuvo largo tiempo cerca del florecido granado para oír el perenne zumbido, y para mirar los espléndidos colores del cuello, de las alas y de la espalda del impalpable y libre guaní.

La comida fue alegre. Los pálidos rostros de nuestras compatriotas se tiñeron de un sonrosado semejante a los matices de la aurora. Se habló de bailes, de teatro, de excursiones. El hielo enfriaba el agua, las copas de cristal sonaban chocando con la vajilla, y el champaña de color de ámbar hervía dentro de ellas. Se oían las risas ingenuas del bello sexo, escuchábanse sus acentos bañados de ternura y se miraban sus cabellos de seda y sus negros ojos ardientes. La tarde era apacible y convidaba, después que concluyese la comida, a salir a pasear por el campo. En la sobremesa se discutió si iríamos a los bohíos, si nos internaríamos en el bosque de cañas bravas, si seguiríamos la orilla del canal que conduce el agua para dar impulso al trapiche, si buscaríamos las hondas impresiones que causan los palmares, si volveríamos otra vez al río, a la arboleda, al jardín. El chirrío de las carretas que cargadas de caña entraban en hilera en el batey, decidió el rumbo que llevarían nuestros pasos. Las vimos atravesar por el frente de la casa de vivienda, tiradas cada una por dos yuntas de bueyes, con la caña hasta la extremidad de las estacas, con los haces de cogollos arriba, con los carreteros a pie y armados de largas varas de aguijar, hasta que llegaron a la pila, donde debían ser descargadas. ¡Al corte de caña, al corte de caña! exclamaron muchos a un tiempo, y al instante nos encaminábamos allá siguiendo las huellas que en las yerbas y en la tierra habían dejado las llantas de las carretas.

Los que entre un grupo de amigos os hayáis encontrado una tarde clara y serena al descender el Sol a su ocaso atravesando los terrenos que os pertenecen, decidme si entonces no os ha sucedido siempre lo mismo que a mí. Se os pregunta cuánta parte de la superficie de la isla de Cuba es vuestra, cuál es la naturaleza de aquellos terrenos, cuáles son los métodos que seguís para ararlos y sembrarlos, cuál es el número de vuestros siervos, en qué proporción se hallan los sexos, qué horas de faenas y qué horas de descanso tienen, qué alimento es el que de ordinario les dais, cómo los premiáis, cómo castigáis las faltas que cometen, qué facultades concedéis a los subalternos que inmediatamente los gobiernan, los procedimientos adoptados para la fabricación del azúcar, los gastos que hacéis anualmente para refaccionar la finca, el producto limpio que os da, por qué aquel cañaveral está más poblado que el otro en el cual hay por donde quiera sabanas, qué significan tantas zanjas, cuándo está en sazón la caña para molerse, qué precios arrojan las últimas cotizaciones, si al mercado remitís el fruto por los caminos comunes, por mar, o por ferrocarril. Una joven, de fisonomía interesante, y a la que acaso améis, formará parte de los amigos que os rodean y que, riéndose y conversando festivamente, caminan por el trillo trazado por las carretas, ya haciendo notar el arrullo de la tojosa en el matorral, ya señalando para la laguna que resplandece con el Sol, ya indicando la gigantesca ceiba que se alza en medio de la llanura, ya arrancando lindas flores silvestres que van a ornar cabellos de ébano o de oro. Todos andan presurosos, ninguno quiere retroceder, como si el corte de caña fuese un cuadro magnífico en donde esperan contentar la vista y el corazón.

De repente, al entrar en otra guardarraya, divisamos un cañaveral que casi todo había caído ya al filo de los machetes. Sobre la paja se hallaban posadas muchas garzas. Aquella paja, de color pálido, formaba lúgubre contraste con el verde de los cañaverales que la rodeaban. Resbalando aquí, tropezando allá con las macollas, al fin nos acercamos a los esclavos, que desde el alba hasta la noche, exceptuando el tiempo que se les da para comer, se ocupan en cortar la caña que han de devorar las mazas del trapiche, y que han de llenar las cajas del hacendado. Algunas señoritas fatigadas se sentaron sobre la paja sin cuidarse de que se echasen a perder sus vestidos de seda. Reíanse alborozadas porque sin descansar habían podido vencer la jornada. Todos los esclavos continuaban trabajando; pero las negras miraban de cuando en cuando para las señoritas, y hablaban unas con otras en voz baja como haciéndose observaciones, y como admirando algunos de sus adornos. El contramayoral, negro también, sonaba el cuero en el aire, y daba gritos excitando a sus compañeros a redoblar sus esfuerzos. Vedlos asir fuertemente las cañas, separar de ellas en un instante las hojas secas y los bejucos, cortarlas de un solo machetazo cerca de las raíces, dividirlas en trozos de un mismo tamaño, arrojarlos sobre los otros amontonados alrededor, y no interrumpir nunca su afanosa tarea. Hombres y mujeres cortan caña, y a veces algunas de éstas ha abierto en el cerrado cañaveral, blandiendo la hoja del ponderoso machete con hercúleo brazo, un trecho más grande que el del negro que trabaja a su lado. El sudor, a pesar del aire frío que corre, baña sus caras, sus hombros y sus cuellos. Cuando no habíamos llegado al corte, estaban cantando; ahora no escucha más que el ruido de los machetes y los golpes de los trozos de caña al caer sobre los otros. Sus vestidos son de rusia; algunos llevan un chaquetón de lana; otros tienen enredada al cuerpo la frazada. Una tira de cuero ciñe el talle de las negras, cuyas cabezas cubren pañuelos de cuadros de algodón. Todos están descalzos. Hay una negra y un negro que porfían a quién trabajará más. Los dos son altos, robustos, de formas desarrolladas. El negro vence unas veces, la victoria es otras ocasiones de la negra. Al cabo aquél se ha llevado la palma porque la ha dejado algunos pasos atrás, pero su triunfo no encierra nada amargo y si queréis convenceros de ello, reparad cómo se ríe, y cómo desvanece el ligero sinsabor de la africana dándole a beber agua en el güiro que lleva siempre al campo. Bajo la ruda piel que los cubre acaso hay dos corazones que palpitan el uno por el otro.

En estos momentos el Sol estaba para esconderse. Las caras de las señoritas reflejaban sus últimos resplandores y las puntas de las hojas de las cañas, coronadas de güines florecidos, estaban todavía iluminadas. Ya la alegre comitiva se disponía a volver a la casa de vivienda, cuando un negro anciano comenzó a cantar, y los demás le respondieron estrepitosamente. Su voz temblaba en fuerza de los años, como tiembla el ácana azotada por el huracán. Oídlo sin embargo, y aunque os cueste trabajo el entenderlo, fijad la atención en la letra de su canto salvaje. En él manifestaba que había tenido gusto en que los blancos presenciasen las tareas de los negros, que en el ingenio se les daba de comer y vestir bien, que muy pocas veces caía sobre sus cuerpos el látigo, que en sus enfermedades eran cuidadosamente asistidos, que por estar en la molienda comían y bebían toda la raspadura y todo el guarapo que apetecían, que se les permitían conucos, que se les dejaba criar cerdos y aves; pero que no podían resistir las veladas de la zafra, que el sueño los rendía, que durmiendo cargaban caña, que durmiendo la metían en el trapiche, que durmiendo descachazaban las pailas, que durmiendo daban punto a las templas, que durmiendo batían el azúcar en las resfriaderas, que durmiendo llevaban las hormas a los tingladillos, que durmiendo extendían el bagazo en el batey. Después, con el rostro placentero, se aproximó a nosotros, se hincó de rodillas y nos pidió la bendición y, consecutivamente, todos los demás fueron haciendo lo mismo. Mis amigos les arrojaron algunas monedas. Entonces corrieron en busca de sus machetes y, como si no llevasen ya tres meses de molienda, como si hubiesen obtenido todo lo que querían, tornaron a cortar caña con más vigor y entusiasmo que antes. El anciano cantaba y se reía, y todos cantaban y se reían también. Nos manifestaban su gratitud por las monedas que se les habían repartido y prometían no dar nunca motivo para que los azotasen y trabajar contento hasta que el trapiche hubiese exprimido la última caña. Pero casi escondido entre el cañaveral había un negro que ni había venido a arrodillarse y pedir como los otros la bendición, ni que tampoco cantaba. Sus pantalones y su camisa estaban sucios y desgarrados, y ni un sombrero tosco de pleita guarecía sus pasas enrojecidas por el Sol. Muchas veces fue necesario llamarlo para que viniese a tomar su aguinaldo. Era un negro que porque acostumbraba a huirse a menudo durante la molienda tenía puestos un par de grillos. Una de las señoritas intercedió por él y aquella misma noche, cuando se repartió la gente de los cuartos, se le quitaron.

En esto regresaron las carretas que cargadas de caña habíamos visto entrar en el batey, y que venían a llevar el último viaje. Apenas pudimos presenciar la operación de llenarlas otra vez formándose dos tongas con los trozos de caña colocados horizontalmente hacia el pértigo y hacia la parte posterior de la cama de las carretas. El Sol se ocultaba por un lado sobre las fábricas del ingenio vecino y la Luna aparecía por el otro entre los troncos de las palmas. Cuando llegamos al batey ya era completamente de noche. La casa de vivienda, la del trapiche, la de calderas, estaban alumbradas. Nuestros amigos significaron que iban a dejarnos. Acercáronse a la casa de vivienda los carruajes, y a la entrada del jardín se despidieron aquéllos de nosotros, llevando unos las frutas más hermosas que habíamos podido encontrar, y las señoritas ramilletes de flores todavía húmedas del primer rocío de la noche. Desde el colgadizo estuvimos oyendo algún tiempo la rotación de los carruajes en la guardarraya de cañas-bravas.

Yo me quedé apoyado en la baranda. La Luna alumbraba como el día, pero de cuando en cuando la oscurecían un instante nubes transparentes que volaban como seres fantásticos por el espacio. Millones de estrellas brillaban a su derredor. Las ráfagas del bóreas estremecían las ramas de los árboles, y lanzaban a larga distancia el humo espeso y las refulgentes chispas que brotaban de las torres de la casa de calderas. El agua del canal del trapiche parecía exhalar lúgubres querellas, los grillos silbaban y las cascadas del río sollozaban en lejanía. ¡Oh cubanos, cuántas veces os habréis encontrado como yo aquella noche, después de un paseo por el campo, contemplando desde la baranda de la casa de vivienda el batey de vuestros ingenios! ¡Cuántas veces allí no habrán sido bastantes para desvanecer la melancolía de vuestras almas, ni las nubes, ni las estrellas, ni la Luna, ni los suspiros del viento, ni los ayes del agua murmurante, ni el batir de las alas de los pájaros nocturnos! ¡Cuántas veces habrá corrido silencioso llanto por vuestras abrasadas mejillas!; ¡cuántas veces, cual si misteriosa y prepotente fuerza os empujase, habréis atravesado las yerbas del batey empapadas de rocío, habréis ido a la casa de calderas y, sin poder deteneros, habréis entrado en la del trapiche y, al momento, bajando por la rampa, habréis buscado el trillo estrecho que os lleva a un grupo de palmas que mueven perennemente sus pencas en medio de los campos bellos de nuestra patria! ¡Cuántas veces allí os habréis arrepentido de acciones malas, y habréis hecho la promesa de ser mejores en adelante! ¡Cuántas veces allí, en alas de la imaginación, habréis poblado aquella soledad de seres, que ya no existen, y de que únicamente queda una confusa memoria! ¡Cuántas veces allí habréis creído que alguien os hablaba desde el seno de la tierra o desde las alturas de los cielos! ¡Cuántas veces, al regresar para el batey a medianoche, al reposar en vuestro cuarto, al ver las comodidades de que gozáis, al reflexionar que vuestra alma y vuestro corazón pueden elevarse a pensamientos egregios y a emociones grandes, habréis experimentado lo que yo! ¡Cuántas ocasiones habréis estado oyendo toda la noche el crujido de las piezas del trapiche y los cantos del bárbaro africano! ¡Y cuántas ocasiones, cuando al levantaros el día siguiente hayáis mirado para el Sol que acaba de salir, habréis mezclado con los acentos del himno alegre las dolientes vibraciones de la elegía!

1859

El cementerio del ingenio

Una tarde, dejando en la casa de vivienda a varios amigos que habían ido a pasar la Pascua en el ingenio, me encaminé por la guardarraya de cañas bravas hacia el potrero. Como faltaba poco para ponerse el Sol, la sombra de los troncos se extendía a larga distancia, los pájaros se guarecían entre las ramas, y las nubes que blancas como la nieve habían corrido antes por el espacio a impulso de los vientos, rodeaban, teñidas de magníficos colores, al astro prepotente que iba a ocultarse detrás de los palmares. La brisa, perfumada con el eterno aroma de los campos, traía en sus alas todas las inefables melodías que arranca de las hojas de los árboles. Las dos zanjas que se deslizan al lado de las cañas bravas sonaban tristemente y, a pesar de su murmurio, escuchábase el lejano rumor de las cascadas del río. Entre las malezas desaparecía algún jubo y las lechuzas, agitándose ya para emprender sus nocturnas rapiñas, clavaban en mí los azorados ojos.

Crucé el puente que sirve de límite a la guardarraya de cañas bravas y principié a andar por los terrenos del potrero, donde se halla, en el centro de un montecillo, el cementerio del ingenio. Por todos lados se dilataba un prado de hierba de guinea, que terminaba en las cercas de piña y piñón; millares de palmas, meciendo cadenciosamente las rizadas pencas, levantaban en aquella llanura sus enhiestos troncos parecidos a las infinitas columnas de un templo, cuya techumbre era el azul del cielo; los aguinaldos cubrían los matorrales y los judíos, posados en bandadas sobre los arbustos, entonaban todavía su acompasado canto. Un estrecho y tortuoso trillo, abierto por las reses al buscar las sombras y los abrevaderos, conducía a la entrada del montecillo. Allí ese trillo se borraba casi del todo debajo de las ramas de los atejes, las guásimas, los almácigos y los caimitillos, pero pronto descubrí en un limpio las paredes del cementerio.

Hacía años que yo no visitaba aquel punto de la finca. Antes estaba cercado de piña y piñón, como lo demás del potrero, pero ahora lo circuían paredes formadas con piedras sueltas. En medio de su recinto había enterrada una cruz, y la puerta era de madera con un cerrojo. Hallábase todo cubierto de escobas amargas, y únicamente las flores de varios romerillos nacidos entre aquéllas, mitigaban el lúgubre aspecto de la última morada de tantos negros como se habían sepultado allí desde la fundación del ingenio. Contemplé los alrededores; ¡qué soledad y qué silencio! Pensé que a aquel sitio había cerca de cien años que no se acercaba sino de cuando en cuando una carreta, con el cadáver de un esclavo envuelto en su frazada, y conducido por dos negros que abrían la puerta, cavaban la fosa, dejaban caer en ella a su compañero, y luego regresaban para las fábricas a continuar sus faenas. Viniéronme en tropel a la memoria todas las criaturas amadas que yo había perdido en el espacio transcurrido desde la postrera ocasión que estuve en el cementerio del ingenio, y un río de lágrimas corrió por mis mejillas. Infinidad de personas de mi familia, infinidad de amigos, infinidad de seres a quienes sin tratarlos siquiera había querido y respetado profundamente, alegrías de la infancia, devaneos de la juventud, luchas de la vida, victorias y sacrificios por el deber, esperanzas realizadas, amargas decepciones, himnos de entusiasmo, gritos de dolor, espléndidas auroras y terroríficas noches del corazón, infamias, heroísmos; todo me arrancaba sollozos. En el humilde recinto que tenía al lado ¡cuántos yacían dignos también, hasta por su misma ignorancia y maldad de un patético recuerdo! Más de quinientos esclavos de todos sexos y edades estaban reunidos en aquel breve pedazo de los terrenos tantas veces regados con el sudor de sus frentes, y yo, que había sido uno de sus dueños, debía afligirme a su memoria.

El primero que se me representó como cuando lo veía siendo niño, fue un negro anciano de nación macuá, llamado Pedro, que solamente se ocupaba en preparar la comida de la dotación. Con el cuerpo ya encorvado y las pasas enteramente blancas, salía por la madrugada a recoger la leña necesaria para volver luego a desgranar el maíz, pelar las viandas, atizar la candela y resolver el grosero alimento con su palo, resistiendo en pie junto al caldero las corrientes de vapor y de humo que se elevaban hasta el techo de guano. Tenía siempre los ojos encendidos y llorosos, pero a pesar de su vejez, de sus achaques y de su embrutecimiento, no sé por qué, mis hermanos y yo nos complacíamos a menudo en permanecer muchas horas en compañía de Pedro, el cocinero de la negrada. Al regresar una Pascua al ingenio, corrimos a su bohío apenas nos desmontamos de los caballos; mas si el humo subía aún por la puerta, las gallinas escarbaban alrededor y gruñía el cerdo dentro de su chiquero, ya el pobre amigo había sido enterrado en el cementerio del potrero.

Teodoro, a causa de sus frecuentes fugas, andaba siempre con grillos. Apenas se le quitaban, cuando alguien intercedía por él, tornaba a huirse, perseguíasele, encontrándolo los perros agazapado entre las breñas, lo mordían y después, acosado por ellos, entraba en el batey al trote por delante del arrenquín del mayoral. Un día Teodoro, al percibir desde un jobo entre cuyas ramas se había escondido, los ladridos de los perros, se echó al cuello un lazo con un arique; y cuando aquéllos le clavaron los dientes en los pies ya estaba ahorcado.

En uno de los viajes al ingenio habíamos encontrado, sirviendo en la enfermería, una mulata a quien no conocíamos y que después supimos llamarse Dorotea. No tenía pasas, sino lacios cabellos, su tez era casi blanca y todas sus maneras y palabras demostraban que había sido criada de mano de alguna familia decente. Vestía como las demás esclavas del ingenio, túnica de rusia; no calzaba zapatos y llevaba el pelo recién cortado de raíz. Un hijo suyo, muy lindo, estaba en la casa de los criollos, y a Dorotea se le permitía tres veces al día ir a darle de mamar. Nos dijeron que habiendo cometido en la ciudad una gran falta, sus amos la habían mandado a castigar. A cada momento la sorprendíamos llorando, y compadecidos de ella, le guardábamos comida de la casa de vivienda y se la llevábamos a escondidas. Hasta nos aseguraron los otros negros que ya le habían dado muchos azotes, pero ella nunca quiso respondernos sobre esto sino anegándose en lágrimas. Al cabo de cuatro meses, Dorotea fue llevada en la carreta al camposanto del potrero.

Carlos, siendo calesero de la familia, padeció tanto de los ojos que al fin perdió la vista. Era criollo del ingenio, y como además tenía allí a todos sus parientes, pidió que lo llevasen junto a ellos. Tejía canastas en tiempo muerto, y durante la molienda juntaba caña en la pila, haciendo cuartos lo mismo que los otros. Pero el cambio de alimentos y de trabajos lo condujo pronto al sepulcro.

El mina Rogerio se señalaba entre todos los esclavos de la dotación por su elevada estatura y la atlética complexión de sus miembros. Adusto con los blancos y hasta con sus compañeros, jamás, sin embargo, cometía faltas por las cuales se hiciese acreedor a ningún castigo. En el corte de caña, arando, como carretero, en los chapeos, junto a las pailas y los tachos, no había esclavo que se le igualase. Siempre tenía en ceba cochinos, numerosas aves poblaban sus gallineros, y en su bien cobijado bohío se encerraban varias arrobas de arroz, algunas fanegas de maíz y montones de ñames, de yucas y de boniatos que había cosechado en el conuco.

Mirando con indiferencia a todas las negras del ingenio, había entregado su corazón a una africana, de la misma tribu que él, y perteneciente a la dotación de un cafetal situado a una legua de distancia. Un día se prendió fuego en los cañaverales, e implorado con el tañido de la campana el auxilio de las negradas circunvecinas, acudieron todas, incluso las de ese cafetal. En ella venía una negra a quien Rogerio dio a beber agua en su mismo güiro, y en la cual pensó continuamente desde entonces. Igual impresión sintió el alma de la africana.

Transcurrieron desde el día del incendio varios meses y nadie sospechaba que Rogerio, después de tocarse la campanada de la queda, salía de su bohío armado del machete de cortar caña, atravesaba el río y dejando atrás los terrenos del ingenio, se metía por las fincas intermedias hasta llegar al lado de la mujer que debía costarle la vida. Al rayar el alba, ya Rogerio se hallaba otra vez en su bohío. Pero una noche, después de muchas en que había salido airoso de su empresa, acechábanlo algunos negros del cafetal, y en el instante en que puso los pies fuera del bohío de su amada, se vio acometido por aquéllos. Defendiéndose como un león, mata a dos, huyen los otros y él, lleno de heridas, logra salir del cafetal, cruza las demás fincas, vadea el río y llega al batey del ingenio. Casi exánime, entra en la arboleda; piensa que tal vez no volvería nunca más a ver a la mujer idolatrada, y acercándose a los gajos de un mamey, pone término a su vida ahorcándose.

Por la mañana contemplábamos, todos poseídos de dolor, su ensangrentado cadáver.

Allí dormía también sueño perdurable la infortunada Gertrudis, por cuya belleza palpitaban no pocos corazones de los esclavos del ingenio. Ella calzaba siempre zapatos de venado, ella se ponía siempre túnicos de listado, ella llevaba siempre argollas en las orejas y collares de cuentas de vivísimos colores le rodeaban siempre la garganta. En los tambores se llevaba la palma, y cuando tumbaba caña, cuando chapeaba, cuando hacía el haz de hierba, cuando recogía bejucos para su cochino y cuando apaleaba el azúcar en los secaderos, el negro más inmediato a ella se complacía, abrigara o no esperanzas de ser correspondido, en ahorrarle gran parte del trabajo.

Con la risa perennemente en los labios y sin cesar cantando, Gertrudis caminaba por el sendero de su existencia como si estuviese sembrado de flores, y era uno de los innumerables ejemplos que nos presenta ese sexo capaz, por la delicada sensibilidad de su alma, de soñar venturas en cualesquiera situaciones de la vida. ¡Cuán ingenuo y cordial alborozo había en la risa y en los cantos de Gertrudis! Asemejábanse a esos rayos de Sol que penetran en las profundas oscuridades de las cavernas, a esos riachuelos que serpentean en medio de los bosques y a esas esplendentes alas de los pájaros que se posan sobre las abruptas peñas de las montañas. Contaba veinte años y era criolla, hija de un negro carabalí y de una negra mandinga. Una ocasión mi madre, que escogía entre las criollas del ingenio una que fuese a servirle en la ciudad, eligió a Gertrudis, sin atender casi a otra cosa que a su hermosura, pero aquélla prefirió quedarse en el lugar donde había nacido y al lado de sus padres, de sus hermanos y de sus parientes. Cuando estábamos en el ingenio, venía todos los días en señal de agradecimiento a pedirle la bendición a mi madre y, con frecuencia, obtenía, en cambio de su humildad, algún pañuelo, algún vestido, algunos zapatos usados, que recibía con el mayor regocijo. Una mañana después de almorzar estábamos sentados en el portal de la casa de vivienda, cuando de improviso oímos gritos en la de trapiche. Los negros bajaban por las rampas con los brazos levantados. Mis hermanos y yo corrimos hacia allá. Los negros lloraban, y entre sus confusas exclamaciones se distinguía solamente el nombre de Gertrudis. Subimos precipitadamente las rampas, entramos en la casa de trapiche, miramos despavoridos por todas partes, y cuando comprendimos la causa de aquella consternación nos cubrimos los ojos con las manos.

Metiendo Gertrudis caña en el trapiche, habíase quedado dormida con un brazado en las manos, y una de éstas fue mordida por las mazas; el contramayoral había corrido a la compuerta para detener el trapiche; los negros, al mismo tiempo, echaron enormes cantidades de caña, pero las mazas continuaron girando por algunos instantes y esto bastó para que todo el brazo y parte del cuerpo de Gertrudis fueran horrorosamente destrozados. Aquella escena desgarradora no se me olvidará nunca; la justicia no vino hasta el día siguiente a instruir la sumaria, y mientras tanto varios negros velaban el cadáver, y nosotros íbamos con frecuencia a mezclar nuestras lágrimas con las suyas.

En el mismo lugar reposaban las cenizas de Fernando. Fernando había ido al ingenio en una partida de bozales, que lo miraban todos con respeto. Al igual de los demás cogió la guataca, el azadón, el machete, la despumadera, y aró, chapeó, aporcó, cargó panes de azúcar, lo batió en las refriaderas, anduvo con las carretas, metió brusca en las fornallas y vivió muchos años como suele suceder a los africanos, pero Fernando llevaba siempre una nube de tristeza en el semblante; sus cantares fueron siempre, únicamente, los cantares africanos, nunca bailó sino al compás del tambor, y con sus carabelas, jamás habló otra lengua que la lengua de su tribu.

Allí descansó de sin iguales martirios el tachero José, que con aquella confianza que inspira la costumbre de arrostrar con frecuencia un mismo peligro, había resbalado por descuido al andar encima de los trenes, precipitándose dentro de una paila rebosada de guarapo hirviendo. Espantosamente quemado, no duró vivo más que breves momentos, pero en ellos sufrió cuanto puede padecerse en siglos de tormentos.

Dentro de aquella tosca cerca de piedras sueltas se hallaba asimismo el criollo Wenceslao. Niño de la propia edad que nosotros, nos había acompañado en todos nuestros juegos. Con él habíamos trepado sin zapatos los escalonados troncos de los cocos, con él habíamos encontrado entre las más elevadas ramas de las ceibas los nidos de las auras tiñosas, con él habíamos corrido tras de los venados, con él nos habíamos bañado, en las aguas del río, montado en los potros casi certeros, armado trampas a las jutías, enlazado por el pescuezo a las jicoteas, llenado de cocuyos los agujereados güiros, mirado los gusanos arrastrándose por los troncos, aprisionado mariposas, ensartado maravillas en cañitas de rabos de zorra, huido de los majaes, presenciado los estratégicos combates del caballito del diablo con la araña peluda y tapado las bocas de los bibijagüeros. Esto fue algún tiempo nada más, porque luego Wenceslao era ya pastor de los bueyes, y cuando regresaba del campo por la noche, hacía también cuartos juntando caña en la pila.

Su fin fue bastante lastimoso. Había aprendido a desmochar palmas subiendo hasta las pencas por medio de trepaderas. Pasábase días enteros en las prodigiosas alturas a que llegan aquellos árboles, sin otra salvaguardia que su agilidad y su destreza, pero una ocasión se rompieron los estribos de las trepaderas y Wenceslao había muerto mucho antes de fracturarse todo el cuerpo de la terrible caída.

Y en verdad, de toda la dotación que yo había conocido en los primeros años de mi vida, pocos eran los esclavos que aún existían. Viejos en la actualidad, servían de guardieros en los linderos, cuidaban los gallineros, revolvían el azúcar en los secaderos, echaban y quitaban el barro de las hormas, las lavaban en los tanques, caminaban desde la salida hasta la puesta del Sol detrás del buey de la pisa; los demás habían venido unos después de otros, cubiertos con sus frazadas y sobre la cama de una carreta, a confundirse con los huesos de sus compañeros. Recordé por largo tiempo las biografías de muchos de ellos, y a cada paso, como le hubiera sucedido a otro cualquiera en semejante sitio, prorrumpía de nuevo a llorar.

El Sol se había ocultado y las sombras de la noche habían derramado pavorosas tinieblas sobre los objetos que me rodeaban. Al pálido fulgor de las estrellas se dibujaban vagamente entre las ramas de los árboles la cruz y las paredes del cementerio. Las ráfagas del viento, sacudiendo las hojas, traían a mis oídos santas modulaciones. Caí de rodillas, murmuré plegarias, apoyé la cabeza en las piedras de las cercas, y al levantarme para volver al batey, sentí que una dicha, nunca hasta entonces experimentada, inundaba en celestial arrobamiento lo más íntimo de mi corazón.

Hay momentos en que uno como que resucita de prolongada muerte; y por eso, cuando al entrar en la casa de vivienda me preguntaron dónde había estado, cuando luego fuimos al trapiche, y cuando de vuelta a aquélla tocaron el piano y cantaron algunas amigas y mis hermanas, yo me reía de gozo, pero este gozo no tenía el dejo amargo que suele acompañar a las felicidades que vienen únicamente de la tierra.

Luis Victoriano Betancourt

Los primos

Hizo Dios el mundo en seis días y descansó el séptimo, pero antes de descansar se le ocurrió hacer al hombre el sábado.

Adán y Eva, pues, se conocieron la sexta noche de los tiempos, y no en bailes ni en teatros, como se conocen las gentes hogaño, sino en campo raso, debajo de una ceiba, indudablemente, sin más camisa, ni más adornos, ni más paños menores que su epidermis, y el Señor les dijo:

—Creced y multiplicaos.

Y ellos no crecieron, porque ya estaban un tanto demasiado crecidos, pero se multiplicaron, y multiplicándose, formaron las familias, y formando las familias, las llenaron de plagas, tales como el primo, especie de bicho no descrito por Cuvier, y que merece lugar preferente en la familia de las babosas, aunque hay quien lo coloque en la de los zánganos; mas sea de ello lo que fuere, y prescindiendo de la nobleza de sangre y procedencia de casta, lo cierto es que el primo es un ser digno de estudio, y como tal me ocuparé de él.

El primo es un hombre como cualquier otro puede serlo; come, bebe, duerme y ejecuta sus demás funciones vitales a las mil maravillas; canta, ríe, baila, si es alegre; trabaja, si no es haragán, y tiene, en fin, cuantas cualidades puede tener cualquier prójimo; salvo el goce de ciertos privilegios en casa de la tía, y algunas confiancitas con las primas, que no gustan por cierto a la mamá, la cual está siempre atisbando las acciones del sobrino. Los hay de ellos feos y bonitos, rubios y morenos, elegantes y descuidados, pero todos condescendientes y de buenas intenciones, si no son algunos que, validos del primazgo, hacen cosas que no debieran, introduciendo la desolación y el escándalo en su propia familia; pero son tan pocos, que no hacen número, y por tal motivo prescindiré de ellos.

El primo es el demonio familiar de la casa de su tía. No bien se cuela por las puertas, alborota a las muchachas, va a la cocina, enciende un cigarro, se come un plato de dulce que hizo una de las primas, pellizca a la cocinera, abraza a la mulatica costurera que está en el cuarto, vuelve al comedor; si ve flores, se apodera de ellas, a pesar de la oposición tenaz que se le sostiene, y se dirige a la sala. Allí se sienta entre cinco o seis angelitos sin alas, le quita el bordado a la una, el libro a la otra, las mortifica a todas, incomoda con sus gritos a la vieja, que se levanta, las manos en la peluca, diciéndole:

—Vete, demonio, espiritado. ¿Qué vienes a hacer aquí entre las muchachas? Ésta no es hora de visitar.

Pero él, tenacem propositi, más grita, y más emborracha con su charla, hasta que la vieja se retira para el cuarto, renegando de los primos y del diablo, y él, dueño entonces del campo entre tantas palomas, hace de las suyas, y las primas se ponen bravas por alguna libertad demasiado libre y él sale peleado con ellas, pero cuenta que al siguiente día vuelve a la casa y hacen las paces y se repiten las escenas del día anterior.

El primo, a pesar de todas estas ventajas, está expuesto a mil incomodidades en casa de la tía. Mientras no haya jóvenes de fuera es el preferido, mas ¡guay de él! si sucede lo contrario. Allí es verlo en un baile. Si es bailador recibido y aprobado, puede dar algunas volteretas con las primas, pero si no es adelantado discípulo de Terpsícore pasa más sudores que un atacado de fiebre. Aquí se dirige a una prima, decidida admiradora de las danzas de Federico, la cual, después de mil excusas y circunloquios, concluye por decirle:

—Mira, Pepe, tú eres de confianza, y por lo tanto los cumplimientos son excusados; hay dos o tres jóvenes de cumplimiento que quieren bailar conmigo, y tengo que complacerlos.

Allá va con su triste humanidad adonde está otra rubia, prima también, pero que no se muerde la lengua.

—¿Qué danza vamos a bailar, Antoñoca?

—Ninguna, Pepe, porque tú eres limón, y yo no me quiero estropear; ve a pisar a otra, que lo que es a mí no te dará en el pico.

Y el infeliz tiene que ir en peregrinación por toda la sala, y de seguro no habrá quien de él se compadezca.

Se dividen los primos, por su carácter, en tres especies: juiciosos, hipócritas y traviesos. El primo juicioso es de fiar para la tía; la visita diariamente, quiere mucho a las primas, y bien podían salir a pasear con él, que de seguro no harían las travesuras propias de su edad, pues el genio serio del compañero pondría freno a ellas. Él es quien lee las cartas de los empalagosos enamorados de ventana; hace de tiempo en tiempo un regalito; está al tanto de cuándo hay un enfermo para ir a verlo; es consultado en diferentes cuestiones por los tíos y se da a querer a causa de su buen comportamiento; suele tener de veinticinco a treinta años.

El primo hipócrita participa en las apariencias de las cualidades del anterior. Con su cara de santico se gana la confianza de la casa; siempre está conversando con la tía, y cuando se queda solo en medio de la hembrería, ello es verlo más alborotador que un muchacho. Generalmente cuenta de veinte a veinticinco años y como está en la edad del amor, escoge a una de entre sus primas, a quien delante de la madre ni siquiera mira, pero que solus cum sola, la estrecha tanto y tanto, que ella tiene que llamar algún genio bueno en su ayuda y decir:

—Mamá, mamá, ven a oír lo que Pancho me está diciendo.

Y la madre ni se mueve porque se fía de él, y se contenta con responder:

—Vamos, niña, déjame quieto a Panchón; yo no creo de él cosa que no sea buena.

—¡Ay, mamá!, si tú lo hubieras oído, y mírenlo ahora tan hipócrita como está.

Y él se ríe, y saca partido del crédito a su modo, que de todo se saca partido de este mundo. No es dañino, pero conviene espiarlo.

La tercera especie de primos es la del travieso, tipo *sui generis*, que merece particular atención. Para comprenderlo mejor pintaré uno de ellos, que bien puede servir de adorno a este artículo.

José de Jesús Calandraca de Aronga y Bacalaíto es un estudiante de filosofía, como de dieciocho a veinte años de edad, con sus ínfulas de elegante y sus ribetes de poeta; alto de cuerpo, corto de vista, largo de nariz; de ojos negros y maliciosos y movimientos desembarazados, que indican decisión y franqueza. Llámanle por mal nombre Aronguita, pero yo, a fuer de bien criado, llamaréle Pepe. Y antes que me huya de la memoria, voy a referir el cómo y el cuándo tuve ocasión de conocer y estudiar este tipo.

No ha muchos días, empujado por un asunto de interés, me dirigí a eso de las diez a casa de mi amigo Bonifacio Maleficio, donde gozo de alguna confianza. Llegué, pues, apenas acababan de levantarse de la mesa, y como el señor don Bonifacio no había almorzado allí, determinéme a esperarlo, no por el solo hecho de esperar, sí que para tener una disculpa y quedarme platicando sabrosamente con dos trigueñas y una rubia, que más fuego tenían en los ojos que hay en un volcán, y más miel en los labios, que en una colmena. Quedéme, gracias a mi descaro (en honor de la verdad sea dicho), y entablamos conversación.

—Jesús, Luisillo —me dijo una de las trigueñas, llamada Concha, y que tenía un divino hoyuelo en la barba—, Jesús, ¡qué malo estuvo su artículo del otro día! Yo ni lo acabé de leer. Mire que a usted nada más se le ocurre hablar contra el baile, como habló, y desacreditar así a las muchachas.

—No, hija mía —le contesté—, yo no he desacreditado a las muchachas, no he hecho nada más que decir la verdad pura, lo que se ve en muchísimos bailes. Difícil sería, y arriesgado, y hasta incierto, afirmar que todas bailan mal; no, yo lo que dije y repito ahora a ustedes fue que muchas muchachas bailaban así; bien sé yo que hay honrosas excepciones. Y además que

A todos y a ninguno
mis advertencias tocan;
el que haga aplicaciones
con su pan se lo coma.

—Sí, venga ahora a componerlo todo —dijo la rubia—. Nosotras no debíamos mirarle más la cara, y hacer con usted lo que las muchachas de la esquina.

—¿Qué muchachas? —pregunté.

—Las Mendrugo —contestó Chumbita, que era la otra trigueña, más divina que el Sol y más picante que el ají—. ¿Y sabe lo que dicen? Que están bravísimas, porque en su artículo se refiere a ellas, pues como no saben bailar todavía, no saben distinguir lo bueno de lo malo, y hacen lo que ven hacer al compañero; y que usted las vio bailando la otra noche y por eso lo escribió todo; pero que ellas se vengarán de usted.

—No, nada de eso ha habido. Yo no tengo culpa por haber escrito el artículo, sino ellas por parecerse a lo que yo escribí; y bien se conoce que son culpables, pues si no bailaran deshonestamente, de seguro no se darían por aludidas.

—Y mire, Luisillo —dice aquella muchacha rubia con ojos de cherna, que anda siempre con Charito Mendrugo—, que si fuera hombre le hubiera dado una paliza a usted, para que no se metiera en camisa de once varas, que más cuenta le traían otras cosas que ésas. Y vayan a ver quien habla, aquella albina tan antipática, y que no está contenta sino cuando se halla entre hombres.

Y luego tan sometida que es. Todos los días le escribe más de diez cartas a Nicanor Lagartija, y él ni por ésas. Hay mujeres tan...

—Vamos, niñas, guarden las tijeras —dijo a la sazón doña Tecla, madre de ellas—. No le arranquen la tira del pellejo a esa pobre rubia. ¿Qué mal ha hecho?

—Sí, mamá, es muy...

Aquí fue interrumpida la graciosa fiscala por un estrépito que hacia la puerta oímos.

—¿Qué es eso, señor? —dijo doña Tecla, medio incómoda, medio asustada.

—Nada, mamá —contestó Margarita, que era la rubia—; ése es Pepe, que viene a vernos antes de ir a la Universidad.

—¡Dios nos ampare!, ya tenemos aquí a ese condenado.

Con estas razones dieron lugar a que el señor Pepe llegase a donde estábamos, más alegre que un carnaval y más descarado que una máscara.

—Buenos días, tía; adiós, muchachas; ¡hola, mulata!; ¿cómo están todos por acá? ¿Y tío Bonifacio, dónde anda? ¡¡Puf!! ¡Y saben ustedes que hay calor! Digo, y yo tengo que ir pedibus andantibus hasta la Real Universidad Literaria de La Habana, situada en la calle ancha de O'Reilly, esquina a la de Mercaderes baja de Santo Domingo. Y no crean ustedes que voy a pie por hacer ejercicios, no, sino porque no tengo más que diez centavos o sean dos reales de vellón, o de otro modo un real sencillo; y un medio es para cigarros y otro para papel, que tengo que escribirle a mi adorada Petrona, o Perica, como la llamo yo. Por cierto que me pidió un medio para escribirle a su padre, y yo me hago el remolón. ¡Digo!, ¡bueno es el niño! En el circo me verán, pero que me cojan, ¿cuándo? No es nada lo del ojo, soltar yo medio fuerte para ella. Vamos, Perica, no arrugues, que no hay quien planche.

—Alabado sea el Santísimo Sacramento del altar —interrumpió doña Tecla, santiguándose—, ¿hasta cuándo vas a estar hablando, muchacho? Parece que tienes metido el diablo en el cuerpo. ¡Válgate Dios!, y qué petulante vienes.

—Oye, Tiruña —dijo Pepe, tirándole un pellizco a la rubia—, oye lo que dice tu tía.

Pero como ella no le contestase, tiróle él otro más fuerte aún, diciendo:

—¡Eh!, señora muerta, ¿en qué piensas? ¡En el mocito que pasó anoche por aquí tan flaco y tan largo y tan amarillo, que parece un muerto resucitado!

—Vamos, estate quieto, Aronguita, dejemos la fiesta en paz —dijo la rubia un tanto resentida del dolor y más quizás por las indirectas directas respecto del enamorado.

—Oye, tía Tecla, cómo se pica Margarita la rubia, porque le digo que su novio parece un muerto desenterrado.

—No es por eso, mamá, sino porque me dio un pellizco.

—¿Qué es eso de pellizco? —saltó la tía—. ¡Eh! Don Pepe, nada de juegos de manos con las muchachas, que no porque sean primas...

—Pierda cuidado, señora mía, que será usted obedecida religiosamente.

—Y dime, cola del diablo, ¿qué haces tú que no te largas para la clase? Mira que son las once y media y a las doce tienes que estar allí.

—¡Oh!, no se apure por eso, tía, yo voy a clase cuando quiero, y paz cristi. Usted ve, hoy no me ponen falla, por lo cual me quedo a comer acá.

—No, señorito, vete a clase y cuando hayas cumplido en el colegio...

—¿Qué colegio, tía? La Universidad.

—Bien, cuando hayas cumplido en la Universidad, ven a comer y a cenar si te da gana.

—¡Oh!, señora doña Tecla, usted me confunde, me aniquila, me achicharra, me descuajaringa... ¡Tanta bondad!

—Déjate de retóricas, y coge el tole, que ya es hora.

—Sí, me voy, porque temo mucho a los reprobados, suspensos y capotes.

En esto levantóse y fue al primer cuarto, revolvió el tocador, se peinó, descompuso todo lo que había compuesto, y sacando de entre las máquinas femeniles una asaz extraña, por cierto, que usaba Margarita para abultarse el peinado, dos longanizas, como las llamaba Pepe, preparóse para salir, despidiéndose con ellas a guisa de banderas.

Pero en mala hora lo viera Margarita.

—Ven acá, Pepe —decía—, dame eso, mira que me lo descompones todo. ¡Pepe, mis armadores!

Y Pepe seguía impertérrito hacia la puerta, y la rubia pudo atrapar una trenza, y aferrándose a ella, trabóse la lucha, y Pepe gritaba, y la perrita ladraba, y sabe Dios lo que de ahí resultado habría si doña Tecla, celosa siempre de su tranquilidad, no pusiera fin al juego, dando a cada uno dos coscorrones y diciendo al sobrino que tuviera a bien tomar el portante.

—Sí, eso es, tía —dijo él antes de irse—, usted me echa de su casa; pero no saca nada en limpio, porque hoy vengo a comer, y esta noche voy a presentarle a usted tres estudiantes más malos que Capirote, como decía mi abuela en sus mejores días.

—Dios te libre de tal cosa; guárdate de traer acá esos pollitos con los bolsillos planchados, y tan amigos de meterse con todo el mundo.

—Pero, ¿qué tienen los estudiantes, mamá? —dijo la prieta del hoyito—; casi todos son de buenas familias, y muy finos, y muchos son poetas y la mayor parte son simpáticos y buenos mozos.

—Sí, fíate de las caras bonitas y de los fluses elegantes, que paga el padre; y no digo que sean despreciables, pero mientras se llaman estudiantes, se les debe zafar el cuerpo como al diablo.

—Pues a mí me gustan los estudiantes.

—Calla, tonta.

—Pues, agur —dijo Pepe—, hasta luego. Miren, muchachas, que les voy a traer los estudiantes de derecho, y ya verán.

—Sí, atrévete —gruñó doña Tecla, que más temía a los tres estudiantes que a veinte marineros y soldados; y volviéndose a mí, dijo:

—Usted ve, Luisillo, este Pepe es un buen muchacho, y nosotros lo queremos mucho, como hijo de una hermana mía que es, pero es el espolón del diablo.

—Sí, señora —le respondí—, bien se ve que es de genio alegre y luego estudiante, que lo dice todo.

Despedíme enseguida de aquella familia, prometiéndome en mi interior repetir la visita para contemplar la trigueña del hoyito, que me había dejado pensativo, y robado mi tranquilidad. Salí de allí, enamorado por una parte, y por otra alegre, pues no fue poca fortuna haber encontrado al primo travieso, que buscaba con mis cinco sentidos.

Cuidad, madres, vuestras hijas; desconfiad de los primos, que son todos aficionados a las primitas, y bajo la salvaguardia del parentesco, pueden dar de sí más de lo regular, y lo que de ello resultare, allá lo veredes.

¡Bienaventurados los padres que no tienen sobrinos, porque ellos verán su casa limpia de zánganos y babosas!

El matrimonio

Matrimonio, palabra fatídica generalmente, y suave y armoniosa muy pocas veces; melopea que el joven de veinte años canta alegre y lleno de ilusiones, inspirado por los acordes sublimes de su corazón; cántico divino que la virgen eleva al cielo en sus sueños de amor y felicidad, en esos sueños puros como el alma de un niño, en que la doncella enamorada contempla al objeto de su cariño en la nube que pasa ligera, en el pintado pajarillo que bebe el almíbar de las flores, en la brisa que besa sus mejillas rosadas como las nubes del crepúsculo, en el cielo y en la tierra, en la luz del día y en las sombras de la noche; imprecación que el marido lanza al infierno, contemplando el lecho nupcial que en otro tiempo fuera paraíso de sus glorias, y que ahora yace mudo o abandonado por una mujer muerta o por una esposa infiel; plegaria que el soltero de cuarenta años dirige a Dios, pidiéndole una dulce compañera, memorándum que el viejo lee con los lentes de la edad y del desengaño; abismo adonde el hombre se lanza buscando la dicha y encontrando muchas veces la muerte; matrimonio, yo te adoro, aunque no sé quién eres, como adora el náufrago la tierra distante que nunca ha visitado y el esclavo la libertad que no conoce. Y además, yo soy joven, y por qué no he de amar, si el poeta dice:

> Porque amor casto entre dos
> es colmo de las venturas,
> y unirse dos almas puras
> es ver a Dios.

Yo debo, pues, amar, y como amar es verbo activo transitivo, y como todo verbo transitivo supone un objeto sobre que recaiga la acción, he aquí necesariamente que yo debo de amar alguna cosa. Sujeto, yo; verbo, amo; objeto o complemento directo, algo. Pero, este algo, ¿qué es? ¿Un hombre? No, porque los hombres son muy prosaicos y a mí me gusta la poesía; luego, es una mujer. ¿Pero una mujer así comoquiera, vieja, fea, coqueta? No, una mujer, joven, bonita y buena. Hasta aquí no ofrece duda la cuestión. Y, ¿para qué debo yo amar a esa mujer? ¿Para ir a su casa todos los días y sentarme enfrente de ella y decirle que ayer llovió y que hoy hubo mucho calor, y fastidiar a la madre, y fastidiar a toda la familia, y fastidiarla a ella? *Mais non*. Luego, yo no la quiero para fastidiarla; luego, la quiero para casarme con ella; de lo que se deduce que yo amo el matrimonio, porque quien quiere lo más, quiere lo menos; quien quiere lo principal, quiere lo accesorio.

Dícese que en el matrimonio se juega un albur de uno contra noventa y nueve. Ésta es una gran verdad porque las mujeres son como los gatos (perdónenme los gatos la comparación): mientras son novias tienen las uñas escondidas, pero después que tienen al hombre del lado de allá, sacan algunas las uñas, se quitan la careta, y entonces no queda más recurso que el real de soga y el medio de sebo. Cuántos conozco yo, jóvenes que impulsados por una fuerte pasión se arrojaron en el abismo del matrimonio, sin conocer los defectos de la mujer, creyendo que todo serían glorias y placeres, y hoy son dueños de unas prendas que de balde son caras.

Muchas y grandes son las delicias que promete el matrimonio, pero también son muchas y grandes las desgracias que suele ofrecer después. Alguien ha dicho que el corazón de la mujer es un libro abierto; tanto temo que sea cierto como que no lo sea. Si efectivamente el corazón de la mujer es un libro abierto, lloremos, que el hombre no sabe leer, o es un animal bruto que no puede contener sus deseos, porque, ¿quién es aquel que si se acerca a una jaula de fieras que tenga un rótulo que diga: No entréis porque aquí hay serpientes y tigres y panteras, quién es, repito, el que ose entrar en la jaula? O es un ignorante o un bruto. Sin embargo, el hombre lee el rótulo y entra. Y si el corazón de la mujer no es un libro abierto, lloremos también, pues, ¿cómo sabremos quién es la mujer buena que puede hacer la dicha de nuestro hogar doméstico? No por sus palabras, porque ella puede mentir, no por sus lágrimas porque sabe fingir; hagamos entonces como el físico: observemos sus acciones, y si ella es tan mala que con sus acciones engaña, entonces... sálvese el que pueda.

Algunos matrimonios hay felices, pero también hay muchos desgraciados. Celos, venenos, remordimientos, odios, peripecias son de los sangrientos dramas representados en el seno de la familia, delante de los hijos, atribulados espectadores. Unas veces el hombre, otras la mujer, muy a menudo hay un ser que maldice de su existencia, que se arranca los cabellos con desesperación, que en la oscuridad de la noche lucha en la cama con el demonio de los celos, que siente rugir las ideas, como ruge la leona a quien ha arrebatado su cachorro, como ruge el huracán atronador lanzándose impetuoso por sobre la tierra amedrentada.

El matrimonio es poético y conviene, por tanto, hacer todo aquello que no sea prosa. La mujer que al mes de casada se presenta a su marido sin medias, con abandono, despeinada e indicando pereza y negligencia; la esposa que es descuidada en sus deberes de familia, la que no sabe hacer durar en el esposo las ilusiones y el amor, mostrándose, por el contrario, fría e indiferente, ésa coloca la primera piedra del edificio de la discordia. Cuidado, cariño, orden y compostura son los elementos de la felicidad conyugal. Así del esposo. El hombre es fuerte y la mujer es débil; del hombre es, pues, prestar ayuda y consejo y ser bueno y delicado con la esposa. El hombre hace a la mujer: nada más cierto; si la mujer falta, cúlpesela, pero cúlpese también al hombre descuidado que no supo conducirla dignamente por el camino del bien. ¡Pobres mujeres! El hombre os corrompe; la sociedad os condena, y vosotras subís inocentes al cadalso de vuestra ignominia. La sociedad es como aquel tirano de Roma que dictaba leyes muy severas, y las hacía imprimir con letras muy pequeñas, en carteles colocados en los edificios más altos de la ciudad, para que los ciudadanos no pudieran leerlos. La sociedad es una madre desmoralizada, que prostituye a sus hijos y les niega el alimento de la educación y es osada después a juzgarlos y a imputarles faltas de que solo ella es responsable. Ella sabe prostituirlos. Millares de novelas en que el vicio se presenta triunfante y hermoso; millares de fiestas y diversiones desordenadas en que gozan los sentidos y padece el alma, éstas son las armas poderosas de la sociedad. La ignorancia y la esclavitud para la mujer, la sabiduría y la libertad para el hombre, los crímenes y la discordia para la familia, y la oscuridad para las generaciones futuras.

Hombres hay que no ven en la mujer más que la esclava de sus pasiones y sus placeres; para mí, ella es el objeto más bello y más dulce de la creación, el móvil de todas las acciones del hombre. Buena hija, cariñosa hermana, idólatra madre, ¿por qué no es también amante esposa? Sí, es amante esposa; mas, ¿qué puede ella contra su ignorancia, contra su abandono, contra los vicios del mundo? ¡Ella es ignorante y el vicio es tan hermoso! Se siente sucumbir; pide auxilio a su esposo, y su esposo le vuelve la espalda; llama a la sociedad, y la sociedad le responde con una carcajada; vuelve la vista al crimen, y el crimen le brinda goces y delicias; sola, débil y abandonada, llora amargamente y sucumbe. Ésta es la historia de todos los matrimonios desgraciados; una mujer débil, un marido sin conciencia y una sociedad viciosa. Y, sin embargo, toda la vergüenza, todo el oprobio, toda la maldición caen sobre una triste mujer.

Si una niña es coqueta y pisotea las flores de su pudor, culpa suya no es; mirad si no el baile actual, tan vergonzoso y degradante. ¿Qué madre buena ve indiferente a su tierna hija lanzarse en ese torbellino? Las niñas bailan tan desvergonzadamente porque sus padres se lo permiten; y a fe, que no lo harían si el abandono no fuera la dote principal de muchos padres de familia.

Penetremos en el hogar doméstico.

Doña Cándida Alma de Dios era una señora que cuando murió contaba cuarenta inviernos. Llamóse en sus primeros días Candita, y más tarde Canda. *Sic volvitud illis.* Candita fue joven y bonita, y como era bonita y joven, ítem más, rica, tenía muchos pretendientes que pretendían unos su dinero y otros... su dinero. Entre todos el preferido era un buen mozo, de esos que fuman en pipa y echan espuma por la boca, que desprecian a las mujeres por darse tono, que lo hablan todo sin saber nada, que critican al prójimo los mismos defectos que tienen ellos, que son tontos de capirote, brutos, bárbaros, mentecatos, que embisten, que dan coces y rebuznan. Era el mozo pobre y, por añadidura, haragán, que no tenía tras qué caerse muerto, como decía su suegra. Sin embargo, Candita lo quiso, por sus muchas mataduras, sin duda, que en eso no hacía más que seguir la costumbre de muchas mujeres.

Llamábase el tal, León Cañonazos de los Rayos y Centellas, y se casó con Candita. El primer mes todo fue Luna de miel (de fleur), y néctar, y elixir, y ambrosía; empero, después...

Después, ¿qué había de resultar? Que don León Cañonazos de los Rayos y Centellas dijo: «aquí estoy yo», y empezó a gastar el dinero de Candita, pero como todo se acaba, se acabó el dinero; él, entonces, vendió las joyas, y como las joyas se acabaron lo mismo que el dinero, y él no podía vender lo que nunca había tenido, que era la vergüenza, quiso vender la de Candita; ella se resistió porque estaba hecha a toda prueba; él juró y gritó y dio coces; pero en vano. Entonces, figurándose que Dios había dicho a Adán cuando le regaló a Eva «aquí tienes esta mujer para que la trates como mula de alquiler», cogió un palo y se atrevió a dejarlo caer sobre Candita, la cual se escapó y se refugió en casa de sus padres. Tiempos después, estando don León Cañonazos de buen humor, fue a la casa de Candita, y le propuso la confederación, y ella, que era buena y lo quería, transigió. A poco murió su madre, único refugio de la esposa desgraciada.

Don León Cañonazos de los Rayos y Centellas adquirió pronto una nueva confianza con Candita, y se dejó ver en todo el esplendor de sus vicios. Unas veces se aparecía a las doce de la noche, dando traspiés y lleno de lodo, y hacía a su triste esposa juguete de sus chanzas de mal género y de sus vicios. Otras, reunía en su casa a esa turba de gentes ociosas y corrompidas, y pasaba la noche tallando y consultando el oráculo de las cuarenta, mientras Candita se encerraba en su cuarto llena de miedo, con sus hijos, a quienes besaba, y sobre cuyas mejillas dejaba caer las lágrimas del dolor y la desesperación. Otras (¡pobre Candita!) la llamaba imperiosamente y le decía:

—Mira, mujer, ponte el túnico más viejo que tengas, échate una manta por la cabeza, y ve a pedir para una promesa o para un hijo enfermo. Si no traes dinero, prepárate.

Y Candita salía, y pedía limosna, y lloraba amargamente; y cuando él recibía el dinero, iba a apostarlo a un jiro o a un malatobo o a regalarlo a la sota o al as, dejando a sus hijos sin pan.

Por desgracia, don León Cañonazos y Centellas no jugaba a los toros, y por tanto no le dieron nunca una cornada, ni se cayó de algún tejado, ni lo enviaron a presidio.

En cambio, Candita era delicada y los golpes físicos y morales la postraron en el lecho. Allí murió sin remedio y sin cuidados, más pronto de hambre y de sed que de la enfermedad.

¿Qué resta de ese matrimonio, de esa sociedad conyugal, como la llaman los jurisconsultos? Vicios y crímenes para el padre; desnudez, ignorancia, hambre y un triste porvenir para sus hijos, y gusanos y putrefacción para el cadáver de Candita.

Otro ejemplo, y concluyo.

Pepe Saramagullón era un joven pobre, pero trabajador, que ganaba cuatro pesetas diarias; era soltero, pero un día dejó de serlo, y se casó.

Su novia tenía el libro del corazón abierto para que Pepe leyera; en el libro estaban escritas unas cosas muy malas con letras muy grandes, que hubieran hecho correr al más guapo; pero Pepe no le tenía miedo ni a los toros y se quedó, o quizás lo hizo porque no podía leer, el amor le habría empañado los espejuelos. Su novia se reía por dentro, y las cosas iban de mal en peor para el pobre muchacho.

Un día se encontró Pepe a un amigo, que le dijo:

—¿Qué hay, Pepón? Ya sé que estás transando con una hembra superlativa. ¿Cuándo te enganchas?

—No entiendo —dijo Pepe.

—¿Que cuándo te casas?

—¡Ah! —dijo Pepe y dio un salto, porque a pesar de estar enamorado, lo había pensado todo menos casarse.

Cayó en la cuenta de que nunca se había ocupado sobre la materia, y se ocupó. Desgraciadamente, Pepe era de esos hombres que dicen y hacen. Así fue que dijo: Me engancho, y se enganchó, pero, ¿cómo? Pepe reunió cuanto dinero tenía, y preparó la bola y la boda. Alquiló una casita de veinticinco pesos, de esas para cuyo alquiler se exige fiador, tres meses en fondo y cuatro adelantados, los retratos de toda la familia y además la obligación de vivirla un año. Compró media docena de sillas, dos sillones, un catre, un jarro, media docena de platos, dos cubiertos, un candelero de cobre, un baúl, una jaba, un cubo con su soga para sacar agua del pozo y otras cosas que son indispensables para vivir, no en la pobreza, sino en la miseria. No hay duda, Pepe estaba muy enamorado.

El día señalado fue un día de bola; Pepe se mostró gerundio, como le decían sus amigos, y les dio un almuerzo de tasajo, mondongo, plátanos pasados, arroz y pan con mantequilla, todo muy sabroso. Al oscurecer fueron todos a la iglesia (los pobres no se casan por la madrugada) y el padre les echó la bendición y le dijo que podían irse en paz. Volvieron a la casita y siguió la bola hasta las nueve. Al otro día se levantó Pepe a las diez (porque se había quedado dormido), y llamó a su mitad, la cual abrió los ojos, se estiró, dio una vuelta en la cama y volvió a roncar. Él entonces la llamó por segunda vez, diciendo:

—Vamos, china, levántate, que ya es hora de almorzar.

Ella conoció la personalidad y se levantó.

—Ahora, alma mía —dijo él—, vamos a conversar. Yo no tengo más, como tú sabes, que cuatro pesetas al día; de eso tengo que pagar la casa y la comida. Tú me ayudarás cosiendo para fuera. Conque vamos, china, a repartir el trabajo entre los dos: yo friego los platos y tú fríes los huevos, o yo frío los huevos y tú friegas los platos.

—¿Quién? ¿Yo? —saltó la nueva esposa—, ¿yo? ¡Ni a prodigio!, ni frío huevos, ni friego platos.

Pepe quedó petrificado, pero era un maula y la quería y frío dos huevos y fregó dos platos.

Esta escena tuvo lugar tres días; al cuarto, viendo Pepe que la función iba adelante, no frió más que un huevo y no fregó más que un plato; y dicen las crónicas que ella al fin se amansó, pero solo por unos días, porque quien malas mañas ha, tarde o nunca las perderá.

Este privilegiado matrimonio ha corrido una tiberia espantosa, según expresión de un amigo mío. Calculen ustedes una muchacha que el día de tornapurga, digo, de tornaboda, no quiere fregar los platos ni freír los huevos...

Muchas cosas quisiera referir de este par de alhajas, pero ni el tiempo lo permite, ni las columnas de este periódico tampoco.

Otras clases hay de matrimonios, dignos de cualquier cosa. Esos matrimonios en que el marido tiene coche porque la mujer es bonita; esos en que se cambian los papeles y en que el marido se pone papalina, manteleta y camisón y se pasa el día cogiendo los puntos a las medias de las muchachas, y en que la mujer se pone pantalones y sombreros y zapatos de tacón, y va a la escribanía, y corre con los alquileres de las casas y con el dinero; esos matrimonios merecen, no un artículo seco y mal zurcido, como éste, sino una obra de cincuenta volúmenes, en folio, con prólogo, y notas, y comentarios, y caricaturas.

Y, sin embargo, el matrimonio es bueno y yo conozco esposos que son felices. Rara avis. Son felices, y ¿por qué no? En el mundo hay todavía algo bueno.

¡Oh! tú, mozalbete, si acaso me has leído, oye un consejo. Cásate, pero mira primero con quién lo haces, porque los lazos de matrimonio no pueden ser desatados por las leyes, y es vergonzoso hacer una cosa de la cual tenga uno que arrepentirse.

Doncella, si por dicha has fijado tu mirada en este artículo, cásate y ama a un hombre que sepa engrandecerte y no ridiculizarte; procura realizar el deseo tan pocas veces cumplido: amar y ser amado.

¡Tres y cuatro veces feliz el que nunca se arrepienta de hacer una cosa! ¡Y tres o cuatro veces desgraciado aquel que encuentre disgustos en donde creyó hallar placeres; aquel que encuentre los celos en donde buscaba el amor; aquel que encuentre las sombras en donde buscaba la luz; aquel que encuentre la nada en donde lo buscaba todo!

La Habana de 1810 a 1840

Donde menos se piensa, salta la liebre, anda diciendo el vulgo hace qué sé yo cuantos años, y tal verdad encierra esto, que de seguida voy a probarlo, y va el lector a quedar convencido. Es el caso que larga pieza de tiempo túvome sin sosiego el hambre de escribir un artículo sobre las costumbres de esta bendita ciudad, allá por la época en que eran mozos los padres de los que hoy son jóvenes; empero, como yo me cuento entre los últimos, es decir, entre los muchachos, y no hubie[61] ocasión de ser testigo de vista de lo que entonces tenía lugar, he aquí el porqué de mis correrías por esos mundos, en busca de viejos y de viejas que se prestaran a hacerme razón de las cosas de La Habana en la época a que me refiero. Ni se crea que en mi vuelo observador haya pretendido remontarme al siglo pasado; antes lo que me viene en apetito es el tiempo transcurrido desde el año diez hasta el cuarenta, y a esas tres décadas han estado siempre dirigidos los espejuelos de mi observación.

Empujado, pues, por la manía de sacar trapillos al aire, y ganoso de poner cosas viejas a la clara luz del Sol, dime en trabar amistad con las *antigüedades*, prefiriendo, por supuesto, a las hembras, pues no se me olvida que las mujeres todo lo recuerdan y lo cuentan todo. Entre éstas tengo por amiga a una solterona que jamás quiso ilustrarme en materias de *antigüedades*, porque aunque yo juraba que era de cincuenta para arriba, ella nunca se dio por aludida, y contestábame que, puesto que era *del día*, ignoraba el contenido de la pregunta. Cien veces volví a la carga, y cien veces era rechazado, y tanto se defendió el enemigo, que ni esperanza me quedaba de que ella confesase la demanda, hasta que, una noche...

Una noche estábame de visita en casa de mi perseguida solterona, que por más señas se llamaba Mónica, y hablábamos del frío, del calor, de las personas que pasaban, de todo, en fin, lo que la gente conversa cuando no tiene de qué

61 Sic. (N. del E.)

conversar; y ya me iba yo durmiendo de puro fastidio, cuando, de repente, vimos entrar a una señora que, con los brazos en cruz y la cara llena de risa, se dirigía hacia donde estaba Mónica. Miróla Mónica, examinóla, y:

—¡Mateíta!

—¡Mónica!

Dijeron ambas, volviendo a abrazarse después de largos años de separación, en que cada una había andado por su camino. Abrazáronse, como digo, besáronse, y se arrellanaron en sus sillones, haciendo abstracción completa de mi personalidad, y comenzando a charlar alegremente, como si nada tuvieran que esconder, incluso la edad.

Yo estaba en mis glorias, no solo viendo llegado el momento en que se iban a realizar mis sueños, sí que también al contemplar el cuadro peregrino que se presentaba a mi vista. Juntas las dos ofrecían gran placer al observador. Era la Mónica una jamona de muy buenas carnes, alta de cuerpo, y de piel fresca y conservada. Canas, no las tenía, no por falta de asistencia a su tiempo debido, sino porque como venían disfrazadas de negro, no las hubiera visto ni el que vio la lluvia de estrellas, de graciosa memoria. La leche cutánea se había hecho cargo de las arrugas, y de la cintura, el corsé. Peinaba a la moda; a la moda vestía, y aunque por la mañana representaba tener cuarenta años y por la noche treinta, en la iglesia de la Salud la fe de bautismo rezaba cincuenta; y por más que se untaba cascarillas para aparecer blanca y pomadas para aparecer joven, no era joven blanca, sino vieja verde.

De Mateíta no podía decirse la misma cosa: arrugada como chaqueta de muchacho; más encorvada que arbolillo bajo el peso del huracán, y carcomida, maltratada, hecha trizas por la polilla del tiempo, podía pasar por madre de Mónica aunque ambas eran contemporáneas. Un tuniquito de holán, tan corto que dejaba ver sus pies calzados con zapatos de dril negro, y una manteleta a la antigua, cubrían aquel cuerpo hoy tan desprovisto de encantos, y que ayer había hecho suspirar a más de un mozo barbilampiño, que se moría por sus pedazos. Era un gorro de dormir del año 12, perdido entre los papeles de un estudiante del año 66, una momia de Egipto caminando en pleno siglo XIX. Mónica y Mateíta parecían dos soldados que vuelven de la guerra, vencedor el uno, vencido el otro. Y así era, en efecto: porque Mónica había sabido vencer el tiempo, y el tiempo había vencido a Mateíta. Mateíta no tenía dientes; Mónica los enseñaba postizos. Mateíta no se cuidaba, porque era casada y tenía ocho hijos; Mónica se cuidaba porque no era casada y no tenía ocho hijos. Mateíta había dejado a su arbitrio el reloj de su vida; Mónica lo había atrasado, por querer adelantarlo con la moda del cable submarino. Una era la antigua Mateíta; otra la Mónica reformada.

Un escritor satírico, al verlas juntas, hubiera exclamado:

—He aquí a una vieja muchacha al lado de una vieja anciana.

Y un poeta:

—He aquí un invierno de cielo azul, junto a un invierno encapotado.

Por lo demás, ambas eran cincuentonas.

Pues, como decía de mi cuento, pusiéronse mis dos antigüedades a conversar, sin parar mientes en mí, que las oía, y gracias a lo cual me veo ahora en sabrosa plática con mis lectores. Y aquí tengo explicado aquello de: donde menos se piensa salta la liebre, pues cuando menos las esperaba, vinieron las tan ansiadas confesiones. Después de mil preguntas y respuestas, que ni yo entendía, ni ellas tampoco, a causa de la precipitación y desorden con que se sucedían unas a otras, restablecióse la calma y aparecieron los recuerdos, propios en tales casos y en personas tales.

—Pues, sí, hija —exclamó Mateíta—, lo que eres tú no sales de los quince.

—¡Ay, Jesús!, no digas eso —le contestó Mónica, componiéndose los rizos colorados ya, y poniendo los ojos en blanco—. Mira que los años no pasan por debajo de la mesa.

—Y es verdad, el tiempo se va volando. Parece que fue ayer cuando nos conocimos.

—Vamos a ver: ¿a que no te acuerdas de la primera vez que nos hablamos?

—Como si fuera ahora: en el Teatro Principal, en uno de los beneficios de Covarrubias.

—Pues mira que te equivocaste, porque no fue en el Teatro Principal, sino en el Diorama.

—No, señorita. Qué me vienes tú a decir a mí..., con que mi tío estaba colocado en la puerta, y por eso entrábamos todas las noches. Por cierto, que no perdí ni una sola función.

—Ya se ve, con Garay allí, que trabajaba divinamente, y con Covarrubias...

—Qué gracioso era, muchacha. Lo que es como ése...

—Y ¿qué me dices de Hermosilla? ¿Y de Juan de Mata, que hacía siempre de barba?

—¡Qué buena compañía! Porque mira, la Molina y sus tres hijas no podían ser mejores; de la Puerta no se diga nada, y lo que era la Alberdi..., todavía tengo yo guardados algunos sonetos que le sacaron sus enamorados.

—Y ¿te acuerdas de la ópera que vino después?

—¡Toma! Como que me moría por Fornasari, que era un tenor...

—A mí me gustaba más Montressor.

—¡Qué!, ése era bajo.

—¿Y qué tiene que sea bajo? ¿Dónde pudo llegar la Pantanelli? Todavía me acuerdo que cuando se fue la íbamos a acompañar todos en la volanta.

—Ahora que dices volanta: ¿a que no te acuerdas de una cosa?

—¿De qué cosa?

—De aquella ocasión que fuimos en volanta a Matanzas y por poco nos quedamos en el camino.

—¡Vaya! Y que fue con nosotros Longo.

—¡Ay!, no me recuerdes a Longo, condenada. Mira que cada vez echo de menos aquellas canciones...

—Como que era el Perico de los cantadores. Y que cuando tocaba la guitarra, no había quien le levantara el pañuelo.

—No, hija; allí estaba también Goyito, que no se dejaba poner encima el pie.

—Ya lo sé, y tampoco me olvido de Caneda, ni de Vicente Ramos, ni de Perico Arango.

—¡Ay!, demongo.

—Y, ¿qué me dejas para los tocadores de arpa?

—¡Qué danzas aquellas tan bien tocadas! ¡No había a quien escoger! Virginia Pardi, Pilar Escobar, Paulita, Justa Valdés.

—Un sinfín, muchacha.

—Volviendo a las canciones, tú te la dabas en grande con «El Destino» y con «La Existencia».

—Sí, pero la que más gustaba era aquella de:

> Por caprichos de muy poca monta
> mi muchacha conmigo peleó

y estuvimos sin vernos seis días...

—¿Y por qué te gustaba tanto?

—Porque yo casi siempre estaba peleado con mi cortejo, y por verlo bravo se la cantaba.

—Entonces había canciones por castigo: «El bombito», «Las buenas noches», «La Atala», «Vivo en prisión oscura», «La amapola», «La partida de Alfredo», «La paloma», «La armenta», «La maldición», «El ciprés», todas muy buenas.

—¿Te acuerdas de los bailecitos de todas las noches?

—¿Tú ibas a las escuelas?

—¡Cómo que si iba!, a la de Esteban Sánchez y a la de Muñoz, que estaba en San Isidro; y hasta a la de Soto y a la de Farruco fui algunas noches, y eso que estaban lejísimas, allá por el Campo Marte. Por cierto que, ¡yo no sé!, ahora están hablando tanto contra las escuelas de baile, y lo que era entonces no daban qué decir.

—¡Qué iban! Si allí se aprendía por reglas, y no había ese rebumbio que hay en la danza de este tiempo. Entonces sí era bueno con el paseo, la cadena, la media cadena, el sostenido y el sedazo; hoy no saben más que abrazarse y dar vueltas. La que es hija mía no baila...

—Pues a ti bastante te gustaba...

—Sí, pero en mi tiempo era distinto.

—Ya se ve que sí; pero no digas el modo de bailar, muchacha: ¿dónde van las danzas de hoy a tener el señorío y el compás de las antiguas?

—Es claro. Ninguna danza del día se puede comparar al «Canelo», «Si la mar fuera de tinta», «El Zumgambelo», «El forro de catre», «Las guachinangas», «El café», «El mandinga siguato».

—Y ¿el vals?

—¡Ah! «El vals de Ricardo» era de primera.

—Y ¿«La Esperanza»? Y ¿«El alemán»? Lo dicho, hija; lo que es en nuestro tiempo se bailaba mejor que en el día.

—La gente de hoy no sabe divertirse.

—¡Ay! ¡Si volvieran aquellos tiempos!

Y siguieron recordando la pasada juventud, y notando la diferencia que existe entre La Habana de entonces y la de hoy.

Y casi en todo tenían razón, porque la verdad es que parece cuento lo que en pocos años hemos cambiado, tanto material como intelectual, como moralmente.

En cuanto a lo material, el cambio ha sido completo. El Hoyo del Inglés, refugio de los muchachos que huían de la escuela, se extendía lleno de manigua por las que hoy son calles de San Miguel y Águila; los barracones se derramaban por las que después se llamaron del Prado y Consulado; y las estancias de Hano y Vega, de Castro Palomino, de Arteaga y otras, que llegaron casi todas a poder de los Sigleres, campearon donde se extiende al presente el hermoso barrio de Colón. Todo lo que tenía de poblados intramuros, tenía extramuros de despoblado. Y en estos últimos barrios escaseaban los edificios de mérito, siendo las más de las casas de tabla y teja, y muchas de guano. De noche, el aspecto de la población no era alegre por cierto con sus calles oscuras, solitarias y de mal piso, sus dos o tres volantas que casualmente pasaban como asombradas de verse a las ocho de la noche fuera de casa, sus tunales, uveros, maniguas y cercas de tablas por todas partes, y su oscuridad y silencio de camposanto; la calle de San Miguel era la de moda para el paseo, y si la de San Rafael, tal como está hoy, hubiera aparecido de repente en aquellas soledades, con los coches, las luces de gas, los transeúntes, con toda esta vida animada que suele alegrar La Habana moderna, habrían huido espantados aquellos habitantes, aturdidos por el estruendo, deslumbrados por la claridad y cogidos por el terror ante tanta vida y animación.

Por lo que respecta a lo intelectual, el silencio era más profundo, la soledad era más aterradora, la sombra era más negra. Bibliotecas, no las había, y si las hubo cada cual guardaba la suya, y el que quiera leer que compre libros; los periódicos eran enanos, raquíticos, contrahechos, y fuera de las noticias de la guerra, maldito lo que se ocupaban de la política; las escuelas estaban en pie gracias a los gorros de papel, a las palmetas y a la correa, porque Magister dixit, y la letra con sangre entra; latín, por Nebrija, de memoria; el catecismo y la historia sagrada, al pie de la letra; gramática, de Araujo en la escritura, letra española; cuentas, hasta partir; las lecciones sin un punto, y vaya usted con Dios. Esto no fue parte para que de tanta oscuridad salieran hombres de inteligencia, de voluntad y de aplicación como salen chispas eléctricas de los cielos tempestuosos y oscuros. Luz, Varela, Caballero, Romay, Govantes, Bermúdez y otros fueron los relámpagos de aquellas tinieblas.

Si atendemos a lo moral, eran más sencillas las costumbres, pero no por eso más sanas. De feria en feria, de baile en baile, y hasta de velorio en velorio, se divertía de continuo la juventud, y salíase de quicio la vejez. El Ángel con sus tortillas y sus cangrejos, la Salud con sus fuegos de artificio; San Isidro, la Merced, Jesús María, todos los barrios tenían sus patronos, todos los patronos tenían sus fiestas, todas las fiestas tenían sus cunas, y sus mesitas, y sus convites, y sus bailes; porque cuando se iba la novena, venía la octava, y cuando no había octava ni novena, se aparecían los altares de cruz y los velorios, resultando de todo esto un continuo cantar y un continuo bailar de enero a enero.

Las ferias tenían distraídos a los jóvenes de su estudio y a los viejos de sus ocupaciones; incitaban las mesitas de juego; arrastraban las arpas, los violines y las guitarras, y la muchedumbre corría ansiosa a saborear esos placeres que si a primera vista parecían inocentes, en resumen no servían más que para quitar al espíritu todo el goce que se daba a los sentidos y, sobre todo, a sembrar en el corazón la semilla del amor al juego y del mezquino interés.

Los altares de cruz hacían gran acopio de enamorados, y con este lazo iban todos uncidos al carro del dueño de la casa, que empezaba su fiesta nocturna gastando tres o cuatro pesos, y hacía pasar el ramo consabido de mano en mano, para que cada noche tomara creces el asunto, concluyendo siempre en lujosos convites lo que humildemente había comenzado.

Los velorios eran un pretexto de llanto para reír; una cita de alegría entre cuatro velas de muerto; una reunión familiar delante de una tumba. Cuando moría uno, los amigos, y hasta los desconocidos, se creían en la obligación de asistir al velorio; y personas había que solicitaban velorios, como quien busca hoy bailecitos. En el cuarto de los dolientes lloraban al difunto, y en el comedor las visitas celebraban al muerto. Una delgada pared separaba el dolor de la alegría. Y la alegría era aquella no moderada, sino en toda su radicación. Allí se conversaba, se comía galleticas con queso, se enamoraba, se reía, se tomaba café, se jugaba a las prendas, se referían cuentos, se pintaba, se aplaudía, se hacía todo, en fin, menos acompañar al pobre muerto. Pálidos, ojerosos, cansados, después de una noche de diversión, se dirigían todos al que recibía el duelo y le decían: lo acompaño a usted en sus sentimientos, como si hubieran estado llorando toda su vida. Y se retiraban muy satisfechos de su amor al prójimo, y dispuestos a buscar otros muertos a quien velar, otro velorio en qué divertirse y otra familia a quien acompañar en su sentimiento.

Yo respeto a los viejos, en cuanto se dan a respetar, pero respóndanme si tienen razón para querer que vuelvan los días de ayer, y si no se encuentran mejor en La Habana moderna.

Por fortuna, el progreso ha extendido sus alas blancas sobre nuestras cabezas y ha cambiado la situación. Las estancias han sido borradas para siempre; las palmetas, las lecciones de memoria, las correas se han ocultado llenas de vergüenza, y las ferias, los altares de cruz y los velorios han desaparecido. Donde estaban los yermos se han levantado los edificios y se han poblado los barrios; donde había ignorancia han nacido las escuelas, se han multiplicado las bibliotecas, se han sucedido los periódicos; donde se anidaba la oscuridad, ha alumbrado el gas, ha corrido la electricidad por el telégrafo, ha bramado el vapor en la locomotora, y el progreso nos quiere empujar.

No significa esto que yo tenga a La Habana de hoy por cosa del otro mundo; pero, relativamente a la época a que me refiero, hemos adelantado. No obstante, entre otras cosas que nos llevan hacia atrás, tenemos una despreciable, inmoral, retrógrada: la danza. La danza es la yerba que se enreda en nuestros pies y no nos deja andar, el escalón roto que nos impide subir. Nuestros padres bailaban mucho, es verdad, pero no lo hacían tan desvergonzadamente como lo hacemos nosotros. ¿Qué significa esto? Esto significa que en punto a moralidad no estamos todavía en el año sesenta y seis.

El gas alumbra, el vapor ruge, la electricidad truena y nosotros bailamos. Cuando el porvenir nos pida nuestra hoja de servicios, se la presentaremos en blanco; cuando la sociedad nos exija nuestra profesión de fe, quedaremos mudos; cuando el progreso nos haga escribir nuestro examen de conciencia, lloraremos sobre nuestra danza, como lloraba el poeta sobre las ruinas de Palmira, y entonces vano será nuestro arrepentimiento, porque la moral es el Sol, y cuando el Sol se apague rodarán despeñados los hombres y los mundos por el abismo de la destrucción.

El baile

Ni fui hecho para filósofo, ni para moralista, ni para legislador; mas tampoco, a fe, soy de la materia con que se hacen los indiferentes, y váyase lo uno por lo otro. Bien es verdad que juzgo conveniente la sátira para corregir las costumbres, y que tal parece que me burlo de las miserias humanas, al ridiculizar los defectos de la sociedad; empero, lejos de mi tal idea, que así meció el amor a los hombres mi cuna, como abrirá mi sepulcro; y juro más de verlos felices, que de halagar sus gustos y pasiones; pues antes debe aspirarse a ser Sócrates perseguido que adulador encumbrado, aun cuando la sociedad aliente por los segundos y haga mofa de los primeros.

La sociedad, embriagada por el ruido de las fiestas, arranca a la mujer de sus manos el libro del deber y de las altas aspiraciones, y pone ante su vista la cartilla de la «Sal mirífica de Venus», y el «Secretario de los amantes»; la sociedad, envuelta de continuo en una atmósfera de placer, se siente débil y vaga inerte a merced del primer viento que la empuje; la sociedad, feliz en el presente, miope en el porvenir, contenta en todos los estados, hace del año una feria, del hombre un títere, y ella es el titiritero; la sociedad se divierte. Nada de escuelas para los artesanos; nada de bibliotecas abiertas, nada de gimnasios públicos; nada de educación sólida para la mujer, pero, en cambio, juegos de billar, juegos de toros, juegos de gallos, juegos de baraja, juegos de sacristía. Y luego, bailes de día, bailes de noche, bailes de invierno, bailes de verano, bailes campestres, bailes urbanos; bailes ayer, bailes hoy, mañana, tarde, temprano, ahora, luego; bailes aquí, allí, acullá, cerca, lejos; bailes así, bien mal, desvergonzadamente; bailes de celdita, de cachumba, de cangrejito, de guaracha, de repiqueteo, de rumba, de chiquito abajo; bailes, en fin, modificados por todos los adverbios y calificados por todos los adjetivos de los diccionarios todos.

No se me oculta que el hablar hoy contra el baile monta tanto como predicar en desierto y como improvisar a la Luna, pues más oído tengan quizás la Luna y el desierto que los bailadores de estos días. Tampoco se me oscurece la cuasi imposibilidad en que me encuentro de enderezar epístolas a diestro y a siniestro; y es que para dar consejos se necesita:

Primero: Ser mayor de veinticinco años; y yo...

Segundo: Estar graduado de hermano mayor en alguna archicofradía; y, ¡ojalá fuera yo siquiera monigote!

Tercero: Saber latín, como todo un maestro de escuela, y usar bonete para examinar a la gente, y

Cuarto: Halagar todas las pasiones, adular todas las fortunas y ocultar lo verdadero bajo la máscara de la hipocresía y de la urbanidad.

Empero, como yo uso caprichos, y gusto de hacer lo que me venga en voluntad, he aquí que sin pedir permiso a mi confesor, y sin encomendarme a Santa Rita de Casia, abogada de imposibles, entro en ese maremagnum que se llama la costumbre y azoto sus olas con el viento fuerte de la crítica, por más que rabien los que se ciernen hambrientos sobre la ancha playa del progreso.

Manifiesto con la franqueza de la buena fe que a nadie me refiero particularmente; juzgo una mala costumbre, y la critico, que todo labrador tiene derecho de apartar la semilla enferma para que la espiga salga recta y fuerte, como el corazón de los buenos. Al mismo tiempo me complazco en confesar que muchas, muchísimas niñas, que aman a la musa Terpsícore, bailan con el orden y la moderación de la buena crianza. El creerse alguien ofendido con las palabras de este artículo de costumbres, antes supone delito en quien las recusa, que injusticia en quien las escribe. No más, sino que comienzo.

Ayer y hoy, en la caduca Europa y en la floreciente América; en los bosques de los salvajes y en los salones de la civilización; siempre y en todas partes se ha bailado, porque el baile es la risa de los pies, y cuando el ánimo está alegre, gusta demostrar su alegría. Bailaba el rey David al son de su arpa; bailaba el sabio Salomón; bailaba el pueblo romano detrás del carro de su muy amado Nerón; bailaba el siglo de Luis XIV; baila el oso cuando le dan con el garrote; baila el mono cuando le tocan con el organillo; baila Juan de la Viña cuando le tiran de la cuerda; y nosotros, que somos tan buenos como todos esos señores, hemos bailado, y bailamos; pero lo hacemos mejor que todos, porque hemos compuesto una danza, baile africano, con acompañamiento de clarinetes y de cornetines, mezcla indefinible de zapateo y tango, resfriadera del amor a lo grande y sepulcro de muchas virtudes. Nosotros nos encontramos de mano a boca con el baile y abusamos de él; lo recibimos con un placer moderado, en último caso, y hemos hecho de él un renglón de primera necesidad, más aún, el único fin de nuestras aspiraciones.

Y ¿cuál es el abuso? El abuso consiste en que las madres tienen el cuidado de enseñar a sus hijas a bailar primero que a manejar la aguja o a estudiar los deberes de la familia; consiste en que los padres contemplan indiferentes el triste cuadro de la danza actual; consiste en que los jóvenes buscan en el baile, no el moderado entretenimiento, sino el público y vergonzoso desahogo de sus pasiones y sus deseos; consiste en que el hombre, sin saber lo que se trae entre manos, aprende en casas asquerosas los cínicos movimientos de la danza y los enseña más tarde a las muchachas incautas, corrompiendo así a la misma con quien se casará mañana, y de la cual se atreverá a exigir fidelidad; como si el que ensucia el agua antes de beberla fuera digno de apagar su sed con ella; consiste en que la mujer lee indiferente la honradez de Cornelia, la virtud de Lucrecia, el heroísmo de madame Rolland; y se hace juguete del hombre, y el hombre se hace juguete de sus deseos, y el espíritu se hace juguete de los sentidos; porque cuando el alma no piensa, y cuando los sentidos gobiernan, el hombre no es más que un triste bimano.

Es preciso tener la vista muy corta, o presentarse a la escena con el antifaz de la mala fe, para negar el vergonzoso estado del baile, según el desarrollo a que ha llegado en estos últimos tiempos. Y no es con indiferencia, juro a Dios, como debe observarse. El baile actual no es una mala comedia que molesta al público con la pedantería; no es un charlatán que vende específicos milagrosos y saca fuerzas de la candidez de los incautos; no es una calle que se descompone; no es una casa que se derrumba; no es un carretonero que corre contra el bando; no, no es ninguno de esos males, que afectan a un corto número de individuos, y que nacen y mueren en pocos días. El baile es entre nosotros una costumbre, y más que una costumbre, una segunda naturaleza, apegada a nuestra sociedad, como la superstición a los viejos, como la ostra a la peña, como el dinero al avaro; costumbre más ridícula y de peores trascendencias que la caballería andante de la Edad Media, y que ha menester de un Cervantes que corte el árbol de raíz y haga desaparecer su sombra de la atmósfera de la tierra.

Penetremos en un salón de baile.

Mil jóvenes mujeres ostentan allí su gracia y su belleza; los labios frescos y rosados, como el coral del fondo del mar, dan envidia al coral de las gargantillas; los cuerpos son flexibles como los juncos del río; los ojos oscuros como la noche y, como el día, brillantes, eclipsan con su lumbre la de las bujías: todas son bellas, agradables, encantadoras. A su lado una turba de jóvenes alegres rinde el culto debido a la hermosura y el amor. A la simple vista parece aquello un edén, donde la belleza y el pudor engendran la felicidad; un cielo con soles y con nubes pintadas.

Mas... súbito suena el tango, y cambia el cuadro; lo que antes parecía un edén, no pasa de ser en la realidad más que una sucursal de Mazorra. Los ojos, que brillaban hace poco con la suave claridad de la aurora, reverberan en este momento la llama viva y siniestra de un incendio; el pecho, antes tranquilo como una tarde de verano, palpita ahora como el mar en una noche tempestuosa; los pies se impacientan, cual dos caballos briosos que anhelan partir; la frente se nubla; la juventud va y viene, y goza ya antes de empezar a gozar; las danzas se comprometen y empieza la danza.

Observemos el baile.

Ese señor, echado sobre un sofá, que mira con criminal indiferencia las evoluciones del baile actual, y que hasta aplaude, si no con las manos con los ojos al menos, las vueltas y las caídas y los revuelos de su hija, ese señor ¿quién es?

Es un varón de la patria.

Y esa bendita señora, indiferente como un bienaventurado, que aparta la vista de su hija que baila, por fijarla en el chamberí que trae la hija del abogado, para comprarle a su niña uno igualito, porque eso sí, ella quiere que su hija se presente en todas partes como la primera; esa señora que dice que el baile no tiene nada de particular, pues ella bailó en su tiempo y no se ha muerto por eso; esa señora que no ve más allá de sus antiparras, ¿quién es?

Es una matrona de la patria.

Y aquella niña, dulce como un merengue, inocente como un sietemesino, ligera como un papalote; aquella niña que mueve el cuerpo como un molinillo de chocolate, y que mueve los pies como un amolador de tijeras, aquella niña que no sabe hacer una camisa, ni escribir una carta, pero que baila, y se sabe de corrido el emblema de las flores, y el arte de manejar el abanico, y habla de matrimonio y más inspira risa y desprecio que consideración; aquella niña, ¿quién es?

Es una virgen de la patria.

Y aquel joven, elegante como un Saint-Remy, y como un Saint-Remy calavera, que contempla, mudo espectador, las peripecias interesantes del drama de la humanidad; aquel joven que no sabe ninguna de las ciencias, y que ignora las virtudes de los hombres grandes, pero que sabe dónde hay bailes por las noches, y cuándo está el rey a la puerta, y si el malatobo de Guanajay tiene los espolones más afilados que el canelo de Cabañas; aquel joven que no lee en los periódicos más que los anuncios y la diversión; aquel joven, socio de todos los bailes, puntal de todas las ferias, tenorio de todas las muchachas, bailador de todas las desvergüenzas; aquel joven, ¿quién es?

Es una esperanza de la patria.

La música ha callado; la juventud, muy a su pesar, ha concluido de bailar; la juventud conversa; oigamos sus pensamientos vacíos y sus palabras de manglar.

—¡Ay, qué gusto! —exclama al sentarse una jovencita—. ¡Y tan corta que ha sido la danza!

—Sí, alma mía, muy corta —le contesta su compañero—; yo quisiera estar bailando con usted toda la vida, porque mire, corazón, yo me cansaré de cualquier cosa, pero de bailar, ¡nunca! Con decirle a usted que en la Pascua estuve bailando en el campo una semana, y todavía quedé regustado. Yo no tengo fin para el baile.

—Yo también me muero por él; quítenme la comida, y ni lo siento, con tal que me den música y un compañero bueno. Nada menos que el otro día, mamá, por ver si yo no venía al baile, me dijo que era preciso que me estuviese un día sin comer y sin almorzar, si quería que ella me trajera, y mire, no probé bocado.

—Me suscribo a su opinión: baile, y que el mundo se venga abajo. Y que no es decir que me enseñaron; yo nací bailando.

—Pues yo aprendí con las mulaticas de mi casa, que son bailadoras, como usted sabe. ¡Qué!, si me enseñaron quinientos mil modos de bailar.

—Se conoce que ha aprovechado usted las lecciones de las mulaticas.

—Ése es favor que me quiere hacer.

—No, mi vida, esa caidita que le da usted a la danza al fin de cada compás, y esa parada al concluir son de riñón soté.

—Dígame, y la rubia esa con quien tenía usted la primera danza, ¿qué tal baila?

—No me diga nada; si es más malatoba. No me gusta bailar porque se separa mucho del compañero.

—¡Ja!, ¡ja!, ¡ja!

—¿No es verdad que esos son aspavientos, corazón?

—Por supuesto, sabe Dios de qué no será ella capaz. A mí me llevan los diablos cuando veo una mujer melindrosa por darse tono; ya pasó esa época.

—Sí, ahora la gente es más veterana; por eso me gusta usted tanto: tan franca. Y es lo mejor, hija, reírse uno del mundo y bailar; yo digo lo que decía aquél: o acabo con la quinta o muero comiendo mangos. Bailar, bailar, que mañana se muere uno...

—Naturalmente, y que yo no tengo en qué pensar más que en el baile; porque, gracias a Dios, todavía no he tenido que hacer un dobladillo: papaíto es muy riquísimo, y él me dice: no te apures, hija; ahora que yo tengo con qué darte gusto, baila, que mañana quién sabe los trabajos que tendrás que pasar.

—¡Qué!, el dinero de su padre no se acaba tan fácilmente.

—Eso digo yo. Hágase el cargo que papaíto tiene ingenio.

—Digo, no es nada lo del ojo...

—Y muchas casas..., y en fin, echa mucho lujo, ¿cómo se va a poner pobre? Yo tengo cuatro negras que no hacen más que echarme fresco y coserme la ropa; el peluquero viene todas las tardes a hacerme la castaña y lleva un dineral por eso. Y luego tengo túnicos de todas clases, y qué sé yo cuántas sortijas y collares y aretes, y dos coches a mi disposición... Por eso, yo bailo, porque no tengo nada que hacer, gracias a Dios.

—Baile, no sea boba, que la vida es corta, y es muy bueno divertirse.

Separemos nuestra atención de esta deliciosa pareja.

—Ave María, gallo —dice un mocito a otro, echándole el brazo a los hombros, y descomponiéndole el cuello de la camisa, que está acabado de planchar—. ¿Qué tal has sacudido el guizaso esta noche?

—No le digas nada al obispo, secretario. ¡Ave María!, me ha tocado una compañera que a dondequiera que la llevaba iba. Ni te ocupes. Aquí entre nosotros, ni en Cayo Hueso... Deja que llegue la quinta danza, que están las muchachas un poco sofocaditas, y que empiece el cerveceo para que la gente baile sabroso. Yo le tranqué ya a mi compañera la cuarta y la quinta.

—Parece que te transas.

—Hombre, eso pienso: ella ha sabido que yo soy de ley, y me hace muchas fiestas; porque, chico, tú sabes que las muchachas no quieren nada con los mentecatos, y que se mueren por los tacos, que les digan palabritas subversivas y que bailen picadito.

—Es claro, con las mujeres hay que ser atrevido, si no lleva uno la de perder.

—Pues como te iba diciendo: ya estoy medio arreglado con mi compañera. Voy a catequizar a la vieja para que me la lleve el año que viene a los bailes de máscaras.

—Ahora que dices máscaras, ¿qué vestido vas a llevar?

—De negro curro, chico, es el más decente. Y que ya me cuesta más de tres onzas, sin contar las hebillas doradas de los zapatos. Pero me voy a divertir como un bárbaro; ya me tengo aprendidas unas décimas, que no las sabe nadie más que yo. ¿Te acuerdas el año pasado en casa de las Petacas, aquello de

Yo soy el negro Patoco
que tengo de bueno y de malo
que siempre etoi en el palo,
que brinco, que bailo y toco?

—Yo también voy de negro curro y me voy a aprender las décimas de la «negra María Liboria», y voy a bailar rumba, que es un gusto. ¿Hay cosa mejor que bailar, chico?

—Pues mira, que ahora están criticando el baile.

—¡Qué!, no dejará de ser algún estúpido.

Y la música vuelve a sonar, y los pies vuelven a moverse, y los cuerpos vuelven a destornillarse, y sigue la danza. ¡Viva la danza!

Loma Osorio conoce las inclinaciones de los hombres por los chichones de la cabeza; y yo, que no soy Loma Osorio, pero que conozco los instintos, sin necesidad de los chichones, he observado que el chichón más desarrollado de nuestra sociedad es el baile. ¡Válgame Dios, y qué órgano tan desorganizado! Hoy damos un baile porque es el santo de papá, mañana porque es el santo de mamá, pasado mañana porque es el santo de abuelita; el otro porque es el cumpleaños de madrina. Si el hermano mayor se gradúa de licenciado, baile; si se bautiza el hermanito, baile; si tía se puso buena de las paperas, baile; si le sacaron un callo al hijo de la maestra de los muchachos, baile; si la niña se puso de largo, baile. Y baile porque llueve, y baile porque no llueve, y baile si hay frío, y baile si hay calor, y baile siempre, porque nunca faltan pretextos para bailar.

¡Qué hermoso presente!, ¡qué bellísimo porvenir! Yo creo que si esto sigue así, el progreso tendrá que colocar una retranca delante de nosotros, pues de lo contrario nos desbordaremos. Hoy bailamos, ya mañana seremos padres de familia: nada más justo. «El que siembra viento, recoge tempestades», o de otro modo, «de los serenos se hacen los cabos»; de los bailadores se hacen los hombres grandes.

Primero Rómulo, después Bruto, más tarde César; al principio la ignorancia, después la grandeza, por último la decadencia. Nosotros hemos empezado por el fin; ¿nos quedaremos aquí? Los romanos pedían pan y circo; otros, según Jovellanos, pan y toros; nosotros pedimos pan y danza.

El circo era en sí bárbaro; los toros son bárbaros en sí, pero el baile no es bárbaro, y que solo es inmoral cuando se abusa de él, ¿por qué conquista, estúpido, un puesto tan degradante, y de más fatales consecuencias aun que los toros y el circo? En el circo se mataban hombres y fieras; en los toros se matan fieras y hombres; en la danza se mata la moral, que vale más que todas las fieras y que todos los hombres. ¿Dónde es mayor el crimen?

El hombre corrompe a la mujer, y pide fidelidad; la joven corrompe su virtud, y pide amor; los padres contemplan la corrupción, y piden matrimonio; un seis por ocho civilizador se hace juez y dueño de los destinos, y disuelve los matrimonios, como se burla del amor, como ahuyenta la fidelidad; con tales ingredientes, ¿qué sociedad no es dichosa?

No hay duda, probado está que hemos descubierto la piedra filosofal, que tanto entretuvo a los antiguos, los cuales, como es sabido, no veían más allá de sus narices. Los antiguos buscaban el modo de fabricar oro y encontraron la máquina; buscaron el medio de alargar la vida y encontraron la medicina; buscaban el movimiento continuo y encontraron la mecánica; o de otro modo, buscaban una equivocación y encontraron una verdad. Pero nosotros, que somos civilizados, pues vivimos en el siglo XIX, hacemos la cosa de otra guisa: nosotros nos hemos encontrado con la química, y buscamos el modo de perder el oro en el juego; nos hemos encontrado con la medicina, y buscamos el medio de acortar la vida con la corrupción; nos hemos encontrado con la mecánica y buscamos el movimiento continuo de los pies en el baile; o lo que es lo mismo, nos hemos encontrado con la verdad, y la desconocemos, y buscamos la equivocación. ¿No es ésta la verdadera piedra filosofal?

¡Oh!, jóvenes que bailáis; ¡oh!, padres que veis bailar; ¡oh!, sociedad que dejas que te bailen, ¿qué hacéis, todos, por Dios, que no subís de una vez a la cumbre de la gloria? Subid, subid bailando, que allá arriba os esperan los cornetines y los timbales. No os asustéis, en la gloria se baila también. ¿No veis? A un lado Washington y Lincoln bailan; a otro lado bailan en la confusión agradable de la danza, Sócrates y Bruto, Camilo y Mr. Brown, Cincinato y los Girondinos. ¡Subid, subid y bailad! ¡Qué dulce es morir bailando!

¡Oh! poder del tango: no ardían tanto de amor patrio los soldados griegos al robusto son de la lira de Tirteo, que lo que la juventud se entusiasma al repique del tambor de la danza. ¿Qué importa que el rayo truene y que los pájaros Del Monte se coman nuestra cosecha? ¿Qué importa que la filosofía nos anuncie dolor? El dolor es tan estúpido como la filosofía. Bailad, muchachos, que la fiesta de Baco es eterna y el placer reina sobre los hombres.

¡Ay! Babilonia, Babilonia.

Enrique Fernández Carrillo

El ñáñigo

Carta cerrada y abierta:

Señor don Víctor P. de Landaluze:[62]

Me pone usted en grave aprieto, mi señor don Víctor Patricio, y pretende de mí lo impretendible. Quiere usted que salga de mi habitual reserva; que le comunique noticias que la casualidad y mi oficio de escribiente de un oficial de causas han podido suministrarme; y si tal hago, los que hasta ayer me tuvieron por hombre serio y reservado, van a tomarme desde mañana por un parlanchín. Creerán que soy como aquel andaluz, saco de confidencias, de quien se dijo que su pecho era un pozo y su lengua un campanario. Los que en pequeña como en grande escala desempeñamos alguna función de las que se rozan con la guarda de la fe pública, tenemos en primer término que guardar los secretos que se nos confían, las confidencias que se nos hacen, los misterios que descubrimos, y si así no lo hacemos, perdemos la confianza que obtuvimos por juro de heredad. ¡Ah! Si así no fuera, mi señor don Víctor Patricio, ¿cree usted que algún novelador de los que fatigan las prensas con los partos laboriosos de su imaginación, podría en el mundo de la ficción encontrar tantos dramas sangrientos, mayor suma de lances de todas clases, héroes de tan diversas estofas, como los que en el mundo de la realidad encuentra el último de nosotros a cada paso? Ni Gaboriau, Belot y Montepin, en Francia; ni Fernández y González, Pérez Escrich, San Martín y Ortega y Frías, en España; ni Hoffman, en Alemania; ni Ainsworth, en Inglaterra; ni Edgard Poe, en los Estados Unidos, podrían producir los dramas sangrientos que, a poco de manejar la péñola con alguna soltura, puede en Cuba dar a las prensas el escribiente de cualquier oficial de causas; dramas inéditos, porque aquí las cosas que suceden no se dan a los vientos de la publicidad como en otras partes, donde el escritor anda a caza de sucesos, para engalanarlos con mil mentiras bonitas, y hacer libros que satisfagan el hambre, la voracidad de las prensas y, por ende, el interés de los lectores curiosos.

---

62 Víctor Patricio Landaluze (Bilbao 1830-La Habana 1889). España. Vivió en París y llegó a Cuba hacia el año 1850. Allí trabajó como ilustrador. (N. del E.)

Yo quisiera que por algún tiempo ocupase usted, amigo mío, una plaza en cualquier escribanía, siquiera fuese tan modestísima como la que hace treinta y dos años vengo yo desempeñando; y aunque su pluma de usted siguiera en la ociosidad a que la ha condenado hace quince o veinte años, en propio perjuicio y ventaja de sus pinceles, que maneja con la misma gracia, bastaríale la difícil facilidad con que mueve éstos para que nos pintase un tomo por semana, de comedias, dramas, sainetes y tragedias de los que ocurren aquí, y van a dormir entre las hojas amarillentas de papel sellado que constituyen el proceso.

No tendría usted, por ende, necesidad de preguntarme acerca de los *ñáñigos* cosas que podría saberse de memoria, y que yo no debo, ni puedo, ni quiero decirle. Por otro estilo, y en ocasión distinta, puede decirse de ellos lo que de la espada de aquel gallardo par de Francia:

> Nadie la mueva,
> que estar no quiera con Roldán a prueba.

Es cierto, mi señor don Víctor Patricio, que existe el *ñañiguismo*, y que posee una organización a prueba. No lo constituye un grupo de siete, como el de los Niños de Écija, completo siempre por los nuevos adeptos que esperaban a la sombra la hora de ser sustitutos de los que, por buenas o malas artes, caían para no levantarse más. No es como la hidra de la fábula, que presenta cabezas nuevas a medida que se le cortan las que posee. Robustece sus filas, reclutadas, principalmente, en la ignorancia, y no pregunta al que viene a nutrirlas cuáles son las virtudes que posee; antes bien, acepta al que las tiene en mínimo grado.

Es un error suponer que el *ñañiguismo* es planta indígena. Vino de fuera, y data de muchos años atrás; bien es cierto que ha ido ensanchando su esfera, y que con el tiempo ha cambiado en mucho su carácter. En realidad de verdad, el *ñañiguismo* es una religión idolátrica, puesto que tiene por demostración un culto. Todo lo que se sabe de su origen es que proviene de África. En Cuba la introdujeron los primeros negros de nación carabalí, que fueron los primitivos trabajadores esclavos que llegaron a esta isla y que componen las tribus más numerosas del África central. Usted sabe, amigo mío, que el negro carabalí es de instintos más enérgicos que el gangá, el congo, el lucumí, el arará y tantos otros como constituyeron los trabajadores importados del África, para las fatigas del campo, en ansia de librar de ellas a los habitantes primitivos de estas tierras feraces.

Es indudable que el hombre siente dentro de sí algo desconocido, que le anima: una creencia, una idolatría, una superstición; y que dondequiera que se encuentra, le rinde culto. Idólatra es el negro, y su idolatría constituye su religión. Esos cabildos africanos que entre nosotros existen, y que constituyen la asociación de los seres que nacieron en una misma región del suelo africano, tienen, aunque no lo parezca, un carácter eminentemente idolátrico. Son la consagración de sus aspiraciones a lo desconocido. El *ñañiguismo* fue, pues, en su origen el cabildo carabalí. En el día, tal como se practica, ha sufrido modificaciones que lo alejan de su origen, menos en lo fundamental del culto y en la jerga que usa, especie de argot irracional y libre, sin sujeción a ninguna regla gramatical. Como particularidad puede dejarse sentado lo siguiente: entre los *ñáñigos* nada se escribe ni se ha escrito nunca: por eso su historia será siempre oscura e incompleta, y sin fijeza sus liturgias. Su dialecto, muy pobre de voces, no es otra cosa que el carabalí corrompido. Los jefes y ancianos son los únicos que pueden y suelen tener escrito el vocabulario que emplean. En él se encierra toda su gramática y su diccionario. ¿Por qué los que están más versados en esa jerga, y por consiguiente, los que menos necesidad tienen de ella, son los que la mantienen escrita para su uso particular? Yo no lo sé decir, ni he pretendido nunca averiguarlo, porque después de todo, en lo que ni me va ni me viene, no he de mezclarme. Presento el hecho, y adelante.

Los *ñáñigos* se dividen en grupos, que llaman tierras. Muchas de estas tierras pueden subsistir a la vez. La tierra más antigua gobierna a las otras. Reconocen una autoridad superior, que se llama el *Macombo*, en la que reside el poder ejecutivo absoluto. Los dos cargos inmediatos, ejercidos por el Illamba y el Isué, son legislativos. No se comunica el *Macombo* con todos sus súbditos: su autoridad desciende desde las alturas en que se encuentra, por la rigurosa gradación de sus inmediatos adjuntos. Diríase que el *Macombo* es el arca sagrada en que deposita el *ñañiguismo* sus creencias, sus aspiraciones, sus esperanzas y su fe.

Hay entre ellos quince categorías o grados, perfectamente definidos y que se observan con fidelidad. Los cargos son *ad vitam*, como decimos en lenguaje jurídico. No sé yo que hasta ahora haya habido destitución de ningún cargo, ni mucho menos podría decir con verdad que la muerte ha sorprendido al infiel guardador de sus preceptos; bien es cierto que tampoco sé que en esa sociedad, que cuenta por cientos el número de sus adeptos, haya asomado la traición a la boca de ninguno de sus miembros. Sea el temor, sea la convicción, sea la fe ciega y no discutidora, el hecho es que existe entre ellos una reserva, que no se desmiente con estas noticias que comunico a usted con toda discreción, y que para conseguir he necesitado largos años de paciencia y observación, expurgando aquí y allí los diferentes procesos en que he intervenido.

El *ñañiguismo* nutre constantemente sus filas; porque sin ser político, tiene una aspiración constante, que procura llenar. Los profanos tienen que ser iniciados para entrar en la asociación. De pocos años a esta parte, se admiten en ella los blancos. Pero los blancos y los negros no se mezclan. Forman distintas tierras. El templo de sus ceremonias se llama cuarto. En el cuarto de los blancos pueden entrar los negros que fueron sus padrinos en la iniciación. ¿Cómo, por qué medio se acepta al blanco en el *ñañiguismo*? Pocos son los que llegan a saberlo, aun entre los mismos iniciados, y no poca sorpresa experimenté yo al oírlo de boca de una negra moribunda. El amor de la carne es el lazo que los liga; el apetito desordenado es el cebo que los arrastra. Quiere el *ñañiguismo* la degradación de una raza superior, para conseguir el enaltecimiento de razas inferiores. Ésa es, amigo mío, su suprema aspiración. Tiene el hombre apetitos desordenados, y si no se halla cultivada su inteligencia, si no posee la educación, que regenera la humanidad, no hay trabas que le contengan. El ansia de la mujer le llena, y la mujer negra le arrastra. Por ahí se empieza, y yo no tengo que decir a usted por dónde se acaba. El hecho es que también el blanco se hace *ñáñigo*.

Los *ñáñigos* no entran en el cuarto con armas. La muerte del gallo, que figura en sus ceremonias, se verifica con un palo. El neófito debe beber sangre de gallo en el acto de la iniciación. Es notorio que creen y practican la brujería. Se socorren mutuamente. No pueden hostilizarse entre sí; pero no tienen leyes que castiguen los delitos cometidos por ellos contra los profanos. Es de liturgia repartirse aguardiente cuando están reunidos, aunque con prudente limitación. De esto se suele abusar deplorablemente.

El traje completo de un *ñáñigo* se llama *amiríffimo*. ¿Para qué he de describirlo a usted, mi señor y amigo don Víctor Patricio, cuando tan perfectamente lo ha pintado usted en esa lámina, en que solo necesita hablar o moverse, para que tenga vida y mi señor don José Trujillo pretenda echarle el guante, para ver si declara lo que, si se sabe, se lo calla, y si lo ignora, no puede decir? Cuando decía a usted antes, que si usted se hallara en mi lugar un poco de tiempo, podría pintar una novela cada semana, con accidentes dramáticos de todo género, es porque conozco yo bien el pincel de usted, y a la prueba me remito con esa lámina.

Y continúo mi charla. El *Macombo* lleva la bandera en fiestas y procesiones. Rara vez sucede que el principal símbolo de su culto lo saquen en procesión, y cuando esto acontece, se emplea un ritual expreso.

No son escrupulosos en escoger los miembros que constituyen la asociación. Sean cuales fueren los antecedentes del profano, no se le toman en cuenta. No cotizan, y por lo tanto, no tienen fondo común. Pero cuando tienen que hacer una fiesta o ceremonia, se reúnen con anterioridad, y se verifica entre ellos una colecta.

El *ñáñigo* no es político. Aspira a la unión de la raza caucásica con la raza africana, pero por la absorción de aquélla por ésta. En una palabra, que usted me entiende y con la que creo me explico bastante: quiere el imperio de la noche oscura, velando perpetuamente la luz brillante del Sol.

Puedo asegurarle a usted, mi señor don Víctor Patricio, que entra por mucho la exageración y la mentira en eso que se dice de las crueldades y actos de ferocidad que ejecutan, obligados por un juramento, profanando los símbolos del cristianismo e imponiéndose, al ser iniciados, el deber de atentar contra la vida del prójimo. No fuera yo hombre veraz y justo si no hiciera esta declaración; mucho más cuando ya he dicho a usted que la asociación no se para en escoger los miembros que la constituyen, y que por el contrario, van a parar a ella elementos nocivos, que tienen antecedentes poco tranquilizadores. Pero si el *ñáñigo* es ignorante, y la asociación da entrada a cuantos lo solicitan, los actos de sus asociados son puramente personales, y no impuestos por el rito; que harto tiene ya en sí con el fanatismo que reviste, con la idolatría a que da culto, con la ceguedad que le distingue, para ser reprobado de todas las veras.

En definitiva, el *ñañiguismo* posee una organización despótica, que permite el gobierno personalísimo. Los actos de sus jefes son indiscutibles. Es la imagen más perfecta del absolutismo en toda su verdad.

Yo no soy estadista, amigo mío, ni me creo llamado a regenerar el mundo con las pobres ideas que bullen en mi mente, y en ella se quedan, porque no tiene para qué salir a la vergüenza, pobres y harapientas; pero si tuviese ánimo para decir alguna cosa, comenzaría por anatematizar una institución que trae a nuestro siglo y a nuestra patria el reflejo de las bárbaras costumbres del suelo africano; que es planta exótica en las feraces campiñas de Cuba, y que entraña un peligro constante para la sociedad por sus aspiraciones y tendencias. Pero, hombre pacífico, no apelaría a medidas violentas para reprimir el *ñañiguismo*. Porque, dato es, que siendo fruto de la ignorancia y de la superstición, no se enmiendan éstas con la violencia, sino con esa panacea de la edad presente, que todo lo alcanza, modifica y cura, y que se llama la educación.

Sí, mí señor don Víctor Patricio; dé usted palos al ignorante, y el ignorante se volverá rebelde. Atráigalo usted al buen camino, por medio de la educación; abra usted a los cuatro rumbos del saber su atribulada inteligencia; ahogue usted con el brazo de hierro de la enseñanza la hidra del fanatismo, la ignorancia y la superstición, y todo se habrá salvado.

Dicen que un ilustre abogado aspira por este procedimiento a la supresión de los cabildos africanos, y que el asunto se estudia en las regiones donde debe residir y reside generalmente el acierto; y siendo así, bien puede decirse que por ahí, por ahí se va a la extinción del *ñañiguismo*.

Ahora, amigo mío, réstame hacerle una súplica. Rompa esta carta, olvídese de las noticias que le doy, publique sin artículo su preciosa lámina sobre el *ñáñigo*, que ella sola dice más que cuanto pudiera escribir nadie, y vea en qué puede serle útil su consecuente amigo, seguro servidor que su mano besa.

José Agustín Millán

El médico de campo

Ab uno disce omnes.
Todos son iguales.
Trad. libre

Sería preciso poseer la festiva pluma, la gracia y el satírico látigo del maligno escritor del tipo «El médico de campo», para bosquejar al médico en general y formar un cuadro tal que fuese digno de colocarse al lado de aquel bien trazado boceto, tan lleno de verdad y de animación, tan picante como chistoso. Pero ya que me faltan esas dotes esenciales en un escritor de costumbres, sirva de excusa a mi osadía el cariño que profeso a los discípulos de Hipócrates, a quienes algo debo, pues todavía estoy vivo y así mengua fuera y sobrada ingratitud el no dedicarles un artículo. Tomo, pues, la pluma, y después de encomendarme a la indulgencia de mis buenos amigos los médicos, y a la paciencia del benévolo lector, *principium sermoni dabo...* Ustedes han de perdonar si les hablo en latín, pero este latín lo entiende todo el mundo, inclusos los médicos y los boticarios, que con medias palabras en latín se entienden a las mil maravillas.

En nuestro país, esencialmente agrícola, en vez de cultivar las ciencias y las artes que tienden a perfeccionar la agricultura y llevarla al estado floreciente a que por la feracidad privilegiada de nuestros campos está llamada, encontramos más cómodo, más útil y sobre todo más noble dedicamos al estudio del derecho, al de la medicina, al de la farmacia, y particularmente al de la poesía, guiados sin duda por aquel conocido principio de que es preciso que todos vivamos, propios y extraños.

Gracias a Dios, no nos faltan poetas, pues tenemos para surtir a toda la América y aun nos sobrarán para nuestras delicias.

¡¡Abogados!! No hay más que abrir la Guía de forasteros para pasar en revista la tremebunda cohorte que está encargada de cuidar de nuestros intereses, aunque sin dejar por eso de cuidar de los suyos, pues los abogados no, se han estado quemando las pestañas estudiando el Digesto para luego hacer escritos de guagua, cosa por demás indigesta.

¡¡Farmacéuticos!! Hay en cada calle dos o tres establecimientos piadosos, a cargo de estos profesores que prestan al público tanta utilidad como a sí propios. ¡Cuánto adornan la ciudad esas odoríferas oficinas, con cielorraso dorado, armatoste de caoba, pomos de loza fina, mostradores elegantes sobre los cuales campean enormes redomas de cristal de varios colores, a manera de instrumentos de magia, de física recreativa de algún jugador de cubiletes! Aquí se ven cajas misteriosas con sus correspondientes rótulos; allí urnas de cristal que contienen el imponderable aceite de alacrán o de lombrices o de otras sabandijas, toditas muy medicinales y sobre todo muy... caras. Más allá un pomo de vidrio que encierra nada menos que una hutía comiendo un hicaco; aquí una redoma que contiene un enorme majá en aguardiente; en fin, acá y acullá cuatro o cinco cajitas abiertas y a la disposición de los aficionados a las pastas pectorales, cuya virtud es tan notoria y cuyos resultados son tan poco nocivos (lo que no se puede decir de todos los remedios).

¡¡Médicos!! Cada día aumenta el número de los alumnos de Hipócrates, al paso que desaparecen los enfermos, tanto que si la cosa sigue así, a falta de, gentes a quienes administrar drogas y jarabes, tendrán que curarse a sí propios; los médicos o recíprocamente, lo cual creo que no harán jamás por motivos que ellos no ignoran.

Sucede, pues, comúnmente, que a un hombre que tiene la fortuna de ser casado y que además es padre de dos hijos, lo cual es otra fortuna, viene la partera presurosa y con entusiasmo a anunciar que su esposa (del hombre) acaba de dar a luz un infante tamaño (aquí se esmera aquella profesora en señalar con ambos brazos). El recién papá, que, como dijimos, lo es ya de otros dos también robustos infantes, da gracias a Dios, a sí propio y a su mujer por el aumento de prole, y allá para su capote dice poco más o menos lo que sigue: «Ya tenemos en casa a un futuro abogado y a un aspirante a farmacéutico... pues, señor, este angelito que acaba de regalarme mi muy cara esposa será, será... médico: no hay remedio, o por mejor decir, tendremos quien nos dé remedios y con eso nos ahorraremos el pago de honorarios por escritos largos, los veinte reales fuertes por un simple jarabe simple y el consabido pesito, de la visita».

En efecto, crece el niño, va a la escuela, es el mismo demonio, poco estudioso, travieso, en extremo aficionado a los dulces, a las pastillas y al orosuz. El papá deduce de todas estas cualidades que su hijo tiene grandes disposiciones para la medicina; y como no lo puede sufrir en casa, se lo manda entero y verdadero al maestro de escuela que ya lo tenía a medias, es decir, a medio pupilo.

Pasan años. El niño ya no es niño, sino un muchachón, con pelo a la romántica, bigote y pera de chivo que mete miedo. «Entonces pasa a estudiar y todas a la vez, un sinnúmero de ciencias, de las cuales una sola bastaría para ocupar la vida entera de un hombre aplicado, pero que el alumno tiene que saber, porque todas, todas le han de servir, si no para curar a los enfermos, al menos para llegar a ser médico. Es de ver cómo por encanto aprende la botánica, la física, la química, la fisiología, la anatomía, la terapéutica, la... Señor... una infinidad de cosas más difíciles de mencionar que de aprender.

Si, por desgracia, el alumno no tiene afición a la medicina y en vez de escuchar atentamente al catedrático, no asiste con puntualidad a las clases, prefiriendo ir a la inmediata confitería a refrescar, engulléndose para hacer boca media docena de pastelitos o chux à la crème y, a fin de hacer pasar todo eso, una copa de granizado de naranja o un vaso de agraz, o también si el enemigo le tienta se pone a jugar unas cuantas mesitas al billar... ¡ay!, ¡ay de los enfermos que cayeren algún día en las terribles manos de nuestro galeno! Por eso, cuando queremos dar un voto de confianza a algún médico a quien no conocemos y nos decidimos a encomendarle nuestro cuerpo y nuestra existencia, preguntamos con sobrados motivos: ¿Qué tal? ¿Era buen estudiante?

El que no toma estos informes demuestra menos interés por sí propio que por las agencias funerarias, y convengamos en que los aficionados a la filantropía no pueden exigir tamaño sacrificio; y regla general: no hay cosa peor para los enfermos que tropezar con médicos que en vez de haber hecho estudios profundos en la divina ciencia, se hayan entretenido en hacer versos, en enamorar muchachas, poniendo a los papás en un continuo estado de... alarma, o en pasar su tiempo en los cafés, o en el tiro de pistola, o en el campo cazando pájaros... Todo esto es de fatal agüero para los pobres enfermos.

Tan pronto como el bachiller en medicina recibe su diploma, busca la protección de algún médico de reputación, para que le acabe de enseñar lo que no sabe (por supuesto que hablo de lo que no sabe el bachiller) y le perfeccione en la humanitaria ciencia de curar. El médico protector franquea al modesto bachiller su biblioteca compuesta de cuantos libros sobre medicina se han escrito desde Hipócrates hasta nuestros días, es decir, de medio millón de gruesos volúmenes llenos de admirables teorías, lo cual prueba de un modo evidente lo mucho que han... sudado las prensas tipográficas.

Si el médico director es partidario del sistema antiflogístico, no permitirá que lea su discípulo sino las obras en que se prueba de una manera que no deja la menor duda que desde que el mundo es mundo hasta la fecha, esto es, desde que no había médicos y cada quisquis se curaba como Dios le daba a entender, y morían las gentes ni más ni menos como ahora (aunque no en regla es muy cierto), el médico que no manda sacar sangre y no emplea (para los enfermos) las sanguijuelas y ventosas, no es digno de entrar en el gremio de la facultad. Non ets dignus intrare in docto corpore... siempre latines... de cocina, quiero decir, de medicina.

Empapado el alumno en tan sabias doctrinas, jura, cual otro Aníbal, puesta la mano sobre un tomo de Broussais, odio implacable a todos los sistemas curativos pasados, presentes y futuros, y desde luego profesa a las sanguijuelas un cariño digno de mejores bichos. Hace además firme propósito de no recetar sino aquellos remedios que señala la terapéutica como debilitantes, extenuantes y que tienden precisa y directamente a desahogar al doliente de cuanta sangre tenga en el cuerpo para luego tener el gusto de írsela renovando (si es que escapa el enfermo) a merced de limonadas, suero, leche, huevos pasados por agua y cuando mucho sopas de gato. La irritación... he aquí el enemigo; he aquí el duende o sea coco que hay que combatir. Aquel joven alumno, por lo demás de buena índole y aun amable, no sueña sino con las sangrías, las sanguijuelas, las ventosas y no habla en todas partes más que de las irritaciones, de las sopas de gato, de los baños calientes, de aneurismas, de agua helada, de belladona, de gastroenteritis, cefalalgias, colitis, peritonitis, atrofias, etc.

Hasta en su misma casa viene a ser el terror de su familia, queriendo curar a los buenos y sanos, para probar la eficacia de su sistema; pero como quiera que todo el mundo le zafa el cuerpo, ya es un inocente perro, ya un apacible gato, ora una incauta cotorra, ora un robusto cochino los que experimentan, con notoria desgracia, los admirables resultados de su método.

Si el médico director protector es humorista, es preciso entonces declarar guerra a muerte a las sangrías, a las sanguijuelas, a los calmantes, al agua fría, al agua caliente, a las limonadas, a los baños, a los jarabes, a las pastas, a las tisanas y en general a toditas las drogas de la botica. No hay más que penetrarse de que nuestro cuerpo, objeto de la vanidad humana, es pura... o mejor dicho, impura corrupción y basura; y así es fuerza limpiarlo constantemente ni más ni menos que nuestra casa, que aseamos todos los días con la escoba. Y ¿cómo? Con purgantes y vomitivos, con ambas cosas a la vez, o al menos alternando sucesivamente hasta que quede el cuerpo limpio como una patena.

Es de advertirse (entre paréntesis) que este sistema tiene pocos partidarios entre los discípulos de Hipócrates, sin duda desde que los enfermos se han convencido que para zamparse dos o tres cucharadas de Le Roy no se necesita llamar a ningún médico.

Si el caballero médico director es partidario del sistema de Raspail, hablará en estos términos al joven alumno: «Todos los achaques desagradables que afligen a la humanidad provienen de una multitud de bichos o gusanos enemigos del orden y de la tranquilidad del hombre, que han dado en la gracia de andarse paseando por nuestro cuerpo con la misma libertad que si estuviesen en su casa. Conviene, pues, desalojarlos... pero ¿cómo?, dirás tú, oh joven alumno, ¿cómo?, ¿por medio del alcanfor? No acierto a comprender cómo hasta la fecha no habíamos dado con ese remedio universal que es el único que cura todas las enfermedades. Muchos individuos ignorantes (sin ser médicos) conocían, hace siglos, la notoria eficacia del alcanfor para destruir la polilla y otros insectos que se alojan en las gavetas de una cómoda o en los escaparates; pero estaba reservado a Raspail el honor de hacernos conocer que el alcanfor y sus compuestos mata a los insectos doquiera que se les pueda pillar. Viva, pues, tan admirable remedio, que, además, tiene un olor muy agradable pora el que le guste.

Et sic de cæteris... es decir, que de los sistemas curativos adoptados por los médicos directores, resulta lo mismo. Cada cual pondera el suyo y asegura que el de su cofrade no sirve para maldita la cosa. Yo creo que todos tienen razón.

El bachiller, dócil a los consejos de su director, acompaña a éste en todas sus visitas y aun en sus ausencias y enfermedades le sustituye, no apartándose ni un ápice de las doctrinas que le inculcara su sabio maestro. Esto lo alienta y aun se permite in ocultis curar por sí y ante sí a algún enfermo, pero esto es muy raro y si lo hace es... sin ejemplar.

Guiado por las máximas y el ejemplo de su maestro, muda de costumbres, de carácter y aun de fisonomía. Se vuelve serio, gasta poca conversación, tiene trazas de estar siempre meditando acerca de las innumerables enfermedades que afligen a la humanidad y de buscar remedios para curarlas. De un abogado vivo y hablador, dirán las gentes, cuando mucho, que es travieso y de ardiente imaginación y por supuesto muy propio para hacerse cargo de un pleito por desesperado que sea; de un médico locuaz, de genio alegre y que camine deprisa, dirá el vulgo: «es un loco; no le llamaré por cierto, sí tengo la desgracia de caer enfermo». Esto lo saben los médicos y por tanto se dominan, hablan poco, caminan con paso grave y su semblante revela, al parecer, como diría un escribano, los afanes y desvelos; y aun muchos gastan espejuelos a pesar de tener una vista de lince. Muy rara vez se permite el médico ciertas diversiones inocentes como los teatros y las sociedades filarmónicas, pues se lo impide el constante e ingrato estudio de la ciencia que profesa. Además, ¿qué opinión formaría el público de un hombre cuya vida pertenece a los enfermos, si le viesen todas las noches en el teatro? Haciéndole sobrado favor, dirían las gentes que no tiene aquel médico enfermos a quienes visitar o que no tiene amor a la carrera. El médico no debe tampoco ir a los bailes. El médico no baila: esto es indigno de su carácter, de su indispensable gravedad.

En fin, ya nuestro bachiller es médico: ya vuela con sus propias alas, por su cuenta y... entonces, merced a algún complaciente localista que anda a caza de noticias con que llenar la sección que está a su cargo, puede leer cualquiera el párrafo siguiente: «Grado. —Tenemos el gusto de anunciar a nuestros lectores que anteayer, previo un riguroso y lucidísimo examen, recibió el grado de licenciado en medicina el aplicado joven don Luis Serato y Miel Rosada, a quien felicitamos cordialmente deseándole el mejor éxito en su noble y ardua carrera. Vive...» (aquí las señas).

El primer cuidado de nuestro tipo es proporcionarse, a costa de los primeros enfermos que caen bajo sus manos, una volante o quitrín flamante, con buenos arreos, robusto caballo y rechoncho calesero. Este aparato que nada tiene que ver con la ciencia médica, es indispensable. El médico que visitase a pie, se daría todas las trazas de un corredor vendiendo granos de café o muestras de azúcar. La volante indica el gran número de enfermos; los arreos de plata anuncian la comodidad y lujo con que vive el médico que todo o debe a sus admirables aciertos; en cuanto al rechoncho calesero y al robusto caballo, son las pruebas vivas y palpables de que en casa del facultativo todos están gordos, buenos y sanos que da gusto, desde el amo hasta el caballo, y cuenta que este último no cesa de trabajar todo el santo día, otra señal inequívoca de que el médico no puede con sus enfermos, es decir, no puede dar abasto con los dolientes aunque no tenga todavía ninguno. Con efecto, en todas las carreras hay que pasar lo que vulgarmente se llama el año de noviciado, máxime en la de medicina en que pululan los médicos.

¿Veis aquel hombre que va en un quitrín, con un libro o folleto en la mano, absorto, al parecer, en la lectura de algún nuevo remedio para curar la hidrofobia, vulgo rabia? ¿Adónde se dirige? Ni él mismo lo sabe. Lo esencial es que el público, naturalmente curioso, llegue a saber que allí va el doctor tal. Lo esencial, pues, es darse a conocer, porque nadie puede curarse con médicos desconocidos. Esto lo saben los médicos y por eso inventan mil ingeniosos arbitrios para adquirir reputación y crédito.

Ya es un comunicado suscrito por un amigo que estuvo agonizando, pataleando que metía miedo, con los preparativos hechos y el lío debajo del brazo para irse al otro mundo, avisada la agencia funeraria y ajustado el entierro de segunda clase, cuando... ¡oh asombro!, vino a habérselas con la inexorable parca el joven licenciado don Mamerto Mosca y en menos de quince días arrebató su presa a la diosa muerte, restituyendo a la vida al comunicante, que, en cuanto saltó de la cama, se apresuró a rendir el debido homenaje de gratitud a su joven salvador que vive en la calle de... tal... número...

Ya es un soneto remitido y suscrito por una señora a quien el joven doctor don Ventura Bisturí practicó la difícil operación de extraer siete golondrinos que no la dejaban dormir hacía la friolera de nueve meses. Dice así el soneto, que es a fe tan bueno como los muchos que se publican todos los días en los periódicos:

Presa de horrendo mal, la sepultura
ante mis pasos débiles se abría;
de Galeno a la ciencia resistía
mi perenne opresora calentura.

Hice del testamento la escritura
y de mis hijos ya me despedía,

cuando acercóse en venturoso día
a examinarme el sabio don Ventura.
Aunque la fama le nombraba experto,
su remedio acepté sin esperanza;
porque ese don de levantar a un muerto
solo al Dios de los orbes se le alcanza.
¡Me levantó en seis horas el bendito!
Y estas gracias le ofrezco por escrito.

Como quiera que, según ya hemos dicho, pululan los vates en esta feraz tierra de Cuba, le es sumamente fácil a un médico que quiere darse a conocer, granjearse la amistad de algún poeta complaciente que le obsequie el día de su santo con un par de sonetitos por el estilo del anterior y en los que asegura que el tal doctor es por lo bajo un Dupuytren, un Corvisart, un Magendie, un Valpeau, etc., etc.

Ya es un anuncio pomposo redactado por el mismo facultativo en que participa a sus amigos y al público (cuya amistad anhela también) que por un método sumamente sencillo, fruto de una larga práctica y constante observación, cura todas las enfermedades conocidas y por conocer, endereza jorobas de nacimiento, vuelve la vista a los ciegos, compone brazos y piernas que es un primor, bate las cataratas en un abrir y cerrar de ojos, facilita la salida de los fetos sin dolor ni lesión; posee el secreto para que las mujeres morosas tengan al fin el dulce consuelo de dar a luz media docena de muchachos robustos, etc., etc. A los insolventes se les cura de oficio o séase de guagua.

Al día siguiente se llena la casa de nuestro galeno de una legión de ciegos, de paralíticos, de jorobados, de cojos, de tuertos, de mancos, de negras viejas, de chinos que dan compasión.

Otro de los ingeniosos medios para adquirir crédito es la invención de algún jarabe especial para poner el hígado como nuevo; o de alguna pasta maravillosa para los catarros que se pronuncian en los pulmones; o de algunas píldoras que limpian la masa de la sangre mejor que con una escoba; o de algún ungüento prodigioso que es lo que hay para las almorranas y la sangre de espaldas. El caso es ver su nombre en letras de molde.

Cuando el médico va a visitar a un enfermo por primera vez tiene sumo esmero en su toilette, engalanándose con la mejor casaca y luciendo en la bien planchada pechera de su camisa un hermoso alfiler de brillantes. Entra en la casa, por supuesto armado del consabido bastón con borlas, con suma gravedad y circunspección, si bien deja asomar en sus labios dulce sonrisa como prueba de su amabilidad y también para tranquilizar en cierto modo el pánico terror que infunde siempre en una casa la presencia de un médico. Se acerca al doliente y, al mismo tiempo que le toma el pulso, echa una mirada distraída a la mujer del paciente y si éste es rico, lo cual se conoce por el aparato y lujo con que está adornada la casa, suele entonces sacar el reloj, frunce las cejas, se muerde los labios, vuelve a tomar el pulso con la diferencia de que la mano que toma ahora es la derecha y antes era la izquierda.

La esposa. – ¿Qué opina usted, señor doctor?

El doctor (guiñando el ojo a la esposa). – Esto no será nada... nada... cuando usted me mandó a avisar, estaba yo en una junta... aún es tiempo de combatir la enfermedad...

La esposa. – Mi marido es muy aprensivo. Yo creo que lo que él tiene es un fuerte catarro...

El doctor (sonriéndose). – No es mal catarro, señora mía... algo más..., pero.

El doliente (asustado). – ¿Estoy de peligro, doctor? (a la esposa) ¡No te lo dije, Chona mía, no te lo dije!...

El doctor. – Ánimo, ánimo... voy a recetar un jarabe... procure usted sudar, a bien que agregaré una bebidita que... hasta la noche...

(El doctor saluda al enfermo y pasa a la sala seguido de la señora.)

La esposa. – Puede usted, doctor, hablar con franqueza... ¿Es cierto que...?

El doctor. – Mucho temo una reacción, señora mía, porque en estos catarros pulmonares no parece sino que la enfermedad quiere jugar con nosotros al escondite. El cerebro está amagado... ¿Me hace usted el favor de darme papel y... ¡ah!, ya sabe usted que debe mandar a la botica del licenciado Pildorín. Es hombre de conciencia, aunque llevar por sus drogas más caro que sus cofrades..., pero él no vende gato por liebre (receta). ¡Ay!, señora, los enfermos no nos dejan vivir y, sin embargo, no faltan gentes que digan que somos nosotros los médicos los que no dejamos... ¡Bah! Mire usted... tengo que ir ahora a ver a la marquesa de... y luego al conde de... y antes de ir a comer estoy citado para una junta en casa de doña Sinforosa Clito, que está con un histérico de muerte. ¡Ah!, señora... ¡qué ingrata carrera es la nuestra! A los pies de usted.

Como el doliente no tiene sino una mera fluxión, se pone bueno, pero, como es rico, se pone bueno lo más tarde que puede... el doctor que ha tomado tanto cariño al enfermo que quisiera verle toda su vida dos o tres veces al día.

Si a pesar de sus esfuerzos para alcanzar reputación y crédito no logra nuestro tipo que el público lea los comunicados, los sonetos ni los anuncios, entonces muda de... sistema y deserta las antiguas y venerandas banderas de la alopatía, pasando a ser un furibundo y entusiasta partidario de la homeopatía, cuyas maravillas proclama, confesando que hasta la fecha todos los médicos (incluso él) han sido unos bolos administrando brebajes, tisanas más o menos repugnantes, enormes píldoras, panaceas, etc., y haciéndose los suecos a la voz de Hannemann, el sapientísimo inventor de los globulitos y de las dosis casi invisibles.

Si esto no basta, se declara defensor del admirable sistema del agua fría, o séase hidropatía, que cura todas las enfermedades como por encanto. Este método, en efecto, es una de los más prodigiosos de este siglo. Cuéntase que uno de los establecimientos hidropáticos de Berlín fue acometido un hombre de un cólico desenfrenado. El médico le mandó que se echara al agua. Hízolo así el doliente y... ¡oh asombro!, antes estaba con el cuerpo doblado bajo el peso del más violento dolor..., pues bien, le sacaron del baño tieso... como una tranca.

Sin embargo, la experiencia ha demostrado que el más eficaz arbitrio que puede adoptar un médico que anhela fama y sobre todo dinero, es el de viajar a luengas tierras y al cabo de dos o tres años volver a su patria. Si trae de allende instrumentos, libros primorosamente encuadernados, botiquines completos, etc., si nos puede probar, a fuerza de repetirlo, que ha sido comensal del celebérrimo doctor tal y amigo del sapientísimo doctor cual; si a esto se agrega que chapurrea el alemán, el inglés y el francés; si, finalmente, celebra con entusiasmo todo lo que vio o no vio del otro lado del golfo, entonces es seguro su triunfo. Bueno es también que traiga de allá algún específico universal de prodigiosos resultados, algún elixir, o Rob, o panacea, o cuando menos algún ungüento para los callos.

Nuestro héroe deberá hacerse de rogar para ir a visitar a los enfermos; llegará el último a las juntas, hablando en ellas de todo menos de medicina y adhiriéndose siempre a la opinión del médico de cabecera, única persona que se permite ocuparse allí de la salud del pobre enfermo.

Debe cuidar también nuestro tipo de cultivar la amistad de uno o dos farmacéuticos a quienes protegerá y cuya pulcritud, conciencia, habilidad y esmero ponderará en todas partes. A su vez agradecidos aquellos boticarios hablarán acerca de nuestro médico con tanto entusiasmo y tantos elogios, que a fe, a fe que le entrarán deseos a cualquiera de caer enfermo para tener el gusto de ser curado por tan famoso doctor.

Cuenta el chistoso autor de la fisiología del médico, que la invención del sistema hidropático se debe a los enojos de un vengativo doctor en medicina a quien negó la mano de su hija un boticario que había tenido la habilidad de transformar en buenas y sonantes onzas de oro cuatrocientas tinajas de agua de chicorea o de borrajas. ¡Tantæne animis doctoribus iræ!

Tanto a los caballeros médicos como a los señores farmacéuticos les conviene, pues, vivir en santa paz y armonía, ni más ni menos que a los jueces con los escribanos y a los escribanos con los oficiales de causas; todo en obsequio de sus intereses como en los del público... que es el que, al fin y al postre, paga las costas.

No pocas veces acontece (y esto, sea dicho de paso, tiene lugar en todos los países civilizados, esto es, donde hay muchos médicos) que la Discordia, con su infernal aliento, infunde en los discípulos de Hipócrates el espíritu de cábala, de rivalidad y de odio recíproco y sacude sobre ellos su horrible cabellera erizada de venenosas serpientes. Aquí fue Troya. El alópata, el hidrópata, el raspalista, el brownista, el rasorista, el broussista, el homeópata, el humorista, etc., como perros y gatos, viven en continua lucha, obsequiándose mutuamente con mandobles a diestro y siniestro, cada cual en defensa de su sistema, tratándose de una ciencia tan oscura, que el más lince camina a tientas, dando palos de ciego a todo bicho viviente, eso sí, con las mejores intenciones. *Ibant obscuri sola sub nocte per umbras.*

Ahora bien. ¿A quiénes constituyen por jueces en tan intrincada contienda? Al público. ¡Ojalá pudiera éste dirimir con acierto la discordia y saber en tan peliagudo juego con qué cartas gana y con qué cartas pierde.

Una vez adquirida la reputación que tanto ha anhelado, nuestro héroe puede prometerse un porvenir halagüeño y una vida llena de placeres, si bien no pocas veces se ven turbados éstos por las visitas que tienen que hacer a sus numerosos enfermos, pero aun esto acrecienta su nombradía y, por supuesto, su peculio. Tiene nuestro doctor entre sus clientes a dos que están ya, como si dijéramos, cada cual con el pie derecho en la sepultura y el izquierdo asido por nuestro galeno. Éste se halla en el teatro oyendo, verbi gratia, la deliciosa cavatina de Elvira en el Hernani. Llega, súbitamente y jadeando, un caballero, recorre con la vista la inmensa platea del coliseo, ve a nuestro doctor, se acerca a él y le dice al oído: doctor, el enfermo está delirando... por Dios... venga usted un momento... un minuto... ahí está el carruaje.

—Bravo, bravo... —grita el filarmónico doctor aplaudiendo...

—Por Dios, doctor...

—Bravísimo... (al caballero). Voy... voy... después del dúo... Mientras tanto, puede usted mandar en mi nombre que le apliquen al enfermo sinapismos volantes y ladrillos... y... (a un filarmónico). Qué bien ha cantado esta noche la prima donna... sobre todo el trino... (al caballero). Vaya usted... ¡ah!... que vayan a la botica y que pidan un cáustico del tamaño de mi mano... Y dos docenas de sanguijuelas...

En esto llega otro caballero con la misma pretensión.

—Doctor, se nos va, se nos va... desde la última sangría está peor...

—Que le den otra... eso no es nada... yo pasaré a verla dentro de una hora.

—Doctor de mi alma... venga usted, se lo pido por aquel angelito barrigón, hijo de usted.

Aunque poco sensible en general, por el caro nombre invocado, accede nuestro galeno a seguir, no sin visible disgusto, al importuno caballero.

—Ahí va el doctor Yodo —dicen algunos concurrentes—. ¡Cáspita! y ¡qué de enfermos tiene! No le dejan gozar de la ópera.

—¡Oh! —exclama otro—, pronto volverá... con una receta más... ya está, el enfermo del otro lado. ¡Parece increíble!

Los médicos y los abogados tienen ciertos puntos de semejanza tanto más notables, cuanto que por otra parte se diferencian en el genio y costumbres. Ya hemos dicho que los abogados, generalmente, son vivos y locuaces, al revés de los médicos que son graves y taciturnos, sin embargo de que hay alguno que otro que no deja meter baza en su casa ni a la cotorra... ¿qué digo?... ni a su cara costilla, que creo es cuanto hay que decir. Ahora bien, veamos cuáles son las circunstancias que constituyen esa semejanza de que hablamos.

Supongamos que va a consultar a un abogado un proletario, vulgo, insolvente, para que le defienda un pleito que trata de entablar contra un individuo que le diera una bofetada.

—¡Cómo!, ¡han dado a usted una bofetada! Ésa es cosa seria, amigo mío: ¡un pleito criminal!... Cuénteme usted el suceso, ¿Quién fue el agresor audaz que... torne usted asiento. A propósito, supongo que está usted resuelto a llevar las cosas hasta el último extremo. Bien hecho. ¡Una bofetada! ¿Sabe usted lo que es una bofetada?... a bien que debe usted saberlo...; se me olvidaba que..., pues, señor... tendrá usted la bondad de expensarme... para el papel sellado, firmas, poder, etc., etc., etc. Presumo que usted no es insolvente...

—¡Ah!, doctorcito de mi corazón... ¡ojalá no lo fuera, pero tengo...!

—Veamos, veamos lo que usted tiene...

—Tengo una porción de testigos que asegurarán que no poseo ni un chico...

—¡Ay, ay! (aparte). ¡Malo! (alto). Ya esto muda de aspecto, amigo mío. Para meterse a litigante..., sobre todo en materia criminal, es preciso tener siquiera para los gastos indispensables...; todo, por supuesto, a reserva de reintegrarse luego... pues, sí señor... bien mirado el negocio... una bofetada no pasa de ser así... una... bofetada que... al fin... eso no es nada... quizás en un momento de exaltación... las circunstancias atenuantes... la... el... los... las... Si usted supiera cuántas bofetadas se han dado y aún se dan por ahí por gentes groseras y villanas. Lo mejor es abandonar eso a un desdeñoso olvido... créame usted... Conque... que usted lo pase bien... estoy muy atareado.

Traslademonos ahora, benévolo lector, a la morada de uno de esos doctores de fama y de crédito que tanto abundan.

—Señor doctor, estoy, hace más de un año, padeciendo unos dolores reumáticos que me dan muy malos ratos...

—Caballero, me alegro...

—¡Cómo!

—Por supuesto. Me alegro mucho de que se proporcione nueva ocasión de experimentar los prodigiosos efectos de un remedio que he inventado para los reumatismos y aun para la gota. Es un regenerador universal de la sangre, compuesto de vegetales, y con el cual he tenido el gusto de curar a más de trescientos gotosos. Cada botella cuesta doce pesos..., pero crea usted que el precio es sumamente módico, atendida la sin igual calidad de los ingredientes de que se compone mi regenerador. Con veinticuatro botellas tiene usted bastante para limpiar la masa de la sangre de las impurezas que en su curso lleva. ¡El reumatismo!... cuidado con esto... si usted quiere, enseñaré a usted... una botella...

—El caso es, señor doctor, que yo soy un pobre... Y no digo veinticuatro botellas, pero ni aun una cucharada de ese regenerador puedo costear...

—¡Ah!, pues entonces, caballero, tome usted baños de mar... y... eso no es nada... el reumatismo molesta, pero no es peligroso... Usted disimulará; voy a ver a doce o trece enfermos de gravedad... así es que...

—Pero, doctor...

—Que usted se mejore...

Inútil es decir que si los dolientes y los litigantes son ricos, los diálogos son más largos y, sobre todo, más interesantes para... los médicos y para los, abogados.

Hasta ahora hemos descrito un tipo cuya vida, carácter y hábitos guardan, casi, casi, una identidad notable con todos los de su clase en el orbe entero, pero recordará el benévolo lector que hemos salvado en el prospecto de la presente obra ese inconveniente prometiendo amoldar ciertos tipos generales, de la sociedad a las costumbres de la nuestra en particular. Con efecto, el médico en todas partes es médico y a fe que es carrera la de los dichosos hijos, de Hipócrates que se halla más al abrigo de las vicisitudes de la suerte y de los azarosos vaivenes de las revoluciones. En todos los países hay enfermos... Y de consiguiente se necesitan médicos, aunque sean originarios del Celeste Imperio; prueba de ello es el ínclito y nunca olvidado Zanzí, que, sin saber más que decir dos pesus se llevó a su tierra 30.000 pesos, fruto de su talento... ¡Talento! Sí, señor... que talento es, y muy real y efectivo, el ganar en menos, de un año esa no tan despreciable suma, máxime en un país donde abundan médicos sapientísimos que saben el latín, el griego, todas las lenguas modernas... pero que, desgraciadamente, ignoran el chino.

Fuerza es confesar, empero, que nuestros médicos en general son estudiosos, desinteresados y humanos. Los hay, y no pocos, de ciencia y conciencia, si bien otros, adoptando, con más entusiasmo que reflexión los últimos sistemas médicos, cual el elegante que se cree obligado a vestirse a la dernière mode, llegan a inspirar no solo poca confianza a los enfermos, sino que ellos mismos, caminando de continuo en las tinieblas de la duda, concluyen por no creer en nada. Mas diré, y esto en obsequio de los médicos cubanos, éstos no, saben ser charlatanes... digo y teniendo a tantos cofrades que en esto de embaucar al prójimo pueden servirles de modelos, pues, si bien es cierto que han visitado nuestras hospitalarias playas algunos doctores en medicina y cirugía dotados de verdadero e innegable mérito, en cambio no pocos enfermos incautos han sido víctimas de su espíritu de novelería por haber encomendado su salud a Dulcamaras tan ignorantes como imprudentes.

Concluiremos este mal trazado tipo repitiendo lo que pregona la fama con respecto a nuestros benditos hijos de Hipócrates. Dicen que son muy enamorados... no solo los jóvenes, sino los viejos... (éstos en mi concepto son más, peligrosos), pero... prescindiendo de que el amor es la pasión más noble del hombre... y, por supuesto, también de la mujer... el clima... la ocasión... el ahínco laudable de estudiar a fondo las infinitas maravillas de la naturaleza. Además, la carrera es ingrata y el camino por donde transita el médico no ha de verse siempre cubierto con funerales cipreses y justo es que alguna que otra flor le consuele en su triste y penosa peregrinación por el mundo, donde hay tantos farsantes... como los médicos no ignoran.

El calambuco

Melancólico por demás, o cuando menos calambuco, ha de ser el benévolo suscritor que no se sonría al leer tan solo el título que encabeza este mal trazado tipo. ¡El calambuco! Confieso que algo pesada es la carga que me he echado a cuestas, y aun temiendo estoy que todo el gremio de ultradevotos, a pesar de su aparente mansedumbre y calculada tolerancia, me aguarde furibundo en la esquina de una iglesia, y amén de algunos piropos poco gratos al oído, me dé una leccioncita práctica de garrote, vulgo paliza, lo cual, entre paréntesis, en el siglo ilustrado en que vivimos, constituye uno de los argumentos, si no más lógicos, a lo menos más sólidos, para interpelar al prójimo que se atreve a escribir verdades como puño y a pintar un tipo social tal cual es, con sus pelos y señales, con sus flaquezas y miserias. Al paso que camina o, mejor dicho, vuela el siglo XIX, merced a la universal tolerancia en todas materias, en vez de pronunciar útiles y razonados discursos en las respectivas cámaras legisladoras de las naciones, en vez de interpelar al poder ejecutivo con palabras, cada diputado, armado de un hermoso garrote semi-tranca, sostendrá su opinión, manifestará su profesión de fe y sus principios, etc., etc. El escritor de costumbres tendrá que renunciar a trazar tipos y caricaturas sociales, a no ser que estime en poco sus costillas o que maneje alternativamente la péñola y el garrote. De poco o nada le servirá manifestar la pureza de sus intenciones y el espíritu morigerador que le guía en obsequio de la sociedad cuyos vicios trata de corregir. «La sociedad, le contestarán, es ya demasiado vieja para enmendarse. Recibe usted, hermanito, esta paliza a reserva para enseñarle a vivir y a respetar las costumbres establecidas.»

Ahora bien, querido y pagano lector, ¿creerás tú que el mísero escritor de costumbres se considere al abrigo de los tiros de las mujeres a quienes pinta en su álbum? No por cierto. No hay que temer palizas, seguramente, por parte del bello sexo. Si es fama que allá en Europa gastan algunas mujeres navaja o puñal, en esta buena tierra de Cuba, amén de alguno que otro arañazo, pellizcos o, cuando mucho, algún sendo coscorrón, las hijas de la Reina de las Antillas desfogan su ira con la... ¡ay!, con la lengua; y no sé qué decirte, lector de mi alma, si no es aún más terrible que el garrote, esa arma que manejan las hijas de Eva con una maestría digna de mejores resultados. ¡Oh!, no soy yo quien lo dice; es nada menos que un gran filósofo, viudo por más señas, y que tuvo suegra, que es otro ítem más. No debió, sin duda, quedar, después de la muerte de la difunta, muy aficionado al bello sexo cuando dijo: «Malo periculosam serpentem quam quietam mulieris linguan», lo cual, traducido al castellano, quiere decir que más vale habérsela con una culebra venenosa que con una mujer callada. Y sí esto se refiere, poco galantemente (perdóneme el buen filósofo), a las mujeres cuando no dicen: «esta boca es mía» (cosa asaz rara) ¿cuán tremenda no será una hija de Eva charlando y mirándose agraviada, tal cual es, en el verídico y claro espejo que le presente el escritor de costumbres? ¡Ah, pícaro!, ¡ah, desvergonzado escritorzuelo metido a predicador! ¡Atreverse a insultar a una señora como yo, que cumple con los preceptos de nuestra santa religión! ¡Hereje! ¡Bribón! ¡Yo, que oigo misa todos los días! ¡Yo, que hasta con jaqueca, con la punzada de clavo, con el histérico, voy a confesarme cada dos días con el padre Chanito, tanto que muchas veces no tengo ni aun el más leve pecado venial que revelar al confesor! ¡Perro atrevido! ¿Quién hace el favor de prestarme unas tijeras o una tranca? Yo le enseñaré a no faltar de un modo tan indecoroso y aun insolente a una señora, a una esposa, como quien dice, del Señor; pues a haber tenido yo dote, estaría, hace tiempo, en un convento. Dios se lo pague a mi padre, que se casó en segundas nupcias, y al bueno del escribano que corrió con la testamentaría de mi madre.

Sin embargo, en medio de los sinsabores que experimenta el escritor de costumbres, una idea halagüeña, una dulce esperanza le consuela en sus enojosas tareas, particularmente si acaba de diseñar el tipo de una mujer, de la suegra, verbi gratia, o de la solterona, o de la vieja verde o, por fin, de la calambuca, de cuyo tipo me ocuparé quizás más adelante. Veamos cuál es esa idea, cuál esa esperanza.

Al verse pintada una mujer con toda fidelidad en un cuadro, se morderá los labios, echará pestes contra el demasiado fisonomista pintor, cuyo verídico e imparcial pincel ha puesto en su natural relieve arrugas que ella creyera imperceptibles. La reflexión, hija de una pequeña dosis de juicio, de la cual casi todas las mujeres están provistas, hará que, siempre que no la ciegue el amor propio, una coquetona, por ejemplo, o sea una vieja verde, al fin y al postre, y después de mil muecas y remilgos, perdone generosa al pintor, en gracia del buen colorido y de la ligereza de las tintas del cuadro, con tal que... el artista no la haya pintado fea... ¡Fea! ¡Ave María Purísima! Todo lo perdonan las mujeres menos que las pinten feas. Ése es el consuelo que anima al escritor de costumbres; ésa es la esperanza que tiene en la indulgencia de las mujeres, Su misión morigeradora se reduce a atacar las deformidades morales, no los defectos que nacen con nosotros o que son hijos de casuales eventos. Un escritor de costumbres no llamará nunca fea a una mujer. ¡Dios le libre!; y, por otra parte, ¿con qué objeto? Harto feas son, moralmente hablando, una mujer, una suegra, por ejemplo, que todo el santo día esté haciendo rabiar a su mísero yerno, hasta el extremo de volverlo lazarino, o una niña coqueta, que con sus remilgos y falsas palabras cause la desgracia de un apreciable joven que creyera, incauto, en halagos y juramentos de amor. La naturaleza, en sus misteriosos arcanos, nos presenta las más terribles e indómitas fieras engalanadas con preciosas y matizadas pieles. Admiramos al magnífico tigre, al pintado leopardo, a la hermosa onza, pero huimos lejos de aquellos monstruos, porque no corresponde a la belleza de sus exteriores formas la índole feroz que los constituye el terror de todos los seres de la creación. El pavo real, con su radiante cola, en la que se reflejan a porfía los colores varios del arco iris, es el símbolo de la vanidad, y de consiguiente, de la ridícula presunción, de la tontería en pasta, y no digo con plumas, porque podría muy bien ponerse brava contra mí toda la cohorte, no floja, en número se entiende, de literatos, soit disant, que, sin más méritos que su demasiada indulgencia para consigo mismos, porque hablan y escriben en estilo pomposo y usando altisonantes palabras, huecas de sentido y remontándose en verso o en prosa a la altura de... los disparates, se tienen ellos mismos por unos hombres eminentes en literatura.

En el diccionario general de la lengua castellana, entre varias definiciones, hallamos la siguiente con respecto a la palabra beato: «santurrón»; y si bien nosotros usamos en el mismo sentido esa voz, con mayor frecuencia empleamos la palabra «calambuco», cuya definición se encuentra en el utilísimo diccionario provincial de nuestro ilustrado paisano don Esteban Pichardo, expresada así: «La persona que se dedica o ejercita mucho en cosas de iglesias o místicas». No explica, empero, el cubano escritor el origen de aquella palabra. Con todo, ¿quién no sabe lo que significa esa voz provincial? Hasta los muchachos que van a la escuela o los negritos que juegan a los mates en la calle, cuando ven pasar a nuestro tipo, se miran, se sonríen y exclaman en coro: ¡Ahí va don Santiago el calambuco! Si acierta a oírlos don Santiago, les echa una mirada amenazadora, refunfuñando: ¡Qué juventud! ¡Qué juventud! ¡La sociedad está completamente desmoralizada y corrompida! No tienen estos pillos la culpa, sino sus padres... ¡ah!, ¡en qué siglo vivimos!

Dice nuestro héroe, y entra en la iglesia, toma agua bendita, se santigua y va a arrodillarse al lado del altar donde están a la sazón celebrando el santo sacrificio de la misa. Vedle puesto en cruz, llamando la atención general con sus ademanes de verdadero energúmeno, dándose en el pecho sendos golpes que retumban bajo las sonoras bóvedas del templo como unos cañonazos de a treinta y seis, y cuyo estruendo es causa, no pocas veces, de que despierte alguna que otra vieja cotorrona, adormecida bajo el peso de la meditación o, mejor dicho, del sueño, si es que madrugara aquel día más de lo acostumbrado.

Nuestro tipo, o sea don Santiago, con un libro de devoción en la mano, al parecer absorto en la sagrada lectura de los misterios de la pasión del Salvador, está, no obstante, pendiente de cuanto pasa en la iglesia. Si se apaga una vela, la enciende; si entran en la casa de Dios algún negro que viene de la Plaza, cargado con un jabuco lleno de legumbres, o alguna negra con una canasta de frutas, nuestro héroe, a imitación de Jesucristo, que echó fuera del templo a los mercaderes, hace primero señas a aquellos fámulos africanos para que despejen, y si se hacen los suecos, se dirige a ellos, y con palabras a veces no muy católicas, les obliga a abandonar el puesto.

Nuestro protagonista desempeña, gratis pro Deo, la importante plaza de perrero, y en el ejercicio de este noble empleo, muchas veces, a consecuencia de la poca o ninguna docilidad de que parece hacen alarde los canes, se ve obligado a correr, ya tras de uno, ya tras de otro, ora a salir por una puerta, ora a entrar por otra, sudando tamaña gota, hasta conseguir su anti-perruno intento. A falta de monigote, o por ausencia, o por enfermedad del sacristán, don Santiago se presenta en la sacristía, llena las vinajeras, abre las gavetas, extiende sobre la mesa el amito, el alba, el cíngulo, el manípulo, la estola y la casulla; y es de ver cuán ufano ayuda al sacerdote en los sagrados misterios. Terminada la misa, cuida de que no se cuele en la sacristía ningún muchacho por demás goloso y aficionado a vaciar las vinajeras y a zamparse las formas. Si tal sucede, les echa un sermón de padre nuestro sobre la gula, y acaba por echarlos a puntapiés de la sacristía, única peroración, en el concepto de nuestro devoto, capaz de hacer efecto en el... pues... de los muchachos.

Si a alguna señora le da en la iglesia algún desmayo ocasionado por el calor, o por el olor del incienso, o por otra clase de olor, no siempre aromático, allí está don Santiago con un pomito de agua de colonia y, si esto no basta, va presuroso a la sacristía y ofrece a la señora un bizcochito y una copita de vino, generoso. «¡Dios se lo pague!, exclama la señora suspirando, Dios se lo premie..., señor don Santiaguito», porque es de advertirse que nuestro héroe es conocido hasta de los perros callejeros y obscenos que se cuelan en los templos.

No pocas veces, empero, son ineficaces el agua de colonia, el bizcochito y la copita de vino para hacer que vuelva en sí la señora cuyos nervios están como cuerdas de contrabajo. Entonces recurre don Santiago a las friegas en los brazos, particularmente en el gran músculo llamado lagarto. Como con la mano... digo mal, pues justamente dicha operación se verifica con la mano o, cuando mucho, con uno de los faldones de la casaca o de la levita de nuestro héroe. Vuelve en sí la señora: «¡Ay!, amigo..., exclama, ¡siempre tan fino, tan obsequioso!».

En las fiestas solemnes es donde se luce nuestro buen hombre. En cuanto asoma la aurora su carita de rosa, don Santiago se afeita, se pasa el peine y aun se toma el trabajo de cepillar su vetusta casaca negra. Escoge de la colección de antiquísimos pantalones el menos roído y cuyas desflecadas trabillas y numerosos zurcidos, cual hoja brillante de servicios y testimonio visible de nunca bien cerradas cicatrices, bien acreedoras fueran para conseguir la correspondiente jubilación. Nada diremos con respecto al chaleco, porque si bien por el aparente color, pudiéramos creer que es blanco, no lo es, y desde luego calculará el menos refinado elegante que su primitivo color era azul, matizado con pintas y ramazones blancas, todo lo cual testifica el continuo y manual trabajo de la afanosa lavandera. Una camisa de sencillísima y zurcida pechera, una corbata que in illo tempore fuera negra, ahora de color de ala de mosca, un sombrero ídem, unos zapatos ídem de ídem, constituyen la toilette de nuestro devoto y despreocupado protagonista. Ya se ve, don Santiago, a imitación del más rígido anacoreta, es enemigo de la moda, aborrece a los sastres, a los sombrereros, a los zapateros, a los camiseros y, sobre todo, a las madamas, esas hijas de San Luis, de las que por el número que ha invadido a nuestra capital, pudiera decirse con el poeta:

Una tras otra madama
retoña por dondequiera.

Empieza la función religiosa. ¿No le veis en el presbiterio, con la cabeza erguida, cual si él fuera el patrono o el presidente de la fiesta? Miradle: allí va acompañando hasta las gradas del púlpito al sacerdote encargado del sermón. Mientras vuelve a su puesto, saluda a diestro y siniestro a sus amigos y aun a sus amigas, con ademán protector y con sonrisa estudiada, vulgo de bailarín de teatro. De paso endereza los ciriales, regaña a algún muchacho distraído, contesta a dos o tres preguntas sueltas que le hace alguna calambuca, un si es o no es curiosa, alaba el sermón antes de haberlo oído y, por último, ocupa su puesto. No bien llega el orador a la peroración, ya nuestro buen hombre está de pie, dirigiéndose presuroso hasta la cátedra de San Pedro para volver a acompañar al predicador a la sacristía. Allí se deshace en felicitaciones, comparando al orador con Massillon, con Bossuet, con Flecher y con el célebre padre Lacordaire, a quienes no conoce sino de oídas, pero cuyos ilustres nombres sabe que son modelos en la elocuencia sagrada.

—¡Qué bien ha predicado usted, padrecito!; ¡ah! tengo aún los ojos empapados, entumecidos. (Sacando un pañuelo no muy limpio.) ¡Oh! cuando usted habló de... porque hay ciertas materias que... porque cuando uno está penetrado de esas eternas verdades, ocioso parece demostrarlas... y cuyas...

—Me pareció que el auditorio estaba cansado...

—¡Cansado!, ¿qué dice usted, padre de mi alma?; estábamos todos maravillados, enternecidos. No oía yo a mi alrededor sino sollozos, no veía más que lágrimas y pucheros. A doña Pancracia le dio un soponcio. Esa señora es mártir de su devoción. Socorríla, según costumbre, con una copita de vino moscatel y media panetela.

—¡Qué elocuencia! —exclamó volviendo en sí—. ¡Qué sabio es el predicador!, ¡ay!, ¡ay! y qué bueno está el vino, don Santiaguito... pues, como iba diciendo... ¡Qué sermón! ¿Recuerda usted aquello de... no tengo ahora presentes las palabras...

—Señora doña Pancracia, no hago memoria de... porque, como dijo el orador tantas cosas buenas...

—¡Ay!, ¡pero cómo! cuando habló de... y eso que estaba yo sentada tan lejos del púlpito, que apenas pude oír alguna que otra palabra, pero ¡qué bien! Dé usted al padre la enhorabuena... ¡ah!, oiga usted, dígale que en cuanto se pongan baratos los huevos le mandaré una taza de leche quemada. Se pela el padre por ese sabroso plato, tanto que un día le oí decir (es graciosísimo) que quisiera morir ahogado, hundiéndose en un tanque lleno de leche quemada. ¡Tiene el padrecito unas ocurrencias tan chuscas!

Volvamos a nuestro protagonista. Tenga o no tenga voz, el bueno de don Santiago canta durante la misa y aun se hace notable por su constante desafinación, circunstancia que precisamente llama la atención de los fieles devotos que concurren al templo, y como quiera que nadie se atreve a echarle en cara su falta de oído, se cree nuestro héroe dotado de facultades privilegiadas en el canto, se esmera cada día más, y aun en su casa suele dar buenos ratos de música a su familia, y si no la tiene, a los vecinos, que no pueden sufrir mucho tiempo a ese nuevo Lablache y se mudan a otro barrio huyendo lejos de aquel aplicado filarmónico.

Sucede a veces que don Santiago, a pesar de sus esfuerzos para que le den de almorzar temprano en su casa, llega a la iglesia después de principiada la función. Es una fiesta solemne. El templo está lleno de bote en bote. Nuestro héroe no encuentra asientos en los escaños; no obstante, dirige la vista a un lado y a otro, y cual ave de rapiña, ya ha señalado su víctima. En uno de los mejores puestos está sentado un hijo de la Nigricia, calambuco también o no calambuco, que los hay de todos colores.

Nuestro protagonista se abre paso, como pudiera hacerlo un predicador que se dirige al púlpito, se acerca al devoto africano, y como quien no quiere la cosa y con una serenidad imperturbable, se ladea, y dirigiendo una de aquellas dos mitades de su humanidad que cubren los faldones de su casaca, a manera de cuña, se abre un asiento que le cede con notable disgusto, pero sin escándalo, el oprimido usufructuario del puesto, que creyera en la igualdad de clases y condiciones en la morada de El que no tiene igual en el universo.

Es de admirarse la frescura con que don Santiago se arrellena en el usurpado puesto. Saca su pañuelo, se limpia el sudor, se persigna y sus trémulos labios nos hacen creer que nuestro hombre está rezando. El mísero moreno ha quedado en pie. Empiezan entonces a murmurar las viejas concurrentes, a mirarle de reojo, quejándose del calor y aun muchas, por demás delicadas, se tapan las narices. La víctima infeliz, dando sendos tropezones, lastimando más de un inocente callo, se retira asaz mohíno y aun abochornado. Recíbenle al paso, cual caimanes, unas cuantas viejas cotorronas y... ¡cras!..., allá va un buen pellizco retorcido, sin mirarle siquiera, y siguen rezando como si acabasen de dar una limosna a un pobre. Mecido el inocente africano entre pellizcos y empujones, cual mísera imagen de un santo llevado en andas, arriba sin saber cómo, a la puerta de la iglesia, no sin oír durante su tránsito palabras no muy lisonjeras.

Todo esto, como se ve, no es ni caritativo ni justo, pero no por eso deja de acontecer y muy a menudo.

Pero donde echa el resto nuestro santurrón es en las procesiones. Inútil es decir que el primero que se apodera del guión es el bueno de don Santiago. Éste es uno de sus triunfos. Ni un ministro de Hacienda, cuando se dirige por primera vez a su despacho, lleno de halagüeñas esperanzas en hacer la felicidad de la nación y de paso la suya, se muestra más ufano que nuestro portaguión. Ya sale la procesión. ¿No veis a aquel hombre que camina tan pronto hacia adelante como hacia atrás, tropezando a cada rato, gracias a las trabillas de sus pantalones que, de puro viejas, se han roto? No daría, empero, su puesto a ser alguno en el mundo en aquel momento. ¡Oh! es de ver cuando se reúnen en la sacristía estos señores, hablo de los calambucos, disputándose el insigne honor de llevar el estandarte de la iglesia.

—Señor don Matías, usted me disimulará, pero yo vine antes que usted.

—Perdone usted, señor mío; yo estoy aquí desde las tres, tanto que no he comido.

—Caballeros —dice un tercero en discordia—, he hecho durante mi última enfermedad la solemne promesa de llevar el guión en cuantas procesiones y así... permítame usted que...

—Pues, amigo mío, será para otro día —grita otro que ya se ha apoderado del pendón.

Poco falta para que nuestros calambucos lleguen a las manos, y en honor de la gloria de Dios se den de mojicones y aun de palos.

Por último, por aquella máxima tan verdadera y forense entre nosotros de que beato el que posee, don Santiago, que ya tiene el susodicho estandarte, no lo suelta, y con paso majestuoso baja las gradas del presbiterio, orgulloso de su victoria, mirando a sus rivales con maligna sonrisa y a los concurrentes con la satisfacción del triunfo. Concluida la procesión y de regreso al templo, cuesta Dios y su ayuda el hacerle soltar el guión, que abandona al fin para cantar la Salve, esto es, para desafinar despiadadamente como si no estuviese en la casa de Dios.

Sueña el poeta con sus versos o berzas, que todo se da y con abundancia en el feraz Parnaso; sueña el amante con la beldad que por la vez primera hiciera palpitar su sensible corazón; sueña el curial con las tasaciones de costas que han de abonar los penitentes, quiero decir, los litigantes. Pues bien, don Santiago, que no es ni poeta ni amante (porque es casado), ni curial tampoco, sueña con la Semana Mayor. Ni los retirados, ni las viudas están más alegres cuando llega el día de la paga que él, así que la iglesia empieza a celebrar los sagrados misterios de la pasión del divino Redentor.

Nuestro protagonista es, por lo regular, el primero que entra en la iglesia y el último que sale de ella, con tanta mayor razón cuanto que siempre desempeña algún papel importante en las fiestas. Con efecto, o se dedica a vender estampas del santo cuya fiesta se celebra, o pide con una bandeja en la mano para las ánimas del purgatorio, por las cuales se interesa tanto como por sí mismo.

Don Santiago sabe de memoria el almanaque; está enterado de dónde se halla el circular; Puede decir a punto fijo el número de monjas y frailes que hay en los conventos. Puede informar a cualquiera de lo que almuerzan, comen y cenan las dignas esposas del Señor; si Sor Encarnación sabe hacer con primor pastelitos y mazapán; si Sor Corazón de Jesús tiene suma habilidad para hacer relicarios y rosarios y para bordar pañuelos y manteles. ¿Oís el toque funeral de las campanas? Pues don Santiago explicará a usted lo que anuncia aquel lúgubre sonido. Es la muerte de Sor Teresa, a quien no pudo curar el doctor Cataplasmas médico alópata; o el fallecimiento de Fray Lorenzo cuya salud estaba encomendada al licenciado Globulillo, doctor homeópata; lo cual prueba que cuando llega la hora, todos los médicos son iguales ante la... muerte.

Nuestro protagonista está informado del dote que lleva la joven novicia si es bonita y por qué renuncia a las pompas de este mundo.

—Sin ser convidado, don Santiago asiste a los bautizos, celebra a todos los niños, arenga a los padrinos y, por supuesto, reclama su correspondiente medio. En las administraciones lleva uno de los faroles, da la mano al cura para subir al carruaje y aun a menudo hace el papel de calesero no sin temor del sacerdote, a quien no placen ensayos de ese género. Nuestro buen hombre asiste a los entierros, llora con los dolientes; los consuela, les habla de las miserias de este valle de lágrimas, del que sin embargo nadie sale por su gustó. Don Santiago conoce a todos los agentes funerarios y está enterado del módico, precio que llevan estos desinteresados industriales por sus piadosos trenes.

Inútil es decir que nuestro calambuco es hermano de dos o tres cofradías y, fuerza es confesarlo, paga su contribución mensual con mayor gusto que la llamada única, verdadera pesadilla de los propietarios.

Llegar a ser hermano mayor, he aquí toda su ambición, y para cuyo logro pone en planta cuantos recursos le sugiere su talento y travesura, porque bueno es advertir que nuestro calambuco no tiene ni un pelo de tonto. Así es que trata continuamente con los hermanos de la cuerda de mejoras, de reformas, y sabido es cuán mágico efecto causan siempre estas palabras fascinadoras en el ánimo de las masas. En las juntas habla hasta por los codos, no deja meter baza a nadie propone revisar el reglamento, disminuir la cuota mensual, en vista de la morosidad o arranquera clásica de algunos hermanitos, y concluye presentando un proyecto ventajosísimo para todos los individuos de la cofradía. «Entre muchos nada es caro, dice el orador; gracias a esta máxima admirable, a la cual se debe la invención de las suscripciones, las asociaciones y otras mil cosas acabadas en ones, como bribones, cada hermano tendrá el placer de que le entierren a costillas de los demás socios, lo cual es una ventaja notable, si no para el difunto, a lo menos para su familia, que no tiene que ajustar cuentas del gran capitán con las agencias funerarias.» (Aplausos y profunda sensación entre los hermanos.)

Al año siguiente el orador es nombrado hermano mayor. Las cosas quedan como estaban y aun peor. Esto sucede en este pícaro mundo sublunar en todas materias, sobre todo en política.

No se crea, empero, que por haber logrado el objeto de su mayor anhelo varíe de hábitos nuestro tipo. Es siempre el mismo: concurre a todas las fiestas con una asiduidad que le envidiaría un empleado de S. M. En las fiestas que celebra la Hermandad que preside se hace notable, no por su traje, que guarda constantemente una modestia en verdad que pasa de castaño a oscuro... esto es, de ala de mosca, sino por su aspecto, tan peregrinamente imponente, que si él se atreviese a mirarse a sí propio en un espejo no podría menos de sonreírse... así... de... compasión.

Tiempo es ya, paciente lector, de que nos traslademos al hogar doméstico de nuestro tipo. Hasta ahora hemos bosquejado ligeramente al individuo, que, obedeciendo quizás al impulso imperioso de sus inclinaciones, con ningún beneficio ni obra meritoria alguna, ha contribuido en obsequio de la sociedad, pero tampoco perjuicio alguno ha causado. Cuando mucho, habrá llamado la atención general y hecho sonreír a aquellas personas sensatas y verdaderamente devotas para quienes, en todas las cosas, tanto profanas como místicas, los extremos son viciosos. Consideremos, pues, a don Santiago en el interior de su casa para deducir, de su conducta como esposo y como padre, la moralidad, que no debe perder de vista el escritor de costumbres en sus cuadros sociales.

¿Quién es aquella señora en cuyo semblante están retratadas la amabilidad y la dulzura? Es la esposa de don Santiago. Dos niñas más lindas que dos rosas matutinas, como diría un vate, ostentando las gracias, el donaire y aquel no sé qué que tanto distingue a nuestras esbeltas y manuables criollas, salen al encuentro de nuestro protagonista que acaba de entrar en su casa.

—Papaíto, te estamos esperando hace una hora para comer.

—Hijitas, he asistido a un bautismo, luego a una administración, enseguida a la junta. ¿Creen ustedes, por ventura, que no estoy ocupado? Hoy tampoco he podido ir a mi oficina. ¡Qué ganas tengo de que me favorezca la suerte con una buena lotería!, aunque no sea más que para no ver la cara de perro dogo que me pone el jefe...

—¡Ah!, ¿eres tú, chinón? —exclama la mamá saliendo del aposento—; aquí han traído este pliego...

—Veamos. No me engañaban mis presentimientos. Me quitan el empleo. ¡Bah! para lo que yo ganaba... Alegan que yo, no asisto a la oficina o que voy a mi destino a las doce, cuando todos los empleados empiezan a trabajar, esto es, después que han chupado naranjas, bebido agua de coco y leído todos los periódicos. Ya se ve, ellos no tienen que oír misa, etc., etc.

—Pues es preciso —dice la esposa— buscar un buen empeño para que te devuelvan el empleo.

—No, no, ni por pienso. Vamos a comer. En cuanto ganemos nuestro pleito seremos felices. ¿Has visto al abogado? ¿Vino el procurador?

—Hijo, yo no entiendo de pleitos, ni de autos, ni de enredos. Permíteme que te recuerde que el ojo del amo engorda al caballo y que en no pateando uno sus negocios no valen abogados, ni procuradores, ni oficiales de causas. En vez de estar metido en la iglesia y asistiendo a entierros, bautismos, confirmaciones, sermones, circular, etc., deberías ocuparte de...

—Sabes, pichona, que para ser aficionada predicas muy regularmente.

—Te lo digo por tu bien y el de tu familia. Hoy ha venido el inquilino de nuestra única casita a pagar el alquiler vencido y como no has hecho aún el recibo se marchó diciendo que fueras a cobrar el dinero a su casa.

—Iré esta tarde, después del sermón que predica el padre Miguel. Es menester que vayan a oírle, niñas mías, y tú también, Belén. Versa el sermón sobre la poca asistencia de los fieles a las funciones religiosas. Eso no reza conmigo, a Dios gracias. Desde mis más tiernos años he tenido un decidido entusiasmo por las augustas ceremonias de nuestra sacrosanta religión. Así como otros muchos niños de mi misma edad jugaban a los soldados por más señas que todos querían ser jefes y no había en efecto en todo el ejército más que un soldado, que, por lo regular era un chinito o negrito del barrio; yo, por el contrario, tenía en mi cuarto un altarito y yo solo lo hacía todo: cantaba misa, predicaba, hacía de perrero, digo mal, de gatero, echando del cuarto a una porción de gatos intrusos, únicos concurrentes además de la negra cocinera o de algún negrito que llenaba el puesto de sacristán. ¡Oh dulces recuerdos de la niñez!

—Hablando de otra cosa, Santiago: sabrás que pronto se celebrará una boda... ¿no adivinas?

—No por cierto. ¿Quién se casa?

—Nuestra hija Belencita.

—¡Cómo!, ¿cuando?, ¿con quién?

—Es un partido ventajoso. El padre del novio ha venido varias veces con el objeto de pedirte la mano de Belencita para su hijo; pero como tú no tienes hora fija, y tan pronto vas a comer con el padre Vicente...

—Pues bien; dile, cuando vuelva, que me espere aquí mañana a eso de las doce...; no, no, que tengo que ir a ver al padre Julián, que está rabiando de la gota... Pasado mañana... si, eso es, pasado mañana... ¡oh! mira, dile que vaya esta noche a casa del canónigo, y allí hablaremos...

Basta ya, pacientísimo lector: solo me resta formular la siguiente

MORALIDAD

Así como un marido-niñera se hace despreciable desempeñando funciones que solo competen a las madres o a las nodrizas, no menos ridículo es el hombre que, guiado por un celo exagerado, desatiende los deberes más sagrados y la felicidad de los más caros objetos en este mundo, so pretexto de servir a Dios, olvidando que hay un refrán que con fundada razón dice: primero es la obligación que la devoción.

Carlos Noreña

Los negros curros

La obra de la civilización es gigante y su benéfico influjo alcanza a todos sin distinción de razas ni colores; así como también a todos alcanza en ciertas reformas, siempre útiles y siempre necesarias, pero no siempre ajustadas al mejor gusto estético.

En la vieja Europa echó por tierra el arrogante casco de metálicos resplandores, el elegantísimo chambergo de negro airón y la cortesana gorrilla de áureo broche y luengas plumas para colocar en su lugar, sobre la cabeza de la nueva generación, el ridículo y estrafalario sombrero de copa.

El jubón acuchillado y el ferreruelo, después de sucesivas transformaciones, han sido reemplazados por el chaleco de piqué, la levita cerrada de inconmensurables faldones y el extravagante sobretodo; la cortante espada de labrado pomo, por el inofensivo bastón de cómico puño; las medias largas y el corto calzón, por las medias cortas y los pantalones largos; y, por último, los primorosos borceguíes, por los zapatos de becerro charolado.

Comprendo perfectamente que si los trajes han perdido algo con *el nuevo arreglo*, en cambio las costumbres han mejorado muchísimo.

Hoy, como entonces, no andamos en medio de la calle a tajos y mandobles, y cuando en nuestra honra se nos hiere, en vez de cruzar dos aceros, cruzamos dos tarjetas, nombramos padrinos, testigos y hasta médico; escogemos terreno, medimos las distancias y, provistos de sables, floretes o pistolas –que es lo más común– nos matamos a sangre fría, pero eso sí, con todas las reglas del duelo; y ante la ley todos somos iguales, y no existen ya feudos ni señores de horca y cuchilla.

No se me oculta tampoco que nuestra manera peculiar de vestir traiga sus ventajas. Al presente, el artesano, en ocasiones, se confunde por su traje con el marqués, y en Francia especialmente, el mozo de hotel se diferencia bien poco del aristócrata a quien sirve, pero aquello era ópticamente mucho más hermoso.

Hoy, cuando un escritor saca entre los puntos de su pluma a algún orgulloso hidalgo, o cuando un solapado empresario, sacudiendo el polvo de alguna de aquellas comedias de capa y espada, la anuncia en los cartelones, más que por rendir tributo a nuestros clásicos, por embolsarse los derechos de representación, se revuelven las sastrerías de los teatros, y de noche, en el escenario, a la engañosa luz de las candilejas, podemos admirar, por ejemplo, aquella brillante corte de Felipe IV, con todas sus bellezas... y sin ninguno de sus inconvenientes.

Es verdad que lo que parece oro es latón amarillo, y el terciopelo riquísimo, pana burda, y los encajes, no *encajan* como tales; mas todo ello es cosa de poca monta, si recordamos aquella sentenciosa cuarteta de Campoamor, nunca bastante encomiada, que dice:

> En este mundo traidor
> nada es verdad ni mentira,
> todo es según el color
> del cristal con que se mira.

Los negros curros, considerados, no como tipos provinciales tan solo, ni siguiera de raza dentro de esta división, sino como tipos de ciertos barrios de La Habana que envuelven, naturalmente, aquellas dos condiciones, han sufrido en menos tiempo, tal vez más radicales reformas en trajes y costumbres.

La chaquetilla de terciopelo negro, el sombrero felpudo, el pantalón blanco franjado de flores bordadas al pasado con sedas de distintos matices, la blanca camisa *de vuelos* con pechera de caprichosos dibujos y amplísimas mangas fruncidas en mil pliegues, el *paño de pecho*, bordado también con sedas de colores, y el corto junquillo, han desaparecido entre los negros curros.

Aquel aluvión de pañuelos: pañuelo de seda a la cabeza, pañuelo de seda en el sombrero, pañuelo de seda al cuello, pañuelo a la cintura, pañuelo en el bolsillo, pañuelo en la mano y pañuelo en todas partes, ha desaparecido también, tal vez por que no repitiéramos con razón aquello de que «Dios le da pañuelo *al que no tiene narices*».

¡Y no se diga nada de aquel despilfarro de oro! Argolla de oro en la oreja, *agujeta* de oro detrás de la oreja, sortijas de oro en ambas manos, cadena de oro y reloj de oro, botones de oro en la pechera de la camisa, botones de oro en los puños, puño de oro en el junquillo y hebilla de oro en las correas del pantalón. Sin embargo, ¡cosa digna de notarse!, casi nunca llevaban oro en los bolsillos, que hubiera sido lo más natural.

También el oro ha venido a menos, y hoy, por regla general, no lo usan los curros en ninguna parte, séase porque han comprendido lo chocarrero de aquella profusión, o porque el vil *metal* se ha elevado a tan prodigiosa altura en estos tiempos, que desdeña, por lo menos, ocuparse en adornar calzados, probando de este modo que no *es tan vil como lo pintan.*

Pero aquel oro y aquellos soberbios trajes casi siempre eran producto del crimen, y los robos se menudeaban para satisfacer esta *necesidad.*

Por otra parte, el ardor bélico era proverbial entre aquellas gentes, y por inquinas de barrio algunas veces, muchas por amoríos, frecuentemente por el juego, y casi siempre por un quítame allá esas pajas, menudeaban las reyertas, y llovían los navajazos, en distintos puntos de la capital.

Había días *señalados*, en que *señalados* matones se encontraban para probar el temple de sus armas, y en el mismo, la policía recogía un cadáver, y al siguiente se estacionaban infinidad de grupos a la puerta de los establecimientos de víveres, comentando el hecho, y ponderando las proezas del matador que, según expresión gráfica, «andaba oculto por los demonios».

Hoy el negro curro, aunque siempre exagera algo las modas, viste con bien poca diferencia como nosotros.

Alguno que otro usa por distintivo, ya unas medias de vivísimos colores, ya un pañuelo a la cintura, o ya unos zapatos de corte bajo, mucho más pequeños que el pie que intentan calzar; pero éstos no constituyen la regla general, sino, por el contrario, la excepción.

La negra curra de hoy no discrepa mucho de la negra curra de entonces; pero sospechamos que hoy no llevan todas aquellas mantas de burato de prolija labor y de trenzados caireles, por las cuales pagaban nueve y diez onzas oro.

Al presente, cuando Guerrero escribe una de esas guarachas *que saben a yuca* —según expresión de un amigo mío, profundo conocedor del género—, podemos contemplar en el escenario de Albisu algunos de aquellos vistosos trajes, recordando siempre para ello la ya citada cuarteta del vate-filósofo, y teniendo en cuenta la poca liberalidad de nuestras empresas teatrales.

Y ahora que hablamos por segunda vez de teatros, ten la bondad de atender breves instantes, lector querido, pues aquí se levanta el telón, y nos encontramos en pleno barrio de Jesús María.

La escena tiene lugar en la esquina de una bocacalle, frente a un establecimiento de víveres.

Los personajes son tres negros *cheches*, mote que se le aplica también al tipo de que me vengo ocupando.

Los tres hablan a un tiempo, armando una algarabía de todos los demonios.

—¡Tira, mi hermano!

Esto lo dice, o mejor, lo grita, el más bajo y regordete de aquel oscuro triunvirato.

—¡No, tira tú! —responde el más alto de todos que lleva una camisa azul con grandes *obleas* blancas, semejante a un cielo cuajado de lunas.

—¿Y por qué? —replica el primero un tanto incómodo.

—Bueno, no te *sulfures*, *sabroso*. Que decida José Rosario.

Este último hace un gesto de impaciencia.

José Rosario es un simpático negrito, de cabeza pequeña, delgado, fuerte y admirablemente formado.

Es curro *tradicional* por sus maneras y su traje.

Lleva sombrero de jipijapa, camisa a la última moda, pañuelo a la cintura y pantalón de color pajizo, exageradamente ceñido por la parte superior y exageradamente holgado por la parte inferior, que cae en forma de campana, cubriendo casi por completo su pie, algo grande, pero admirablemente calzado.

—*¡Nadita de desidir!* —añade el regordete, inspirándose en la actitud de José Rosario—, *a ti te toca plantar, y no paso por movimiento mal hecho.*

Aquí sube de punto la gritería; el uno se niega; el otro, por variar, hace lo mismo; José Rosario interviene y termina el incidente sin otras consecuencias, gracias a una pareja de Orden Público que, milagrosamente, aparece en un extremo de la calle.

El orden se restablece en presencia del *Orden*, y el de la camisa azul, con aire *contrariado*, arroja un botón de hueso contra la pared de la *Bodega*.

El botón cae rebotando en los adoquines.

—¡Allá va el mío! —exclama el contrincante, lanzando otro botón de la misma manera.

El segundo botón cae muy cerca del primero. José Rosario, puesta una rodilla en tierra, coloca el extremo de una *cáscara* de caña, que trae en las manos, junto al primer botón, y, tendiéndola horizontalmente, ve que el extremo opuesto no llega al otro botón, y dice:

—*¡Ni agua, Flamenco!* ¡Faltan cuatro *kilogramos*!... Tira tú, *Botijo*.

El nombrado *Botijo* recoge el primer botón y lo arroja de nuevo contra la pared, procurando ahora que caiga cerca del otro; pero aunque se aproxima más que el contrario en el *primer tiro*, no resulta ganancioso, porque en este juego no se pagan las aproximaciones.

Para obtener la victoria, es necesario que la distancia que medie entre uno y otro objeto sea menos, o la misma que convengan los jugadores.

En este caso, y en casi todos, la medida es una cáscara de caña.

La jugadas se repiten con celeridad, y resulta, por último, vencedor el señor de *Botijo*.

Pero esto da lugar a una nueva disputa.

—¡Que *monta*!

—¡Que no *monta*!

—¡Y con una pulgada!

—¡Que no!

—¡Que sí!

Y a la postre, nadie tiene razón, y el que no la tiene se marcha sin pagar, sin duda para dar claras muestras de que es un *perdido*.

—¡Déjalo, es un *lipidioso*!

—¡Que le sirva *pa* el entierro!

Y con estas consideraciones filosóficas, se calman los ánimos, y José Rosario coge por el brazo a *Botijo*, y ambos penetran en la *Bodega*, donde, al pie del mostrador, *se rocean* el cuerpo interiormente, con sendos vasos de aguardiente de caña, para *pasar* la incomodidad.

Pasa efectivamente el mal humor, *pasa* el aguardiente, y pasa media hora.

José Rosario, sentado *dentro* de un barril de *judías*, se entretiene en tirarle granitos al dependiente de la casa que, colocando el brazo frente al rostro, se defiende, a fuer de buen cristiano, de aquella falange *judaica* que le viene encima.

De pronto se oye hacia la calle ese ruido peculiar que produce un vestido almidonado al rozar con el pavimento.

José Rosario aguza el oído, sonríe satisfecho, y lanzando al aire un silbido particular, se coloca de un salto en los umbrales de la *bodega*.

El ruido cesa un instante, y después vuelve, acrecentándose gradualmente.

Lo cual quiere decir que, efectivamente, una mujer era la causa, y que esta mujer se acercaba, desandando lo andado.

—Te me *pasabas desapersibida, Guabina* —dijo en tono de reconvención José Rosario.

Guabina es la negrita de la lámina.

Renuncio a pintarla después de haberlo hecho tan magistralmente Landaluze.

—¡No *faitaba* más —replicó *Guabina*— que *yo entrara ahí dentro, pa* que luego *dijiesen* que yo te estaba *sonsacando*!

—¡Nunca, mi negra! Eso no pueden *desirlo* de ti, sabiendo positivamente que tienes tantísimos *apirantes*.

—¡El diablo son las cosas!... ¡Pa los pavos!... El que evita la ocasión...

—Bueno, *sielito* santo, dejemos eso a un *lao*, ¡y cuéntame qué hay de *particulá* por esos mundos!...

—*Naitica*, hijo; la *comía* y el trabajo.

—¿Y tú no vas a la fábrica?

—¡Hoy no pienso en eso!

—*¿Poiqué?*

—*Poique* te estaba esperando a ti, y me voy contigo.

—¡Tú no va a queré!...

—¡Cómo no! ¡Si siempre *etoy* queriendo!

—Vamos, José Rosario, ¡ay! Tú sabes que yo tengo *marío*.

—Y ése soy yo.

—*¡Siá!*

—¡Qué *ingratona* eres, *Guabina*!... *¡Convensía* como estás de que ese *josiquito* es de este negro!

—¡Nunca!

—¡Ay!, ¿de *verdá verdá*? ¿Cuándo tú más dichosa?...

—*¡Echa, Cocó!*

—No, ¿eh?

—¡Ja, ja, ja, ja!

—Resulta, sea, ¿que he *tirao* una plancha?...

—*¡Presisamente!* —exclamó *Guabina*, recogiendo un extremo de la manta con la mano derecha, y echándoselo por encima del hombro izquierdo.

—*¿Es queré desí que no hay novesientos?* —añadió José Rosario rascándose la cabeza.

—*Con el tiempo y un ganchito...*

—Está bien... *¡acuéidate!*

—¡Nadie puede *desí* de *eta* agua no beberé!... —añadió *Guabina*, que, como el lector ve, era aficionada a los refranes.

—¡Me *confoimo* con esa *esperansa*!... Y dime, prieta santa, ¿vas a la Bella Unión el domingo?

—*¡Como mono!*

—¡Ya sabes que eres mi madrina!...

—Y que te he hecho una moña *¡de flor!*

—*¡Ay, negra!* Ya sabes; ¡el primer *danzón* es mío!

—Si no va José Guadalupe...

—Yo tengo que matá a ese negro.

—*¡Tú no matas na!*... En fin, adiós, José Rosario; memorias a *Botijo*.

—Adónde va, si se *pué sabé*...

—Aquí al tren de *lavao* de la *vueita*.

—¿Quieres que te acompañe?

—No, más vale ir sola que...

—*¡Me descompusiste!*

—¡Ja, ja, ja, ja!

Y *Guabina*, girando sobre los talones con una ligereza asombrosa, le hace una mueca a José Rosario, y se aleja riendo a carcajadas, y balanceando el cuerpo voluptuosamente al compás de ese chancleteo *sui generis* que distingue a la negra curra.

—¡Es *mucha* negra! —exclamó José Rosario, cuando la hubo perdido de vista.

Después, acercándose a la puerta de la bodega, gritó:

—*¡Se debe!*

Y arrastrando también sus zapatos de corte bajo, se retiró por la dirección opuesta.

Y como esto de quedarme solo en medio de la calle no me hace mucha gracia, me parece conveniente retirarme yo también a casa, *cerrando* este artículo con candado de... punto.

José Quintín Suzarte

Los guajiros

Con ese nombre, de procedencia aborigen sin duda, han sido y aún son conocidos los campesinos de Cuba, que constituían un tipo especial muy acentuado e interesante. Ese tipo, que nació con la conquista y la esclavitud, está desapareciendo junto con el coloniaje y la servidumbre, y preciso es que nos apresuremos a pintarlo, antes de que no quede un original que nos sirva de modelo, y entre toda una clase social en las esferas de la tradición.

Nuestra sociedad, democrática por excelencia, pero en un sentido muy aristocrático, tiende con empuje vigoroso a hacer que desaparezcan las diferencias y clases sociales, igualándolas a todas por medio de la elevación del nivel, que llevan a cabo las capas inferiores, imitando los trajes, modales, costumbres, gustos y vicios de las capas superiores, y próximo está el momento en que el extranjero pregunte: ¿dónde está el pueblo?, sin poder encontrarlo, por la apariencia al menos, en ninguna parte.

Esa evolución, que se ha ido marcando de veinte años acá en las ciudades, ha penetrado también desde hace algunos en los campos. Ya los guajiros, cuando van al pueblo, nombre que dan a todas las poblaciones, visten de saco y aun de chaqué y sombrero de castor, y las guajiras usan sobrefaldas y polonesas ceñidas, con bullones y adornos, y bailan no al son del tiple, el arpa y el güiro como antaño, sino al desacorde ruido que forman los acatarrados violines y clarinetes de las orquestas de la legua.

A la sencillez pintoresca y simpática que brillaban hasta hace poco tiempo en los trajes y costumbres de nuestros guajiros, suceden la amanerada imitación que les despoja de su color local y que está muy lejos de embellecerlos.

¿Pero cómo ha de ser de otro modo, cuando vemos cada día a las negras de las dotaciones de los ingenios salir a cortar caña con vistosos vestidos de olán o de cretona, llenos de adornos a la moda, sin más precaución que recogerse las faldas y atarlas a la cintura, para que no se estropeen demasiado ni entorpezcan sus movimientos? ¿Qué otra cosa ha de suceder, cuando es muy frecuente que los jóvenes criollos de esas dotaciones empleen sus ahorros en comprarse ropas muy parecidas a las de sus señores, y usen reloj, comprendiendo perfectamente la marcha de éste y aun su mecanismo?

Desde que las negras comenzaron a no usar las esquifaciones exclusivamente, sino para los trabajos rudos o desaseados, proveyéndose de ropas finas y de moda para engalanarse en los días festivos, y bailar el tango, el tipo guajiro comenzó a palidecer, a borrarse, y se pudo exclamar, usando la célebre frase del señor Aparisi y Guijarro: ¡esto se va, señores! ¡Esto se va!

El guajiro tuvo personalidad, carácter propio, significación social, mientras la esclavitud fue la base y el secreto de nuestra riqueza, porque él representaba la fuerza, de los quilates necesarios, para sostener aquélla.

Los guajiros, descendientes todos de los primeros pobladores, se dedicaban a cuantas faenas agrícolas demandan inteligencia y energía: sitieros, estancieros o hateros, vivían con mucho desahogo y gran independencia en los distritos rurales, que estaban poco menos que aislados, porque los caminos, o mejor dicho senderos, eran dificilísimos en el buen tiempo y absolutamente intransitables en los de lluvia, en que no solo las carretas, sino los quitrines y volantes, se atascaban, y tenían que permanecer en ocasiones meses enteros enterrados en el lodo, hasta que llegada la seca fuese posible sacarlos de allí. Es verdad que poco menos sucede hoy en casi todas nuestras llamadas carreteras. No hace dos años que hemos visto, en el camino real de Jovellanos, carretas atascadas y abandonadas, cubiertas con yaguas y encerados, para proteger las cajas de azúcar que cargaban.

En esa situación particular, en que el caballo era el único medio de comunicación durante buena parte del año, vivía el guajiro sin sentir más presión que la del capitán pedáneo del partido o el teniente del cuartón. Solo en el caso de un disgusto personal con la autoridad, de pretensiones exageradas de ésta, o de mezclarse rivalidades y pasiones por faldas, se hacía sentir el peso del poder público. Entonces el guajiro ensillaba su caballo y se trasladaba a otra jurisdicción, sin necesidad de pases, licencias de tránsito ni de cédulas, y sí allí también le seguía la acción de la justicia, exigiéndole la responsabilidad de una fechoría, sentaba plaza de bandolero, y se echaba a vivir del merodeo y el robo, cargándose de crímenes por evitar el castigo de una falta o delito.

Las partidas de bandoleros pululaban por aquellas épocas, y algunos de sus jefes llegaron a hacerse tan célebres como los Niños de Écija; mas casi todos, aunque la persecución que se les hacía era lenta e ineficaz, por falta de elementos y vías de comunicación, eran entregados por su propio arrojo, que les hacía meterse en las ciudades en busca de placeres, y pagaron sus cuentas, primero en la horca y después en el garrote vil. Sus cabezas y sus manos, encerradas en jaulas de hierro, que se colgaban a buena altura en el puente de Chávez y en otros lugares de tránsito necesario para ir al monte o venir de allá, predicaban el escarmiento a los viajeros, que se persignaban al pasar por bajo aquellos sangrientos trofeos y rezaban por el alma de los que fueron, dispuestos a imitarles en igualdad de circunstancias.

De esa fuerte población campestre insensible al calor, al frío, al Sol y a la lluvia, sacaban los propietarios los mayorales, los contramayorales, boyeros, carreteros, aradores y mandaderos de todas las fincas, y los maestros de azúcar de todos los ingenios.

Muy pocos de esos empleados sabían leer, y muchos menos aún habían aprendido a escribir, cosa muy natural cuando se carecía en absoluto de escuelas rurales, y en las ciudades mismas yacía la educación en vergonzoso atraso; mas como eran hombres prácticos en las faenas agrícolas, fuertes, arrojados y laboriosos, así como despiadados con los esclavos, suplían la falta de ciencia con la fertilidad de los terrenos nuevos y con el exceso de trabajo que exigían a los braceros, y daban un resultado halagador para los dueños de las fincas que no iban a éstas sino por pascuas, a gozar una temporada de placeres bucólicos, en compañía de numerosos amigos.

Durante ocho o diez meses del año, los mayorales y sus subalternos eran los señores absolutos de las fincas, y a su voz temblaban de terror centenares o miles de trabajadores.

Aún nos parece recordar algunos que conocimos allá en nuestra adolescencia: todos ellos llevaban en el anchísimo bolsillo del pantalón de pretina, una enorme vejiga de buey, perfectamente adobada y llena de tabacos y avíos de hacer fuego, y no obstante dejaban apagar a cada momento el puro que fumaban, conversando en la casa de calderas, para gritar con voz estentórea: ¡Criollo, candela! Y surgía enseguida, como por arte de magia, un negrito portador de un tizón bien encendido.

Si el desgraciado hubiera tardado un minuto en aparecer, duro habría sido el castigo.

El tipo del guajiro era varonil y simpático: esbelto y fornido (exceptuemos a los mayorales, hombres por lo general maduros, gruesos y de vientre desarrollado, por el hábito de estar siempre a caballo), de barba poblada en cuanto entraba en la juventud, con la tez tostada por el Sol, facciones regulares y ojos centelleantes, revelaba a primera vista la raza andaluza. Jinetes admirables, tenían los guajiros por su caballo el mismo afecto que los árabes, y llegaban a inspirárselo igual, haciéndose obedecer a la voz.

Su vestido era apropiado al clima. Iban siempre en mangas de camisa, y sobre ésta llevaban otra más corta y sin mangas que se llamó chamarreta, y que ostentaba en la pechera entreabierta, bordados de colores brillantes y botones de oro o plata, dejando ver en el robusto cuello la cinta o la cadena de que pendía, a guisa de amuleto, un escapulario de la Virgen del Carmen, de las Mercedes o del Cobre.

Un sombrero de yarey (la jipijapa de Cuba) grueso y de anchas alas para los días de trabajo, y de finísimo tejido y copa alta para los festivos, cubría su negra y cuidada cabellera,[63] y un pañuelo de seda de color vivo, atado con descuido al cuello, acariciaba con sus puntas flotantes las mejillas al menor soplo del aire. El pie, limpio y desnudo, se encerraba en un estrecho zapato de baqueta cuando había que afrontar los trabajos del campo, y el domingo calzaba escarpín de becerro lustrado, con hebilla de oro o plata. Completaba este pintoresco arreo con cinturón de cuero negro con broche de metal más o menos precioso, del que colgaba el machete de concha o puño de plata, arma favorita del guajiro, que aprendía a manejarla desde niño, y de la que no se separaba sino para dormir, y eso teniéndola al alcance de la mano, porque a ella confiaba la defensa de su vida, siempre amenazada, y la venganza de sus agravios.

Era el machete un espadón de siete cuartas, de ancho lomo, exquisito filo y aguzada punta, con empuñadura recta sin guarda: recios puños se necesitaban para manejarle, y si tremendas eran las heridas de tajo y revés, peores eran las estocadas.

---

63 Entonces, como no solamente los campesinos, sino la gente ciudadana, sobre todo en el verano, usaba el fresco y ligero sombrero de yarey, la industria fabril de esos sombreros alimentaba millares de familias. En la calzada Del Monte, a uno y otro lado de la esquina de *Marte* y *Belona*, había ocho o diez sombrererías de yarey en cada cuadra, y las alegres, limpias y graciosas tejedoras hacían su tarea en los portales de las casas, cantando y sin cuidados, porque su trabajo, muy productivo, bastaba a cubrir todas sus necesidades. El jipijapa y la paja de Italia fueron matando después con la concurrencia esa industria local, y las mujeres pobres, laboriosas, perdieron su mejor recurso. Las tejedoras no son ya más que un recuerdo.

La necesidad que tenía el guajiro de estar siempre armado para afrontar el odio de los esclavos, los ataques del bandidaje y las provocaciones de las rivalidades, no solo en materias de amor, sino en cuestiones de localidad, pues los hijos de un partido o jurisdicción se consideraban más o menos enemigos naturales de los de otras, y sobre todo, la sangre de sus antepasados que corría aún cercana y ardiente por sus venas, hacían de él un hombre esencialmente belicoso, que por un quítame allá esa paja, echaba mano al quimbo (nombre provincial del machete) y jugaba la vida con la impavidez de los que nacen y se crían en el peligro.

Su diversión favorita era el juego de gallos, en el que arriesgaba todos sus ahorros, y aun sus ganancias por venir, en la época de las peleas o desafíos de los alados combatientes de un partido con los de otro, pues entonces no había en los campos las vallas, que vinieron después a estimular el vicio una y dos veces por semana, pagando una renta al Estado.

Esas fiestas de desafío las presidían los más encopetados y ricos hacendados, entre ellos los marqueses de Casa Calvo, de San Felipe y Santiago, de Almendares y otros, que, en compañía de sus amigos, jugaban miles de onzas a las espuelas de los gallos, con aristocrática indiferencia.

Después de las peleas de los gallos, gustaban los guajiros en extremo de las carreras de patos, en que podían lucir su gallardía y habilidad como jinetes y a la vez el alcance de su fuerza física.

Un pato robusto, con el cuello bien ensebado para ponerlo muy resbaladizo, se colgaba por las patas de un madero o de una cuerda que atravesaba de un lado a otro la calle principal de la población, o que se sujetaba a dos árboles o postes opuestos, si era en pleno campo la carrera. Era el objeto de esta un tanto cruel diversión arrancar la cabeza al pato, merced a un tirón formidable.

Los guajiros, caballeros en sus briosos corceles, bien sentados de esas monturas cuadradas, llenas de bordados y filetes de plata, que se llaman albardas, partían a escape, uno después de otro, y al pasar por debajo de la víctima extendían la mano, asían del cuello y tiraban de él para arrancarlo, sin detener su carrera. Las vértebras y tendones del palmípedo resistían generalmente a los primeros ataques, y era preciso soltar a tiempo, cuando el tiempo desaparecía en la velocidad, para no caer o quedar, por lo menos, colgado de la presa.

Este juego, que ponía de relieve la fuerza y la destreza de los que en él tomaban parte, atraía gran concurrencia; y no quedaba una guajira hábil en los alrededores que dejase de presenciarlo, siendo el adorno y el estímulo principal de la fiesta.

La guajira, con su vestido sencillo de percal o muselina, sin vuelos ni adornos, con un pañuelo de seda que le cubría los hombros y se prendía sobre el seno, ocultando pudorosamente las formas; con su espléndida cabellera oscura peinada a la griega y tachonada de rosas o claveles, con sus facciones correctas, su tez morena y sonrosada, sus ojos grandes y chispeantes, representaba un tipo de belleza al natural delicioso, que, con su pie breve y su talle gentil, pudiera figurar con honor en las vegas de Granada o en los cármenes de Sevilla.

Por atraer sus miradas o conquistar su aplauso, hacían prodigios los guajiros justadores, y cada corrida era el tema obligado de todas las conversaciones, en diez leguas a la redonda, hasta que tenía lugar otra.

Los bailes de los guajiros tenían también carácter especialísimo; la danza, el vals, el rigodón, eran cosa desconocida para los hijos de nuestros campos. Su deleite era el zapateo, cuya música tiene un aire vivo que va in crescendo, y es una melodía sencilla, graciosa y algo melancólica. El zapateo es como una refundición, con grandes modificaciones, de la jota, las mollares y el bolero, y se baila con intervalos de un canto llamado punto, a cuyos acordes se entonan décimas o redondillas en que el guajiro elogia la belleza y cualidades de su dama, o alaba los quilates de su propio valor o el desprecio de sus enemigos.

En toda la América española existe el mismo baile popular campesino, alternando con el canto, y el mismo tipo guajiro con más o menos variantes. El jarocho mexicano llama jarabe a su zapateo y son al punto de nuestros montunos.

El zapateo se bailaba, y aun se baila todavía, por una pareja, que cede su puesto a otra cuando siente cansancio. Pocas veces bailan a la vez dos o tres parejas: en él demuestran su gracia y agilidad el hombre y la mujer, siendo verdaderamente admirables el compás y el desembarazo con que ejecutan pasos sumamente difíciles, en que la vista no puede seguir los giros que describen los pies. Y es costumbre que cuando una bailarina entusiasma a los espectadores por su habilidad y garbo, reciba de éstos, además de bulliciosas muestras de aprobación, todos los pañuelos que quieran colgarle en los hombros, todos los sombreros que puedan ponerle en la cabeza, sucediendo a veces que al concluir se siente abrumada por la carga; pero esto tiene su recompensa, pues cada uno de los que le ponen una prenda tiene que hacer su presente, generalmente de dinero, para recobrarla, y la obsequiada saca gloria y provecho de su donosura y destreza.

Esos bailes, que se llamaban guateques, concluían mal frecuentemente: un galán celoso o despreciado, un guajiro de otro partido que se creía ofendido por los conceptos de una de las décimas cantadas, tiraba repentinamente del machete, hacía pedazos con él los faroles en que ardían las tristes velas de sebo, alumbrado del sarao, y con las tinieblas comenzaba una zambra de dos mil demonios, de la que resultaban contusos, heridos y aun muertos, por lo común involuntariamente, pues nadie sabía a quién atacaba ni de quién se defendía.

Otras veces, guajiros enemistados con los que daban el baile, iban expresamente a desbaratarlo, comenzando siempre por apagar las luces y destripar el arpa.

En uno y otro caso, las mujeres no se amedrentaban demasiado con tanta barbaridad; se cubrían con los bancos y las sillas, y esperaban que el capitán o el teniente vinieran a alumbrar de nuevo el campo de batalla, en el que no encontraban más que las víctimas, pues todos los combatientes hábiles habían desaparecido, sin poderse averiguar quiénes eran los culpables.

Esto no impedía que el domingo siguiente hubiese otro guateque más concurrido que el anterior.

Entre los muchos hechos que prueban el carácter aventurero de los guajiros, sus reminiscencias intuitivas de la época de capa y espada, hay uno muy notable. El campesino amante y correspondido, bien admitido por la familia de la novia, se creía obligado al rapto de ésta para casarse enseguida.

Burlar la vigilancia paternal o fraternal, robarse a la novia colocándola en la grupa del caballo, correr las eventualidades de una persecución encarnizada, batirse si era preciso, tenía para él un incentivo extraordinario. Y las jóvenes se prestaban dócilmente a esa costumbre y arriesgaban su vida, sintiéndose orgullosas de ser conquistadas por un valiente.

En medio del caos moral en que vivía el guajiro, en medio de los muchos defectos que eran consecuencia precisa de un estado, bajo muchos conceptos primitivo, brillaban las cualidades de que estaba dotado. Su inteligencia, aunque sin cultivo alguno, era perspicaz y le hacía adivinar en las soledades del campo, sin más roce social que el de los esclavos, las dificultades de la vida del mundo, las celadas de la mala fe, y haciéndose desconfiado y astuto, temiendo siempre el engaño, procedía con una cautela y una previsión que hicieron popular la frase malicioso como un guajiro; pero sencillo en sus hábitos, en sus gustos y en sus aspiraciones, leal y desprendido por naturaleza, siempre que no se trataba de contratos, se presentaba tal como era, servicial y hospitalario.

Ya fuese en el pobre bohío, ya en la casa de embarrado y palma, ya ocupase vivienda más confortable, toda familia tenía constantemente a fuego dulce una olla llena de café que era a la vez alimento y refresco. Y en las cocinas había siempre por lo menos un puerco ahumado, colgando junto a las tortas del pan de yuca llamado casabe, y de los plátanos y boniatos. Esas provisiones, y las aves del corral, y cuanto además hubiera, estaban a disposición de todos los transeúntes, que eran acogidos con cariño, con patriarcal confianza y benevolencia, y obligados a aceptar una hospitalidad que dejaba y aún deja atrás la de los árabes, porque no se aceptaba nada en recompensa de ella.

Apéese y tomará café era la frase sacramental del guajiro, cuando algún viajero se acercaba a su morada, a pedir informes sobre el camino que debía seguir, o sobre la persona en cuya busca iba, y a poco la guajira, madre o hija, ofrecía la taza del humeante néctar, que nadie rehusaba.

Y si era necesario por alguna bifurcación de la ruta, o por la inseguridad de ésta, que el guajiro acompañase al viajero hasta dejarlo bien encaminado, ensillaba su caballo sin demora, y con el mayor agrado, y siempre sin admitir pago alguno, hacía el oficio de guía, a la vez que el de guardián celoso, capaz de hacerse matar.

Muchos guajiros, ya como mayorales de ingenios o potreros, ya cultivando sus propias tierras, llegaban a fuerza de inteligencia, laboriosidad y economía a reunir grandes riquezas, y a figurar entre los hombres de pro, dando a sus hijos educación esmerada. Todos conocemos docenas de familias distinguidas cuyos abuelos eran de esos mayorales a que antes nos hemos referido, que con un pañuelo atado en la cabeza y otro en la cintura, al desmontarse de la mula o yegua en que venían de recorrer el campo y de dar cuerazos a diestro y siniestro, echaban mano a la gran vejiga curada y gritaban con ronca y potente voz sacando un veguero: ¡Criollo, candela!

Hoy el tipo legítimo del guajiro no se encuentra sino en algunos puntos del interior de la Isla, donde no imperan aún el ferrocarril, el telégrafo, el teléfono y las demás gollerías de la civilización. En el departamento Occidental ya no existe el guajiro que cantaron Domingo Del Monte, Ramón de Palma, Ramón Vélez Herrera y otros poetas notables. Hay que ir a algunos lugares del Centro y el Oriente para dar con él.

Pero en realidad no hay que hacer tan largo y penoso viaje con el fin de satisfacer tal deseo. La lámina adjunta, una de las mejores obras de Landaluce como composición y expresión, como verdad en los detalles y armonía en el conjunto, os dará una idea bastante exacta del tipo. En ese cuadro de género que Meissonier no se desdeñaría de firmar, está retratada *d'après nature*, una familia guajira reunida en el colgadizo de la casa del potrero en un día de trabajo. El padre, que acaba de desmontarse, está en medio de los suyos taciturno y ensimismado. Parece que su pensamiento, siguiendo las espirales de su veguero, computa el número de añojos, toretes y yuntas que puede vender en el año, y las fanegas de maíz, las aves y los huevos que ha de mandar a la ciudad, y calcula si todo eso le alcanzará para completar el precio de unas caballerías montuosas que lindan con sus terrenos, y que ansía comprar, aunque se cuida de no demostrarlo.

La esposa está tejiendo un sombrero de yarey que debe sustituir al ya bastante usado que lleva su dueño y señor, y vuelve la cabeza hacia su hija, que está apoyada en el espaldar de un taburete de cuero, y que ríe con tal verdad que cree uno oír el gorjeo de sus carcajadas. Parece que le alegran las pláticas de su galán, que, de paso, y caballero en un potro negro que se destaca admirablemente, le muestra el gallo afamado que acaba de adquirir para jugarlo en la inmediata temporada de peleas.

¡Quizá del éxito de éstas dependa la realización del convenido enlace!

Allá, en el segundo plano, están dos esclavos, que vienen del sitio de viandas con la batea de ñames y boniatos.

¡Cuánta verdad, cuánto colorido local hay en ese cuadro, copia de otro que pintó al óleo su autor para una galería de Madrid!

Con ese cuadro, y las preciosas décimas del Cucalambé (Nápoles Fajardo) que insertamos a continuación y que refieren una historia de amor y celos de un veguero de Holguín, no hay temor de que se olvide el tipo del guajiro. Esas décimas narrativas, las complaintes de los antiguos trovadores, estaban muy de moda entre los guajiros y constituían sus crónicas.

La Habana, marzo 20 de 1881.

José Eustaquio Triay

El calesero

I

La vida de los pueblos es como la vida de los individuos que constituyen sus moradores. Tienen sus períodos de gestación, de desarrollo, de virilidad, pero no llegan, con la edad madura, al aniquilamiento y la muerte, como los múltiples seres de la creación, a menos que sus vicios y desaciertos los empujen a la decadencia, que es su muerte material y su muerte moral. La Habana de hoy no es La Habana de ayer. Ha crecido, y se ha transformado. El progreso lo ha invadido todo; todo lo ha trastornado, subvertido, modificado, siguiendo esa ley ineludible que lleva los ríos al mar y no los vuelve nunca a su cauce.

Cuando las murallas hacían de La Habana dos poblaciones, dividiendo con bastiones de canto y granito la ciudad vieja, que era la ciudad del comercio, de la vida, del movimiento, de la riqueza, y la ciudad nueva, residencia por lo común de las clases menos acomodadas, y en cuyos suburbios, que se llamaban el Manglar, Jesús María y el Horcón, vivían las que en la moderna jerga política se denominan hoy últimas capas sociales; cuando la Alameda del Prado se extendía sin interrupción desde la Punta hasta el Arsenal, dando sombra de día con su arbolado a los que hacían ese forzoso tránsito en las horas en que el Sol alumbra y quema, y sombra de noche para que se deslizasen las aves de mal agüero: entonces, la famosa Pila de la India era, como la estatua de Fernando VII en la Plaza de Armas, uno de los más bellos adornos de esta culta capital. La matrona de piedra que simboliza la fertilidad de Cuba, pedestal digno de la mejor fuente de La Habana, era de tal modo notable, y tanto llamaba la atención entre los monumentos de Cuba, que no hay periódico ilustrado de hace cuarenta años que no registre en sus columnas semejante vista, adicionada con un trozo de las verjas del Campo de Marte.

Como si no fuese bastante la popularidad del periódico y el libro, la Pila de la India apareció también sirviendo de adorno a la vajilla. Un industrial inglés llevó el dibujo a su patria e hizo competencia con él poco tiempo después al de las corridas de toros, a la sazón en boga. Platos, tazas, jarrones, jofainas y otra multitud de objetos de loza, de nombres fáciles y difíciles de citar, presentaron en tinta azul y en tinta roja, en su fondo o en sus costados, esa famosa vista.

Pero ni un solo grabado de los numerosos que he visto, ni un solo objeto de loza de los que contenían la Pila de la India como principal adorno, carecía de un detalle esencialísimo, que más que accesorio, parecía parte principal del cuadro: un quitrín o volante, en el que se recostaban, con la gracia que es innata a las cubanas y la indolencia que produce este clima ardoroso, tres mujeres, que yo llamaría ángeles, si me fuera fácil probar que los ángeles dejan sus etéreas regiones para poblar el suelo.

Meditando sobre esa vista, que realmente era bonita, me ha ocurrido siempre la misma duda: ¿quisieron los artistas presentar realmente en ella la Pila de la India, o fue su intento dar una idea del elegante carruaje que tenía el envidiable privilegio de servir de asiento cómodo para paseos y visitas a las encantadoras cubanas? En ese caso, la histórica fuente, las palmas ya destruidas y el Campo de Marte, hoy campo de Mercurio, eran los accesorios; y lo principal, lo notable, lo sobresaliente era el quitrín.

II

El quitrín, o la volante, es el carruaje primitivo de esta tierra. He leído y releído multitud de historias y crónicas, buscando su origen, y ninguna me lo ha dado. ¿Querrá esto decir que pertenece, como el hongo, a la familia de las plantas que se dan espontáneamente? ¡Ridícula presunción, que rechazo! La volante, o el quitrín, ¿es puramente cubana? Si se considera el servicio que ha prestado en el país; su comodidad para los paseos y viajes; su forma especial, tan distinta de los demás medios de locomoción usados en otras tierras, creeríase que era hijo natural de Cuba, donde se busca el dulce descanso como compensación de la fatiga y de las molestias que causa el Sol ardoroso de nuestro clima.

Sabido es, y así lo dice la historia con voz campanuda, que los primitivos habitantes de La Habana vinieron de Cádiz, y pocos ignoran que la calesa gaditana es de parecida forma al quitrín cubano, aunque, desde luego no hay punto de comparación, en lo que toca a las comodidades que proporcionan, entre el vehículo andaluz y el carruaje de Cuba. Uno y otro tienen una propiedad indiscutible: la de servir como ninguno para que la mujer en él reclinada ostente sus gracias y encantos en toda su plenitud.

El más popular de los bardos españoles, el poeta Zorrilla, ha hecho una discreta presentación del quitrín en estos versos:

El quitrín lleva siempre en su testero
tres señoras, en traje tan ligero
cual las flores que adornan su tocado,
pues no cabe en quitrín francés sombrero.
Va expuesta de las tres la más graciosa,
la que llaman la rosa,
que es punto de aquel triángulo hechicero.

Otro poeta, no menos popular, si bien no tan afortunado —Plácido— pone en boca de una coqueta esta exclamación, que revela hasta qué punto era el quitrín ansia y recreo para la mujer elegante:

—¡Regálame un quitrín; dame dinero!

Mi amigo Ildefonso de Estrada y Zenea ha consagrado al quitrín un libro, elegante y oportuno como todos los que salen de su fácil y discreta pluma. Tan poco afortunado como yo, Zenea no ha podido descubrir la historia y origen de ese carruaje. Limítase a llamarle indígena, único y especial del país, porque se adapta como ninguno al clima y a su objeto. En eso estamos de acuerdo. Ningún vehículo ofrece mayores comodidades a los que conduce, porque ninguno imprime al marchar un movimiento tan suave como la volante; ninguno como ella permite recorrer de igual manera el bueno que el mal camino; atravesar los campos, subir las lomas y pasar por entre baches sin quedar estancado en ellos, y sin que la incomodidad del viaje se haga visible.

Con las líneas férreas, el quitrín ha perdido una parte no pequeña de su importancia en los campos. Los que viajan en ferrocarril no necesitan ya servirse de la volante. Solo se usa en los campos para el viaje, desde el paradero a la finca, de los que no renuncian a los placeres de la comodidad, y prefieren ir a cubierto del Sol, gratamente recostados en el quitrín.

Todavía, sin embargo, no ha desaparecido por completo de nuestras ciudades la histórica volante. Amantes fieles de la tradición, a par que de la comodidad, no se han dejado arrastrar por las corrientes de la moda, y poseen, para su propio uso, ese carruaje, digno de pasar a la posteridad. Es verdad que la mujer, su más bello ornamento, no le ocupa ya; pero esa defección solo revela la volubilidad del sexo encantador por excelencia. ¿Y cómo no había de abandonar los encantos del quitrín, la que ha puesto cuernecillos en su cabeza, ha hecho funda de su traje, morrión de su peinado, y no pocas veces, almacén de pintura de su rostro, nunca tan encantador como cuando ostenta los colores que Dios le dio y San Pedro le bendijo?

Para que la memoria del quitrín no se pierda, ha trabajado el lápiz de Landaluce, reproduciendo su vista, y copiando la estampa fiel de su conductor, el calesero. El calesero no es un personaje de nuestros días. El progreso moderno, que trajo el ferrocarril y ha cambiado los medios de locomoción, se lo lleva, quizás para siempre. Antes que desaparezca por completo, permitid que lo retrate a la pluma, aunque no pueda ampliar el retrato al lápiz que ha hecho de mano maestra don Víctor Patricio.

III

El calesero es, casi siempre, negro, y se llama José. Generalmente, nació en la casa de sus amos, y su origen es tan oscuro como el color de su rostro. Su afición al oficio le viene de antiguo; pero no suele ser hereditaria. Esto no quiere decir que dejen de darse casos, pues toda regla tiene sus excepciones. Antes de subir a la categoría de calesero —nombre que, según el ilustre cubano don Esteban Tranquilino Pichardo, tiene su origen en el de calesa con que antiguamente se denominaba el quitrín— desempeñó las altas funciones de paje de la niña, llevando a la iglesia la alfombra y la silla que habían de ofrecer comodidades al ama para los rezos, y alguna que otra vez ocupó la trasera de la volante para ejecutar las órdenes que se le pudieran dar y que casi nunca se le daban.

José aprendió el oficio con un calesero viejo, ya retirado, que mediante una retribución convenida, se dedicaba a esa enseñanza, desde luego más útil que la del toreo, ordenada por la augusta majestad de Fernando VII en tiempos que, por fortuna, pasaron. No adquirió la ciencia de guiar el carruaje sin trabajo ni pena, que ni aquí ni en Valladolid se pescan truchas a bragas enjutas, y el cuero, aplicado con severa energía sobre sus espaldas, fue su mejor maestro. Marchaba José, cuando adquiría esa enseñanza, sobre un penco criollo, jubilado para otros servicios, el cual arrastraba una armadura de carruaje que no tenía de volante otra cosa que las barras y las ruedas. Sobre unas tablas clavadas de manera que facilitasen el asiento, sentábase el maestro con otros aprendices, y a par que corría el improvisado vehículo, pronunciaba un curso de equitación práctica.

—¡Negro! —decía—, voltea los pies; no pegues los codos; la cabeza suelta; échate en medio de la calle para virar; pégate a un lado cuando viene un carruaje de la otra banda; no te pegues al sardinel para que no monten las ruedas...

Y por vía de recuerdo, para que la lección no se olvidase, venía el indispensable cuerazo. De este modo se hizo José calesero y jinete, porque su obligación era montar en silla y en pelo, y salir, sin tropiezo ni dificultades, del laberinto de carruajes y carretas que solía formarse, cuando no se había colocado en las calles de la culta el letrero con una mano que dice: SUBIDA; BAJADA, y las carretas entraban por la ciudad a paso de buey, trayendo las cajas de azúcar elaboradas en los ingenios comarcanos, y que han constituido, constituyen y constituirán, el nervio de la riqueza de este país.

Su ocupación no podía limitarse a guiar el carruaje. El entretenimiento y aseo del mismo era consecuencia natural de su trabajo. Todos los días, al amanecer, salía el quitrín del zaguán a la calle para que en ella le lavasen la cara y quedase brillante como una onza de oro. Terminada esa operación, venía el complemento de limpiar los arreos de plata del caballo y los adornos del mismo metal que lucía el carruaje. El calesero forraba el eje cuando lo había menester, daba sebo a las ruedas, tusaba los caballos, les trenzaba la cola, los llevaba al baño y realizaba las múltiples operaciones que exigía el entretenimiento de la volante.

Pasemos revista a las prendas que constituían su equipo de salida. Zapatos de becerro, con chapas o hebillas de oro; botas de campana, con adornos de plata, sujetas a la pantorrilla con hebillas y pasadores del mismo metal, así como las espuelas, con grandes estrellas; la librea de la casa en forma de chaqueta redonda, con franja o galoneada; camisa de crea de hilo, con tres botones de oro, sujetos por uno de cadenilla, y en el ojal del cuello, además, una cintita negra a manera de corbata: si se entreabría el cuello, veíase un paño de pecho, de una cuarta escasa, bordado con randas; en la oreja izquierda, una argollita de oro en forma de media Luna; pantalón de dril blanco, por dentro de la bota monumental, ceñido a la cintura por hebilla grande de plata figurando un águila de dos cabezas; sombrero de copa, con el indispensable galón; en cada uno de los bolsillos de la chaqueta-librea un pañuelo de seda, cuyas puntas colgaban como adorno; la característica cuarta en la mano, con puño y abrazadera de plata.

Para los viajes al campo, sustituía el calesero la librea galonada con chaqueta de dril crudo, con vivos de paño; la bomba, con un sombrero de jipijapa, de alas anchas: llevaba chaquetón doble para los casos de lluvia, y ceñía al cinto el machete de concha de plata con que, más de una vez, su fidelidad defendió al amo de las agresiones del camino.

Hemos conocido al hombre por el oficio, por el nacimiento, por la ocupación, por el traje: conozcamos al hombre por el hombre.

IV

El calesero de casa propia tenía muchos privilegios, siendo uno de los principales el de la juventud. Cuando llegaban los años, se le jubilaba sin cesantía, y poseía por todo haber el de los recuerdos gratos de sus días de glorias. Yo no sé si Marte fue seductor por su cara, o porque aunaba en sí la juventud y la fuerza; pero desde luego puedo asegurar, que por joven, por fuerte y por guapo, José fue el Tenorio de la casa, la envidia de los mozos de la cuadra y el héroe entre los hombres del barrio. Ya se entenderá que Tenorios, mozos y hombres de su clase, color y circunstancias. En la casa se impuso sin hablar. Un golpecito en el hombro de la costurera, una mirada cruzada con la suya, fija y segura, un «¡Yo!...» lo hicieron el dueño de su voluntad. Ya en la calle, necesitó del prestigio y el peso de la palabra para renovar sus triunfos amorosos: la paloma en la jaula es más humilde y sumisa que la que tiende el vuelo libre por los espacios. A veces necesitó vencer resistencias formidables, luchar con enemigos fuertes, pero el fruto más dulce al paladar no es el que cae del árbol, sino el que exige la pena de encaramarse para arrancarlo de la rama. Los guerreros no serían héroes si los ejércitos enemigos se les sometiesen sin lucha. La gloria está en combatir, y cuanto más reñida sea la batalla, mayor será la victoria que se alcance.

La historia de sus conquistas amorosas exigiría un libro para relatarlas. Sus diálogos no tendrían fin nunca. Después de todo, el amor es un niño travieso, que no conoce clases para flechar. De arriba abajo, de derecha a izquierda, todos caen bajo su imperio.

José, amante y amado, necesitaba adquirir otro papel en la comedia de la vida; y se hizo el confidente de la niña. Le llevaban las cartas del novio, y la llevaba en la volante, sin que lo advirtiera la vieja, por donde él disputaba el puesto a un guarda-cantón, para verla y suspirar.

De todas estas complacencias sacaba José algunos escuditos en el bolsillo, y más de una mirada de carnero degollado, que quería decir:

—¡Gracias!

Si el juego se descubría, podía sacar un paseo al ingenio, con exoneración de todo cargo, a menos que la voluntad de la niña pudiese tanto, que trajera la amnistía antes que la terrible sentencia hubiese causado ejecutoria.

José no aprendió a leer, porque le estorbaba lo negro; pero sabía tocar el punto en la guitarra, y acompañaba con ella el zapateo, cuando no lo bailaba, en el campo. También cantaba unas décimas muy sabrosas, que le enseñaron en el ingenio; y en la cocina y en el zaguán, contaba sus cuentos, que tenían el privilegio, con gracia o sin ella, de hacer reír.

En el campo aprendió a echar algunas manigüitas, pero no en todas las ocasiones empleaba su tiempo y su dinero en tirar de la oreja a Jorge, sobre todo si podía tirar de la de Chucha u otra que tal.

No siempre se retiraba José al llegar a la edad proyecta. Si en sus verdes años pensó en el mañana con algún detenimiento, y abrió al ahorro las puertas de su bolsillo, se coartó, pidió papel, y se puso a trabajar por su cuenta. Descendió y subió a un tiempo mismo. Perdió la categoría, y ganó la personalidad. De calesero de casa propia, se hizo calesero de alquiler. Su traje sufrió una sería transformación: nada de galones, nada de bomba, nada de librea; poca plata, mal pergeño; pero en cambio de esto, libertad, absoluta libertad para manejarse por sí mismo. Sus tercerías eran de otro género. Conocía a toda la gente de antecedentes dudosos, conocía los últimos barrios, tenía otras amistades y otros trabajos. Su amor propio podía resentirse. De Marte pasaba a Mercurio. Pero enganchaba cuando quería, y era señor soberano de su albedrío. ¡Dueño de sí propio!... ¡Qué felicidad!

Esta libertad no la puede valorar el que no la ha perdido. ¿Qué sabe de la cárcel el que no franqueó sus dinteles? ¿Qué conoce del hambre el que sació siempre su apetito? ¿Qué aprecio puede tener al dinero el que nunca careció de él?

Pobre y andrajoso; sufriendo los rigores del Sol y la lluvia; intemperie, José era más feliz en su estado de libertad, que con el regalo y el lujo de la casa.

—¿Por qué?...

Pregúntenselo ustedes.

V

El calesero ha pasado. La aristocracia de la sangre y del dinero, sustituyó con el cupé, el landó, la berlina, el cabriolé, su cómodo quitrín; los que especulan en carruajes de alquiler, sacaron de las ruinas de la volante el coche pesetero; éste nunca tendrá los atractivos que aquél; el cochero es de otra familia, de otra clase, de otro color que el calesero. También pasaron los tiempos de la andante caballería; pero por eso ¿habrá borrado la historia de sus páginas las proezas del caballero, como Bayardo, sin mancha ni tacha?

El calesero ha muerto. ¡Viva el calesero!

Francisco Valerio

Bobos

Ya no hay abundancia de *bobos* en la Isla. Los únicos que existen hoy son los descendientes de cierto Bobo que pretendía cambiar un perro flaco y leproso por una yunta de magníficos novillos y cuyo trato no llegó a verificarse por estorbarlo su madre que creía todavía perjudicado a su hijo. La pobre señora no se acordaba de que su cándido niño era menor ni de que en todo caso podía pedir restitución *in integrum* de contrato tan leonino, hasta la edad de veintinueve años inclusive.

Los especuladores en el ramo de marugas, baberos y camisas largas, están en el día pereciendo de hambre; los *bobos* de ahora no compran esos efectos; compran otras cosas mejores.

El inocente Monguito, por ejemplo, es un alma dulce que va a ser engañado por varios amigos que lo han convidado a jugar al monte. ¡Pobrecito! ¡Va a ser desplumado miserablemente! Es un simple, un cándido, un *bobo*... ¡Bobo! sí, *bobo*. Monguito, en lugar de llevar al juego la maruga, lleva la baraja. En lugar de punto quiere ser banco. En lugar de una baraja limpia, lleva una baraja compuesta por otro amigo, también *bobo*, que le enseñó a manejar la frisa.

Hermosa como un pino de oro está Florita, joven rica y de una educación esmerada: a su lado están Anita, Rosita, Juanita, Antoñica, etc., jóvenes de igual mérito personal si no mayor, pero pobres. Pregúntale un *bobo* que está entre ellas: ¿Con cuál de estas niñas te quieres casar, mentecato?, y apuesto veinte contra uno a que se pone pálido y emprende la carrera diciendo: «Yo me quelo casá con Florita».

Mereje, *bobo* viejo, trata de tomar seis onzas a premio y el pícaro usurero le echa el dogal al cuello pidiéndole cinco pesos por onza; y la necesidad obliga al inocente a coger el dinero.

—No seas *bobo* —le dice un amigo, al tiempo de firmar el documento—, ¡mira que te roban!

Y *Mereje* contesta:

—Cuando me quiera cobrar el pico, le digo que no tengo dinero y le bailo «el guanajo» y «el cartucho».

Éstos y los descendientes de éstos, son *bobos* legítimos de la cría de la madre del Bobo del perro flaco.

Pueden encontrarse algunos de los que comen bolitas; pero son muy escasos: podrán hallarse:

Bobos que crean que se les sirve por su linda cara.

Bobos que se hagan la ilusión de creer que siempre serán el Benjamín de una familia que los distingue hoy.

Bobos que se figuran que la varita que llevan en la mano es la de Moisés.

Bobos que están persuadidos de que el dinero no se acaba.

Bobos que creen que el hábito es el que hace al monje.

Bobos que pierden el sueño de toda la vida porque una mujer adorada les sonríe con su graciosa boca y les dice conmovida: «Tú y... Dios».

No hace mucho tiempo que por cualquiera de las calles de La Habana se veía un *bobo* con un papel de azúcar quebrado en la mano, derramándolo en su boca o deteniendo un coche para preguntar a una linda señorita que iba dentro, si sabía dónde vendían los queques a ocho por medio... pero ¿hoy? Busca, lector, busca *bobos*; que o te vuelves ciego o cojo, o tan *bobo* como los que antes se chupaban el dedo pulgar, tocando una maruga y poniendo los ojos en blanco.

Sin embargo, no desesperes y si tienes interés en formar colección de ellos, búscalos en mi barrio, que tiene fama en ese ramo, y darás con ellos.

Doña Serafina

Vivía en un cuarto interior, frente a mi casa, con las rentas que le producía su capital de quinientos pesos, colocados con toda seguridad al seis por ciento —o como antes se decía, a peso por onza—, con los cuales pagaba los diez pesos que le cobraba mensualmente el ama de casa. El resto lo había distribuido de tal modo con la casera, que le llevaba el almuerzo y la comida, y con la lavandera y el vendedor de estampas y novenas, que al fin del mes se hubiera hallado muy alcanzada, por otros gastillos menores, si la pensión que le pagaban las madres de dos negritos que educaba y algunas costuritas de fuera, conque se entretenía, no hubieran completado su modesto presupuesto.

Doña Serafina no se había casado nunca y llevaba encima, con la resignación más cristiana, los cincuenta años que contaba de soltera. Jamás asistió a bailes ni a teatros, ni se trataba con nadie y, sin embargo, conocía a todo el mundo. Daba gusto verla en su reducida vivienda, sentada en un taburetico, de cuero, cosiendo delante de una silla, en la cual colocaba la canastilla de la costura y los palitos de tabaco que acostumbraba mascar, enseñando a hablar a su cotorra y, al propio tiempo, la cartilla de La Torre a los dos pequeños negritos.

—Vamos, Teodorito —le decía a uno de sus discípulos—. Lee con cuidado: repite conmigo: «Mamá y papá. Yo muchachito. Niño bonito. Dame café y leche». Así, así me gusta: la gente debe saber leer y escribir, y no ser ignorante. ¡Cotica! —añadía, dirigiéndose a la cotorra—. Daca el piojo, ¡qué rico! ¡qué rico piojo!

Y luego, llamando al otro negrito:

—Ven acá, Cirilito, vamos a ver si estás más adelantado que ayer; lee despacito: «Dame mi cachuchita, mi chaquetica, mi zapatico». Bueno, así está bien. ¿Cotica? ¡Daca la pata!, perra borracha. ¿Quién pasa? Siéntate, Teodorito, y tú también, Cirilito. ¡El Santísimo Sacramento que va... a su casa! ¡que va a su casa... a su casa!... ¿Cotica? ¿Tú eres casada? ¿Tú eres casada, Cotica?

La última clase que daba doña Serafina era la de Moral, con ejemplos históricos.

—¡Oigan bien! —les decía a los negritos—: cuando ustedes sean grandes, cásense por delante de la iglesia —y luego bajando la voz— para que no digan por ahí lo que dicen de los amos de esta casa... porque lo mejor que uno tiene es su reputación. No hagan ustedes lo que el vecino de aquí en frente, que come más que siete y no paga a los caseros: y si después que ustedes se casen procrean, tengan mucho cuidado con las hembras, porque luego les sucede lo que a la niña de esta casa, que tuvo una debilidad y ahora le pesa. Yo no lo sé de cierto, pero me lo he figurado. No compren ropa, sino cuando tengan dinero, porque es muy feo lo que está haciendo el amo de esta casa: a todos sus hijos, me parece, que los viste al fiado. ¡No vayan a decirlo a nadie! A ti principalmente, Teodorito, te recomiendo mucho que cuides de tu mujer, para que no te suceda lo que al paisano de la otra puerta, que no sabe quién compra la carne que se come en su casa. ¿Cotica? ¡Buen viaje! ¡Arrodíllate, pecador, que pasa nuestro Señor! ¿Quién es? El fraile que quiere entrar...

Al amanecer estaba doña Serafina en la puerta de la calle, comprando leche: allí estudiaba prácticamente las costumbres de sus vecinos, veía el que entraba en todas las casas, y el que salía de ellas y preguntaba a los criados lo que iban a comprar y con qué condiciones: lamentaba la enfermedad de aquél, se consolaba con la salud del otro, inquiría la causa al niño que hacía pucheros, y a los criados si estaban disgustados con sus amos: allí permanecía firme hasta que sabía por qué no se bautizaba el asiático Aben y si le faltaba mucho para cumplir su contrata. Allí estaba firme doña Serafina, aunque el Sol la derritiera, hasta que llegara la negra vendedora que le llevaba su almuerzo y a la cual iba dando convoy hasta la puerta del cuarto: y como le pagaba al contado, no se descuidaba nunca en pedir la contra para su gato franciscano. Así estudiaba doña Serafina la moral que enseñaba a sus discípulos. Perdóname, lector, la falta de no haberle dicho al principio que doña Serafina tenía también un gato franciscano, y si a la hora del almuerzo ves en la puerta de una casa una señora cincuentona recibiendo dos negritos de seis a siete años, con mameluquitos de listado, sombreritos de yarey y cartilla de La Torre, saluda a doña Serafina y dale memorias de mi parte.

¡Zacatecas!

> «Deteneos, caballeros, quienquiera que seáis, y dadme cuenta de quiénes sois, de dónde venís, adónde vais, qué es lo que en aquellas andas lleváis...»
> *Don Quijote*

¡Ahí están! Ahí están esos simbólicos agentes que la gente grave llama sirvientes o libreas, la generalidad zacatecas, y los muchachos pillos, lechuzas o sacatrapos.

¡Los zacatecas!

¿Qué importa que en La Habana existan Círculos de Recreo con secciones de instrucción? ¿Qué importan sus filones, destinados a actores extranjeros? ¿Qué importa que en ella se curen milagrosamente las más rebeldes enfermedades? ¿De qué le sirve a la capital de la Reina de las Antillas que en ella se establezcan exhibiciones de pájaros más sabios que los hombres? ¿De qué le sirve la infinita variedad de castañas para uso externo? ¿Y de qué le sirve, en fin, haber adoptado cuanto nuevo, cuanto útil, cuanto admirable se ha inventado en el mundo? Pomada de Rodríguez, Agua Alabastrina, Rocío de los Alpes,

Bastones a lo taco, Abanicos de sube y baja, Pozos Instantáneos, Esencia de la vida, Movimiento continuo...

Voy a coger resuello.

Beefsteak a la española, Beefsteak término medio, Beefsteak Chateaubriand, órganos de corneta, kioskos con cantina, cigarros del chorrito, aparatos de Artic Soda, tragantes inodoros, caramelos de plátano, dulce de Puerto Príncipe, dulce de Bainoa...

Voy a detener el resuello.

Cloacas pestilentes, Agua de Florida, Agua de Colonia, aretes, sortijas, dedales, baúles, cintas de hiladillo, cajas de lata, cinta de ribetear, seda de colores... ¡Ah!... y maní tostado, y tijeras finas, y Otard-Dupuy, y Udolphe Wolff, y las danzas Ni te ocupes, y Yo lo vi, y Ya usted lo sabe, y en los gallos Voy veinte a diez, y La voy a peso, y en el billar Mingo, y bola, y El Cangrejo...

¿De qué sirve a La Habana todo esto? ¿Para indicar su progreso? ¡Imposible!

La Habana no puede acreditar su adelanto mientras haya zacatecas, mientras existan esas figuras grotescas que cargan cadáveres o los escoltan al cementerio, profanando acto tan piadoso con sus vestidos ridículos y ademanes groseros, mientras los dueños de Agencias funerarias no sean arrastrados por el torrente que impulsa a los hombres de fibra, en pos de lo nuevo, en pos de lo desconocido. ¡Mientras no arrojen a los Uberos tantas casacas viejas, tantos sombreros multiformes, tantos zapatos gigantes; con cuyos objetos confeccionan su traje de ceremonia los hombres que lo usan, con mengua de nuestra cultura, con mengua de nuestro progreso!

¡Atrás, ridículos fantasmas; atrás, vestigios empolvados; atrás!

¡A vosotros, señores empresarios de agencias funerarias, corresponde la iniciativa; a vosotros, sí, a vosotros corresponde ordenar un eclipse total de zacatecas!

¡Que no figuren esos groseros espantajos, cerca ni lejos del luctuoso carro que conduce los restos de un hombre! Decid a los cargadores:

—¡Idos con la música a otra parte! No tenemos ya casacas viejas para vuestros talles, ni sombreros abollados para vuestras cabezas, ni zapatones para vuestros pies. Vamos a introducir reformas en el ramo. ¡Idos, señores! ¡Fuera! Lechuzas o sacatrapos, o diablos: ¡Fuera!

Pero dejemos las chanzas, que el asunto es serio, y es preciso probar que ese artículo de lujo mortuorio no es otra cosa que un objeto de burla general, y el estimulante más activo de la risa en los momentos más solemnes y tristes de nuestra vida.

Y vaya un ejemplo:

En la casa de una decente familia ha fallecido uno de sus miembros más queridos y ha llegado la hora del entierro. El silencio es profundo: la sala en que se halla el cadáver, entapizada de negro, está alumbrada por el triste resplandor de gruesos cirios: las personas invitadas para el cortejo fúnebre, llegan y ocupan los asientos con religioso respeto: los desgarradores lamentos de una desgraciada señora que ha perdido su esposo, los sollozos de inocentes niños que, sin conciencia de su desgracia, lloran porque ven llorar a su madre, oprimen los corazones de todos; y hasta los hombres más endurecidos y egoístas se identifican con los dolientes y enjugan las lágrimas que brotan de sus propios ojos...

Pero, de repente, se presenta un individuo de rostro colorado como un tomate, y con una nariz al parecer formada por un pellizcos; con la mitad de la cabeza oculta en una cosa que a él le parece sombrero, aunque tiene la figura de un cuñete de manteca, y el resto del cuerpo en una casaca tan estrecha que le impide bajar los brazos; en unos pantalones tan cortos como calzoncillos de baño, y los pies con juanetes inclusive, en medias blancas que, dándoles la apariencia de jamones en sus forros, van a esconderse, en parte, en las sinuosidades de un par de zapatos de algunas toneladas de porte.

Agréguese a esto la circunstancia de que el sombrero no impide que caigan sobre las cejas de su dueño algunos mechones de pelo áspero y espeso, humedecidos por el sudor constante que vierte de todos sus poros este hombre acostumbrado a la holgura de las alpargatas, y que sufre espantosas fatigas por la ferocidad de su calzado; y... ya no es menester otra cosa para reconocer al zacateca.

Y ya no se necesita más para olvidar el cadáver y todos sus accesorios.

Y los lamentos de la viuda.

Y los sollozos de los niños.

La presencia del zacateca cambió la decoración, y el drama se convirtió en sainete.

Las lágrimas en burlas.

Los suspiros en risa.

¡He aquí vuestra misión, cuervos de los entierros!

Otro ejemplo.

Mientras que en otra casa una pobre madre llora sin consuelo al inocente hijo de sus entrañas, que voló a la mansión de los ángeles, un hermoso coche pintado de azul, y tirado por una gallarda pareja de caballos, conduce al cementerio el cadáver del niño.

Lujosos carruajes, ocupados por personas distinguidas, rinden a los padres del pequeño difunto el triste tributo de la amistad, acompañándolo al sepulcro...

Pero está lloviendo, y el cochero que guía los caballos del carro funerario estalla su fusta para obligarlos a apresurar el paso, y el cortejo fúnebre casi va a la carrera.

Doce hombres vestidos de azul hacen esfuerzos por seguir al lado de los caballos del coche que conduce el cadáver.

¡Son zacatecas!

Pero no todos pueden correr como las bestias, y en su mayor parte quedan rezagados.

Uno corre más que los caballos y tiene que moderar sus bríos naturales.

Otro, ahogado por un monstruoso pañuelo entero que le sirve de corbata, detiene el paso por temor de una asfixia inminente.

Más adelante, otro procura correr solo con el pie derecho, porque es empresa imposible sufrir el dolor del juanete del izquierdo.

Un zacateca grueso y corpulento, navegando en más de cinco brazas de agua... pura, y con viento fresco, se sienta en la trasera de un carruaje, mirando a todas partes con ojos de... poeta.

Otro se despoja de la casaca para evitar que pierda su mérito con la lluvia.

Otro envuelve su sombrero en un pañuelo mugriento.

¡Y todos llevan, en las manos, gruesos ramilletes de flores!

¡Y todos parecen venturosos paraninfos!

¡Y todos, en fin, van derramando de sus bocas perlas, y corales y rubíes, y esmeraldas, y flores más exquisitas que las que llevan en sus manos, batiéndose en retirada con los pillos callejeros.

¡Oh! ¡zacatecas! ¡zacatecas!

Por vuestra causa se han mezclado las más escandalosas carcajadas de risa burlona, con los desgarradores lamentos que exhala la pobre madre del niño que acompañáis al sepulcro.

La risa de los que han formado de vosotros un espectáculo grotesco y degradante, les impide ocuparse, en los momentos en que conducís un hombre muerto, de aquellas ideas que asaltan al pensamiento al abrirse una tumba.

¡Atrás, fantasmas empolvados, atrás!

«¿Qué dirán las naciones extranjeras?»

Nada ganan los hombres, que nacieron con otra misión más digna, con exhibirse a sus semejantes para procurar su risa, recorriendo en un carretón las calles de La Habana, con esponjas en la cabeza y los rostros pintados, gruñendo como cochinos, y rebuznando como borricos, para solemnizar la fiesta del Carnaval; pero... es Carnaval y... pase; pase, aunque aquellas esponjas cubran cabellos rubios como el oro; pase, aunque el humo de pez oculte colores de rosa; pase, aunque aquella pintura ensucie poblados bigotes y espesas patillas; pase, pase todo, porque... en el Carnaval todo pasa; aunque sobre las esponjas, sobre las patillas, sobre los bigotes... pase; porque aunque estos individuos tienen vocación y disposiciones para ello, ¡no son zacatecas!

¡No conducen en sus hombros, ni en un carro, el cadáver de un hombre!

Todavía es tiempo, señores sacatrapos o como os llaméis; todavía es tiempo de que recobréis vuestros derechos de hombres, aunque sigáis cargando muertos, porque el trabajo no envilece, porque ganar el sustento de cualquier modo que se haga, no degrada, con tal de que se conserve la dignidad y el decoro. Id a la presencia de vuestros empresarios, y decidles resueltos:

—«No queremos ser zacatecas, pero deseamos ganar el sustento. La vanidad, o el deseo de figurar hasta después de muertos, hace que muchos de nosotros marchemos, al paso de los caballos, a un lado y otro de los carros mortuorios; porque la generosidad de los albaceas y herederos de los que fueron, nos ha convertido en artículos de lujo, y vosotros, señores agentes funerarios, nos pagáis porque desempeñemos ese oficio, cargando muertos y acompañándolos hasta su sepulcro. Pero ya que es absolutamente indispensable que los llevemos sobre nuestros hombros, porque algunos han de prestar este indispensable servicio... ¡salvadnos del ridículo, señores agentes funerarios!

»No queremos vuestros sombreros, ni vuestros zapatos.

»¡No queremos asemejarnos a las bestias, cargando los aparejos que vosotros llamáis casacas!

»¡No queremos sufrir más las burlas de los muchachos, que nos llaman a gritos lechuzas y sacatrapos!

»¡Buscad, señores empresarios, alguna cosa nueva para nosotros, así como la buscáis para vuestros coches, para vuestros caballos, para vuestros túmulos y sarcófagos; y de esa manera no llamaremos la atención del populacho con la basura que llevamos a cuestas!

»¡No queremos galones ni vestirnos de corto con zapatos de corte bajo; ni guantes de Jouvin, ni chalecos a lo Robespierre..., ni jabones de almendras, ni aceites y pomadas de la Sociedad Higiénica de París, ni perfumar nuestros pañuelos con Agua de Florida; no queremos sportmans ni marquetis, ni largas levitas, ni cortos saquitos..., pero sí deseamos una ropa decente y modesta, a propósito del oficio que desempeñamos, para que no traiga sobre nosotros las burlas del pueblo!»

—¡Hacedlo así, zacatecas, hacedlo así!

¡Hacedlo, antes de que vuestros empresarios os manden con la música a otra parte!

¡Adelantaos, lechuzas!

¡Avanzad, sacatrapos!

¡Haceos superiores a vosotros mismos: y ya que el anatema universal os designa como aves de mal agüero, soltad las plumas con que cubren vuestros cuerpos las agencias funerarias, obligándolas a compraros otras cosas mejores!

¡Probad a aquellos que os contemplan riendo, que vosotros también sois capaces, vestidos de otro modo, de marchar con decoro al lado de un cadáver!

¡Probad que también podéis llevar vuestro grano de arena para aumentar los materiales con que se construye en el siglo XIX el grandioso obelisco del progreso!

Y no creáis, caballeros, que pretendo perfeccionaros, para la época en que pudiera necesitar vuestros servicios, porque siempre he preferido andar solo que mal acompañado, y si fuera posible que después de muerto pudiera pronunciar algún discurso, pediría que sin escolta y bajo mi palabra me permitieran marchar solo al lugar de mi destino, como a los militares constituidos en arresto.

¡Creed, zacatecas o sacatrapos, que en medio del estruendo de los órganos, en medio del ruido atronador de los guayos y los timbales que los acompañan, llegarán a vuestros oídos, si cambiáis de sistema, el entusiasta ruido de los espontáneos aplausos de nuestra población agradecida!

Francisco de Paula Gelabert

La mulata de rumbo

Ella en su clase, en su esfera, entre los suyos, valer puede tanto como cualquiera otra.

Pero el elemento heterogéneo que la seduce, que la conquista, que la malea y la pervierte, responsable es de sus faltas, de sus vicios, de su despreocupación.

Leocadia, por ejemplo, mulata de rumbo y de *rumbas* particularmente, debe la fama de que goza solo a esa circunstancia.

Muy joven era todavía cuando la conoció Gerardo. Él era rico y la deslumbró con sus dádivas. Sucumbió como sucumben tantas... en casos análogos, y principió para Leocadia la vida indolente, la vida del desorden, del abuso y de la inmoralidad.

Gerardo tenía una posición social, se había formado una familia y érale por tanto forzoso guardar las apariencias.

Leocadia vivía, pues, sola en su casa, atestada ésta de muebles lujosos, de cuadros chillones, de objetos mil, superfluos los más, pero que ella exigía a Gerardo solo para satisfacer su capricho, y porque en esto fundaba la mulata su vanidad, juzgando ser la mejor prueba del imperio y predominio que ejercía sobre Gerardo.

Los seres incultos, inferiores, parecen no dar valor sino a los sacrificios pecuniarios. Una onza de oro arrojada a la calle, un billete de Banco reducido a cenizas, les da una alta idea de la persona que ejecuta acción tan desusada.

Leocadia había más de una vez sometido a Gerardo a pruebas semejantes. Y como él se prestaba gustoso a cuanto a ella se le antojaba, teníale en el concepto de un hombre capaz de las mayores heroicidades, tratándose de dinero.

—Usted es feliz, *Cayita* —le decía una vecina de la casa inmediata.

—¿Feliz yo, hija? Ni que lo crea.

—¡Cómo no! Con tanta abundancia de cosas ricas, con tanto rumbo, ¿tiene usted valor de quejarse?

—Todo fatiga en este mundo, Juanilla, todo aburre y empalaga.

—¡Ay, *Cayita*, no diga eso; mire que si el Señor la oye, la puede castigar...!

—Dios no se mete en esas cosas, Juanilla; además, que yo digo lo que siento. Mire usted: más gozo yo y me divierto en una *rumbita* con las de mi color y de mi clase, en unión de jóvenes de buena sociedad, donde reinan la franqueza y la alegría y la *bullanga*, que no cuando viene *ése* y me trae dos o tres vestidos de seda, un abanico de nácar, unos aretes de brillantes y unas pulseras de oro... Créame usted, se lo juro por esta santa cruz: estoy de oro y de seda y de brillantes hasta las orejas.

—Si usted tuviera que arrear como yo diariamente para ganarse la *butuba*, no se expresaría de esa manera, *Cayita*.

—Eso quiere decir que por allá anda mal el *bofeteo*, ¿no es eso?

—Mal es cualquier cosa; *malísimamente*, hijita de mis entrañas. Con decirle que tengo seis bocas que mantener y yo siete, ayúdeme usted a sentir.

—Pues, hija, acá *se bota* la comida, con que nada más le digo. Cada vez que quiera, venga y se llevará todo lo que encuentre.

—Muchísimas gracias, *Cayita*; no en balde tiene usted tanta suerte: ya se ve, con tan buen corazón, ¿cómo no la ha de favorecer la Providencia?

—¡Válgame Dios! Pues si a mí no me cuesta nada... Quien paga, paga.

—Sin embargo, así y todo, hay otras muy egoístas...

—Vamos, no sea *alabanciosa* y dígame adiós, que me voy a *tumbar un ratico* en la cama, pues tengo un cansancio que me estoy muriendo...

—Adiós, *Cayita*, y que los ángeles y serafines se le aparezcan en sueños y *le canten las letanías*...

—Gracias, Juanilla, hasta *lueguito*.

Leocadia iba a acostarse, como había dicho, nada menos que a las doce del día, cuando llegó a la casa uno de sus amigos de rumbas, acompañado de otro joven que iba a presentarle.

Pronto se familiarizó éste con la mulata, principiando desde luego a galantearla.

Como era natural, la conversación rodó al punto sobre las *rumbitas* al Vedado, y Leocadia propuso que el domingo próximo se efectuase una a dicho lugar.

—¡Magnífica idea, *prieta santa*! —exclamó Floro, su amigo—; éste va con nosotros —añadió señalando a Camilo, que así se llamaba el presentado.

—Bailaremos un danzón —dijo Camilo acercándose a la mulata.

—¡Quite, quite! Nosotros nunca hemos entrado en abusos, *negrito lindo*: vamos a parar —contestó ella, rechazándolo con afectada coquetería, y valiéndose de ese singular vocabulario con el que tan familiarizados se hallan algunos jóvenes.

—Para los danzones no hay otra, chico —observó Floro—; cuando baila el *Similiquitron*, tiene *una bulla* en la cintura que echa fuego y una *caidita de aronga*...

—A mí el que más me gusta es *Oligamba*; ¿te acuerdas, Floro, en la última *rumba*?

—¿Y dónde me dejas el *Yambú*...? Este pobre ha estado cuatro años *litera*, viajando, como los fogones, *entre parientes*, y no sabe nada de eso.

Camilo, al oír a Floro, le dio una amistosa trompada, que éste le devolvió con no menos agasajo, y prosiguió la conversación.

—¡Ah, pues entonces se va a volver loco, porque yo creo que es muy pillo! —saltó Leocadia guiñando los ojos.

—¿Quién no se arrebata contigo, *mi madrecita*? —replicó Camilo, haciendo un gesto expresivo a Leocadia.

Aquí entró el referir al joven lo que se gozaba en esas *rumbas* y explicarle en lo que consistían.

—Se baila con arpa, violín y flauta, hasta más no poder —dijo entusiasmada Leocadia.

—¡Y va cada hembra *así*! —repuso Floro sacudiendo el puño.

—Se come sobre la yerba arroz con pollo, pescado a la manchega y se bebe sangre de doncella hasta *jalarse* —prosiguió extasiada la mulata.

—Pero antes hay aquello de bañarse en el río —añadió Floro, no menos deleitado por el recuerdo.

—En fin, la mar con todas sus islas y cayos *ayasentes* —concluyó Leocadia, saltando en el asiento de puro gozo.

Camilo estaba frenético y cada vez más enamorado de su nueva amiga.

Cuando llegó el momento de despedirse, Floro provocó un ofrecimiento en forma, y Leocadia, accediendo, dijo con mucho énfasis:

—Yo me llamo Leocadia Bergamota y Zampallón; soy muy buena, mientras no *me pinchan*, y no pienso más que en divertirme, que es lo único que se saca de este pícaro mundo... Conque ya tú sabes la casa, *hijito*.

—Yo soy Camilo Botero —dijo por su parte el joven, haciendo ex profeso una reverencia zurda—, y te juro que te idolatro, divina Leocadia, *conserva de azúcar y canela.*

—¿Cómo Botero? —preguntó rápidamente la mulata; ¿tú eres pariente, por casualidad, de un tal *Geraldo* que tiene ese mismo *apelativo*?

—Ya lo creo, ése es mi tío, hermano de mi viejo, con quien vivo yo. ¿Por qué me lo preguntas, *trigueña* zandunguera?

Leocadia lanzó una sonora carcajada que dejó un tanto suspenso a Camilo.

—¿Y tú lo sabías, Floro? —preguntó la mulata a éste, el que a su vez se echó a reír con estrépito.

La explicación, que sin escrúpulo alguno, siguió al anterior diálogo, es de presumir que sorprendería de un modo particular al joven; pero como comprendía que había simpatizado con la mulata, por las demostraciones que ella le había hecho, y él era muy pillo, según decía Leocadia, no se desanimó con semejante descubrimiento; antes al contrario, le pareció chusca la idea de hacer la conquista de quien se presentaba a sus ojos bajo tales auspicios y en circunstancias tan singulares. Así es que se consideró desde aquel momento el triunfante rival de su tío.

Algunos días después, cuando ya la anunciada rumba al Vedado había tenido efecto, y por consiguiente entre Camilo y Leocadia se había establecido la más completa intimidad, la mulata, cediendo a un irresistible deseo de expansión, hallábase en conferencia con su vecina Juanilla, que por cierto trataba de disuadirla de lo que ella calificaba de una mala hora y de una tentación de Barrabás, por las razones que aducía con no poco calor y manifiesto *desinterés.*

—Usted está dejada de la mano de Dios, *Cayita,* cuando así determina de su suerte. Resulta *de que* las muchachas no *refleisionan* y se *encalabernan* y pierden su bienestar por un capricho, más que luego les pese y se tiren de las greñas, cuando ya la cosa no tiene *compostura.*

—¿Y le parece a usted, Juanilla, que yo no dé entrada en mi pecho a las ilusiones del amor; que no corresponda al cariño de otro mortal y permanezca *viuda* toda mi vida, solo por consideración a los cuatro *riales* que tiene *Geraldo,* que es ya un *vejancón* para mí, todo *canisiento* y casi casi arrugado? ¡Digo, con cuarenta y dos años sobre sus costillas, y yo todavía una muchachona fresca y sanita como una manzana...!

—Ríase usted del amor, *Cayita*, de las ilusiones y de todas esas boberías que a nada conducen... Lo positivo son los buenos bocados, la buena ropa y el lujo y la *bambolla*.

—Y muérase una de tristeza mientras tanto y no sienta y no goce de las dulzuras de la pasión correspondida como Pablo y Virginia... Aquí donde me ve, yo he amado mucho en este mundo; pero he sido muy desgraciada...

—Todo eso se lo lleva el viento, *Cayita*, y en cambio, las onzas de oro, cuando son bastantes, sirven de contrapeso y le evitan a usted dar un batacazo.

—En resumidas cuentas, yo he dado ya mi palabra a Camilo, un joven tan fragante y tan simpático, estoy comprometida y no me vuelvo atrás, por todo el oro del mundo.

—Pues, *Cayita*, con su pan se lo coma, si es que le queda a usted *pan*, así que se descubra el pastel.

—Hablando ya de otra cosa, Juanilla —dijo tras una breve pausa Leocadia—, el sábado celebro yo mi cumpleaños y tengo aquí en casa un convite y un baile todo el día, con arpa, violín y flauta, *de echa cocó pa la saranda*. Conque si usted quiere tocar parte y pasar un rato en tan amable compañía, ya sabe que tendré mucho gusto.

—¡Ay, *Cayita*!, ¿cómo pudiera yo desairar a una amiga tan generosa como usted, cuando me convida nada menos que a *reponer las fuerzas* y a distraer las amarguras de una vida tan perra? Allá iré desde *tempranito* para disfrutar de todo.

Un coche que se detuvo ante la casa cortó la conversación de Leocadia con su vecina. Era Gerardo el que llegaba y que, arrojándose del carruaje, entró precipitadamente y cerró tras sí la puerta con furia.

Juanilla pudo oír entonces, desde su ventana, ruido de voces y golpes como de muebles que chocan con violencia.

El altercado duró más de una hora. Cuando salió Gerardo, a Juanilla no le quedó duda de que el diablo había tirado de la manta.

Diré en breves palabras lo acontecido. Cierto individuo que estaba muy enamorado de Leocadia, y a quien ésta había rechazado siempre, hecho cargo de los amores de la mulata con Camilo, quiso vengarse de sus desdenes y desprecios y puso al corriente de todo a Gerardo, de quien se decía amigo.

Éste se quedó al pronto pasmado; pero encendiéndose luego en ira, corrió al cuarto de su sobrino, con objeto de ver si hallaba allí alguna prueba convincente. La llave estaba puesta en el armario y, abriéndolo, registró las gavetas con febril ansiedad. Poco duró su incertidumbre, pues lo primero que vio fue un retrato de Leocadia con su dedicatoria correspondiente.

Apoderóse de él y esperó con rabiosa impaciencia la vuelta del desprevenido joven.

Renuncio a referir la terrible escena que se verificó una hora más tarde a solas, entre el tío y el sobrino, pues la esposa y las dos hijas de Gerardo habían ido a las tiendas. La pluma se resiste verdaderamente a bosquejar un cuadro de semejante inmoralidad y de cinismo por una parte y otra.

Camilo estaba pervertido. Huérfano desde bien joven, su tío Gerardo, a cuyo abrigo había quedado, jamás había podido imbuirle ideas de pundonor y delicadeza, puesto que él mismo carecía de ellas. Lo único que había hecho cuatro años atrás, y eso por quitárselo de encima y evitar que le descubriese el *güiro*, como él decía, había sido facilitarle los medios de que viajase por Europa.

Demás está añadir que el mayor castigo que Gerardo impuso a su sobrino fue privarle de todo medio de tener dinero en lo sucesivo. Ante este resultado, Camilo pensó a su vez ejercer su venganza, poniendo a su tía al corriente del escandaloso hecho; pero Leocadia, con más tacto que él, le hizo desistir de tan descabellado propósito.

Después de la ruptura de ésta con Gerardo, como se hallase, cual le sucedía casi siempre, sin fondos, a pesar de las prodigalidades de aquél, su primer pensamiento fue empeñar todas las prendas que poseía, para poder celebrar su cumpleaños.

Camilo se encargó de esta comisión; pero tuvo la desgracia de que al retornar de ella, le asaltaron dos hombres, puñal en mano, y lo despojasen de cuanto llegaba consigo.

Leocadia puso el grito en el cielo y hasta llegó a dudar de la veracidad del joven. Éste, penetrando quizá la sospecha que había concebido la mulata, sin darse por ofendido, le aseguró que él pondría remedio a todo, proporcionándole mayor suma que la robada.

Aquella misma noche falsificó la firma de su tío y, a la mañana siguiente, un amigo de éste le entregó sin dificultad mil pesos, que Gerardo le pedía prestados con cualquier plausible pretexto.

Llegó, pues, el día de la *jaranita*, reuniéndose en casa de Leocadia hasta media docena de mulatas, Floro, Camilo, un negrito tabaquero, primo de la heroína de la fiesta, a quien llamaba *Tatica*, la consabida Juanilla y cuatro o cinco individuos más invitados al *guateque*, sin contar los tres músicos pardos que tocaban los referidos instrumentos.

Leocadia, bailando desenfrenadamente con Camilo, reía, gritaba, se retorcía como una serpiente, y era objeto de la admiración y de los aplausos de la concurrencia.

Los danzones se sucedían unos tras otros, sin tregua y sin descanso, tales como *La mulata Rosa*, *¿Dónde va Canelo?*, *Las Campanillitas*, *La Guabina*, *Las cuerdas de mi guitarra*, *La niña bonita*, *Apobanga* y los demás que están en boga.

En medio de la confusión y del tumulto, oíanse ciertas frases características de semejantes ocasiones y circunstancias, que no puedo menos de transcribir.

—*¡Oh, bella!* —exclamaba uno de los concurrentes, haciendo chasquear la lengua e introduciendo la cabeza entre Leocadia y Camilo, que giraban vertiginosamente, y que lo hacían retroceder con su impulso.

—*¡Goza, siboney!* —gritaba otro, aproximándose por detrás al compañero de la mulata—; ¡eso está muy *aseado*, mi hermano! ¡Así me gusta, *Cubitas*!

Los ojos de Camilo brillaban, mientras que Leocadia sonreía enajenada.

Había pareceres que discordaban acerca de las parejas que más *lucían*.

—*¡Ahí está la bulla!* —aseguraba uno de los espectadores, mostrando a cierta mulatica muy esbelta, que se contoneaba a lo sumo y a quien llamaban *Sapito* en el agua.

—¡Bien, Adelaida! ¡Ave María, Simón! ¡Aguanta, muchacho! ¡Aquí se siente el goce *hasta la madre de los tomates*...!

En uno de los ángulos de la sala, se abanicaba *Guayaba-blanca*, oyendo los requiebros de *Lencho*.

—¡Quiéreme, que me estás matando, vida y dulzura, pedacito de almendra, gloria celeste...!

—*Palucha* sola —contestó *Guayaba-blanca*, dando un *zafacuerpo*.

—*¡Negra, tú no va queré...! ¡Si tú quisieras!* —insistió *Lencho* cada vez más almibarado.

—¿Será posible tanto amor, *Chato*? —preguntó ella, remilgándose—; y dígame, ¿ya *no se recuerda* de Vitalia, la de la calle de *Fartoría*, la que se retrató *con el hábito*?

—*¡Me tiró con el perro!* —exclamó *Lencho*, dando un taconazo.

—Mientras usted no se *rectifique* de ese compromiso, no me *desbarate más los sentidos* —dijo con acento firme *Guayaba-blanca*.

Un nuevo incidente del danzón que se bailaba cortó el amoroso coloquio.

—*¡Extiéndete, verdolaga!* —se oyó decir de pronto a una de las bailadoras—. *¡Abrete, serpentón! ¡Sopla, cornetín!...*

—*Arrepara* —dijo uno de los *mirones* al que tenía al lado—; ese *sandungueito a lo Luis Quince*, es de lo que no hay más allá.

—Eso está *como mono* contestó el otro.

—*¡Qué bien le diste a la pelota!* —dijéronle a un mulatico, cuya compañera se había sentado por habérsele *torcido* un pie.

—Yo siempre estoy *con el bate* —respondió el susodicho.

—Te portas, *inglés*.

—Como quien soy, *Sancadilla*.

A vueltas de tales *dicharachos*, promovíase de vez en cuando una disputa entre dos bailadores, que si bien no tenía consecuencias, solía interrumpir el baile; pero Leocadia, interviniendo, cortaba al punto el altercado y proseguía luego el danzón con mayor embriaguez y entusiasmo.

Juanilla, que ya no bailaba, iba constantemente a la cocina, en la que residía para ella el foco del placer, y so pretexto de cerciorarse de si estaban bien sazonados los guisos, pues se la daba de gran cocinera, engullía allí a sus anchas cuanto quería, retornando enseguida al comedor, en donde apuraba copas y más copas de licor, para confortarse el delicado estómago, según decía.

Dejemos que siga *la jaranita* y veamos lo que ocurría mientras tanto en otra parte, relacionado con nuestro asunto.

Aquel individuo que había revelado al tío *la travesura* de su digno sobrino, no hallándose aún satisfecho de su venganza, así que se hubo enterado de que Gerardo había roto con Leocadia, pues como no cesaba de rondar la casa de la mulata, hallábase al cabo de cuanto en ella sucedía, trató de avistarse de nuevo con el amigo, para ver el cariz que presentaba el negocio.

No fue poca la satisfacción que experimentó cuando Gerardo, que tenía en él gran confianza, le refirió entre colérico y desesperado la nueva hazaña de su pariente.

—¿Cómo ha sido eso? —preguntó disimulando a duras penas su alegría nuestro hombre.

—Figúrate, que necesitando ver esta mañana al amigo de que te hablo, ya al irme, aludió a los mil pesos que me había enviado. Puedes calcular mi extrañeza.

—¡Pobre Gerardo, qué sobrinito tienes!

—Es un bandido. Dadas todas las explicaciones por dicho sujeto, el cual no conoce a Camilo, comprendí en el acto que éste era el ladrón, y callé de vergüenza y de miedo, aunque me comprometí a devolverle la cantidad. Quisiera, pues, saber dónde se halla en este momento el miserable, para acogotarlo. ¿Estará en casa de esa perversa?

—No lo creo, porque al atravesar yo el Parque, hace pocos instantes, he visto a Leocadia en un coche, en dirección a la calle del Obispo —contestó el muy solapado, mintiendo descaradamente.

Con cualquier motivo abrevió la visita y corriendo a su casa, escribió un anónimo al amigo de Gerardo, diciéndole dónde podía ser atrapado a aquella hora el autor del robo de los mil pesos.

Salió de nuevo a la calle y ya junto a la casa en que aquél vivía, a un muchacho que pasaba púsole en la mano un billete de a peso y la carta, para que entrase y la entregara al portero.

El que recibió el anónimo, creyendo prestar un verdadero servicio a Gerardo, dio el parte sobre la marcha a la policía, uno de cuyos funcionarios, seguido de la pareja de orden público consiguiente, llegó una hora más tarde a casa de Leocadia, cuando *la jaranita* estaba en todo su apogeo.

Puede figurarse el lector lo que allí ocurriría. Camilo en el acto fue preso y la reunión por de contado disuelta, en medio del sobresalto y la alarma que es de suponerse se apoderaría de toda aquella alborotada gente.

Cuando Leocadia se quedó sola con Juanilla, pareció que se volvía loca. Lloró, pateó, se revolcó e hizo tales demostraciones, que su estado llegó a inspirar serios temores a su compañera.

A los ocho días, sin embargo, estaba de tal manera consolada, que nadie hubiera podido sospechar lo que por ella había pasado.

Baste decir que un nuevo protector, hombre de posibles, se había encargado de reponerle todas sus prendas y alhajas, dejadas en la casa de empeño; y que cuando salía a la calle, llevaba ese aire tan satisfecho y ese semblante tan provocativo con que la representa el hábil y siempre inspirado Landaluze.

El mascavidrio

Curioso sería conocer al inventor de este término sobremanera gráfico. Hay quien dice que cierto furibundo borracho, después de zamparse una regular dosis de licor que quema, no hallándose aún satisfecho, continuó mordiendo el vaso, a la sazón que uno que lo observaba, le gritó desde la puerta de la bodega: *¡Mascavidrio!*

También sería digno de investigarse la causa de que el número de los aficionados a empinar el codo vaya en aumento, cuando no hace muchos años era raro ver a ninguna persona decente tomar ginebra, por ejemplo, en los cafés, cual lo hacen hoy muchos, con la misma *sans façon* que saboreaban antes un sorbete o una limonada.

No pretendo decir por eso que todo el que tome alguna vez que otra ginebra o ron, sea *mascavidrio*, ni mucho menos; pero sí me atreveré a asegurar que así se empieza y que poco a poco se va lejos.

Precávanse, pues, los que sin escrúpulo ni desconfianza tomen hoy una *ginebrita*, mañana *un coñaquito* y luego un *ajenjo*, porque a la larga pudiera acontecerles beber como *la gente del bronce*, ginebra a medio día, ginebra por la noche y coñac a la mañana, por variar; exponiéndose acaso a que su mujer o su suegra les diga en su cara, al verles dar un traspiés, *mascavidrio*.

A propósito de esta probabilidad, voy a contarles un hecho reciente que viene a corroborar las malas consecuencias que puede traer a las familias el que su representante trueque sus hábitos de orden y de regularidad por los del *mascavidrio*.

Érase una muchacha de algunos veinte años, que teniendo como todas horror a la soltería y al aislamiento, había conseguido a duras penas, con ayuda de su eficaz y diligente mamá, el que su novio entrase en la casa y la hiciese formal promesa de unirse a ella en matrimonio.

Dícese que por lo general cuando un hombre entra en la casa, se casa.

Hay, sin embargo, frecuentes excepciones, y de ello es un ejemplo notorio el hecho a que aludo.

Tres meses hacía ya que Arturo llevaba relaciones amorosas con su futura Felícitas, sin que hubiese ocurrido otra novedad que irse él enfriando a medida que pasaba el tiempo y que intimaba su trato, no solo con la muchacha sino con el resto de la familia.

Empezaba a comprender que se había metido en un atolladero y hacía esfuerzos inauditos para idear algún pretexto que lo librase de la *coyunda*.

En honor de la verdad, la familia de Felícitas no era para atraer a nadie. Componíase desde luego de un par de apuntes, o sea de *Sabroso*, que por este apodo conocía todo el mundo al padre, quien realmente se llamaba Eleuterio; de *Cucha*, la madre, cuyo nombre no era otro sino María; del abuelo, *El Pelao*, un viejo impertinente y gruñón, que en todo quería intervenir, siendo la calamidad mayor en aquella casa. También era parte integrante de la susodicha familia una tía anciana de Felícitas, que asimismo tenía su correspondiente sobrenombre de *Muñonga* y el hábito de charlar hasta por los codos.

Arturo no se hallaba allí en su centro. Tenía que soportar las majaderías de *El Pelao*, quien le refería interminables historias campesinas, pues en sus mocedades había sido mayoral de un ingenio y tenía suma complacencia en relatar las hazañas y las heroicidades que había llevado a cabo, con látigo o con machete en mano, auxiliado de sus perros.

Felícitas se volaba escuchándole, y decía por lo bajo a Arturo que no hiciera caso de semejantes cuentos, pues *El Pelao* estaba medio trastornado, y eso era un rasgo de locura, en atención a que su abuelo no había sido otra cosa en toda su vida que *capitán de milicias*.

—*Soldado malojero* si acaso —decía para sus adentros Arturo.

Por lo que respecta a la tía *Muñonga*, solía también tomar por su cuenta al joven, para referirle un viaje que había hecho al Caimito, el año 1854, en que le salieron unos ladrones, los que por poco le arrancan hasta las orejas para robarle los aretes de brillantes; y eso que decían los muy *arrastrados*, añadía ella, que *eran de fondo de vaso*.

—*También lo dudo* —murmuraba su oyente, contrayéndose a que jamás hubiera podido tener *brillantes* la vieja que había ido al Caimito.

Como casi frente a la casa hallábase instalada una bodega en que se reunían individuos de varias clases que tomaban, cual es costumbre en estos establecimientos, turcas tremendas y reían y gritaban y hasta decían *versos* y desvergüenzas, Arturo se veía a veces puesto en un potro con semejantes escándalos, teniendo que armarse de valor para no echarlo todo a rodar y huir definitivamente de aquellos contornos.

Cierta noche uno de los borrachos, vestido con un saco de alpaca muy raído y un sombrero de paja casi negro por el uso, improvisó la siguiente décima:

Blindo con mucha ambrosía
porque la giniebra corra,
y que lleven a Mazorra
al que no *se ajume* hoy día.
No hay nada cual *la bebía*
en la carrera mundana;
y aunque yo coma mañana
plántano y tasajo *brujo*,
daré un viva a quien *nos trujo*
giniebra de *La Campana*.

—¡Bravo, bravísimo!, ¡qué inspirado estás, *Verde Botella*! —exclamó un individuo que se había detenido ante la puerta de la bodega a escuchar la improvisación.

—*¡Sabroso!* ¿Tú por aquí? —contestó *Verde Botella*, acercándose a su amigo—; *dentra*, compadre, que ahí te da *el sereno* y puedes coger un *resfriado*.

—Ni que lo pienses, porque si traspaso estos umbrades y me junto contigo, puedo dar un resbalón *de órdago*, y yo he hecho el juramento de no beber más que *agua dulce* en el resto de mi vida...

—El agua cría *gusarapos* en la barriga, *Sabroso*; mientras que la caña anima los espíritus vitales y entona y da calor salutífero al cuerpo humano.

—Dispénsame, chico; pero no me convences: estoy escarmentado.

—*Sabroso*, ¿será posible?, ¿así desairas a un amigo?, ¿qué dirán estos caballeros que me acompañan? —replicó *Verde Botella*, con la habitual insistencia de los borrachos.

—No puedo, hombre, me están viendo desde mi casa.

—No le hace, *Sabroso*; estás entre gente honrada y nada pierdes con eso.

—Si *Cucha* me ve entrar, me excomulga.

—¿Quién es *Cucha*?

—Mi esposa, hombre, aquella que está conversando con ese mozo del bigote rubio.

Verde Botella, al oír esto, diose una palmada en la frente, y después de recapacitar un rato, se expresó así:

Pues *Cucha* no nos escucha
y está allí, dando palique,
hermano, no me replique
y déjese de palucha.

—¡Qué buen poeta eres, *Verde Botella*!, ¡qué facilidad!, ¡qué prontitud para hallar consonantes difíciles y peliagudos! Por eso nada más me paré aquí a oírte. A mí me arrebata la *versificación indiana* y *siboneya*...

—Pues pasa adelante, *Sabroso*, y verás cómo contigo me inspiro *otra vuelta*.

—Por tu madre, *Verde Botella*, no me comprometas; mira que yo soy muy débil de cabeza.

—Pero, mentecato, si no vamos a tomar más que un vasito, a fin de poder velsal de nuevo.

—Vaya, para que no digas; pero uno nada más, ¿sabes?, y enseguida *me zumbo*.

Sabroso entró, pues, en la bodega, de brazo con *Verde Botella*, que estaba ya haciendo *eses*; y *Cucha*, que desde su asiento había estado observando semejante escena, corrió a la ventana y empezó a llamar a su marido.

—¡*Sabroso*, *Sabroso*, no bebas o nos veremos las caras...!

Verde Botella púsose a dar golpes en el mostrador y a decir en voz alta *versos*, cual los que doy de muestra a continuación, siendo desde luego su objeto entusiasmar con ellos a *Sabroso*, e impedir que éste oyera a su mujer:

Sabroso con simetría
empuña el vaso con maña;
y tú, *Pancho*, échale caña

hasta que amanezca el día.

Sabroso dio un estrecho abrazo a *Verde Botella*, después de apurar el primer trago, y ya desde entonces olvidó su juramento y su *debilidad de cabeza*.

Cucha iba y venía por la sala en la mayor agitación y desasosiego.

—Arturo, por favor, vaya y sáqueme a ese hombre de la condenada bodega —díjole de buenas a primeras al joven, que al oírla se puso furioso.

—¿Quién, yo, señora? ¿Está usted loca?

—Me había jurado delante de un crucifijo que no iba a beber más, y ya lo tiene usted otra vez emborrachándose —continuó *Cucha* como si hablase consigo misma—; ese maldito *Verde Botella* o *Verde Sapo*, que es lo que parece, tiene la culpa, pues él lo engatusa con sus pícaros versos. ¡Por qué habrá poesía en el mundo, Virgen Santa...! ¡Por qué habrá aguardiente...!

Y *Cucha* seguía dando vueltas por la sala, retorciéndose las manos y con el rostro desencajado, mientras que Arturo, esforzándose por bajar la voz, reñía con la pobre muchacha, inocente de todo y que lloraba en silencio.

Tres cuartos de hora transcurrieron de este modo, al cabo de los cuales oyéronse en la calle los gritos de *¡mascavidrio!*, *¡mascavidrio!*, que daban unos chiquillos, y en el acto apareció *Sabroso* bamboleándose.

Cucha, sin poder contenerse, se le fue encima y al querer sujetarlo por un brazo, como *Sabroso* instintivamente tratase de evitar la acometida de su mujer, hubo de faltarle de una vez el equilibrio y cayó cuan largo era en el suelo.

Arturo tomó su resolución instantáneamente y dirigiéndose a *Cucha* le dijo:

—Si a usted le parece, ahora sí iré a avisar ahí enfrente al *poeta de la ginebra y del tasajo*, para que venga a levantar a este hombre, puesto que yo no pienso ya contemporizar con ustedes, ni ser yerno sobre todo de ningún *mascavidrio*.

Y esto diciendo, Arturo, sin cuidarse del terrible efecto que producían tales palabras en su desventurada novia, y hallando al fin la coyuntura que anhelaba, marchóse rápidamente y dobló con prontitud la inmediata esquina.

Pero lo bueno fue que en ese mismo momento se acercó a la ventana *Verde Botella*, y asiéndose de la reja dijo, con voz gangosa y lengua entorpecida:

—Señora doña Cachucha... con *pelmiso*, vengo a decirle que a *Sabroso* se le ha *dío* un poco la cabeza de tanto oírme *velsal*... pero eso se le pasa en *cuantico* le den una copita de algo caliente como... aguardiente, o de *giniebra* pura que... sana y cura... a la criatura...

La contestación de *Cucha* fue desatarse en improperios contra *Verde Botella*, quien, después de decir mil disparates, se alejó al fin dando tumbos.

Pues, ¿dónde me dejan ustedes a otro *mascavidrio* que para serlo ante su mujer, sin que ella lo sospechara, se valió de una original estratagema?

Este sujeto, a quien llamaremos Fulgencio, está casado con una tal Esperanza que tiene horror a los bebedores, a los que se *encañoflan*, como ella dice. La ginebra sobre todo es la que más detesta, la que más antipatía le causa.

Fulgencio, en cambio, es el reverso de la medalla respecto a este particular. Profesa a la ginebra, de cierto tiempo a esta parte, una afición tan extremada, que para él no hay licor en el mundo que se le iguale. Pero teme a su mujer y procura que ella ignore su absoluta preferencia por este *espíritu ardiente*.

Véase lo que ideó el muy taimado. Uno de sus amigos, que es curandero y visita la casa, le recetó en presencia de Esperanza nada menos que *yoduro de potasio*, pues aseguraba bajo su fe de *facultativo*, que Fulgencio tenía la sangre mala y era preciso que se curara.

—¡Remedio prodigioso! —saltó Fulgencio—; yo no había caído en ello. Tienes razón, Culantrillo; eso es lo que yo necesito: *yoduro*, mucho *yoduro de potasio*.

Y acto continuo fuese a casa de otro amigo que conservaba una botella vacía rotulada de dicho *yoduro*, la llenó de ginebra, y a poco estaba ya de regreso en su domicilio.

—Culantrillo me ha indicado —díjole a su mujer— que empiece tomando tres cucharadas por la *mañanita*; tres antes de almorzar; tres a medio día; tres por la tarde y tres por la noche; que más adelante aumente la dosis, y que le avise luego del resultado.

—¿Y no te hará daño tomar tantas cucharadas seguidas de ese remedio?

—Como son pequeñas cantidades... ¡Ah!, te advierto —añadió Fulgencio interrumpiéndole— que cuides mucho que nadie destape la botella, porque pierde la virtud el *yoduro* y luego ya no hace efecto.

Al llegar aquí, oyó Esperanza pregonar a un baratillero en la calle ¡cinta de *ribetearsea* de colores! y se fue a la ventana a llamarlo. Fulgencio aprovechó esta circunstancia para *arriarse* media copa de *yodu*... digo, de ginebra, que debió saberle *a gloria*, a juzgar por lo que se relamió.

—Pero qué, ¿no mides con la cuchara la cantidad de *yu...* de *yoduro*? —preguntó Esperanza a su marido, cuando lo vio más tarde que echaba el líquido en una copa pequeña.

—Ya he medido antes las tres cucharadas, ¿no ves? Aquí, adonde llega *el labradito* de la copa, son las tres *justicas...* Pero no te acerques, Esperanza, que puede darte jaqueca si percibes el fuerte *olor metálico* de este medicamento.

—Me alegro que no haya que andar siempre a *pleito* con la cuchara, porque se mancharía con ese endiablado remedio —dijo Esperanza.

—Claro —contestó Fulgencio, en extremo satisfecho del buen éxito de su travesura.

No he dicho aún que el tal Fulgencio era dependiente de una casa de comercio y que su principal, hombre recto y sensato, lo había distinguido siempre mucho por su actividad e inteligencia en el desempeño de su destino. Visitábalo de vez en cuando, puesto que hacía de él gran aprecio, y Esperanza se regocijaba no poco de que su marido estuviese en tan buen predicamento con quien tanto podía favorecerlo.

A los dos días, pues, de hallarse Fulgencio sometido a su *régimen curativo* y a eso de las ocho de la mañana de un domingo, llegó a la casa don Justino, haciendo al entrar grandes demostraciones de desagrado.

—¿Qué tiene usted, don Justino? —díjole Esperanza que había salido a recibirle.

—¿Qué he de tener, señora? Una escena callejera de lo más repugnante que acabo de presenciar cerca de aquí —contestó don Justino sentándose.

—¡Ah! —exclamó enseguida Fulgencio, volviéndose a su mujer—; ¿qué apostamos a que don Justino, ha visto a *Bellita*, la de aquí a la vuelta, corriendo por la calle detrás del mandria de su marido y dándole *escobazos*, por algún nuevo arrebato de celos?

—Eso es de todos los días —dijo Esperanza riéndose.

—No, señora, se equivocan ustedes; no ha sido nada de celos ni de...

—Entonces de seguro que se trata de la vieja doña Celestina, *fajada* con los muchachos del barrio, que se asoman por la ventana y le gritan *Basurita.* Se arman con este motivo unos escándalos tremendos a cada paso ahí en la otra *cuadra...*

—Pues no aciertan ustedes —replicó don Justino encendiendo un cigarro—; lo que yo he visto ha sido un joven de no mal aspecto, completamente borracho, sujeto entre dos individuos que luchaban con él para meterlo en un coche.

—¡Jesús, qué horror! —hizo Esperanza cubriéndose la cara con las manos—; siempre la maldita bebida.

Por supuesto —exclamó don Justino—; una turba de gente ociosa e inculta presenciaba aquel espectáculo, sobremanera divertida y regocijada de ver las contorsiones del joven ebrio y de escuchar los disparates que decía a sus conductores. Algunos muchachos, agrupados a cierta distancia, saltaban de placer, gritando a coro: *¡mascavidrio!*

—Quizá no sería borrachera, don Justino —observó Fulgencio un tanto intranquilo—; acaso le habría dado algún ataque al pobre, y el populacho, siempre maligno, supuso que era *mascavidrio.*

—¡Pues sí, señor, que lo era! —saltó don Justino con semblante enojado—; ¿se puede confundir eso con ninguna otra cosa? Borracho como una uva estaba ese desdichado, no le quede a usted duda...

—Sí, Fulgencio —afirmó Esperanza—; ¿por qué te extraña eso? ¿No andan borrachos a todas horas por las calles de La Habana?

—¡La embriaguez es un vicio horrible! —dijo con tono sentencioso don Justino—; yo perdonaría antes a un ladrón que a uno que se emborrache...

—Júntese conmigo entonces, don Justino —saltó Esperanza—; yo digo otro tanto; si me hubiese casado con un hombre que tomara, me divorciaba de él, sin escrúpulo de conciencia. Todo se le puede pasar a una persona menos que beba. Eso es espantoso.

—Es degradante; conduce a todo género de acciones vergonzosas —repuso don Justino.

—Ya lo creo —aprobó Fulgencio cada vez más alarmado.

—Para que comprenda usted hasta dónde llega mi horror a la bebida —añadió Esperanza, riendo de antemano por lo que iba a decir—, cuando veo a Fulgencio con la copita en la mano, donde bebe su yoduro, cierro los ojos, porque me figuro en ese momento que está tomando un trago como cualquiera *mascavidrio.*

Fulgencio se estremeció.

—¡Ah, caramba! —exclamó don Justino al oír a Esperanza—; ahora que dice usted eso, recuerdo que al salir muy deprisa esta mañana, se me olvidó tomar el *yoduro*, que a mí también me han recetado.

—Nada hay perdido —se apresuró a decir Esperanza—; Fulgencio tiene todavía media botella y tomará usted en una copa la cantidad que necesite.

Fulgencio se puso en extremo pálido y balbuceó.

—No digas disparates, hija; ¿cómo voy yo a ofrecer a don Justino de un medicamento que ya *está* usado? —replicó Fulgencio sin saber lo que decía.

—Pero, hijo, si eso no se toca... si se echa... —contestó Esperanza, sin concluir la frase, mirando un tanto cortada a don Justino, como si hubiese dicho una inconveniencia.

—¡Vamos, hombre! —prorrumpió éste, lanzando una franca carcajada—; ¿qué escrúpulo puedo yo tener...? Pero ya caigo, señora —añadió chanceándose—; su esposo de usted no quiere dar a su principal una cucharada de yoduro para que no se le *acabe*...

—Por Dios, don Justino —dijo Esperanza con su más afable sonrisa—; ahora verá usted.

Y así diciendo, corrió hacia el cuarto a buscar la botella y pasó enseguida al comedor, de donde tomó una copa y una cuchara.

Mientras tanto, don Justino, notando la suma palidez de que estaba cubierto el rostro de su dependiente, no pudo menos de preguntarle la causa.

—No sé, me he puesto malo de repente... —tartamudeó Fulgencio.

En aquel instante se oyó una fuerte exclamación y Esperanza se presentó en la sala con la botella destapada.

—¡Fulgencio! —dijo ella, mostrando grande asombro—, ¡aquí han echado ginebra...!

—Se habrá descompuesto el *yo*... el *yo*... —murmuró con acento trémulo Fulgencio.

—*¡Ginebra!* —gritó don Justino—; *¡ginebra!* —repitió, mirando con semblante iracundo a su dependiente—; ¿es *ése el yoduro* que usted toma?

Esperanza, sobrecogida del mayor espanto, púsose a temblar, por lo que se le escapó de la mano la botella, la que se hizo pedazos, esparciéndose todo el líquido.

—Es usted un legítimo *mascavidrio* —prosiguió don Justino, encarándose con Fulgencio—, puesto que para beber hasta en su propia casa y a vista de su señora, sin que ella lo sospeche, se vale de tales tretas y artimañas... Ahora me explico la palidez que le asaltó y la inquietud que mostraba ante el hecho imprevisto de tener que tomar yo su *yoduro*... Esto quiere decir, señor mío, que hemos concluido, y que desde mañana no volverá usted al escritorio, pues no puede usted continuar en un casa como la mía habiendo adquirido tan repugnante vicio.

Esperanza se sintió morir y prorrumpió en llanto.

Fulgencio estaba anonadado.

El comerciante tomó su sombrero y dirigiéndose a Esperanza, le dijo:

—Lo siento por usted, señora; pero soy muy recto en mis principios y muy justo en mis determinaciones, para que pueda transigir con ningún género de consideración que no apruebe mi conciencia.

Y dichas estas palabras, saludó a Esperanza y se marchó sin siquiera mirar a Fulgencio.

La escena que siguió a este desenlace es indescriptible. La pobre Esperanza, hecha un mar de lágrimas, dirigió a su marido amargas reconvenciones y justas y dolorosas quejas, concluyendo por asegurarle que iba a volverse a casa de su madre, para no verle nunca más la cara, puesto que se había él deshonrado de un modo tan indigno, cubriéndola a ella de ignominia.

Fulgencio, con el corazón desgarrado, juró solemnemente a su mujer no beber en el resto de su vida más que agua, poniendo a Dios por testigo de que su arrepentimiento era sincero y su resolución inquebrantable.

Al día siguiente, Esperanza, en compañía de su madre, fue a ver a don Justino, y tantas súplicas le dirigió, tantas protestas le hizo y tantas lágrimas corrieron por su noble semblante, que el principal de Fulgencio, no pudiendo resistir a un espectáculo semejante, consintió al fin en que éste volviese al escritorio.

¡Que tanto puede una mujer que llora!

como ha dicho en su célebre soneto Lope de Vega.

Ahora bien: ¿podrá servir de lección el anterior ejemplo a los *mascavidrios empedernidos*, a los *ginebristas* consumados? Si todos llevasen sustos parecidos al de Fulgencio, acaso habría alguno que se enmendara; pero hay una pequeña dificultad para ello, y es que el *mascavidrio* de profesión, el que deja tomar incremento a ese vicio, no se asusta por nada ni por nadie.

El puesto de frutas

Ese grupo característico que presenta Landaluze en la lámina adjunta solía ofrecerse muy a menudo a la contemplación del transeúnte no hace aún veinte años.

Generalmente era en la plazuela de alguna iglesia donde se instalaba el *puesto de frutas*, regentado por *ña Tula*, una negra *gangá*, de edad ya madura, como sus zapotes, sus anones y sus mameyes, con cuyos productos tropicales reunía a la larga sus *mediecitos* para poder descansar cuando fuera ya *vieja machucha*.

La que se ve a la izquierda es la mulata Rosalia, que con la jaba en la mano, en vez de retirarse *hecho ya el mandado*, está charlando con *ña Tula*, y el calesero Torcuato, refiriéndoles cuanto pasa en casa de sus amas, y contando a este propósito mil anécdotas y mil aventuras, sirviéndole de pretexto hasta las mismas frutas que va a comprar.

—La niña *Merse* es caprichosa como ella sola —dice Rosalia, principiando una de sus historias íntimas—; tiene la cabeza más dura que esa jícara grande de *usté*, *ña Tula*.

—*¡Ay, siñó!, ¿y po qué?* —pregunta la negra frutera.

—Parece que quiere morir ahogada —continúa Rosalia.

—*¿Ajogá? Esa gente son la mima diablo* —salta Torcuato, tomando parte en la conversación.

—¿Usté ve, *ña Tula*, que yo vengo a comprar aquí siempre mamoncillos? Pues en *naditica* estuvo el año pasado que a la niña *Merse* se le quedara atravesada en la garganta una semilla de mamoncillo y se fuera al otro mundo por la *contigensia maléfica*.

—Eso ta güeno *pa niño chiquito* —observó Torcuato.

—Se pone chupa que chupa y habla que habla con sus hijas, y por *la sicoferensia de la materia* se le resbaló la semilla y entonces fueron los gritos que se venía la casa abajo.

—¿Y *nelle* grita así con semilla *atorá*? —preguntó Torcuato, manifestando gran asombro—; eso se llama tener *gañote de jierro*.

—¿Cómo va a ser eso, *Trocuato*? Las que gritaban eran sus hijas, la niña Lola y la niña *Sensión*...

—¡Ah!, eso sí *pue se*.

—Y vea *usté ña Tula*, cuando está de Dios que sucedan las cosas —continuó Rosalia, enfrascándose en sus confidencias; al oír los gritos tan fuertes que daban las dos niñas, el niño Adolfo, que no hacía más que dos días que se había mudado enfrente, corrió a casa en mangas de camisa, así y todo como estaba, con una tranca en la mano, porque creyó que las estaban matando.

—¡Válgame Dios! —exclamó *ña Tula*.

—Y como el niño Adolfo es estudiante de medicina, en cuanto vio lo que era, soltó la tranca y con la mayor facilidad le sacó de la garganta a la niña *Merse* la condenada semilla de mamoncillo...

—Ya usté lo ve, *camará, la etudiante sabe ma que la jutía* —dijo Torcuato, dirigiéndose a *ña Tula*.

—Eso es *verdá, carabela* —contestó asintiendo la negra frutera.

—La niña Lola salió ganando de aquel tropel, porque como se asustó *muchisísimo* y le dio una especie de desmayo, el niño Adolfo la tuvo que pulsar y darle a oler un pomito de una cosa muy fuerte que trajo de su casa y que creo que se llama *jéntren*.

—*Gente branco son muy batalloso; por la mamoncillo solo, ese mélico tuvo que curá do mujere* —observó *ña Tula*.

—Salvó de una muerte *segurita* a la niña *Merse*; pero, en cambio, dejó enferma del corazón a la niña Lola —replicó Rosalia.

—¡Ah, yo no entiende *ese* cosa...! —exclamó *ña Tula*.

—Porque la niña Lola se enamoró del niño Adolfo y como éste es blandito de corazón y le gustan mucho las rubias, según dice, al cabo de una semana eran ya novios y creo que *hasta* se van a casar, todo por haberse *tragado* una semilla de mamoncillo su mamá. Por eso dicen que Dios sabe lo que se hace y que todas las cosas suceden por *premisión* del cielo.

—*Uté* cuando *jabla* parece como cuando yo toca *mi marímbola*, que sale *uno música ma sabroso* que la caña de la tierra que vende aquí *ña Tula*; *uté* muchacha muy graciosa y a mí *guta* mucho *mirá* su cara *bonito, bonito* —dijo de pronto Torcuato que hacía ya rato contemplaba con cierta complacencia a la parlanchina mulata.

—*¿De verdá, Trocuato? ¡Y era la bella María!* —contestó la aludida, principiando a coquetear.

—Tú, Rosalia, tú siempre *vueve loco los hombre* —observó *ña Tula* entre severa y risueña.

—¡Adiós!, ¿y yo tengo la culpa, *ña Tula*? Por más que yo haga, no puedo evitar que me llamen la flor de la canela, mulata santa, *turrón* de azúcar, divina prieta, y qué sé yo qué otras cosas más que me dicen por dondequiera que paso...

—Tú muy *provocaora*, muchacha; luego tú va a ve...

—Vamos, ¿y qué le he hecho yo al mismo niño Adolfo, que después de estar pelando la pava tres o cuatro horas por las noches con su rubia, la niña Lola, que tanto dice él que le gusta, cuando se va, al pasar por mi lado en la puerta de la calle, siempre me tira algún pellizco en el brazo y me dice alguna cosa. Digo, a mí, que en vez de tener la cara rosada como su novia, soy *trigueñita lavada*, y que en lugar de ser mi pelo como el de ella, lo tengo muy *rizo*...

—*¿Tú lo ve*, muchacha, *tú lo ve...? Anda, jarrea pa* tu casa, que luego te van *a meté guano si* te tardas *en la pueto de fruta*.

—Bueno, *ña Tula*, pues écheme aquí en la jaba un real de zapotes que me encargó la niña Lola, para guardárselos a su novio, que es muy *gandío*.

—*To la niña son iguá; to dan trabajo a nosotro po la cotejo* —saltó Torcuato, dando comienzo a sus confidencias.

—*¡Ah, ah, pa eso tienen la pellejo branco!* —observó *ña Tula*.

—Dende que manese Dio, ya empieza yo a meneá la pata en casa de mi suamo; friega volanta, limpia jarreo, baña caballo, barre caballeriza, echa agua en la tanque, jase to, to, sin cogé resuello... Apena acaba la amueso, a llevá el niño *Nano* a la Tribuná de Cuenta. Vueve pa casa, y entoce la niña *Chatica* con la do niñita Canasión y Ataglasia monta volanta y va a correteá to dentro la Bana y to ya fuera.

—Trocuato, me disí la niña *Chatica*, a la Palo Godo.

—Yo calla la boca: da de cuataso a Pajarito, y va pa la calle de la Muralla.

A la dosoras de ta la tienda, revoviendo y jablando la tre como cotorra, la niña *Chatica*, que tiene ya la boca seca como tropajo, jabre mucho los ojos pa bucame a mí que etá sentá la banqueta.

—Trocuato, disí nelle, a la Dominica.

—Yo jala corriendo pa lo último de la calle de *Lobipo* y allí etá pará otra hora mientra la niña *Chatica* come matecá de leche y la niña Canasión bebe refreco y la niña Ataglasia traga, traga, to lo duse de la confitería... Pasa uno conosío, se para, mete la cuepo casi dentro de la quitrín, se quita la bomba, poque tiene mucho caló la cabeza y empiezan la risotá.

Como por allí no hay ninguno borega, yo no pue da un salto para ir a tomá un poco guariente caña y tengo que seguí montá, mueto de se, hasta que las niñas se cansan y me dicen que pique.

Entonce vamo a la baño de ma; dipué a jasé uno visita; luego a casa. Po la tade, pone otra ve la volanta, a lameda de *Sabé* Sigunda, a paseo de Calo Tiselo. Po la noche a la ritleta o a la treatro...

—Pero ese gente así tan paseaora se va a morí un día en la calle —observó *ña Tula*.

—Yo so quien va a Jase quiquiribú mandinga, de etá siempre montá, con bota y librea pueta, sin decansá una momento —replicó Torcuato.

Al decir esto, vio nuestro calesero que venía por la acera María Justa, negra curra del Manglar, a quien él conocía, y se distrajo mirándola.

Rosalia, al verla, púsose a cantar por lo bajo con cierta picaresca sonrisa:

María Justa se casó.
Se fue a vivir allá fuera.
Los civiles la prendieron
y se armó la rumbantela.

—Ese negra e templá como curujey —dijo Torcuato a manera de réplica, volviéndose a la mulata.

—Es muy safiota, muy relampusa, muy sangre pesá; ¿usté no la ve con la manta de burato colgando y el cabo de tabaco en la mano, cogiéndose ella sola todo el sardinel? A mí se me para en la boca del estógamo...

—¿Qué hace usté por este resinto, mi señora? —dijo Torcuato sin hacer caso de las palabras que pronunciara Rosalia, dirigiéndose a María justa, que pasaba a la sazón ante el puesto de frutas.

—Voy a una diligencia muy comprometía —contestó María justa, retorciéndole los ojos a la pardita, como si tratara de provocarla.

—Uté siempre en trífuca, ¿no vedá?

—Una perra mulata blanconasa, quitaora de *marío*, que me trae regüelto a Gumesindo. Ahora la voy a buscar y como lo encuentre a él cortejándola, le voy a dar a ella un bocabajo con este chucho colorao que llevo aquí escondío.

—Eso no ta güeno en una mujé como *uté*, María Juta. Por eso mucha vese los hombre tienen que se mucho, mucho malo, y luego le aprietan la pecueso. Uté son la pedisión de lo varone.

—¿Usté saca la cara por Gumesindo?

—Gumesindo es fomá, yo ripondo por él.

—Ustedes los caleseros, *Poique* gatan librea verde y colorá, se ponen bomba en la cabeza y llevan una cuaita con puño de plata en la mano, se afiguran que valen más que toitica la gente de color. Pues se aquivoca, Trocuato, porque las que hemos nacío en el Manglá tenemos la sangre ireviendo en el cuerpo y no nos dejamos engatusar por nengunito, aunque sea el rey de los caleseros.

—Ta güeno, María Juta, ta güeno... yo da consejo, *uté* me dipresia... ta güeno. A ve, *ña Tula*, pela piña, baja racimo de prántano de Guinea, paite mamey colorao, pone to lo fruta aquí alantre, que yo va a convidá a María Juta.

Al oír esto, Rosalia dio media vuelta y casi sin saludar a nadie fuese refunfuñando, con su jaba llena de mamoncillos y de zapotes.

A la par que tenía lugar esta escena junto al puesto de frutas, a alguna distancia de él hallábase en coloquio el negro carretillero Bernabé con otro compañero de glorias y fatigas, el que tenía ya las pasas enteramente blancas por la suma edad, y que sentado en el suelo, en la postura que se ve en la lámina, descansaba sin duda de alguna larga faena hasta que se le presentara nueva tarea, entretenido mientras tanto con la conversación de Bernabé.

Pueden suponer los lectores sobre lo que versaría ésta: los viajes que había dado con la carretilla; las pesetas que había ganado aquel día; una escena doméstica de que fuera él testigo, en que figuraba una mujer que después de reñir con su *marío* postizo, como Bernabé decía, trasladaba violentamente sus penates a otro local; y otros mil particulares análogos que el viejo escuchaba con la mayor impasibilidad, concluyendo ambos por dirigirse a la bodega más próxima a tomar un trago de aguardiente para recuperar las abatidas fuerzas.

A todas éstas, Torcuato y María justa habíanse despedido de *ña Tula*, que continuaba expendiendo sus frutas a los negrillos del barrio, a los muchachos callejeros que atisbaban el momento en que la negra tuviese el menor descuido para robarle un marañón, dos o tres plátanos o algún racimo de mamoncillos, y a cuantos acudían al puesto a proveerse de lo que necesitaban.

Llegado a este punto, no puedo resistir el deseo de dejar aquí consignado, como un hecho digno de la curiosidad de los investigadores, la modificación que van sufriendo nuestras costumbres hasta en aquello que menos parece que debiera experimentarse.

A propósito, por ejemplo, de los puestos de frutas, los había en La Habana por dondequiera, fijos y ambulantes, consistiendo estos últimos en los tableros que conducían las negras sobre sus cabezas, cargados de piñas, de chirimoyas, de frutas bombas, de aguacates, de mameyes colorados y de Santo Domingo, de anones, de zapotes, de plátanos de Guinea y de la India, etc., etc., etc.

Uno de los puestos de frutas más notables de que ahora me acuerdo, es el que diariamente establecía la negra Mariana en los portales de la antigua Intendencia, y al cual acudían a refrescar y a matar el tiempo, allá por los años de 1850 a 1860, todos los empleados de Hacienda y de Gobernación, haciendo en él gran consumo de naranjas, de agua de coco, de caimitos y de otra diversidad de frutas. En mi concepto, Mariana debió enriquecerse vendiendo frutas a los empleados de aquella década, algunos de los cuales aún deben recordarla con fruición...

Otros tiempos, otras costumbres. Los empleados de la época presente han sustituido las frutas con el *lager bier*, con el ajenjo, con el vermouth cocktail y con los confortables traguitos de cesantía, que les propina, cuando menos se lo esperan, el Ministerio de Ultramar...

Esto quiere decir que las frutas se han ido como se va todo en este mundo deleznable y que hogaño acaso no somos tan felices como antaño.

Comer frutas era antiguamente en La Habana una ocupación importante y de gran incentivo, como que servía de pretexto para multitud de propósitos.

Las muchachas acudían en determinados días a la Quinta del Obispo a comer mangos, yendo en pos de ellas los jóvenes, que si bien solían dar más de un resbalón con las cáscaras de esta fruta indígena, eran más a menudo víctimas de las acechanzas de la coquetería femenina, puesto que su excursión a la Quinta del Obispo venía a resumirse al fin y a la postre en otra que hacían un año después a la parroquia, donde un respetable cura los unía en matrimonio a la misma muchacha con quien habían comido mangos en la referida quinta...

Aparte de todo lo que llevo dicho, yo me doy el parabién de que ya no existan aquellos puestos de frutas, pues la idea de que se conserve su recuerdo es lo que me ha dado tema para escribir este nuevo artículo.

Un chino, una mulata y unas ranas

En una de las calles transversales del Cerro, no hace mucho que cierto individuo llamado Eladio habitaba con su familia una casa de tablas, de esquina y con su portal correspondiente.

A la otra puerta, vivía una mulata casada con un chino, y de cuyo matrimonio era fruto una chiquilla de unos once meses.

Como los portales eran corridos, a excepción de una ligera barandilla que los separaba, Eladio y su mujer disfrutaban a prima noche de la tertulia del chino, la mulata y las visitas que los favorecían, y es de presumirse los coloquios que allí se promovían y las especies que se comentaban.

—El Cerro es muy triste —decía *Madalena*, que de este modo llamaban a la mulata—; nunca hay diversiones, ni *bullitas*; así es que yo, cada vez que puedo, cojo el carrito y me fleto para La Habana, donde solo con ir al Parque, ya goza una y distrae las pesadumbres del afligido corazón sensible...

—*Celo ta bueno* —replicaba el chino—; mucho *caballelo* con *dinelo*; mucho casa *glande*; *tlabajo bueno pa chino.*

—Este *Pepillo* es muy material, hija —decía *Madalena* a una de sus visitantes—; como buen *arsiático*, no piensa más que en el interés; yo, por el contrario, necesito gozar con el alma; que me conmuevan el corazón y que me *endursen* los oídos, los acentos mágicos de una música *celestiar* y divina: mi fuerte es la poesía...

—*Madalena siemple jabla* de la policía y de mucho cosa que yo no entiende; yo no *quiele sabé na con Celaó ni con Olen Púlica.*

—Siempre sucede lo mismo, *Tilita* —proseguía *Madalena*—; una mujer tan nerviosa como yo, tan *espirituar*, enlaza su suerte a un ser mezquino y metalizado, como el que usted no ignora, que tiene consagrada toda su existencia a comer arroz con dos palitos...

—*Aló ta balato ahola; yo ba complá una aloba* —saltó José, levantándose para ir a fumar opio y dejando a *Madalena* en su intrincada conversación con *Tilita*.

—Es un borrico, hija, incapaz de sondear los sentimientos melodiosos de una hija de los *Trórpicos*, que aspira las brisas *embarsamadas* del *orceano Alántico* —observó *Madalena* exhalando un suspiro.

Cuando terminaban las tertulias y se cerraba la casa, entonces las escenas y los altercados eran de otro estilo.

Generalmente *Madalena* y José entablaban una polémica por cualquier cosa, que solía luego convertirse en riña violenta.

—En esta casa no se puede parar con las purgas —decía la mulata, sacudiéndose la ropa—; ya te he dicho, *Pepillo*, que me traigas unos manojos de escoba amarga, para echarla en el suelo, a ver si se *esquician* estos insertos volátiles, que me van a dejar sin una pisca de sangre en las venas.

—*Mejó es fliegá to la casa; coba maga no sibe paná.*

—Pues friégala tú, que para eso eres hombre; yo no me puedo humedecer las plantas de los pies.

—Tú, *Malena, jabla* mucho; no *tlabaja*; no *jase na*; *lo lo día sentá la sillón, mese, mese, con banico la mano, echando fleco.*

—¿Y quién te ha dicho que yo me he unido a ti para trabajar como una negra, pícaro chino?

—Yo no so *pícalo*, yo *so* chino *honlá*.

En esto principió la chiquilla a chillar espantosamente.

—Mira, *Pepillo* de los diablos, ya has despertado con tu jerigonza a Dulce Esperanza; cárgala y paséala.

—*Luce Pelanza ta muy macliá*; yo va *meté* la mano; muchacho necesita *sobá fuete pa* que coja *mielo*.

—¡Sobar a esa criaturita de mis entrañas, a ese ángel de la altura, que empieza ahora a sonreír en los primeros albores de la existencia mundanal y terrena...! ¡Cómo se conoce que tú estás acostumbrado a llevar muchos palos, salvaje, cuando quieres hacer lo mismo con Dulce Esperanza...!

La cuestión principió a agriarse, puesto que *Madalena* se había ya acostado, y el chino se resistía a tomar en brazos y pasear por la habitación a su hija, alegando como motivo poderoso que él estaba todo el día metido en la cocina de la casa en que se hallaba ajustado, y a esa hora se sentía ya con sueño y deseoso de descansar.

A tales razones contestó *Madalena*, previo un prolongado bostezo:

—¿Y a ti quién te manda ser cocinero? ¿Tengo yo la culpa de que no sepas más que andar con carbón y con cazuelas? ¿Por qué no sales a la calle con tus dos canastas al hombro, a vender viandas, eso que tanto produce...? ¡Entonces sí que estaría yo como mono...!

—*Malena*, tú va *volvé loco* a mí; yo *tlae lo pa mujé* mía; *pollo, pecao, güebo, mateca, cane*; cuanto yo *pue cojé* la cocina, tú come y *jalla sabloso, ¿poqué lice ese cosa ahola?*

—Para todo sacas tú la comida... ¡tan ordinario! Ya te he dicho que aproveches la ocasión de inspirar tú tanta confianza en la casa y que me cojas otras cositas, aparte de los buenos bocados, que eso ni qué decir tiene. ¿Acaso el cocinero no ha de sacar de la cocina con qué alimentar a su familia?

—Yo no *so lalón*, yo no *cojé ma* que *comía* y de lo que me dan *pa la plaza...*

—*Pepillo*, no seas *guanajo*; eso no es robar, sino repartirse como hermanos las cosas *surpefluas*. Si la señora tiene muchos aretes, tráncale unas argollas, que me vendrán a mí de *perilla*; échale mano a un vestido, de tantos como tendrá en el *escaparate*; a algún pañuelo de seda, y hasta a algunas medias de olán; y de este modo me iré yo habilitando, puesto que estoy *en cuera*. ¿No dices tú que de todo le echan la culpa al negrito congo? Pues estás parado, y él saldrá del paso, con tres o cuatro galletas que le den, y santas Pascuas.

Aunque, como es de suponerse, *Madalena* bajaba la voz al tratar de estos particulares, la señora de Eladio, que padecía de desvelo, con la natural femenil curiosidad, aguzaba el oído y no perdía ni una coma, como decir suelen, del ejemplar discurso de la mulata.

A la mañana siguiente, referíale aquélla a su marido cuanto había escuchado a medianoche a la vecina; pero Eladio la oía distraído, marchándose luego a sus quehaceres, sin preocuparse lo más mínimo de lo que su mujer le dijera.

Algún tiempo después, le tocaron a Eladio diez mil pesos a la lotería. ¡Gran alegrón en la familia, grandes proyectos, entre ellos el de mudarse a otra casa más decente; pero por lo pronto ninguna aprensión de que sus vecinos del lado se enteraran del fausto acontecimiento!

Esto es muy corriente en los pobres que se sacan la lotería. Piensan en todo, menos en que pueden robarlos; y como la satisfacción es de suyo expansiva, le cuentan a todo el mundo su golpe de fortuna, sin calcular que el que tiene dinero está rodeado de asechanzas; expuesto a mil contingencias y mil peligros, de que por esa justa ley de las compensaciones se ve exento el que carece de numerario, como les sucede de fijo a muchos de ustedes y al que escribe estas líneas.

Madalena, por ejemplo, tenía un hermano llamado Jesús Macario, un bribón deshecho, que había sufrido varias prisiones únicamente por el propagado vicio de apropiarse de lo ajeno contra la voluntad de su dueño.

—¿Qué te parece, hermanita? —decíale a *Madalena*, escuchando los coloquios de Eladio y su mujer—; se han sacado diez mil pesitos, y yo no tengo ni diez centavos para una convidada.

—Caprichos de la suerte varia, *Chucho* —contestábale *Madalena*, usando su acostumbrado lenguaje.

—¡Si yo pudiera!...

—¿Qué?

—Te iba a regalar unas manillas de oro, que, ¿sabes cómo ibas a estar, mi hermana? ¡Como Dios pintó a Perico, en la loma de Joaquín!...

—¡Ilusiones engañosas, livianas como el placer! —contestó *Madalena*, recordando estos conocidos versos.

—¿Qué quieres apostar a que yo te ofrezco una prenda de fraternal regocijo, como no es capaz de brindártela ese chino palanqueta, con quien estás tan mal empleada?

—Acuérdate del caserón de la Punta; mira que de ahí *fletan* a un hombre por cordillera a Isla de Pinos en un abrir y cerrar de ojos...

—La *caise*, después de todo, se ha hecho para los hombres *de bravura*; como la mar para los peces; como el ambiente azulado para las aves canoras...

—¡Ay, *Chucho*, que me gusta la poesía!

—Y a mí los camarones —replicó Jesús Macario, aludiendo a los billetes de tres pesos.

Después de esto, *Madalena* y Jesús Macario siguieron tratando muy en secreto del propio asunto.

—¿Crees tú que *Pepillo* se preste? —dijo Jesús Macario tras una larga pausa.

—Es un animal; te puede echar a perder el negocio...

—Lo digo porque, en todo caso, que lo metan a él en gayola y yo salve el pellejo...

—Mañana es domingo, y toda la familia se va a pasear a La Habana; el miércoles se mudan a la Calzada, a la casa que están pintando.

—¿Dices tú que has oído hablar de una cajita de hierro?

—Sí, ahí sin duda es donde el calvo tiene guardados los cheques.

—Pues mira, mañana nos ponemos las botas y hasta los botines; si recaen las sospechas en *Pepillo*, que se aviente y tome soleta, o que paque su chinería; yo me lavo las manos como Poncio Pilato...

El robo quedó, pues, concertado y Jesús Macario se marchó para volver por la mañana.

Había llovido mucho toda la tarde, y por consiguiente, las roncas y desagradables ranas estaban sobremanera alborotadas aquellas noche, saltando en los portales y colándose por puertas y ventanas, con no pocos sustos y sobresaltos, tanto de la señora de Eladio como de *Madalena*, a quien particularmente causaban sumo horror tales anfibios.

Sucedió, pues, que a eso de las once de la noche, cuando todos dormían en casa de Eladio, y el chino y la mulata estaban recogidos, durmiendo también ya aquél y ésta, fumando aún cigarros, sucedió, digo, que *Madalena* vio de pronto junto a la cabecera de su cama dos voluminosas ranas que parecían estarse acariciando, y a cuyo solo aspecto sintióse la mulata muy sobrecogida y aterrorizada.

Hizo, sin embargo, un supremo esfuerzo y dio reiteradas voces al chino para despertarlo.

—¡*Pepillo* de mi vida y de mi corazón —exclamaba *Madalena*—; chinitico mío, por tu madrecita, levántate, que me da una cosa...!

—*Madalena*, ya tú *ta emblomando* —contestó al fin José, volviéndose bruscamente al otro lado.

—Mira que hay dos sapos grandísimos aquí en mi cama, de esos que atacan a los ojos, y si me saltan encima, me quedo muertecita como una paloma.

En vez de contestar, José echó mano a un zapato, y lo lanzó contra las ranas, las que, dando uno de sus violentos saltos, fueron a caer no se supo en dónde.

—Búscalas y mátalas, porque no voy a poder dormir en toda la noche.

José, con la vela en la mano, principió a registrar debajo de la cama de *Madalena*, prendiendo una de las esquinas del mosquitero, sin notarlo de pronto.

—¡Que me achicharro! —gritó de repente *Madalena*—; ¡has pegado fuego al mosquitero, Pe... pillo, sinvergüenza... canalla...! ¡Favor, socorro, auxilio, vecinos, que nos quemamos toditicos...!

—¡Fuego! —exclamó la esposa de Eladio, despertando despavorida.

—¡*Lon Elalio, cole pa ca, a pagá* comigo la candela de la *moquitelo*! —decía a grito pelado el chino, a la vez que daba golpes furibundos en las tablas medianeras de una y otra casa.

Eladio, por su parte, se arrojó del lecho, diciéndole a su mujer con voces entrecortadas:

—¡La cajita de hierro...!, ¡la cajita de los billetes...!, ¡salvémosla antes que nada...!

Y apoderándose del susodicho cofre, Eladio, en el traje en que se hallaba, corrió hacia la puerta de la calle seguido de su mujer y de sus dos hijas menores, que lloraban con el mayor espanto.

Felizmente, todos los demás vecinos habían acudido con presteza y apagado en un instante el mosquitero que ardía.

—Mañana mismo, en vez de irnos a pasear a La Habana, nos mudamos de esta maldita casa de tablas, sin esperar al miércoles —díjole a Eladio su mujer así que se sintió más tranquila.

—Sí, en cuanto amanezca voy a la agencia a buscar los carros —contestó Eladio, que aún no había soltado la cajita de hierro.

Cuando al día siguiente llegó Jesús Macario a casa de su hermana, lo primero que vio fue el mobiliario de nuestro Eladio en la calle.

¡Qué de pestes les echó a las ranas, no bien se hubo enterado del origen de aquella anticipada mudanza!

¡Ah, Eladio no supo nunca que era deudor a dos de esos reptiles negros y verdosos de haber conservado íntegra su lotería!

Por eso se ha dicho tan acertadamente que nadie sabe para quién trabaja.

El tabaquero

Sobre el tabaco pesa la misma ley que sobre las mujeres. Del uno y de las otras se han dicho picardías sin cuento, atrocidades innumerables, horrores infinitos.

No obstante, lo mismo el tabaco que las mujeres, continúan imperando en todas las esferas, subyugando al hombre, acrecentando su prestigio y su preponderancia.

Esto me afirma en la idea que he abrigado siempre de que el tabaco, lejos de ser nocivo, es saludable, benéfico, regenerador, y de que las mujeres son... la única cosa que vale la pena de permanecer sobre el globo, como ha dicho no sé quién, creo que tratando de la misma materia.

Verdad es que los hombres científicos, previniéndonos contra el abuso del tabaco, nos dicen que éste contiene nicotina en cierta proporción, «la cual, asegura Claudio Bernard, es uno de los venenos más violentos entre los que se conocen, pues bastan algunas gotas esparcidas en la córnea de un animal para que éste muera instantáneamente». Añade el mismo autor que «la nicotina, por la apariencia sintomática de sus efectos y por su actividad, se asemeja mucho al ácido prúsico». (¡Sopla!)

Otro autorizado escritor dice que «el mal está en que casi todos los fumadores abusan, porque se fuma inconscientemente; sin que la acción lenta del tabaco se manifieste en la economía; porque el fumador es como el tomador de opio, que aumenta a cada paso la dosis sin notarlo, de donde se origina a la fuerza el abuso.

«En cambio —prosigue nuestro investigador científico—, contando con que no se abuse: ¿dónde están los hechos e inducciones adquiridos por la ciencia que prueben que el uso moderado del tabaco no ofrezca también ciertas ventajas? ¿Quién se atreverá a negar que no puede el tabaco obrar sobre la economía de tal manera que, modificando el estado patológico del hombre, modifique también su predisposición a contraer ciertas enfermedades, constituyéndose de este modo en preservativo eficaz contra influencias perniciosas?

»¡Cosas del mundo! —concluye el escritor francés que me facilita estos datos—: la Tierra gira, y con ella también giran las ideas. Pudiera suceder, por ejemplo, que las sociedades protectoras de la humanidad llegasen, con su propaganda, a reducir considerablemente el número de fumadores, y entonces,

¡quién sabe si se diese el caso de que la Academia de Medicina tuviera que fallar en la cuestión inversa, o sea la de la influencia saludable del tabaco!»

Ahora bien: ¿me perdonarán mis habituales lectores este que parece alarde de erudición y no es, en primer lugar, sino el medio de que me he valido para llenar cinco cuartillas, y aparte de tal propósito, el justo homenaje que me parecía debía rendir a nuestro valioso producto indígena, dándole la primacía sobre el tabaquero, que lo que vale y lo que significa y lo que gana, se lo debe todo al tabaco?

En efecto: el tabaco y el tabaquero se aúnan, se identifican, se completan.

Bueno, superior, magnífico es el tabaco de Vuelta Abajo; pero nada haríamos con calidad tan extremada si no hubiese tabaqueros hábiles, diestros y hasta inspirados que, elaborando la materia prima, no produjesen esos aromáticos puros, digno regalo de los personajes más encumbrados.

Pero obsérvese cómo entre nosotros hasta el oficio de tabaquero ha progresado. Y aquí cuadra también lo del escritor francés, que la Tierra al girar hace que giren a su vez las ideas. El movimiento, la evolución, la comunicación, fecundizan sin duda las ideas, las engrandecen y las hacen brillar ante el Sol de la civilización y del adelanto.

¿Acaso la actual elaboración del tabaco puede compararse a la de hace veinte años? Díganlo las primorosas muestras que han ido a la Exposición de Matanzas.

Del propio modo, el tabaquero de hoy no es el que conocimos veinticinco o treinta años atrás, desgarbado, melenudo, sin átomo de cultura, ni instintos de orden ni de economía; no pensando sino en bailar, en correrla con los amigos y derrochar locamente el salario de la semana.

Aquel tabaquero ha desaparecido, como han desaparecido ciertas preocupaciones ridículas, ciertas trabas, cierto ensañamiento, por decirlo así, contra el obrero, contra el artesano, contra todo el que no había nacido en determinada esfera o vivía sobre el país, engañando o estafando al prójimo...

Hoy el tabaquero no se limita al mezquino círculo en que estaba antiguamente encerrado: hoy estudia, hoy lee y se civiliza a la par que las demás clases sociales; hoy se agremia; tiene sociedades cooperativas y cuenta con un fondo de treinta o cuarenta mil pesos para favorecerse en los conflictos que surgir puedan...

Pues si el tabaquero vive hoy la vida de los demás hombres; si trabaja y ahorra; si se interesa por las grandes y transcendentales cuestiones que agitan al mundo, y procura, por cuantos medios están a su alcance, tomar parte en el concierto universal y coadyuvar al progreso de las ideas, aunque sea con su grano de arena, al mejoramiento del hombre y al predominio de la razón, de la justicia y de la libertad ilustrada y equitativa; si el tabaquero, lejos de embrutecer su entendimiento y su corazón con los vicios, con la degradación y el desenfreno, abre su pecho a los sentimientos nobles y humanitarios y su inteligencia a la luz vivificadora de la instrucción, ¡honor y prez al tabaquero, que así se ha emancipado del envilecimiento, rompiendo los grillos de la ignorancia y de la ignominia que antes lo convertían en un ser innoble y digno del mayor vilipendio!...

Al llegar aquí, siento que me tiran de la levita; me vuelvo muy sorprendido, y hallándome cara a cara con mi amigo Villa, que, colocado a mi espalda, ha ido leyendo todo lo que he escrito.

—No me parece desacertado cuanto expones ahí en elogio del tabaquero —díceme el entusiasta e inteligente editor de los *Tipos y Costumbres* y de otras varias obras, como ustedes saben—; pero, chico, no te remontes tanto: que resulte solo un artículo laudatorio, enhorabuena; justo en sus apreciaciones y todo lo demás que se debe a ese laborioso y meritorio operario. Mas ten en cuenta, aparte de tu buena intención, que estás comprometido, como siempre, con el público a ofrecerle, ya sabes, un artículo entretenido, jocoso; en fin, que haga reír a los suscriptores...

—¡Pícaro compromiso el de tener que escribir siempre artículos de costumbres, esté o no de humor! —contestéle ya enfadado—; si se quieren reír tus suscriptores, que se rían de tantas cosas como hay hoy en La Habana, y las que no han menester que yo se las señale.

—Ya eso es viejo; quieren cosas nuevas; en suma, quieren tu artículo; conque allá te las avengas.

—Pues sin abandonar por eso al tabaquero, procuraré seguir tu consejo y complacer a tus suscriptores —repuse ya resignado.

—Amén —contestó Villa marchándose.

Ya que no tengo otro remedio, pondré en escena a Dimas, un tabaquero de punta, que gana hasta ocho pesos diarios; gran cantador; alegre y jovial como pocos, y sobre todo, gran cuchilla, como que enamora a cuantas le gustan, venciendo siempre en la demanda.

—¿Cómo diablos haces tú para tener tantas novias? —le pregunta a Dimas *un bicho veguero*, con quien trabaja en el mismo taller.

—¿Y tú no sacas lasca en ninguna parte? —pregúntale a su vez Dimas al otro.

—Ni agua: soy más salado...

—Te diré: de eso tiene la culpa la mogolla; tú no puedes negar que eres de breva.

—Arrempújate más decente, que a mí ninguno me ningunea...

—Pues sí es claro; todo tiene su relación en este mundo falaz y de butuba; desengáñate, chico; el que es mogollero no puede hacer nada bueno, y al fin y al cabo le dan la puñalá.

—También lo dudo y lo dificulto, mamita; ¿qué tiene que ver...? ¡Vamos, hombre!...

—Mira, aprende retórica y poesía y antonomasia y luego hablaremos.

—Eso es viento, varón; con un poco de anís del Mono te se quita.

—Yo soy quien te voy a aventar a ti la mollera, para que aprendas a despalillar los conocimientos humanos.

—Tampoco así, liberal.

—Pues para que veas que yo me esplicoteo y te puedo amarrar el manojo, has de saber que el que tuerce con condición y no es bicho veguero como tú, tuerce también la voluntad a las mujeres y se hace querer de ellas.

—¡Sujeta, hermano, que va largo...!

—No hay cuidao, que tengo el cepo en la mano y yo soy de Bretánica...

Después de un diálogo semejante, Dimas se separa del compañero y márchase silbando una guaracha a casa de su novia, una muchacha de algunos quince años, bonitilla, también muy cantadora como Dimas, y gran fumadora de cigarros de fresa y de orozul, como ella dice.

Vive esta adelantada joven con su abuela, mujer de más de sesenta años, pero muy entera y vivaracha, capaz de tenérselas tiesas con un orden público de a caballo.

Con Dimas se lleva lo mejor posible, porque éste le regala cada noche cuatro o cinco tabacos de la fuma, que la vieja saborea con deleite, mientras nuestro tabaquero y su novia cantan que se las pelan:

Yo tengo una mulata
que es la flor,
que se llama María... María... María
y es mi ilusión.

—¡Qué bonita voz de contrarto tiene este Dimas!, ¿verdad, *Chenta*? —dice Maura, que así se llama la vieja, interrumpiendo el canto—; yo también cantaría si no fuera porque tengo la campanilla medio descompuesta desde que fui maestra de escuela y me veía precisada a gritar tanto, y tanto, regañando a los muchachos.

—¡Qué dice, doña *Madura*! —salta Dimas, dando a la vieja, el apodo que le aplica siempre, y en el cual ha trocado el nombre de Maura—; ¿usted maestra de escuela?, ¡me dijiste!

—Cabalito, y recibida por más señas; un día de éstos te voy a dejar ver mi título.

—Pues a mí me habían dicho que usted no había hecho otra cosa en toda su vida que despalillar; solo que como ya está vieja, ni ve, ni tiene fuerzas, porque la verdad, doña *Madura*, usted ya ha amarrado la media rueda y le sobra un pico.

—Anda, mentirosísimo, si yo no tengo más que cuarenta y cuatro años, como que los cumplí el 30 de noviembre último.

—En cada guataca, si acaso; y a propósito de cumpleaños y de fandango, cualquier domingo voy a venir acá a pegar el gigante.

—¡Ay, hijito!, ¿sabes cómo estamos aquí?, que la mayor parte de los días no tenemos modo de meter los trozos... Ahora sí, el día que te cases con *Chenta* comeremos juntos un arroz con pollo que te has de chupar los dedos.

Al oír esta especie, Dimas se sonríe maliciosamente y varía de conversación.

A la noche siguiente, no va a la casa ni a la otra tampoco, y pasa una semana sin que se deje ver.

Chenta le escribe carta tras carta, con un estilo y una ortografía que hacen desternillar de risa a Dimas y a muchos de la galera en que trabaja éste.

Maura se enfurece, porque se acabaron los trabucos, los cazadores y las conchas que le llevaba Dimas; por lo cual la emprende contra *Chenta*, como si ésta tuviera la culpa de su privación.

—Tú no lo has sabido atrapar —le dice a la muchacha con gesto avinagrado—; si yo hubiera estado en tu caso, a mí no se me escapa.

—Y yo ¿qué iba a hacer? —contesta *Chenta* furiosa—; es el hombre más enamorado que he conocido; paluchero como él solo, y sabe más que las culebras.

—No hay hombre que sepa tanto como una mujer... digo, cuando no es como tú, que no acabas nunca de aprender, babieca.

—Pues yo bien que me le dejaba caer y le hablaba así como quien no quiere la cosa, del día en que nos tomáramos los dichos, y de cuando el monigote leyera las amonestaciones, y de cuando el cura nos echara la bendición, y de todo eso que se dicen los novios...

—¡Ah, bárbara!, si no es así como se arregla el pastel.

—¿Pues cómo, abuela?

—En primer lugar, se hace cierta cosa con los ojos, y ciertas muecas con la boca, y se dan unos suspiros muy fuertes, y se hace una la interesante, y se coquetea, y se... en fin, la mar de trápalas y de engañifas.

—Yo no sé hacer nada de eso; a mí me gusta hablar claro para que me entiendan pronto.

—Tú eres una potala.

—¡Mejor que mejor...!

—No me faltes, porque te zampo un galletazo que te hago ver las estrellas.

Así concluyen siempre los coloquios de Maura y su nieta referentes a Dimas, quien, por su parte, se ha echado ya otra novia mucho más bonita que *Chenta* y con la cual se le ve ahora muy almibarado.

Para concluir, tócame manifestar que creo haber hecho solo un débil bosquejo del tabaquero: Landaluze es quien lo ha pintado fielmente, y, por lo tanto, fíjense de nuevo los lectores en la preciosa lámina que acompaña a esta entrega de los *Tipos y Costumbres*, y me darán la razón.

La vieja curandera

Gran auxiliar ha sido siempre en este mundo la credulidad, la fe ciega, para cuantos embaucadores han explotado el candor y la sencillez de la mayoría de las gentes.

Si no hubiese crédulos, no habría engañadores. La historia de la humanidad corrobora este aserto.

Por eso la crítica severa, la sátira mordaz, la burla en todas sus manifestaciones, es lo que únicamente puede oponer el correctivo a esa generalizada tendencia a dar crédito a cuanto ofrece un carácter ilusorio, maravilloso y fantástico.

Y pues que de curar se trata, cúrese antes que nada el entendimiento de tanto incauto, de tanto ignorante, de tanto pobre de espíritu como por ahí pulula, para echar por tierra el predominio, todavía subsistente, de los que a favor de esa debilidad intelectual labran su bienestar y fomentan su conveniencia.

Hecho por demás curioso es, desde luego, esa inveterada monomanía que se observa en diversidad de personas, sean de la clase y condición que fueren, de constituirse en preconizadoras, digámoslo así, de ciertos medicamentos, de ciertos remedios eficacísimos, con los cuales pretenden sanar todas las dolencias y evitar que cundan las enfermedades entre la especie humana.

Por eso el número de curanderos y de curanderas es portentoso. Raro es el que al oír que alguien se queja de algún padecimiento, no ofrezca al instante el lenitivo. La medicina, pues, se halla al alcance de todo el mundo, porque la medicina parece ser patrimonio universal.

Y en vano la ciencia progresa; en vano la verdad esparce la luz sobre las sombras de los errores, de las preocupaciones, de la ignorancia, porque, como dice un escritor moderno, «la verdad no satisface a la fantasía; la realidad, por grandiosa que sea, no sirve de alimento exclusivo a esta curiosidad y a esta insaciable aspiración que nos arrastra y que es tanto más poderosa cuanto más desgraciados son los pueblos, porque entonces se une maravillosamente a la imperdible y consoladora esperanza de un porvenir de felicidad, que no teniendo fundamento lógico en lo presente, se hace posible por medios fantásticos y prodigiosos. Así el más pobre es el que más sueña con las riquezas y el más enfermo el que más sueña con la salud, constituyendo esta esperanza lo que un novelista ha llamado la felicidad de la desgracia».

Estos delirios de la imaginación, estos sueños pertinaces y este constante anhelar lo que no se posee, es precisamente lo que explotan los farsantes, los embaucadores de todo género, puesto que, según puede comprobarse a cada paso, el tiempo de los alquimistas y de los astrólogos parece que aún no ha pasado, como que a juzgar por la enseñanza de la historia ha de prolongarse indefinidamente.

Solo a favor de estas consideraciones se concibe la existencia de la vieja curandera, de esa especie de bruja, en cuyos hechizos y sortilegios fundan su esperanza más de cuatro infelices, desprovistos de todo discernimiento y de toda cultura; carencia absoluta de fuerza moral que es la que constituye la mayor fuerza de inercia que se conoce.

Un ejemplo palpable de este funesto atraso en las clases populares lo presentaba, no hace aún muchos años, una vieja curandera que tenía su residencia fija en el barrio de Jesús Del Monte. Llamábase doña Amparo del Apazote y Malvabisco, y contaba con una clientela numerosa que acudía diariamente a su vivienda a consultarle, no solo acerca de sus propios padecimientos físicos y morales, sino a buscar remedios para las enfermedades de sus gallinas, de sus perros, de sus gatos y de sus caballos.

Doña Amparo para todo tenía un específico, una droga, una yerba profiláctica, que ella propinaba a trueque de sonantes pesos duros, con que sus clientes recompensaban sus afanes y su ciencia profunda y acertada.

—Amparito —le decía una mujer llevando en brazos un perro chino—, aquí tiene usted a *Botijarra*, que está siempre tiritando como si tuviera calofrío; démele un remedio que lo cure pronto, y yo le pagaré a usted lo que sea.

—¡Ay, hijita de mis entrañas! —contestaba Amparito pestañeando, gesticulando y echando bocanadas de humo del cabo de tabaco que tenía en la boca—, eso se lo curo yo en un santiamén a ese preciosísimo animal de casta fina, de los que traen suerte; espérate, déjamelo reconocer para asegurarme si el tembleque le ha provenío de mal de ojo o de cualesquiera otra contingencia maléfica que le haya motivao una perrunancia natural.

—¡Qué sabia es usted, Amparito, qué sabia, Ave María Purísima! ¡Qué bien he hecho yo en traerle a *Botijarra* para que me lo cure!

—No me interrumpas, que estoy en este momento en brazos de la ciencia y entre las profundidades de la medicina más honda; yo te diré dentro de un instantico lo que tiene Longaniza.

—No, Amparito, no se llama asina; su nombre es *Botijarra*, porque parece talmente una rellena.

—Bueno, hija, lo mismo da una cosa que otra. ¡Cómo se conoce que tú no entiendes de culinaria!

Terminada esta consulta y suministrado el remedio al perro chino, preséntase en casa de doña Amparo el guajiro don Basilio, llevando del cabestro a su arrenquín.

—Güenos días le dé Dios, *señá* Amparo; aquí le traigo a Rompemonte, que le ha caío una garrapatera en las guatacas, de los demongos, y venía a ver si usted me lo sanaba con esa mano de santo que tiene, que Dios se la deje gozar por muchos años, como yo para mí deseo y la compaña.

—¡Hola, don Basilio!, ¿qué buen viento lo ha echado por estos barrios, después de tantísimo tiempo como hacía que no lo percataba por mi bohío?

—Ya le dije endenante, *señá* Amparo, mi venía ha sío porque a Rompemonte se lo están comiendo vivito las garrapatas.

—¡Pobre criaturita...!

—Y dígalo, *señá* Amparo, un animá tan bragao, que no hay otro como él que coma pan en toos estos arriabales, ni quien le eche la pata al gualtrapeo ni a la galucha.

—No se apure, don Basilio; ya verá usted con qué facilidad le quitamos los bichos.

—¡Ojalá y su boca digiera *verdá*, *señá* Amparo! Era capaz de darle a usted una gala tamaña...

—Bueno, bueno, don Basilio, le cojo la palabra; veremos si dentro de una semana Rompemonte no se halla limpio de polvo y paja.

—¿Porvo?, ¡qué va, si lo acabo de bañar en el Biyanó!; el probe no tiene más que garrapatas, que se pegan como sanjigüelas.

—Lo del polvo es un decir, don Basilio; y para que vea usted que es verdad que se cura su caballo, no tiene usted más que procurarse una calavera de perro manchado, que después de haber padecido gusanera y de haberse curado con el collar de tusas, haya muerto de cualquiera otra cosa.

—¿De veras, *señá* Amparo?, usted sabe más que las brujas; ahoritica voy a encargarle al negro José Rafé que me precure la calavera del perro manchao, y le regalaré una mano de plántano y una jaba de yucas y de moniatos.

Tras el guajiro, acude doña Feliciana, cuyo único hijo de doce años, más malo que Júa, como dice ella, a consecuencia de una caída, está arrojando sangre por la boca.

—¡Ay, Amparito de mi corazón, por vía suyita, déme uno de esos remedios maníficos que usted sabe, porque Manuel Canuto se me desgracia si usted no pone la mano en él y lo salva de la pelona.

—¿Y qué ha sido eso, doña Feliciana?

—Na, Amparito, que Manuel Canuto se había trepao a una mata de cirgüela, y desde abajo, un pícaro mataperro de la Víbora le estaba gritando: «¡Manuel Canuto, mientras más largo más bruto!». Mi hijo, por lo consiguiente, que tiene como yo la sangre hirviendo en el cuerpo, fue a apearse de la mata de cirgüela para darle una estropeadura al sinvergüenza que lo estaba insultando, cuando se le resbala un pie y cae boca abajo en el suelo. No se figure usted, estuvo como dos horas privao, y desde entonces está echando sangre por la boca, por lo que me temo que le venga una etiquencia que se lo lleve al país de Canillas.

—Pues eso es sencillísimo, doña Feliciana; no tiene usted más que darle la miel de güira, y como con la mano.

—Pero es que yo tengo que estar todo el santo día pegada a la batea, y no puedo estar viniendo a donde usted; por eso yo le agradecería que de una vez me diera la receta como se hace, que yo se lo pagaré a usted aunque sea con unos lavaítos que le haga.

—No, yo no necesito que me laven; yo misma me machuco mis trapos; y como mi sabiduría médica no es cualquier cosa, hay que pagarla con cheques y no con lavaduras.

—Bueno, Amparito, hoy estoy sin una peseta; pero mañana tengo que cobrar unas muditas, y con eso le abonaré su trabajo.

—Pues siendo así, oye bien el secreto curativo, para que no te equivoques; no tienes más que buscarte la güira cimarrona; la partes por la mitad, le sacas todas las vicisitudes, o lo que es lo mismo, el bagazo; te buscas una vacija sin estrenar, la pones con un poco de agua a la candela; le echas un *rial* de azúcar candi, un *rial* de goma en polvo y dos cucharadas de miel de abeja, y en esta infusión, zampas la bagacera que haigas sacado de la güira cimarrona; lo regüelves toditico y lo dejas hasta que se consuma y quede reducida a una tacita. Enseguida le rezas al jarebe sietes padres nuestros con sus sietes aves marías y haces que lo santigüe una niña de estado honesto, porque sin esta circunstancia no le haría efecto al muchacho; y desde ahora te prometo que Manuel Canuto, así que haiga tomado la medicina milagrosa, queda curado para mientras viva.

—¡Ay, Amparito, déjemele besar los pies, porque ya estoy mirando a mi hijo bueno!

Y dicho esto, despidióse doña Feliciana de la vieja curandera, hasta el día siguiente.

Por este tenor, la tal doña Amparo del Apazote y Malvabisco hace su agosto, curando a todo bicho viviente y explotando la torpe credulidad, no solo de las gentes incultas e ignorantes, de la gente de medio pelo, sino también de otras, puesto que suele prestar asimismo sus servicios, como después veremos, a determinadas personas, las que por su posición, su carácter y demás circunstancias parece que no deberían nunca descender al extremo de recurrir a la ciencia oculta de una miserable vieja curandera cual la doña Amparo.

¡Ah!, verdaderamente la casa de esta bruja embustera es a todas horas un jubileo, como dicen sus más entusiastas parroquianas.

—Amparito, vengo a que me diga cómo haré para curarle el moquillo a mis gallinas —se oye de pronto a una individua que se cuela de rondón en el domicilio de la curandera.

—Mira, te daré un manojo de hojas de sábila, las machucas bien y las echas en el agua que beben las gallinas: remedio santo; no vuelven a tener moquillo en toda su vida.

—¡Ay, quién lo hubiera sabido!

—Sí, para adivino Dios...

—Usted es la adivina, Amparito; usted que sabe más que las vivijaguas.

—Yo sé lo que he aprendido estudiando con los sabios de la antigüedad, que enseñan secretos para remediar todos los sinsabores y los sufrimientos del cuerpo y del alma.

—¿Y usted se salvará, Amparito? —preguntó un tanto espantada la parroquiana, haciendo con disimulo la señal de la cruz.

—Eso no es cuenta de nadie, doña Tal...

Al oír esto, márchase apresuradamente la estúpida cliente, temblando de miedo, después de haber pagado las hojas de sábila.

La fama de la curandera crece de este modo de una manera sorprendente. Unos la creen inspirada por Dios; otros que se halla en relaciones con los espíritus infernales, y tiénenla por adivina y por milagrera y por cuanto se le antoja al vulgo imbécil.

Preséntasele uno con un sietecueros; ella le asegura que aplicándose el cativo-mangle sanará enseguida.

¿Padece otro de reumatismo?, pues que use el genjibre si quiere curarse.

Alguien se queja en su presencia de que no duerme de noche a causa de la plaga de mosquitos que invade su aposento. Betibé con ellos, y no quedará uno; aconseja doña Amparo.

Fuéronle a consultar una vez qué plan curativo debía adoptarse para salvar a un pobre campesino que se hallaba en un estado fatal por haberse quedado dormido a la sombra del guao.

La vieja curandera se sonrió como con lástima del que le hacía la consulta, y previo el pago correspondiente, reveló el secreto, que, según dijo, era clavadito, como que consistía nada menos que en hacer tomar al paciente el cocimiento de la raíz del mismo guao; de la propia manera, añadió, por un rasgo de generosidad en ella poco frecuente, que la ciguatera se cura con la espina del mismo pescado que haya producido el mal, hecha polvo y tomado como café.

Sería interminable el relato de la multitud de específicos propinados por doña Amparo; y así, para terminar, referiré una célebre cura que hizo ella en cierta ocasión, la que bien pudo costarle caro.

El caso fue el siguiente:

Una mujer casada, bella, con suficientes bienes de fortuna, sin hijos y muy enamorada de su marido, cuando llevaba ya ocho años de matrimonio, principió a notar que su compañero no sentía por ella todo aquel entusiasmo, aquel ardor, aquella complacencia que hasta entonces había parecido él experimentar por sus gracias y sus cariñosos y tiernos arrumacos.

¡Gran sorpresa primero; extremado descorazonamiento más tarde; suma desesperación por último!

Una íntima amiga de la afligida casada, acérrima partidaria de la curandera, tanto aconsejó a Clementina, que así se llamaba la infeliz esposa, el que consultara a doña Amparo del Apazote y Malvabisco, capaz por sí sola de cambiar el sino, la estrella, el hado del mortal más perseguido por el infortunio, que persuadida al fin la inconsolable hermosa por las observaciones y calurosos discursos de su amiga, consintió en ir con ésta a casa de la curandera, con quien tuvo una larga y solemne entrevista, y de la cual salió tan satisfecha y convencida de que su desgracia podía tener remedio, que desde aquel momento enjugó sus lágrimas y se dispuso a seguir al pie de la letra cuanto le previniera doña Amparo.

Pero refiramos los pormenores de la sesión secreta.

Al ver entrar a Clementina, la vieja curandera se estremeció de gozo. Aquélla era una buena presa. La cosecha de relucientes doblones tenía que ser abundante. Preparó, por tanto, sus baterías y dio principio a sus farándulas y alucinaciones.

Clementina se sintió sobrecogida y su primer impulso fue marcharse; pero la amiga, sujetándola por un brazo, la detuvo, y pronunciando varias palabras en voz baja a su oído, logró tranquilizarla.

—A esta gran señora la conduce a mi casa uno de esos desengaños del mundo que no encuentran consuelo sino en el medicina celeste que solo yo hoy puedo administrar —dijo la curandera mostrando una actitud imponente.

—Amparito —dijo la que acompañaba a Clementina—, a usted dejo confiada la amiga más querida de mi corazón; sálvela usted de las garras del demonio que la persigue; ahuyente de su lado al enemigo malo; haga que nazcan flores de nuevo en su camino; cúrele el alma, como usted sabe hacerlo, que ella le recompensará espléndidamente su buena obra.

Y dichas estas palabras, salió de la habitación la oficiosa amiga, para dejar en toda libertad a la curandera.

—Vamos, dime tu pena; explícame la causa de tu aflicción; ábreme tu pecho sin ninguna reserva —dijo doña Amparo tomando por la mano a Clementina, que aún estaba temblorosa, y haciéndola sentar a su lado.

—Mi marido ya no me quiere, me deja por otra, cuando sabe que yo me muero por él...

—Luego lo que tú padeces es mal de amores...

—¡Soy muy desgraciada! —contestó Clementina echándose a llorar.

—Yo te curaré, mi alma; no llores...

—¿Cómo hacer para que mi marido se arrepienta y vuelva a mi lado tan tierno y tan amante cual lo era en los primeros años de nuestro matrimonio?

—¡Bah, bah!, eso depende de la medicina que yo le administre.

—¡Una medicina! No la tomará; él hace su santo gusto.

—Eso lo veremos. Necesito que me des una onza a cuenta, para comprar ciertas hierbas carísimas y maravillosas que me hacen falta y con las que he de preparar el brebaje prodigioso.

—Aquí la tiene usted.

—Ahora, déjame hacerte algunas preguntas: ¿el día de tu boda, al volver de la iglesia, entraste en tu casa con el pie derecho?

—Yo no sé si fue con el derecho o con el izquierdo; estaba en ese momento muy trastornada...

—Pues de ahí nace tu desgracia.

—¡Válgame Dios!, ¿será posible...?

—¿Pero no ves, hija, que cuando tú no te acuerdas, es prueba de que entraste con mal pie en el matrimonio? ¿A que a la mañana siguiente, almorzando, derramaste el salero en la mesa?

—De eso sí me acuerdo: mi marido fue a cogerme la mano para besármela; yo quise retirarla con el natural pudor; tropecé con el salero y lo derramé.

—¿Ya lo ves, mi vida?, te salaste desde aquel momento...

De esta suerte prosiguió doña Amparo, dirigiendo necias preguntas a Clementina y convirtiéndolo todo en sustancia, esto es, tratando de convencerla de que cuanto había hecho o dejado de hacer, concurría a justificar su desventura.

Era, por tanto, preciso que ella interviniese, que pusiera en juego sus mágicos recursos y se valiese de su influencia con los hados celestes para separar de Clementina tantas calamidades.

La heroína de mi cuento, como pueden ustedes calcular, no había recibido una sólida educación; lejos de eso, su madre la había mimado con exceso y dejándola seguir sus naturales impulsos. Era por lo tanto fanática, supersticiosa; creía en brujas, en apariciones, en milagros, en qué sé yo cuántas sandeces.

Doña Amparo la caló pronto y procedió en consecuencia.

—Desde esta noche —díjole después de una larga pausa a Clementina—, colocas debajo de las almohadas de tu marido una de tus ligas; pero ha de ser de seda verde, ¿entiendes? La seda influye mucho y el color, no digo nada, como que es el de la esperanza. La liga es el símbolo del lazo estrecho; atrae, sujeta, reúne. Por ahí empezará tu marido a sentir deseos de acercarse a ti de nuevo... Con eso, y con el específico que voy a preparar, hecho de unas hierbas que tienen la virtud de ablandar el corazón más duro, tu marido, que después de todo, no tiene otra cosa sino que le han echado daño, dejará cuantos enredos tenga en la calle, para volver a estar más enamorado de ti que Abelardo y hasta que el mismo Cupido.

A lo expuesto, añadió doña Amparo cuantas instrucciones le pidió Clementina acerca del modo de hacer tragar a su marido el precioso líquido, y despidiéndose hasta el día siguiente, ambas mujeres se separaron, yéndose más consolada la esposa a su casa y poniéndose acto continuo la curandera a confeccionar el específico, en cuya ocupación pueden ustedes contemplarla en la lámina adjunta, de pie ante su laboratorio, con el característico cabo de tabaco en la boca, rodeada de todos sus utensilios y adminículos y manipulando las consabidas hierbas medicinales.

Dos días después de la escena que dejo descrita, a eso de las doce de la noche, llegó el esposo de Clementina a su casa, y a poco de estar en ella, principió a sentirse indispuesto; pero de tal modo, que no siéndole posible sufrir el malestar, llamó a su mujer para suplicarle le preparase una taza de té, por ver si se aliviaba.

Era que nuestro hombre se había comido aquella noche en Las Tullerías unas cuantas docenas de ostras, y contra lo corriente en él, le habían sentado mal esta vez los tales mariscos. Al efecto, y como no era fácil proporcionarse a aquella hora un vaso de leche, el antídoto según aseguran de esta clase de indisposiciones, optó por el té, para ver si lograba, cual dicen, entonarse el estómago.

Clementina, que estaba ya completamente embaucada por la vieja curandera, juzgó aquello providencial, máxime cuando doña Amparo le había hecho creer que el específico por ella preparado tenía tal virtud, que si su marido lo tomaba teniendo fiebre, por ejemplo, o cualquier otra enfermedad, no solo se alcanzaba que obrase el efecto apetecido en la parte moral, sino que además quedaría al punto limpio de calentura, o curado de toda otra dolencia que lo aquejase.

La ocasión, pues, era propicia y Clementina la aprovechó. Hizo el té a su marido, vertiendo en el líquido varias gotas del inapreciable medicamento, y sin vacilar, diolo a beber al enfermo.

Mas como la indisposición de éste era seria, en vez de experimentar el menor alivio sintió que se agravaba su mal, empezando a quejarse de una manera lastimosa.

La alarma de Clementina fue extraordinaria. Se sobrecogió mucho; asaltáronla terribles remordimientos y trémula y convulsa y en un estado de excitación indecible, hizo que fuesen corriendo a buscar a un médico.

—¡Yo he tenido la culpa! —decía loca de espanto, agitándose por la habitación—; ¡yo, que sin duda le he dado un veneno...!, ¡yo lo he matado...!, ¡esa maldita vieja me ha hecho cometer un crimen...!, ¡socorro...!, ¡socorro...!

No era tanta la gravedad de su marido que no se hallase en estado de enterarse del sentido de aquellas exclamaciones. ¡Aquí fue Troya! Como la conciencia lo acusaba de algo, su imaginación principió a divagar: creyó al momento que la ofendida esposa se había vengado de él de una manera inhumana; que le había dado un tósigo, aprovechando su descomposición de estómago; y a su vez se llenó de angustia y se vio perdido y empezó también a pedir socorro.

Acudió el sereno, acudieron los vecinos y acudió al fin el médico; el que hecho cargo de lo que pasaba, y aun antes de examinar al doliente, apresuróse a dar parte a la policía.

Varios funcionarios de ésta se trasladaron a aquella hora a casa de la vieja curandera, la que, al ser requerida, declaró que todo era un puro embuste. Que no había tal veneno ni había tal específico, sino un sencillo brebaje hecho con unas yerbas inocentes. Que aquello constituía su industria; que ella era curandera y que lo mismo que les acontecía a los médicos, unas veces acertaba con sus remedios y otras no; siendo por lo tanto legal el caso.

No obstante tales explicaciones, quedó detenida; pero al día siguiente fue puesta en libertad, porque el esposo de Clementina se halló curado de su indigestión de ostras, gracias a los auxilios de la ciencia médica, y se comprobó debidamente que el específico de doña Amparo no era más que un jarabe de yerbas insignificantes.

Eso sí, a consecuencia del susto que ambos habían pasado, se reconciliaron los esposos; jurando él no volver a faltar a su mujer y ella no acudir jamás a consultar a ninguna vieja curandera.

El general Sabas Marín y su familia

Su personalidad. Su carácter. Recuerdos de algunos generales. Su encumbramiento. Sus antipatías. Su aislamiento. Salones del Palacio. Remembranzas de tiempos pasados. Escenas frecuentes. La Quinta de los Molinos. Servidumbre palaciega. La generala. Sus hermanas. Rasgos distintivos. Ofrendas piadosas. Sobrenombre. Ocultas simpatías. Sus dos hijas.

De frente ancha, surcada de leves arrugas, por donde la calvicie se empieza a abrir paso; de ojos negros, luctuosamente negros, acostumbrados a presenciar los horrores de sangrientos campos de batalla; de nariz irregular, algo abierta, semejante a la de los emperadores romanos; de boca risueña, poco sensual, sombreada por luengos mostachos teñidos; de rostro agradable, bastante cárdeno, como el de toda persona que ha tomado grandes dosis de hierro; de andar lento, mitad por sus achaques, mitad por su naciente obesidad; tal es, en rápido bosquejo, la personalidad física del general Marín.

Respecto a su carácter, es altivo, no a la manera de Concha, ese gran vanidoso, que nunca se dignó estrechar la mano de sus inferiores; impetuoso, del mismo modo que Fajardo, a quien una señora parecida a madame Stäel, la eterna enemiga de Napoleón, se vio obligada a amenazar; arbitrario, de una arbitrariedad de monarca absoluto, según lo prueban sus disposiciones. Los que le rodean temen sus primeros arranques. Parece que firma sus decretos, no con pluma de acero, sino con la punta de la espada. Dícese que, en mejores tiempos, ha combatido en los campos de Venus. Asegúrase también que los médicos le han aconsejado la estricta observancia de las siete virtudes capitales.

Un día, al salir el Sol, los habaneros se encontraron los muelles rodeados de guardias de Orden Público. Inquiriendo la causa de esta medida, supieron que había sido dictada, por orden superior, para impedir la salida de algunos contrabandos. Este acto, conocido vulgarmente por *La Toma de la Aduana*, contribuyó poderosamente al nombramiento del general Marín para el puesto que hoy desempeña en propiedad.

Teniendo la desdicha de estar rodeado de malos consejeros, el general se ha hecho antipático a sus subordinados. Tanto la prensa, a quien persigue tenazmente, como el comercio, a quien no ha querido escuchar, lo han dejado en el más terrible aislamiento. Todos comentan desfavorablemente sus actos gubernamentales.

Los salones del palacio, notables por sus esplendores pasados, están convertidos en amplios museos de antigüedades. Ya no se celebran, como en tiempos de Serrano, magníficas fiestas, en las cuales se encontraba lo más selecto de nuestra sociedad. La condesa de San Antonio, esa miniatura de la emperatriz Eugenia, que tanto ha figurado en las grandes poblaciones, gozaba de generales simpatías. Hay familias, que desde aquella época, no han pisado los umbrales de la Capitanía General. Tampoco se dan bailes, como los del general Blanco, el eterno adorador de las mujeres, en los cuales se gastaban algunos millares de pesos. Los burócratas son los más asiduos concurrentes de las recepciones vulgares del general Marín. Solo algunas familias cubanas, ya por razones de alta política, ya por hacerse merecedoras de algún favor, frecuentan todavía dichos salones. Un día de besamanos, al entrar el cónsul de Francia, vestido de rigurosa etiqueta, la concurrencia palaciega se sonrió maliciosamente, tan solo porque llevaba el traje de última moda y saludaba como el más correcto gentleman. También llama la atención, en los saraos semanales, el señor Gómez Acebo, gran protector de las fábricas de Lubin y Coudray, porque pretende trasplantar las costumbres extranjeras. El señor don Venancio Aldama, al salir de Albisu, donde sonríe a la Rusquella, se dirige al palacio y ameniza la velada tocando algunos danzones. Pocas veces se ven allí cubanos conocidos. Nuestro amigo el ilustrado Juan Federico Centellas, que maneja admirablemente toda clase de armas, hasta el arma de Cupido, asiste algunos días. Los militares, que se agrupan en torno suyo, escuchan la narración de sus maravillosas cacerías, mitad sonrientes, mitad asombrados.

La quinta de los Molinos, residencia veraniega de los capitanes generales, situada dentro de la misma población, no se halla en mejor estado que la Capitanía General. El arte está proscrito de ambos lugares. El general Calleja, su último morador, la reformó ligeramente para celebrar un acontecimiento familiar. Ya no se dan, en esta quinta, las ansiadas retretas y espléndidos conciertos de pasados días.

La servidumbre palaciega deja también mucho que desear. Además de no ser numerosa, está compuesta de individuos que nunca han desempeñado tales funciones. Ya no lucen los sirvientes, en días de gala, el calzón corto de terciopelo negro y la casaca de raso del mismo color. Tampoco los lacayos están acostumbrados a la ostentación de pomposas libreas y al adorno minucioso de los corceles que engordan en las cuadras palaciegas. El general Marín se sirve indistintamente de sus dos coches para todos los actos necesarios.

La excelentísima señora doña Matilde León, esposa del general Marín, es una de las damas notables de nuestra sociedad. Hija de Andalucía, la tierra española más semejante a la nuestra, vive hace mucho tiempo entre nosotros. Tiene tres hermanas. Una, la condesa de Romero, tan conocida de los habaneros, es un modelo de belleza. Conserva todavía, a pesar de sus años, la hermosura de otros días. Los astros, hasta en su ocaso son hermosos. Vive rodeada del amor de su familia y de las simpatías de sus semejantes. Otra, la marquesa de Casa Mantilla, verdadera dama del gran mundo, se ha distinguido, no solo por su hermosura, sino por su elegancia. Tenía en su casa salones orientales, donde se daban espléndidos saraos. Su esposo ha sido embajador de España en Washington y en Constantinopla. La marquesa ha llamado la atención en todas partes. La otra hermana, cuyo nombre ignoramos, se nos dice que vive retirada en Málaga. Por lo que se ve, la hermosura es tradicional en esta familia.

La esposa del general ha sido dotada pródigamente por la madre naturaleza. Todo lo que le falta a su esposo, se encuentra amontonado en ella. La benevolencia, la amabilidad y la ternura con sus rasgos distintivos. Desde la altura de su posición, se digna fijar sus ojos en los que están a sus pies. Conocidas son del público sus ofrendas piadosas. Se le llama la madre de los desheredados.

Aunque no puede demostrarlas, posee maravillosas aptitudes sociales. Une a su belleza hereditaria, la más refinada elegancia. La generala sabe llevar dignamente los entorchados. Goza de ocultas simpatías, entre las familias cubanas, pero no se las demuestran, ya por su retraimiento, ya por su posición, ya por otras circunstancias. Afírmase que sus protegidos la colman de valiosos regalos.

Tiene dos hijas, bastante hermosas, siempre elegantes, que ella ostenta, en algunos sitios, como un rosal, en floridos jardines, sus entreabiertos capullos.

La Habana Elegante, 25 de marzo de 1888.

La prensa

(Fragmentos)

La afición a la lectura de periódicos. Tipos de lectores. Los vendedores de periódicos. Hazañas de éstos. Facilidad de fundar periódicos. Existencia de los mismos. Asuntos tratados. Medios de que se valen. El chantaje. La *Revista de Cuba*. Su fundador. Excelencia de esta publicación. Cambio de dirección y de nombre. El señor Enrique José Varona, su actual director. Los señores Sanguily, Del Monte, Govín, Bachiller y Morales y Vilanova. Rasgos sobresalientes de todos. Los colaboradores de la *Revista Cubana*. *La Lucha*. Su director. Servicios prestados por este periódico. Su influencia. Cruzada emprendida, etc.

Desde hace algún tiempo, hemos adquirido una costumbre esencialmente británica: la lectura de los periódicos. Si salís a la calle, al brillar el Sol, veréis sentados en las puertas de los establecimientos, acaudalados comerciantes, con el traje del trabajo, leyendo ansiosamente, ora en voz alta, ora en voz baja, los diarios matinales. Si detenéis el paso, al cruzar delante de una casa de familia, veréis también, tras las rendijas de las persianas, al jefe del hogar, arrellanado cómodamente en ancha butaca, recorriendo las líneas del periódico que sostienen sus manos. Tanto el comerciante como el padre de familia, no pueden dedicarse con verdadero gusto, a sus ocupaciones diarias, si no han leído previamente los periódicos. La lectura de los diarios es una de sus primeras necesidades. Solo se alimentan intelectualmente de periódicos. También es cierto que por ello no se olvidan de que saben leer. Durante la mayor parte del día, oiréis igualmente, ya en la calle, ya en vuestro hogar, los gritos de innumerables vendedores de periódicos que circulan por la ciudad. Casi todos los que se dedican a la venta son pilluelos ágiles, semejantes a los de Londres, que meten el periódico por los ojos, conocen el contenido de los artículos, interrumpen la marcha de los carruajes, ofrecen proporcionar los números prohibidos y se cuelgan de los ómnibus, a riesgo de golpes mortales, como racimos humanos.

No presentando grandes dificultades la fundación de un periódico, puesto que no se necesita protección, ni dinero, ni se adquiere inmediata responsabilidad, aparecen frecuentemente, en el estadio de la prensa, nuevos representantes de los diversos Partidos políticos. Unos logran sostenerse a costa de grandes esfuerzos; otros desaparecen rápidamente por falta de lectores; siendo difícil que alguno prospere, toda vez que el público tiene sus diarios predilectos.

A pesar de las persecuciones que sufren los periodistas, la prensa habla diariamente de los sucesos ocurridos, ya en forma clara y terminante, si el hecho es del dominio público, ya en forma novelesca, si se trata de encumbradas personalidades. Por más que se valga de este último medio, el público comprende fácilmente lo que se le quiere decir. También existen algunos periódicos que se dedican al chantaje, en grande escala, para compensar la falta de lectores. Así se explica la existencia de algunos diarios que tienen muy poca importancia.

Tratándose de la prensa hay que colocar, en primer término, tanto por su valor intrínseco, como por sus notables redactores, a la *Revista de Cuba*, publicación mensual, cuyo sostenimiento puede considerarse como obra patriótica. Fundada valerosamente, en época lejana, por el malogrado Cortina, llegó a adquirir, al poco tiempo, merecida publicidad. Todo el que vive en Cuba, debiera estar suscrito a dicha revista, no solo por las materias interesantes de que trata, sino por ser la verdadera representación de nuestra cultura científica y literaria.

Muerto su fundador, pasó la *Revista de Cuba* a ser dirigida por el señor Varona, quien la publica mensualmente, bajo el nombre de *Revista Cubana*, a satisfacción de sus lectores. Enrique José Varona es el primero de nuestros grandes hombres. Dotado de asombrosa inteligencia, se dedica a todos los ramos del saber humano. Filósofo eminente, goza de reputación universal, hasta el extremo de que su libro de lógica sirve de texto, por exhortaciones de Ribot, en algunos institutos franceses; poeta exquisito, cincela sus joyas poéticas, con escrupulosidad de antiguo orfebre florentino, para deleite de los espíritus refinados; orador notabilísimo, hace pensar, a su inteligente auditorio, en que así debían expresarse los grandes oradores de las academias de Atenas; crítico profundo, ejerce magistralmente su misión, siendo considerado su juicio como el fallo definitivo de cualquier punto científico y literario. Varona es, en resumen, una figura enciclopédica que podría brillar esplendorosamente en el cuadro del más grandioso de los siglos.

Manuel Sanguily, el héroe superviviente de la revolución cubana, el orador más popular de nuestros días, el polemista incansable de contundentes argumentos, el crítico temible de anatómica penetración, es el primer redactor de la *Revista Cubana*. Dulce y cariñoso como un niño, altivo y colérico como un león, tal es el señor Sanguily. Tiene también algunos rasgos de misantropía, propio de aquellos seres que han perseguido vanamente su ideal. Vive monásticamente, en sencilla casa del Cerro, rodeado de libros. Allí se reúnen algunos amigos suyos, en ciertos días, formando una especie de cenáculo, para escuchar su deleitosa conversación, esmaltada de imágenes brillantes y de epigramas sangrientos. Sabido es que sus frases crucifican. Habiéndole preguntado un amigo, en memorable ocasión, qué le había parecido el discurso del diputado P, respondió el señor Sanguily:

—Frases haciendo gimnasio sobre un bigote y debajo de una calva.

El señor Ricardo Del Monte, cuya persona ha sido manoseada recientemente por pedante criticastro, en tonto articulejo, forma parte de la escogida redacción de la *Revista Cubana*. Aunque rara vez publica el señor Del Monte sus lucubraciones, por causas desconocidas, lo cual se atribuye maliciosamente al mal del país, cada vez que lo hace se registra un nuevo acontecimiento en la historia de la literatura cubana. Por más que su laboriosidad no haya correspondido, según lo publicado, a su poderosa inteligencia, el señor Del Monte será uno de nuestros inmortales. No es preciso para entrar en el templo de la gloria, ir cargado de enormes baúles, rellenos de toda clase de objetos: basta un cofrecito de madera preciosa, artísticamente esculpido, que encierre algunos diamantes negros. A pesar de que el señor Del Monte se ha consagrado a la crítica, posee excepcionales condiciones para el cultivo de la poesía; pero la opinión pública, que lo ha proclamado príncipe de nuestros críticos, no ha consentido que fuera dos veces grande. Tal vez influya, en su lamentable silencio, su continua soledad. ¡Desgraciado del hombre solo! ¿Quién puede aplicarse, con más motivos que el señor Del Monte, las anteriores frases del Evangelio, tan repetidas por los moralistas?

El señor Antonio Govín, notable orador satírico, profundo jurisconsulto y secretario del Partido Liberal; el señor don Antonio Bachiller y Morales, venerable caballero, tanto por sus años como por su erudición; y el señor Vilanova, conocido profesor, muy perito en materias económicas, completan el grupo de redactores de la nunca bastante ensalzada *Revista Cubana*.

Además de su valiosa redacción, cuenta la Revista, en el número de sus colaboradores, a los señores Varela Zequeira, Borrero Echeverría, Armas y Cárdenas, Mitjans, los dos Sellén y todos los que gozan de merecida celebridad.

Después de la *Revista Cubana*, hay que mencionar, en el número de los diarios, ya por su circulación, ya por su popularidad, al periódico democrático *La*

Lucha, el favorito de nuestro público, dirigido por el señor Antonio San Miguel, que es una de las personas más agradables y de mejor sentido práctico que conocemos.

Debido al sistema que emplea, su diario ha llegado a ser, en corto espacio de tiempo, el órgano de la opinión pública, la cual está por encima de todos los poderes. Ocupándose minuciosamente de lo sucedido, diciéndolo todo sin ambages ni rodeos, interpretando los sentimientos populares, pidiendo el cumplimiento de reformas prometidas y anunciando las que reclama el porvenir, ha hecho temerse, no solo de los que desempeñan los primeros cargos públicos, sino de todos los parásitos que pululan alrededor de éstos. No se comete un solo acto de ilegalidad, sin que al instante sea denunciado por el diario democrático.

La Lucha no sirve directamente a ningún partido político, sino a los intereses generales del país. Tanteando el pulso de la muchedumbre, es su primer cortesano y su más ardiente defensor. El pueblo compensa a su periódico, consumiendo diariamente numerosos ejemplares.

La redacción de *La Lucha*, compuesta de jóvenes escritores, como conviene a un periódico de combate, ha emprendido, en los últimos tiempos, una heroica cruzada contra el régimen actual. Desde los señores Rivero, Morales y Daniel, redactores políticos, hasta los señores Valdivia y Briñas, redactores literarios, todos han contribuido en la medida de sus fuerzas, a realizar los fines indicados.

El conde de Camors

La Habana Elegante, 13 de mayo de 1888.

Semana Santa

Sensaciones personales

—Hay días del año, como los dos últimos, en que se experimenta el deseo de ser muy rico o de estar muy enfermo, para evitar muchas cosas desagradables, muchas cosas repugnantes y muchas cosas enfermizas. Siendo muy rico, no se llevan cadenas al pie o el fardo del deber sobre la conciencia, y se puede huir de la ciudad, por ejemplo, al fondo de un bosque o al centro del mar, con una mujer al lado o un libro entre las manos; y estando muy enfermo, los amigos rodean el lecho, cierran las ventanas de la alcoba para que el ruido de las calles o la luz de los espacios —esos dos enemigos implacables de los nervios—, no perturben nuestro reposo, y, lo que es mejor todavía, el director del periódico, si estamos en Semana Santa, se abstiene de enviarnos a presenciar los oficios, a recorrer las estaciones o a oír la música de la retreta, para hacer una crónica como ésta donde trataré de pintar, en cuadros pequeños, las sensaciones experimentadas en esos lugares.

Los oficios

Las nueve de la mañana.

Ante el altar mayor, donde la imagen sagrada, con su amplio manto de seda color de salmón, recamado de estrellas, con su aureola mística, prendida entre su negra cabellera, y con su niño divino alzado entre los brazos, se levanta en el fondo de su nicho de mármol, embutido entre columnas salomónicas, cuyos intersticios se llenan de búcaros de porcelana ornados de flores y de candelabros de metal, cuajados de cirios; los sacerdotes, revestidos de ricas casullas, bordadas de oro, celebran el sacrificio de la misa, entre el humo del incienso, las notas del órgano y las oraciones de los fieles.

Terminada la ceremonia, seis miembros de la religión, encorvados bajo el peso de los ornamentos de sus capas pluviales que la luz de los hachones hace fulgurar, recorren la iglesia, bajo palio de seda, franjeado de oro, acompañando al preste que lleva la Eucaristía entre las manos y la coloca, recorrida las naves, en un tabernáculo de plata, donde queda expuesta a la adoración.

Entonces se difunde, por el interior del templo, profundo recogimiento que hace doblegar las rodillas, inclinar las frentes y balbucear oraciones. Y entre el humo del incensario que finge el desplome de las columnas, el canto del órgano que parece bajar de las alturas celestes, el ruido de las campanillas que perturba los deleites del éxtasis y el perfume capitoso que emana de los trajes de las mujeres y que, por encima de todo, perciben mis sentidos embriagados, siento brotar, en el fondo de mi alma —como el último aroma de hojas caídas entre el cieno de un lago—, la tristeza, dulce y amarga a la vez, de los recuerdos de mi infancia que trae a mi memoria estos dos versos de Baudelaire.

> ¡Cuán melancólicas son
> todas las cosas muy bellas...

El baseball en Cuba

Nada más raro, en nuestros tiempos, que la aparición de un libro sencillo, empapado de sana alegría y escrito al correr de la pluma cuyas páginas sirven para desarrugar los ceños más adustos, entreabrir los labios más serios y disipar las brumas melancólicas que difunden en el espíritu las miserias de la vida, ya se contemplen en su asquerosa desnudez, ya al través de las hojas de los modernos libros pesimistas.

La desaparición de las antiguas creencias, el hastío que enerva los ánimos, las inquietudes abrumadoras de lo porvenir, el amor desenfrenado de la gloria y las sutilezas de los análisis psicológicos, saturan de profunda tristeza las obras maestras de la literatura contemporánea, hasta el punto de que Edmundo de Goncourt, lo mismo que sus numerosos discípulos, ha llegado a asegurar, por la pluma exquisita de la eminente escritora gallega Emilia Pardo Bazán, «que una persona sana y robusta no es capaz de sentir la calentura de la inspiración y que para crear algo artístico es necesario encontrarse bastante enfermo».

Aunque soy el más incansable lector de esta clase de libros, donde la pintura de las pasiones humanas, hecha con frases sutiles, coloreadas y armoniosas, deslumbra la imaginación, enardece los sentidos y perturba el sistema nervioso del que los lee, como las emanaciones de un río engendran la fiebre en el organismo que las aspira: he leído, en breves horas, sin detenerme un momento, ni aun para encender un cigarro, las páginas encantadoras del folleto que ostenta su nombre al frente de estas líneas, escrito por uno de mis mejores amigos, que es también uno de los más fecundos, amenos y discretos escritores de la última generación.

Después de pasado el prólogo del doctor Benjamín de Céspedes —un gran literato entre los médicos y un gran médico entre los literatos—, que viene a ser en las primeras páginas del folleto, por la amargura de su tono y la elevación de sus ideas, una especie de telón negro que oculta un escenario de circo, donde se admira la destreza de los acróbatas, se ostenta la robustez de los músculos y se provocan las agudezas del payaso; el espíritu del lector se inicia en los secretos del complicado juego de pelota; conoce su origen, su desarrollo y sus consecuencias, comprende las causas de su popularidad y se promete asistir al primer desafío.

El entusiasmo de los jóvenes que se escapan de las aulas para ir a la práctica; las figuras de los jugadores, ya sean del bando azul, ya del bando rojo; las desavenencias entre los partidarios de distintos clubs; el efecto que produce la concurrencia que asiste al espectáculo; las mil peripecias del juego; los gestos y chillidos de las turbas apiñadas en los escaños; los comentarios que se hacen al terminar la fiesta, en las calles, y en los cafés; todo está muy bien presentado en párrafos sencillos, desnudos de galas retóricas y salpicados de chistes originales, porque el autor escribe deprisa, sin rebuscar sus ideas ni peinar su estilo, del mismo modo que el pájaro canta, el astro alumbra y la flor perfuma.

Una vez abierto el libro, no se puede soltar de las manos. El chiste culto, ligero y espiritual corre, piquetea y estalla en cada línea, con cualquier pretexto y con pasmosa facilidad ya de una frase cogida al vuelo, ya de un incidente dolorosamente cómico, confundiéndose todos en una alegría encantadora y reconfortante a la vez, análoga a la que despierta el sonido de los cascabeles agitados en ruidoso baile de máscaras.

Después de dar las gracias al autor por el buen rato que me ha proporcionado la lectura de su primer libro, cuyos ejemplares el público se encargará de consumir, no por mis elogios sino por su verdadero mérito; réstame suplicar al donoso escritor que me perdone en su futuro libro, de ciego que merezco por estas incorrectas líneas. ¿Me lo perdonará?

La Discusión, 28 de noviembre de 1889.

La noche buena

—¿Cómo estás tan triste en medio de la común alegría?

—Ni podéis comprender entre vuestro nido y vuestro tumulto, lo que causa mi tormento.

—Vamos, levántate, joven. A tu edad se tienen fuerzas y valor para gozar.

—¡Ah, no, no puedo gozar! Lo que falta está demasiado lejos de mí. ¡Es algo tan elevado y tan bello como las estrellas del cielo!

Los pueblos católicos conmemoran, en la noche de hoy, el nacimiento del hijo de Dios. Todo el mundo recuerda la leyenda cristiana, inmortalizada por la pluma de los santos padres y por el pincel de los pintores cristianos. El cuadro bíblico se dibuja con todas sus líneas y con todos sus colores en el lienzo anchuroso de la imaginación. Allí vemos surgir al blondo niño de entre la paja del pesebre; las figuras unidas, grave la una y sonriente la otra, del humilde carpintero y de la hermosa hebrea, alrededor de la mísera cuna: la masa bronceada del buey y el lomo erguido de la mula azorada, arrojando humo por las fauces entreabiertas. Después miramos avanzar, por el camino solitario, al resplandor de lumínica estrella, a los tres reyes magos: Melchor, con su túnica azul y su manto de armiño; Baltasar, con su veste roja y su calzado amarillo; Gaspar, con su vestidura anaranjada y sus sandalias moradas, cargados respectivamente de oro, mirra e incienso para verterlos a las plantas del recién nacido.

Donde quiera que se conmemore esta fecha, se encuentran la misma alegría y las mismas diversiones. Las calles se engalanan, ya de cortinas, ya de carteles embadurnados de colores chillones; las tiendas ostentan limpias sus fachadas y rellenos sus anaqueles de objetos deslumbradores; las campanas se echan a vuelo, turbando con sus sonidos el silencio de las altas regiones; y los niños colocan, en el alféizar de la ventana, a la hora de dormirse, preciosos zapáticos que las madres se encargan de llenar de golosinas.

Los almacenes de comestibles son los que se ven más concurridos. Penetrando en el interior de uno de ellos, se han visto los demás. Al trasponer el umbral, lo primero que se presenta a la vista es el árbol de Navidad, hecho de ramas de laurel y ornado de cucuruchos rojos azules y verdes, con filetes de papel morado, dentro de los cuales se encuentran deliciosas confituras. Bajo la sombra de sus hojas, inclinadas al peso de sus frutos simulados, los pavos muestran sus carnes amarfiladas, bajo el pellejo color de oro quemado; los lechones grasientos, tostados al horno, nadan en su propia salsa; las barras de turrón, ya amarillentas, ya rosadas, ya de un blanco lechoso, rellenas de frutas multicolores, dividen los comestibles amontonados en el mostrador; y los largos salchichones, envueltos en papel de plomo, cuelgan de mugrientos cordeles o recortados en menudas rodajas simulan hostias rojas, embutidas de tocino y rellenas de granos de pimienta, escalonadas en las conchas de porcelana. Alrededor de los comestibles enumerados, se encuentran esparcidos, como por manos mágicas, infinitas golosinas, propias para satisfacer el gusto más exigente y deleitar el más estragado paladar.

Pero el que más se divierte, en esta noche, es el pueblo bajo de la capital. Apenas ha oscurecido, no se puede transitar a pie por las calles. Las turbas invaden las aceras, deteniéndose absortas ante las vidrieras de los establecimientos; aglomerante en las esquinas; temiendo ser atropelladas por los carruajes; penetran en las tabernas atiborrándose de alcohol; entran en los teatros, dispuestas a interrumpir al actor en lo más culminante de su papel; y se refugian por ultimo, en los templos católicos, donde escuchan la misa medianoche, no con místico recogimiento, sino con la curiosidad silenciosa de los que van a un espectáculo que solo presencian anualmente una sola vez. Oída la misa del gallo, el populacho se desborda, en grupos compactos por las calles de la población, lanzando al aire gritos estridentes, ya al sonido agudo de la guitarra, ya a los golpes secos de la pandereta. Nada más imposible que atravesar por sus filas, sin sentir el empuje de un brazo vigoroso o recibir una granizada de injurias. Enardecido por el alcohol e impulsado por sus instintos, ábrese paso rápidamente, como si inspirase el mismo temor que una manada de lobos furiosos cautivos algún tiempo y libres ya de sus pesadas cadenas.

¡Feliz el hombre que puede, en noche semejante, sentarse a la mesa de su hogar, cubierta de limpio mantel, cuya blancura inmaculada solo cortan los manjares humeantes, mientras los seres queridos se agrupan a su alrededor, bajo la luz ambarina de la lámpara que disipa las sombras y reanima los semblantes con su alegre claridad! ¡Triste del artista solitario que, ahuyentado por la algarabía callejera y perseguido por el enjambre de sus recuerdos, se guarece temprano en su desmantelada buhardilla, sin que el estruendo de la muchedumbre hormigueante le permita hojear en silencio sus libros favoritos, concluir el poema empezado o verter sus lágrimas amargas!

Hernani

La Discusión, 24 de diciembre de 1889.

Noche y mañana

Durante la noche del martes último, se ha celebrado la fiesta de Navidad. Nuestra población presentaba un aspecto verdaderamente encantador. Tal parece que, olvidada de su cruenta miseria y despierta de su mortal letargo, surgía rejuvenecida ante los ojos, mostrando el entusiasmo juvenil y la estruendosa animación de pasados días.

Los hombres del pueblo, cuyos corazones laten al unísono y cuyos cerebros abrigan las mismas ideas, han sido los héroes de la noche. En el parque central, donde la luz eléctrica difundía sus fulgores; en las calles céntricas, donde las tiendas se hallaban abiertas y deslumbradoramente engalanadas; en el interior de los cafés, donde el perfume de los manjares y el color de los licores prometían la devolución de las fuerzas perdidas; los grupos eran más numerosos, las carcajadas más sonoras y la alegría más comunicativa. De cuando en cuando se presenciaban algunas disensiones, camorristas se ponían de pie, se arrojaban los vasos, se cubrían de insultos y hasta se iban a las manos; pero todo se arreglaba de seguida, terminando pacíficamente la querella por medio de frases cambiadas, abrazos fraternales y repetidas libaciones. Entonces redoblaba el júbilo, resonaban los aplausos y la algarabía era más infernal.

La fiesta más importante de la noche fue la misa del gallo y templo más concurrido el de la Merced. Antes de sonar la primera campanada de las doce, las anchas naves de la aristócrata iglesia estaban invadidas por una muchedumbre abigarrada, mitad creyente y mitad incrédula, que ocupaba los asientos, se apoyaba en los pilares o circulaba impaciente por el interior. De esa masa compacta, luminosa y ondeante brotaba sordo murmullo de voces, entrecortado por la explosión de una carcajada o el silbido de un pito, que hacía volver los ojos y tomar actitudes severas a los encargados de mantener el orden y el respeto debidos.

Al fin, empezó la misa. Los sacerdotes, con sus casullas de seda blanca, rameadas de flores y galoneadas de oro, aparecieron en el altar, donde la imagen sagrada, desde el hueco de su nicho marmóreo envuelta en manto de armiño y aureolada de estrellas, mostraba su sonrisa virginal y abría amorosamente sus brazos. Largos cirios chisporroteaban en el ara y guirnaldas de rosas esparcían sus perfumes. Los labios sacerdotales prorrumpieron en frases latinas, el órgano estalló en notas armónicas, voces angélicas entonaron los villancicos y el incienso se difundió en azules espirales.

Oída la misa la concurrencia se dispersó por las calles. Las casas estaban interiormente iluminadas. Detrás de los vidrios de las ventanas, no empañados por el hálito de la noche, se veían las familias agrupadas a las mesas cubiertas de ricos manjares; se oía la detonación de las botellas destapadas, donde espumeaba el rubio champagne; y se percibía el alegre rumor de voces confundidas, entre el chocar de las copas y el sonido argentino de los cubiertos.

Así transcurrió la noche. Las primeras blancuras del alba empezaron a disipar las sombras nocturnas. El Sol tardó en aparecer, como si hubiera andado de juerga y no hubiera podido desprenderse de sus sábanas de nieblas. Algo tarde mostró su pupila de oro e iluminó la ciudad. Ésta parecía un campo de batalla en el que los combatientes lucharon con botellas, huesos y latas.

Hoy todo ha cambiado. El árbol de Navidad está deshojado y todavía saboreamos sus ricos frutos. El obrero ha vuelto al taller, el dependiente al mostrador, el empleado a la oficina, el periodista a la redacción y el aristócrata a la ciudad. Al sonido de las copas ha sustituido el golpe del martillo. A los templos en que se reza, los talleres en que se trabaja. Al humo de los incensarios, el humo de las chimeneas. A la noche, el día. ¡A la ilusión, la realidad!

Hernani

La Discusión, 26 de diciembre de 1889.

Notas teatrales

Todo el que vive del público, ya como autor, ya como escritor, necesita reunir, en su persona dos cualidades indispensables: talento y simpatía. Sin estas dos cosas no es posible triunfar. Una sola no basta. Es preciso poner las dos a la vez y conservarlas íntimamente enlazadas. El que tenga la dicha de poseerlas, puede estar seguro de que realizará sus más altas aspiraciones.

José Quintana, aplaudido autor cómico, cuyas piezas bufas son muy conocidas, ostenta reunidas estas cualidades. Sin ser una notabilidad, lo que no pretende, pues tiene el raro talento de conocerse a sí mismo, posee una inteligencia nada vulgar, la cual le ha servido de guía en la jornada de la vida y le ayuda a buscarse lo necesario para satisfacer sus muchas necesidades. Tiene un poco de fantasía y pide a la vida un poco más de lo que acostumbra a darnos.

Además de esta cualidad, goza de generales simpatías. Su nombre es conocidísimo en muchos de nuestros círculos sociales. Dondequiera que se presenta, está seguro de encontrar amigos. Por eso se le ve siempre con la sonrisa en los labios. Abriga la convicción de que todo el que lo conozca ha de concederle una frase de cariño, o un fuerte apretón de manos.

Todo lo que decimos, el público se encargará de demostrarlo asistiendo puntualmente, en la noche del lunes al teatro de Tacón, donde el simpático

Quintana celebra su beneficio, secundado por los primeros actores de la compañía que actúa en el gran coliseo. El programa de la función es variado, interesante y fascinador. El principal atractivo consiste en el cambio de papeles entre los artistas. El que ha desempeñado Soledad González, por ejemplo, en la Mascotte, se encargará de hacerlo Carmen Luis: El de Pippo, en la misma opereta, hecho siempre por el señor Palou, estará a cargo de Pastor. De esta manera se verificará el reparto. También se representará La Gran Via, encargándose la Quesada del papel de Menegilda y Carolina Méndez del de rata primero y baile del Elíseo. Ahora que el beneficiado piensa retirarse, según hemos oído decir, a la vida privada, debe hacerlo de manera honrosa; esto es, con los bolsillos repletos de monedas. Así se lo deseamos los que lo aprecian, lo tratan y lo admiran.

Los amantes del arte bufo cubano están de plácemes. Esta noche empieza a trabajar, en el antiguo teatro de Torrecillas, una compañía de actores bufos, formada por los mejores de ellos. Casi todos son conocidos y sus nombres se escapan de todos los labios. El cuadro es bastante completo y el repertorio se compone de muchas obras nuevas. Las funciones serán por tandas y los programas se pueden leer en todas las esquinas.

El teatro elegido, que llevará el nombre de *Variedades*, ha experimentado grandes modificaciones. El escenario ha sido ensanchado y está provisto de nuevas decoraciones, bambalinas y muebles. Las butacas son bastante cómodas y en los pasillos pueden estar holgadamente numerosos espectadores. Lo mismo puede decirse de las altas localidades.

Antes de terminar, se nos hace saber, por conducto fidedigno, que las nuevas obras no serán inmorales. No sabemos si es por respeto sincero a la moral o por temor a las multas. Pero de, cualquier modo, nos desagrada la modificación. Arte bufo cubano y con tendencias moralizadoras, eso debe ser... ¡insoportable!

Hernani

La Discusión, sábado 18 de enero de 1890, n.º 180.

Bocetos sangrientos

El matadero

Cansado de recorrer la población, buscando algo nuevo que admirar; de sentir la nostalgia de un museo en el que los espíritus contemplativos pueden tomar largos baños de antigüedad; de no conocer un pintor que tenga un estudio suntuoso, sugestivo, alocador; de viajar por los países floridos de las quimeras, adonde nadie me quiere seguir; y de presenciar el contagioso e incesante descontento de la humanidad, descontento que se manifiesta generalmente en los niños por majaderías, en los jóvenes por insolencias y en los viejos por intolerancias, resolví marcharme ayer a uno de los sitios más repugnantes de la capital, al matadero, donde la contemplación del sangriento espectáculo de las bestias incesantemente degolladas, a la par que una sensación inexperimentada, pudiera proporcionarme asunto para una de esas crónicas que me reclaman algunos de mis lectores.

Embutido en el tranvía que conduce, en pocos minutos, al lugar mencionado, pero que, como sucede en tales casos, tardó más del tiempo calculado por mi impaciencia, ya para dejar libre el paso a innumerables vehículos, ya para recoger o vaciar pasajeros, llegué algo tarde al término de la excursión, es decir, una hora después de comenzada la matanza, pero sin que la demora me privara de algún rasgo característico de ese espectáculo diario, repugnante, feroz.

Atravesando un callejón anchuroso, quemado por los rayos de un Sol de fuego, con los pies hundidos en blanda alfombra de polvo, pude contemplar varias cosas. A la derecha, una cuadrilla de presidiarios, con la pica en movimiento y el grillete a lo largo de la pierna, aprendían el oficio de picapedreros, triturando enormes bloques que, al partirse, disparaban una granizada alrededor. A la izquierda, bajo portales mugrientos, agujereados y apestosos, varios hombres robustos, cuchillo en mano y ensangrentadas las ropas, abrían, vaciaban y sumergían miembros de animales en altas latas de metal, de las que emanaba ese olor salado de la carne fresca, que atraía ruidoso enjambre de moscas. Un poco más lejos, a la orilla del río, se alineaban las barracas habitadas por las gentes del lugar, semejantes a islotes negruzcos en que han venido a refugiarse los supervivientes del naufragio social.

Frente al callejón está el matadero. Visto desde el exterior, presenta el aspecto de una plaza de toros, de forma cuadrangular, donde pueden cobijarse unas mil almas. Está dividido en tres partes. La de los extremos son iguales. Ambas están separadas por gruesos troncos de madera humedecida, jaspeados de placas verdosas y salpicados de sangre, de los cuales penden las ropas manchadas de los matadores. Por el centro se desliza la corriente de la zanja, amarillenta por un lado y enrojecida por el otro, refrenando su impulso el dique formado por los cuerpos amontonados de las bestias agonizantes. Alrededor del anfiteatro, se levantan las gradas superpuestas, donde se sitúan las gentes que, ya por gusto, ya por ociosidad, acuden a presenciar la matanza, extasiándose con el espectáculo, trabando amistad con los sacrificadores y enardeciéndolos con sus gritos de entusiasmo.

Arrastradas por medio de larga cuerda, salen las bestias del corral inmediato, siendo luego atadas a los postes de tal manera que no pueden defenderse con los cuernos, ni descargar un golpe con las patas. Entonces los matadores, medio desnudos y enardecidos por el olor de la sangre, hunden acertadamente los cuchillos puntiagudos en el cuello del animal, con tal destreza que éste se desploma al suelo inmediatamente sin lanzar un gemido, ni revelar sus sufrimientos. Tan pronto como la víctima empieza a desangrar se abalanza sobre ella, blandiendo el hacha en la diestra, una turba de hombres que la dividen en innumerables fragmentos, esparciéndolos por diversos puntos.

Durante las horas de matanza, allí no se respira más que el olor de la sangre, mezclado al de los excrementos de los animales y al del agua del río, los cuales forman una atmósfera extraña, donde resuenan los golpes de las hachas, el rumor de las ondas y los gritos de los matadores.

Y es tal la sensación que produce el espectáculo, que todavía, al escribir estas líneas me parece hacerlo con sangre, entre sangre y con manos sanguinarias.

Hernani

La Discusión, jueves 12 de junio de 1890, año II, n.º 297.

Bocetos habaneros

Un café

Apenas el disco amarañuelado del Sol, envuelto en nubes opalinas, traspasa la línea del horizonte, dejando al mundo sumido en los pliegues de ancho sudario de vapores nacarados que la noche empieza a ennegrecer, los mozos, vestidos de trajes blancos y con un paño plegado bajo el brazo, se colocan de pie junto a las mesas respectivas, aguardando la llegada de los parroquianos o hablando a distancia unos con otros.

Al poco tiempo encienden las luces. Dentro de los bombillos de lechosa porcelana, las llamas doradas del gas, como pájaros fantásticos, preludian una sinfonía extraña, donde se perciben claramente sonidos semejantes a borbollones de agua, a silbidos de máquinas, a estertores de náufragos y a zumbidos de moscas aprisionadas entre los cristales de las ventanas.

Pronto cesa la sinfonía. El café toma un aspecto distinto. A los reflejos amarillos de los mecheros se incendian las lunas venecianas de los espejos, se alentejuelan de chispas de oro los vidrios de las botellas, se satinan las maderas de los asientos, se congestionan los rostros de los mozos y se les emperlan las frentes de sudor. Las mesas empiezan a ser ocupadas. Detrás del mostrador, los dependientes se ocupan en destapar botellas, dentro de las cuales fulguran el oro quemado del cognac, el ambarino de la cerveza, el nevado del anís, el rosado del curazao que, al caer en los vasos, esparcen sus perfumes en la sala, formando una atmósfera en la que flota incesantemente el humo de los tabacos.

Los concurrentes se pueden dividir en tres grupos; los que permanecen de siete a diez, los que no se estacionan más de cinco minutos y los que entran y salen a todas horas.

Entre los primeros, se encuentran burócratas que hablan de sus protectores que les han prometido enviarles el ascenso por el primer vapor; actores que no trabajan en aquella noche; que aguardan la primera crisis ministerial para ser repuestos en sus destinos; imbéciles que comentan los últimos discursos pronunciados en las cortes, alcoholistas que se extasían ante el vaso de cognac; y padres de familia que están hartos de la mujer, de los hijos y hasta de ellos mismos.

Entre los segundos figuran los espectadores de los teatros inmediatos que aprovechan los intermedios para respirar aire y apagar la sed, elegantes que se han citado allí para ir juntos a alguna recepción, extranjeros que penetran en todos los lugares y una multitud de desconocidos que tienen el buen gusto de no permanecer más que el tiempo necesario.

Entre los terceros, están los rentistas que acaban de comer en los restaurantes a la moda y acuden a hacer frecuentes libaciones; los sportmen que se cuentan sus últimas proezas, los estudiantes que empiezan a salir al mundo y los jóvenes que viven entregados al culto de Baco y al de Venus.

Así transcurre la noche. Después de la última campanada de las doce, empieza a decaer la animación. Las mesas se desocupan poco a poco y los mozos permanecen quietos detrás de ellas. La atmósfera se purifica de vapores alcohólicos. No se oye más que el ruido de una silla o el estallido del corcho de una botella. Hay algunos detenidos al borde del mostrador. Pero desde que algunos sirvientes, en mangas de camisa, aparecen por el fondo, con bandejas, de serrín unos y con escobas en la mano otros, dispuestos a la limpieza del marmóreo pavimento negro y blanco, los últimos concurrentes se echan a la calle, donde solo se respira el olor de las inmundicias amontonadas al pie de las aceras, entrecortado por el que se desprende de los cuerpos de las mendigas de amor que vagan por algunos sitios a esas horas acechando la salida de los clubmen generosos o buscando a sus amantes desagradecidos o infieles.

Hernani

La Discusión, sábado 5 de julio de 1890, año II, n.º 317.

Ramón Meza

El pescador

Refiere oscura tradición que al pie del cerro de la Cabaña, cuando no existían aún los imponentes muros de la ciudadela, sino la selva en todo su esplendor agreste, escondíase, entre las yagrumas, cocoteros y mangles que bajaban hasta besar la orilla del agua, un modesto pueblecillo de fundación tan antigua como la primitiva Habana. Era un pueblecillo de indios y sus habitantes buscaban el sustento cazando a flechazos multitud de aves que alegraban con su plumaje y sus cantos la vecina selva y principalmente se lo proporcionaban en abundancia con la pesca, oficio sin duda lucrativo, pues que lo adoptaron también algunos aventureros que mezclados con los indios aprendieron de ellos el uso de sus anzuelos de espinas de pescado, el manejo de las canoas y demás artes rudimentarias de pesca y, por último, hubieron de heredarlos completamente en la ocupación y en la aldea. A mediados del pasado siglo aumentáronse las cabañas de embarrado y yaguas y algunas llegaron a trepar el cerro; pero cuando se construyó la fortaleza replegáronse los propietarios de las chozas, los pescadores, hacia la orilla; y aun emigraron, formando a poco trecho el vecino pueblo de Regla. Poco después una casa pintada de blanco destinada a almacén de la Real Hacienda y que destruyó un incendio en 1785, dio nombre a la antigua aldehuela indígena. Y grupos de herreros, calafates y carpinteros levantaron también allí sus viviendas.

Hoy Casablanca con su caserío escalonado en desorden por la verde colina, al pie del muro ennegrecido de la fortaleza, con sus herrerías y fundiciones, con el esbelto campanario de su nueva iglesia, es un pueblecillo que luce original y pintoresco desde la opuesta orilla de la bahía. En su extremo norte muestra hoy más que nunca su fisonomía de pueblo pescador: la calle de la Marina se levanta sobre una estacada en la misma orilla del agua; y sus muelles y sus puentes movibles, para establecer la comunicación de una casa a otra, recuerdan las prehistóricas estaciones lacustres. En las laderas del cerro, de las cuales los años y las lluvias han desprendido y amontonado como cimientos de una gran ruina pedazos de roca viva, se apoyan las viviendas de madera, cuyos portales se ven repletos de nasas, chinchorros, bous, butrones, mallas y demás utensilios de forma tan rara como su nombre. Las balandras y goletas de esbelta arboladura, casco pintado de alegres colores y de elegante contorno, atadas a los muelles y trozos arrancados de la roca, las andanas de sumergidos viveros que se ocultan y reaparecen como informes pedazos de corcho, las anclas, remos, velámenes, y más que todo el olor ácido, acre, de las evaporaciones salinas que excitan al paladar con reminiscencias de frescas y ricas ostras, convencen de que en aquel rincón del puerto se esconde un pueblecillo exclusivamente marítimo.

Por las mañanas, cuando aún duerme la ciudad, poco antes de que las claridades del alba comiencen a amortiguar el brillo de las luces de gas que alumbran las desiertas y silenciosas calles, en un extremo del muelle hay siempre movimiento inusitado. Escenas y actores tienen un sello peculiar que no se observa en ningún otro punto de la ciudad. Hombres que hablan el dialecto revesado de Mallorca y de Cantabria, vestidos de pantalón de burdo género remangado hasta la rodilla de la pierna musculosa, descalzos, de camisa de gruesa lana de fondo rojo o azul y rayas negras, cubiertos, bien de gorras de piel o de barretinas y boinas, se destacan vivamente en la sombra, ora trajinando sobre los tablones del muelle, ora de pie sobre el agua, iluminados por las bujías encerradas en toscos farolillos de vidrio a cuya luz también se divisan, pilas de cestas de todos tamaños, romanas, redeñas de mango largo para coger por arrobas los peces que nadan penosamente con el vientre herido en los atestados viveros. En unos nadan los pargos de diez y doce libras de peso, de ojos de vivo carmín o pajizos, teñidos por su lomo de color rosa que va diluyéndose en graduación delicada hasta las aletas de su vientre blanco ligeramente listado de oro; las chernas, de color de ladrillo oscuro veteadas de negro; la cabrilla, punteada de rojo y con las aletas de negro borde; la biajaiba, de brillante color rosáceo rayada de amarillo; la exquisita mojarra en cuyas escamas se irisa la luz; los salmonetes, tan rojos que parecen tallados en coral; la rabirrubia, de cola y aletas doradas; las sardinas, que parecen cubiertas de una capa de estaño; los escolares, de color violáceo, ojo transparente y blanco vientre; bonasíes, abadejos, rascacios y tanto pez de variadísima forma y de riqueza inagotable de colores puros, brillantes y cuyas escamas despiden, como los vidrios, los más suaves tornasoles.

Pero a la hora en que se sacan de los viveros, para repartirlos en los mercados, la oscuridad apenas permite distinguirlos; solo se oye entonces repiqueteo incesante de mucho pez que bate el mar en los viveros, que colea dentro de las canastas, chernas que saltan sobre las romanas donde se pesan y estertores de roncos que agonizan al sacarlos del agua. Después las canastas rebosantes de peces se vacían en los carros y crece el estrépito de aletas y colas que pegan a un lado y otro con rapidez y fuerza. La mayor demanda de peces en ciertos días como los de San José, San Juan, San Francisco, Nochebuena y viernes de la cuaresma y Semana Santa en que también arriban enormes tortugas de más de un metro de diámetro que vueltas y atadas sobre el muelle resuellan penosamente, denuncian los regalos y abstinencias a que se entrega la ciudad. En esos días las necesidades del despacho prolonga algo la tarea, pero rara vez el Sol alumbra esta escena, pues apenas los primeros rayos de la luz comienzan a disipar las nieblas que empañan el puerto, son remolcados los viveros al lado opuesto.

Sin duda que la faena de estos pescadores es ruda; pero las ligeras goletas y balandros que salen a hacer la pesca en grande escala y con todos los recursos del arte por el golfo y los cayos y costas de la Florida, facilítanla en gran manera y la hacen más lucrativa. Otra cosa es el trabajo penoso, agobiador de esos pobres pescadores cuyos botes, que ellos saben clasificar en cachuchas, cayucos y canoas, se ven quilla arriba y en grupos en los arrecifes de la Punta o en los de la caleta de San Lázaro. Cada propietario de estas frágiles armazones de tablas mal sujetas es con frecuencia un héroe que lucha oscura y resignadamente por la vida. A medianoche es cuando abandona el humilde hogar donde duermen su esposa y sus hijos y asentando el pie en la frágil barquilla se confía a merced de la mar inquieta y sombría. Apartados, a fuerza de remos a muchas millas de la costa, tienen que mantenerse siempre bogando en el punto que eligen para arrojar el cebo al agua; pues la corriente del golfo los arrastra. Sin duda que no es nuestro mar de olas tan embravecidas como los de la Mancha y Vizcaya, pero no carece de peligros. La intrepidez, el arrojo y la abnegación son en todas partes cualidades que ejercitan en alto grado el pescador. ¡De qué paciencia no tiene que hallarse dotado! Ora es el cordel que se le rompe, ya los avíos que se le inutilizan; ora la lluvia le azota el rostro o el frío le entumece el cuerpo; bien es la barca que se le llena de agua; o el cebo que se lo hurtan y tragan ladinos peces, que sin valor alguno en el mercado al tirar del curricán alambrado que levanta ámpulas en la mano más encallecida hizo penetrar en el pecho desalentado del pobre pescador un rayo de esperanza y alegría: creyó tal vez tener ya asegurado su pan y el de sus hijos para el día siguiente. ¡Hay que soltar el pez y volver a comenzar nuevamente! Todavía es poco: en ocasiones regresa a su hogar, en brazos de algún compañero que por casualidad le recoge, herido o muerto, víctima del extraño combate a que le obliga, a cada paso, un temible y codiciado bruto de las aguas, la aguja de paladar. Su pesca supone buena ganancia por su carne abundante y solicitada; pero es de las más arriesgadas y penosas. El animal de grande corpulencia, pues es común que alcance dos y tres metros de largo y doscientas y trescientas libras de peso, no bien siente la herida del anzuelo emprende, azorado, rápido nadar a gran profundidad y en todas direcciones llevando la barquilla del pescador en carrera vertiginosa sobre las olas. El hombre ha de emplear toda su práctica y destreza en aquella lucha en que le toca la más débil parte por hallarse fuera de su elemento. Un descuido o la poca maña expone a zozobrar la barquilla: hay que arriar cordel y no recogerlo sino en breves y precisos instantes; la aguja no comienza a dar muestras de debilidad sino al cabo de largas horas, a veces pasan de seis y ocho que es cuando se consigue fatigarle. Y así que el pescador ha logrado atraerla cerca del bote el peligro crece: el animal se resiste saltando sobre las olas y esgrimiendo contra el bote la terrible sierra que arma su boca, dotada además de dientes agudos y afilados. Antes de colocar su presa en la barca, el pescador procura matarle hiriéndole con un arpón y entonces se entabla, a menudo en medio de las sombras de la noche, una lucha tenaz, a brazo partido, en que no es raro que el hombre sea lanzado al agua con el pecho atravesado por la terrible aguja del pez.

La Habana Elegante, 28 de junio de 1891.

El carbonero

Muchas veces, por descuido, quedaban abiertas las hojas del cancel de cedro colocado en el vestíbulo del colegio. La calle, cubierta de polvo calizo y la repellada pared de la casa de enfrente, formaban un fondo blanco reverberante, deslumbrador. A lo lejos oíase aquel característico cencerro que sonaba monótono, implacable...

Y a poco, por el cuadrado hueco de la puerta, que figuraba enorme pantalla de transparente porcelana, cruzaba como una gran sombra chinesca, negra, lenta, con movimiento de patas y pescuezos medidos al sonoro golpe del cencerro, el carbonero y su recua. La silueta del hombre, la de los caballos, la del cencerro, la de las colas que servían de atadero al freno de las bestias, los mechones de crines, las orejas gachas, los cuellos inclinados hacia el suelo, los montones de sacos, todo dibujaba con rigidez su línea sobre la blancura del fondo.

Aquel cencerro y aquella recua han desaparecido; mas unas figuras tan extrañas, tan distintas de los demás, dotadas de tan peculiares rasgos debieron de impresionar vivamente nuestra retina. Habrán sufrido, tal vez, modificaciones accidentales; pero en lo esencial, subsisten. Y dondequiera que van las descubrimos: y dondequiera que están las reconocemos: todas ellas se ligan en nuestra fantasía como desordenada sucesión de espectros negros.

¿A cuál de nosotros, siendo niños, no impuso algo aquel hombre cubierto con una caperuza hecha de un saco plegado que le asemejaba a desmedido coleóptero, bañado de pies a cabeza de polvo negro, que se detenía a la puerta de nuestra casa, tomaba del caballo o del carro un gran saco y a cuestas con él atravesaba el zaguán, el patio, la cocina y deteniéndose en la carbonera, aquel cajón grande, oscuro, con una puertecilla baja como de trampa, vaciaba allí su carga que al caer producía ruido áspero y levantaba nubes de negro humo? Temíamos a aquel hombre y a la vez nos interesaba. Cuando estábamos desaseados oíamos que se nos comparaba con él; y cuando no se podían sufrir nuestras impertinencias nos amenazaban con avisarle para que nos llevase. De suerte que desde nuestra más tierna infancia nos hallamos ligados por una viva impresión, por un recuerdo, a la eternamente contristada figura del carbonero. Resalta entre otros del mundo que nos rodea como relieve negro sobre blanquísimo mármol, como esas originales caricaturas de sombra que son manchones arrojados sobre el papel y que por los contornos adivinamos, sin equivocación posible, lo que quieren representar.

Alguna vez, en la verde alfombra que cubre nuestros campos, aparece un gran espacio negro, cubierto de cisco, esterilizado como el terreno que los rieles circundan en los paraderos. Sobre aquellos espacios levántanse cubiertos de tierra y que humean como pequeños volcanes en actividad. Dentro de ellos el fuego devora ferozmente rajas de leña, en no pocas ocasiones troncos de madera preciosa; el ébano, la caoba, el granadillo... se profanan con depararles tan vil destino. Días después los montecillos cesan de humear, se les quita la tierra que los cubre y quedan convertidos en negra y alta pila que se desbarata, que se tritura a mandarriazos. Entre las ruinas hacía su provisión, al frente de su recua, el antiguo carbonero; y atravesando muchas leguas de campo, anunciándose siempre con su infatigable, con su destemplado cencerro, entrábase por las puertas de La Habana repartiendo acá y acullá su mercancía. Hoy es ésta transportada por la goleta costera que arrima su casco a los tablones del muelle y abastece el grupo de carretones, impregnados de cisco que en vez de la recua de otros tiempos, recorren las calles de la ciudad.

Raro será el que al pasear por los muelles o por el puerto no se haya fijado en aquellas negras moles situadas al pie de la pendiente y verde colina en que se alza el pueblecillo de Casa Blanca. Aquel punto oscuro absorbe la blanca luz del Sol que todo lo baña. Las lanchas, sin arboladuras, son negras; las andamiadas de madera, negras; los muelles, negros; y contrasta por esto, notablemente, con todo lo esparcido en su redor. Aquellas oscuras moles son de hulla y alcanzan, por algunas partes, ocho y diez metros de altura. El espacio desolado que ocupan parece que ha sufrido la devastación de un incendio, o bien antiquísima ruina, donde todo germen de vegetación ha muerto y que ve de nuevo la luz desenterrada por la piqueta. Una tortuosa muralla de pedruscos aplomados puestos unos sobre otros, sin argamasa, contiene a manera de dique poderoso, la inundación de cisco y sirve, al mismo tiempo, de cómoda calzada que asciende en zig-zag por las negras colinillas. Por esas calzadas, tristes, macilentos, silenciosos, bajan y suben grupos de asiáticos repartiendo, escarbando la masa negra, en tanto que las vagonetas traídas y llevadas, en sus aéreos rieles, por las poleas de las cabrias de vapor, vuelcan sobre ellos con estrépito su carga envolviéndoles en espesas y oscuras nubes.

Día por día cargan y descargan allí amplios lanchones centenares de toneladas. Son estas barcas como negras moles, que flotaban y se mueven como el buque fantasma de la leyenda marina. Los remolcadores las traen y las llevan por el puerto, abandonándolas bajo las cabrias, al costado de los buques, o a la orilla del muelle. En el de San José, una especie de coche movido por vapor, con dos enormes cubos que ascienden y descienden automáticamente, recogen la hulla de lanchas y goletas, atraviesan en altos carriles el prolongado almacén y van a volcar los cubos sobre los carretones que aguardan impasibles aquella lluvia negra en mitad de la calle. Es bastante perfecta la maquinaria que en nuestro puerto se emplea para el acarreo de la hulla.

Sin embargo, hay una parte en que todo se hace a mano y es del lado de los hermosos vapores de la Compañía Transatlántica. Allí es de ver el doble cordón formado por medio centenar de asiáticos para transportar la hulla, en cestos y en grandes pedruscos, desde las lanchas a la insaciable boca de las carboneras del vapor. Aquello parece extraño baile de espectros en pleno día. A compás, unos rostros se vuelven a la lancha; otros rostros se vuelven al vapor. Un cesto se entrega y al punto se recibe otro cesto. Así hora tras hora, dos y tres días. Los pobres asiáticos, míseras armazones de huesos, nervios y piel, saturados de tizne, cubiertos por sombreros de las más variadas formas, entre las que se destaca la gorra de corte alemán que usa hoy el ejército, parecen enfermos de rara epilepsia. Se diría que viven, que respiran, que se alimentan con la hulla, o que han sido cincelados de algún gran pedrusco de aquella masa negra. Algunos hay que han pasado del color amarillo de marfil viejo, propio de la raza, al negro, al negro opaco. Hasta la abundante melena de pelo lacio que asoma bajo la gorra militar, ha perdido su lustre. El rojo de los labios húmedos y los ojos oblicuos, como par de microscópicos novilunios en oscurísimo cielo, es lo único librado del tizne general.

Y lo mismo que a la vista choca encontrar en la verde alfombra del campo, a la orilla, sobre la masa azul del agua, esas manchas oscuras, también extraña hallar en las calles de la ciudad puertas embadurnadas de negro y que tal parece que dan a la sombra. Créese ver la entrada de un abismo, de una mina, de una cueva. Se ve el marco; pero el fondo, sumido en la sombra, no se ve. Cuando la vista se acostumbra a la tiniebla se divisan una caja, un banquillo, una escalera, una polea y pilas de sacos de leña carbonizada que llegan hasta el techo. En lo más hondo, solitario, contristado, revelando en la mirada una como nostalgia incurable de blancura, de limpieza, de aseo, cavila o dormita el carbonero. El marco de la puerta, la negrura que lo rodea producen igual ilusión que esos antiquísimos cuadros, esas aguas fuertes con toques magistrales de Rembrandt que de las imágenes, dibujadas en ellos, apenas dejan ver la barca, la frente y la punta de la nariz: todo lo demás se esfuma, se disuelve en lo negro.

Sin embargo, no siempre está sombrío aquel recinto de paredes, de techo, de suelo, de telarañas, de muebles ahumados, repletos de hollín. Tal vez a la caída de la tarde el Sol penetra por la puerta y traza una linea diagonal que se pierde entre el flotante cisco antes de llegar al suelo. Aquel escaso rayo de luz parece reavivar allí con su calor la vida. Ojos verdosos de sucios gatos brillan entre las grietas del muro de carbón. Un gallo, de indefinible color, salta al banco o la escalera y canta y aletea levantando densas nubes de polvillo negro. Es que los seres encerrados en la tenebrosa cueva saludan alegremente aquel destello de vida que les llega del mundo exterior y del cual, sin duda, que les separa infranqueable muralla de cisco. De noche la luz de petróleo auxiliada por poderoso reflejo y que arde dentro de prismático farolillo, o bien un mal candil de aceite de olivo que humea, apenas si logran romper, con sus claridades rojizas, la compacta masa de tinieblas.

Nadie osa traspasar el umbral del oscuro recinto; los que vienen a proveerse de carbón se detienen en la acera. Únicamente cruzan y penetran allí otros hombres tiznados que conducen carros ennegrecidos y que no hablan ni tratan con más gente que la del gremio carbonero. Lo mismo se auxilian mutuamente en el trabajo, que almuerzan alegres y reunidos en torno de una mesa de la fonda. Este aislamiento, esta soledad induce a pensar qué destino final cabrá a todos esos pobres seres cuyo tizne es causa de que el mundo evite su roce, rehúya su contacto. ¿Se disolverán al cabo como un borbotón de negro humo en la masa azul del aire? ¿Irán a sumirse, a desleírse en la masa de la hulla de donde parecen haber surgido por generación espontánea...? Puede ser. Sin embargo, no es raro que alguno se frote, se enjabone, se enarene, exhale de sus pulmones y bronquios cisco de carbón que gira en torbellinos como lanzado por enérgico soplete, deje sus sandalias y sacuda su ropa en el umbral del oscuro templo; y limpio, aseado, otro hombre ya, se eleve, se eleve... y por metempsicosis indubitable quede transformado en concejal.

La Habana Elegante, La Habana, 9 de junio de 1889.

La verbena de san Juan

(Fragmentos)

Por la tarde, cuando los últimos y rojizos rayos de Sol iluminan el fondo de las casas que caen del lado del mar y dan de lleno en el grueso vidrio del faro del Morro haciéndole destellar intensamente, como si a aquella hora le iluminara potente luz eléctrica, al sordo rumor de las olas arrojadas contra los ásperos arrecifes de la ensenada que se extiende entre el castillo de la Punta y el viejo torreón de San Lázaro, se mezclan los gritos, silbidos, carcajadas, exclamaciones y apóstrofes de una abigarrada muchedumbre esparcidas por toda la playa.

Es la verbena de San Juan, día en que aquella parte de la ciudad presenta animación extraordinaria. Los jornaleros, pescadores, desocupados y pilluelos que viven por las cercanías se han preparado de antemano como para una gran fiesta: uno hizo gran acopio de barriles desfondados; otro, de desvencijados muebles; otro, de inservibles piezas de ropa; otro, amontonó pedazos de madera, cajas, envases, cestos; los aprendices de carpintero hacinaron montones de viruta; los pilluelos ocultaron en algún escondrijo de las rocas cuanto combustible pudieron recoger: preparativos para el gran día, la víspera de San Juan, en que todos se encaminan, a rastro con sus provisiones, hacia la playa; y una vez allí, se reúnen en grupos, fraternizan, se entusiasman, se animan a trabajar en la obra común, que es levantar, a trechos, numerosas piras de rara forma, o bien de forma ninguna; lo que importa es que puedan quemarse luego y den mucha llamarada y mucho humo: en esto consiste lo más interesante y lo mejor de la diversión.

En los balcones, terrados y azoteas de las casas que dan a la playa, en los arrecifes, que en una época sirvieron de vasta cantera de durísima piedra para la edificación de murallas y fortalezas, como lo muestran las huellas del pico que los cortó hasta un metro de profundidad, y también en los muros de cantería de los caños que desaguan en el mar, se agrupan por centenares los espectadores. En la arena, a conveniente distancia unos de otros, trabajan afanosos grupos de hombres y de niños. Admira la actividad y la premura con que traen y colocan las cargas de combustibles; admira ver la disciplina con que obedecen al que por ser más robusto, más astuto, más gritón o más inteligente, se ha erigido en director de las operaciones; y admira también ver cómo se estimula a los rezagados o a los que desmayan, con una risotada, un apóstrofe, un alarde de fuerza, mas todo dicho y hecho del mejor modo, porque aquél es día de expansión y de júbilo y no de disputas ni de rencillas. Cada grupo se obstina en que su pira sea la mejor y esta mutua emulación aumenta el ardor de la faena. Por aquí forman unos una casa; por allí un castillo; allá un barco. Y la algazara crece cuando van llegando las improvisadas construcciones, después de algunos tambaleos que las ponen en peligro de rodar por el suelo, a su coronamiento. Es preciso, entonces, subir y colocar en la cúspide, en lo más alto, para que se vea bien desde lejos y a pesar del humo y de las llamas que luego deben devorarlo todo, un muñeco; pero no un muñeco hecho de cualquier manera, no, que es de rigor que tenga bomba, levita, guantes, barbas muy grandes y alguna vez banda y bastón de borlas.

Por la noche se da fuego a las hogueras y la extensa curva que forma la playa parece presa de vasto incendio, cuyas llamaradas iluminan las olas y lanzan a las fachadas de las casas vivos reflejos de variada intensidad. De lejos se ven las compactas columnas y masas de humo como grandes nubes clareadas por las llamas; y de cerca los espectadores, enrojecidos como diablillos con el resplandor del fuego. La alegría de todos llega al frenesí cuando parte de los parapetos de las hogueras se derrumban y brotan de su seno millares de chispas; cuando las lengüetas de fuego comienzan a lamer y a envolver la figura humana rellena de trapo, de papel, de estopa, que las corona; cuando alguno por temeridad o por alimentar la hoguera se acerca demasiado a ella y tiene que huir presuroso de las caricias del humo o del fuego: entonces la diversión de la playa está en su plenitud; los que tanto trabajaron gozan mucho viendo convertirse su obra en llamas, humo y cenizas; los pilluelos danzan, corren y saltan en torno de las fogatas; los espectadores silban, gritan, cantan, ríen y se entretienen en arrojar piedras a las hogueras; y las sombras de todos, ora prolongada por el igual suelo de la playa, ora desvanecida sobre la oscuridad de las olas, ora dibujada enormemente sobre las paredes de las casas, como siluetas de gigantes, traen a la imaginación alguna infernal escena de los antros que nos describe el Dante.

Mas no toda la diversión de la tradicional víspera está en la playa, que cuando las hogueras se extinguen, y la claridad que arrojan va menguando, y el humo se disipa, se destacan a lo lejos, sobre el fondo oscuro del cielo, como surgiendo fantásticamente, los baños, esas construcciones extrañas, levantadas sobre gruesas estacas, que recuerdan las estaciones lacustres de la Suiza, elevadas sobre el suelo para preservarlas de la humedad de las orillas pantanosas y también recuerdan las chozas del interior de África y de la India, altas para que se libren de la invasión de las víboras y de los ataques de las fieras. Pues los baños, con sus cimientos aéreos, están con todos sus horcones cubiertos de ramas de palmeras, álamos, laureles, e iluminados por farolillos de papel y de vidrios de colores.

Allí hay pública diversión, baile gratis, gran espacio, libertad completa; no hay más que estrechar el talle de una compañera y entrar con ella en la danza general de aquel grupo de bailadores entre los cuales se ven ejemplares curiosos de diversas razas, trajes que son desechos o reminiscencias de pasadas modas, semblantes de extrañas facciones; y al dudoso reflejo de las hogueras que a lo lejos se extinguen en la playa, a la débil claridad de los farolillos de papel y de vidrio coloreado semeja tan abigarrado conjunto babilónica confusión de centenares de tribus. En lo más alto una orquesta, activa, agita los movimientos de aquella muchedumbre que parece acometida de fiebre de diversión: el cornetín, instrumento predominante, parece herir el aire con sus agudísimas notas, el timbal marca a compás las convenientes caídas del cuerpo de los bailadores, un rallo de cocina, arañado, rasgado por una lima o una agujilla de acero aguijonea, sobreexcita, electriza los nervios de los danzantes y les da aliento en sus giros, brincos, saltos, como si estuvieran atacados por tenaz epilepsia o picados de tarántula.

Por la ancha calzada empedrada de granito ruedan en dos prolongadas filas multitud de coches, algunos particulares, los más de alquiler; las casas de un lado y otro están por lo general abiertas, iluminadas profusamente en su interior, adornados sus muebles con tapices y tejidos hechos a mano, flores sobre las mesas, cestillos bajo las lámparas, cintajos por todas partes; y ante las ventanas y puertas se colocan los estrados; las aceras se llenan de gente que van y vienen, entre los cuales se señalan grupos de revoltosos mozalbetes que no pudiendo contener su alegría dentro de los límites del respeto, la emprenden con los transeúntes o con las muchachas asomadas a las ventanas. En no pocas casas se baila, bien al son del piano, o ya tan solo con acordeón, filarmónica y rallo; y entonces el pedazo de acera frente a las ventanas y las puertas abiertas de par en par y al nivel de la calle queda obstruido por grupos de curiosos, como si aquella diversión puramente doméstica contagiase a la muchedumbre esparcida por la calle. La comezón de divertirse aguija al que penetra aquella noche en la barriada. Los que pasan se divierten mirando a los que están dentro de las casas; y los que están dentro de casas se divierten con los que pasan: cada cual es a la vez espectáculo y espectador.

Los vendedores, que ora lo son asiáticos apostados tranquilamente en las esquinas, sentados con toda la impasibilidad y desidia característica de la raza ante una mesita portátil cubierta de frutas y dulces iluminadas por un bombillo de papel de estraza, que ora lo son robustos negros que cargan sobre la cabeza enorme y profundo tablero de dos tapas pregonando su mercancía con gritos y cantos semisalvajes, que ora lo son gruesas negras de marcha pausada y que venden en vasijas de hojalata frituras y asados, que ora lo son muchachos que llevan en una vara pajarillos de cera, muñecos de trapo, flores de papel, o ya vendedores de sorbetes que arrastran carros de dos ruedas alumbrados por enorme lámpara de petróleo cuya gran llama agitada por el aire de la carrera va despidiendo negro humo e iluminando la calle, todos, todos hacen su agosto aquella noche entre los concurrentes a los bailes de las casas y de los baños.

Y por la madrugada, cuando el Sol deja ver sus primeras y vagarosas claridades por el lado opuesto al que se hundió la víspera por la tarde, los pianos, orquestas y acordeones cesan de tocar, las mujeres arrebujadas en sus mantas, con el rostro pálido, soñolientas, recibiendo con desagrado aquel aire fresco de la mañana, más fresco aún por la proximidad del mar, y los hombres con el sombrero calado hasta las cejas, con el cuello de la levita alzado, todos dirigen silenciosos y medio cariacontecidos a sus casas, a dar descanso al cuerpo agitado por el baile de toda aquella noche que ya pasó. No se oyen ya tampoco las estridentes notas del cornetín, ni el rumor del timbal, ni el áspero rasgear del rallo: los farolillos de los baños están apagados, medio quemados algunos, el ramaje de las palmas, laureles y álamos marchitos; las banderolas ajadas; el bullicio, la alegría, las fantasmagóricas ilusiones de la noche, han desaparecido. Y al iluminarse la playa con la claridad del Sol se ven las casas, castillos y barcos de combustibles reducidos a informes montones de carbón y cenizas humeantes aún y que como manchas negras y grises resaltan en la playa tan solitaria ahora y tan acompañada la víspera de aquel día, que era la tradicional víspera de San Juan.

La Habana Elegante, La Habana, 4 de julio de 1886.

El lechero

A caballo, con las piernas embutidas en el par de profundos serones camineros repletos de botijones de hojalata, envuelto en negro y velludo capote de lana de grandes esclavinas, tal recorre el lechero, desde las tres de la madrugada, las estrechas calles de nuestra población, solitarias ya y tan silenciosas a esa hora, que el martilleo de las flojas herraduras de los jamelgos que van y vienen con lento paso, resuenan fuerte y de extraño modo: y distintamente se oye cómo va extinguiéndose su ruido poco a poco a mucha distancia.

La luz de los faroles que iluminan la angosta y recta calle en toda su extensión, da a veces de lleno sobre el raro grupo que forman el caballo, con su vientre abultado por los serones, y el hombre que va montado en lo alto como en un trono, con el sombrero de grueso tejido y anchas alas vueltas hacia abajo, los cuellos del grueso capote vueltos arriba, dormido con profundo sueño y dando tan recias cabezadas que admira cómo en cada una de ellas no pierde el equilibrio o se rompe el cráneo contra las botijas o las piedras, y entonces la silueta de todo aquel conjunto extraño se dibuja un momento en el suelo con rigurosa exactitud, luego se desfigura, se prolonga, escala un tanto desvanecida las paredes de las casas, gira como movida por colosal resorte y se pierde por fin en los lugares sombríos de la calle donde no alcanza sino con debilidad suma la amarillenta luz de los faroles.

La nocturna falange, bien organizada y mejor repartida, que forman los lecheros, invade durante la madrugada la población; pero desde muchas horas antes ha comenzado su faena. Puede decirse que dura casi toda la noche y mucha parte del día siguiente. A eso de las ocho o las nueve de la noche, en los potreros y corrales cercanos a la ciudad, están ya arrodillados al pie de las vacas numerosos campesinos extrayendo de las henchidas ubres el alimento sano y nutritivo por excelencia: trabajo útil, agradable, pacífico, a juzgar por lo que dicen los poetas bucólicos, para los cuales ha sido rico venero de inspiración. Y es la verdad que encierra no poca poesía. El campo inmenso, hermoso, lleno de esos mil ruidos de los alegres y ocultos insectos, de esos mil gratísimos olores que exhalan las yerbas refrescadas por el rocío iluminado a veces por la espléndida y serena luz de la Luna que dibuja sobre el suelo el esbelto tronco de las palmeras y las hojas de los árboles; o bien, otras veces, sombrío oscuro como un abismo en que todo toma con la tiniebla formas espectrales, y solo en la alta bóveda centellean con sus mil tornasolados matices los innúmeros astros.

Las vacas descansan echadas y amparando con su propio cuerpo a sus crías, hombres soñolientos, envueltos en negras capas atraviesan el campo cantando a media voz, abren los corrales, cuyas puertas de madera chirrían al girar sobre sus goznes enmohecidos por la intemperie, se acercan a cada vaca, que con ejemplar mansedumbre se levanta, permanecen agachados un instante a su pie, y luego van llenando, con el blanco y tibio líquido que extraen, grandes botijas de hojalata, las cuales son sumergidas en un estanque de agua y colocadas en los serones de algunos caballos atados unos tras otros por la cola. Hecho todo esto monta el lechero en el primer caballo, abandona la campiña y emprende la marcha por el camino real.

Los viajeros que recorren, después de las once de la noche, las principales calzadas que conducen a La Habana, encuentran a menudo esas hileras de caballos que transitan pausadamente, en tanto que sus conductores cabecean de sueño sobre las altas monturas, o bien cantan alegremente. Y si vienen reunidos, sobre todo en una de esas noches en que la débil Luna asoma en parte su disco sobre la línea del horizonte y derrama su luz por las dilatadas llanuras prolongadas sobre el calcáreo pavimento de la calzada la sombra de la menor yerba o piedrecilla y la silueta de los hombres, de los serones y de las patas de los caballos, sin duda que a la imaginación de los que contemplan este espectáculo acude el recuerdo de esas tribus de beduinos que recorren en grupos los llanos desiertos de la Arabia.

En Jesús Del Monte, desde Toyo hasta el puente de Agua Dulce, y en el Cerro, cerca de la esquina de Tejas, hay unas viviendas de pobre apariencia, que con sus techos de guano y sus paredes de madera acepilladas o de blanqueada mampostería tienen a la vez algo de bohíos y algo de casas: transición entre los edificios de la ciudad que empieza y las casitas del campo que acaban. En esas humildes casas cuyas puertas se abren de par en par durante la noche se ven, merced a los rojizos reflejos de malas lámparas que humean en lo interior, hombres altos, robustos, de hombros redondeados por el trabajo, que entran y salen, y se ponen de pie y se agachan sin cesar en los portales. Ante esas casas van deteniéndose y estacionándose silenciosamente los lecheros que transitan por las calzadas: allí depositan su carga; se mide, se pesa; y de los enormes botijones de que vienen cargados los caballos va pasando a botijas más pequeñas, más manuables. Es un vaivén de cacharros que pasan de los serones a los portales, de los portales a los serones; una confusión de hombres encapotados que trabajan sin hablar: solo se oye ese sonoro ruido que sale de los botijones de hojalata al chocar vacíos unos con otros o al dar su ancho fondo sobre el duro pavimento acompañado de repiqueteo de espuelas. Al cabo del rato los que hasta los portales vinieron se montan nuevamente a caballo y se retiran otra vez al campo. Otros caballos que han recibido la carga repartida en los sombríos portales emprenden marcha hacia la ciudad. Éstos son los que se ven, y más que se ven, se oyen transitar de madrugada por las solitarias calles.

A las cinco de la mañana, cuando los primeros albores del día comienzan a hacer palidecer la luz de los faroles, se oyen ahogados gritos, puñadas, coces, murmuraciones de impaciencia ante las cerradas puertas y ventanas de las casas: son los lecheros que llaman. Las puertas y ventanas se entreabren, cabezas desgreñadas, rostros soñolientos, pálidos, abotagados ojos de mirada torpe en los cuales causa escozor la luz del día, asoman por ellas; un brazo desnudo pasa a través de la rendija para coger por el cuello la botija tapada con paja de maíz.

—Buenos días. Viene usted muy temprano.

No en todas las casas halla el lechero las puertas cerradas: algunas están abiertas por completo. Y entonces en el comedor, vestíbulo o antesala, que esos tres destinos tienen las tales piezas que en nuestras casas siguen al zaguán, encuentra un señor anciano de cabellera blanca, bien peinado, vestido con aseo, que sentado en un ancho butacón de cuero con las piernas estiradas en una silla, despliega los periódicos, húmedos aún, y que acaban de echar por el quicio de la puerta. Este señor es el jefe de la casa: un señor del tiempo antiguo, que todavía conserva la costumbre de acostarse al toque de ánimas y levantarse al canto de un par de gallos que se pasan la mañana picoteando las hormigas que cruzan por entre las uniones de las losas del patio. El lechero entra envuelto en un gran capote, resonando con sus firmes pasos las estrellitas de las espuelas, da los buenos días, llama la criada ocupada en encender lumbre con papel grasiento y petróleo, vacía el contenido de las botijas en un par de grandes jarros de hojalata y vuelve a salir; pero no siempre tranquilamente, que alguna vez suele advertirle el madrugador anciano:

—Buenos días. Viene usted muy tarde.

—Si es casi de noche.

—Pues hace dos horas que estoy despierto.

Y el pobre lechero, que es en orden cronológico quien primero tiene que lidiar con la humanidad, por razón de su oficio, se retira cavilando el modo de componérselas para acertar. Por allá muy temprano, por aquí muy tarde.

De siete a ocho de la mañana queda terminada ya la venta de la mercancía. Y pura, o adulterada con agua de yuca, de coco o de laguna, hierve en pailas en cada cocina o alimenta ya el estómago débil de cada hijo de vecino. Empieza otra faena. En las esquinas, plazas o bodegas se ven lecheros que sacan botijas vacías de los serones de sus caballos, que les quitan los tapones de paja de maíz, que las sumergen en tinas de agua. Hecho esto comienza un detenido y minucioso fregatorio general; cada botija es llenada de agua y ceniza de leña de panadería, agitada, vuelta, revuelta, restregada por fuera y por dentro, esmerilada en su exterior como si fuera de plata, enjuagada con agua de diversos tintes, una tras otra por turno riguroso, sin parar, sin equivocación posible, porque haya muchas de igual tamaño e idéntica forma, el lechero sabe distinguirlas como un organista el teclado de su instrumento. La acera se encharca, se llena de paja, de agua de ceniza; y enfiladas como tropas en día de revista se ven recostadas en la pared, escurriéndose y destellando con el Sol, docenas de botijas de todos gruesos y estaturas.

Después que se retiran de la ciudad los lecheros de a caballo, comienzan a recorrer sus calles los de a pie. Vestidos de género burdo y crudo, con el látigo de cuero cruzado sobre el pecho y la espalda, con la camisa recogida de un lado por el cabo de cuchillo, los bajos del pantalón más arremangados de un lado que de otro y llenos ambos de tierra roja, así se presenta al mediodía entre una verdadera tribu de vacas y terneros el lechero de a pie. Y en primer término va a la vaca-guía que lleva atada al cuello una campanilla de sonoro metal. Esos animales mansos de melancólica mirada y rumiar incesante, que parecen traer consigo a la ciudad recuerdos de la vida pacífica y semipatriarcal de aldea, obligan al transeúnte a cederle la acera por virtud de la ley del más fuerte, le empuercan las ropas cada vez que tienen a bien sacudirse las moscas con el rabo, le asustan cuando se les antoja rascarse con la punta del aserrado cuerno y van a detenerse ante la puerta de las casas de los vecinos que tienen el capricho de comprar o beber leche al pie de la vaca, como si fuera mejor o peor que la de botija y como si esta clase de lecheros no tuvieran también sus tretas.

En las horas de la siesta, en los placeres de empolvado césped que cercan la capital, pastan vacas y terneros, en tanto que hombres sin más lecho que el duro suelo, sin más defensa contra los ardorosos rayos del Sol que el sombrero echado sobre el rostro, sin más almohada que sus brazos o un montoncillo de recién cortada yerba, duermen profundamente; también hay hombres que a esa hora duermen echados sobre serones de paja, bajo la sombra de los árboles situados a poca distancia de los caminos, en los rincones de las tiendas mixtas colocadas a trechos en las calzadas o dentro de los mismísimos pesebres de los portales donde acostumbran a rumiar el pienso las caballerías: esos hombres que duermen con tan ligero sueño son lecheros fatigados de la faena ruda de toda la noche. Se rinden dondequiera que puedan tenderse o recostar la cabeza.

La Habana Elegante, La Habana, 5 de septiembre de 1886.

José el de las suertes

Con seguridad no se sabe de dónde es oriundo José: hay quien dice que es natural de Yucatán o de la Martinica; hay también quienes afirman que lo es de Haití o de las Filipinas. Respecto de su vida aseguran unos que se la pasa yendo y viniendo de México, susurran otros que se está muy buenas temporadas entre los yankees, o bien en Venezuela, o ya recorriendo Matanzas, Cárdenas y otros pueblos del interior de la Isla. Lo que está averiguado, y podrán comprobar todos, es que José, desde hace muchos años, aparece en La Habana y desaparece de ella de cuando en cuando, sin que nadie sepa de dónde sale cuando se le ve, ni en dónde se mete cuando deja de vérsele. Siempre el mismo: robusto, fuerte, de buen humor, de ojos vivos e inteligentes, de barba poblada y bien cuidada, muy raro esto en un individuo de su raza, y que de negra y lustrosa que antes era se ha tornado, con los años, en una barba blanca y opaca que contrasta con su piel color de ébano e imprime a su semblante cierto sello de respetabilidad.

En persona parece que hay cinco o seis José, pero, realmente, no es más que uno en esencia. Y tal milagro se verifica porque José cambia de habilidades y de suertes a cada paso; y para cada habilidad y cada suerte tiene trajes y modo de hablar especial. El sistema es ingenioso; exige destreza suma y demuestra la agudeza y perspicacia con que ha sabido aprovechar el que lo emplea la veleidad, ese defecto inseparable de la mayor parte de los humanos. Si José permaneciera siempre en La Habana, vistiendo un mismo traje, hablando con acento igual y haciendo la misma suerte, pronto se cansaría y hasta se aburriría el público de verlo; por eso, para avivar la curiosidad y despertar el deseo ha elegido la estrategia de retirarse y reaparecer al cabo del tiempo: así consigue tener siempre un corro de espectadores que le siguen por dondequiera que pasa, que le cercan dondequiera que se detiene y que contemplan sus suertes poco menos que maravillados. En ocasiones deja ver entre sus negros y carnosos labios sus blanquísimos dientes al oír que los espectadores se dicen unos a otros con increíble aplomo:

—Este jugador de manos o este bailador de muñecos es mejor que el que estuvo aquí el año pasado.

Y José ríe de buena gana porque está convencido de que el jugador de manos o el bailador de muñecos del año pasado no es otro que él mismo.

Conociendo sus cambios y disfraces se comprende cómo logra multiplicar su personalidad. Cuando le da por bailar un par de grandes muñecos de madera vestidos de retazos, sujetos por la cabeza con un alambre, atados por sus manos con elásticos, sobre una alfombrilla que lleva enrollada bajo el brazo y que al efecto extiende sobre el suelo, entonces parece un yankee completo. Su gorra de seda verde oscuro un tanto ladeada y con plana visera de hule que destella la luz del Sol; su camisa de franela azul plegada por un par de tirantes que se cruzan en mitad de la espalda y que sujetan muy por encima de la cintura el oscuro pantalón; sus grandes botas de cuero, de anchos tacones y abultada y saliente suela; su acento al hablar; aquel paso indeciso del que acaba de salir de un barco cuyos vaivenes acostumbran al cuerpo a guardar el equilibrio sobre un suelo tan movible bajo los pies; y hasta la música favorita, el *Yankee doodle* que toca con un hueco cañuto de bambú cerrado por un extremo con un parche de papel de China, le dan todo el aspecto de un norteamericano recién llegado.

Cuando recorre las calles a cuestas con un trípode portátil y un mono vestido con túnica roja y sombrero de plumas, el grupo de curiosos que le sigue va dudando si José es curro o es mexicano, porque aquella chaquetilla corta llena de bordados de seda, aquella faja morada, aquel pantalón estrecho, aquella gran chalina que oculta parte de la rizada camisa y sepulta sus puntas bajo el abierto chaleco; aquella gorra sin visera le dan cierta fisonomía que fluctúa entre los oriundos de un pueblo y otro. En cada esquina, en cada parque, en cada plazuela arma el trípode, coloca el mono sobre la redonda tablilla, le arroja aros, cuchillos, bolas, escopetas y el obediente animal con sus gestos, contorsiones y habilidad en pasarse los aros de los pies a la cabeza, jugar con los cuchillos y bolas y disparar la escopeta, es por algunos días la delicia de los muchachos, los cuales se privan de comprar frutas y dulces para poder llamar a José cuando pase y pedirle que haga bailar el mono.

Otras temporadas ejerce de titiritero: y entonces, a cuestas con una pesada caja de regular volumen, va ofreciendo su entretenimiento de casa en casa. En no pocas se aceptan. Y entrar José, depositar su caja sobre un par de sillas, abrirla, ir sacando de ella cortinas, telones, varas de madera, platillos, tambores y racimos de muñecos es operación hecha en un dos por tres. La cortina, que tiene un pequeño hueco cuadrado en el centro, va a ocupar el hueco de una puerta; telones y varas, a su lugar también; y tras el parapeto se oculta José con todos los demás adminículos que contenía la caja. La familia de la casa y alguno que otro vecino de buen humor se colocan en punto conveniente para disfrutar del espectáculo: es un teatrillo doméstico improvisado. A poco se oyen tras de la cortina ruidos de tambores, de platillos, de flautines: alguna vez palabrillas dichas en tono agudo y extraño por medio de un pitillo que hace las veces de la pequeña laringe que debieran tener, si hablaran, todos los títeres. Se alza el telón. Van apareciendo por el cuadrado hueco de la cortina muñeco tras muñeco hasta una docena: bailan, cantan, disputan, se acarician, se enamoran y concluyen por arremeterse unos con otros a puñadas, palos, pescozadas, cabezazos, al cabo se arma un verdadero motín, por lo cual sale el celador y prende a unos y manda a los guardias que le acompañan que la emprendan a tiro limpio con todos los demás, desenlace vulgarísimo pero obligado en todas nuestras comedias titiriteras. Pensaría cualquiera que para majar todo este aparato y hacer tanta bulla hay tres o cuatro por lo menos tras de la cortina; pero si la alza se desengaña: tras ella solo verá a José dando a intervalos sobre los tambores con una mano, tocando los platillos con un pie, estremeciendo un chinesco con la cabeza, pasándose un verdadero rosario de pitos, cañas y flautines por la boca, llenos los dedos de anillos de alambre que sostienen los muñecos. Allí, tras de aquella cortina, batalla José, suda, se agita, sopla, revuelve trastajos, baila los muñecos, toca polcas, valses, cancanes, sinfonías: despacha la tarea que pudieran meter ocho o diez.

Pero cuando le da por ejercer el arte de Bosco, Hermann y Macallister hay que verlo con su camisa de percal rojo sin cuello, de anchas mangas abiertas convenientemente, con su chaleco y pantalón negro lleno de bolsillitos invisibles, con la ancha correa de cuero terciada sobre el pecho y que sujeta una gran bolsa repleta de cubiletes, bolas, barajas y demás objetos necesarios para los juegos de prestidigitación. Su sombrero calañés y su acento macarrónico, que es el que más se estila en explicaciones de magia y escamoteos, le convertirían en un verdadero campesino del Tirol si el color negro de su piel no fuera parte a quitar la ilusión. Dedicado a explotar esta productiva habilidad, José queda convertido en otro hombre: ceremonioso, atento, de verbosidad notable; ha recorrido las primeras capitales de Europa y Francia, de América y los Estados Unidos, sí, señor; silba mucho las eses, ostenta condecoraciones y medallas en el chaleco; una de ellas, la de hojalata dorada, se la dio el emperador de Roma; otra, la que tiene por esmeralda, un pedazo de vidrio verde, se la dio el zar de Dinamarca; muy fino; muy erudito; habla muchos idiomas y el español con notable acento extranjero. Si se le preguntase si él era quien bailaba los muñecos, enseñaba al mono, o hacía representar los títeres, abriría tamaños ojos y tamaña boca, no, él no; ¡qué ocurrencia!, ésos serán otros negros callejeros, él no se ha dedicado a otra cosa que a hacer suertes, como ustedes lo pueden ver, *señoras* y *señores*, después que arme su mesita portátil, tome en sus manos la varita mágica, saque de la bolsa cubiletes y bolas, meta éstas bajo aquéllos, les dé un golpecito, les diga pasen, y efectivamente las bolas desaparezcan sin que se adivine por dónde. Luego, con aquella precipitada jerga de palabras raras y extravagantes, pide una moneda, se frota las manos, según dice con objeto de llenarlas de fluido magnético, manda a la moneda que pase de una mano a otra, o de la mano a la mesa, o que desaparezca dentro de un pañuelo, o que se introduzca en la nariz de un espectador, el cual por instinto se lleva la mano al rostro para cerciorarse, pero el hábil escamoteador le convence, sacándole no solo una moneda sino todo un chorro de ellas en medio de la general hilaridad. Para lo último deja la suerte más peliaguda, que es, sin disputa, la de tragarse la espada, suerte que exige mucha, mucha limpieza y preparativo, a juzgar por lo serio y tieso que se pone, la actitud grave que toma cuando va metiéndose poco a poco la pulida y brillante hoja de acero por el gaznate, el silencio que recomienda a los espectadores; suerte, además, muy peligrosa, sobre todo para los muchachos que la presencian porque una hora después o al día siguiente procuran imitar a José metiéndose por la boca cuanto pedazo de palo encuentran y, si se ofrece, un bastón de estoque o un cuchillo de mesa.

José es también asiduo cultivador del arte musical: toca el acordeón, la filarmónica, conoce algo la flauta, la guitarra, el clavicordio, la zampoña y la gaita. A menudo sale con un órgano de Barbería que tiene en combinación una gran trompeta y sobre cuya caja bailan varias figurillas de palo las cuales presentan, en cuanto concluyen la danza, un par de panderetillas para que se arrojen en ellas algunas monedas.

No es José el charlatán gracejo que provoca siempre la risa con frases groseras: tiene la discreción y el tino necesario para colocarse al nivel de su auditorio y acomodarse a sus gustos; por eso lo mismo se encuentra ejecutando sus habilidades en el muelle, en las calles y tabernas, que en las salas de las casas más aristocráticas complaciendo siempre a todos. Lo cierto del caso es que hace muchos años que lleva esa vida independiente de bohemio ejerciendo su oficio, con el cual, a trueque de algunos reales, proporciona y seguirá proporcionando al público de La Habana no pocos ratos de entretenimiento.

La Habana Elegante, La Habana, 11 de julio de 1886.

Libros a la carta

A la carta es un servicio especializado para

empresas,

librerías,

bibliotecas,

editoriales

y centros de enseñanza;

y permite confeccionar libros que, por su formato y concepción, sirven a los propósitos más específicos de estas instituciones.

Las empresas nos encargan ediciones personalizadas para marketing editorial o para regalos institucionales. Y los interesados solicitan, a título personal, ediciones antiguas, o no disponibles en el mercado; y las acompañan con notas y comentarios críticos.

Las ediciones tienen como apoyo un libro de estilo con todo tipo de referencias sobre los criterios de tratamiento tipográfico aplicados a nuestros libros que puede ser consultado en Linkgua-ediciones.com.

Linkgua edita por encargo diferentes versiones de una misma obra con distintos tratamientos ortotipográficos (actualizaciones de carácter divulgativo de un clásico, o versiones estrictamente fieles a la edición original de referencia).

Este servicio de ediciones a la carta le permitirá, si usted se dedica a la enseñanza, tener una forma de hacer pública su interpretación de un texto y, sobre una versión digitalizada «base», usted podrá introducir interpretaciones del texto fuente. Es un tópico que los profesores denuncien en clase los desmanes de una edición, o vayan comentando errores de interpretación de un texto y esta es una solución útil a esa necesidad del mundo académico.

Asimismo publicamos de manera sistemática, en un mismo catálogo, tesis doctorales y actas de congresos académicos, que son distribuidas a través de nuestra Web.

El servicio de «libros a la carta» funciona de dos formas.

1. Tenemos un fondo de libros digitalizados que usted puede personalizar en tiradas de al menos cinco ejemplares. Estas personalizaciones pueden ser de todo tipo: añadir notas de clase para uso de un grupo de estudiantes, introducir logos corporativos para uso con fines de marketing empresarial, etc. etc.

2. Buscamos libros descatalogados de otras editoriales y los reeditamos en tiradas cortas a petición de un cliente.

www.ingramcontent.com/pod-product-compliance
Ingram Content Group UK Ltd.
Pitfield, Milton Keynes, MK11 3LW, UK
UKHW041845200726
13854UKWH00005BA/2194